Aus dem Englischen von
Martina Tichy

PETER ROBB

SIZILIANISCHE SCHATTEN

DUMONT

PETER ROBB

SIZILIANISCHE SCHATTEN

DUMONT

Die Originalausgabe erschien 1996 unter dem Titel
Midnight in Sicily bei Duffy & Snellgrove, Australien

Erste Auflage 2000

Ausstattung und Umschlag: Groothuis & Consorten
Gesetzt aus der Foundry Wilson und der Trade Gothic
Gedruckt auf säurefreiem und chlorfrei gebleichtem Papier
Satz: Greiner & Reichel, Köln
Druck und Verarbeitung: Clausen & Bosse, Leck
Printed in Germany
ISBN 3-7701-4759-6

Bei meinem Italienaufenthalt im Jahr 1995 haben mir viele Menschen auf unterschiedlichste Weise geholfen. Nicht alle finden in dem vorliegenden Bericht namentlich Erwähnung. Mein besonderer Dank gilt Letizia Battaglia, Angelo Benivegna, Pippo Bisso, Giorgio Bocca, Michael Burgoyne, Duncan Campbell, Gian Carlo Caselli, Maria Teresa Chialant, den Mitarbeitern des *Corriere della Sera*, Anna Maria Currao, Adrian Deamer, Claudio Fabio De Nardis, Michael Duffy, Enzuccia, den Mitarbeitern des *L'Espresso*, Fabio Gianbrone, Renata La Rovere, Dora Lo Cascio, Guido Lo Forte, Marco Lucchi, Pasquale Marchese, Vincenzo Marchese, Marta Marzotto, Mara Mele, Ady Mineo, Saverio Montalbano, Leoluca Orlando, Lina Panetta, Tullio Pironti, Gordon Poole, Anna Puglisi, den Mitarbeitern der Libreria Feltrinelli in Neapel (Regina, Luigi, Paolo, Carlo, Nino, Claudio, Gennaro, Pina), Clara Salvo, den Freunden aus dem Sant'Andrea (Bartolo, Dario, Emiliano, Nabil, Stefania, Totò), Umberto Santino, Roberto Scarpinato, Shobha, Alex Snellgrove, Max Suich, Rosario Würzburger. Da keinem der Beteiligten so recht klar war, worauf ich eigentlich hinauswollte, liegt die Verantwortung für das Ergebnis ausschließlich bei mir, und ich hoffe nur, daß niemand sich für sein Entgegenkommen schändlich ausgenutzt fühlt. Falls ich jemanden zu erwähnen vergessen haben sollte, bitte ich dafür an dieser Stelle um Verzeihung.

PR

Die Geschichte ist nicht
die zerstörende Raupe, für die man sie hält.
Sie hinterläßt Unterführungen, Krypten, Löcher
und Verstecke. Manch einer überlebt.
Die Geschichte ist auch gütig: sie zerstört,
soviel sie kann: übertriebe sie, wäre es sicher besser,
doch die Geschichte ist knapp an Nachrichten,
sie vollführt nicht alle ihre Racheakte.

Die Geschichte wühlt den Grund auf
wie ein Schleppnetz
mit einigen Rissen, und mehr als ein Fisch entkommt.
Manchmal begegnet man dem Ektoplasma
eines Ausgebrochenen, und er scheint nicht sonderlich glücklich.
Er weiß nicht, daß er draußen ist, keiner hat es ihm gesagt.
Die andern, im Sack drin, halten sich
für freier als er.

Eugenio Montale, »Satura«

When it's night time in Italy
It's Wednesday over here.
When it's midnight in Sicily ...

The Everly Brothers, »Night Time in Italy«

EINFÜHRUNG

Cola Pesce spielte immer nur im Meer, und eines Tages schlug ihm seine Mutter in ihrer Verzweiflung vor, am besten solle er sich doch gleich in einen Fisch verwandeln. Was er praktisch auch tat, denn er blieb tagelang unter Wasser. Weite Strecken legte er im Bauch eines großen Fisches zurück und schnitt sich, am Ziel angelangt, mit seinem Messer heraus.

Als der König zu wissen begehrte, wie der Meeresboden aussehe, machte Cola Pesce sich daran, ihn zu erkunden, und erzählte dem König, es gebe dort Korallengärten, Edelsteine lägen im Sand, hier und da auch Schatzhaufen, Waffen, menschliche Gebeine und Schiffswracks. Er tauchte in die Höhlen unter dem Kastell dell'Ovo in Neapel und brachte ganze Fäuste voll Juwelen mit empor. Der König fragte, wie die Insel Sizilien sich auf dem Wasser halten könne, und Cola Pesce berichtete, sie ruhe auf drei gewaltigen Säulen, von denen eine geborsten sei.

Eines Tages wollte der König wissen, wie tief Cola Pesce ins Meer zu tauchen vermöge, und befahl ihm, eine vom Leuchtturm in Messina abgeschossene Kanonenkugel heraufzubringen. Cola Pesce erwiderte, wenn der König darauf bestehe, werde er hinabtauchen, obwohl er bezweifle, daß er je wieder ans Tageslicht gelangen werde. Der König blieb beharrlich, und Cola Pesce schwamm der sinkenden Kanonenkugel nach, schnell und tief genug, um sie endlich zu fassen zu bekommen. Doch als er aufsah, war das Wasser über ihm hart und reglos geworden, fest geschlossen wie eine Marmorplatte. Er fand sich in einem leeren, wasserlosen Raum, aus dem er nicht fortschwimmen konnte, und blieb für alle Zeiten dort.

Cola Pesce – Niko Fisch – hat eine lange Geschichte. In Neapel erzählt man sich, das gemeißelte Relief eines Fischmenschen, das von einem griechischen oder römischen Tempel stammte und im Spätmittelalter aus dem Hafen zutage gefördert wurde, stelle ihn dar. In Sizilien geht seine Geschichte bis auf die Zeit der Normannen zurück; sie wurde im elften Jahrhundert aufgezeichnet, nach mündlichen Zeugnissen von Menschen, die Cola Pesce noch persönlich gekannt hatten. Ob er nun aus Messina, aus Palermo oder Neapel kam, Cola Pesce gehört in jenen südlichen Teil Italiens – heiß, trocken, meerumsäumt, verheert von Erdbeben und Vulkanausbrüchen –, den die Italiener Mezzogiorno nennen: jener Punkt im Mittelmeer, an dem Europa nicht mehr ganz Europa ist, sondern auch Afrika, Asien, Amerika. Im Mezzogiorno ist Italien am weitesten von Europa entfernt – und der restlichen Welt am nächsten.

Cola Pesce war mir jahrelang im Gedächtnis geblieben, fast ebenso lang wie Montales Gedicht über die Nahtstellen und Fluchtrouten der Geschichte, mit dem der Fischmensch, über das Bild des Gefangenseins unter Wasser, letztlich eng verbunden ist. Cola Pesce war mir auch nun im Gedächtnis, da ich nach Italien zurückkehrte, verleitet von Neugier und Furcht; da ich zurückkehrte nach Neapel, die Nachtfähre nach Palermo nahm und mich innerlich darauf einstellte, in die Vergangenheit einzutauchen, einst halb Erspähtes, halb nur Vorgestelltes zu erkunden, nach Erkenntnis strebend, jedoch voller Furcht, ich könnte dort unten in die Falle einer düsteren, leblosen Geisteswelt der Macht geraten. Ich wollte wissen, wie tief das Meer war und worauf sich Sizilien stützte. Ich war bereit zu tauchen und hoffte, wieder an die Oberfläche zu kommen – oder wenigstens einen Durchschlupf im Netz zu finden.

I EIN MARKT

Etwa eine Stunde nach Mitternacht fuhr ich aus dem Schlaf hoch. Das Schiff stampfte noch immer unbeirrt durch die Dunkelheit, doch mir wurde die Luft knapp. Das Dach der Kabine befand sich Zentimeter über meinem Gesicht, und dem salzigfeuchten, stickigen Mief, der sich dort oben staute, fehlte der Sauerstoff. Die Passagiere in den restlichen drei Kojen gaben im Dunkel keinen Laut von sich. Vielleicht waren sie tot. Ich schwitzte, Tonnen schienen auf mir zu lasten, ich fühlte mich wie gelähmt, lebendig begraben. Tiefes regelmäßiges Atmen brachte keine Erleichterung. Ohne Hilfe der Leiter hangelte ich mich hinunter und trat dabei einem unsichtbar Bleibenden ins Gesicht. Auf dem schwach beleuchteten Korridor war es nicht viel besser. Dort roch es schwer und muffig nach Schiff – nach Maschinenöl, Farbe und schaler Salzlake. Ich fand einen Leiteraufgang zu einem Deck, wo ich bis zum Morgengrauen zwischen den Rettungsbooten ausharrte; zwar lastete auch dort sichtbar, fühlbar der Meeresdunst auf mir, aber ich konnte wenigstens atmen. In dieser schönen, sternenlosen Nacht schien der Luft jeglicher Sauerstoff zu fehlen.

Der Sommer hatte seinen Höhepunkt noch nicht überschritten. Die Reise nach Süden rief Erinnerungen an andere unerträgliche Sommernächte im Mezzogiorno wach. Die gleiche lastende, stickige, leblose Stille breitete sich über uns wie ein zusammengesunkenes Zelt. Als ich morgens in die Kabine zurückkehrte, stellte ich fest, daß irgendwer dort das Lüftungsventil zugedreht hatte. Niemandem schien die Überfahrt sonderlich gut bekommen zu sein. Kurz vor dem Anlegen in Palermo drängten sich elegant gekleidete Passagiere gleich verzweifelten Flüchtlingen oder Einwanderern dort zusammen, wo die Gangway eingehakt werden würde. Ich versuchte mir jenen Ort vorzustellen, den die Griechen und Phönizier bei ihrer Ankunft vor dreitausend Jahren Panormos nannten, All-Hafen. Ein Rollstuhl mit einem sabbernden Kretin, dessen Kopf hin- und herpendelte, wurde durch die angespannte, schlechtgelaunte Menge bis in die vorderste Reihe geschoben. Ein Trupp Nonnen stand sprungbereit zur Flucht.

Die am Kai in Reihe wartenden gelben Taxis waren alle fort, bis ich das Schiff verließ. Nach dem einen oder anderen Kaffee nahe der Uferstraße von Palermo schlenderte ich Richtung Zentrum, vorbei an einem Ausstellungsraum, der mit einem halben Dutzend nagelneuer roter Ferraris prunkte. Ein Stückchen weiter war eine Straßensperre errichtet. Es wimmelte nur so von Carabinieri und Soldaten, alle in gereizter Stimmung. Das kleine Hotel an der Via Maqueda, gegenüber dem Jugendstilkiosk, war nicht mehr in Betrieb. Die Fenster im ersten Stock hatten keine Scheiben mehr oder waren mit Brettern vernagelt, hinter der abblätternden Holztür zur Straße hin lag alles in Trümmern. Auf dem Rückweg Richtung Hafen fand ich eine andere Unterkunft im dritten Stock eines verwinkelten Baus, der an eine Kaninchenhöhle erinnerte und mit einem klapprigen Eisenkäfig von Aufzug zu erreichen war. Die darunter liegende Großhandlung erfüllte das Zimmer mit dem Duft frischgerösteter Kaffeebohnen. Weiter unten an der Straße standen Soldaten in Tarnanzügen, breitbeinig aufgepflanzt, Wache vor dem Eingang zu einem unauffälligen Gebäude. Einer von ihnen bemerkte meinen verstohlenen Blick im Vorübergehen und entsicherte seine Maschinenpistole. Im Sommer 1992 hatte man siebentausend Mann starke Truppen vom Kontinent nach Sizilien beordert. Drei Jahre später waren sie immer noch da. In gewisser Hinsicht stellte die Operation »Sizilianische Vesper« nur eine weitere Invasion durch eine fremde Macht dar, deren unpassend gewählter Name an die blutige Erhebung der Einheimischen gegen die französischen Besatzer aus dem Haus Anjou erinnerte, bei der binnen Tagen Tausende niedergemetzelt wurden.

Die neue Unterkunft lag meinem eigentlichen Ziel noch näher, der *panelleria*. Vieles von dem, was das Beste Siziliens ausmacht, hat seit der Zeit der Araber überdauert, und das flache, pfannkuchenartige Gebäck aus Kichererbsenmehl gibt es hier wohl schon seit dem neunten Jahrhundert. Nirgendwo anders als in Palermo habe ich je *panelle* entdeckt, und dort kaum anderswo als auf dem Vucciria-Markt. Die *panelleria* lag in einer Seitengasse nahe dem winzigen Marktplatz, ein schmaler, schmuckloser Raum an der Straße mit einem Tisch zum Ausstanzen der kleinen Rechtecke aus Kichererbsenteig und einem Bottich mit heißem Öl zum Ausbacken. *Panelle* sind ein preiswertes und frugales Nahrungsmittel, doch eingebettet in Überfülle.

> Wie bei gewissen süßen und würzigen Gerichten, die alles in sich bergen, wo Würze sich mit Süße mischt und Süßes mit Würzigem, Gerichten, die gleichsam den Traum eines Hungrigen wahr werden lassen, so finden sich auch die besonders üppigen und überbordenden Märkte, die reichhaltigsten und festlichsten und barocksten von allen, in den armen Ländern, über denen stets die Schemengestalt des Hungers schwebt ... in Bagdad, Valencia oder in Palermo ist ein Markt nicht einfach nur ein Markt ..., er ist eine Vision, ein Traum, ein Traumbild.

Der Markt, den der sizilianische Schriftsteller Leonardo Sciascia hierbei im Sinn hatte, war die Vucciria. Es war mir wie ein Traum erschienen, als ich viele Jahre früher am Ende eines Sommers zum erstenmal dorthin gelangte. Wann immer ich nach Palermo zurückkehrte, stets führte mich der erste Weg zum Markt. Er war der Angelpunkt, an dem ich mich orientieren konnte. Bei jenem ersten Mal, einundzwanzig Jahre zuvor, war ich aus Enna gekommen, dem hochgelegenen, ausgedörrten, kahlen Mittelteil der Insel, der ärmsten Provinz Italiens, und hatte planlos die Ruinen der Altstadt durchstreift. Das alte Zentrum von Palermo war 1943, in den Monaten vor der alliierten Invasion Siziliens, bis auf die Grundmauern zerstört worden. Viele – insgesamt etwa ein Drittel – der schönsten Gebäude, Paläste aus dem siebzehnten und achtzehnten Jahrhundert, die Familiensitze des sizilianischen Adels, waren vernichtet.

Nun waren auch andere europäische Städte in den vierziger Jahren zerbombt worden, und viele weit schlimmer als Palermo. Doch nur in Palermo lag die Altstadt auch dreißig, ja fünfzig Jahre danach immer noch in Trümmern. Treppen führten ins Leere, Fenster gaben den Blick in den Himmel frei, Unkraut wucherte büschelweise in den Mauern, hölzerne Dachbalken reckten sich gen Himmel wie die Rippen verrottender Kadaver. Allmählich zerfiel selbst das, was heil geblieben war, zu Schutt und Staub. In den frühen siebziger Jahren wohnten noch mehr Menschen in den zumindest halbwegs intakten Gebäuden, und es muß wohl ein Montag gewesen sein, weil Wäschestücke, wie Fahnen quer über die Gassen gespannt, unter der sengenden Sonne in alle Richtungen flatterten und sich bauschten. Es war ein glühendheißer Tag. Als ich den Vucciria-Markt über eine schmale, gewundene Gasse erreichte, trat ich aus der Kulisse auf eine Bühne, wo das Spiel in vollem Gange war. Die Mittagssonne fiel senkrecht auf den winzigen Platz, und die Standbesitzer hatten Sonnendächer aus braunem Stoff aufgespannt. Die Piazzetta des Vucciria-Markts war so eng und tief gelegen, daß man sie auf der einen Seite nur über eine Treppe wieder verlassen konnte, und wenn sämtliche Sonnensegel ausgefahren waren, verdeckten sie den Ausblick zum Himmel und schlossen alles darunter in eine Art Zirkuszelt. Die Sonne, die auf das rötlichbraune Segeltuch niederbrannte, erfüllte den Raum mit einem warmen, diffusen Licht, und unter den Zeltdächern fingen und verdichteten sich die Ausdünstungen der Lebensmittel, die dort aufgetürmt lagen. Dies war der Bauch von Palermo, und zugleich sein Herz. Was aller Augen auf sich zog in jenem konzentrierten, grandiosen, nahezu klaustrophobisch geschlossenen und doch offenen Theater, das waren die großen Fische. Offen auf dem Tisch lag dort mit schwarzen Augen, silbernem Rapier und gebogenem Schwanz ein Schwertfisch, dessen Leib zum Großteil bereits zerlegt war, neben Blöcken von blutrotem Thunfisch.

Schwert- und Thunfisch wurden flankiert von vielen kleineren Fischsorten, gestreiften Makrelen und fetten Sardinen, dazu Tintenfisch, Garnelen, Oktopus und Kuttelfisch. Schalentiere waren, soweit ich mich erinnere, nicht darunter. Woran ich mich erinnere: wie das diffuse rötliche Licht des Marktes das durchscheinend rote Fleisch der großen und die silbrig glitzernde Haut der kleinen Fische hervorhob. Auch das Fleisch war in jenem hitzeschweren, gedämpften Licht leuchtend rot, röter als gewöhnlich. Rascher glitt der Blick über die Reihen abgehäuteter Ziegenköpfe mit ihren melancholischen, tiefschwarzen Augen hinweg. Was gab es nicht alles, neben den Knäueln perlmuttschillernder Eingeweide: Fleisch von Pferd, Rind und Schwein, Kalbfleisch sowie magere mediterrane Zicklein und Lämmer. Mattgelbe Hühner, aufgeknüpft an ihren leuchtendgelben Füßen, der rote Kamm nach unten weisend, und ganze Batterien von Eiern. Früchte und Gemüse gehörten dem Sommer, spiegelten in ihren Farben die Sonne. Purpurne und schwarze Auberginen, hell- und dunkelgrüne Zucchini, rote und gelbe Paprika, Kisten eiförmiger San-Marzano-Tomaten. Stachlige Indische Feigen, rosig angehaucht, Trauben, schwarz, purpurn, gelb und weiß, längliche gelbe Honigmelonen, runde, gefurchte Canteloupe-Melonen, zerteilte Schnitze von Wassermelonen in Rot, Weiß und Grün, durchsetzt mit großen schwarzen Kernen, gelbe Pfirsiche und *percocche*, violette und grüne Feigen, kleine gesprenkelte Aprikosen. Die Früchte zierte ein Kranz aus grünen Zweiglein.

Wahrscheinlich war es noch zu früh für Orangen, aber Zitronen gab es gewiß. Vielleicht war auch nur eine Sorte Feigen vorhanden. *An jenem Tag.* Es gab Brot, Käselaibe, Säcke mit Kichererbsen, Linsen, weißen Bohnen und Nüssen, reihenweise Ölflaschen und Tomaten in Dosen, große offene Büchsen mit gesalzenen Sardellen und Thunfisch in Öl, Blöcke von getrocknetem Thunfischrogen, es gab Weinläden und Kaffeebars. Die fettreichen Erzeugnisse des Nordens, Schinken und Salami, Parmesan und Gorgonzola, waren weniger leicht zu finden. Die *odori* präsentierten sich in einer Seitengasse der Piazza, eine staunenswerte Fülle von Thymian und Oregano, Majoran und Rosmarin in staubigen, welkenden Büscheln, mit der Wurzel ausgerissene Chilisträucher, die Blätter noch grün und die Schoten üppig, größere Chilis, zu lackglänzendem Dunkelrot getrocknet, die in Strängen wie Hörner gegen den bösen Blick aufgehängt waren, zu Zöpfen geflochtene Knoblauchknollen, papierweiß mit einem Hauch von lila, an deren Wurzelhärchen trockene Erdbrösel hingen, Fässer mit Oliven – schwarze und grüne, kleine und große, in Salzlake und in Öl, gewürzt und ungewürzt. Der Stand duftete wie ein Hügel in Sardinien an einem frühen Sommermorgen, ein Konzentrat wohlriechender mediterraner Sträucher.

Ich zähle diese Dinge hier auf, weil viele von ihnen mittlerweile verschwunden sind. Die Vucciria im Sommer 1995 präsentierte sich als ein allmählich verdämmernder, dahinschwindender Ort, und es schien keine Worte zu geben, die jene einstige Fülle wieder hätten ins Gedächtnis rufen können. Was man vormals in der Vucciria und auf all den Märkten des Südens fand, waren die kompakten, angeschlagenen, unregelmäßigen und starkfarbigen Früchte schwerster Arbeit. Der tiefere Sinn jener Erzeugnisse erschloß sich aus ihrem Äußeren, und dieses entzog sich allen semantischen Deutungsversuchen. Vielleicht wäre es in einem Bild einzufangen gewesen. Geschmack, Struktur, was durch Kochen und Kombinieren aus jedem einzelnen werden konnte – auch darüber entschied das Auge. Aroma war Form und Farbe, Frische war sichtbar – am Glanz im Auge eines Fisches, dem glänzenden Film einer Aubergine, der Elastizität eines Blattes, an dem von Hühnerdreck feuchten Fetzchen Stroh, das noch an einem Ei klebte.

In der Vucciria wurde nicht gebrüllt. Wir waren schließlich nicht in Neapel. Die Menschen in Sizilien bewegten sich ruhig und zielbewußt, und wenn sie sich vernehmen ließen, klang aus ihrem Tonfall eher Tadel als Protest. Heute erfährt die Schweigsamkeit der Käufer und Verkäufer, der Hausfrauen, der Erzeuger und der Arbeiter noch eine Steigerung durch die traumgleiche Patina der Erinnerung und das Gefühl, wie in einem Aquarium gefangen zu sein, inmitten jener aufgehäuften Schätze der Erde und des Meeres, die dort unter dem Zeltdach schimmern. Und wo hoch über den schmalen Gassen die verblichenen Baumwollaken sich im Veitstanz der Sonne entgegenschleudern. Jahre, nachdem ich Eingang in diesen Traum eines Hungrigen gefunden hatte, erfuhr ich, daß die dort zur Schau gestellte üppige Fülle eben zu jener Zeit in ein Bild gebannt worden war, wenn auch nicht in Palermo, nicht vor Ort gemalt. Es nahm im Sommer 1974 als Traumgespinst eines Malers im hohen Norden Italiens Form an, und als Leonardo Sciascia im folgenden Winter die Märkte des Mittelmeers in ihrer Süße und Würzigkeit besang, beschrieb er nicht den Markt selbst, sondern eben jenes Gemälde *Die Vucciria*, jenen Traum von Sciascias Freund, dem berühmten sizilianischen Maler Renato Guttuso; damals war in Palermo erstmals das Gemälde zu sehen, das in der Folge zur Ikone, zum Idealbild der Stadt von sich selbst werden sollte. In seiner bildlichen Darstellung des Traums von mediterraner Fülle und der Menschen, die sie ernteten und verzehrten, vergegenwärtigte es etwas, das nicht länger der Realität entsprach. Die Altstadt und der Markt als ihr Lebensquell waren bereits im Dahinschwinden begriffen, als Guttuso sie aus weiter Entfernung malte. Hätte ich den Markt an jenem ersten Sommertag, getrieben von Hunger, nicht mit eigenen Augen gesehen, wären mir nunmehr Zweifel gekommen, ob er je existiert hatte.

Der Name Guttuso führte zu einem Sprung, weitere zwei Jahrzehnte zurück. 1954 war kein sonderlich gutes Jahr für England – die Euphorie über die Krönung hatte sich gelegt, die Demütigung in der Suez-Krise stand noch bevor. Allerdings wurde 1954 die Lebensmittelrationierung aufgehoben, und gegen Ende des Jahres erklärte Evelyn Waugh *Italian Food* von Elizabeth David zu einem seiner beiden Lieblingsbücher des Jahres. Elizabeth David zeigte sich *überwältigt von dem Kompliment*, zumal seitens eines Schriftstellers wie *Mr. Evelyn Waugh, dessen Bücher mir mehr Vergnügen bereitet haben, als darzulegen in meiner Macht steht.* Sie war besonders dankbar, weil das Buch ihr viel Ärger eingetragen hatte. *Teigwaren, nichts als Teigwaren. Pappiges Essen haben wir hier doch schon mehr als genug*, bekam sie von ihren englischen Freunden zu hören, als sie daran ging, Material zu sammeln. Erst hatten die ungenauen Angaben der noch nicht vom Industriezeitalter konditionierten italienischen Köche sie zum Wahnsinn getrieben, dann war sie vom *Fieber, mich mitzuteilen*, gepackt worden und schließlich heimgekehrt, um dort von ihrem desinteressierten Verleger einen Dämpfer aufgesetzt zu bekommen. Die Arbeit zweier Jahre schien vergebliche Liebesmüh gewesen zu sein. Dann aber trafen die langerwarteten, von Renato Guttuso versprochenen Illustrationen eine nach der anderen aus Rom bei ihr ein.

> Allein um diese phantastischen Zeichnungen und das grandiose Umschlagbild für mein Buch zu bekommen ..., hätte ich die ganze Qual des Schreibens ein weiteres Mal auf mich genommen.

Die Unsentimentalität war es, die ihr an den Illustrationen gefiel. Die billigen, zerbeulten Aluminiumpfannen, die heißhungrigen Nudelesser, die glänzenden, fetten Salamiwürste, die Artischockenbündel: alles war dem Alltag entnommen,

> doch von Guttuso mit einer durchaus gefährlich lodernden Vitalität ausgestattet; bei diesem Künstler entpuppt sich selbst das Strohgeflecht um einen Flaschenhals als etwas in seiner Sinngebung und Intensität durch und durch Bedrohliches.

Elizabeth David erfaßte hiermit die Zeichnungen so gut wie die Kochkunst. Ihr Buch stand den Illustrationen in nichts nach. *Italian Food* war eine grandiose Hymne auf die Intensität alltäglicher kulinarischer Freuden und eine anhaltende Absage an typisch englisches Essen, eine Absage, die mit jeder neubearbeiteten Auflage heftiger zu werden schien. Vierzig Jahre nach der Erstpublikation von Elizabeth Davids Buch – und kurz nach dem Tod der Autorin – wurde *Italian Food* weiterhin aufgelegt und mit Begeisterung gelesen. Auch die Ausgabe von 1995 enthielt Elizabeth Davids leidenschaftlichen Hymnus auf Guttusos Zeichnungen, nicht mehr jedoch den Gegenstand ihres Lobs. In der Neuausgabe waren Guttusos Illustrationen getilgt; nur die wunderschönen Zitronen überlebten, in Farbe, auf dem Titelbild der Penguin-Ausgabe. Die anderen waren durch Radierungen aus einem Kochbuch des sechzehnten Jahrhunderts ersetzt worden. Ein weiterer winziger Schritt auf Guttusos Weg in die Vergessenheit. Gute zwanzig Jahre zuvor hatte er, auf dem Höhepunkt seines Ruhms, *Die Vucciria* gemalt.

Für mich war es bei jener ersten, glühenden Sommervision von Palermo nicht geblieben; bis 1995 war ich mehrmals dorthin zurückgekehrt. Der zweite Aufenthalt fand fünf Jahre nach dem ersten statt, gegen Ende der siebziger Jahre; ein regnerischer Winter nahm seinen trübsinnigen Abschied, als ich begann, die Schatten in Palermo wahrzunehmen. Ich hatte bis zu diesem Zeitpunkt einige Jahre in Neapel gelebt, das damals bereits dem Verfall anheimgegeben und dennoch intakt war. Die alte Hauptstadt des bourbonischen Königreichs gehörte den Menschen, die darin lebten. Was eingestandenermaßen vor allem daran lag, daß sie in Vergessenheit geraten war. Man lebte in Neapel, im gesamten Stadtzentrum, und zwar dicht gedrängt. Es war eine Stadt, deren Bewohner die Straße als ihren Lebensraum ansahen und sich dort bis in die frühen Morgenstunden tummelten. Es war eine Stadt, deren Tage, Wochen und Jahreszeiten sich für jedermann nach Essenszeiten, nach Feiertagen und nach dem Meer bemaßen. Der neunzehnte März beispielsweise war der Tag von San Giuseppe, und das bedeutete *zeppole*, ein muschelförmiges, lockeres Gebäck aus Eierteig, in dessen Mitte ein Tüpfelchen gelbliche Konditorcreme und ein Klecks bittere Kirschmarmelade eingedrückt wurden; das Ganze, mit Puderzucker bestreut, war alle paar Meter heiß und frisch aus dem Ofen zu erstehen. Es bedeutete, daß die Straße, in der ich wohnte, eine Hauptader des Geschäftsviertels, sich aus unerfindlichen Gründen in einen Tiermarkt verwandelte, auf dem es von Ziegen, Schildkröten, Entchen, Goldfischen, jungen Hunden und Affen nur so wimmelte.

Als ich gegen Ende der siebziger Jahre nach Palermo zurückkam, hatte ich ein gewisses Gespür für den ganz eigenen Reichtum und die feinen Nuancen des städtischen Lebens im Mezzogiorno entwickelt, und im Vergleich zu Neapel wirkte Palermo trostlos und öde. Außerhalb der Geschäftszeiten war alles geschlossen und verrammelt, kein Mensch ließ sich auf den Straßen blicken. Zum erstenmal sah ich, wie weit der Verfall im Zentrum schon fortgeschritten war – all der Schutt, die verlassen wirkenden Gebäude, denen man nicht ansehen konnte, ob noch jemand darin lebte. Der Regen ließ den säuerlichen Geruch von moderndem Mauerwerk erst recht durchdringend in die Nase steigen. Das einzige Lebenszeichen nach Einbruch der Dunkelheit waren stumme Autokolonnen auf den Hauptstraßen. Am gespenstischsten war das neuere Viertel, der vornehme Teil der Stadt, den ich bisher nie zu Gesicht bekommen hatte, mit seinen endlosen Reihen großer Appartementblocks entlang der Via della Libertà, die an die Stelle der Jugendstilvillen und der Parks aus der Belle Époque getreten waren. In der unheildräuenden Stille von Palermo ging mir auf, daß es hier, anders als in Neapel, immensen Reichtum geben mußte. Naiv befragte ich ein paar Leute über die Mafia. Meine Gesprächspartner reagierten durchweg mit höflichem, verwirrtem Zwinkern, legten den Kopf leicht schräg und warfen mir einen fragenden Blick zu, um dann zu verschwinden. Mafia?

An jenem ersten Sommertag in der Vucciria hatten die aufgespannten Zeltmarkisen alles verdeckt, was sich oberhalb der Marktstände befand. Erst bei meinem zweiten Besuch, an einem regnerischen und scheußlichen Abend, an dem die Markisen eingerollt waren, entdeckte ich am Rand des winzigen Platzes ein Gebäude mit einer offenen Veranda im ersten Stock, von der man auf den Markt blicken konnte. Das war das Shanghai, ein Speiselokal, von einer Seitengasse zu betreten. Man ging durch eine schmale Tür und eine enge Treppe hinauf; oben landete man zunächst in der Küche und war damit auch gleich auf der Veranda. Die äußerst schlichten und hygienisch nicht eben einwandfreien Gerichte wurden auf einem Herd zubereitet, der ebenfalls draußen auf der Veranda stand. Das einzig Chinesische an dem Ganzen war der Name. Ich weiß nicht mehr, ob er an einen fernen Anlaufhafen aus den Seefahrertagen des Besitzers erinnern sollte. An jenem regnerischen, stürmischen Abend verzehrte ich als einziger Gast im Schummerlicht der Veranda gefüllten Tintenfisch; der weißhaarige Besitzer, der vor lauter Überschwang zudringlich zu werden drohte, gab unterdessen Kostproben seiner gesammelten, in einem Schulheft niedergeschriebenen Gedichte zum besten. Seine volltönende Stimme drang von der Veranda bis auf den dunklen, leeren Marktplatz.

Nun, im Sommer 1995, war Heroin eines der wichtigsten Handelsgüter im Viertel rund um den Vucciria-Markt. Die Häuser hatten sich weiter drastisch entvölkert. Auf den Straßen von Palermo wurde schlechtes Heroin verkauft, und die Junkies starben wie die Fliegen. Es gab Morde in der Vucciria, und alle paar Tage fanden Razzien statt. Am Tag zuvor hatte eine Meute sich eine Polizeistreife vorgeknöpft und sie übel zugerichtet. Es war Mittagszeit, und die Sonne schien, als ich dort eintraf, um festzustellen, daß die Tische auf der Veranda des Shanghai von lauter rosahäutigen, grauhaarigen Ehepaaren aus dem nördlichen Europa besetzt waren. Außerdem war noch ein Fernsehteam aus Norditalien da. Ein paar lustlos wirkende Mädchen teilten mir mit, ihrem Großvater gehe es nicht gut. Woher der Name Shanghai rührte, wußten sie nicht. Da müsse ich ihn schon selbst fragen, sagten sie. Sie konnten nicht angeben, wann er zurück sein würde. Und seine Poesie? fragte ich. Schrieb er immer noch Gedichte? Meistens sei er zu sehr mit Weintrinken beschäftigt, um ans Gedichteschreiben zu denken, versetzte die Enkelin des Dichters bissig und rieb mit einem schmierigen Geschirrtuch über die Resopalfläche. Da es mir ohnehin vor allem um die *panelle* zu tun war und es im Shanghai keine gab, stieg ich hinunter zur *panelleria* und schlug mir den Bauch voll.

Die Verödung von Palermo – das klang so entrückt wie die Sizilianische Vesper, und doch fand sie in den fünfziger und sechziger Jahren statt. Zum Großteil geschah sie in vier Jahren und durch zwei Männer. Salvo Lima und Vito Ciancimino gehörten zu den ersten Mitgliedern und schnellen Aufsteigern in der christdemokratischen Partei, der Democrazia Cristiana, die nach Kriegsende in Italien von konservativen Politikern gegründet worden war. Von 1945 bis 1992, als alles zerfiel, waren die Christdemokraten an jeder Regierung beteiligt. Außerhalb Italiens genoß die DC offene und versteckte Unterstützung durch die Vereinigten Staaten dank deren fanatischen Bemühungen, sich der kommunistischen Bedrohung entgegenzustemmen, und innerhalb Italiens konnte sie der Rückendeckung des Vatikans gewiß sein, dem nicht weniger daran gelegen war, das atheistische Kommunistenpack mit Stumpf und Stiel auszurotten. Das Fundament der Partei jedoch waren der Mezzogiorno und insbesondere die *Freunde* in Sizilien. Von der Mafia war in Sizilien nicht die Rede, sehr wohl aber von den *Freunden.* Und während der ersten Nachkriegsjahre hieß der mächtigste Parteiführer in Sizilien Salvo Lima, und Salvo Lima war mehr als nur ein Freund. Er war ein *Ehrenmann*, ein geweihtes Mitglied der Cosa Nostra, gebunden durch einen lebenslang gültigen Eid, den Interessen der Mafia zu dienen. Als mächtigster Politiker Siziliens zählte er zu den maßgeblichen Figuren in Italien.

Salvo Lima wurde 1958 zum Bürgermeister von Palermo gewählt – womit die Verödung der Stadt ihren Anfang nahm – und wandte sich nach vier Amtsjahren größeren Aufgaben zu. Er brachte es bis zum stellvertretenden Minister in Rom und wurde als Abgeordneter ins Europäische Parlament entsandt. Vito Ciancimino wirkte unter Lima als Baudezernent und später selbst als Bürgermeister von Palermo. Lima und Ciancimino bildeten ein interessantes Gespann. Ciancimino war der Sohn eines Friseurs aus Corleone, der seinen sorgfältig gestutzten sizilianischen Barbierschnurrbart ebenso beibehielt wie seine bäuerliche Ungeschliffenheit, und dies noch lange über seinen Wechsel nach Palermo und in die Gefilde der Politik hinaus. 1984 wurde er als erste prominente Persönlichkeit verhaftet, vor Gericht gestellt und schließlich wegen Mitgliedschaft in der Mafia verurteilt. Sein damals konfisziertes persönliches Vermögen belief sich auf zwölf Millionen Dollar. Lima hingegen war eigentlich zu mächtig, um ernsthaft in Schwierigkeiten zu geraten. Wenn die Macht eine gewisse Schwelle übersteigt, ist sie über jegliche Verlegenheit erhaben. Weißmähnig, stets in Seide gekleidet, war Salvo Lima ein echter Grandseigneur, und sobald er in Palermo ein Restaurant betrat, verstummten die Gäste und kamen herbei, um ihm die Hand zu küssen. Lima und Ciancimino arbeiteten als gutes Team im Interesse der Freunde, wovon die Wandlung Palermos binnen vier Jahren ein beredtes Zeugnis ablegte.

In jenen ersten vier Jahren ihrer Kooperation erwirkten die beiden alles in allem viertausendzweihundert Genehmigungen für neue Bauvorhaben in der Stadt. Nahezu drei Viertel dieser Genehmigungen, insgesamt über dreitausend, ergingen an fünf obskure Gestalten, die entweder Analphabeten oder bereits pensioniert waren und lediglich als Strohmänner für die Interessen der Mafia dienten. Die Gebäude im alten Stadtzentrum, darunter zahlreiche imposante Paläste aus dem siebzehnten und achtzehnten Jahrhundert, ließ man mutwillig verfallen und sorgte dafür, daß ihre weniger bemittelten Bewohner in billig von der Mafia hochgezogene Mietskasernen am Stadtrand umzogen. Wer Geld hatte, wurde mit sanfter Gewalt in die eleganteren Wohnblocks umdirigiert, die aus den Ruinen der einst glanzvollen Villen und Parks entlang der Via della Libertà, einer zentraler gelegenen Verkehrsader, erwachsen waren. In den fünfziger, sechziger und siebziger Jahren verdoppelte sich die Gesamtbevölkerung Palermos, wohingegen die Einwohnerschaft im alten Zentrum um zwei Drittel schrumpfte. 1995 waren Lima und Ciancimino aus dem Verkehr gezogen, ihr Werk jedoch überdauerte. Ein Gang durch die neuen Viertel Palermos mit ihren wie Krebszellen gewucherten, gesichtslosen Betonquadern bot tiefe Einblicke in die Geisteswelt der Mafia. Hier enthüllte sie ihren totalitären Charakter, der einem selbst an Sommertagen Schauer über den Rücken jagte. Jahrzehntelang lag Italiens Verbrauch an Zement pro Kopf höher als in jedem anderen Land der Welt, und in Sizilien war das Baugeschäft fest in der Hand der Cosa Nostra. Bauwesen, Grundstückserschließung und Immobiliengeschäfte waren einst die Haupteinnahmequellen der Mafiaunternehmen gewesen. Nun dienten sie zur Geldwäsche der Einkünfte aus dem Drogenhandel.

Lima und Ciancimino hatten noch mehr gemeinsam als nur die Mafia. Beide waren sie loyale Anhänger Andreottis. Der Römer Giulio Andreotti hatte nach dem Krieg in der DC einen überaus erstaunlichen Aufstieg absolviert. Er war ein kluges, schmächtiges, buckliges Männchen mit dicken Brillengläsern, dichtem schwarzen Haar und dreieckigen Ohren, die wie bei einer Fledermaus von seinem Kopf abstanden. Den Krieg hatte er als Sakristeiratte im Vatikan und in katholischen Studentenorganisationen überdauert, begann sodann seinen Aufstieg im Schatten des Parteigründers und wurde 1947, mit nur achtundzwanzig Jahren, Kabinettsminister. Obwohl er in der Folge praktisch jeder italienischen Regierung angehörte, hatte es Andreotti in den fünfziger und sechziger Jahren doch nie bis zum Ministerpräsidenten gebracht – seine Gruppierung innerhalb der DC war zu klein. Es fehlte ihm an einer breiten Basis in der Wählerschaft und demzufolge auch an Einfluß in der Partei; wenn sich daran nichts änderte, würde ihm die Regierungsführung für immer verwehrt bleiben. Daher war es nur natürlich, daß eine so besessen machthungrige Figur wie der zwergenhafte Asket Andreotti seine Wahlchancen zu verbessern wünschte und dazu sein Augenmerk auf Sizilien richtete.

Nachdem Salvo Lima 1968 mit überwältigender Stimmenmehrheit als Abgeordneter ins italienische Parlament gewählt worden war, schloß Andreotti mit ihm einen Handel. Bevor sie ihre Allianz förmlich besiegelten, riet Lima Andreotti, seinetwegen zunächst bei der Antimafia-Kommission des italienischen Parlaments auf den Busch zu klopfen – bei jener Kommission, in deren Bericht er später eine so tragende Rolle spielen sollte. *Ich wußte, daß es Gerede über mich gab*, sagte er im nachhinein, *und wollte ihn deswegen nicht in Schwierigkeiten bringen. Giulio fragte nach und teilte mir mit, es sei alles in Ordnung.* Und dabei blieb es, jahrelang, obwohl die parlamentarische Kommission Lima kurz darauf als ein zentrales Element in der Machtstruktur der Mafia von Palermo identifizierte. Limas politischer Einfluß in Sizilien sicherte Andreotti gute drei Jahre später die erste seiner insgesamt sieben Amtszeiten als Ministerpräsident. Von diesem Moment an war Sizilien Andreottis Machtbasis. Elf Jahre später wurde Lima, wiederum mit einem überaus imposanten Stimmenvorsprung, in das Europäische Parlament gewählt, ließ sich jedoch aus Zeitmangel kaum je in Straßburg blicken. Er wurde in Rom gebraucht. Andreotti war in jenen Tagen *Giulio der Gott*, und Lima war Giulio Andreottis Statthalter in Sizilien. Jahrzehntelang galt er als der mächtigste Mann in Palermo.

Als solcher hielt sich Salvo Lima eines milden Frühjahrsmorgens, am zwölften März 1992, in seiner weinrot getünchten Villa nahe dem Strand von Mondello auf. Er empfing Verbündete und Geschäftspartner im Salon, an dessen Wand eine wertvolle Skizze von Renato Guttuso hing; es war eine Vorstudie zu seinem Gemälde *Die Vucciria*, jener Verherrlichung von Markt und umliegendem Viertel, welche Lima als Bürgermeister fast bis auf den letzten Blutstropfen ausgesaugt hatte. Die Skizze hing neben einem Foto von Lima mit den Gebrüdern John F., Bobby und Teddy Kennedy. An jenem Vormittag führte Lima Gespräche über den zu erwartenden Ausgang der italienischen Parlamentswahlen. Sie sollten in drei Wochen stattfinden, und die Aussichten waren gut. Nach zwei aufeinanderfolgenden Amtszeiten als Ministerpräsident hatte Giulio Andreotti beschlossen, sich der Wahl zum Staatsoberhaupt zu stellen.

Hinter Andreottis Entscheidung, sich direkt vom Volk wählen zu lassen, stand eine bestrickende persönliche Logik, die jedoch mit dem Volk an sich nicht das geringste zu tun hatte. Im Vormonat war in Mailand ein häßlicher Korruptionsskandal aufgedeckt worden, dem ein Ermittlungsrichter namens Di Pietro zielstrebig nachforschte. Diese Angelegenheit konnte sich für die Regierungsparteien nur zu einem immer größeren Schlamassel auswachsen. Für Andreotti bot es sich an, den Kampfring um höherer Aufgaben willen zu verlassen. Präsident Cossiga, der sich zunehmend bizarr gebärdete, schien zur allgemeinen Erleichterung gewillt, sein Amt als Staatsoberhaupt vorzeitig aufzugeben. Er, der um eine Unzahl christdemokratischer Geheimnisse wußte, hatte in letzter Zeit verstärkt zu öffentlichen Wutausbrüchen sowie zu langen, seltsam unzusammenhängenden Tiraden geneigt, welche die Nerven seiner Parteigenossen auf eine harte Probe stellten. Sie wußten nie, was er als nächstes von sich geben würde. Ob Cossiga nun von selbst ging oder gegangen wurde, jedenfalls bedeutete sein Rücktritt, daß das Amt des italienischen Ministerpräsidenten und das des Staatsoberhauptes gleichzeitig vakant waren. Bettino Craxi, der als Sozialist in den achtziger Jahren zwei höchst lukrative Amtszeiten genossen hatte, wollte nur zu gern ein weiteres Mal auf dem Sessel des Ministerpräsidenten Platz nehmen. Der Handel, ein mehr als offenes Geheimnis, lief darauf hinaus, daß Craxi seinen Willen bekäme und das Entgelt für die DC darin bestand, Giulio Andreotti als finale Apotheose zum Staatsoberhaupt zu küren. Zwar verfügte er damit im Alltagsgeschäft über weniger Macht als der Ministerpräsident, doch war er derjenige, der Regierungen ernannte und auflöste, und dies in einem Land, das pro Jahr mindestens einmal die Regierung wechselte. Der italienische Präsident hatte politischen Einfluß. So lief es nun einmal in Italien, und ein paar Stimmen des Volkes mehr oder weniger bei der Wahl hätten daran auch nichts geändert. Zweifellos hielt Lima einen direkten Zugriff auf die Machtzentrale in Rom für nicht uninteressant.

Etwa gegen halb elf Uhr vormittags machte er sich in Begleitung zweier Besucher auf den Weg zum Hotel Palace, wo zwölf Tage darauf im Rahmen der Wahlveranstaltungen ein Dinner mit Giulio Andreotti stattfinden sollte. Andreotti selbst wurde schon am folgenden Tag erwartet, er würde den Startschuß für die Wahlkampagne in Sizilien geben. Lima und seine Freunde waren kaum losgefahren, als ein Motorrad der Marke Honda 600 XL mit elektronischer Benzineinspritzung, auf dem zwei behelmte Jugendliche saßen, ihren Wagen überholte. Vom Motorrad aus wurden Schüsse abgegeben. Der Wagen kam abrupt zum Stehen, und die drei Würdenträger krabbelten heraus. Lima kreischte *Sie kommen zurück!*, kämpfte sich aus seinem grünen Lodenmantel und rannte los. Es waren seine letzten Worte. Seine leichten Halbschuhe, weich wie Handschuhleder, eigneten sich nicht zum Spurt, und es mußte schon sehr lange her gewesen sein, daß er mit seinen wabbligen Schenkeln überhaupt gerannt war. Als nächstes sahen seine beiden Begleiter von ihrem Versteck hinter einem Müllcontainer den ehrenwerten Signor Lima mit dem Gesicht nach unten tot am Boden liegen. Der Schuß hatte aus kurzer Entfernung sauber, leicht schrägwinklig, seinen Hinterkopf durchschlagen. Die Mörder ignorierten die beiden anderen Potentaten der DC, die hinter dem Abfallbehälter kauerten, einer davon ein Philosophieprofessor, dem Lima einen Vorstandsposten bei der staatlichen Eisenbahngesellschaft verschafft hatte, und entfernten sich in aller Seelenruhe. *Die Freunde hegten keinen Respekt mehr für ihn*, lautete die spätere Erklärung von Gioacchino Pennino, einem in Palermo ansässigen Arzt, Ehrenmann und DC-Politiker, der zum ersten politischen *pentito*, sprich reuigen Mafioso, wurde. In der Anklageschrift gegen die Führung der Cosa Nostra, die für den Mord verantwortlich gemacht wurde, stellten die Staatsanwälte Lima als *Botschafter der Cosa Nostra in Rom* hin. Dies war eine spätere Diktion. *Salvo*, so die ehrerbietige Aussage eines engen Mitarbeiters kurz nach der Schießerei und entsprechend vorsichtig formuliert, unter Ausnutzung des ganzen lateinischen Abstraktionspotentials der Sprache, *war ein Meister der Synthese.* Welcher Art, ließ er in der Schwebe.

Dennoch führte bei Limas Ansehen innerhalb der DC für gewisse Leute kein Weg an seiner Beerdigung vorbei, so gern sie angesichts der plötzlich aufkommenden Fragen über die Beziehungen zwischen Regierung und Mafia ihre Teilnahme auch abgesagt hätten. Der immer noch als Staatspräsident amtierende Christdemokrat Cossiga ließ zunächst verlauten, es handle sich eindeutig um ein Mafiaverbrechen, ohne jede Verknüpfung mit dem Staat, und *er* für seinen Teil habe nicht vor, dem Ermordeten die letzte Ehre zu erweisen. Wer oder was auch immer seine Meinung änderte, jedenfalls kam er schließlich doch, ebenso wie der Parteisekretär der DC. Und auch Ministerpräsident Andreotti, der vielleicht nicht ganz unschuldig am Erscheinen der anderen war. Man registrierte allgemein betroffen, wie in sich zusammengesunken, verschreckt und eingeschüchtert der Ministerpräsident bei Limas Beisetzung wirkte. Claudio Martelli, der damalige Justizminister, erinnerte sich zwei Jahre später an seinen Eindruck von Andreotti nach Limas Ermordung. *Sein Gesicht war noch wächserner als gewöhnlich. Er hatte panische Angst, entweder weil er das Ganze nicht begriff, oder eben weil er es begriff.* Eingemummt in seinen dicken Mantel sah Andreotti aus wie eine betagte Schildkröte, die sich in ihrem Panzer verkroch. Aufs äußerste gereizt durch die Medien, die seinen Namen beharrlich mit dem des letzten Opfers der Cosa Nostra, ihrer prominentesten Leiche, in Verbindung brachten, fauchte Ministerpräsident Andreotti einige Tage später, es sei *gänzlich absurd, noch die Toten in politische Gruppierungen auseinanderdividieren zu wollen.* Das Präsidentenamt, das einzige, das er je angestrebt und nie erhalten hatte, rückte in unerreichbare Ferne. Als Trostpreis wurde er zum Senator auf Lebenszeit ernannt, *für außerordentliche Verdienste um die Republik.* Es nicht zum Präsidenten gebracht zu haben, war jedoch nicht einmal mehr das größte Ärgernis für Andreotti. Er konnte wohl kaum umhin, in jenem Mord ein böses Vorzeichen zu sehen.

Als einer der ersten traf Paolo Borsellino am Schauplatz von Limas Ermordung ein. Da stand er, der stellvertretende Chefermittler von Palermo, federführend im Kampf Siziliens gegen die Mafia, betrachtete die Leiche und schüttelte den Kopf. Während andere sich noch fragten, welcher römische Politiker die Freunde um die Beseitigung Limas in Palermo gebeten haben mochte, schüttelte Borsellino den Kopf, weil er begriff, daß die Mafia soeben einen Schlußstrich unter ihre fünfundvierzigjährige Beziehung mit der DC gezogen hatte. Es war Borsellinos lebenslanger Freund und Kollege im Kampf gegen die Mafia, Giovanni Falcone, der jenen Wandel in Worte faßte. Das Verbrechen war nicht auf Anordnung eines Politikers geschehen. Im Frühjahr 1992 hatten die Politiker nichts mehr zu sagen. *Jetzt will die Mafia die Anordnungen erteilen*, sagte Falcone. *Und wenn die Politiker nicht Folge leisten, beschließt die Mafia, eben selbst in Aktion zu treten.*

Falcones wie Borsellinos Bekanntschaft mit Lima reichte weit zurück und über das berufliche Interesse hinaus, das sie im verflossenen Jahrzehnt als markanteste Vertreter der Staatsanwaltschaft bei der Jagd auf die sich immer furchteinflößender gebärdende Cosa Nostra in Palermo entwickelt hatten. Falcone und Borsellino waren in Limas Palermo aufgewachsen, nur wenige Straßen voneinander entfernt im ursprünglichen Stadtkern, einem Viertel, das unter seinem alten arabischen Namen La Kalsa bekannt war und zwischen Vucciria und dem Meer lag. Sowohl Falcones wie Borsellinos Familie hatten in den fünfziger Jahren ihre Häuser aufgrund neuer Bebauungsrichtlinien verlassen müssen. Beide, Falcone und Borsellino, stammten aus dem kampflustigen alten Kleinbürgertum des Mezzogiorno. Falcones Vater war stolz darauf, niemals einen Kaffee in einer Bar eingenommen zu haben, und sein Sohn achtete später peinlich genau darauf, jene kompromittierenden sozialen Kontakte zu vermeiden, die in Palermo nahezu unvermeidlich waren. Doch als Jungen waren sie unter den Mafiosi der Stadt aufgewachsen, mit ihnen zur Schule gegangen, kannten sie in- und auswendig, und es war jenes intime Wissen um Kultur, Werte und Denkweise der Mafia, das Richter Falcone und Richter Borsellino befähigte, später zu Mafiosi in Krisensituationen persönliche Beziehungen zu knüpfen, ihren Respekt zu erringen und sie zur Umkehr zu bewegen.

In den achtziger Jahren gab es durchaus Mafiosi in persönlichen Krisen, weil die Organisation selbst in der Krise steckte. Die Wertmaßstäbe der Mafia waren grundsätzlich in Frage gestellt. Während die Cosa Nostra in Palermo vom internationalen Handel mit Heroin und Kokain in bisher nie gekanntem Ausmaß profitierte, wurden gleichzeitig ihre alten Strukturen und freundschaftlichen Bindungen durch den Aufstieg eines von außerhalb kommenden, ungewöhnlich brutalen und heimtückischen Mafiaclans erschüttert: der Familie aus Corleone mit ihrem Oberhaupt Salvatore Riina, den die Ehrenmänner Onkel Totò nannten. Jene krisengeschüttelten Mafiosi, die sich zur Mitarbeit bereit fanden, ermöglichten es Falcone und Borsellino zum erstenmal in der Geschichte, sich ein detailliertes Bild von der bis dahin geheimen Organisation namens Cosa Nostra zu machen, deren Existenz ihre wohlmeinenden Freunde in den Rängen der Regierung, der Richterschaft, der Kirche und der Medien jahrzehntelang hartnäckig abgestritten hatten. Resultat jener Kollaboration war eine gerichtliche Niederlage von gewaltigem Ausmaß für die Organisation: ein Mitte der achtziger Jahre begonnener Massenprozeß, der mit allen Berufungsverhandlungen sechs Jahre andauerte und, kaum noch erwartet, zwei Monate vor dem Tod von Salvo Lima in letzter Instanz durch den Obersten Gerichtshof bestätigt wurde.

Falcone und Borsellino mußten für ihren Erfolg im Kampf gegen die Mafia teuer bezahlen. In zu viele Interessenbereiche waren sie störend eingedrungen. Der gigantische Prozeß von Palermo führte zur Verurteilung Hunderter führender Mafiosi. Er bestätigte damit formell die These der Staatsanwälte, daß die Cosa Nostra eine Einzelorganisation war. Doch nach den ersten Urteilen im Jahr 1987 hatten Rivalitäten unter Kollegen und obskure Manöver dafür gesorgt, daß Falcone nicht als Leiter des aus Ermittlungsrichtern konstituierten Antimafia-Verbands dessen Arbeit fortführen konnte. Der Verband selbst wurde aufgelöst, seine Anstrengungen wurden so zunichte gemacht. Falcone entrann nur knapp einem Bombenattentat, eingefädelt von, so seine Einschätzung, äußerst raffinierten Köpfen und hochrangigen Informanten. Borsellino wurde nach Marsala versetzt, einem trostlosen Außenposten in einem Gebiet Westsiziliens, das sogar noch fester in der Hand der Mafia war als Palermo und das den zentralen Umschlagplatz für den überseeischen Heroinhandel darstellte. Falcone war im April 1991 als Leiter einer neuen Abteilung im Justizministerium nach Rom gegangen, und Borsellino hatte schließlich zum Ende dieses Jahres Falcones alten Posten, wiederum in Palermo, übernommen.

Falcones Wechsel nach Rom war allgemein als Niederlage beziehungsweise Kapitulation angesehen worden, sowohl seitens seiner Kollegen als auch, wie sich später herausstellte, seitens der Cosa Nostra. Ein ehemaliger Mafioso namens Gaspare Mutolo erläuterte später: *Die Atmosphäre entspannte sich mit der Auflösung des Antimafia-Verbands ... und endgültig mit der Versetzung Falcones nach Rom. Man nahm an, daß er nun der Organisation nicht mehr allzu gefährlich werden könne ... wir pflegten zu witzeln, er würde noch als Botschafter in irgendeinem südamerikanischen Land enden.* Bald darauf wurde der Cosa Nostra jedoch klar, daß sie die Lage falsch eingeschätzt hatte. Es hagelte neue Dekrete aus Rom, wo Falcone nunmehr bei Minister Martelli ein offenes Ohr fand. Nach kaum einem Monat wurde ein neues Gesetz gegen Geldwäsche und, wiederum nicht einmal einen Monat später, ein weiteres gegen die Einflußnahme der Mafia auf Gemeindeverwaltungen verabschiedet. Sechs Monate nach Falcones Versetzung wurde die zentrale Polizeikommission für Ermittlungen gegen die Mafia eingerichtet, gefolgt einen Monat später von der nationalen Antimafia-Behörde der Staatsanwaltschaft. Es entstanden Antimafia-Verbände in den einzelnen Bezirken, ein Anti-Korruptionsgesetz wurde verabschiedet und die Möglichkeit von Hausarrest für jene Mafiosi, die ihren Berufungsverhandlungen entgegensahen, aufgehoben. Schritt für Schritt versetzte Falcone das italienische Gerichtswesen in die Lage, zum erstenmal in der Geschichte das organisierte Verbrechen systematisch zu verfolgen. *Allmählich wurde uns bewußt, daß in Rom von Dr. Falcone eine noch größere Gefahr ausging als zuvor in Palermo*, sagte Mutolo.

Die Wahlen im April 1992 nach der Ermordung Limas wurden zum Desaster für die regierenden Parteien. Die DC steckte das schlechteste Ergebnis in ihrer Geschichte ein, und damit war auch die Abmachung, Andreotti zum Präsidenten zu küren, hinfällig. Andreotti trug nunmehr Lima als schwere Hypothek mit sich herum. Craxi steckte bis zum Hals im Sumpf des Korruptionsskandals. Die Wahl des Präsidenten zog sich schier endlos hin. Falcone war für den neuen Posten eines »Superermittlers« für sämtliche Mafiafälle nominiert worden, doch auch damit ging es aufgrund der allgemeinen Lähmung infolge der zunehmend handlungsunfähigen Regierung nicht voran. Am neunzehnten Mai sagte Falcone, aufs äußerste besorgt: *Die Cosa Nostra kennt kein Vergessen. Der Feind ist stets gegenwärtig und bereit, zuzuschlagen ... daher müssen wir schleunigst das Amt des Superermittlers einrichten ... und dabei sind wir nicht einmal in der Lage, bei der Wahl des Staatspräsidenten zu einem Ergebnis zu kommen.*

Vier Tage später, am dreiundzwanzigsten Mai, einem Samstagnachmittag, flogen Falcone und seine Frau, die Richterin Francesca Morvillo, unter strengster Geheimhaltung in einer Regierungsmaschine nach Palermo. Das Wochenende verbrachte Falcone stets daheim. Die Maschine landete gegen sechs Uhr abends auf dem Flughafen von Palermo, wo die Falcones von ihrer aus drei Wagen und sieben Leibwächtern bestehenden Eskorte in Empfang genommen wurden. Drei Leibwächter besetzten den vorderen Wagen, drei weitere den hinteren. Im mittleren übernahm Falcone selbst das Steuer, ließ Francesca Morvillo neben sich und den Chauffeur auf dem Rücksitz Platz nehmen. Es war eine kleine Abweichung vom üblichen Prozedere, ein harmloses Vergnügen, das er sich ausnahmsweise gönnte. Früher hatte noch ein Hubschrauber die Route in die Stadt aus der Vogelperspektive überprüft, doch diese Sicherheitsmaßnahme war der Sparpolitik zum Opfer gefallen, und der Konvoi raste nun also ohne Überwachung aus der Luft über die Autobahn.

Punta Raisi zählt zu den gefährlicheren Flughäfen der Welt. Am äußersten westlichen Rand von Palermo gelegen, zwängt er sich gerade noch in den schmalen Streifen zwischen dem kobaltblauen Meer und den Bergzakken, welche die Stadt rings umgeben. Die Autobahn Richtung Palermo windet sich ein Stückchen landeinwärts parallel zur Küste dahin; auf der einen Seite hat man Ausblick aufs Meer, auf der anderen liegen Olivenhaine im Schatten der Felsvorsprünge, bis beides näher zur Stadt hin von Häusern und kleinen Fabriken verdeckt wird. Dort, wo die Autobahn durch Capaci führt, ein Vorort von Palermo und, wie alle Außenbezirke der Stadt, fest in der Hand der Mafia, war einige Tage zuvor mit Hilfe eines Skateboards eine halbe Tonne Plastiksprengstoff in einem Kanal unter der Fahrbahn plaziert worden. Als Falcones Konvoi an jenem Samstag auf dem Weg nach Palermo kurz vor Einbruch der Dämmerung die Stelle passierte, lag eine Gruppe von Ehrenmännern schon geraume Zeit auf der Lauer und hielt den Verkehr auf der Autobahn wachsam im Auge. Die Männer hatten Olivenzweige gestutzt, um freien Blick zu haben, und den Boden mit Zigarettenkippen der Marke Merit übersät. Als der erste Wagen über den Kanal fuhr, zündete der Boß, Giovanni Brusca, den Sprengstoff per Fernbedienung. *Vor uns tat sich die Hölle auf*, sagte ein Fahrer, der dem Konvoi folgte. *Eine furchtbare Explosion ... eine Szene wie aus der Apokalypse ... Schreckensschreie ... und dann eine unwirkliche Stille.* Die Explosion tötete die drei Insassen des ersten Fahrzeugs auf der Stelle. Die drei Leibwächter im hinteren Wagen wurden nur leicht verletzt. Falcones Wagen stand mitten in dem Krater, den die Bombe aufgerissen hatte; Francesca Morvillo war bewußtlos und blickte mit offenen Augen gen Himmel. Falcones Gesicht war eine Maske aus Blut, sein Kopf bewegte sich vor und zurück, aber er war eingeklemmt. Der Chauffeur auf dem Rücksitz überlebte, wenn auch verletzt. Falcone starb kurz nach der Ankunft im Krankenhaus. Francesca Morvillo kam für einen Augenblick zu sich, fragte *Wo ist Giovanni?*, wurde erneut bewußtlos und starb im Lauf des Abends. *Meine Rechnung mit der Cosa Nostra bleibt weiter offen*, hatte Falcone im Jahr zuvor geäußert. *Beglichen wird sie erst mit meinem Tod, ob er nun auf natürliche Weise erfolgt oder wie auch sonst.*

Paolo Borsellino kam gerade noch rechtzeitig in den Operationssaal, um ihn sterben zu sehen. Er trat heraus und umarmte seine Tochter, *mit fassungsloser, tief erschütterter Miene, binnen Minuten sichtlich gealtert.* Er schluchzte, seine Tochter schluchzte, und sie weinte auch wegen der Worte, die sie ihn tausendmal hatte sagen hören: *Giovanni ist mein Schutzschild gegen die Cosa Nostra. Erst werden sie ihn töten, dann mich.* Bei der Beerdigung sah Giorgio Bocca, ein hartgesottener, skeptischer Journalist, der sich nicht leicht zu Bewunderung hinreißen ließ, wie Paolo Borsellino die Hand auf Giovanni Falcones Sarg legte, *in seiner schwarzen Robe mit dem bestickten weißen Hemd, und zum erstenmal erschien er mir* bellissimo, *wie ein Ritter aus uralten Zeiten, der seinem gefallenen Kameraden Treue schwört.* Bocca meinte zudem, bei jenem öffentlichen Anlaß etwas Neues, oder aus tiefer Vergangenheit wieder Heraufgeholtes, bemerkt zu haben:

> Es war Jahre her, seit ich zuletzt die Gesichter aufrechter, tapferer Italiener gesehen hatte, statt der grotesken, schmierigen Masken einer korrupten und mediokren Macht, Jahre, seit ich Menschen zuletzt in Leid und Zorn gesehen hatte ... Ich sah die Gesichter der Jungen, viele, viele Junge waren es, die wirkten, als wären sie aus einem langen Schlaf erwacht ...

Paolo Borsellino wußte, daß ihm nur wenig Zeit blieb. Falcone war in den Augen Italiens zum Märtyrer geworden, und Borsellino stellte nun fest, *daß die Leute mich für einen Heiligen zu halten scheinen.* Die Neofaschisten schlugen ihn für das Präsidentenamt vor, der Justiz- und der Innenminister wollten ihn auf dem Posten des »Superermittlers« sehen, der Falcone verwehrt geblieben war, und Borsellino selbst wollte nichts weiter, als in der Zeit, die ihm noch blieb, Falcones Mörder aufzuspüren. Erneut traten Ehrenmänner, erschüttert von den jüngsten Morden, an ihn heran, und er hörte ihren Geschichten zu, um soviel wie möglich daraus zu erfahren. Sein neuester Zeuge berichtete ihm, die Einnahmen der Cosa Nostra aus Drogenhandel und Staatsaufträgen seien so enorm, daß die Organisation mit dem Geldwaschen nicht nachkomme. Sie hatte eigens eine Wohnung angemietet, die mit Banknoten vollgestopft war, ein Lager für Bargeld. Borsellino arbeitete härter als je zuvor, härter noch als in der Zeit des großen Prozesses. Seine Familie bekam ihn überhaupt nicht mehr zu Gesicht. Er war schon fort, bevor die anderen morgens aufstanden, und kam tief in der Nacht heim, wenn alles schon schlief. *Aus seinen Augen schien der Tod zu sprechen*, sagte ein Kollege. Der Staatsanwalt, der unter ihm arbeitete, beschrieb ihn als einen *Mann, der unendlich gehetzt wirkte ... jemand, der wußte, daß seine Stunden gezählt waren ... er spürte, wie die Uhr für ihn ablief.*

Um Mitte Juli verkündete die Presse *das Ende eines Regimes.* Der in Mailand aufgedeckte Korruptionsskandal überstieg in seinen Ausmaßen alle Vorstellungen, und mit der herrschenden Klasse ging es bergab. Der neunzehnte Juli war ein Sonntag; noch vor Sonnenaufgang schrieb Borsellino einen Brief an eine Lehrerin, in dem er seiner Liebe zu Sizilien Ausdruck verlieh; er betrachte es als seine Pflicht, schrieb er, zur Lösung der Probleme dieses Landes beizutragen, und er vertraue auf das wachsende Bewußtsein der Jugend für eben jene Probleme. An diesem sommerlichen Sonntag unternahm er mit seiner Frau und Freunden einen Bootsausflug und aß dann mit anderen Freunden zu Mittag. Spätnachmittags begab er sich mit seiner Eskorte von sechs Leibwächtern zurück nach Palermo, um wie jedes Wochenende bei seiner Mutter vorbeizuschauen, die an jenem Tag allein zu Hause war. Obwohl seine Besuche in der Via D'Amelio mit nahezu vorhersehbarer Regelmäßigkeit erfolgten, wollte Borsellino nicht davon lassen. Rings um den Eingang zu dem Appartementhaus waren Wagen geparkt, trotz einer früheren Verfügung, ihn aus Sicherheitsgründen freizuhalten. Die drei Wagen hielten, die fünf Leibwächter, vier Männer und eine Frau, umringten Borsellino mit schußbereiten Maschinenpistolen. Als Borsellino auf den Klingelknopf am Tor drückte, zerriß ihn eine Autobombe, die zugleich auch seine fünf Leibwächter tötete; die Wucht der Explosion zerstörte sämtliche zur Straße hin gelegenen Wohnungen bis in den vierten Stock hinauf, obwohl das Gebäude zehn Meter zurückversetzt stand, und ließ die Fensterscheiben bis zum elften Stock bersten. Ein paar Tage später traf aus Florenz Antonino Caponnetto ein, der betagte Gründer jenes Antimafia-Verbunds der Richter von Palermo, zu dessen grandiosem Prozeß die Ereignisse von 1992 einen Epilog bildeten, und vergoß beim

Anblick der Zerstörung in der Via D'Amelio bittere Tränen. *Das ist das Ende*, sagte der alte Mann. *Das ist das Ende.* Aber er irrte sich.

Vierzehn Jahre zuvor hatte ich, unterwegs nach Südamerika, im europäischen Spätsommer einen Zwischenstop im Mezzogiorno eingelegt, um Wiedersehen zu feiern, und war schließlich in Neapel hängengeblieben. Im Frühling jenes Jahres hatten Terroristen der Roten Brigaden in Rom den ehemaligen italienischen Ministerpräsidenten Aldo Moro in einen Hinterhalt gelockt und entführt. Er war auf dem Weg zum Parlament, um dort eine weitere konservative DC-Regierung unter Giulio Andreotti zu vereidigen – eine Regierung, für die Moro zum allgemeinen Erstaunen höchstselbst die Unterstützung von Italiens großer kommunistischer Partei, der PCI, erwirkt hatte. Sein Fahrer und die Leibwächter wurden bei dem Überfall ermordet, Moro selbst hielt man einige Monate an einem geheimen Ort mitten in Rom gefangen und brachte ihn schließlich ebenfalls um. Die Umstände von Moros langer Gefangenschaft und die völlige Unfähigkeit der Regierung, ihn aufzuspüren oder irgend etwas zu seiner Rettung zu unternehmen, warfen unzählige Fragen auf. Die Regierung hatte ihre Untätigkeit als Kompromißlosigkeit hingestellt; dem Terrorismus nicht nachzugeben, hieß soviel wie den Staat zu verteidigen. Da sie nur zu gut um den Zustand ihres Staates wußten, begegneten die Italiener diesem Argument mit einer gewissen Skepsis. Dennoch setzte die terroristische Bedrohung die Normalität außer Kraft. Meine zunehmenden Sprachkenntnisse ermöglichten es mir, mit Interesse und Objektivität die Debatten und die Verschärfung einer Krise zu verfolgen, die offenbar nur auf Ideologie beruhte.

Dann traten andere Ereignisse ein. Ein Jahr nach Moros Ermordung fand man einen Journalisten namens Pecorelli erschossen auf einer Straße in Rom. Er hatte einen Artikel über Moros Nachfolger im Amt des Ministerpräsidenten, Giulio Andreotti, veröffentlichen wollen. Ein neuer Papst, der die wirre Finanzlage des Vatikans zu klären gedachte, wurde einen Monat nach seiner Wahl in den päpstlichen Gemächern tot im Bett aufgefunden. Den nächsten Papst verwundeten drei Jahre später Schüsse auf dem Petersplatz. Die Bank des Vatikans war zum damaligen Zeitpunkt in einen gigantischen finanziellen Zusammenbruch verwickelt, und der staatlich bestellte Liquidator der Mailänder Bank, die den Kollaps ausgelöst hatte, war auf der Straße von Schüssen niedergestreckt worden. Ein italienisches Flugzeug mit neunundachtzig Passagieren an Bord wurde auf dem Flug von Genua nach Palermo über dem Mittelmeer abgeschossen – die Hintergründe blieben stets ungeklärt. Eine Bombe tötete fünfundachtzig Menschen im Bahnhof von Bologna. Man deckte eine geheime Freimaurerloge auf, die einen Staatsstreich geplant hatte. Zu ihren Mitgliedern zählten Dutzende führender Politiker, Richter, hohe Militärs und Angehörige des Geheimdienstes sowie Journalisten und Medienzaren. Der General, der dem linksextremen Terrorismus den Garaus gemacht hatte, wurde nach Palermo versetzt und dort kaum drei Monate später mit seiner Frau ermordet. In Neapel und Palermo starben im Verlauf weniger Jahre Hunderte und Aberhunderte von Menschen bei bewaffneten Auseinandersetzungen. Mailand erlebte einen weiteren und noch größeren Bankzusammenbruch, den weltweit schlimmsten seit dem Krieg, dessen Verursacher erhängt unter der Blackfriars-Bridge in London aufgefunden wurde. Sein Mentor, Michele Sindona, der Urheber des vorhergehenden Kollapses, fiel in einem Hochsicherheitstrakt einer Strychninvergiftung zum Opfer. Eine weitere Bombe tötete achtzehn Menschen im Schnellzug von Neapel nach Mailand. In Neapel fand man den abgetrennten Kopf eines Rechtsanwalts in einem geparkten Auto. Und so weiter, es nahm und nahm kein Ende.

Diese Kette von Ereignissen war von einer gewissen schaurigen Faszination und schlug alle in den Bann, da es nie auch nur die geringste Erklärung oder Entschlüsselung für sie gab. In ihnen schien etwas Mächtiges und Abscheuliches am Werk zu sein, das sich aus dem Dunkel erhob. Diese geheimnisvollen Konstellationen fügten sich wiederum mit anderen Rätseln zusammen, die nicht unbedingt weniger gewichtig waren, aber noch flüchtiger und undeutlicher wahrgenommen wurden oder obskurere Mitspieler aufwiesen und weniger spektakuläre Ereignisse zeitigten, so daß sie die Aufmerksamkeit in geringerem Maße auf sich zogen. Viele Beteiligte an jener endlosen, undurchsichtigen Seifenoper waren gar nicht als Mitspieler in das Drama geraten, sondern als Beobachter, Befrager, als Sucher nach der Wahrheit. Es waren Richter, Journalisten, Polizisten, Anwälte, Menschen, die in dem Versuch, gesicherte Fakten zu erhalten, mit hineingezogen worden waren, einen gewissen Part in der Geschichte übernahmen und gewöhnlich als eine ihrer Leichen endeten. Andere blieben immer obenauf. Sie tauchten in einer Folge nach der anderen auf. Viele jener Episoden waren scheinbar ohne Bezug zueinander, obwohl man geheime Zusammenhänge ahnte. Vonnöten war ein Index, ein Schlüssel zu all den mythischen Verwicklungen, eine Theorie oder ein Gesamtbild, in das sich sämtliche Einzelheiten nahtlos einfügten. Natürlich stieß ich nie auf etwas dergleichen. In den achtziger Jahren hatten Falcone und Borsellino mit Hilfe der Informationen von ehemaligen Mafiosi eine Theorie zur Cosa Nostra erarbeitet, eine Analyse, die all die tausend Heimlichkeiten des organisierten Verbrechens in Sizilien in Verbindung zueinander setzte und erklärte. Mittlerweile war etwas vonnöten, das noch weiter ausholte, das geheime Innenleben der italienischen Republik ebenso mit einbezog wie die anderen weltumspannenden Mysterien Amerikas, des Vatikans und des Ostens.

Der Name, der in den verflochtenen, tief verwurzelten Märchen aus den tausendundeinen Nächten Italiens am häufigsten auftauchte, wieder und wieder, war der von Giulio Andreotti. Er mischte seit den vierziger Jahren als Mitglied praktisch jeder Regierung in der italienischen Republik mit. Während eines Großteils der siebziger Jahre hatte er als Ministerpräsident amtiert. Und er war wiederum Ministerpräsident in jenem unheilvollen Frühjahr 1992, in dem alles zusammenbrach. Bis zu diesem Augenblick wurde er regelmäßig als *klügster politischer Kopf Europas* bezeichnet. Er hatte Standvermögen, er zählte zu den Gewinnern; natürlich fiel sein Name immer wieder. So auch während jenes aufgewühlten, instabilen Interregnums nach dem Kollaps. Ehemalige Ehrenmänner begannen über ihre ehemaligen politischen Freunde auszupacken. Vor allem über den Senator auf Lebenszeit Andreotti. Lange, verwickelte Geschichten über die geheimen Wege von Verbrechen und Politik in Italien wurden so erzählt, und die Richter, denen sie zu Gehör kamen, fanden sie nicht selten objektiv bestätigt. Indem sie Geschichten und Indizien zu einer These verknüpften, fügten sich all die bekannten Namen und Ereignisse aus den achtziger Jahren allmählich aneinander. Der Politiker Moro und sein Tod. Der Bankier Sindona und sein Tod. Der Journalist Pecorelli und sein Tod. Der General Dalla Chiesa und sein Tod. Und auch all die anderen Geheimnisse um die Lebenden und die Toten begannen sich wie passende Bausteine rings um die schmächtige, welke Gestalt des am längsten amtierenden Staatsmannes in Europa zu gruppieren. Nach vierzehn Jahren, nach den Massakern von 1992, hatte ich Italien für immer verlassen, und dennoch zog es mich 1995 unwiderstehlich wieder zurück, weil im Spätsommer der Prozeß gegen Andreotti anstand. In Palermo wurde gegen ihn wegen seiner Beziehungen zur Mafia verhandelt, und einige Wochen später mußte er sich in Perugia wegen Mord verantworten.

Mir blieb noch etwas Zeit in Palermo, bevor der Prozeß gegen Andreotti begann – Zeit, in der ich einige Nachforschungen anstellen wollte. Der folgende Tag sah mich wieder in der Vucciria und zum Mittagessen auf der Veranda des Shanghai, wo mir im Marktgewühl ein spindeldürrer junger Mann auffiel, der prüfend einen Fisch beäugte. Er nahm ihn genauestens unter die Lupe und redete heftig auf den Standbesitzer ein. Nach ein paar Minuten begab er sich zu einem anderen Stand und inspizierte rasch dessen Angebot. Dann ging er wieder weiter. Die Fischhändler schienen ihn zu kennen. Er war jung und dünn, relativ schäbig gekleidet und feilschte, wobei die Verkäufer ihm mit einem gewissen Respekt begegneten. Es war die Mühe wert, ihn zu überzeugen – dieser Gedanke sprach aus ihren Mienen. Er war Anfang Zwanzig und trug eine bestickte maghrebinische Kappe. Sein Kinn zierte ein Dreitagebart. Träge verfolgte ich seine Streifzüge durch die Fischstände auf dem kleinen Platz, bis jemand die *sarde alla beccafica* vor mich hinknallte. Dieses Gericht besteht aus frischen Sardinen, die der Länge nach aufgeschlitzt und mit einer Füllung aus gehacktem Fisch gedünstet werden. Ihren Namen verdanken sie wohl der Ähnlichkeit mit den Feigendrosseln, jenen kleinen Vögeln, die Lord Byron so gern verzehrte und die, wie die meisten anderen Vogelarten, seither schon lange aus Italien verschwunden sind.

Als ich über die schmutzstarrende Treppe hinunterkam, fand ich den jungen Mann noch vor. Er war so dünn, daß er aus einem bestimmten Blickwinkel fast völlig von der Bildfläche verschwand. Mittlerweile hatte er sich zum Kauf entschlossen, allerdings nicht nur bei einem einzigen Händler: er erstand *sarago* bei einem Stand, Schwertfischsteaks bei einem anderen und frische Sardinen bei einem dritten. Darauf steuerte er eine winklige Gasse an, in die ich ihm folgte. Nach ein paar Metern bog er nach rechts in ein noch schmaleres Gäßchen ein und glitt linker Hand durch eine Tür. Er betrat eine Küche und sprach mit einem etwa gleichaltrigen Koch, der allerdings deutlich mehr Fleisch auf den Knochen hatte als er und ihn durch seine Brille streng musterte. Dann fiel die Tür zu. Das Gäßchen mündete ein Stück weiter zur Linken in eine winzige Piazza vor einer halbzerfallenen Kirche. Ein paar geparkte Autos nahmen den Großteil des Platzes ein, doch auf der anderen Seite umstanden einige schwere irdene Töpfe zwei ausladende Schirme aus makellos weißem Segeltuchstoff. Darunter standen ein paar Tische und unbesetzte Stühle. Eine wuchtige Steinstufe führte zu einer geschlossenen Glastür. Die Sitzmöbel wirkten vor dem Hintergrund der schmutzigen *piazzetta* blitzsauber und nagelneu, und doch war außer einer großen, verfilzten Perserkatze, die auf der Steinstufe schlief, kein Lebenszeichen zu bemerken. Anscheinend war dies das Restaurant, das zu der Küche in der Gasse gehörte. Ich kämpfte mich einen weiteren steilen kleinen Fußpfad hinauf und gelangte zur Piazza San Domenico. Die *piazzetta*, dachte ich, hat mich nicht zum letzten Mal gesehen.

Der Name der Villa auf dem Fax aus Palermo, das mich in Sydney erreicht hatte, kam mir entfernt bekannt vor. Erst Wochen später, als ich hinkam, nahm diese schwache Erinnerung Form an.

> Es war noch nicht Nacht; die Straße, zwischen die hohen Mauern gezwängt, zog sich ganz weiß hin. Sowie sie den Besitz von Salina hinter sich gelassen hatten, tauchte links die halbverfallene Villa der Falconeri auf, die Tancredi gehörte, des Fürsten Neffen und Mündel. Ein verschwenderischer Vater, der Mann seiner Schwester, hatte das ganze Vermögen durchgebracht und war dann gestorben. Es war ein vollständiger Ruin gewesen, von der Art wie die, in deren Verlauf man sogar das Silber der Livreentressen einschmelzen läßt ... man fuhr dicht an der Villa Falconeri vorüber; die ungeheure Bougainvillea, die ihre Kaskaden von bischofsfarbener Seide über das Gitter schüttete, verlieh ihr in der Dämmerung einen Anschein von Prunk.

In Palermo unterwegs zu einer sexuellen Eskapade, fährt der Fürst in Tomaso di Lampedusas Roman *Der Leopard* vorbei an einer Villa, deren reales Vorbild heute fast völlig von der Stadt verschlungen ist; geschützt wird es nur noch von dem dazugehörigen Grundstück, dem Favorita-Park und dem grandiosen Felsvorstoß des Monte Pellegrino. Jene Leser, die sich an die glühende Pracht der Bougainvillea erinnerten, erkannten in der Beschreibung des Romans sofort die Villa Niscemi. Das echte Haus allerdings war nie vom Verfall bedroht, und einer seiner spätesten Bewohner, ein Kind namens Fulco, später der letzte Herzog von Verdura, erinnerte sich eines entfernten Cousins, der gelegentlich zum Spielen kam; er wuchs heran, wurde Herzog von Palma und Fürst von Lampedusa und schrieb *einen berühmten Roman*, den der Herzog von Verdura allerdings als *historisch ungenau* bewertete. Er erinnerte sich seines Cousins als *eines fetten, schweigsamen Knaben mit großen schläfrigen, orientalischen Augen, der nicht gern im Freien spielte und sich vor Tieren fürchtete.*

Niemand hätte sich je träumen lassen, notierte der Herzog säuerlich, *daß er in ferner Zukunft zum Autor eines Meisterwerks heranreifen würde.* Laut den Aufzeichnungen des Herzogs waren die Vorbilder zu Tancredi und Angelica, jenen hinreißenden Figuren, die in Viscontis Film *Der Leopard* von Alain Delon und Claudia Cardinale verkörpert wurden, in seinen Großeltern mütterlicherseits zu suchen. *Es gäbe eine Reihe faktischer Irrtümer zu beanstanden, aber letztlich ist es natürlich das Privileg eines Romanciers, die Tatsachen zu verändern.* In seinen Kindheitserinnerungen – die der Herzog zunächst in englischer Sprache unter dem von Lewis Carroll entlehnten Titel *The Happy Summer Days* publizierte und die erst später in der italienischen Ausgabe erschienen, die mir in Palermo zur Verfügung gestellt wurde – äußerte der Herzog zwar nicht, was im einzelnen an seines Cousins postum veröffentlichter, fiktionaler Version der Familiengeschichte seine Mißbilligung erregte, doch schlug er hier einen Ton an, auf den ich während meines Aufenthalts in Palermo immer wieder stoßen sollte. Es war ein anklagender Ton, und es ging um die richtige oder falsche Darstellung der Dinge. Das Problem lag in der Frage, was die Geschichte eigentlich ausmacht – welchen Rang die Fakten, welches Gewicht die Details haben und wie verschiedene Versionen von ein und derselben Sache in Einklang zu bringen sind. Die Interpretation war das Problem, die Frage nach der Bedeutung. Der Herzog von Verdura deutete auf Sachfragen hin, auf eine Liste zu korrigierender Punkte, und dies in einem Ton, der die ganze Existenzweise seines Cousins in Zweifel zog. Fast zeitgleich mit Lampedusas Roman trat auch Leonardo Sciascia mit seinem Erstling an die Öffentlichkeit. Der Herzog haderte mit Lampedusas Darstellung der Familie; Sciascia haderte mit Sizilien, und beide forderten die Geschichte heraus.

Die Frage, aus welchem Blickwinkel die Welt zu betrachten sei, die Geschichte in ihren verschiedenen Versionen, war 1995 in Palermo durchaus ein Thema. Wie auch immer der nun bevorstehende Prozeß enden würde – und bis dahin sollte es noch Jahre dauern –, er würde mit Sicherheit einen Großteil der bislang bekannten Geschichte Italiens seit dem Krieg umschreiben. Kurz bevor ich die Nachtfähre von Neapel nach Palermo bestieg, hatte der Verleger Tullio Pironti mir ein Exemplar seines neuesten Buches überreicht. Es war ein großformatiger Band von neunhundertdreiundsiebzig Seiten, auf gutem weißen Papier gedruckt, selbst mit zwei Händen kaum zu stemmen – er muß wohl etliche Kilos gewogen haben. Der schlichte blaue Umschlag zeigte in Weiß die Umrisse des italienischen »Stiefels« mitsamt den Inseln. Der Titel, in kleinen, schmucklosen gelben Lettern am oberen Rand, lautete *Die wahre Geschichte Italiens.* Im Untertitel hieß es: *Befragungen, Zeugenaussagen, Beweisführungen, Analysen. Gian Carlo Caselli und seine Assistenten rekonstruieren die letzten zwanzig Jahre italienischer Geschichte.* Dieses voluminöse Buch enthielt in edierter Fassung die wichtigsten Zeugenaussagen, die von der Staatsanwaltschaft gegen Andreotti zusammengetragen worden waren. Pflichtbewußt hatte ich sie entgegengenommen, diese monströse Sammlung eidlicher Aussagen. Hatte sie aufgeschlagen und kein Auge mehr davon wenden können. Bis ich in Sizilien an Land ging, war *Die wahre Geschichte Italiens* zu meinem Talisman geworden. *Der Geschichte wurde der Prozeß gemacht.* Jene Jahre, die ich in Süditalien gelebt hatte, von den späten Siebzigern bis zum Beginn der neunziger Jahre, Andreottis Blütezeit der Macht, waren zugleich genau die Jahre, 1978 bis 1992, in denen sich nach den Worten des Staatsanwalts in seiner einleitenden Zusammenfassung auf Seite 9 der *Wahren Geschichte Italiens* die Beziehungen zwischen Senator Andreotti und der Cosa Nostra anknüpften – Beziehungen, die sich nicht auf zufällige oder gelegentliche Kontakte beschränkten und die mindestens ab 1978 kontinuierlich bis 1992 aufrechterhalten wurden, womit die Anklage wegen Mitgliedschaft in einer Mafia-Organisation sich auf verbriefte Fakten stützen kann.

Es standen 1995 in Palermo einige Fragen an: was macht die Geschichte aus, wer macht sie, und wie ist die tatsächliche Sachlage?

Der letzte Herzog von Verdura war längst tot. Er hatte Italien ohnehin schon viele Jahre zuvor den Rücken gekehrt. Nach seiner glücklichen Kindheit diente er als Armeeoffizier im ersten Weltkrieg, und noch vor Ausbruch des zweiten hatte er sich bereits in Hollywood und später in New York niedergelassen. Er entpuppte sich als künstlerisch begabt und verfügte zudem über gesellschaftliche Talente, die seinem scheuen, unbeholfenen Cousin gänzlich abgingen. Alsbald entwarf er prachtvolle Schmuckstücke und war bei Coco Chanel für Modeschmuck zuständig. Er wurde zum Juwelier der Schickeria von Amerika und Europa, die ihn in ihren Reihen willkommen hieß; zu seinen Kunden und Freunden zählten die Herzogin von Windsor, Salvador Dalí, Rita Hayworth und Marlene Dietrich. Er kehrte nach Europa zurück, um seine Memoiren zu schreiben, in der Heimat zu sterben und den letzten freien Platz in der Familiengruft in der Kathedrale von Palermo einzunehmen. Die fürstlichen Erbinnen der Villa Niscemi lebten ebenfalls in Amerika und verkauften das Anwesen 1987 an die Stadt Palermo. Selbst die Bougainvillea, deren kurzes Aufflammen im Dunkel in *Der Leopard* auf den ersten Seiten beschrieben wird, waren verschwunden, als ich in der Mittagssonne vor den Toren der Villa Niscemi stand und durch den knirschenden, tiefen Kies der Zufahrt stapfte. Leoluca Orlando, der Bürgermeister von Palermo, hatte mich zum Mittagessen eingeladen.

Es war, wenn auch weniger offiziell und pompös, nicht der erste Besuch aus Australien, den Orlando empfing. Einige Jahre zuvor war der australische Botschafter in Rom auf den Gedanken verfallen, im Rahmen seiner Pflichtbesuche all jene Orte in Italien aufzusuchen, von denen Emigranten nach Australien aufgebrochen waren. Naturgemäß wurde seine Reiseroute immer dichter und komplexer, je weiter er sich südwärts in den Mezzogiorno hineinbewegte, in das Territorium des alten bourbonischen Königreichs der »Beiden Sizilien«. Diese armen, fruchtbaren Regionen mit ihrer schwierigen Vergangenheit hatten einen großen Teil der europäischstämmigen Bevölkerung von Nord- und Südamerika sowie von Australien gestellt. Nach einigen Stunden Fahrt von Rom Richtung Süden klapperte der Botschafter zunächst die Region Kampanien rund um Neapel, die alte Hauptstadt des Königreichs, ab; er besuchte Apulien am östlichen Absatz des italienischen Stiefels, Kalabrien, den südlichsten Zeh der Halbinsel, und schließlich den winzigen, armen Bezirk Lukanien, den die drei zuvor genannten fast gänzlich umschließen. Schließlich traf er auf der Insel Sizilien ein. Ihre Hauptstadt Palermo, der zweite zentrale Ort des alten bourbonischen Königreiches, liegt fast ebenso nahe an Afrika wie an dem letzten Ausläufer dessen, was die Sizilianer den Kontinent nennen, und nach Tunis ist es sehr viel näher als nach Rom.

In Kalabrien stieß der Botschafter auf Schwierigkeiten. Alle genannten Regionen – mit Ausnahme von Lukanien und, bis in die jüngste Vergangenheit, Apulien – sahen auf eine lange Geschichte des organisierten Verbrechens zurück. Diese war ihrerseits Teil einer langen, unheilvollen Geschichte von Fremdbesatzung, Ausbeutung und Vernachlässigung. Die spanischen Bourbonen, die bis zur Zeit Garibaldis und der italienischen Einheit, also bis vor gut hundert Jahren, überdauert hatten, waren lediglich die jüngsten Vertreter einer Reihe von Invasoren, deren Geschichte fast dreitausend Jahre zurück bis zu den alten Griechen und Phöniziern reichte. Aus dem Blickwinkel der Lokalbevölkerung stellte die nationale Regierung in Rom keine großartige Verbesserung dar. Rom hatte den Süden stets als *den problematischen Mezzogiorno* betrachtet.

Die kriminellen Aktivitäten und Organisationen erfuhren in jeder Region ihre eigene Ausformung. Das unberechenbare, städtisch geprägte Verbrechertum der neapolitanischen Camorra unterschied sich erheblich von den Aktionen der alten ländlichen Mafia im sizilianischen Hinterland, und die kalabrische 'Ndrangheta war wiederum ein eigenes Kapitel. In jedem Fall aber hatte sich eine parasitäre kriminelle Schicht an den Nahtstellen zwischen Herrschern und Beherrschten eingenistet, als Nutznießerin beider Seiten. Wie jedes erfolgreiche Gewerbe machte auch das Verbrechen im Lauf der Zeit gewisse Wandlungen durch, und jene Organisationen wuchsen zu urbanen, länderübergreifenden, immens reichen und mächtigen Konglomeraten heran. Die Cosa Nostra, die sizilianische Mafia, dominierte die europäische Verbrechensszene sowie einen Teil der europäischen Wirtschaft; die übrigen operierten als Verbündete unter einer Art regionalem Franchise-Abkommen. Die aktivste Mafia in Australien war die kalabrische 'Ndrangheta, deren Mutterorganisation im unzugänglichsten Teil Italiens wirkte. Im gebirgigen und dicht bewaldeten Gelände des Aspromonte, der praktisch das Rückgrat der Region bildete, lebte die 'Ndrangheta nach wie vor von Entführungen und Lösegeldforderungen. Im

Aspromonte konnten Gefangene monate- und jahrelang festgehalten werden, derweil ihre Familien zweistellige Millionenbeträge in Dollars zusammenkratzten, um sie damit freizukaufen. Von den militärischen Suchaktionen der Carabinieri hatten die Gefangenenwächter wenig zu befürchten. Von Zeit zu Zeit kam ein einst hocheleganter, mittlerweile fast vergessener Industrieller mit taillenlangem, schütterem Bart und irrem Blick aus den Bergen getaumelt, um sich von seinen entsetzten Lieben in die Arme schließen zu lassen, nachdem er jahrelang in einer Hütte gehaust hatte, angekettet wie ein Hund, mit Büchsennahrung am Leben gehalten.

Da die Einnahmen aus derlei Entführungen in die Marihuana-Plantagen von New South Wales investiert wurden und die Profite daraus, die sich bis zu der ärgerlichen Störung Ende der siebziger Jahre auf runde sechzig Millionen Dollar pro Jahr beliefen, wiederum zurück nach Kalabrien flossen, war es vor allem die 'Ndrangheta, die mit den australischen Behörden ein Hühnchen zu rupfen hatte. Das kalabrische Verbrechertum war, dem Vorsitzenden der parlamentarischen Antimafia-Kommission zufolge, *traditionell in Australien präsent ... Seite an Seite mit ehrbaren Einwanderern.* Dem Botschafter war all dies wohlbewußt, als er sich auf den Weg machte, doch die Weigerung der italienischen Regierung, ihm für große Bereiche des kalabrischen Territoriums sicheres Geleit zu garantieren, versetzte ihn dennoch in einiges Erstaunen. Das Gebiet wurde von der 'Ndrangheta beherrscht, und die Regierung in Rom ersuchte den Botschafter höflichst, im Rahmen seiner Goodwill-Tour von einem Abstecher in diese Region Abstand zu nehmen. Dergleichen hatte er im westlichen Europa gegen Ende des zwanzigsten Jahrhunderts wohl nicht erwartet. Jedenfalls sah sich in jener Zeit, den späten achtziger Jahren, der unlängst ernannte Hohe Kommissar des Antimafia-Verbunds gezwungen zu berichten, daß der italienische Staat in der Tat nicht mehr das gesamte nationale Territorium unter Kontrolle habe. *Viele Teile von Sizilien, Kalabrien und Kampanien werden uneingeschränkt von organisierten Verbrechensgruppen beherrscht*, hatte er befunden.

Der Bürgermeister von Palermo, Leoluca Orlando, sagte von der Cosa Nostra, sie kaufe *Stück um Stück den italienischen Staat.* Es war eine Zeit, in der vom Präsidenten der Bank von Italien zu hören war, das organisierte Verbrechen durchsetze *das gesamte nationale Wirtschaftsgefüge.* Es war eine Zeit, in der die oberste Richterbehörde Italiens, die direkt dem italienischen Staatspräsidenten unterstand, die Ausübung von Recht und Gesetz in Sizilien als *unmöglich* bezeichnete; ein Richter im Antimafia-Verbund von Palermo äußerte, die Cosa Nostra beherrsche *in feinsten Verästelungen jedes Viertel von Palermo.* Der australische Botschafter schlug sich gleichwohl bis nach Sizilien durch und wurde offiziell von Orlando empfangen. Die Cosa

Nostra hatte keine speziellen Vorbehalte gegen die australische Regierung, so daß der Besuch ihres Repräsentanten unbemerkt über die Bühne ging. Allerdings hegte die Cosa Nostra durchaus Vorbehalte gegen Leoluca Orlando, und die Zweifel des Botschafters an der wirksamen staatlichen Kontrolle über das Territorium wären wohl noch verstärkt worden, hätte man ihm die achtundzwanzig sorgsam im Garderobenschrank des Bürgermeisters verstauten kugelsicheren Westen gezeigt, die nur darauf warteten, im Fall einer Attacke von Personal und Besuchern angelegt zu werden. Man hatte über den Bürgermeister von Palermo, den abtrünnigen Christdemokraten und Antimafia-Kämpfer Leoluca Orlando, damals das Todesurteil verhängt.

Bei einem Gipfeltreffen der Mafia im Jahre 1987 hatte Salvatore Riina, der Boß der Cosa Nostra, drei Männer zum Tode verurteilt. Die Namen der Hinzurichtenden lauteten Giovanni Falcone, Paolo Borsellino und Leoluca Orlando. Sechs Monate später nahm Riinas rechte Hand Baldassare Di Maggio zwei Bazookas, zwei Kalaschnikows, eine davon mit einem Granatwerfer ausgestattet, und zwei Behälter mit Plastiksprengstoff in Empfang. Seine Instruktionen lauteten, *damit Falcone, Borsellino und Orlando zu töten*. Das Waffenarsenal wurde in einem Grab auf dem Friedhof von San Giuseppe Jato, unweit von Palermo, versteckt. Die »Familie« in San Giuseppe, unter Führung von Bernardo Brusca und seinem Sohn Giovanni, war der älteste und engste Verbündete von Riinas Gruppe aus Corleone, die nunmehr die Cosa Nostra beherrschte. Falcone und Borsellino sollten wegen des Maxi-Prozesses sterben. Orlandos Vergehen war politischer Natur. *Er äußerte sich zu häufig gegen die Mafiafamilie.*

Sich der unliebsamen Gegner zu entledigen, war jedoch leichter gesagt als getan. Die designierten Opfer kannten die Methoden der ihnen zugeteilten Mörder gut. Doch Eile war nicht geboten. Zum richtigen Zeitpunkt würden die drei eliminiert werden. Jener Zeitpunkt wäre für Falcone um ein Haar bereits im Frühsommer 1989 gekommen. Er hatte ein Haus auf den Felsklippen am Meer bei Addaura gemietet, und eines Tages, kurz bevor seine Top-secret-Aktivitäten ihn zu seinem zweiten Besuch in jenem Jahr hierherführten, entdeckten die für ihn zuständigen Sicherheitsbeamten auf den Felsen vor dem Haus eine scheinbar von einem Schnorcheltaucher liegengelassene adidas-Tasche. Bei näherer Untersuchung fand man darin achtundfünfzig Stäbe Plastiksprengstoff und einen ferngesteuerten Zünder. An sich hätte niemand wissen können, daß Falcone demnächst eintreffen und Besucher zum Schwimmen und Mittagessen mitbringen würde – Schweizer Richter, die mit der Aufdeckung von Bankguthaben der Cosa Nostra betraut waren.

Es gehörte zur Vorgehensweise der Mafia, einen Vertreter des Staates vor seiner Eliminierung zu isolieren und in Mißkredit zu bringen. Dadurch bekam man ihn leichter zu fassen und hatte kaum mit Vergeltungsschlägen zu rechnen. Zu jener Zeit war Falcone bereits eine isolierte und verletzliche Figur: als Opfer eines neidischen Kollegen durch eine Reihe anonymer Briefe diffamiert, von betroffenen Kreisen in Richterschaft und Regierung offen und verdeckt attackiert. Der Anschlag auf sein Leben, so wurde nach dem Fehlschlag gemunkelt, sei nicht ernst gemeint gewesen, oder er habe ihn selbst inszeniert, um Sympathien zu gewinnen. Eine auffällige Solidaritätsbekundung wurde Falcone allerdings zuteil, und zwar vor allen anderen, in Form eines frühmorgendlichen Anrufs von dem ehrenwerten Senator Giulio Andreotti, der ihn zu dem gerade noch glücklichen Ausgang des Attentats beglückwünschte – was Falcone nicht im mindesten beruhigte. Am folgenden Tag berichtete er davon einigermaßen verstört ein paar Freunden unter seinen Richterkollegen. Falcone war Andreotti nie begegnet, hatte nie in irgendeiner Weise mit ihm zu tun gehabt. Als Sizilianer, der in der Kultur der Mafia bewandert war, reagierte Falcone mit großer Bestürzung auf diesen Anruf. Auf Seite 150 von Tullio Pirontis *Wahrer Geschichte Italiens* fand ich die Zeugenaussage eines der Richter, denen Falcone sich anvertraute:

> Er sagte mir, falls er ermordet würde, müßten wir herausfinden, wer als erster einen Blumenkranz für seinen Sarg geschickt habe. Seiner Erklärung zufolge war dies ein weitverbreiteter Brauch bei Verbrechen der Mafia ... Der Anruf Andreottis war für ihn eine Bestätigung der Isolation, in der er sich bereits befand ... Giovanni meinte mir gegenüber, um sein Leben zu retten, müsse er seine politischen Feinde genauestens kennenlernen ...

Der andere Richter fügte an:

> Danach wurde unter uns dreien jede Erwähnung von Andreottis Anruf zu einer Art von Codezeichen, das andeutete, wer ein Verbrechen oder eine sonstige Entmachtungsstrategie angeordnet hatte.

Letztlich fiel Falcone, wie auch Borsellino, der Cosa Nostra zum Opfer, doch diese Morde zeitigten zahlreiche, erstaunliche Folgen. Eine davon war elf Monate später die Verhaftung von Salvatore Riina, der, wie sich herausstellte, höchst komfortabel in Palermo gelebt hatte, während er sich offiziell seit vierundzwanzig Jahren auf der Flucht befand. *Wer seid ihr?* lautete Riinas erste Frage, als er in einer Straße von Palermo zu Boden geworfen wurde. Als erstes hatte er an einen Coup um die Führung innerhalb der Cosa Nostra gedacht. Nach all den Jahren kam ihm gar nicht der Gedanke, daß die Männer von der Polizei sein könnten. Er stieß einen Seufzer der Erleichterung aus. Der Mann, der das verdeckt operierende Polizeiaufgebot zu Riina führte, war derselbe, den Riina fünf Jahre zuvor mit dem Mord an den dreien beauftragt hatte. Baldassare Di Maggio war klargeworden, daß Riina ihn über kurz oder lang ebenfalls umbringen würde. Dieses Schicksal blühte allen, die Riina nahestanden.

An jenem heißen Septembertag im Jahr 1995 war Leoluca Orlando jedenfalls quicklebendig und bereit zu einem Gespräch beim Mittagessen in der Villa Niscemi. Die Funktionäre wuselten wie Dienstboten um den Eingang zur Villa herum, und einen Augenblick lang erwartete ich den Auftritt eines hochnäsig dreinblickenden Kindes, flankiert von den Hunden der Familie und einer reizbaren irischen Gouvernante. Man geleitete mich über die Treppe aus dem frühen achtzehnten Jahrhundert, vorbei an einer Reihe grimmig schauender sizilianischer Könige, in einen kleineren Raum hinauf, wohl jenes Telephonzimmer, das der Herzog von Verdura im Rückblick auf seine Kindheit als zentralen Ort des Familienlebens beschrieb. Nach angemessener Wartefrist auf einem abgetretenen roten Samtteppich wurde ich in die Bibliothek vorgelassen. Herein stürmte Orlando; in seinem dunkelgrauen Anzug wirkte er schmächtig und düster. Er hatte stark abgenommen. Noch fünf Jahre zuvor war er ein von Sorgen geplagter, bärenhafter Mann in stets zerknittertem Aufzug gewesen, dem das büschelige, dunkle Haar beständig ins Gesicht fiel. Angesichts all der Drahtzieher in den herrschenden Parteien Italiens mit ihren seidenglänzenden Anzügen, hauchfeinen Strümpfen und blankpolierten schwarzen Halbschuhen machte ihn sein Mangel an Eleganz zutiefst sympathisch. Sympathie erntete er auch für die Nichtachtung der Schmähungen, mit denen Präsident Cossiga ihn überhäufte.

Dieser, ein weiterer Potentat der herrschenden Partei mit einer geheimen Vergangenheit in der Schublade, verkörperte aufs schönste die senile Arroganz eines *fin de régime* ebenso wie jene klerikale Verschlagenheit, die seit jeher die kirchennahe Partei charakterisiert hatte und die sich nunmehr in wolkigen Auferstehungsphantasien verlor. Orlando hatte damals diverse Probleme mit seinen christdemokratischen Kollegen, vom Staatsoberhaupt einmal ganz abgesehen. Er, der Sohn eines gediegenen Anwalts aus Palermo, ein kluger Kopf, der unter anderem in Heidelberg studiert hatte, war gleichsam naturgemäß in die Politik geraten und – was sonst – der DC beigetreten. Als hartnäckiger Verfechter von Prinzipien handelte er sich alsbald Ärger ein, setzte sich jedoch kräftig zur Wehr. 1990 trat Orlando von seinem Posten als Bürgermeister Palermos zurück. Claire Sterling beschrieb ihn damals, nach seinen ersten Jahren in der Politik:

> Die Mühsal des Amtes hatte aus dem hoffnungsvollen, jungen Gläubigen in nur vier Jahren eine ausgelaugte, von Sorgen gequälte und traurig abgekämpfte Figur gemacht. Er war seit einem Jahrhundert der erste Reformer, der so lang im Amt überdauerte ...

Sie schrieb ihn zu früh ab. Orlando trat erneut zum Kampf an. Er brach mit der herrschenden Partei Italiens, weil sie in Sizilien die Partei der Mafia war und sich jeglicher Reform widersetzte. 1991 bildete er das Netzwerk La Rete, ein Antimafia-Bündnis, das zum Kern einer neuen politischen Partei werden sollte. Da die DC Süditalien in politischer Hinsicht praktisch eingesackt hatte, erforderte eine solche Handlungsweise von Orlando einiges an Mut. Damals gab es noch keinerlei Anzeichen dafür, daß ein unbedeutendes Korruptionsverfahren in Mailand die Regierung zum Sturz bringen würde. Auch konnte Orlando nicht voraussehen, wie die Morde an Falcone und Borsellino die Menschen zum Kampf gegen die Cosa Nostra anstacheln würden. Bei den Wahlen von 1990 hatte Ministerpräsident Andreotti den Sizilianern dringend nahegelegt, in Palermo nicht für Orlando zu stimmen, obwohl er der Spitzenkandidat von Andreottis eigener Partei war. Zu jener Zeit galt Andreottis Wort in der DC noch immer als Gesetz; allerdings zeichneten sich allmählich Veränderungen ab. *Die Leute verstanden die Botschaft, und alle stimmten für mich*, erzählte Orlando mir nun. Er für seinen Teil hatte sich 1989 geweigert, die Kandidatenliste der DC für das Europäische Parlament anzuführen, wenn darin auch der Name des Mafioso Salvo Lima auftauchte. Zur Wahl gezwungen, entschied die DC sich für Lima.

Jeder wußte, daß Andreotti als Schutzschild von Lima agierte, sagte mir Orlando. *Und jeder wußte auch, daß Lima das politische Sprachrohr der Mafia war. Lima diente als Verbindungsglied zwischen Andreotti und Riina, zwischen den politischen Köpfen der Mafia und den Killern, den Bossen.* Wie jeder wußte, sorgte bei Wahlterminen in Sizilien die Mafia systematisch, Viertel um Viertel, dafür, daß der ihren Interessen am ehesten genehme Kandidat gewählt wurde. Dieser Kandidat war nahezu unweigerlich ein Christdemokrat. Orlandos endgültiger Bruch mit der herrschenden Partei wurde nach langem Reifungsprozeß schließlich unausweichlich. *Zu einer Zeit, da niemand gegen Andreotti zu sprechen wagte, erhob ich die Stimme gegen ihn.* Um des dramatischen Effekts willen vereinfachte er die Dinge ein wenig, aber nicht allzusehr. Was den Christdemokraten Orlando in den achtziger Jahren aus den Reihen heraushob, war die Tatsache, daß er sich sowohl als Christ wie als Demokrat verstand. Nachdem 1992 zuerst Falcone und dann auch Borsellino ermordet worden waren, drängte man Orlando, zu seiner eigenen Sicherheit Sizilien für eine Weile zu verlassen. Er sagte: *Wenn man mich umbringt, sollen die Leute wissen, daß es nicht nur die Mafia war ...* Damit spielte er auf *die Freunde der »Freunde«* an, nämlich die Politiker, die damals sonst noch niemand im Zusammenhang mit den Massakern jenes Jahres zu nennen wagte. Er blieb in Palermo und nächtigte in Unterkünften der Carabinieri. Als er sich 1993 erneut um das Amt des Bürgermeisters von Palermo bewarb, erhielt er im ersten Wahlgang mehr als drei Viertel der abgegebenen Stimmen.

Bei meinem Besuch, zwei Jahre später, waren seine Hoffnungen, La Rete zu einer nationalen Partei auszubauen, ebenso verblaßt wie seine Popularität. Dabei wirkte er durchaus nicht niedergedrückt. Er ließ sich auf ein Sofa plumpsen und brachte das Gespräch auf den Star-Juwelier und letzten Herzog von Verdura, ein Thema, über das er sich weitschweifig verbreitete. Villa und Garten, die ganze Szenerie animierten ihn dazu. Sobald er seine Amtsräume verlasse und die Villa Niscemi außerhalb der Stadt aufsuche, so Orlando, inspiriere die Atmosphäre ihn zu tieferen Reflexionen. Er liebe es, an diesem Ort zu sein. Orlando äußerte sich zutiefst pessimistisch über den Prozeß gegen Andreotti. *Ich werde natürlich am ersten Tag zugegen sein. Und im Namen des Volkes von Palermo eine Verurteilung fordern.* Die Stadtverwaltung hatte sich zur betroffenen Partei erklärt und würde als solche beim Prozeß vertreten sein.

Der Prozeß ist ein Fehlschlag, verkündete Orlando dennoch. *Wie der von Nürnberg. Das Diktat der Sieger.* Und doch sprach einiges für Nürnberg, dachte ich, trotz aller berechtigten Einwände. Die Geschichte forderte Rechenschaft. Es war notwendig, Verantwortung zuzuweisen, und sei es auch noch so unvollkommen. *Er ist ein politischer Fehlschlag*, wiederholte Orlando beharrlich. *Man hätte mit Andreotti abrechnen sollen, solange er noch an der Macht war. Für Hitler gilt das gleiche.* Dagegen ließ sich schwer etwas sagen. Und nun, tief im Sofa versunken und umgeben von den Inkunabeln der herzoglichen Familie, erteilte mir Leoluca Orlando, einst jüngster Juraprofessor in der Geschichte der Universität Palermo, eine Lektion über Mafia und Politik im Italien der Nachkriegszeit. Er führte an, der Prozeß wäre ohne den Fall der Mauer in Berlin, ohne die Auflösung der Sowjetunion niemals zustande gekommen. Ich versuchte Einwände zu erheben, manches zu modifizieren oder in Frage zu stellen – *Wenn Andreotti von einer internationalen Verschwörung gegen seine Person spricht*, unterbrach mich Orlando, *hat er in gewisser Weise recht. Er genießt nicht mehr die internationale Protektion, deren er sich während all der Jahre des Kalten Krieges gewiß sein konnte. Die Amerikaner brauchen Andreotti nun nicht mehr, da der Kommunismus seinen Schrecken verloren hat.*

Jeder Versuch, diese Begegnung zu einem Dialog auszuweiten, war sinnlos. Orlando blickte mich nicht einmal mehr an. Er schien meine Anwesenheit vergessen zu haben. Seine Augen hefteten sich auf einen fernen, imaginären Punkt jenseits der Bibliothekswand. *Die Mafia ist mehr als eine kriminelle Organisation. Sie besteht nicht bloß aus Waffenträgern. Sie ist ein Machtsystem und wurde mit dem Kriegsende in Sizilien zum eigentlichen System auf gesetzlicher und politischer Ebene. Die Amerikaner haben uns das eingebrockt. Das Ganze geht zurück bis ins Jahr 1943* ... Draußen hatte die Sonne eben ihren Zenit überschritten, und ein grelles weißes Licht fiel über das ausgezackte Vorgebirge und die grünen Gärten an seinem Fuß. Kaum ein Lüftchen rührte sich. Professor Orlando ließ seine Stimme noch stärker anschwellen, akzentuierte die Worte mit Nachdruck und gestikulierte über meinen Kopf hinweg irgendwo ins Leere. Er sprach nicht mehr mit mir. Vergessen kauerte ich auf dem niedrigen Diwan. Orlando sprach mit der Geschichte selbst.

II EIN HEIMLICHER KUSS

Gegen Mitternacht begann die Landung in Sizilien an der sommerlichen Südküste zwischen Licata und Gela. Es war die Nacht vom neunten auf den zehnten Juli 1943, ein Jahr vor der Invasion in der Normandie. Sizilien stellte den Auftakt zu den Landemanövern der alliierten Armeen in Europa dar. Neun Tage danach fielen erstmals Bomben auf Rom, und wiederum fünf Tage später war die faschistische Regierung am Ende. Zwei Monate nach der Landung in Sizilien unterzeichnete die neue italienische Regierung ein Waffenstillstandsabkommen mit den Alliierten und erklärte vier Wochen später Deutschland den Krieg. Während noch Partisanen die auf dem Rückzug befindlichen Nazis und das faschistische Rumpfparlament im Norden bekämpften, nahmen hinter den alliierten Linien die politischen Parteien der kommenden, neuen Republik Formen an. Sizilien kam dabei ein Sonderstatus zu.

Nach ihrer Ausschiffung an der Südküste zwischen Licata und Gela bewegte sich die siebte US-Armee erstaunlich mühelos durch das zentrale und westliche Sizilien. Die amerikanischen Truppen benötigten sieben Tage, um sich die gebirgige, von Deutschen besetzte Insel zu sichern, die knapp die halbe Fläche von Tasmanien und zehnmal so viele Einwohner hatte. Die Verluste waren kaum nennenswert. General Patton jubelte über *den schnellsten Blitzkrieg der Geschichte*. Die unvergleichliche Geschwindigkeit und Reibungslosigkeit der amerikanischen Operation gab Anlaß zu Kommentaren, zumal im Vergleich mit der fünfwöchigen Schinderei entlang der Ostküste Siziliens, wo die Verluste der britischen und kanadischen Streitkräfte unter Montgomery in die Tausende gingen.

Nun rief mir Leoluca Orlando die alte Geschichte von der Invasion der Alliierten wieder ins Gedächtnis. Die Vorhut der einrückenden Amerikaner, sagte er, habe Flaggen und kleine gelbe Seidentücher mit dem aufgestickten Buchstaben L bei sich getragen. Ein solches Tuch hatte ein tief fliegendes US-Aufklärungsflugzeug über dem Bergdorf Villalba abgeworfen, direkt vor die Tür des örtlichen Priesters, der ein Bruder von Don Calogero Vizzini war. Don Calò stand kurz vor seiner Ernennung zum Ehrenoberst der US-Army. Er war bereits *capo di tutti i capi*, Boß aller Bosse der sizilianischen Mafia, und laut Polizeiregister persönlich für neununddreißig Morde, sechs Mordversuche, sechsunddreißig Raubüberfälle, siebenunddreißig Diebstahlsdelikte und dreiundsechzig Erpressungen verantwortlich. Zu der Zeit, als das Tüchlein vom Himmel fiel, steckte er bis über die Ohren in Schwarzmarktgeschäften. Im Verlauf des amerikanischen Vorstoßes auf Palermo kehrten zwei Drittel der italienischen Verteidigungstruppen der Fahne den Rücken. Das L stand für Lucky Luciano, geboren als Salvatore Lucania in Lercara Friddi, nur wenige Meilen westlich von Villalba. Zu Beginn des Jahres 1943 verbüßte Luciano noch eine auf dreißig bis fünfzig Jahre angesetzte Haftstrafe in einem US-Gefängnis und galt als *capo di tutti i capi* der amerikanischen Cosa Nostra.

Fünf Monate vor der Invasion der Alliierten in Sizilien hatte er um Strafmilderung *wegen Verdiensten um das Wohl der Nation* ersucht. Angeblich befand er sich an Bord des Flugzeugs, von dem das Tuch abgeworfen wurde. Mit Sicherheit erfolgte 1946 seine Freilassung und Deportation nach Italien. Ein betagter Anwalt erinnerte sich in einem Gespräch mit mir an seinen Schrecken und seine Empörung, als er viele Jahre zuvor Luciano am Nachbartisch in einem der vornehmsten Restaurants von Neapel entdeckte, wo dieser nach dem Krieg seinen Wohnsitz genommen hatte und schließlich 1962 starb. Luciano lebte vom Schmuggel mit Drogen und Zigaretten, und ein neapolitanischer Polizeibericht aus dem Jahr 1954 beschrieb *seine unverschämt anmaßende, selbstsichere Attitüde, die offiziell auf keinerlei geregeltem Eigentum basierte und in den Augen anständig denkender Bürger einen Skandal darstellte.* Jener Anwalt nun, ein Neapolitaner, dessen gebeugte, gekrümmte Gestalt, ähnlich wie die von Andreotti, auf Mangelernährung im Wachstumsalter hindeutete und dessen Nase und Kinn unter den hellwachen, listigen Augen einen idealen Punkt anzustreben schienen, der weit vor seinem schiefen, breit lächelnden Mund lag – er also wußte aus erster Hand einiges über die Geschäfte, die damals die heimkehrenden Söhne des Landes auf Kosten hungernder Neapolitaner und Palermer betrieben. Besagter Anwalt hatte selbst bei Kriegsende viel Zeit damit zugebracht, sich am Hafen von Neapel herumzudrücken, mit sorgsam versteckter amerikanischer Büchsennahrung in einem dicken Mantel, der für sein unterernährtes Klappergestell viel zu weit war. Sechzig Prozent der von den Alliierten auf den Kais von Neapel ausgeladenen Nahrungsmittel gelangten nicht zu dem hungernden Volk, sondern direkt auf den Schwarzmarkt, dank der Beihilfe von vielen Angehörigen des Militärs.

Gore Vidal hat einmal bemerkt, Sizilien verdanke seine Befreiung Lucky Luciano, Vito Genovese und der amerikanischen Armee. Mit Sicherheit verbürgt ist, daß Genovese, Lucianos Mann in New York und damals einer der großen Drogenhändler, ebenfalls um jene Zeit wieder in Italien landete, und zwar als offizieller Dolmetscher und Berater des US-Militärgouverneurs in Neapel. Oberst Charles Poletti war bereits, laut Luciano, *ein guter Freund.* Aus ungeklärten Gründen wurde Genovese im Sommer 1944 zurück in die Staaten verfrachtet, nach weniger als einem Jahr verdienstvoller Tätigkeit zum Wohle der Nation; allerdings hatte er ausreichend

Zeit gehabt, um den florierenden Schwarzmarkt aufzuziehen, der in der Folge von Luciano übernommen wurde. Solch prominenter Einsatz seitens der Heimkehrer wurde durch ein starkes Kontingent innerhalb des Fußvolks ergänzt. Fünfzehn Prozent der Soldaten der US-amerikanischen Invasionsarmee war in Sizilien geboren oder sizilianischer Herkunft.

Sie alle trugen eine von General Eisenhower signierte kleine Broschüre bei sich, die in groben Zügen das Folgende abhandelte: *die lange, unselige Geschichte der Insel, ihren primitiven, unterentwickelten Zustand,* den Mangel an fließendem Wasser und sanitären Einrichtungen in den meisten Häusern, das Analphabetentum nahezu der Hälfte der Einwohnerschaft sowie besondere Risiken in Form von Typhus, Dysenterie, Malaria und *der Mafia, einer Geheimgesellschaft.* Wohl gerade in den niedrigeren Rängen der Besatzungsmacht fand die einheimische Mafia ihre engsten und nützlichsten Freunde. Die US-Dokumente, die Aufschluß über die Rolle der amerikanischen Cosa Nostra beim reibungslosen Ablauf der alliierten Invasion Siziliens geben könnten, werden nach wie vor unter Verschluß gehalten. *Es gibt keine Beweise ... für ein Komplott,* vermerkte Siziliens moderner Geschichtsschreiber über jene Zeit, und Orlandos Geschichte von Lucianos gelbem Seidentüchlein mag zu den Mythen zählen, nicht aber, was während der Besatzungszeit geschah. Bei der Übergabe der Verwaltungshoheit an die Inselbewohner stellten die Militärbehörden fest, daß es sich bei den etablierten Persönlichkeiten mit besonders überzeugenden antifaschistischen Lebensläufen um die lokalen Mafiabosse handelte, ob das alliierte Militär nun davon Kenntnis gehabt hatte oder nicht. Die Unterdrückung durch Mussolinis furchtbaren *eisernen Präfekten* Mori hatte sie zwanzig Jahre lang zum Stillhalten, mitunter sogar ins Gefängnis gezwungen. Unter den Kriegsumständen nahmen sie sich wie makellose Antifaschisten aus. Daher wurde Don Calò Vizzini mit einer gewissen plausiblen Eile zum Bürgermeister von Villalba erhoben, daher auch gelangten die Führer vieler anderer Mafiafamilien überall in Zentral- und Westsizilien in die Spitzenpositionen der Lokalverwaltung. Dies war nicht unbedingt geplant, schuf jedoch ein Muster.

Der britische Militärgouverneur schrieb später: *Viele meiner Offiziere gingen in die Falle ... und folgten den Ratschlägen ihrer Dolmetscher.* Bei denen es sich, wie er hinzufügte, um Mafiosi handelte. Ein Hauptmann der US-Army äußerte im Oktober 1943 in einem Bericht über den Schwarzmarkt für Lebensmittel besorgt, die Mafia sei nicht bloß eine kriminelle Organisation, sondern zugleich *auch ein Gesellschaftssystem, eine Lebenshaltung, ein Berufsstand.* Diese treffende Bemerkung wirkt wie ein Echo des brillanten Berichts, den der toskanische Beobachter Leopoldo Franchetti rund siebzig

Jahre zuvor über die sizilianische Gesellschaft verfaßt hatte. Das Wort *unterentwickelt* in dem Soldatenführer für Sizilien war in der Tat eine Untertreibung gewesen. Hätten die Fußsoldaten der Befreiungsarmee die Zeit und Möglichkeit zu einer ausführlicheren und eingehenderen Lektüre besessen, wäre ihnen daraus vielleicht klargeworden, daß jenes Territorium, durch das sie sich mit so verdächtiger Leichtigkeit bewegten, nach wie vor aus riesigen Erbgütern bestand, obwohl der Feudalismus in Sizilien 1812 gesetzlich abgeschafft worden war und ungeachtet aller Bauernunruhen und -erhebungen, die seither mit schöner Regelmäßigkeit mindestens einmal in jeder Generation aufgetreten waren.

Jene Feudalgüter hatten sich im Lauf der Jahrtausende kaum verändert – seit jener Zeit, als man in Sizilien noch Griechisch sprach und die Insel 200 v. Chr. zur römischen Provinz wurde, deren Latifundien fortan, wie Cato schrieb, als *Kornkammer der Republik* dienten, *als die Amme, deren Brust das römische Volk nährt.* Damals war die Insel eine frisch abgeholzte und rücksichtslos ausgebeutete Domäne endloser Weizenplantagen, die von Sklaven beackert wurden. Einen Großteil der folgenden zwei Jahrtausende hindurch verblieb das Land unter Fremdherrschaft, und diejenigen, die den Boden bestellten, lebten kaum besser als in der Sklaverei. *Es läßt sich unmöglich berechnen*, schrieb der verstorbene Historiker Moses Finley in seiner Geschichte des antiken Sizilien, *wieviel an Geld und Erträgen Sizilien in den vergangenen zweitausend Jahren durch Pacht, Steuern und schlichte Ausplünderung eingebüßt hat.* Jene schweren Schädigungen, fügte Finley an, beträfen jedoch

> nicht unterschiedslos alle ... denn traditionell ist die Herrschaft in Sizilien von lokalen Magnaten geprägt ... die einen hübschen Anteil der Gewinne dafür einsteckten, daß sie als Verwalter und als Ordnungskräfte tätig waren.

Jahrhundertelang befanden sich die *latifondi* im Besitz adliger Familien, die sich immer seltener auf ihrem Grund und Boden blicken ließen. Sie vergnügten sich in Palermo, Neapel, Rom oder Paris, während ihre Güter, von bewaffneten *campieri* bewacht, ganz in der Hand der Pachtbauern, der verhaßten *gabellotti*, lagen. Diese gaben das Land an Unterpächter weiter, und diese wiederum ließen den Boden von Tagelöhnern bestellen, die von Brot, Teigwaren und Bohnen lebten, unter Bedingungen, von deren Ärmlichkeit und Unsicherheit man sich nach Lektüre der nur zart andeutenden Sätze in General Eisenhowers *Soldatenführer für Sizilien* kaum einen Begriff machen konnte.

Eines der wenigen erhaltenen Bilder von der amerikanischen Invasion in Sizilien ist Robert Capas Foto eines US-Soldaten in tadelloser Uniform, der auf muskulösen Gesäßbacken irgendwo im sizilianischen Binnenland auf einer staubigen Straße hockt und sich von einem O-beinigen, weißbärtigen alten Bauern mit einem um den Kopf geknoteten Tuch den Weg zeigen läßt; der knotige Stock, mit dem der Alte deutet, scheint förmlich aus seinen Gliedern herauszuwachsen. Das Foto ist eindeutig gestellt, verlogen und mit propagandistischen Absichten befrachtet. *Wir wissen*, sagte Sciascia, *daß er ihm den richtigen Weg zeigt.* Die Staturen der beiden Abgebildeten waren durch nichts zu verfälschen. Der alte Sizilianer steht so gerade da, wie er nur kann, und reicht dem jungen Soldaten in der Hocke dennoch nur eben bis zum Scheitel. Varianten dieses Bildes sind ohne weiteres für jede Invasion Siziliens im Lauf der Jahrtausende vorstellbar. Die alliierte Landung im Jahr 1943, so Sciascia,

> glich mit ihren Bedingungen fast bis aufs Haar der Landung der Araber am sechzehnten Juni 827, wobei Görings deutsche Division die Stelle der byzantinischen Truppen einnahm ... die Insel, wie eh und je unfähig zur Verteidigung, zermalmt von einer habgierigen, korrupten Verwaltung, von der Gegenwart terrorisiert und mit Ausblick in eine ungewisse Zukunft.

Durch rechtliche Mauscheleien, politische Verzögerungstaktiken und unverblümte, massive Einschüchterungsmaßnahmen hatte die verschwindend kleine Gruppe alteingesessener Familien des sizilianischen Landadels im Lauf der hundertdreißig Jahre zwischen dem formellen Ende des Feudalismus und der alliierten Invasion ihren Grundbesitz sogar noch zu vergrößern vermocht. Den Bauern per Gesetz überschriebener öffentlicher Grund war von den großen Gütern aufgesogen worden, zu denen mehr als drei Viertel von Siziliens kultiviertem Land gehörten. Die Befreiung durch Garibaldi brachte keine der verheißenen Landreformen. Die sizilianischen Bauern, die Volksmassen, waren im vereinten Italien noch übler dran als im achtzehnten Jahrhundert. Unzählige Sizilianer zwang der Hunger zur Auswanderung nach Nord- und Südamerika. Mit Beginn der faschistischen Ära wurde diese Fluchtroute gekappt, und beim Zusammenbruch des Faschismus befanden sich die Sizilianer in einer verzweifelten Lage. Um ihren eisernen Griff aufrechtzuerhalten, setzten die Landbesitzer Einschüchterung ein. Und dabei nun trat die Mafia auf den Plan.

Volkskundler und Etymologen haben immer wieder mit nicht zu beantwortenden Fragen nach dem Ursprung eines rätselhaften Wortes jongliert. Bezeichnete »Mafia« im Arabischen einen Zufluchtsort, wie Norman Lewis meinte? Ich konnte keine Quelle dafür aufspüren, wiewohl italienische Etymologen des letzten Jahrhunderts es mit *mahjas* versuchten, dem arabischen Wort für Prahlerei. Daß ein Wort, das erst im späten neunzehnten Jahrhundert erstmals verzeichnet ist, also gut achthundert Jahre nach dem Abzug der Araber aus Sizilien, arabischen Ursprungs sein sollte, ist unwahrscheinlich. Daß es sich von dem Schrei *ma fille!* einer Mutter angesichts der Vergewaltigung ihrer Tochter durch französische Soldaten herleitet, die vor fast ebenso langer Zeit den Aufstand der Sizilianischen Vesper auslöste, gehört in den Bereich der Phantasie. War es ein politisches Akronym aus der Zeit der italienischen Einigung? Ein anderer Gelehrter deutete auf eine Verbindung zu *guappo* hin, der Figur des jungen neapolitanischen Schurken, was als Wort wiederum aus dem Spanischen stammt. Auch das schien arg weit hergeholt zu sein. Einen Mann, ein Pferd oder auch eine Frau pries man als *mafiuso*, als elegant, stolz, vital und spritzig, und im späten neunzehnten Jahrhundert war ein *mafiuso*, wie sein neapolitanisches Gegenstück, der *guappo*, ein Gangster mit Stil.

Das Wort »Mafia« findet sich erstmals 1865, nach der Einigung Italiens, in den Dokumenten der Polizeipräfektur von Palermo. In das italienische Strafgesetzbuch wurde es erst 1982 aufgenommen. Bis zum Ende des zweiten Weltkriegs stellte die Mafia im ländlichen Sizilien vorrangig jenes kriminelle Element dar, in dem Grundbesitzer und auch der Staat ein nützliches Instrument zur Aufrechterhaltung der Besitz- und Machtverhältnisse sahen. Noch in den siebziger Jahren bestand das Oxford English Dictionary darauf, die Mafia gelte *oft fälschlich als organisierte Geheimgesellschaft mit krimineller Zielsetzung*. In der New Shorter-Ausgabe von 1993 wurden die Worte »oft fälschlich« getilgt.

Die Mafiosi waren enge Verbündete der *gabellotti*, deren Name sich von dem arabischen Wort für »Steuereinnehmer« herleitet und die als Gutsverwalter tätig waren – oft hatten sie beide Funktionen inne. Die Mafia übte durch Erpressung und Einschüchterung der Bauernfamilien eine gewisse soziale Kontrolle aus. In den größeren Orten verhieß sie mit der Zeit zudem eine schnelle, wenn auch riskante Methode, zu Macht und Geld zu kommen. Schon in ihren Ursprüngen war die Mafia ein parasitäres Gebilde, das in der Grauzone zwischen Staat und Volk wucherte. Die Mafia war gesetzlos, aber toleriert; geheim, aber wahrnehmbar; kriminell, aber Hüterin der Ordnung. Sie schützte die großen Gutsbesitzer und nahm sie aus, ebenso wie die Pächter, die die Güter bewirtschafteten, und die Bauern, welche die Knochenarbeit verrichteten. Die Mafia nahm sie alle aus und schützte sie, laut dem Historiker Paul Ginsborg, *vornehmlich vor der Mafia selbst*.

Die Mafia verzweigte sich bald und wurde städtisch. Die Idee, die hinter ihr stand, hatte es nicht verdient, irgendwo im Busch vor sich hin zu kümmern; schon kurz nach dem Krieg hatte die Organisation sich radikal gewandelt und war international geworden, doch ihre Wesensmerkmale waren von Anfang an vorhanden. Es gab verschiedenste Möglichkeiten, zu Geld zu kommen, sobald man bereit war, dafür zu töten. Die ländliche Mafia hielt mittels Gewalt und Terror eine soziale Ordnung aufrecht. Sie setzte sich dort fest, wo Armut und Ausbeutung normales menschliches Vertrauen und allgemeine Solidarität hatten zerbröckeln lassen. Je schwächer der Staat, um so stärker wurde die Mafia. Als kriminelle Organisation ihrer Natur nach konservativ und in ihrem Vorgehen opportunistisch, hatte die Mafia sich stets parasitär an die etablierte politische Macht gehalten. Ihr politisches Parasitentum war lediglich ein Aspekt ihres wirtschaftlichen. Das Wesen der Mafia, ihre kriminelle Genialität, bestand stets in ihrem Geschick, sich unentbehrlich zu machen. Die Mafia hatte es immer schon verstanden, sich den Mächtigen anzudienen.

Um die Mitte der vierziger Jahre dieses Jahrhunderts spürten viele Leute in unsicheren Machtstellungen, daß sie die Mafia nötig hatten. Die Feudalherren in Sizilien und ihre Verbündeten machten sich Sorgen, weil auf der ganzen Insel hungernde Sizilianer den Aufstand probten. In den Städten forderte die Menge mehr Essen, und vor den Toren forderten die Bauern mehr Land. Es kam zu Zusammenstößen mit tödlichem Ausgang. 1944 feuerte in Palermo die Armee in eine hungrige Meute, tötete vierundvierzig Menschen und verletzte zahlreiche weitere. Die alliierte Militärregierung, bemerkte Ginsborg, *sicherte der ländlichen Elite im Süden einen schmerzlosen Übergang vom Faschismus und hielt einen status quo aufrecht, der auf der skrupellosesten Ausbeutung der armen Landbevölkerung basierte.* Getrieben vom Hunger, drang nun eine starke aktivistische Bewegung in das politische Vakuum vor, das nach dem faschistischen Zusammenbruch entstanden war. Auch manches, was jenseits des Wassers auf dem Kontinent vor sich ging, versetzte die Landbesitzer in Angst und Schrecken. Die kommunistische Partei war aus ihrer Deckung hervorgetreten und begann in der großen Politik mitzumischen. Bestens organisiert und voller Tatkraft, erntete sie nun die politischen Lorbeeren für ihren langen Kampf gegen den Faschismus. Ein kommunistischer Landwirtschaftsminister in der provisorischen Regierung gab radikale Dekrete zur Landreform heraus. Trotz kräftigster Unterstützung seitens des Vatikans wirkte die neue konservativkatholische Partei, Democrazia Cristiana, auf die sizilianischen Grundbesitzer zunächst nicht sonderlich überzeugend. Demokratie lag in der Luft, und die sizilianische Elite, die den Übergang von Reaktion zu Faschismus und dann zu alliierter Besatzung reibungslos bewältigt hatte, war nun aufs äußerste beunruhigt. Sie hielt Ausschau nach Freunden.

Die Besatzungszeit hatte eine Ahnung vom Reichtum und von der Modernität Amerikas vermittelt; beides war spürbar näher gerückt, nachdem Amerika ein Jahrhundert lang nur das ferne Traumland gewesen war, in dem arme sizilianische Einwanderer es zu Wohlstand gebracht hatten. Amerika war die Quelle jener monatlichen Geldsendungen, von denen ganze Familien lebten; unter den Ikonen an den Wänden ihrer schäbigen Behausungen fand sich mitunter auch eine gerahmte Dollarnote. Die Agitation für eine Umverteilung des Grundbesitzes in Sizilien, die Reformen in Italien, der Sog amerikanischen Reichtums und amerikanischer Macht, das historische Mißtrauen gegenüber dem Kontinent – all dies mündete gegen Kriegsende in der kuriosen, kurzlebigen Unabhängigkeitsbewegung. 1944 zählte die separatistische Bewegung eine halbe Million Mitglieder, fünfmal so viel wie alle anderen Parteien zusammen. Dabei war man nicht einmal unbedingt auf Unabhängigkeit aus. Ein paar Jahrhunderte zuvor hatte Voltaire die Sizilianer wie folgt beschrieben: *... sie hassen ihre Beherrscher und lehnen sich gegen sie auf, unternehmen jedoch keinerlei ernsthafte Anstrengungen, sich von ihnen zu befreien*; genau diesem Schema folgte der Separatismus. Die Bauern Siziliens wollten das Land besitzen, das sie bearbeiteten, wohingegen die Separatisten nicht etwa Freiheit wollten, sondern ein anderes Regime. Die separatistische Bewegung kippte in den Extremismus ab, als die Alliierten die Verwaltung Siziliens in die Hände der neuen italienischen Regierung übergehen ließen. Eine Geheimarmee formierte sich, die einen separatistischen Aufstand anführen sollte. Die Mafia, wie stets im Sog der wahren Macht, wurde zum engen Verbündeten der Separatisten. Sizilien würde als neunundvierzigster Staat fortan ein Teil Amerikas sein. Des großen, reichen, mächtigen Amerika, wo die Sizilianer so viele Freunde hatten.

Unter Mafia und Separatisten mischten sich schließlich noch die Banditen. Im September 1943 stoppte eine Streife der Carabinieri einen jungen Bauern von knapp einundzwanzig Jahren namens Salvatore Giuliano aus Montelepre. Sein Pferd transportierte für den Schwarzmarkt bestimmtes Getreide. Die Beschlagnahmung von geschmuggeltem Getreide war eine äußerst verhaßte Maßnahme, die den florierenden Schwarzmarkt der Mafia kaum beeinträchtigte und nur die verzweifelt Armen im Landesinneren empfindlich traf. Giuliano zog seinen Revolver und tötete einen der Carabinieri. Einen weiteren erledigte er vier Monate später mit einer Maschinenpistole, als er in der Nähe von Montelepre in eine Polizeirazzia geriet. Einige Wochen danach organisierte er einen Gefängnisausbruch; die Mitbeteiligten wurden zum Kern einer Banditentruppe, die im Januar 1944 Zuflucht in den Hügeln hinter Montelepre fand. Als Giulianos Unterbefehlshaber fungierte sein Cousin Gaspare Pisciotta. Mit diesen tollkühnen Taten begann Giulianos wilde und verblüffend lange Karriere.

Seine Banditentruppe war eine von rund vierzig, die gegen Ende 1943 im armen, gesetzlosen Westen Siziliens frei operierten. Die meisten davon wurden zerschlagen, als die Mafia unter den Alliierten ihre Machtstellung zurückeroberte. Giulianos Gruppe stach durch den Charme und den Sinn für Dramatik heraus, den dieser volkstümliche Bandit, der »König von Montelepre«, an den Tag legte: die blumigen Proklamationen, die populistischen Strafaktionen und Giulianos Diamantring, den er höchstselbst der Herzogin von Pratameno in deren Palermer Residenz vom Finger gezogen hatte. Bemerkenswert war zudem, wie die Truppe es zuwege brachte, stets ungestraft davonzukommen, wie wirkungsvoll sie dies einzusetzen wußte, und unter welchen Umständen Giuliano schließlich zu Tode kam. Bei diesem häufig fotografierten, prominenten Banditenführer gaben sich Vertreter der nationalen und internationalen Presse die Türklinke in die Hand, er unterhielt Kontakte zu Vito Genovese, dem US-Militärberater und Boß der New Yorker Mafia, sowie weniger ausführlich dokumentierte Beziehungen zu Politikern und Carabinieri. Mit einer schwedischen Fotoreporterin verband ihn eine kleine Romanze. Es kam sogar zu einer Begegnung mit dem Oberstaatsanwalt von Palermo. *Die einzigen, die ihn nicht finden konnten*, schrieben die Richter von Viterbo lange Zeit später erbittert über Giulianos siebenjährige Karriere, *waren die Polizisten.* Doch auch das galt nicht uneingeschränkt. Den Heiligen Abend des Jahres 1949 feierte Giuliano mit *panettone* und Likören, die ein Oberinspektor der Polizei ihm gebracht hatte.

Jedermann spielte in diesen ungewissen Zeiten ein Spiel auf zwei, wenn nicht sogar noch mehr Ebenen, und überall lauerten Informanten. Giuliano hatte Spitzel bei der Polizei, und diese verfügte über Zuträger in seiner Bande. Es blieb unklar, ob Genovese bei seinen Begegnungen mit Giuliano als Berater von US-Oberst Charles Poletti oder in weniger förmlicher Funktion auftrat. Etwa um diese Zeit wurde der Ehrenoberst der US-Armee Don Calò Vizzini ebenfalls häufig von Oberst Poletti aufgesucht. Die Separatisten, zu denen mittlerweile auch Don Calò Vizzini zählte, trugen Giuliano einen militärischen Führungsposten an. Die Mafia zog hierbei typischerweise an beiden Strängen. Ihre Spitzenleute traten auch der neugegründeten DC bei – für den Fall, daß den Unabhängigkeitsbestrebungen kein Erfolg beschieden sein würde. Giulianos separatistische Überzeugungen, seine finsteren Verdächtigungen Roms und der Kommunisten, die er als verabscheuungswürdige Rote titulierte, gingen tiefer als seine Vorbehalte gegen Mafia und Grundbesitzer, und so reihte er sich als Oberstleutnant in die bunt zusammengewürfelte separatistische Armee ein. Er rechnete damit, es binnen kurzem bis zum General zu bringen. Außerdem vertraute er vermutlich auf militärische Unterstützung seitens der Amerikaner. Nach einem Jahr, in dem Giulianos Verbündete bei sporadischen bewaffneten Zusammenstößen acht Carabinieri aus dem Hinterhalt ermordeten und in dem der frischgebackene Rebellenführer nicht immer eindeutig von jenem Giuliano zu unterscheiden war, der gleichzeitig als »König von Montelepre« seine kriminelle Laufbahn fortsetzte, verlief der sizilianische Aufstand im Sand. Für dieses Mal hatte eine Initiative aus Rom das Desaster abgewendet.

Anfang 1946, noch bevor die Verfassung der neuen italienischen Republik gebilligt war, reagierte die provisorische Staatsregierung auf die alarmierende Entwicklung in Sizilien mit einer radikalen regionalen Verfassung, die den Dekreten zur Landreform Rückhalt verlieh. Sie sicherte Sizilien weitgehende Autonomie und ein eigenes, gewähltes Parlament zu. Damit setzte ein Strom von finanziellen Zuwendungen aus Rom ein, der dreißig Jahre anhielt. Sizilien hatte Verfügungsgewalt über Milliarden von Dollar. Und zwar uneingeschränkt. Mit einem Schlag gewann die Parlamentspolitik für die landlosen Bauern Siziliens an Überzeugungskraft. Die Aktivitäten der Gewerkschafter, Sozialisten und Kommunisten wurden durch die radikalen Dekrete aus Rom gestärkt, und eine Landreform aufgrund kollektiver Aktionen schien nicht länger unmöglich. Für einen Augenblick war Sizilien aus dem archaischen Zyklus von sozialem Mißtrauen, politischer Resignation und periodischen Gewaltausbrüchen herausgetreten.

Man brauchte Mut, um zu jener Zeit in Sizilien Aktivist zu sein. Büros von Partei-Ortsgruppen und Gewerkschaften wurden von Giulianos Banditen attackiert und niedergebrannt, und zwischen 1945 und 1955 verübte die Mafia rund fünfzig Attentate auf Gewerkschafter und politische Aktivisten in Sizilien. Don Calò hatte die Reformer bereits Mores gelehrt. Während der Reformdebatten in Rom hatten im September 1944 ein eloquenter Kommunistenführer und ein sozialistischer Lokalpolitiker den Streit bis nach Villalba getragen, wo Don Calòs Bruder als Priester amtierte und er selbst im Wechsel mit seinem Neffen die Posten des Bürgermeisters und des Sekretärs der neugegründeten DC-Parteifiliale bekleidete. Don Calò genehmigte eine Versammlung auf der Piazza, *solange weder Mafia noch Landreform zur Diskussion kommen und keine Bauern teilnehmen.* Damit sollte *der erwiesenen Gastfreundschaft Respekt gezollt* werden. Die Versammlung ging also vonstatten. Durch die Argumente neugierig gemacht, begannen sich Bauern an Fenstern mit Blick auf die Piazza und an den Ecken der abgeriegelten Straßen zu zeigen. Als die Kommunisten die Sprache auf das Land im allgemeinen sowie auf die Mafia und die lokalen Großgrundbesitzer brachten, beteiligten sich die Bauern an der Diskussion. Der Priester begann die Kirchenglocken zu läuten, um die Stimmen zu übertönen. Don Calò brüllte: *Lügen, nichts als Lügen.* Dann eröffnete die Mafia das Feuer und warf Bomben in die Menge. Vierzehn Menschen erlitten Verletzungen, darunter auch der kommunistische Sprecher. Der Sozialist lud ihn sich auf die Schultern und brachte ihn in Sicherheit.

Obwohl die Christdemokraten die Landreformen nach Kräften verzögerten, und obwohl die kommunistischen Parteiführer mehr an Machtspielchen in Rom denn am Elend der Bauern im Süden interessiert waren, hielten die Landarbeiter mit ihren Familien weiterhin den unbestellten Grund und Boden besetzt, der von Rechts wegen nun ihnen gehörte. Die Gerichte im sizilianischen Hinterland befaßten sich mit den gesetzlichen Forderungen der bäuerlichen Kooperativen. Bei der ersten Wahl zum neuen sizilianischen Parlament im April 1947 trug die reformwillige Linke den Sieg davon. Die DC geriet schwer ins Trudeln, und die Unterstützung für die Autonomiebewegung bröckelte ab. Doch dies war nur ein flüchtiger, lokaler Triumph angesichts des Kalten Krieges, der die Welt in Blöcken erstarren ließ. Einen Monat zuvor hatte Harry Truman – der zu seinem vermutlich nicht geringen Erstaunen von dem des Schreibens kaum mächtigen Banditen Salvatore Giuliano in einem Brief auf die Notwendigkeit hingewiesen worden war, *der kommunistischen Bedrohung in Sizilien entgegenzuwirken* – in seiner Truman-Doktrin einen speziellen Verweis auf Italien eingeflochten. Italien stand beim Kampf gegen den weltweiten Kommunismus in vorderster Linie. Am ersten Mai drängte der US-Außenminister George Marshall in einem Schreiben an den amerikanischen Botschafter in Rom darauf, die Kommunisten aus der italienischen Regierung auszuschließen.

Am gleichen Tag versammelten sich, in freudiger Stimmung angesichts des zehn Tage zurückliegenden Wahlerfolgs der sizilianischen Linken, fünfzehnhundert Menschen aus diversen umliegenden Orten, um im Kreis der Familie den ersten Mai auf einem welligen, offenen Gelände bei Portella della Ginestra zu feiern, zu Füßen eines schroffen Felszackens namens La Pizzuta. Die Versammlungen, die schon seit Jahrzehnten alljährlich hier stattfanden, hatten nur in der faschistischen Periode eine Unterbrechung erfahren; der Ort lag im Hochland unmittelbar südlich von Palermo bei Piana degli Albanesi und unweit von Montelepre. Die Teilnehmer kamen zu Fuß oder in den bunt bemalten hölzernen Karren, gezogen von Maultieren und Pferden, die damals bei den sizilianischen Bauern noch in Gebrauch waren; Essen und Wein brachte jeder selbst mit. Den Lärm, der zu Beginn der Ansprachen einsetzte, hielt man für ein Feuerwerk und begrüßte ihn mit lauten Beifallskundgebungen. *Wir sahen ein Pferd zu Boden stürzen*, berichtete ein Überlebender. *Dann hörten wir Menschen schreien. Sie liefen davon und versuchten, in Deckung zu gehen.* Nur daß es natürlich weit und breit kein Versteck für sie gab. Von den Felszacken des La Pizzuta schoß man mit Maschinenpistolen auf die Flüchtenden. Handgranaten wurden in die Menge geschleudert. *Es waren Giulianos Männer. Sie trugen alle weiße Regenmäntel und sahen alle völlig gleich aus.* Das Ergebnis der viertelstündigen Schießerei: elf Tote, darunter einige Kinder, und fünfundsechzig Verwundete. *Die Leichen lagen noch Stunden am Boden, zwischen den stöhnenden Verwundeten, bis endlich ein Lastwagen eintraf.* Dem Massaker war ein weiterer Mord vorausgegangen. Ein *campiere*, der die Banditen bei der Vorbereitung ihres Angriffs bemerkt hatte, wurde ergriffen, getötet und in einen achtzig Meter tiefen Brunnenschacht geworfen.

Das einzige, was bei dem Vorfall in Portella della Ginestra am ersten Mai 1947 mit Sicherheit feststand, war die Anzahl der Toten und Verwundeten. Daß Giulianos Banditen für das Massaker verantwortlich zeichneten, darüber bestand ebenfalls bald Einigkeit. Alles übrige jedoch blieb im unklaren. Fünfundzwanzig Jahre später zog eine italienische parlamentarische Kommission nach zehnjähriger Untersuchung der wiederaufgelebten Mafia-Aktivitäten im Sizilien der Nachkriegszeit folgenden Schluß:

> Die Frage, warum Giuliano das Massaker von Portella della Ginestra anordnete, wird wohl noch lange Zeit, vielleicht auch für immer ein düsteres Geheimnis bleiben. Nach langer, gründlicher Untersuchung sieht die Kommission sich außerstande, die direkte bzw. moralische Verantwortung für das Geschehen bestimmten Parteien oder Politikern zuzuweisen ...

Die Kommission erwähnte einen mysteriösen Brief, den Giuliano erhielt, las und verbrannte, um seinen Männern daraufhin unverzüglich mitzuteilen: *Die Stunde unserer Befreiung ist gekommen*, und den Befehl zum Töten zu geben. Herkunft und Inhalt des Briefes, so die Kommission,

> ebenso wie Giulianos Beziehungen zu Journalisten und Militärangehörigen anderer Nationen sowie zu italienischen Politikern bleiben dunkle Kapitel einer äußerst wirren und aufgewühlten Periode in der Geschichte unseres Landes.

1972 war dies als Zusammenfassung einer zum damaligen Zeitpunkt mehr als zwanzig Jahre zurückliegenden, turbulenten und unseligen Phase gedacht; heute klingt es wie ein Urteil über das letzte halbe Jahrhundert. Die

Vorfälle von Portella della Ginestra kamen in einem Prozeß zur Sprache, der Jahre später und weit entfernt stattfand, in Viterbo auf dem Kontinent. Im Rückblick auf die ewigen Verflechtungen der italienischen Justiz bezeichnete 1995 ein weiterer palermischer Richter, der mit Falcone im Antimafia-Verbund zusammengearbeitet hatte, die Ergebnisse jenes Prozesses als den ersten *Vorstoß in die Grauzone* in der Nachkriegsgeschichte des italienischen Rechtswesens. Der Prozeß mußte zum Fehlschlag geraten, weil der Hauptangeklagte fehlte. Giuliano war tot. Sein Cousin und Stellvertreter Pisciotta hatte ihn am vierten Juli 1950 im Schlaf erschossen.

Der Öffentlichkeit wurde aufgetischt, Giuliano sei in Montelepre bei einer Schießerei mit Mitgliedern des Einsatzkommandos zur Bekämpfung des Banditenwesens ums Leben gekommen – wie bereits der Name vermuten ließ, handelte es sich dabei um eine erst unlängst und in aller Hast von einer peinlich unter Druck stehenden Regierung geschaffene Einheit. Ob Pisciotta nun, wie später von ihm behauptet, Giulianos Mörder gewesen war oder nicht – die Carabinieri jedenfalls, in deren Auftrag die Mafia zweifelsohne den Mord an Giuliano arrangiert hatte, schleiften die Leiche vom Bett in einen Hof und pumpten sie mit Kugeln voll, damit das Ganze nach einer Schießerei mit tödlichem Ausgang aussah. Die Presse, die, nach den Fotos von diesem Tag zu urteilen, mit großem Aufgebot zum Schauplatz gerufen wurde, reagierte zunächst entsetzt, dann mißtrauisch und schließlich mit Hohn und Spott. Das Szenario fiel in sich zusammen. Beispielsweise war das Blut von der Leiche bergan geflossen. Der Bericht einer italienischen Wochenzeitschrift begann mit den Worten: *Fest steht nur eins: er ist tot ...* Der Leiter des Einsatzkommandos zur Bekämpfung des Banditenwesens wurde befördert. Die gestellte Schießerei verlor auch den letzten Rest an Glaubwürdigkeit.

Schon vor seinem Tod hatte sich Giuliano von seinen Freunden ausgenutzt und in die Enge getrieben gefühlt. Er suchte nach einem Ausweg und hätte wohl eine Amnestie in Italien oder die Ausreise nach Brasilien oder den USA dafür akzeptiert. Seine einstigen Freunde in der neuen Republik sahen in Giulianos gesetzloser Bande zunehmend etwas Peinliches, einen primitiven Anachronismus. In politischer Hinsicht war Giuliano mittlerweile das, was die Italiener gern als *mina vagante* bezeichnen, eine mit höchst kompromittierenden Informationen geladene Treibmine, die respektablen konservativen Politikern jeden Augenblick um die Ohren fliegen konnte – ganz zu schweigen von Polizei, Carabinieri und Richterschaft. Obskure Manöver fanden statt. Giulianos Schwager, einer der Bandenführer, entkam in die USA, wurde dort verhaftet und nach Sizilien zurückverfrachtet. Ein weiterer Anführer, der zugleich als Polizeispitzel diente, kam während seiner Haft in einer Kaserne der Carabinieri ums Leben. Ein befreundeter Polizeiinspektor, mit dem Giuliano regelmäßig verkehrte, hatte ihn gewarnt: ... *sei auf der Hut vor deinem Cousin.* In seinen letzten Tagen hatte Giuliano mehr als einmal geäußert, er wisse, daß Scelba ihm nach dem Leben trachte; auch gegenüber Pisciotta hegte er Mißtrauen.

Scelba war der Innenminister, ein sizilianischer Christdemokrat, dessen brutales Vorgehen gegen gewerkschaftliche Bestrebungen im jungen Industriestaat Italien ihm traurige Berühmtheit verschaffen sollte. In einem Brief hatte Scelba eine Amnestie für Giuliano in Aussicht gestellt. Stimmen behaupteten, der Brief sei eine Fälschung. Als Pisciotta vor Gericht erklärte, nicht etwa die Carabinieri hätten Giuliano getötet, sondern er habe es getan, führte er an, auf Geheiß von Scelba gemordet zu haben. Scelba und eine Gruppe separatistisch und monarchistisch gesonnener Politiker in Sizilien hätten auch das Massaker von Portella della Ginestra angeordnet. Pisciottas Ausführungen zufolge hatte die Mafia das Verbrechen im Auftrag der Politiker ausgeführt und drei Jahre später für Giulianos Eliminierung gesorgt, wie sie auch einzelne Kommunisten, Sozialisten und Gewerkschafter herauspickte; in eben jenem Jahr 1947 wurde noch ein weiteres Dutzend getötet, entweder direkt von der Mafia oder mittelbar durch die Banditen. Die Mafia diente sich ihren neuen politischen Beschützern an, indem sie deren Feinde ins Jenseits beförderte: ein Muster, das jahrzehntelang beibehalten wurde, bis die Cosa Nostra in den achtziger Jahren beschloß, von niemandem mehr Befehle entgegenzunehmen. Das Gericht in Viterbo wollte sich damit nicht näher befassen, weil in Palermo ein zweiter Prozeß gegen die politisch Verantwortlichen anstand. Seine Resultate allerdings machten es dem Gericht in Palermo im weiteren unmöglich, die Frage nach der politischen Verantwortlichkeit auch nur annähernd zu beantworten. Darauf spielte die Formulierung an, man sei lediglich erstmals *in die Grauzone* vorgestoßen. Mitten in jenem Prozeß, der wegen der zweideutigen und widersprüchlichen Aussagen von Staatsseite und des allgemeinen Unglaubens und Spotts der Öffentlichkeit in die Annalen einging, brüllte Pisciotta: *Banditen, Polizei, Staat, das ist alles eins, wie Vater, Sohn und Heiliger Geist!* Jahre später erinnerte man sich nur noch an diesen Ausspruch.

Pisciotta hatte in dem Prozeß verkündet, er werde *alles enthüllen* – über die Politiker, die hinter dem Massaker standen, und über die sonstigen Aktivitäten von Giulianos Bande. Er wolle aussagen, wer die bewaffneten Überfälle und die Brandbombenanschläge auf Büros der Linksparteien und Carabinieri-Kasernen angeordnet hatte. Pisciotta wurde in die Ucciardone, das Stadtgefängnis von Palermo, zurückgebracht. Es diente seit jeher als Nervenzentrum der Mafia; an diesem Ort fielen die Entscheidungen über ihr politisches Vorgehen, ihre Anschläge, Pläne, Allianzen und Vernichtungsstrategien. Kaum eingetroffen, bekam Pisciotta mit Strychnin versetzten Kaffee serviert. Nach mehrtägigem Todeskampf erlag er dem Gift. Es kam niemals zum Prozeß. Am gleichen Tag, dem achten Januar 1954, wurde Scelba als italienischer Ministerpräsident vereidigt.

Die Unruhe, die Angehörige von Orlandos Mitarbeiterstab vor der Bibliothek verbreiteten, riß mich aus meiner Versonnenheit. Die Tür öffnete sich einen Spaltbreit, und ein unschlüssig wirkender persönlicher Assistent wisperte, es sei alles bereit. Hinter ihm, im Gegenlicht, sah ich verschwommen Gestalten in weinroten Jacketts, die Silbertabletts trugen. Orlando schien nichts davon zu bemerken. Er zitierte mittlerweile Goethe auf Deutsch. Und sagte, er habe als erster italienischer Politiker Namen genannt, wenn er von der Mafia sprach; er habe die Christdemokraten geschockt, indem er *die Sünder wie die Sünden beim Namen nannte.* Sich selbst bezeichnete er als lutheranischen Katholiken oder katholischen Lutheraner. *Das Problem Süditaliens besteht darin, daß hier das ethische Prinzip der individuellen Verantwortung fehlt. Wir hatten im Süden die Gegenreformation, ohne daß es zuvor eine Reformation gegeben hätte*, dozierte der einstige Student an der Universität von Heidelberg.

Schließlich hatte es den Anschein, als könnten wir zum Essen übergehen. Orlando war plötzlich wieder eingefallen, daß bereits der nächste Termin drängte – eine europäische Polizeikonferenz. Er trat vehement für eine stärkere internationale Koordination der polizeilichen Maßnahmen gegen das organisierte Verbrechen ein. Außerdem bereitete ihm Sorgen, daß die Mafia neben Drogen zunehmend mit Waffen handelte und andere Regierungen sich auf Absprachen mit der Mafia einließen. Der Kreis hatte sich geschlossen. Am Ende unseres langen Gesprächs und zu Beginn eines neuen Zeitalters, nun, da der Kalte Krieg vorbei war, hieß das Problem nach wie vor Verbrechen und Politik. Während wir durch die Eingangshalle in einen anderen Raum gingen, schilderte mir Orlando mit ungebrochenem Eifer das sizilianische Dialektgewirr, das nun auf Flügen nach Moskau in der Business-Class zu hören war, und erwähnte auch, daß angereichertes Plutonium noch leichter zu verschieben sei als Heroin. Durch einen flatternden Musselinvorhang sah ich nun auf eine weitläufige, überdachte Terrasse; das einzige Möbelstück war ein langer Tisch mit weißem Tafeltuch und Gedecken für schätzungsweise hundert Gäste. Allerdings schien außer uns beiden niemand weiter geladen zu sein. Den Tisch umstanden weißbehandschuhte Kellner, die links mächtige silberne Löffel und Gabeln, rechts leere Teller bereithielten. Ich war mittlerweile hungrig geworden und freute mich auf ein echt sizilianisches Mahl mit Thunfisch, Schwertfisch und Sardinen. Bei näherem Hinsehen jedoch entdeckte ich auf dem Tisch sehr viel fadere Kost. Platten mit Lachs, Schinken und kaltem Truthahnbraten. Russischer Salat, eine große Paella, Kopfsalat und vieles mehr, das mir nicht im Gedächtnis haften blieb. Alles war in Pastellfarben gehalten. In der Hoffnung, diese uninspirierte internationale Cuisine nicht als Zugeständnis an den mir unterstellten Geschmack betrachten zu müssen, schickte ich mich mit einem unmerklichen Seufzer dennoch an, tüchtig zuzulangen. Mit einiger Bestürzung stellte ich daher fest, daß Orlando die Speisen kaum berührte. Er hielt eine neue Diät ein, nachdem er im Vorjahr zweimal ernstlich erkrankt war. Zum einen hatte er entdeckt, daß er an Krebs litt, zum anderen wäre er um ein Haar an einer Lungenentzündung gestorben. Die doppelte Attacke auf seine Gesundheit hatte als Schock gewirkt und ihn zum Wandel bewogen.

Der Respekt vor seiner kritischen Situation bewog mich, gemeinsam mit ihm Abstinenz zu üben. Zumindest wußte ich jetzt, warum er so dünn war. Sogar die gekühlte, von Tautropfen überperlte Flasche Regaleali, ein köstlicher sizilianischer Weißwein, die ich zuvor gesichtet hatte, war ungeöffnet wieder verschwunden wie ein Trugbild in flimmernder Hitze. Ich ließ mir ein wenig lauwarmes Mineralwasser nachschenken. Allerdings hegte Orlando eine Schwäche für Süßspeisen, und die Polizeigewaltigen Europas mußten sich gedulden, derweil er auf der Terrasse eine Komposition aus Schokolade und Schlagsahne verzehrte. Nach dem Kaffee brauste er in Begleitung seiner Leibwächter und Assistenten auf dem Rücksitz eines gepanzerten Alfa Romeo mit getönten Scheiben davon. Die Räder drehten in dem tiefen Kies durch, griffen schließlich, und der Wagen schoß über die Zufahrt. Irgend jemand rief mir ein Taxi, und während ich im Vestibül wartete, malte ich mir aus, wie sich oben die Putzfrauen, Gärtner, Kellner, Dienstboten, Torwächter und Küchengehilfen vereint über den opulenten Tisch hermachten, den wir hinterlassen hatten. Eine Szene, dachte ich, wie aus Lampedusas *Leopard.*

Den ganzen Nachmittag sann ich über DEN KUSS nach. Ich begab mich zurück in meinen Kaninchenbau von Hotel, lag im abgedunkelten Raum auf dem Rücken, sog den Duft von Röstkaffee ein und ging in Gedanken noch einmal alles durch, was ich über die Körpersprache im Mezzogiorno wußte. *Es ist kein Verbrechen, den Boß der Cosa Nostra zu küssen*, hatte Orlando an jenem Vormittag geäußert. *Außerordentlich geschmacklos, das ja, aber kein*

Verbrechen. Ça manque de bon ton. Orlando korrigierte damit lediglich die Betonung. Ihm war sehr wohl bewußt, daß es sich nicht um einen gewöhnlichen Kuß handelte. Er wußte ebenso gut wie jeder andere, wieviel darin mitschwang. Der Kuß – und praktisch alles, was damit zusammenhing – war eine Sache unter Männern. Ausgetauscht wurde er, wenn überhaupt, im Jahre 1987. Acht Jahre später beschäftigte er die brillantesten und bestbezahlten juristischen Köpfe Italiens. Ein Augenblick physischer Intimität wurde bezeugt, heraufbeschworen, bestritten, Hypothesen unterworfen, in Zusammenhänge gestellt, theoretisiert, rekonstruiert und dekonstruiert. Die damit befaßten Juristen fühlten sich bewogen, andere Fachleute hinzuzuziehen, die in Fragen von Macht und Zuneigung besonders bewandert waren: Anthropologen, Psychologen, Historiker. Das Ziel war stets das gleiche, nämlich prinzipiell festzustellen – wie es italienischen Intellektuellen nun einmal eigen ist –, ob jener Kuß überhaupt jemals hatte stattfinden können oder nicht. Und weiter, ob er im Jahre 1987 stattgefunden hatte oder nicht. Viel Geschichtsträchtiges hing eng mit diesem Kuß zusammen.

1987 hatte die sizilianische DC, wiederum in einem heißen Spätsommer, zum alljährlichen Fest der Freundschaft in Palermo eingeladen. Es war dies ein einwöchiges, regionales Volksfest der herrschenden Partei und diesmal vom neunzehnten bis siebenundzwanzigsten September angesetzt. Mit besonderer Spannung erwartete man den ehrenwerten Andreotti, der bereits vor Monaten seine Teilnahme zugesagt hatte. Seit nahezu zwanzig Jahren galt Palermo dank des Bündnisses mit Salvo Lima als Herzstück von Andreottis Machtbastion. Am zweiten Tag des Festivals stand er als Redner gleich zweimal auf dem Programm; um halb elf Uhr vormittags sollte er zum Thema *Europa, Sizilien und die Mittelmeeranrainer* sprechen. Nach dem Mittagessen, um drei Uhr nachmittags, war eine Ansprache über *Die Überwindung ideologischer Denkweisen und die Gefahr des puren Pragmatismus in den politischen Lagern* vorgesehen. Diese zweite Veranstaltung wurde später auf sechs Uhr abends verschoben. Die Hundstage des sizilianischen Sommers waren kaum vorbei, und man hatte die Organisatoren wohl darauf hingewiesen, daß die Abhandlung dieses Themas unmittelbar nach dem Mittagessen die Teilnehmer ein wenig zu sehr strapazieren könnte.

Andreotti flog wie vorgesehen am zwanzigsten September nach Palermo und hielt die geplante vormittägliche Ansprache auf dem Parteifest. Danach begab er sich in das Hotel Villa Igiea, einen Jugendstil-Tempel direkt am Meer, wo er zu logieren pflegte und in dem es an jenem Tag vor christdemokratischen Politikern nur so wimmelte. Um die Mittagszeit schickte Andreotti die zu seiner Sicherheit abgestellte Polizeieskorte bis zum Spätnachmittag fort. Beim Mittagessen mit seinen Politfreunden im

Hotelrestaurant glänzte er durch Abwesenheit, was allgemein bemerkt wurde. Niemand bekam ihn zu Gesicht, bis er spätnachmittags wieder auftauchte und seine Eskorte um sich scharte. Andreotti hatte die Villa Igiea um halb drei Uhr nachmittags verlassen. Exakt um die gleiche Zeit holte in einem anderen Viertel von Palermo Salvatore Riinas Fahrer Baldassare Di Maggio verabredungsgemäß den Boß der Cosa Nostra von einem vorausbestimmten Treffpunkt ab. Auf Anweisung von Riina erschien Di Maggio in elegantem Aufzug. Er fuhr Riina in einem weißen VW Golf Turbo zur Piazza Vittorio Veneto Nr. 3, der feinen Wohnadresse von Ignazio Salvo.

Dieser hatte zusammen mit seinem Cousin und Geschäftspartner Nino Salvo, der ein Jahr zuvor in einer Schweizer Klinik an einem Gehirntumor gestorben war, jahrzehntelang zu den reichsten Geschäftsmännern und mächtigsten Christdemokraten Siziliens gezählt. An jenem Tag im Jahr 1987 hielt sich Ignazio Salvo daheim auf, weil er unter Hausarrest stand und sein Urteil im Maxi-Prozeß erwartete. Bei seiner Aussage, sechs Jahre später, konnte sich Di Maggio nicht mehr erinnern, an welchem Tag im September exakt er Riina zu Salvos Wohnhaus chauffiert hatte, doch alles andere war ihm noch genau im Gedächtnis. Präzise beschrieb er den versteckten Seitenzugang zur Tiefgarage von Nr. 3 und den privaten Aufzug, der von der Garage direkt in Salvos Wohnung führte. Er identifizierte den »Ehrenmann« namens Rabito, Salvos persönlichen Fahrer und Assistenten, der sie beim Garagentor in Empfang genommen und zum Appartement hinaufbegleitet hatte. Seiner Beschreibung nach wurden sie am Ende eines Flurs in einen Raum vorgelassen, der sich zu einem geräumigen Wohnzimmer mit Parkettboden und einem großen Teppich erweiterte. Linker Hand befanden sich ein großer Bücherschrank und ein dunkler Holzschreibtisch, davor in rechtwinkliger Anordnung zwei Sofas und ein Lehnsessel. Auf der anderen Seite standen Tisch und Stühle. Jenseits des Raums öffnete sich eine große Terrasse, und Di Maggio waren die zahlreichen Pflanzen aufgefallen, die dort wuchsen. Die Wände hingen voller Bilder – welchen Sujets oder Stils, wußte er nicht mehr, was angesichts seines Werdegangs als Automechaniker und Berufskiller nicht weiter überraschte. Die Fenster schmückten lange, schwere Vorhänge. Auf dem Sofa sah er Ignazio Salvo sitzen. Außerdem die beiden ehrenwerten Herren Salvo Lima und Giulio Andreotti, *die ich ohne den leisesten Zweifel erkannte.* Alle erhoben sich bei Riinas Eintritt.

> Ich begrüßte die Abgeordneten mit Handschlag und küßte Ignazio Salvo ... Riina hingegen küßte alle drei, Andreotti, Lima und Salvo.

Das war DER KUSS. Di Maggio begab sich daraufhin durch den Flur zurück und wartete mit Rabito in einem anderen Raum. Nach drei oder vielleicht auch dreieinhalb Stunden beorderte Ignazio Salvo ihn wieder in das Wohnzimmer, wo er Andreotti und Lima erneut die Hand schüttelte und gemeinsam mit Riina den Raum verließ. Bei der Unterhaltung auf der Rückfahrt ließ sich Riina nicht darüber aus, was zwischen ihm und Andreotti zur Sprache gekommen war, doch hatte Di Maggio guten Grund zur Annahme, daß es sich um den Maxi-Prozeß gedreht hatte. Er konnte sich ernstlich kein anderes Thema denken und interpretierte den Kuß zwischen Riina und Andreotti *als ein Zeichen von Respekt ... solange alles gut lief.* Der ehrenwerte Andreotti traf mit seiner Sicherheitseskorte eben noch rechtzeitig wieder beim Fest der Freundschaft ein, um die Getreuen pünktlich um sechs Uhr über *die Gefahren des puren Pragmatismus* in der Politik zu belehren.

Ich versuchte mir die von Di Maggio vor den Richtern beschriebene Szene vorzustellen. Der luxuriöse Empfangsraum an einem heißen sizilianischen Sommernachmittag. Die kleine, gebeugte, schmächtige Gestalt des Außenministers, der sich vom Sofa erhob, als der bullige, ungeschlachte Massenmörder den Raum betrat. Was war bei der Umarmung in diesem feinsinnigen Kopf vorgegangen? Andreotti war nie für überschwengliche physische Gesten bekannt gewesen. Obwohl damals bereits achtundsechzig Jahre alt, hatte er sich im Lauf der Zeit nur wenig verändert. Der breit nach unten gezogene, fast lippenlose Mund, dieser Sparbüchsenschlitz, schien kaum zum Küssen geschaffen. Er erinnere sich nicht, sagte er einmal, als Kind von seiner verwitweten Mutter je geküßt worden zu sein – auf diese Weise Zuneigung zu bekunden, hatte er nie gelernt. Andreotti zeigte keine Spur von menschlicher Wärme oder Sinnlichkeit, nichts an ihm deutete auf die Fähigkeit zu enger Bindung hin. Anfang der siebziger Jahre war einer Freundin von mir, damals eine recht lebenslustige junge Frau, die Aufgabe zugefallen, in Badeanzug und Stöckelschuhen durch eine Ausstellungshalle zu staksen und Ministerpräsident Andreotti auf einem Satinkissen feierlich die Schere darzubieten, mit der er das Band zur Eröffnung einer internationalen Handelsmesse durchschneiden sollte. Sie hat den säuerlichen, verkniffenen Blick schärfster Mißbilligung, mit dem der Regierungschef sie bei Entgegennahme des Instruments bedachte, nie ganz verwunden. Andreottis Stimme klang trocken und leise. Was er äußerte, war präzise, förmlich, rasch hingeworfen, abfällig, nur das Nötigste. Sein Tonfall blieb mit Vorbedacht ein flacher, monotoner Singsang, nur hin und wieder wurde das maliziöse, zynische Aufblitzen hinter den Brillengläsern von verbalen Schnörkeln begleitet, die ihm einen Ruf als Meister der Ironie eintrugen.

Unter den Fittichen des Vatikans zum Politiker herangereift, seit Erreichen des Mannesalters ununterbrochen mit Ministerposten versehen, hatte er es nie nötig gehabt, sich bei dem Volk, dem er doch diente, einzuschmeicheln. Nie hatte er mit seinen porzellanenen Händen Köpfe tätscheln müssen. Nach Besiegelung seines Bündnisses mit Salvo Lima in den siebziger Jahren hatte er alle Anwärter auf seine Machtbefugnisse aus dem Weg geräumt, auch wenn die Ränke innerhalb der Partei und das parlamentarische Ritual eine gewisse Rotation bei der Postenverteilung erforderten. Er hatte ein System zur Perfektion gebracht, das um seine eigene Person kreiste. In seinen Anhängern weckte er eher Bewunderung als Zuneigung, was ihm jedoch nie zum Nachteil gereichte. Die Italiener mit ihrem berühmten Hang zur Sentimentalität zog es tief im Inneren stets auch zu den Schlauen und Herzlosen, den diabolisch Verschlagenen. Auf dem Höhepunkt seiner Macht war er für seine Bewunderer der *Gott Giulio.* Andere nannten ihn *Beelzebub.* Ehemalige »Ehrenmänner« gaben an, ihn als *Onkel Giulio* gekannt zu haben.

Der Mann, den man sich in Umarmung mit Andreotti vorzustellen hatte, war elf Jahre jünger und ebenfalls klein von Statur (weswegen er früher in seinen Kreisen *u curtu,* der Kurze, genannt wurde), dabei aber stämmig und sehr viel robuster gebaut. *Er wird noch ein Stück kürzer sein, wenn wir mit ihm fertig sind,* hatten die Konkurrenten in Palermo einst geäußert – und diese Fehleinschätzung alsbald mit dem Leben bezahlt. Er kam vom Land, ein Bauer aus Corleone ohne formale Ausbildung und mit begrenztem Wortschatz, kaum des Schreibens mächtig. Ein paar hingekritzelte Zahlen in einem kleinen Notizbuch waren alles, was er zur Leitung eines multinationalen Unternehmens mit einem Dollarumsatz in zweistelliger Milliardenhöhe benötigte. Seine Frau hatte sich in der Schule intensiv mit Machiavelli befaßt, was sicherlich nicht ohne günstige Auswirkungen auf das unternehmerische Geschick der Familie geblieben war. Onkel Totò Riina, ein jovialer Typ und erfahrener Koch, soll die Urgewalt eines Stiers entfaltet haben, wenn er seine Gäste nach dem Festbankett erdrosselte. In den zehn Jahren seines Aufstiegs zur unumschränkten Macht innerhalb der Cosa Nostra hatte er achthundert Ehrenmänner von eigener Hand ermordet oder ermorden lassen. In der Cosa Nostra hieß er nicht länger *u curtu,* sondern *Die Bestie.* Er hatte alle, die seiner Machtposition gefährlich werden konnten, aus dem Weg geräumt und ein System perfektioniert, in dessen Mittelpunkt er selbst stand. Was ging bei der Umarmung der beiden in *diesem* feinsinnigen Kopf vor?

Auf Seite 761 der *Wahren Geschichte Italiens* begann ein siebenseitiger Abschnitt *über die rituelle Bedeutung der Begrüßung zwischen Riina und Andreotti.* Er entpuppte sich als äußerst knappe Skizzierung der Cosa Nostra und ihrer Verflechtungen mit dem italienischen Staat. Nachdem der Lampenschirm aus Plastik mir beim Abschrauben in zwei Teile zerfallen war, studierte ich die Passage im vollen 15-Watt-Licht der hoteleigenen Leselampe. Der Kuß, so Andreottis Verteidiger, sei *eine Hypothese, die im luftleeren Raum des Absurden schwebt.* Und da der Kuß sowohl im symbolischen wie konkreten Sinn zum Inbild des Prozesses gegen Andreotti geworden war, oblag es der *Wahren Geschichte Italiens* aufzuzeigen, daß die Vorstellung, der unermeßlich mächtige, kluge politische Kopf könne den gänzlich ungebildeten, bäuerlichen Killer, Italiens meistgesuchten Verbrecher, geküßt haben, so absurd keineswegs war, sondern im Gegenteil unter den gegebenen Umständen geradezu unvermeidlich. Zunächst mußte dazu die Existenz der Cosa Nostra anerkannt werden. Ihr praktisch ungehemmter Aufstieg von der Nachkriegszeit bis in die achtziger Jahre basierte, so die Staatsanwälte, auf der Weigerung des Staates, die Mafia als Organisation zur Kenntnis zu nehmen – eine Weigerung, die Einfluß auf die Haltung und Vorgehensweise von Untersuchungsbeamten und Prozeßrichtern in Mafiafällen nahm.

Daß sich niemals ein kohärentes Gesamtbild der Cosa Nostra herauskristallisiert hatte, war kein Zufall. Stets hatten mit ihr verbandelte Vertreter der Medien, der Richterschaft, der Kirche und des Parlaments bereitwillig die Konturen verwischt und die Mafia als literarische Chimäre, als Ausgeburt kommunistischer Propaganda oder schlichtweg als Verunglimpfung Siziliens abgetan. Das praktische Vorgehen von Polizei und Richterschaft, ja, die Gesetzesartikel selbst spiegelten den Unglauben an die Existenz der Cosa Nostra. Nicht einmal ihr Name war bekannt, bis Tommaso Buscetta ihn 1984 preisgab. Und diejenigen in Polizei und Richterschaft, die offene Augen und genügend Grips hatten, um sich aus ihren Funden einiges zusammenzureimen, waren bald als Gefahrenherde ausgemacht und eliminiert worden. Cesare Terranove beispielsweise wußte Bescheid. Dieser sizilianische Richter, den Leonardo Sciascia als *erbitterten und unversöhnlichen Feind der Mafia* bezeichnete, war 1979 vom römischen Parlament nach Palermo zurückgekehrt und zum Leiter des Ermittlungsstabs ernannt worden. Doch er kam gar nicht erst zum Zug: auf dem Weg zum Arbeitsantritt wurde er in seinem Wagen erschossen.

Rocco Chinnici, sein robuster, zielbewußter Nachfolger als Oberstaatsanwalt, hatte ebenfalls Bescheid gewußt. Als im Suez-Kanal ein Schiff aufgebracht wurde, das zweihundertdreiunddreißig Kilo raffiniertes Heroin nach Sizilien transportierte, ermutigte er Falcone zu ersten Untersuchungen über den Heroinhandel zwischen dem »Goldenen Dreieck« in Südostasien und Sizilien. Zu einer Zeit, da niemand auch nur das Wort in den Mund nahm, wetterte Chinnici in Schulen und auf öffentlichen Plätzen gegen die Mafia; 1983 fiel er zusammen mit zwei Leibwächtern und einem zufälligen Passanten einer Autobombe zum Opfer. Einige Monate zuvor war Ciaccio Montalto, ein weiterer gut informierter Richter, in Trapani erschossen worden. Damals, zu Anfang der achtziger Jahre, setzte *der Todesreigen der prominenten Opfer* ein.

Jene Morde signalisierten zum Teil die wachsende Stärke von Riinas brutaler Gruppe aus Corleone, obwohl die Cosa Nostra nötigenfalls auch früher schon Richter getötet hätte. Chinnici hinterließ bei seinem Tod ein Tagebuch, das Namen nannte, Aufschluß über seine ganz privaten Verdächtigungen und Befürchtungen gab und viele seiner Kollegen im Justizpalast von Palermo der Komplizenschaft mit der Cosa Nostra bezichtigte. Diese Inhalte versuchte man bei ihrem Bekanntwerden durch die Behauptung zu entkräften, Chinnici habe an Verfolgungswahn gelitten. Mit der Ermordung der beiden tatkräftigen, intelligenten Ermittler schienen alle Aktivitäten gegen die Mafia gescheitert zu sein, als ein kurz vor der Pensionierung stehender, gebrechlicher ältlicher Richter namens Antonino Caponnetto aus der Toskana als Nachfolger der beiden Mordopfer in Palermo aufkreuzte und erklärte, *mit dreiundsechzig sollte man sich an den Gedanken des nahenden Todes gewöhnt haben.* Und doch war es Caponnetto, der gemeinsam mit Falcone, Borsellino und anderen den Antimafia-Verbund bildete, dessen Arbeit schließlich zu den Urteilen im Maxi-Prozeß führte; damit hatte die Justiz endlich die Cosa Nostra als gesonderte Gruppe zur Kenntnis genommen. Um ebendies zu verhindern, waren all jene Richter ermordet worden.

Andreottis Ankläger unterstrichen besonders das konstante Ziel der Cosa Nostra, das *historische Gedächtnis* zu eliminieren; und dessen Träger waren die wenigen, die begriffen hatten, daß die Cosa Nostra *ein Staat im Staat* war. Cosa Nostra, erinnerte die *Wahre Geschichte Italiens* ihren Leser, war ein in Einzelterritorien organisiertes Staatsgefüge, aufgeteilt in Clans, an der Spitze ihrer Pyramide beherrscht von einer zentralen Kommission, die *Cupola* genannt wurde, und an der Basis gestützt von Tausenden von Mitgliedern, die durch Regeln und Sanktionen im Zaum gehalten wurden. Dies war keine *diffuse Galaxie von Verbrecherbanden, die sich häufig untereinander bekriegen und denen eine einheitliche Organisation und Führung fehlt.* Cosa Nostra war ein Staat, der Beziehungen zu Vertretern der Geschäftswelt, Politik und Justiz eines anderen Staates unterhielt: der italienischen Republik.

Dieser Staat im Staat ermordete den Präsidenten der Regionalregierung, den bedeutendsten Oppositionsführer, den Provinzsekretär der führenden Regierungspartei, den Präfekten von Palermo, zwei Oberstaatsanwälte, einen beratenden Richter, zwei leitende Untersuchungsbeamte, zwei Carabinieri-Kommandeure, den Leiter des Justizministeriums und einen Unterstaatsanwalt. Außerdem ist er schuldig am Tod Dutzender weiterer loyaler Staatsdiener – Ärzte, Geschäftsleute, Richter, Polizeibeamte – sowie Hunderter gewöhnlicher Bürger.

Die Cosa Nostra als Gegenstaat war beteiligt gewesen

an den dunkelsten Kapiteln der Geschichte der Republik seit Kriegsende bis in die Gegenwart: beim Massaker von Portella della Ginestra, dem Putschversuch von BORGHESE, der MORO-Entführung, der Affäre P 2, dem Fall CALVI, dem Fall SINDONA etc.

Als Totò Riina an besagtem Sommernachmittag Salvos Empfangsraum betrat, kam er als Oberhaupt ebenjenes anderen Staates; und als solchen hatte der ehemalige und zukünftige Chef der italienischen Regierung ihn willkommen geheißen. Es war ein Gipfeltreffen. Sie spielten Kennedy und Chruschtschow, Nixon und Mao, und dementsprechend fiel die Begrüßung zwischen den beiden aus.

Als DER KUSS ausgetauscht wurde, lief der Maxi-Prozeß seit eineinhalb Jahren und sollte nur noch drei weitere Monate dauern. Die unausweichliche Zuspitzung des Verfahrens versetzte die Führung der Cosa Nostra zunehmend in Unruhe. Zwei Versuche, den Prozeß auf juristischer Ebene aus dem Gleis laufen zu lassen, waren fehlgeschlagen. Im April 1986, zwei Monate nach Eröffnung des Verfahrens, hatte man den vorsitzenden Richter attackiert, ihn der Parteilichkeit und des Amtsmißbrauchs bezichtigt. Diese Beschuldigung war vom Berufungsgericht abgeschmettert worden. Sechs Monate später hatten die Verteidiger es mit einer Verschleppungstaktik probiert: sie stellten die Forderung, sämtliche Prozeßunterlagen in voller Länge bei Gericht vorzutragen. Da allein die Akten der Staatsanwaltschaft fast neuntausend Seiten füllten, hätte ein solches Vorgehen das Verfahren über die gesetzlich festgelegte Frist für die Untersuchungshaft hinaus verlängert und somit zur Freilassung Hunderter angeklagter Mafiosi noch vor der Urteilsfindung geführt. Um dies zu verhindern, verabschiedete das italienische Parlament Anfang 1987 in aller Eile ein entsprechendes neues Gesetz. Zum großen Ärger der Cosa Nostra war seitens der DC nichts dagegen unternommen worden. An einem Punkt hatte die Cosa Nostra aus Unzufriedenheit über das schwache Auftreten ihrer Verteidiger beschlossen, einige von ihnen über die Klinge springen zu lassen, *pour encourager les autres*, doch das Projekt scheiterte an Uneinigkeit in der Frage, welche Anwälte zu eliminieren seien. Am unglücklichsten war die Cosa Nostra über die Christdemokraten, die keinerlei Schritte zur Behinderung oder Kompromittierung des Maxi-Prozesses zu unternehmen schienen. Dafür hatte man sie schließlich nicht ins Amt gehoben. Und genau zu diesem Punkt mußte Giulio Andreotti am Nachmittag DES KUSSES Totò Riina Rede und Antwort stehen. Die Cosa Nostra drängte auf Rückversicherung.

Um der DC eine Lektion zu erteilen, hatte die Cosa Nostra für die Wahlen von 1987 einen Schwenk der Wählerstimmen weg von der DC angeordnet. Alle Kandidaten, die Unterstützung durch die Cosa Nostra genossen, waren gewählt worden, und während die DC im übrigen Italien einen Stimmenzuwachs verzeichnen konnte, hatte sie in Palermo einen schweren Einbruch erlitten; in manchen zentralen Wahlbezirken Palermos büßte sie mehr als die Hälfte ein. Es war ein häßlicher kleiner Vorgeschmack auf künftige Eventualitäten für Andreotti, dessen Macht auf den von Salvo Lima in die Wege geleiteten und bewerkstelligten Wahlerfolgen in Sizilien beruhte. Lima selbst, der Ehrenmann, der es vom Bürgermeister Palermos bis zum Finanzstaatssekretär unter Andreotti in Rom gebracht hatte, befand sich 1987, nun da die Corleonesi die Cosa Nostra beherrschten, in einer prekären Lage. Bislang hatte Lima stets mit der alten Garde zu tun gehabt – mit zivilisierten Mafiosi, die sich auf die Kunst der Vermittlung verstanden. Die neuen Bosse kannten ihn weder, noch trauten sie ihm. Die neue Cosa Nostra legte ein anderes Geschäftsgebaren an den Tag, und ihre Unzufriedenheit mit dem Maxi-Prozeß brachte Lima in eine gefährlich exponierte Situation. Die Nachfolger erwiesen sich als weniger flexibel als die Mafiosi, die sie aus dem Weg geräumt hatten – ihnen fehlte deren Sinn für Würde. *Halt dich an die Abmachung, oder wir bringen dich und deine Familie um*, hatte die neue Cosa Nostra ihn wissen lassen. Grund genug für Andreotti, auf Riinas Wunsch nach einem Gipfeltreffen einzugehen.

Italiens meistgesuchter Verbrecher erschien ohne die leiseste Furcht, verhaftet oder in eine Falle gelockt zu werden. Indem er Andreotti küßte (ein Kuß, dem Andreotti sich laut den Staatsanwälten *unterzogen* hatte), ergriff Riina die Initiative und sandte eine komplexe Botschaft aus. Der Kuß, ausgetauscht in einem kritischen Moment auf eigenem Territorium der Cosa Nostra, war als Rückversicherung gedacht, als Auftakt zu einer neuen Phase der Verständigung zwischen den beiden Staaten. Er muß Erleichterung ausgelöst haben. Als Andreotti sieben Jahre zuvor heimlich nach Palermo gereist war, um von der Cosa Nostra eine Erklärung für die 1980 erfolgte Ermordung von Piersanti Mattarella, dem Präsidenten der sizilianischen Regionalregierung, zu fordern, hatte der Boß von Palermo, Stefano Bontate, ihn angeblafft:

> Hier auf Sizilien geben wir die Befehle. Und wenn Sie die DC nicht zerstören wollen, tun Sie, was wir sagen. Andernfalls nehmen wir Ihnen

unsere Stimmen weg, nicht bloß hier, sondern auch in Reggio Calabria und in ganz Süditalien. Dann haben Sie nur noch die Stimmen aus dem Norden, wo alle Welt kommunistisch wählt. Sie werden schon sehen, wo Sie damit bleiben.

Riina erinnerte Andreotti nun etwas weniger hitzig an seine Verpflichtungen. Politisch gesehen blieb Andreotti weniger Spielraum als zuvor. Vito Ciancimino, ehemals Bürgermeister von Palermo, und die Vettern Salvo, sein Bindeglied zur Cosa Nostra, standen alle als Mafiosi unter Anklage. Dem europäischen Parlament in Straßburg lag ein Dossier über Salvo Lima vor. Der Maxi-Prozeß wurde aufmerksam verfolgt.

Riina hatte den Verdacht, Andreotti wolle sich nun aus seinen Verbindlichkeiten der Mafia gegenüber stehlen, ohne dabei die von der Cosa Nostra garantierte Machtbasis in der Wählerschaft einzubüßen. Wieder einmal betrieb Andreotti *ein doppeltes Spiel.* Also mußte Riina seinem Gedächtnis auf die Sprünge helfen. Er mußte Andreotti daran erinnern, daß er sich nicht *distanzieren* konnte, daß Riina und Andreotti, ebenso wie Lima und Salvo und die anderen Anwesenden, im selben Boot saßen. Die Cosa Nostra ist *unsere Sache*, und ein Ehrenmann erkennt den anderen als *la stessa cosa*, zur gleichen Sache gehörig, und die vier an jenem Nachmittag versammelten Machtträger gehörten allesamt zu der gleichen Sache und saßen im selben Boot. Es kam nicht darauf an, so die *Wahre Geschichte Italiens*, ob Andreotti einen förmlichen Schwur abgelegt hatte oder nicht. Ob Andreottis Finger von einem altgedienten Ehrenmann in Gegenwart anderer Ehrenmänner geritzt worden war, er das Blut auf ein Heiligenbild hatte tropfen lassen und es brennend in Händen gehalten hatte, begleitet von dem Gebet *Möge ich zu Asche verbrennen wie dieses Bild, wenn ich je meinen Schwur breche.* Dies, so sagten die Staatsanwälte in Palermo, spiele keine Rolle.

Das einzige, worauf es ankam und was er [Riina] ihm [Andreotti] erneut ins Gedächtnis rufen wollte, war folgendes: ein jeder, der mit der Cosa Nostra einen Pakt auf wechselseitige Loyalität und Unterstützung abgeschlossen hatte, mußte sich bewußt sein, daß er lebenslänglich daran gebunden blieb. Und sich diese Tatsache stets klar vor Augen halten.

Bei einer solchen Begegnung war der Kuß also nicht im mindesten absurd. Kuß und Umarmung waren unumgänglich.

Baldassare Di Maggio, 1987 Zeuge DES KUSSES und 1993 derjenige Ehrenmann, der die Polizei auf die Spur von Riina führte, war eigentlich Automechaniker. Schon sein Vater, Schäfer in der alten Mafia-Hochburg San Giuseppe Jato, dreißig Kilometer landeinwärts von Palermo, hatte zur Mafia gehört, und Baldassare war nur drei Jahre älter als Giovanni Brusca, der

Sohn vom Boß jenes Bezirks. In seinen Zwanzigern war man an Di Maggio herangetreten, und 1981 hatte er gemeinsam mit dem jungen Brusca seinen ersten Mord ausgeführt. Er wußte weder, wen er da tötete, noch warum, und hütete sich wohl, Fragen zu stellen. Danach brachte man ihn zu einem nahegelegenen Landsitz, wo er Totò Riina, dessen Frau und seine vier Kinder kennenlernte. Das Haus war den Riinas von einem Arzt aus Palermo zur Verfügung gestellt worden. Nach Verzehr der angelieferten Brathähnchen hoben die jungen Mafiosi Riina gegenüber Di Maggios untadeliges Verhalten in einer Gefahrensituation hervor. Er hatte das Feuer eines Carabiniere erwidert. Vier Monate später nahm Brusca der Ältere Di Maggio feierlich in die Ehrenwerte Gesellschaft auf. Im Lauf der folgenden fünf Jahre tötete Di Maggio im Auftrag von Riina und Brusca dreiundzwanzig Menschen auf verschiedenste Art und Weise. Er steckte eine Reihe von Häusern in Brand, darunter auch das eines ehemaligen Bürgermeisters von Palermo, und mischte beim Drogenhandel sowie in der Bauindustrie mit. Er wurde zum besonderen Liebling Riinas, der häufig sagte *Baldo ist mein Herzensfreund*, und Di Maggio als persönlichen Chauffeur engagierte. Als Brusca senior im Gefängnis landete und Brusca junior Zuflucht auf einer entlegenen Insel suchte, wurde Di Maggio zum Boß ihrer *cosca*, ihrer Mafiafamilie. Für eine Million Dollar ließ er sich eine Villa errichten, komplett mit Swimmingpools, Säulen und Originalkunstwerken an den Wänden.

Die Dinge gestalteten sich schwierig, als Di Maggio seiner Frau überdrüssig wurde und sich in ein Mädchen verliebte, auf das Brusca junior ebenfalls ein Auge geworfen hatte. Richtig ungemütlich aber wurde es, als Brusca senior freikam und ebenfalls Anspruch auf die Führung erhob. Anfang 1992 wurde eine Art Friedenskonferenz mit Totò Riina einberufen. An deren Ende versicherte Riina Di Maggio seines Vertrauens und küßte ihn. *Baldo ist keine vertrocknete Orange, die man einfach wegschmeißt.* Di Maggio jedoch kannte den Boß und seine Methoden. Zu viele derartige Szenen hatte er mitangesehen, um nicht zu begreifen, daß dies ein Judaskuß war. Er sollte aus dem Weg geräumt werden und wußte dies sehr wohl. Onkel Totò würde seinen *Herzensfreund Baldo* umbringen lassen. Er zog die Bruscas vor. So war Riina nun einmal. Di Maggio floh mit seiner hochschwangeren Freundin nach Kanada. Da sie kein Visum erhielten, kehrten sie nach Italien zurück und wandten sich nordwärts nach Novara, wo ein Freund von Di Maggio lebte. Die Polizei wußte davon ebenso wie von dem Zwist und verhaftete ihn in den ersten Tagen des Jahres 1993, unmittelbar nach der Geburt von Di Maggios Kind. Die Brutalität, die Riinas Cosa Nostra 1992 an den Tag gelegt hatte, stürzte nicht wenige Ehrenmänner in eine Krise. *Tief erschüttert von den grausigen Untaten, die an den Richtern*

Falcone und Borsellino verübt wurden, hatte der führende Ehrenmann und Intimus von Riina, Gaspare Mutolo, sich drei Monate zuvor zur Aussage entschlossen. *Die Cosa Nostra verfolgt eine irreversible Strategie des Todes*, so seine Worte. Die Vorstellung, nach Palermo geschickt zu werden und im Ucciardone-Gefängnis von Männern umgeben zu sein, die Riinas Befehl unterstanden, bewog nun auch Di Maggio zur Umkehr. *Ich bin ein toter Mann*, sagte er. *Aber ich bin ein Ehrenmann. Ich kann euch zu Riina führen.* Was er auch tat. Und mit der Verhaftung von Riina überwanden Di Maggio, Mutolo, Buscetta, Mannoia, all die *pentiti*, die so viel wußten, ihre Hemmungen. Ohne Kenntnis voneinander, abgeschottet in ihren sicheren Geheimverstecken in Italien und Amerika, begannen 1993 erstmals die Ehrenmänner samt und sonders über Giulio Andreotti auszupacken.

Ich spürte die Anstrengung, *Die Wahre Geschichte Italiens* auf Höhe der nackten 15-Watt-Birne zu halten, in den Handgelenken. Es war ein wahrhaft gewichtiges Dokument. Mittlerweile war auch das letzte Tageslicht verdämmert, das noch den Raum erhellt hatte, und jenseits des winzigen Lichtkegels lag alles im Dunkeln. Nachdem ich mit dem asthmatisch rasselnden alten Eisenkäfig von Lift hinuntergefahren war, sah ich, daß die allabendliche *passeggiatta* von Palermo, die Flanierstunde, soeben ihren frenetischen Höhepunkt erreichte. Die Straßen waren voller Menschen, die mit Leidenschaft nichts weiter taten, als ziellos umherzuschlendern. Ich stöberte ein bißchen in Flaccovios Buchhandlung herum, streifte dann durch das teure Viertel von Palermo und sah den kurzgewachsenen, eleganten Flaneuren beim Schaufensterbummel zu. In Roney's Bar wimmelte es von dekadenten Aristokraten, aufgeblasenen Geldsäcken und Typen mit offensichtlich finsteren Absichten. Die Schaufenster quollen über vor teuren Waren. Neben den unvermeidlichen, zahllosen Boutiquen voller Designerkleidung und Accessoires (darunter weit mehr Pelzläden mit knöchellangen Nerzmänteln, als das sizilianische Klima eigentlich rechtfertigte) gab es zahlreiche Schmuck- und Uhrengeschäfte, autorisierte Händler für Rolex und IWC Schaffhausen. Dazu spezielle Läden für Hochzeitsgeschenke, die in ganz Süditalien zu finden waren und sich hier in geballter Konzentration präsentierten. Massives aus Silber, Kristall, Porzellan, mit Goldüberzug und von schaurig schlechtem Geschmack. Hochzeiten wurden im Mezzogiorno nach wie vor groß gefeiert; selbst die bescheidensten waren fürstliche Angelegenheiten. Alles war dabei von Bedeutung: die Aussteuer, das Brautkleid, der Empfang. Und eben das Hochzeitsgeschenk.

Die Sperrstunde war gekommen. Lichter verloschen, Schlüssel drehten sich im Schloß, Rolläden rasselten herunter, Alarmsysteme wurden eingeschaltet. Die Straßen waren auf einen Schlag leer. Wo die Leute hingingen, blieb mir ein Rätsel, wie scharf ich sie auch noch an folgenden Abenden im Auge behielt. Sie verschwanden einfach, mit den gleichen nonchalanten, gedankenverlorenen, ziellosen Schritten, mit denen sie sich zuvor in ganzen Trauben auf den Gehwegen dahinbewegt hatten. Es muß ihnen in Fleisch und Blut übergegangen sein, dachte ich. Im Verlauf der letzten fünfzehn Jahre waren rund tausend Menschen auf den belebten Straßen Palermos gewaltsam ums Leben gekommen, wofür sich jeweils nur wenige Zeugen gefunden hatten. Die hiesigen Bewohner hatten eine gewisse Erfahrung darin, sich in Luft aufzulösen, und waren sich der Notwendigkeit dazu in jedem Augenblick bewußt. Die nächtlichen Straßen waren erschreckend leer, mittlerweile allerdings überall im Süden. Niemand wollte Zeuge sein – und womöglich zum nächsten Opfer werden. Nachdem mein Mittagessen eher einer Fata Morgana geglichen hatte, beschloß ich, es noch einmal mit dem kleinen Restaurant zwischen Vucciria-Markt und der Piazza San Domenico zu versuchen, in dem der Fischkäufer verschwunden war und auf dessen Stufen die verfilzte Perserkatze geschlafen hatte.

III EIN MESSERKÄSTCHEN

Diesmal brannte Licht, und es saßen Menschen unter den Schirmen am unteren Ende der winkligen Gasse, die zum Restaurant hin steil abfiel und sich weiter in die Dunkelheit schlängelte. Ohne die erleuchteten Fenster hätte man sich wohl kaum abends dorthin gewagt. Die Perserkatze behielt die Speisenden draußen so scharf im Auge wie ein Gefängnisaufseher. Ich trat ein und stand in einer Ecke des sauberen, spärlich möblierten Raums, in dem die jahrhundertealten Mörtelschichten abgekratzt und Steinmauern und Balken freigelegt worden waren. Ein paar junge Leute in lose sitzender Kleidung bewegten sich leichtfüßig durch den Raum. Sie sahen wie Kunststudenten aus, was einer von ihnen auch tatsächlich war. Der ganze Betrieb wurde von Familienangehörigen und Freunden geführt. Der eine oder andere glitt liebenswürdig mit leicht fragendem Blick näher, und alsbald wurde ein Tellerchen mit grünen Oliven und Anchovis auf den Tisch gestellt, dazu Brot und Mineralwasser. Eine kleine Frau mit dunklem Haar, dunklen Augen und scharfgeschnittenen Zügen kam wie ein Waldvöglein dahergeflattert. Leichthin ließ sie sich am Tisch nieder und zählte geschwind eine lange Liste von Vorspeisen, ersten und zweiten Gängen auf, allesamt Kompositionen aus Früchten des Meeres. So mußte es sein, im Sommer, in Palermo. Sie hielt Spaghetti mit Seeigeln sowie Fischfilets mit süßsaurer Zwiebel- und Essigsauce für *eine sehr kühne Wahl*. Hoffentlich hieß dies nicht, daß Kühnheit zum Verzehr vonnöten war – *o nein*, sagte sie. Das habe sie nicht gemeint.

Die Spaghetti mit Seeigeln waren köstlich, der Seeigelrogen noch roh und feucht; man hatte ihn unter Zugabe von ein wenig Öl und Knoblauch gleichzeitig mit den Spaghetti in die Pfanne gegeben und kurz untergerührt – die nahezu ideale Zubereitungsart für Seeigel. Die Wärme von Teigwaren und Öl hoben das Aroma des Rogens hervor, ohne daß es durch Kochen vernichtet wurde, und die Nudelmasse streckte das Gericht, ohne seinen Geschmack zu schwächen. Meine Erfahrungen mit Seeigeln reichten weit zurück, bis zu einem Bootsausflug vor der Küste Sardiniens. Der Sohn eines Freundes tauchte damals nach ihnen, und wir saßen im Boot, schlitzten sie mit dem Messer auf und schabten den kreuzförmig eingelagerten goldenen Rogen mit der Klinge heraus. Der Sohn meines Freundes brachte vom Meeresboden auch noch tellergroße Austern herauf, doch diese blieben aufgespart für das spätere Mahl im Haus. In Trani, einem apulischen Küstenort an der Adria, wurden am Sonntagmorgen Seeigel an der Straßenecke verkauft, frisch in Hälften geschnitten und auf Zeitungspapier ausgelegt, ein halbes Dutzend pro Blatt.

Alle Schalentiere waren in Trani ein himmlischer Genuß. Auch dieser Fischerhafen an der Adriaküste war eine Bastion der Normannen, der Fürsten von Anjou und der Staufer im Mezzogiorno gewesen, und beim Anblick der goldenen normannischen Kathedrale am Ufer sank man förmlich in die Knie. Allerdings war in Trani kein frischer Fisch zu bekommen; riesige Kühlwagen transportierten den gesamten Fang jeden Morgen vor Sonnenaufgang ab. Schalentiere hingegen gab es in Hülle und Fülle. Sie waren für die Einheimischen da. Es fanden sich glänzende Muscheln, glatte braune *datteri di mare*, Meerdatteln, die sich enge Wohnhöhlen in den weichen gelben Kalktuff direkt unter der Wasseroberfläche gruben, ferner *cannelicchi*, des »Chinamannes Fingernägel«, Stumpfmuscheln, *taratufoli*, *vongole* und andere, deren Namen mir entfallen sind, an deren Form und Geschmack ich mich aber sehr wohl erinnere – wie auch an die glatten, marmorierten und die dunklen, gekerbten Oberflächen. Die Muscheln waren köstlich in Trani, so naturbelassen wie die apulischen Tomaten, Öle und Teigwaren, so daß auf die sonntäglichen Seeigel nahezu zwangsläufig *spaghetti con le cozze* folgten, mit glänzend schwarzen Muscheln, goldgelbem Öl und Tomaten von unerhört intensivem Rot. Plus Chili, sofern sich keine Einheimischen zum Mittagessen einfanden.

In Bari führte mich ein betagter Verleger durch eine dunkle, enge Straße zu einer Trattoria, wo als Vorspeise zu gegrilltem Fisch und Krustentieren aus der Adria ein Nudelgericht aus Spaghettini mit einem Klacks frisch gehackter San Marzano-Tomaten serviert wurde, gefolgt von einer Unzahl Schalen- und Krustentiere, Garnelen, Venusmuscheln und *cannelicchi*. In Apulien kommt gemeinhin eine dünnere Sorte Spaghetti auf den Tisch. Sie sind haarfein, fast wie asiatische Nudeln, und passen ausgezeichnet zu den eher suppenartigen Meeresgerichten. Außerdem werden sie sehr viel schneller gar.

Um jener Meeresgerichte willen fanden sich dort häufig *malavitosi* ein; wahrscheinlich haben sie beim Essen die Sacra Corona Unità, die 1983 gegründete sogenannte »Vierte Mafia«, aus der Wiege gehoben. Bis in die achtziger Jahre war Apulien als einzige Region des Südens frei von organisiertem Verbrechertum, was sich jedoch rasch änderte, als Mafiosi aus Sizilien und *camorristi* aus Neapel dort ihre Haftstrafen absaßen. Die Apulier übernahmen ihre Initiationsriten, und bald ließen sich die Pugliesi von keinem mehr etwas sagen. Einige Jahre später wurde Baris wunderschönes Theater Petruzzelli in Brand gesteckt, und eine Ära genügsamer Rechtschaffenheit ging in Rauch und Flammen auf.

Der grauhaarige Mann, der nun eine Flasche Weißwein aus dem nahegelegenen Alcamo auf meinen Tisch stellte, hieß Pippo und war der Gatte des Waldtäubchens namens Anna Maria. Zwei ihrer Söhne zählten zum Personal. Emiliano hatte einen Knebelbart, kurzgeschnittenes Haar, bewegte sich wie ein Footballspieler und studierte Politikwissenschaft. Der Jüngere, mit langer, glatter Matte und Palästinensertuch, hieß Dario und studierte Kunst. Eine langhaarige Freundin der Familie namens Stefania war Soziologiestudentin. Pippo arbeitete tagsüber für die Telefongesellschaft; das nach der Piazzetta Sant'Andrea benannte Lokal war noch neu – neu in dieser Form und neu in ihrem Besitz. Pippo und ich unterhielten uns noch stundenlang, nachdem die letzten Gäste längst gegangen waren. Das Personal hatte sich zum Essen um den größten Tisch versammelt, und als die Köche aus ihrem Reich zum Vorschein kamen, erkannte ich sie von dem ersten Morgen in der Vucciria wieder. Der behäbige Bebrillte war Totò, der Küchenchef, der im Nähertreten seine Kochmütze lüftete und sich die Schweißperlen von der Stirn tupfte. Die messerscharfe Silhouette vom Markt gehörte zu Nabil. Er war Tunesier, Sohn eines Fischers von der anderen Seite des Mittelmeers, was seine Fachkenntnisse in puncto Fisch erklärte. Er trug wieder eine bestickte Kappe.

Eine Flasche Brandy kam auf den Tisch, und gegen zwei Uhr morgens fanden sich weitere Freunde ein. Die meisten Neuankömmlinge waren Studenten. Vincenzo, ein angehender Architekt, lebte in der Vucciria. Er sprach mit großem Eifer von Glen Murcutt. Alles würde er darum geben, meinte er, mit Murcutt in Australien zu arbeiten. Ich teilte ihm in aller Freundlichkeit mit, daß Murcutt keinerlei Assistenten hatte und stets allein arbeitete. Vincenzo war der Sohn eines Freundes, von dem Pippo gesprochen hatte. Dieser Freund war vor einigen Jahren aus seinem geregelten Arbeitsverhältnis und der Gesellschaft ausgestiegen und hauste nun mit ein paar tausend Büchern in einer alten Mühle. Er hatte Guttuso und Sciascia gekannt, wußte außerdem viel über die Geschichte Italiens seit dem Krieg und über die Künstlerszene in Palermo. Für Sonntag war ein gemeinsamer Ausflug zur Mühle geplant, um dort zu grillen und einen Tag auf dem Land zuzubringen – ob ich nicht mitkommen wolle?

Am Sonntagmorgen, ein paar Tage später, machten Pippo, Anna Maria, Dario und ich uns in ihrem zerbeulten alten Fiat auf den Weg Richtung Mühle. Die anderen fuhren getrennt. Der Fiat war vollbeladen mit Zutaten für das geplante Grillfest. Frische Babymakrelen, Ketten von sizilianischen Würstchen, mit jungem Rosmarin umwickelte Lamminnereien und ganze Hähnchen, die im Ofen der Mühle geröstet werden sollten. Palermo blickt nach Nordosten zum Kontinent jenseits des Meeres und, sozusagen über die Schulter, Richtung Neue Welt und Afrika. Die Stadt ruht in der fruchtbaren Senke der Conca d'Oro – ein obstreicher, geschwungener Saum, in dessen segensreichem Boden Orangen- und Zitronenbäume, Mandeln und Oliven gedeihen; er trennt das Mittelmeer von der ganz anderen Welt des sizilianischen Binnenlandes, das gebirgig, ausgedörrt, verschlossen und unzugänglich erscheint. Wäre nicht das Meer, das stets eine Ausflucht bietet, man fühlte sich in Palermo in der Falle, bedroht von den zackigen Scharten der umliegenden Felshügel. Jeder Weg landeinwärts, heraus aus der Stadt und der Conca d'Oro, der »goldenen Muschel« an der Küste, führt steil bergan. Wir fuhren vom Vucciria-Markt Richtung Südwesten, und binnen Minuten kurvte der ramponierte Fiat hoch über der Stadt einen trockenen, steilen Hang hinauf. Über einen Bergpaß gelangten wir in eine winddurchtoste, karge Landschaft aus totem Gras, staubiger Erde und riesigen weißen Felsbrocken. Von diesen weit verstreuten gigantischen Steinen ging eine archaische Gewalt aus. Das Land war gänzlich öde und unfruchtbar. Das blaue Meer des Golfs, das dunkelgrüne Meer der Zitrusbäume und das geschäftige Treiben der Stadt waren wie weggewischt. Die Luft wurde plötzlich kühler. Wir verstummten. Über dem Hochland Siziliens lag wie stets eine Atmosphäre von Kraftlosigkeit und Verlassenheit. Als beträte man ein leerstehendes Haus. Anna Maria hatte bis drei Uhr morgens gearbeitet und holte nun den Schlaf nach. Dario beugte sich über *Il Manifesto*, vielleicht die letzte europäische Tageszeitung, die sich selbst als kommunistisch bezeichnet.

Ein Straßenschild weckte mich aus meiner Benommenheit. Gelb auf schwarz verkündete es auf einer Hügelkuppe den Ortsanfang von Montelepre. Hier war der Bandit Giuliano daheim gewesen. Die Hügel Westsiziliens, das wilde, abgelegene Landesinnere, lagen unmittelbar oberhalb von Palermo – eine halbe Stunde Fahrt vom Stadtzentrum entfernt. Dario zog seine *kefiah* hoch, zündete eine Zigarette an und bemerkte, damals seien die Straßen noch übler und Banditen schwerer aufzuspüren gewesen, doch die nun wahrgenommene räumliche Nähe verlieh den sardonischen Worten jenes Richters ein ganz neues Gewicht: daß nämlich *nur die Polizei* außerstande gewesen war, die Banditen zu finden. Wir fuhren vorbei an der finsteren, verschlossenen Ortschaft, die hingeduckt auf dem Hügel lag, und sausten bergab, nun wieder durch grünes Land. Bald hatten wir die Mühle erreicht; hochaufgereckt stand sie in einem Tal, das sich bis hinunter zu der reichen Mafioso-Hochburg Partinico am Meer erstreckte. Montelepre blieb hinter uns gerade noch in Sicht, als düstere Mahnung von der Höhe herab, mit seinen dichtgedrängten Mauern und Dächern, die man beim Blick zurück auf die kahlen Hügel gewahrte. Hunde und Katzen kamen, sich förmlich überschlagend, zu unserer Begrüßung herbei. Pasquale schien über die Invasion aus der Stadt weniger begeistert zu sein. Die halbmondförmige

Brille fest auf die Nase geklemmt, war er am Küchentisch mit irgend etwas beschäftigt.

Die Mühle stand seit dem Mittelalter dort. Im Lauf der Jahrhunderte war der Bau auf zwei hohe Stockwerke und drei mächtige Flügel angewachsen. Dort wurde das sizilianische Korn gemahlen, bis man im elften Jahrhundert, der arabischen Periode Siziliens, Zuckerrohr aus Ägypten einführte und die Mühle sich zum zuckerverarbeitenden Betrieb wandelte. Bei seiner Entdeckungsreise nach Amerika, vierhundert Jahre später, hatte Kolumbus Zuckerrohrpflanzen an Bord, und die süße Fracht gelangte westwärts, auf die Azoren, zu den Westindischen Inseln und nach Brasilien, woraufhin Siziliens Zuckerrohrplantagen von den Sklavenbetrieben jenseits des Atlantiks verdrängt wurden. Sizilien und mit ihm die Mühle kehrten zum Korn zurück. Die rostige Maschinerie von Pasquales Mühle war seit Jahren außer Betrieb, und der kleine Wildbach, der das Rad angetrieben hatte, floß nicht mehr unter dem weitläufigen Mühlenbau hindurch. Ein Teil des Wasserlaufs ergoß sich noch über den steilen, steinigen Hügel davor und bewässerte die großen, vernachlässigten Gartenanlagen rings um die Mühle ebenso wie den überwachsenen Obstgarten.

Vincenzo zog ab, um die fast bis zur Neige geleerten Korbflaschen neu mit goldgelbem Wein zu füllen, und Pippo entzündete aus den Stöcken und Zweigen, die wir gesammelt hatten, im Hof ein großes Feuer. Wir setzten uns in die Runde, tranken den goldgelben Wein, aßen frisches Brot und schichteten Babymakrelen, Lamminnereien und Würstchenketten auf einen Grillrost. Hunde und Katzen sahen uns aufmerksam zu. Der Wind riß gelb verfärbte Blätter aus dem wilden Wein, der die Mauern emporwuchs. Die Mühle schien Montelepre sehr viel näher zu sein als dem üppigen Küstenort Partinico, und der Sommer war vorbei. Wir sahen Regenschauer über den Hügeln bei Montelepre niedergehen. Die toten Blätter wirbelten in kleinen, unsichtbaren Strudeln umeinander, die Rauchsäule trieb über den Hof, und ein paar Tropfen fielen. Ich schlenderte zu dem unbenutzten Mahlkasten und begutachtete die großen, verrosteten Räder in der düsteren, staubigen Höhle, die einst das pulsierende Herzstück des Ganzen gewesen war. Wie die meisten anderen abgelegenen Ecken der immensen Anlage diente auch diese mittlerweile als Lager für Druckerzeugnisse. Leichtfüßig turnten Spinnen über Stapel um Stapel alter Zeitschriften, die allmählich zu Staub zerfielen. Pasquale führte mich nach oben.

An einer Wand hing in Fensternähe eine gerahmte Schwarz-Weiß-Fotografie. Pasquale nahm sie ab und hielt sie ans Licht. Sie zeigte drei junge Männer vor ein paar großen Felsen. Beide, Männer wie Felsen, schienen nach Sizilien zu gehören. Die Männer waren ländlich-elegant aufgeputzt, und der mittlere von ihnen hatte ein Grinsen aufgesetzt. Es war Salvatore Giuliano, der Bandit, mit seinem Vetter Gaspare Pisciotta und seinem Schwager Pasquale Sciorino. Das Foto war fünfzig Jahre alt und vor der Mühle aufgenommen worden. Wir gingen nach unten, und Pasquale zeigte mir eine Türöffnung, die Giulianos Männer in die Rückwand der Mühle gehauen hatten. Wenn sie Carabinieri von Partinico heraufkommen sahen, bot die Tür ihnen einen schnellen und unbemerkten Fluchtweg zu den Hügeln. Giuliano war sehr fotogen. Gutaussehend, ein dunkler Typ und noch keine einundzwanzig Jahre alt, hatte er bereits seinen ersten Carabiniere erschossen und Zuflucht in den Hügeln hinter unserem Rücken gesucht. Bereitwillig posierte er mit seinen Waffen und den goldenen Gürtelschnallen für italienische und ausländische Reporter. Als Francesco Rosi Anfang der sechziger Jahre sein kompromißlos neorealistisches Spätwerk *Der Fall Salvatore Giuliano* drehte, bombardierten die Einwohner von Montelepre während der wenigen Tage, in denen der Film bei ihnen zu sehen war, aus Protest die Leinwand mit Eiern; so kam es jedenfalls dem Komponisten Strawinsky zu Ohren, als er kurz nach Freigabe des Films Sizilien besuchte. Leonardo Sciascia erlebte eine Vorführung inmitten sizilianischer Bauern, die während der greulichsten Sterbeszene vor Lachen brüllten, weil sie sich nie zuvor selbst in einem Film gesehen hatten.

Die Mühle war ein einziges Gewirr aus unverbundenen Räumen, Nischen, Durchgängen und Treppenabsätzen auf verschiedenen Ebenen. In manchen Zimmern stand kaum mehr als eine eiserne Bettstelle, doch nirgendwo fehlten die roh gezimmerten Bücherregale. Pasquale hatte die Mühle im Lauf der Jahre Stück um Stück bewohnbar gemacht. Überall sah man Bücher und Papiere. Sie schienen sich in heilloser Unordnung zu befinden, doch wann immer er eine ungeklärte Einzelheit überprüfen wollte, fand er den Beleg im Nu. Pasquale verfolgte ausgewählte Interessen. Er hatte eine Bibliographie des faschistischen Schrifttums in Italien publiziert, dazu eine überaus gelehrte geschichtliche Abhandlung über die Gabel und ihren Gebrauch bei Tisch, ihre Entwicklung von den alten Griechen bis fast hin zu den modernen Benutzern von Plastikgabeln und Konsumenten von Fertignahrung. Unter Pasquales Händen geriet die Gabel zu einem Meßinstrument der Zivilisation.

Gabeln als Eßinstrumente, heute milliardenfach täglich in Gebrauch, waren nicht schon seit jeher ein Bestandteil unseres Lebens, rief Pasquale mir in Erinnerung. Sie stellten eine relativ neue und keineswegs unumgängliche Erfindung dar. Die Chinesen waren in ihrer mehrtausendjährigen Hochkultur vollständig ohne Gabel ausgekommen. Auch bei Homers

Grillfesten am Strand, mit denen die lange Geschichte der westlichen Speisekultur begann, wurden keine Gabeln verwendet. *Und sie erhoben die Hände zum lecker bereiteten Mahle*, wiederholt Homer jedesmal, wenn in der Odyssee ein Festmahl seinen Anfang nimmt. So verfuhren die Menschen viele Jahrhunderte lang. Vorläufer der Gabel war das Messer gewesen, das zunächst zum Zerschneiden von Fleisch, Käse oder Obst bei Tisch diente und schließlich auch zum Aufspießen der Happen Verwendung fand. Wann genau die Gabel als spezifisches Instrument, mit dem die Nahrung zum Munde geführt wird, in Erscheinung trat, läßt sich schwer bestimmen. Wann ist dieses zweite Ding aufgekommen, das man in der anderen Hand hielt und in Verbindung mit dem Schneidmesser benutzte? Dieser Moment steht für eine sprunghafte Vorwärtsentwicklung zu feineren Sitten und Luxus, um nicht zu sagen persönlicher Hygiene. Bei Platos *Symposion* aßen die Gäste mit den Händen, und das taten die meisten Menschen auch im folgenden Jahrtausend.

In Ovids *Liebeskunst* findet sich ein Hinweis auf das Fehlen von Eßbesteck bei der vornehmen römischen Gesellschaft, und zwar in Form eines Rats an die Frauen: *Mit zierlichem Finger greift nach dem Essen ... Besudelt nicht euer Gesicht mit schmieriger Pratze.* Vorläufer von Gabeln allerdings waren zu Neros Zeiten bei Trimalchios üppigem und höchst vulgärem Festmahl im *Satyricon* stark in Gebrauch, wenn auch noch ohne die entscheidende Funktionsteilung des Bestecks in Aufspießen und Zerschneiden. Als *arbiter elegantiae*, Richter über die feinen Sitten, hätte Petronius dies bemerkt. Das weitere Schicksal der Gabel war untrennbar mit dem Verfall und Untergang des römischen Reiches sowie mit dem Aufstieg des Christentums verbunden. Während Goten, Hunnen und Ostgoten über Rom herfielen, hatte sich die römische Zivilisation ostwärts in die neue Hauptstadt verlagert; ihre Tischmanieren und die Urform der Gabel gelangten mit ihnen übers Meer bis nach Byzanz. Die Hunnen hingegen ritten rohe Fleischstücke unter ihren Sätteln ein paar Tage lang mürbe und aßen sie dann mit der Hand.

Laut Pasquale war die erste geschichtlich verbürgte Person, die eine unbestreitbar moderne Eßgabel verwendete, eine byzantinische Prinzessin namens Maria, die gegen Ende des zehnten Jahrhunderts in Venedig eintraf, um den Dogen zu ehelichen. Laut Aufzeichnungen des Heiligen Pier Damiani, der vermutlich nicht als Augenzeuge gelten kann, weil Prinzessin Maria im Jahre 1005 an der Pest starb und der künftige Heilige zu diesem Zeitpunkt erst siebzehn Jahre zählte, berührte sie ihr Essen nicht mit den Händen, sondern ließ es von ihren Eunuchen in mundgerechte Stücke schneiden. Dann führte die Prinzessin jene Häppchen *fuscinulis aureis bidentibus*, mit goldenen, zweizackigen Gäbelchen, zum Mund. Das Detail verdiente Beachtung, weil die Kirche den Gebrauch einer Gabel als sündig ansah; Pier Damiani hob diesen Punkt eigens hervor. Er selbst neigte eher zu Fasten und Geißelung denn zu den Freuden der Tafel – Dante vermerkte seine Abstinenz in der *Göttlichen Komödie.* Die Eßgabel war ein Symbol orientalischer Dekadenz, gegen welche die westlichen Kirchenväter ihre Bannflüche verhängten, und nach Überzeugung des Heiligen hatte die byzantinische Prinzessin durch ihre ausschweifenden Gewohnheiten wie etwa die Verwendung einer Eßgabel den Ausbruch der Pest verursacht, der auch sie und der ihr angetraute Doge schließlich erlagen.

Die arabischen Höfe in Sizilien standen Byzanz an Opulenz in nichts nach, und mit Ankunft der Normannen zu Beginn des elften Jahrhunderts wurden Palermo und Neapel zum Zentrum des zivilisierten Europa. Die Kreuzzüge, sagte Pasquale, die als wüster Ausbruch von religiösem Fanatismus begannen, führten letztlich zu einem zivilisierenden kulturellen Austausch im Mittelmeergebiet. An dessen westlichen Küsten drang die Eßgabel um diese Zeit mächtig vor, und zwar in allen Städten, die Beziehungen zu Byzanz und dem Osten pflegten. Mittlerweile hatten sich die Lebensbedingungen im Westen verbessert, und die römisch-katholische Kirche wetterte nun mit Vehemenz gegen häuslichen Luxus. *Im Hortus Deliciarium*, einer Handschrift der Äbtissin von Hohenburg aus dem zwölften Jahrhundert, zeigt eine Miniatur einen gedeckten Eßtisch in eben jenem »köstlichen Garten«, auf dem die Gabeln sofort ins Auge fallen. Um die gleiche Zeit verließ der Heilige Bernhard aus Zorn über die Gourmet-Küche fluchtartig das Kloster von Cluny, und im folgenden Jahrhundert verfaßte der Heilige Bonaventura ein Traktat *De Disciplina Circa Comestionem*, Über das Maßhalten im Essen, das Luxus und Völlerei verdammte und monoton immer wieder auf *die gerechte Strafe* verwies, von der die unselige byzantinische Prinzessin und ihr zum Gebrauch der Gabel verführter Dogengatte ereilt worden war.

Alle damaligen Theologen hielten übereinstimmend die Gabel für ein Werkzeug des Teufels und verfluchten das *instrumentum diaboli* als sündigen Luxus. Allmählich jedoch schlug die Stimmung zugunsten der Gabel um, und aus der Laienschaft wurden spitze Stimmen laut, es sei an der Zeit, daß die Geistlichkeit sich bei Tisch Manieren zulege – ein Rat, den manche Kirchenvertreter offenbar befolgten. 1298 hinterließ ein Erzpriester aus Pisa diversen Verwandten testamentarisch seine silbernen Messer mit Korallengriffen, zwei silberne Löffel, vier Tafelmesser mit Griffen aus Elfenbein und Jade *nebst vier silbernen Eßgabeln.* Und doch, und doch. *Hat Dante mit einer Gabel gegessen?* fragte Pasquale beharrlich. *Oder Boccaccio?* Nichts deutet darauf hin, daß eine ihrer Figuren damit vertraut gewesen wäre. Die

Aufzeichnungen zu Etikettefragen eines Mailänders namens Bonvesin de la Riva aus dem zwölften Jahrhundert erteilen Ratschläge in puncto Eßmanieren, die nicht auf das Vorhandensein von Gabeln schließen lassen.

> Man achte darauf, das gewöhnliche Eßgeschirr nicht umzuwerfen, wenn man mit den Fingern nach einem großen Bissen fischt. Spucken ist tunlichst zu unterlassen. Katzen und Hunde sollen bei Tisch nicht gestreichelt werden. Man lecke sich nicht die Finger ab und bohre auch nicht mit ihnen in der Nase. Tote Fliegen oder lebende Kakerlaken im Eßgeschirr übergehe man mit Stillschweigen.

In seinen *Liebesdokumenten*, einem Ratgeber zu Verführungstechniken, gab um dieselbe Zeit Francesco Barberino Männern den Rat, bei Tisch Frauen nicht ins Gesicht oder auf die Hände zu starren, da dies leicht Verlegenheit auslöse.

Pasquale nahm seine halbmondförmige Lesebrille ab. Er schob die Papiere zurück und erhob sich vom Küchentisch. Bevor er mich in den Hof hinaus begleitete, goß er uns beiden einen Becher goldgelben Wein ein. Das Feuer loderte nun lichterloh. Der Regen der vorangegangenen Nacht hatte das Holz feucht werden lassen, manche Zweige waren noch grün, und dichter Rauch wand sich in Schwaden rings um den auf drei Seiten von der Mühle umschlossenen Platz. Die Kätzchen hatten ein Auge auf den Grillrost, der dicht an dicht mit Makrelen in Tigerfärbung belegt war. Pippo schlug sich mit dem Feuer herum, und die Hunde beobachteten Nabil, der die Würstchen spiralig auf einem weiteren Grillrost auslegte. Pasquale führte mich über den gepflasterten Hof zu der niedrigen Brüstung, welche die vierte Seite abschloß. Von dort schauten wir über das grüne Tal mit seinen Zitrusbäumen bis hinunter nach Partinico und zum Meer. *All das*, sagte Pasquale, *haben die Araber geschaffen. Vor tausend Jahren kultivierten sie das üppige Land entlang der Küste. Die Conca d'Oro – hinter den Hügeln dort drüben – und das ganze fruchtbare Küstengebiet unter uns, bis nach Marsala. Die Araber machten es zu dem blühenden Garten, der es eigentlich immer noch ist. Sie bauten Deiche gegen den Ansturm des Meeres, legten schiffbare Kanäle an, sie sorgten mit weiteren Rinnen für Bewässerung, pflanzten Palmen an, Zitruspflanzen, Zuckerrohr und Getreide.*

Viele alte Obstbäume standen gleich unterhalb der Mühle, und noch mehr an dem Hügel seitlich dahinter. Mangels Pflege waren sie mit Flechten überwachsen und ließen die Zweige hängen. Pfirsiche verfaulten am Boden. Pasquale beschrieb mit dem Arm triumphierend einen Kreis und verspritzte dabei seinen Wein an der Mauer. Ein Hund verzog sich klugerweise außer Reichweite. Nach zweihundert Jahren unter arabischer Herrschaft erlebte Sizilien 1061 die endgültige Vertreibung der Emire durch die

Normannen. Doch deren Ankunft zog keine ethnische Säuberung nach sich. Man bemühte sich um Synthese und Kontinuität, um die Vereinigung des Besten aus beiden Welten. Unter dem liberalen normannischen Regime verblieben die arabischen Siedler in Sizilien, mischten sich und lebten mit Griechen, Romanen und Sizilianern. Und der enorme Fortschritt der sizilianischen Landwirtschaft war das Werk der Araber. Rings um den westlichen Rand Siziliens, von Marsala bis Palermo und weiter noch in Richtung auf die italienische Halbinsel zu, waren kundige Bauern aus Mesopotamien seßhaft geworden.

Ein arabischer Schriftsteller namens Abu Abdallah Muhammad ibn Idris erstellte um diese Zeit ein bedeutendes geographisches Werk für den Normannenkönig Roger II., der bei Hof in arabischen Gewändern erschien, auch die Sprache beherrschte und sich der Pflege arabischer Kunst und Wissenschaft verschrieben hatte. Das Werk trug den Titel *Zur Ergötzung eines Liebhabers von Reisen um die Welt*, auch bekannt als *Das Buch von König Roger*. Es vereinte in bemerkenswerter Form Elemente der christlichen und der islamischen Kultur. Das Sizilien des zwölften Jahrhunderts beschrieb Idris als

> Perle des Jahrhunderts an Reichtum und Schönheit, das vornehmste Land auf Erden, was seine Natur, seine Bauten und uralten Schätze angeht. Reisende finden sich aus allen Richtungen ein, Kaufleute und Händler aus jeder Stadt und Metropole, und einhellig preisen sie die staunenswerte Schönheit, die glücklichen Umstände und vielfältigen Vorzüge sowie all dasjenige, was Sizilien an Gutem von jedem anderen Land der Welt anzieht.

Es folgt eine detaillierte Beschreibung von Palermo:

> Ein stattlicher, schöner Ort, die großartigste und glanzvollste Residenz, die weitläufigste und reizvollste Stadt der Welt ... Sie liegt, dem Meere zugewandt, im westlichen Teil der Insel. Hohe Berge säumen sie, und doch ist ihre Küste ergötzlich, sonnig, reich an Wonnen. Palermos schöne Bauten erwecken in dem Reisenden Staunen über die Architektur, das handwerkliche Geschick, die Kunstfertigkeit ... Die Stadt ist rings von Wasserläufen und nie versiegenden Quellen umgeben. In ihr finden sich viele Gärten, schöne Häuser und Kanäle mit frischem Wasser, gespeist aus den Bergen, welche die Ebene rings umgeben. Südlich der Stadt fließt der stets Wasser führende Abbas [Oreto], an dessen Ufern genügend Mühlen stehen, um allen Bedürfnissen der Stadt Genüge zu tun.

Schönheit und Reichtum Siziliens werden auch in der arabischen Dichtung erwähnt, dachte ich. Vor Jahren hatte ich in Neapel eine Anthologie mit

Lyrik der arabischen Dichter in Sizilien erstanden, die von Poeten unserer Tage ins Italienische und Sizilianische übertragen worden war. Viele Verse behandelten die Schönheit Siziliens, aus manchen sprach auch die Sehnsucht von Dichtern, die ins Exil hatten gehen müssen. Um 1100 schrieb 'Abd ar-Rahman über den etwas weiter südlich gelegenen Küstenort Trapani:

Auf der Insel reifen die Orangen, wie Feuerbälle auf
grünlichgelben Zweigen
Zitronen gleichen der Blässe des Geliebten nach
schmerzlichen Nächten der Trennung
Palmen sind treue Liebende, auf der Hut vor ihren Feinden ...
O Palmen beider Meere von Palermo, möge reichlicher Regen
euch tränken ...
In eurem Schatten die Liebe schadlos gedeihen ...

Pasquale, den Dichtung nicht interessierte, unterbrach mich. *Sie haben Lebensmittel nicht nur angebaut*, sagte er, *sondern sie auch weiterverarbeitet. Spaghetti sind eine Erfindung der Araber.* Ich hielt Ausschau nach der Korbflasche. Vincenzo goß uns Wein nach. Frei von allen Konservierungsmitteln, war dieser Wein schlicht köstlich. Bekam ich da eine neue Version der alten Geschichte von Marco Polo zu hören, der die Teigwaren angeblich aus China mitgebracht hatte? *Nein, nein*, verwahrte sich Pasquale der Bibliograph. *Daran trägt eine schlechte Übersetzung die Schuld. Du weißt ja, das Originalmanuskript – das Marco Polo 1298 im Gefängnis von Genua diktiert hat – ist verschollen. Wir haben nur Abschriften und Übersetzungen ins Lateinische, Französische, Toskanische, Venetianische und so weiter. Es gibt mindestens hundertdreißig Versionen, und einige davon sind alles andere als zuverlässig.*

Die Geschichte von Marco Polo und den chinesischen Teigwaren rühre von einer späten und äußerst ungenauen lateinischen Übertragung her. Die besten Fassungen, beispielsweise die toskanische, ließen Marco Polo in Kapitel 166 das Königreich von Fansur beschreiben, in dem die Bewohner kein Getreide anbauten, sondern Unmengen von Reis verzehrten. Als *großes Mirakel* vermerkte er, in Fansur gäbe es *gewaltige Bäume mit zarter Rinde, deren Inneres aus einer Art Mehl besteht.* Die daraus bereiteten Teigwaren habe er häufig zu essen bekommen, berichtete Marco Polo. Die lateinische Übersetzung hatte daraus, sehr frei, *Teigblätter und andere Gerichte*, zu denen Sauce gereicht wurde, gemacht – daher also die Mär, Marco Polo habe in China die Spaghetti entdeckt.

Ich schlug die Passage später nach. Den Anmerkungen in einer kritischen Edition der toskanischen Übertragung aus dem dreizehnten Jahrhundert entnahm ich, daß *das Königreich von Fansur in der Region von Baros an der südöstlichen Küste von Sumatra* lag und Fansur *die arabische Umschreibung des malaiischen Ortsnamens Pancur* war. Es handelte sich demnach offenbar um Bangka, eine größere Insel vor dem südöstlichen Sumatra an der Straße von Bangka. Laut Marco Polo gab es hier *den besten Kampfer der ganzen Welt, der in Gold aufgewogen wird.* Das arabische Wort für Kampfer lautet in der Umschreibung *al-kafur al-fansuri.* Der Grundstoff für jene Teigwaren, die in der Legende erst zu Lasagneblättern und dann zu Spaghetti wurden, war Sago. Marco Polo hatte eine Beschreibung von Sago und der Sagopalme geliefert.

Jedenfalls geht aus allen Versionen von Marco Polos Berichten eindeutig hervor, faßte Pasquale zusammen, *daß die Chinesen kein Getreide außer Reis kannten.* Das sei in Hinblick auf Sizilien der entscheidende Punkt: die Getreidesorte. Bevor die Araber die Spaghetti erfanden, gab es in Italien Teigwaren zumeist nur in Form von gnocchiähnlichen Knödeln. Egal zu welcher Form der Teig geknetet wurde, es handelte sich stets um *pasta fresca*, die unmittelbar nach der Zubereitung gegessen wurde. *Pasta fresca*, häufig durch Zugabe von Ei zu *pasta all'uovo* abgewandelt, muß frisch verzehrt werden. Sie wird aus feinem Kornmehl hergestellt und hält sich nicht lange. *Pasta asciutta*, Trockenteigwaren, die ungekocht monate-, ja jahrelang haltbar blieben und daher gelagert und in alle Welt exportiert werden konnten, waren der innovative Beitrag der Araber auf dem Feld der Lebensmitteltechnik. *Pasta asciutta* läßt sich nur aus einem Teig mit einem überwiegenden Anteil an glutenreichem Hartweizen, *triticum durum*, herstellen, dessen harte Samenschalen eine besondere Resistenz gegen Feuchtigkeit aufweisen; und zu jener Zeit wurde Hartweizen nur in Sizilien und anderen heißen Ländern am Mittelmeer angebaut. Die Araber verfielen auf eine Methode, den Hartweizenteig in eine so dünne Form zu bringen, daß er durch und durch trocknen konnte: Sie verarbeiteten ihn zu schmalen Strängen, *spaghetti*, zu noch kleineren Würmchen, *vermicelli*, oder aber zu röhrenförmigen, hohlen Makkaroni in beliebiger Länge, bei denen der Teig innen wie außen trocknen konnte. Im *Buch von König Roger* liefert der Geograph Idris die erste verbürgte Erwähnung von Spaghetti – und damit den Beweis, daß bereits in der ersten Hälfte des zwölften Jahrhunderts den Sizilianern nicht nur bekannt war, wie man Teigwaren zubereitet, sondern daß sie diese auch trocknen und haltbar machen konnten – für lange Seereisen zu europäischen und nordafrikanischen Mittelmeerhäfen ebenso wie für die Überquerung der Straße von Messina nach Kalabrien.

Die Technik verbreitete sich rasch, doch noch Jahrhunderte später kannte man Trockenmakkaroni unter der Bezeichnung *maccaroni siciliani.* In seinem um 1450 veröffentlichten Kochbuch *Libro de Arte Coquinaria* versieht Maestro Martino sowohl Makkaroni wie Vermicelli mit dem Vermerk *siciliani*. Ein wenige Jahre später datierendes Rezept für *minestra siciliana* in Platinas *De honesta voluptate*, Die wahren Freuden, gibt Ratschläge zur Herstellung von Makkaroni. *Man lasse sie in der Sonne trocknen, darauf bleiben sie zwei bis drei Jahre wohl erhalten, zumal wenn man im Augustmond zu Werke geht.* Noch länger hielt sich, wann immer zwischen Italiens Regionen Verbalinjurien getauscht wurden, das Schimpfwort *Makkaronifresser* für die Sizilianer. Die Neapolitaner waren dafür die Blätterzerkauer.

Was hatte nun all das mit der Erfindung der Gabel zu tun? Spaghetti konnte man nicht mit Messer und Löffel essen, höchstens mit den bloßen Händen, indem man sie sich bündelweise übers Gesicht hielt und die einzelnen Stränge einsog, um sie sodann zu zerkauen und hinunterzuschlukken. So verfuhr das einfache Volk von der Straße in Neapel – eine Attraktion für Touristen und vornehme Neapolitaner, die zuhauf den *lazzaroni* beim Essen zuschauten. Wenn sie selbst zu Hause ebenso gegessen hätten, wären sie nicht derart fasziniert davon gewesen, argumentierte Pasquale; demnach mußten sie bereits Gabeln besessen haben.

Nach dem Mittagessen kam Vincenzo mit einem Gegenstand aus der Zeit zwischen 1943 und 1944 an. Es war ein flaches, längliches Holzkästchen, dessen Grundfläche etwa sechzig Zentimeter im Quadrat maß, von schlichter Machart und ringsum lackiert; es hatte Scharniere an der Rückseite und vorne ein Schloß. Ein Stück bäuerlicher Handarbeit: nicht übermäßig kunstvoll, aber solide und handfest gebaut. Die Oberseite des Kästchens zierte, fast flächendeckend, ein sorgfältig eingeschnitzter, furchterregender Adler, das amerikanische Wappentier, mit ausgebreiteten Flügeln, bös funkelnden Augen und gekrümmtem Schnabel. Dicht bei dem Schloß waren zwischen den detailgetreu wiedergegebenen Schwanzfedern groß die Lettern USA ins Holz geritzt. Als jenes Kästchen entstand, hatte es Nahrung bedeutet: Man konnte es an einen amerikanischen Soldaten verkaufen, als Souvenir, wenn er in die Staaten heimkehrte. Dieser Gegenstand konnte seinem sizilianischen Schnitzer etwas von der alliierten Währung einbringen, die damals zirkulierte: die Geldscheine mit Roosevelts vier Freiheiten in Englisch auf der Rückseite – *Freedom of speech. Freedom of religion. Freedom from want. Freedom from fear.* Der Kasten war ein prätouristisches Souvenir, dessen Erzeuger nicht wußte, nicht hatte wissen können, welches Mitbringsel aus Sizilien für einen Fremden wohl das Richtige sein mochte. In Gedanken sah der Erzeuger nur die Bildwelt der Invasionsmacht, das Symbol des befreienden Reichtums, nach dem es auch ihn verlangte. Als krude Erinnerung an jene Zeit der Not ging etwas verzweifelt Anrührendes von dem Kästchen aus. Das Traurigste daran war, daß es offensichtlich keinen Käufer gefunden und seinen Entstehungsort nie verlassen hatte. Das Kästchen diente zur Aufbewahrung von Messern. Als Vincenzo es öffnete, erblickte ich eine Anzahl vor sich hin rostender bäuerlicher Messer, auch sie zum Großteil handgefertigt, mit Holzgriffen und Klingen in diversen Formen, die ebenso davon bestimmt waren, was an Eisen und Stahl vorhanden gewesen war, wie von der ihnen zugedachten Funktion. Das war die sizilianische Komponente. Das eigentliche Souvenir waren diese Messer. Sie wirkten mörderisch. Manche hatten gebogene, ja fast gekrümmte Klingen. Ich sann nach, wozu sie wohl gedient hatten. Zum Umgang mit Schafen, Ziegen und Schweinen. Zum Durchschneiden von Kehlen. Stutzen von Schwänzen. Zum Ausweiden, Abhäuten, Kastrieren.

Damals waren gerade die Kindheitserinnerungen der Schriftstellerin Dacia Maraini an ihre Rückkehr nach Bagheria bei Kriegsende erschienen. Bagheria war einst ein schöner Küstenort, einige Kilometer östlich von Palermo; heute geht das Häuflein zerbröckelnder vornehmer Villen in den von der Mafia errichteten, krebsgleich wuchernden Slumgebieten praktisch unter. Wie es in Lebenserinnerungen dieser Art häufig geschieht, hebt auch Maraini die Exzentrik ihrer aristokratischen Vorfahren besonders hervor und verleiht ihren Reminiszenzen einen dezidiert bittersüßen Ton. Nur eine Person bleibt davon ausgenommen: eine Frau, die bei der Familie in Stellung war und an deren Geschichten Maraini sich erinnert. Innocenza war für die Autorin als Kind das einzige Bindeglied zu der sie umgebenden bäuerlichen Welt, und einen Augenblick lang öffnet sich in den Memoiren die Tür zu einem anderen Leben.

> Sie war es auch, die mir von dem elfjährigen Jungen berichtete, der etwas gesehen hatte, was er nicht hätte sehen dürfen, und den sie eines Morgens abholten, ihm mit einem Schweineschlachtmesser die Augen ausstachen und ihn gefesselt wie eine Wurst und vor Blut triefend nach Hause schickten. Und von dem anderen, Don Peppinuzzu, dem *sciacquatunazzu*, was soviel wie »Schönling« bedeutete, der etwas gesagt hatte, was er nicht hätte sagen dürfen; den haben sie mit Schrotkugeln getötet, dann haben sie ihm die Hoden abgeschnitten und in den Mund gestopft. So hat seine Mutter ... ihn dann gefunden, unter einem Maulbeerbaum, als sie in der Früh aufs Feld ging.

So manifestierten sich Rache, Strafe und Warnung in der archaischen bäuerlichen Welt. Sie waren Ausdruck der Armut und Gewalt, die Bagheria und die anderen sizilianischen Inseln der Kunst und des privilegierten Lebens umbrandeten und aufrechterhielten. Jene Gewaltausbrüche waren rustikale Vorläufer der Kultur, die Bagheria zu einem grauenvollen, planlosen Konglomerat von Wohnblocks, durch Heroinhandel finanziert, und zu einem Hort abscheulicher Brutalität hatte werden lassen. Die damaligen Untaten wiesen voraus auf die Warnungen, Morde und Schmähungen des Jahres 1995. Kalaschnikows und Autobomben hatten ihren Ursprung in der Welt, die durch die rostigen Messer in ihrem handgeschnitzten Kästchen heraufbeschworen wurde. Ob man einem Mann oder einem Schaf damit die Kehle durchschnitt, machte in jener wie in dieser Welt keinen großen Unterschied. Aus den Zeiten der Land-Mafia hat sich die *incaprettamento* genannte Strangulierung als Tötungsform erhalten. Dabei werden dem Opfer Hände und Füße auf dem Rücken zusammengebunden, dann wird ihm der Strick als Schlinge so um den Hals gelegt, daß der Gefesselte sich mit nachlassender Muskelkraft langsam selbst erdrosselt. Auf die gleiche Weise wurden Zicklein, *capretti*, für den Transport zum Markt verzurrt. Der ländliche Kunstgriff fand Eingang in die Welt der industrialisierten Mafia, weil dank seiner ein menschlicher Körper auch nach Einsetzen der Leichenstarre mühelos im Kofferraum eines Autos transportiert werden konnte. Die seltsam anmutende intime Anbindung der ländlichen Vergangenheit der Mafia an ihre industrielle Gegenwart hatte sich noch verstärkt, seit die Corleonesi an die Macht gekommen waren.

Die Anreise nach Corleone täuscht. Zunächst tuckert man in dem blauen AST-Bus durch die gefällige, obstreiche Küstenregion Siziliens, was länger dauert, als die fünfzig oder sechzig Kilometer von Palermo erwarten lassen, weil der Bus sich Zeit läßt; und wenn er sich dann in die Hügel hinauf quält, wo fünf-, sechshundert Meter über dem Meeresspiegel Corleone hingeduckt auf einem Felsvorsprung liegt, werden die Straßen eng und gewunden. Gegenverkehr ist selten. Hin und wieder ein landwirtschaftliches Fahrzeug oder ein BMW, der sich an keine Geschwindigkeitsbegrenzung hält.

Als ich nach Corleone fuhr, brauchte der blaue Bus ungewöhnlich lange, weil der Fahrer vergessen hatte, in Palermo einen Koffer auszuladen, der einem Carabiniere gehörte, und daher an einer größeren Kreuzung anhalten mußte, um auf einen Bus in Gegenrichtung zu warten, dessen Fahrer den Koffer des Carabiniere übernehmen und mit in die Stadt nehmen sollte. Es war ein angenehmer, sonniger Morgen, und ich gab mich verträumten Reisephantasien hin, während ich dem endlosen Monolog zu folgen versuchte, den der Fahrer in sein Handy sprach.

Er verbreitete sich ausführlich und lobend über die *picciotti*. Der sizilianische *picciotto* verkörpert, wie der neapolitanische *guaglione*, männliche Tugenden und rangiert als jugendlicher Held ganz oben in der Kulturlandschaft des Südens. Auf die eine oder andere Weise, so auch durch ihre Bewunderung für *picciotto* und *guaglione*, für ihre Jugend und Energie, ihre Gewandtheit und Kühnheit, gaben die Leute zu erkennen, daß sie den verheirateten Mann für eine kümmerliche, beschränkte Figur hielten, ein geschlechtsloses Wesen unter dem Pantoffel von Frau und Familie, wohingegen die Frau erst als fruchtbare Mutter zu ihrem angestammten Recht kam. Die Figur des Patriarchen hat sich im Mezzogiorno nie recht festsetzen können. Angesichts der gesellschaftlichen Gegebenheiten im Süden wurde der *picciotto* unweigerlich mit den Werten des *mafiuso* befrachtet, und seine Gewandtheit und Kühnheit fanden Ausdruck in den Aktivitäten der Mafia. Die Organisation hing zum Großteil von den Fähigkeiten ihrer Fußsoldaten ab, und jede Mafiafamilie mußte die draufgängerischsten und wendigsten, die gewitztesten und stärksten unter den männlichen Heranwachsenden aus ihrem Viertel für sich rekrutieren. Eine Mafia ohne Prestige, eine Mafia, deren Werte nicht denen der jungen Männer ihrer Gesellschaft entsprachen, war dem Tode anheimgegeben. Über *picciotti* zu sprechen, zeugte von einer konservativen, ländlich geprägten, mafiahörigen Grundhaltung, und während ich dort in der Sonne saß, versuchte ich, die feinen Nuancen aus dem liebenswürdigen Geplapper des Fahrers herauszuhören. Ich hatte keine Eile.

Andere schon. Daß der Koffer eines Carabiniere uns wie festgewurzelt verharren ließ, kam einigen offenbar schwer erträglich vor, und eine Welle der Unruhe ging durch den Bus. Eine Frau, die als Lehrerin hätte durchgehen können, bemerkte scharf, sie müsse um halb eins in Corleone sein. Der Fahrer tat den Einwand mit einem Schulterzucken ab und rief per Handy seine kleine Tochter an. Mir fiel ein, daß Riinas Frau Lehrerin gewesen war. Der Koffer des Carabiniere, das spürte man, war für diese Passagiere keine neutrale Ladung, sondern ein irgendwie belastetes und gefährliches Objekt. Ein Treffen an einer ländlichen Kreuzung roch stark nach Mafia. In derartigen Situationen war schon allerlei Übles passiert. Die Leute wurden nervös, und als der andere Bus endlich eintraf, der Koffer des Carabiniere ohne Zwischenfälle umgeladen wurde und wir die Reise fortsetzten, war die Erleichterung spürbar.

Ein atemberaubender Moment ergab sich, als der Bus die Küste hinter sich ließ und ernsthaft zum Aufstieg ansetzte. Die ausgedörrten Hügel, das ewig gleiche Terrain des Landesinneren, in das wir vordrangen, wich mit einemmal einem dichten grünen Eichenwald von nicht unbeträchtlichem Ausmaß, über viertausend Hektar, wie ich später herausfand – nie hatte ich dergleichen bisher im armen, kahlgeschlagenen Mezzogiorno gesehen. Während der Minuten, in denen der Bus einen Teil des Waldes von Ficuzza umrundete, wo die Bourbonen Wildschweine zu jagen pflegten und die Mafia gestohlenes Vieh versteckt hielt, konnte ich mir – zum erstenmal mit Erfolg – jenes Sizilien vorstellen, wie es vor der Abholzung durch die Römer ausgesehen hatte: die buschreiche Insel des Theokrit. Für den Bruchteil einer Sekunde glaubte ich ein inwärts gewandtes Sizilien der Poesie und des Geschlechtstriebs zu sehen, der Flöten und des Schreckens, ein Bild aus Licht und Schatten, das in einigen alten Gedichten bewahrt geblieben war.

Galateia, du weiße! Warum verschmähst du den Freier,
Weißer als Molke du und zarter zu schaun als ein Lämmchen,
Munterer als ein Kalb und praller als unreife Trauben ...

Aber ich gab mich, wie Theokrit vermutlich auch, nur Tagträumen hin. Die pastorale Kunst und ihr Beharrungsvermögen in der westlichen Kultur offenbaren, wie zäh und verführerisch die Träume vom schlichten Leben von einer Ausflucht doch sind. Die Geschichte läßt vermuten, daß es sich immer nur um Träume handelte, selbst damals, als Sizilien noch bewaldet war und Theokrit erstmals den Hirten noble Worte in den Mund legte. Er schrieb seine Idyllen im dritten Jahrhundert vor Christus, und Peter Green bemerkt dazu in seiner kürzlich erschienenen Geschichte des hellenistischen Zeitalters:

> Die reine Auflistung der grausamen Untaten im vierten und dritten Jahrhundert, insbesondere was Sizilien betrifft, fällt schlimmer aus als für jede andere Periode der antiken Geschichte: eine furchtbare Chronik von Massenexekutionen, öffentlichen Folterungen ... Vergewaltigung, Plünderung und Versklavung, wobei die Römer zwar beileibe nicht die einzigen waren, sich aber durchweg als die Übelsten gebärdeten.

Green vermutet, das Banditenwesen und die allgemeine Unruhe in Sizilien zur Zeit des Theokrit hätten diesen möglicherweise sogar ins Exil getrieben, womit seine ländlichen *Idyllen* als nostalgische Versuche über ein Sizilien dastünden, das am Ende so nie existiert hat, ähnlich vielleicht wie dreizehnhundert Jahre später in den Gedichten der aus Sizilien verbannten arabischen Dichter. Dennoch hat eines von Theokrits Gedichten – die vermutlich fälschlich ihm zugeschriebene zwanzigste Idylle, in der ein Mädchen aus der Stadt sich von der Ungeschliffenheit und dem strengen Geruch eines Hirten abgestoßen fühlt – am Rande etwas Treffendes über die Welt von Corleone zu sagen, obgleich es hier um Sex nur indirekt geht.

Vielleicht hätte Corleone mir weniger Angst eingeflößt, wenn der Bus nicht ausgerechnet um die Mittagszeit dort eingetroffen wäre. Was an Bewegung hinter den Fenstern wahrzunehmen war, während wir auf die enge Piazza einbogen, hatte sich bis zu dem Moment, als ich tatsächlich ausstieg, auf ein einziges Kind reduziert, das mit einem fluoreszierenden Tornister auf dem Rücken von der Grundschule heimlief; es rannte in einiger Aufregung den anderen, weil sie bereits außer Sicht waren, hinterher wie das lahme Mädchen dem Rattenfänger. Der Platz lag öde und leer da. Ich schlug einen schmalen Weg ein, der wie eine Klamm von der Piazza steil bergan führte. Nach einigen Metern auf der bis dahin leeren Straße sah ich eine weitere Gestalt auf mich zusteuern, zu Fuß, aber in scharfem Tempo. Es war ein Kapuzinermönch in brauner Kutte mit Kapuze und einem Strick um die Leibesmitte. Er war jung, bärtig, barfuß und rannte um sein Leben. Mit schreckerfülltem Blick jagte er an mir vorbei; seine bleichen Füße machten auf den Steinen keinerlei Geräusch. Niemand folgte ihm. Ich setzte meinen Weg fort, gewahrte manchmal aus dem Augenwinkel eine schwarz gekleidete Frauengestalt und traf, als die Hauptstraße im Nichts endete, meine Wahl zwischen mehreren wenig einladenden Gäßchen. Die Häuser wirkten ärmlich, primitiv und verfallen, obwohl bei einigen wohl im Inneren an nichts gespart worden war; ich kannte die Anzeichen dafür aus Neapel. Der Ort wirkte wie ausgestorben, doch ich wußte, daß Menschen durch die Fensterläden spähten. Je näher man dem Fluß kam, desto armseliger und heruntergekommener präsentierte sich Corleone.

Der Fluß war ein milchigtrübes Rinnsal am Fuß einer tiefen Schlucht, in die der äußerste, ärmlichste Zipfel von Corleone anscheinend hinabzustürzen drohte. Manche Dinge waren diesen Weg bereits gegangen. Eine Polstergarnitur, ein Kühlschrank, ein zertrümmerter Fernsehapparat ruhten in dem fauligen, weißlichen Wasser, in trauter Nachbarschaft mit grünem Schlick. Die Schlucht und die windschiefen Häuser überragte ein Monolith, gekrönt von einem Bau, der dreihundert Jahre lang als Ortsgefängnis gedient hatte. Ich ging zurück zum Hauptplatz und begab mich in eine Bar, in der wahrhaftig ein paar Leute standen. Als ich den Mund aufmachte, erstarrte ein halbes Dutzend Köpfe und drehte sich dann langsam, ganz langsam, um mir einen verstohlenen Blick zuzuwerfen. Die gemurmelten Gespräche erstarben. Ich ging wieder hinaus und stellte fest, wie angenehm zentral der Friedhof von Corleone gelegen war, nämlich gleich oberhalb der Piazza. Um den Zugang noch weiter zu erleichtern, hatte man vor kurzem quer durch das Stück Brachland zwischen der Piazza und den Friedhofstoren eine kleine, gebogene Straße angelegt, gesäumt von Zypressen und wunderschön mit weißem Marmor gepflastert. Die Leichenwagen, ein häufiger Anblick hierzulande, hatten den belebtesten und farbenfrohesten Ort von ganz Corleone zum Fahrtziel. Der Friedhof war tadellos in

Schuß und bevölkert von geschäftigen Frauen in Schwarz und Kindern, die mit Gladiolensträußen bewaffnet höchst wichtig die Wege auf- und abliefen.

Vielleicht hatte mich mein Streifzug durch den restlichen Ort für Eindrücke besonders empfänglich gemacht; jedenfalls kam ich mir auf dem *campo santo* von Corleone beinahe vor wie auf einem Volksfest. Die auffällige Notiz beim Eingang, es sei aus hygienischen Gründen untersagt, Materialien vom Friedhof zu entfernen, ließ mich stutzen. Man hatte natürlich schon gehört, daß nicht dorthin gehörige Leichen insgeheim in Familiengruften beigesetzt und auch ganze Waffenlager dort eingerichtet worden waren, aber warum jemand den Wunsch verspüren sollte, Materialien zu entfernen, blieb schleierhaft. Ich streifte umher, auf der Suche nach dem Grab von Luciano Liggio, in seinen späteren Jahren Landschaftsmaler, davor Mentor und Vorgänger von Totò Riina als *capo de tutti i capi* – der Mann, von dem man mit Fug und Recht sagen konnte, er habe Corleone berühmt gemacht. Ich vermochte unter all den schaurig vertrauten, ewig wiederkehrenden Namen die Toten in den ordentlich mit Blumen bepflanzten Grabreihen nicht zu identifizieren, doch dafür stieß ich alsbald auf die Lebenden. Es war ein Weilchen später, am entgegengesetzten Ende des Ortes, wo die flächendeckenden Neubauten standen, wahrhaft gräßliche Wohnblocks; ein brandneuer, PS-starker schwarzer Alfa Romeo kam langsam den Hügel herunter auf mich zugerollt und glitt in Schrittgeschwindigkeit an mir vorbei. Der Fahrer, ein junger Mann mit rotem, fleischigem Gesicht, trug einen schwarzen Freizeitdreß mit grünlila Einsatzstreifen und eine gehässige Miene zur Schau. Das Gesicht kannte ich. Ich hatte es in der Zeitung gesehen. Wer mich soeben fast gestreift hatte, war kein anderer als Totò Riinas Sohn.

Sieben Monate später stieß ich erneut auf das Gesicht. Es blickte von der Titelseite der *Repubblica*, in der die erste Verhaftung von Riina junior publik gemacht wurde. Man griff ihn sich im Juni 1996, im Haus seiner Großmutter in Corleone, wo er mit seiner Mutter und zwei Schwestern lebte und – wenn man den tränenreichen Beteuerungen seiner älteren Schwester glauben wollte – *den ganzen Tag auf dem Feld zubrachte, morgens in aller Frühe aufbrach, um den Boden zu bestellen, bei Sonnenuntergang heimkehrte und abends, wenn er nicht zu hundemüde war, mit Freunden eine Bar aufsuchte oder eine Pizza essen ging. Mit netten Freunden. Der Bürgermeister von Corleone kann es bezeugen.* Nach der Version der Polizei war Riina junior mit knapp zwanzig bereits ein »Soldat« der Mafia. Im zarten Alter von neunzehn Jahren tötete er sein erstes Opfer, einen jungen Mafioso, der seinen Onkel Leoluca Bagarella beleidigt hatte.

Die Verhaftung erfolgte wegen der Erdrosselung eines dreizehnjährigen Jungen, der mit elf entführt und über zwei Jahre gefangengehalten worden war, bis man ihn tötete. Der Vater des Jungen war einer von Falcones Mördern gewesen, ein Boß, der später zur anderen Seite überlief. Riina junior und Giovanni Brusca hatten das Todesurteil über das Kind verhängt. *Er leistete keinen Widerstand*, berichtete derjenige, der den Jungen erdrosselte, *seine Kraft war bereits vollständig erschöpft.* Das Kind mußte sterben, weil sein Vater als einer derjenigen, die den tödlichen Sprengstoff für Falcone und seine Begleiter angebracht hatten, sich später in Reue und Entsetzen von Riinas apokalyptischem Treiben abwandte. Untereinander waren sich die Mörder des Jungen einig, daß diese Untat bei Bekanntwerden *mehr Scherereien nach sich ziehen würde als die Ermordung von Falcone in Capaci*, womit sie auf ihre Weise eingestanden, daß sie eine neue Schwelle der Infamie überschritten hatten. *Wenn du redest*, warnten sie ihr schwächstes Glied, das später tatsächlich auspackte, *baden wir in deinem Blut.* Bei der Verhaftung von Riina junior erinnerte sich seine Schwester an ihre gemeinsame Kindheit, an ihr beengtes Leben im Untergrund. *Wie kleine Küken haben wir zusammengegluckt*, sagte sie. *Ich kenne Giovanni, er kann keiner Fliege etwas zuleide tun.* Seine besorgte Mutter rief den Carabinieri, die Riina junior ins Auto verfrachteten, noch hinterher: *Daß ihr mir ja gut mit ihm umgeht. Er ist doch noch ein Junge.*

Riina junior, der mit Kettchen, Kruzifix, Armband und Ring aus solidem Gold aufzutreten pflegte, war vielleicht noch ein Junge, aber als solcher hatte er schon eine ganze Weile Unruhe gestiftet. Ein Barmann in Palermo, dessen gebackene Imbißhäppchen dem jungen Riina nicht gemundet hatten, biß dafür fast ins Gras. Noch als Teenager hatte Riina bei der Beerdigung von Liggio Jagd auf Journalisten gemacht und sie übel beschimpft. *Vom Mutterleib an auf der Flucht*, wie die Zeitungen zu schreiben pflegten, und lange Zeit verborgen in jenem poetischen, ländlich-idyllischen Eichenhain von Ficuzza aufgewachsen, tauchte er die Finger tief in einen Tiegel mit Gel, derweil die Polizei das Haus seiner Großmutter durchsuchte, und glättete sich damit das Haar, um beim Eintreffen im Ucciardone-Gefängnis für die Fotografen gewappnet zu sein. Es war dies ein Zeichen der Zeit, ebenso wie die Seidenhemden, die Brusca für die Zeit seiner Haft eingepackt hatte. Die alten Mafiabosse waren diskret gewesen, hatten schlicht, ja manche von ihnen sogar ärmlich gelebt. Ihnen war mehr an Macht als an Luxus gelegen. Die Vorstellung, wie der junge Riina von früh bis spät auf dem Feld ackerte, bewies eine anrührende Loyalität seitens seiner Schwester sowie ein Gefühl für Kultur, für dynastische Kontinuität. *Das Feld beackern* – so hatte alles begonnen, ein halbes Jahrhundert zuvor, und daß die Familie 1993 zwei Tage nach der Verhaftung ihres Oberhaupts nach Corleone zurückkehrte, erinnerte daran, wie durch und durch bäuerlich die Corleonesi von jeher gewesen waren. Wieder daheim, begab sich Riina junior unverzüglich zum Gebet ans Grab seines Großvaters väterlicherseits, eines Landarbeiters, der fünfzig Jahre zuvor bei dem Versuch, eine Bombe der Alliierten zu entschärfen, ums Leben gekommen war und bereits damals in den Augen der Carabinieri eine *Gefahr für Leben und Besitztum anderer* darstellte. Bei den Mafiafamilien Palermos, die sie praktisch ausgelöscht hatten, hießen die Corleonesi stets *i viddani*, Schurken oder *villains* im alten Shakespeareschen Sinne, die sich vom Landvolk zu üblem Bauernpack und Mördern gemausert hatten. Selbst als Beschreibung von Leuten, die ein gigantisches multinationales Unternehmen leiteten, traf der Ausdruck noch exakt zu. Wenn man es genau bedachte, war nicht einmal der Mord an einem Kind etwas völlig Neues.

In jener wüsten Zeit bei Kriegsende, da der Hunger und die Banditen alles fest im Griff hatten, wurde ein tatendurstiger junger Carabinieri-Hauptmann von Norditalien nach Sizilien versetzt und mit dem Kommando einer Kampftruppe gegen das Banditenwesen betraut. Er hieß Alberto Dalla Chiesa, ein Name, der in der *Wahren Geschichte Italiens* eine große Rolle spielen sollte, weil viele Jahre später seine Wege sich verhängnisvoll mit denen von Giulio Andreotti kreuzten. Der junge Hauptmann Dalla Chiesa lieferte präzise und detaillierte Berichte über den an sich eher farblosen Ort Corleone, in dem er stationiert war, und hielt die Entstehungsgeschichte jener barbarischen neuen Mafia fest, der er nach Jahr und Tag zum Opfer fallen sollte. Seine ersten Berichte aus den vierziger Jahren beschrieben das zwielichtige Treiben der alten feudalen Mafia unter Führung der Großgrundbesitzer und

> eine dekadente Gesellschaft, an der sich jene Profiteure bereichern ... die nach wie vor als *gabellotti* und *campieri* bezeichnet werden. Erstere treten fast ausnahmslos unter dem Deckmantel des Gutsverwalters in Erscheinung. Letztere werden aufgrund ihrer Skrupellosigkeit und ihres bekannten Hangs zu Gewalttätigkeiten zum Schutz der Besitztümer vor Dieben und Nachbarn angeheuert. Beide sind Schlüsselelemente eines weitverzweigten Mafianetzes.

Der jüngste *campiere* aller Zeiten war Luciano Liggio, der bereits als Teenager wegen illegalen Waffenbesitzes und Korndiebstahls mehrfach eingesessen hatte und den Posten von einem auf ungeklärte Weise ums Leben gekommenen *campiere* übernahm. Liggio, dessen eigentlicher Name, Leggio, in einem der ersten Polizeiberichte lediglich falsch buchstabiert festgehalten wurde, war ein Jahr jünger als Vito Ciancimino, der eben um diese Zeit seinen Aushilfsposten im väterlichen Barbierladen an den Nagel hängte, um mit seinen Eltern nach Palermo zu ziehen und eine bemerkenswerte Karriere in Wirtschaft und Politik zu starten. Es war die Zeit, in der die sizilianische Mafia mit Hilfe der Freunde aus Amerika wieder zu ihrer alten Form zurückfand, und Corleone bot ein interessantes Musterbeispiel der dabei beteiligten Kräfte. Die Zeiten waren dergestalt, daß der bescheidene Ort Corleone zum Schauplatz von gut sechzig Tötungsdelikten wurde, und zwar zwischen dem Eintreffen der Amerikaner 1943 und den Wahlen von 1948, deren Ausgang man in der US-Botschaft an der römischen Via Veneto und in Washington mit großer Spannung verfolgte.

Zwei Corleonesi, die sich der faschistischen Unterdrückung in den zwanziger Jahren durch Flucht in die USA entzogen hatten, kehrten um diese Zeit heim. Einer, von allen Mr. Vincent genannt, hatte in New York das Vertrauen von Frank »Dreifinger« Coppola erworben und fand sich nun auf dessen Veranlassung erneut in seinem Heimatort ein. Der andere, Captain De Carlo von der US-Marine, hatte die reibungslose Befreiung Corleones für die Amerikaner zuwege gebracht. Vor seinem Eintritt ins Militär gehörte Captain De Carlo ebenfalls zu den »Soldaten« der amerikanischen Cosa Nostra. Es folgte ein heftiger Machtkampf zwischen Mr. Vincent und Captain De Carlo, den letzterer gewann, allerdings stellvertretend für seinen Cousin Dr. Navarra. Michele Navarra wirkte, nach dem ungeklärten Mord an seinem Vorgänger, als Amtsarzt und Leiter des Ortskrankenhauses von Corleone, ferner als Ortsvorsitzender der DC sowie jahrelang als unbestrittener Boß der Mafia von Corleone. Mr. Vincent übernahm eine Metzgerei und bekam den südlichen Ortsteil Corleones als Boß mit Untervollmacht zugewiesen.

Während ich von jenem späteren Kindsmord las, dachte ich an Dr. Navarra und erinnerte mich an den Tod eines anderen Jungen im Corleone des Jahres 1948, zu einer Zeit, da die Linke sich zugleich mit der Mafia neu formierte und die Bauern das unbestellte Land der Großgrundbesitzer für sich reklamierten. Ein Hirtenknabe war er gewesen, jener andere Dreizehnjährige, der an einem milden Märzabend seine Herde über die Hügel von Corleone trieb. Außer sich vor Entsetzen kam er in den Ort hinuntergerannt. Im Dunkeln hatte er etwas Grauenerregendes gesehen. Zwei Männer hatten sich eines Dritten bemächtigt und ihn an einem Baum aufgehängt. Noch im Schockzustand stammelte der Junge auf der Straße seine Geschichte heraus, doch unzweifelhaft hatte er Liggio erkannt, und unter den Umstehenden befanden sich »Freunde«, die das Gehörte hinreichend in Sorge versetzte, um den Jungen zur Beruhigung und Behandlung ins

Krankenhaus zu bringen. Dr. Navarra nahm sich des unbedeutenden Falles persönlich an und injizierte ein Beruhigungsmittel. Mit tödlichen Folgen für den Knaben.

Daß jenes Kind nicht, verleitet von Einsamkeit und jugendlicher Phantasie, nächtliche Gespenster gesehen hatte, ließ sich aus dem früher am nämlichen Abend erfolgten Verschwinden eines prominenten Mitglieds der Gemeinde Corleone schließen. Es handelte sich um einen jungen Mitbürger namens Placido Rizzotto, einen Sozialisten, der als Sekretär des örtlichen Gewerkschaftsrats wirkte und die Landarbeiter organisierte sowie als Aktivist ihre Ansprüche auf Übernahme des brachliegenden Grunds eines lokalen Feudalherren vertrat. Geduldig und mit erstaunlichem Erfolg arbeitete er daran, Jahrhunderte von Furcht und Mißtrauen unter den armen Landbewohnern zu überwinden. Zum letzten Mal wurde er an jenem Abend gegen neun Uhr gesehen, als er in Begleitung eines *gabellotto* von dem fraglichen Großgrundbesitz und des jungen *campiere* Luciano Liggio Richtung Ortsrand ging. Liggio führte ihn, einen Revolver in seinen Rücken gedrückt, aus dem Ort dorthin, wo Mr. Vincent den jungen Gewerkschafter auf dem Hügel schon erwartete. Zwei Jahre später barg man Teile seiner sterblichen Überreste aus einer der zahlreichen tiefen, nahezu bodenlos erscheinenden Spalten des kahlen, ausgewaschenen Hügels oberhalb von Corleone. Jeder auf der belebten Hauptstraße war Zeuge gewesen, jeder hatte Bescheid gewußt, niemand hatte ein Wort gesagt. Es war eine ungenutzte Chance, ein Augenblick, der die Geschichte von Corleone, von Sizilien und Italien, noch jahrzehntelang prägen sollte. *Er war unser Held*, sagte einer, der an jenem Abend auf der Straße gewesen war, *und wir haben ihn gehen lassen. Wir hätten bloß, jeder einzelne von uns, einen Stein von der Straße aufheben müssen – damit wären wir in der Übermacht gewesen.*

Hauptmann Dalla Chiesa beschrieb Dr. Navarra, den Oberboß von Corleone, in seinen Berichten wie folgt:

> Verschlagen, kultiviert, von flüssiger, aber vorsichtiger Redeweise ... ohne jedes Interesse an persönlichem Profit ... nachlässig gekleidet, korpulent und von blühender Gesichtsfarbe, ein begeisterter Kartenspieler und fanatischer Jäger, steht er im Ruf großer Besonnenheit, der ihm insbesondere unter der ärmeren Bevölkerung Respekt und Dankbarkeit eingetragen hat.

Dr. Navarra war gebildeter als die meisten, im übrigen jedoch das Inbild eines Mafiabosses vom alten Schlag. Neben der Medizin beschränkten sich seine Interessen keineswegs ausschließlich auf Kartenspielen, Jagen und die DC. Sein Cousin, Captain De Carlo, verschaffte ihm von seiten der US-Armee das Recht, ausgemusterte Militärfahrzeuge zu requirieren, mit Hilfe derer er die bis heute florierende Busgesellschaft AST ins Leben rief, die mich in einem ihrer blauen Vehikel nach Corleone befördert hatte. Außerdem mischte er kräftig bei der Verteilung von Benzin sowie in der Hospitalverwaltung und bei Krankenversicherungen mit. Für die Corleonesi war Dr. Navarra *Unser Vater*, bei dessen Namensnennung sie sich bekreuzigten.

Liggio und Mr. Vincent ermordeten den Gewerkschafter auf Geheiß von Dr. Navarra, und Dr. Navarra agierte im Interesse der Großgrundbesitzer, nicht anders als seine Spießgesellen in ganz Westsizilien. Die Spanne zwischen 1946 und 1948 war die Zeit des großen politischen Massakers. Selbst ein wackerer christdemokratischer Bürgermeister mußte den Versuch, die Infiltrierung seiner lokalen DC durch die Mafia zu verhindern, mit dem Leben büßen. Liggio war grausam, arrogant und extrem ehrgeizig, doch Dr. Navarra brauchte ihn und seine Bande, wie gefährlich sie auch waren, weil Mr. Vincent insgeheim immer noch die Hoffnung hegte, die Macht in Corleone an sich zu reißen. Als Liggio und Mr. Vincent schließlich, lange nach dem eigentlichen Ereignis, für den Mord an dem Gewerkschafter der Prozeß gemacht wurde, widerriefen einige Zeugen ihre Aussagen, andere waren nicht aufzufinden, und die beiden Angeklagten wurden freigesprochen. Dalla Chiesa identifizierte in seinem Bericht nicht nur Liggio als den Täter, sondern beschuldigte auch Navarra des Mordes an dem Hirtenjungen. Navarra wurde in Palermo vor Gericht gestellt, auf fünf Jahre nach Kalabrien verbannt und dank seiner Freunde in der DC nach einigen Monaten von der lokalen Musikkapelle wieder in Corleone willkommen geheißen.

Zwischenzeitlich hatte Totò Riina, neunzehn Jahre jung, einen Freund beim Boulespiel in Corleone umgebracht und war dafür ins Gefängnis gewandert. Sein Sohn war im gleichen zarten Alter, als er 1995 seinen ersten Mord beging, und ich fragte mich, ob wohl ein ödipaler Drang Giovanni Riina dazu getrieben hatte, es seinem Vater gleichzutun. 1955, nach nur sechs Jahren, kam Totò Riina aus dem Gefängnis frei und schlachtete fortan im Auftrag von Liggio gestohlenes Vieh für den Verkauf in Palermo. Versteckt wurden die Tiere im Märchenwald von Ficuzza. Insgeheim formte Liggio die Kernzelle zu seiner eigenen *cosca*, angespornt durch seinen Onkel, der ihm zusetzte, er könne nicht sein ganzes restliches Leben als *picciotto* zubringen. Wie man mir sagte, leitet sich *cosca*, die exaktere sizilianische Bezeichnung für eine Mafiafamilie, von dem Wort »Artischocke« her und soll darauf hindeuten, daß die Mitglieder der Familie gleichrangig seien, wobei eines das andere deckt und alle sich eng um das Zentrum scharen, wie die Blätter einer Artischocke; allerdings habe ich für diese etymologische Erklärung keine Bestätigung gefunden.

Die allmählich wachsende Feindseligkeit zwischen Dr. Navarra und Liggio stellte zugleich einen Konflikt der Werte Macht und Geld dar. Liggio war es vorrangig um Geld zu tun, dem Doktor hingegen um Macht. Selbst Captain De Carlo fand seinen Cousin mittlerweile in dieser Hinsicht hoffnungslos altmodisch. Der Ex-Marineoffizier war nach Palermo übersiedelt, hatte Freunde in der Politik gewonnen und die neue städtische Mafia im Verein mit der DC heranwachsen sehen. Die Zeit war gekommen, bei der Bauindustrie, im öffentlichen Bauwesen und in der monströsen Bürokratie des autonomen Siziliens mitzumischen. Kritisch wurde es 1958, als Liggio und Riina aus dem Hinterhalt unter Beschuß genommen wurden, während sie im Morgengrauen zu ihrem geheimen Schlachthaus ritten. Liggio kam mit einer Fleischwunde davon. Indem er Liggio das Leben rettete, festigte Riina seine Position als Vizeboß. Er war nun Liggios Herzensfreund. Dalla Chiesas Carabinieri machten in ihrem Bericht Navarra für den Anschlag verantwortlich, doch ein Ehrenmann a. D. behauptete später, er sei von Liggios Onkel und dem Captain organisiert worden, um einen Krieg mit Navarra anzuzetteln.

Was auch funktionierte. Einen Monat darauf gerieten Navarra und ein weiterer Arzt mit dem Wagen in einen Hinterhalt und wurden von Geschossen aus Maschinenpistolen durchsiebt. Damit begann ein Krieg in Corleone, der fünf Jahre andauerte, nachweislich einhundertvierzig Menschen das Leben kostete und unzählige andere auf Nimmerwiedersehen verschwinden ließ. Riina tauchte ab und wurde als Hauptverantwortlicher für den Mord an Navarra identifiziert. 1963 stand Liggio schließlich als Sieger dieses Vernichtungskrieges fest, doch waren in eben jenem Jahr sieben Carabinieri bei der Explosion einer Autobombe getötet worden, woraufhin die Polizei in ganz Sizilien massiv gegen die Mafia vorging und Tausende führender Mafiosi verhaften ließ. Die Cupola, als Kommission der Führungskräfte, die über die Cosa Nostra und alle anderen Familien herrschte, wurde aufgelöst, bis der Sturm vorüber war. Am Ende desselben Jahres fiel Riina der Polizei bei einer Straßensperre in die Hände; fünf Monate später fand sich auch Liggio im Ucciardone-Gefängnis ein. Dieser litt mittlerweile an Wirbeltuberkulose und verbrachte seine Haft mit der Lektüre von Kants *Kritik der reinen Vernunft* und von Freuds *Traumdeutung*. Riina vertrieb sich die Zeit mit Dame-Spielen, wobei seine Gegner peinlich darauf bedacht waren, ihn gewinnen zu lassen.

Als Liggio und Riina schließlich mit rund sechzig anderen in Bari wegen der Morde des fünfjährigen Krieges von Corleone unter Anklage standen, hatten sinistre Botschaften Richter und Geschworene bereits so mürbe gemacht, daß alle Beschuldigten 1969 mit Freispruch davonkamen. Bei seiner

Rückkehr nach Corleone wurde Riina jedoch erneut verhaftet und in einen kleinen norditalienischen Ort nahe Bologna verbannt. Statt Folge zu leisten, verschwand er von der Bildfläche. Die nächsten vierundzwanzig Jahre blieb Riina untergetaucht, lebte aber praktisch die gesamte Zeit über in Palermo. Die Kommission der Cosa Nostra formierte sich Ende 1970 neu, als vorübergehendes Triumvirat aus zwei Palermer Bossen, Gaetano Badalamenti und Stefano Bontate, ergänzt durch Liggio als Vertreter von Corleone und der anderen Familien im Landesinneren. Liggio war nicht der Mann, der die Macht zu teilen bereit war. Fünf Monate später verübten er und Riina ein Attentat auf den Oberstaatsanwalt von Palermo, welcher nach Liggios Ansicht Badalamenti allzu wohlgesonnen war. Nach dem Krieg war dies das erste Attentat auf einen Richter, der erste prominente Leichnam, eine Herausforderung des Staates wie auch der Mafia von Palermo. Drei Jahre darauf ging Riina die Ehe mit Ninetta Bagarella ein, der Schwester eines weiteren im Aufstieg begriffenen Ehrenmannes aus Corleone. Der Priester, der die geheime Trauung vollzog, gehörte ebenfalls zur ehrenwerten Gesellschaft. Dem Paar wurden in rascher Folge vier Kinder geboren.

Liggio, auf den man wegen des Richtermords Jagd machte und der sich vom Chirurgen des italienischen Präsidenten in einer römischen Privatklinik hatte operieren lassen, zog sich für die Genesungsphase in ein sicheres Versteck auf dem Land zurück. Liggios Rivale im Kampf um die rechtmäßige Nachfolge war ein gewisser Bernardo Provenzano, der abgesehen von seinen Qualitäten als »Killermaschine« wenig vorzuweisen hatte. Ihm fehlte die Bauernschlauheit. *Schießt göttlich, aber hat soviel Hirn wie ein Spatz*, urteilte Liggio und behielt Provenzano zu seiner Unterhaltung bei sich auf dem Land, während er Riina als seinen Postenhalter nach Palermo entsandte. Liggio war ein heikler, mäkeliger Patient. Riina hingegen, an dem Liggio zu bemängeln hatte, er nehme sich *mehr vom Kuchen, als er kauen kann*, wußte in der Zwischenzeit die anderen durch ein stets heiteres, liebenswürdiges Wesen zu bestechen. Bisher hatte Riina durchweg als Killer ohne jedes Charisma gegolten, was er nun zu korrigieren suchte. *Ich habe ihn nie zornig erlebt*, sagte der *pentito* Murolo, *manchmal leicht erregt, aber nie aggressiv oder rüde.* Auch Buscetta befand, er sehe aus *wie ein Bauer, wohl wahr, aber er verfügt über viel diplomatisches Geschick, und das kann man in der Cosa Nostra weiß Gott gut gebrauchen.* Er hatte große Überzeugungskraft und wußte, wo nötig, auf Menschen einzuwirken. Der *pentito* Calderone merkte an, Riina sei *listig und draufgängerisch zugleich, eine seltene Kombination innerhalb der Cosa Nostra.*

Um diese Zeit, zu Beginn der siebziger Jahre, waren die Corleonesi peinlich knapp bei Kasse. Mehrere große Prozesse mit gigantischen Ausgaben für Bestechungsgelder und Anwaltshonorare hatten zu einer kritischen Finanzsituation geführt. Riinas Auftrag in Palermo lautete, rasch Geld aufzutreiben, was er mittels Entführungen bewerkstelligte. Die Corleonesi waren finanziell bald wieder obenauf, doch standen die wohlhabenden Entführungsopfer samt und sonders in enger Verbindung zum christdemokratischen politischen Establishment sowie zu den Mafiafamilien Palermos, die wiederum überaus fein nuancierte Beziehungen zu eben jenem Establishment unterhielten. Bontate und Badalamenti schäumten vor Wut angesichts der Bedrohung all der lang bestehenden, wechselseitigen Abkommen, doch waren ihnen die Hände gebunden, weil sie beide zum fraglichen Zeitpunkt im Ucciardone-Gefängnis einsaßen. Liggio, Riina und Provenzano machten sich vor Lachen schier in die Hose, wenn sie an die beiden zornentbrannten Bosse dachten, *die sich aufführten wie zwei Hühner, denen man die Hälse umdreht*, wiewohl Liggio offiziell gelobte, »den Kurzen«, sprich Riina, an die Kandare zu nehmen. *Er wird noch ein Stück kürzer sein, wenn wir mit ihm fertig sind*, sagte Badalamenti. Liggio nahm seinen Platz im Triumvirat der Cosa Nostra wieder ein. Die Kommission für den Unterbezirk Palermo formierte sich neu und untersagte als erstes weitere Entführungen in Sizilien. Sie stellten wertvolle Freundschaften auf eine allzu harte Probe. 1972 übersiedelte Liggio nach Mailand und beteiligte sich an Entführungsaktionen auf dem Kontinent. Dazu zählte auch die Ergreifung und Festsetzung von Paul Getty III. durch die kalabrische 'Ndrangheta im folgenden Jahr. Dessen altem Geizkragen von Großvater mußte man doch tatsächlich ein Stück Ohr des Enkels schicken, bevor er endlich Geld herausrückte.

Als die regionale Cupola der Cosa Nostra sich 1975 ordnungsgemäß mit sechs Mitgliedern, einem für jede Mafiaprovinz, neu konstituierte, bestätigte sie feierlich das Verbot weiterer Kidnapping-Aktionen. Riina antwortete postwendend mit der Entführung eines *potentissimo*, des Schwiegervaters von Nino Salvo und eines der reichsten Männer Siziliens, der bereits siebzig Jahre zählte und einem Herzanfall erlag. Die Salvos waren Bontate und Badalamenti mehr als eng verbunden, und die Palermer Bosse standen, wie der *pentito* Antonio Calderone es später ausdrückte, *vor Nino ziemlich beschissen da, weil sie es nicht einmal schafften, die Leiche zurückzukriegen.* Und genau darum ging es. Riina demonstrierte den Salvos, wo nunmehr das Zentrum der Macht angesiedelt war. Die gigantischen Einkünfte aus den Lösegeldforderungen hatten ihm neuen Einfluß verschafft, und durch Verteilung der Summen gewann Riina neue Verbündete. Als erste ging die Familie von San Giuseppe Jato unter Führung von Bernardo Brusca zu ihm über – eine Allianz, die sich als dauerhaft erwies. Als sowohl

Brusca wie Riina senior längere Haftstrafen zu verbüßen hatten, übernahmen ihre Söhne, die beide auf den Namen Giovanni hörten, gemeinsam das Mordgeschäft bis zu ihrer eigenen Verhaftung im Jahre 1996.

Eine Familie nach der anderen geriet in die Machtsphäre der Corleonesi. Palermo, Trapani, San Giuseppe, Partinico, Mazara del Vallo. Riina tat sich mit der neapolitanischen Camorra zusammen. Er organisierte ländliche Picknicks und Grillfeste für die ganze Truppe, wobei er sich als phantastischer Koch und Experte in der Zubereitung von Wild entpuppte. Einmal servierte er köstlich geschmortes Fuchsfleisch, verriet aber nicht, worum es sich handelte, bis jedermann davon gegessen hatte. Als Liggio, der stets alle in Angst und Schrecken versetzt hatte, 1974 in Mailand verhaftet und endgültig aus dem Verkehr gezogen wurde, atmete die ganze Cosa Nostra erleichtert auf, weil sie es nunmehr mit dem nahezu menschlichen Riina zu tun hatte. Provenzano drängte man geschickt an den Rand, und Pläne zur Befreiung Liggios wurden von Riina durchkreuzt oder sabotiert. Der raffinierteste Schachzug war jedoch der Vorschlag an die Cupola, jede Familie, jedes Territorium solle einige Mitglieder vom Fußvolk direkt Riinas Kommando unterstellen. Unter Berufung auf seine besonderen Bedürfnisse als Boß im Untergrund schuf Riina sich so eine Privatarmee von Killern, die nur ihm persönlich verpflichtet waren. Dies verstieß gegen alle Prinzipien in der Geschichte der Cosa Nostra – verschaffte es Riina doch Spione und Verbündete in jeder Familie –, aber die Bosse schluckten den Brocken und besiegelten damit ihren eigenen Untergang.

Riinas Aufstieg verursachte bald allgemeines Unbehagen, doch selbst die Bosse, die ihm von jeher mit Abscheu und Mißtrauen begegnet waren, unterschätzten weiterhin die Gefahr, die von ihm ausging. Um die Mitte der siebziger Jahre kam die restliche Kommission zu mehreren Geheimtreffen zusammen, ohne sich je einigen zu können, ob man Riina nun beseitigen oder lediglich bändigen solle. An diesen Diskussionen nahm auch der Boß Michele Greco teil, den Riina im Wissen, daß er den anderen Bossen von Palermo ihre Macht neidete, mit Versprechungen auf seine Seite gezogen und zu Spitzeldiensten überredet hatte. Riina nutzte die so gewonnenen Kenntnisse über die Haltung jedes einzelnen, um Mißtrauen und Rivalität zu säen und einen Boß nach dem anderen abzusägen. Badalamenti wurde beschuldigt, die Tötung eines Bosses gebilligt zu haben – ein Mord, den Riina angezettelt hatte – und floh nach seinem Ausschluß aus der Kommission nach Brasilien. Greco nahm seinen Platz ein. Im folgenden erlangte Riina die Genehmigung zur Bestrafung des Bosses, der den Mord ausgeführt hatte. Nachdem ein weiterer Boß auf sein Betreiben umgebracht worden war, hielt Riina vor der Cupola eine ergreifende Rede, die einen der Ehrenmänner zu Tränen rührte. Stefano Bontate wußte, was die Uhr geschlagen hatte; er reagierte, indem er zwei mit Riina liierte Bosse umbringen ließ, und ging dann das Problem Riina selbst an.

Anfang 1979 tauchte Riina in den Untergrund ab und ordnete gleichzeitig ohne Rücksprache mit der Cupola eine Reihe *erstrangiger* Morde an. Der Provinzchef der DC von Palermo, Michele Reina, wurde ermordet, weil er Vito Cianciminos Freunden im Bauwesen in die Quere gekommen war. Boris Giuliano, stellvertretender Polizeichef von Palermo, wurde ermordet, weil er seine Nase zu tief in den Drogenhandel gesteckt und einen geheimen Unterschlupf von Riinas Schwager Bagarella entdeckt hatte. Richter Terranova, eben eingetroffen, um die Leitung der Staatsanwaltschaft von Palermo zu übernehmen, wurde zusammen mit einem Polizeibeamten ermordet. Ermordet wurde zu Beginn des Jahres 1980 weiterhin Piersanti Mattarella, der Präsident der Region Sizilien. Auch er hatte Vito Ciancimino und Riina störend im Wege gestanden. Vier Monate später schließlich mußte der Carabiniere-Hauptmann Basile sterben, weil er sich näheren Einblick in die Geschäfte einer mit Riina verbündeten *cosca* verschafft hatte. Nie zuvor hatte es eine derartige Mordserie gegeben. Riina demonstrierte damit auf seine Weise, wer nun das Sagen hatte.

Mittlerweile arbeitete selbst Bontates eigener Bruder als Spitzel für Riina, der stets über alle Schachzüge gegen seine Person Bescheid wußte und infolgedessen einen Attentatsversuch von Bontate unbeschadet überstand. Schließlich ließ der Boß Salvatore Inzerillo den Oberstaatsanwalt von Palermo, Gaetano Costa, auf der Straße vor einem Bücherstand ermorden. Auch dies erfolgte ohne Absprache mit der Cupola, als Antwort auf Riinas Machtanmaßung. Nachdem keine der alten Regeln mehr zu gelten schien, rief Bontate in einem letzten Versuch, die Krise innerhalb der Cosa Nostra beizulegen, Tommaso Buscetta als Mittler an, einen Ehrenmann, der aufgrund seiner Intelligenz und Unparteilichkeit ein einzigartiges Ansehen genoß. Der Versuch schlug fehl. 1981, nach der Neujahrsfeier mit den Salvos in ihrem Hotel Zagarella, bestieg Buscetta das Flugzeug nach Brasilien.

Der Augenblick für einen Abgang war gut gewählt. Riina und die Corleonesi bereiteten den finalen Schlag vor. Im April, auf der Heimfahrt von einem Champagnerempfang anläßlich seines dreiundvierzigsten Geburtstags, hielt Stefano Bontate mit seinem hellroten Alfa Romeo vor einer Ampel und wurde von einer Kalaschnikow durchsiebt. Inzerillo wußte, daß er als nächster auf der Liste stand, und plante einen Präventivschlag gegen Riina, der jedoch eine Vorwarnung von seinen Spitzeln aus der *cosca* von Inzerillo erhielt. Als Inzerillo sich anschickte, in seinen am Tag zuvor gelieferten, sündhaft teuren, gepanzerten Alfa Romeo einzusteigen, wurde auch er, drei Wochen nach Bontate, von Kugeln aus derselben Kalaschnikow durchsiebt. Riina und die *picciotti* feierten mit *cannoli*, einer sizilianischen Delikatesse aus Blätterteig, Ricotta und kandierten Früchten, und stießen mit Moët & Chandon an. Zu jenen beiden Bluttaten bemerkten die Verfasser der *Wahren Geschichte Italiens* rückblickend:

> Diese Morde markierten einen Wendepunkt in der Geschichte der Cosa Nostra und hatten nachhaltige Folgen für die Organisation und ihre Strategien, bis hin zu den jüngsten tragischen Ereignissen [von 1992]. Sie repräsentierten den Situationswandel vom versteckten Konflikt innerhalb einer pluralistischen, offiziell noch demokratischen Regeln verpflichteten Organisation zu einer Strategie, die Riinas Corleonesi die absolute Macht einbringen sollte. Diese formten im folgenden die Cosa Nostra zu einer Diktatur um, die nicht länger auf innerem Konsens, sondern einzig auf nacktem Terror beruhte, sowohl innerhalb der Organisation wie auch der Gesellschaft und dem Staat gegenüber.

Mafiakrieg nannte man damals, was in Wirklichkeit Riinas Terrorherrschaft war. *Das war kein Mafiakrieg in Palermo*, sagte Gaspare Mutolo, nachdem er zur Gegenseite übergelaufen war. *Es war ein Massaker.* In den Jahren 1981 und 1982 gab es insgesamt zweihundert Tote auf den Straßen von Palermo. Mindestens dreihundert weitere Menschen verschwanden spurlos. *Die weiße Flinte*, Mord ohne Blutspur, hieß es in einem Anflug ländlicher Nostalgie im Zeitalter der Kalaschnikows, wenn die Leiche nie gefunden wurde. *Una mattanza*, sagte Guido Lo Forte, ein Staatsanwalt in Palermo, der die Ereignisse rekonstruierte. Er gebrauchte hier den sizilianischen Ausdruck für den alljährlichen großen Thunfischfang, bei dem die in Schwärmen an der Insel vorüberziehenden großen Fische in Netzkammern gelockt und von offenen Booten aus massenhaft mit Harpunen durchbohrt werden, bis sich das Meer blutrot färbt. Es war ein Massaker an den Verlierern, ihren Familien und ihren Freunden, eine gnadenlose Jagd auf echte, potentielle sowie nur in der Einbildung bestehende Feinde. Sie starben im Zweikampf, wurden erdrosselt oder wie Ziegen verzurrt und so langsam erstickt. Die Leichen wurden verbrannt, in Säure aufgelöst, mit ungelöschtem Kalk zugedeckt, ins Meer oder in tiefe Felsspalten geworfen und in Beton eingemauert. Inzerillos sechzehnjährigem Sohn, der Rache für seinen Vater geschworen hatte, hackte man den rechten Arm ab – *das wird dich lehren, Totò Riina erschießen zu wollen* –, bevor man ihn umbrachte. Das erste Jahr endete mit dem verpatzten Weihnachtsmassaker, bei dem eine Gruppe von Mafiosi der Verliererseite zu Fuß verfolgt und schließlich samt einiger Passanten auf den belebten Straßen von Bagheria ermordet wurde. Der Überläufer Buscetta erinnerte sich an Riina in jener Zeit:

> Er lebte nur für die Cosa Nostra, rund um die Uhr, redete und diskutierte unentwegt. War über alles informiert. Wußte Bescheid über die internen Angelegenheiten jeder einzelnen Familie. Wurde von seinen Spitzeln auf dem laufenden gehalten. Eiskalt und auf jedes kleinste Detail bedacht ...[er hatte] ein Gedächtnis wie ein Elefant. Was man ihm vor zehn Jahren gesagt hatte, wußte er noch haargenau, darauf konnte man sich verlassen. Zehn, zwanzig Jahre später rief er es einem wieder ins Gedächtnis, mit exakt den gleichen Worten. Er war unermüdlich darin, Vorschläge zu unterbreiten, Befehle zu erteilen und Todesurteile zu verhängen.

Mittlerweile hatte Riina alle Inzerillo und Bontate ergebenen Männer beseitigt, die Cupola um die Hälfte ihrer Mitglieder reduziert und sie mit seinen eigenen Leuten besetzt. Nachdem so keine unmittelbare Gefahr mehr drohte, verfiel er der Paranoia jedes Größenwahnsinnigen, der nach absoluter Macht strebt und überall potentielle Feinde zu sehen meint. Nun begann die zweite Phase des Terrors. Viele seiner Verbündeten kamen Riina jetzt nicht mehr loyal genug vor. *Warten nur darauf, daß es mit mir den Bach hinuntergeht*, sagte Riina. Zunächst gab es zwei weitere prominente Leichen. Pio La Torre war soeben als neuer Chef der dortigen Kommunisten nach Sizilien zurückgekehrt; er gehörte zu Riinas Gegnern. Ein Sohn armer Bauern, der die Arbeiter von Corleone organisiert hatte, als Riina seine Killerkarriere begann. Als Mitglied der parlamentarischen Antimafia-Kommission hatte La Torre ein Gesetz zur Beschlagnahmung von Mafiaeigentum vorgelegt, und dafür wurde er im April 1982 mitsamt seinem Fahrer ermordet. Am Tag von La Torres Beerdigung in Palermo tauchte ein weiterer Racheengel erneut auf. Carlo Alberto Dalla Chiesa, mittlerweile Carabinieri-General und Nationalheld der Antiterrorismus-Kampagne, war zum dritten Mal nach Sizilien versetzt worden und sollte nun als Präfekt von Palermo den Kampf gegen die Mafia anführen. Nach den ersten hundert Tagen im Amt gerieten er, seine Frau und sein Fahrer in einen Hinterhalt und wurden mit derselben Kalaschnikow getötet, die schon bei Bontate und Inzerillo Verwendung gefunden hatte. Buscetta und Badalamenti, die sich auf Buscettas weitläufigem Anwesen nahe Belém in Brasilien versteckt hielten, erfuhren die Nachricht aus dem Fernsehen. *Da hat ein Politiker sich der Mafia bedient, um den General loszuwerden*, bemerkte der ehemalige Boß vieldeutig zu Buscetta.

Die Weihnachtszeit beginnt für die Cosa Nostra eher als für die meisten Menschen. Das Mafiajahr endet am dreißigsten November, und als daher der Boß Rosario Riccobono 1982 an diesem Tag von Riina und Brusca zum Mittagessen nach San Giuseppe Jato in Bruscas Villa eingeladen wurde, holte er seinen elegantesten Anzug heraus, und seine *picciotti* taten es ihm sämtlich nach. Riccobono war der mächtige Boß eines großen, reichen Mafiabezirks, der sich auf die Seite der Corleonesi geschlagen und ehemalige Freunde verraten hatte – mit tödlichen Folgen für sie. Die Teilnahme Riccobonos an dem alljährlichen Festmahl war eine Selbstverständlichkeit, ebenso wie die Tatsache, daß alle seine *picciotti* am gleichen Tag zu dem mit rund sechzig Gästen etwas größeren Grillfest eingeladen waren, das der Boß Michele Greco auf seinem nahegelegenen charmanten Landsitz veranstaltete, wo mittlerweile alle Versammlungen der Cupola abgehalten wurden. Tatsächlich verfügte Riccobono über genügend Macht, um eine Gefahr für Riina darzustellen, jedenfalls wenn man es mit Riinas Augen betrachtete, und seinen immensen Bezirk benötigte Riina dringend, um aufstrebende engere Verbündete zufriedenzustellen. Doch daran dachte Riccobono nicht, als er sich für das alljährliche Fest in Schale warf und sich im Regen auf den Weg machte. Bei einem solchen Anlaß, wo Freunde und Vertraute zusammenkamen, anders als unbewaffnet zu erscheinen, war undenkbar. Als Riccobono an jenem Vormittag gegen elf Uhr aus Palermo kommend eintraf, wurde er von Brusca senior in Empfang genommen, der ihn küßte, beim Arm nahm und in den Raum führte, wo Riina bereits am Kopfende des Tisches saß. Der gesamte Brusca-Clan war versammelt, einschließlich Pino *Der Schuh* Greco, der Inzerillos Sohn den Arm abgehackt hatte. Riina gab sich an diesem Tag besonders jovial. *Sei uns willkommen, Saru. Heute wollen wir alle finsteren Gedanken verscheuchen und nur darauf bedacht sein, uns die Bäuche vollzuschlagen*, sagte er überschwenglich, während er den Gast in die Arme schloß.

Riccobonos drei persönliche Leibwächter aßen in einem anderen Raum zusammen mit Giovanni Brusca und Baldassare Di Maggio. Das Mahl zog sich ewig hin, mit immer neuen Gängen und den verschiedensten Weinsorten. Gegen Ende machte Riccobono ein Verdauungsschläfchen. Auf diesen Moment hatten Greco und Brusca senior nur gewartet. Sie packten ihn, während Totò Riina ihm an die Gurgel ging. Er brauchte keine drei Minuten, um den Gast zu erdrosseln, während die anderen ihn festhielten. Auf ein gleichzeitig erfolgendes Pfiffsignal hin warfen sich Brusca junior und Di Maggio, die beide wenig gegessen und noch weniger getrunken hatten, auf die Leibwächter und erdrosselten sie mit Schnüren. Die Leichen lösten sich nur äußerst langsam in den Säurebehältern auf – vielleicht aufgrund der starken Luftfeuchtigkeit an jenem regnerischen Tag. Und dann wurde, am Nachmittag und Abend desselben Tages, auf Grecos Landsitz Riccobonos Männern der Garaus gemacht. Es ging so rasch vonstatten, daß keiner begriff, was eigentlich ablief. Die einen wurden beim Spaziergang durch den weitläufigen Park erdrosselt, die anderen im Haus erschossen. Man begrub sie unter Löschkalk oder löste sie in Säure auf. Die wenigen von Riccobonos Leuten, die an dem Fest nicht teilgenommen hatten, wurden im Verlauf der folgenden Tage in Palermo aufgespürt und bis auf den letzten Mann eliminiert.

Nun gehörte Riina alles. Nur die Corleonesi und ihre ältesten, engsten Verbündeten waren noch übrig. Michele Greco, der Papst, führte weiterhin als Marionette die Cupola, die vollkommen in der Hand von Riinas Männern war. Und doch war noch nicht alles perfekt, die Macht nicht absolut uneingeschränkt. Es war nun an der Zeit, die Corleonesi selbst unter die Lupe zu nehmen. Wer von ihnen mochte eines Tages wohl Riinas Vormachtstellung untergraben wollen? Somit begann die dritte Phase, von der Staatsanwaltschaft Palermo wie folgt zusammengefaßt:

> Dieser Selektionsprozeß, der mit der Zeit zur Bildung eines äußerst reduzierten und kompakten inneren Kerns führte, der gänzlich Riinas Willen unterlag, wurde mit eminenter politischer Intelligenz zuwege gebracht, unter geschickter Ausnutzung der Differenzen, die sich unvermeidlich in den Beziehungen der Gruppe untereinander ergaben ...

Riina begann die erfolgreichen, von sich überzeugten, charismatischen Killer zu eliminieren, die ihm gute Dienste geleistet hatten. Männer wie Pino *Der Schuh* Greco, der persönlich für mehr als hundert Morde verantwortlich war und allmählich zu übermütig wurde. Dann mußten auch die verschwinden, die dieser Garde nahegestanden hatten. Dennoch regte sich 1989 Widerstand, so daß man dem Wortführer im Ucciardone-Gefängnis, während er in seiner Zelle schlief, den Schädel mit einer gußeisernen Bratpfanne zu Brei schlagen mußte. Dies besorgte Bagarellas Schwager, ein angeheirateter Verwandter, der somit im Auftrag von Riina seinen eigenen Boß tötete. Mittlerweile hatte Riina auf seinem Weg zur unumschränkten Macht weit über achthundert Ehrenmänner getötet oder töten lassen. Schlicht diese Tatsache erklärt das Phänomen der Überläufer. Alles, wofür sie gelebt hatten, war zerstört, in materieller wie moralischer Hinsicht. Sie hatten nichts mehr zu verlieren und hegten einen bodenlosen Zorn auf den Mann, der ihre Welt vernichtet hatte.

Riinas Umgestaltung der Cosa Nostra im Inneren bewirkte auch einen Wandel ihrer Beziehungen zur Außenwelt. Bis zum Beginn der achtziger Jahre hatte jede Familie ihre eigenen Geschäfte mit entsprechenden Anbindungen an Staat und Industrie betrieben. Damit war es nun vorbei. Alles lief zentral über Riinas Cosa Nostra, und nun wollte er auch die geschäftlichen und politischen Beziehungen selbst in die Hand nehmen. Nach der Ermordung Bontates, der in der alten Mafia der große Mittler zu den Politikern gewesen war, teilte Riina den Vettern Salvo mit: *Bestellt eurem Freund Lima, daß er es von jetzt an ausschließlich mit mir zu tun hat.* Danach, so Mutolo, nahm jedes Gesuch der Cosa Nostra um Hilfe in Form von Entscheidungen oder Aktionen aus Rom für gewöhnlich den »Dienstweg« von Ignazio Salvo über Salvo Lima zu Senator Giulio Andreotti. Bei wirklich ernsten Angelegenheiten war selbst dieser Instanzenweg noch zu umständlich. Dann hielt Totò Riina unmittelbar mit Giulio Andreotti Rücksprache. Dieser war ebenfalls ein Machtmensch, und die Bemerkung eines Historikers aus jener Zeit zieht eine Parallele zwischen Riinas Aufstieg aus dem Familienkreis der Cosa Nostra und dem von Andreotti aus den Reihen der DC. Der Historiker Gianni Bazet Bozzo schrieb:

> Andreotti verstand als erster, daß wahre Macht ihre Fäden kreuz und quer spinnt, daß wahrhaft mächtig nur ist, wer über Einfluß in allen wichtigen Bereichen verfügt ... Andreotti stellt einen stummen Faktor in der gesamten Politik der Christdemokraten und sämtlichen Affären dar.

Ich atmete auf, als ich nach meiner finsteren Expedition nach Corleone wieder zurück in das liebliche Küstengebiet Siziliens fuhr, obwohl ich nun alles mit anderen Augen sah. Ich mußte an Leopoldo Franchettis scharfsinnigen, bis heute zutreffenden Bericht über *Die politischen und administrativen Gegebenheiten Siziliens* denken, den der junge Toskaner vor mehr als einem Jahrhundert verfaßte; als er damals in Begleitung zweier Freunde die ganz im Zeichen des Verbrechens stehende Insel besuchte, steckte die italienische Nation noch in den Kinderschuhen. Staunend vermerkte er die blühende Schönheit Palermos und seiner Gärten sowie die Höflichkeit und Gastfreundschaft, die man ihm entgegenbrachte; doch allmählich wurde ihm zugetragen, was sich tatsächlich abspielte. In der Hauptsache handelte es sich um Morde der Mafia. Einige dieser wahren Geschichten hielt er auf den ersten Seiten des Berichtes fest, den er 1877 für das italienische Parlament anfertigte und in dem er eben jene Klasse von *Banditen aus der Mittelschicht* beschrieb, die auch ein Jahrhundert später noch in der sizilianischen Wirtschaft und Politik tonangebend waren. In seiner Einführung bemerkt Franchetti:

> Nach einer gewissen Anzahl solcher Geschichten nimmt man im Duft der Orangen- und Zitronenblüten den Leichengeruch wahr.

IV EIN DÜNNER UND EIN DICKER MANN

Robert war Archäologe und kam aus Oxford; er arbeitete an einer Dissertation über die Metopen des Tempels von Selinunt mit ihren von den Zeitläuften arg mitgenommenen mythischen Szenen, die sich nun im archäologischen Museum von Palermo befanden. Vielleicht waren wir in den verregneten Ostertagen des Jahres 1980 die einzigen Menschen in der Stadt, die nichts von dem furchtbaren Mafiaterror ahnten, der alsbald über Palermo hereinbrechen sollte, denn außer uns schien niemand unterwegs zu sein. Wir trafen uns regelmäßig im Museum, zu einer billigen Mahlzeit im *Hufeisen* oder bei einem Spaziergang auf den menschenleeren Straßen. Als Sohn eines Entomologen von der Harvard-Universität hatte Robert einen Großteil seiner Kindheit zusammen mit seinem Vater im Regenwald des Amazonasgebiets mit der Jagd nach Schmetterlingen verbracht. Er schleppte mich zu einer mitternächtlichen, auf Griechisch abgehaltenen Ostermesse in einer byzantinischen Kirche mit, und ich bin mir ziemlich sicher, daß es auch seine Idee war, einen angenehmen Nachmittag in den Katakomben der Kapuziner zu verbringen. Für dergleichen konnte er sich begeistern. Ich hätte die Schmetterlinge im Regenwald vorgezogen.

Ein bärtiger, etwas finster aussehender Mönch in einer groben braunen Kutte verkaufte uns Eintrittskarten und fragte nach meinem Heimatland. Als ich sagte, ich käme aus Australien, faßte er mich scharf ins Auge und bemerkte, er sei in australischer Kriegsgefangenschaft gewesen. Ganz offensichtlich verband er mit jener Zeit keine glücklichen Erinnerungen. Dann wurden wir zu achttausend mumifizierten Leichen hinuntergeschickt. Manche von ihnen lagen verborgen in Särgen oder lang ausgestreckt in horizontalen Wandnischen, doch nicht sie erregten die Aufmerksamkeit. Was ins Auge fiel, waren Gänge um Gänge mit aufrecht postierten Skeletten im Sonntagsstaat. Die schönsten Gewänder aus Samt, Seide, Spitzen, Taft waren häufig nur noch verblichene Gespinste aus Staub, und selbst die besterhaltenen Kostüme hatten Mäuse zernagt oder Käfer angefressen. Ihre Träger waren naturgemäß ebenfalls nicht mehr ganz taufrisch; mit hängenden Köpfen, leer gähnenden Augenhöhlen und einwärts gekrümmten Zehen bleckten sie die Zähne zur unirdischen Todesgrimasse. Im Lauf der Jahre waren hier und da ein Schädel oder ein Glied abgefallen und zu Boden gepoltert, von sorgsamen Händen jedoch mit Draht wieder anmontiert worden. Ursprünglich gegen Ende des sechzehnten Jahrhunderts nur als letzte Ruhestätte verstorbener Mönche gedacht, wurden die Katakomben später erweitert und standen dann gegen Bezahlung einem breiteren Publikum von Dahingeschiedenen offen. Ihrer größten

Beliebtheit erfreuten sie sich im neunzehnten Jahrhundert und schlossen erst 1880, nach Aufnahme der letzten Gäste, endgültig ihre Pforten. Versäumten es die Hinterbliebenen, die jährliche Grabmiete zu entrichten, mußten die Mumien neuen, zahlungskräftigeren Kunden weichen. In den Katakomben machte der Tod keinesfalls alle gleich. Noch strikter als auf Erden wurde hier nach Machtstellung, Geschlecht, Religion und beruflichem Ansehen unterschieden. Von der religiösen Sortierung abgesehen gab es separate Gänge für Männer, Frauen und Kinder. Innerhalb der Frauenabteilung war die vornehmste Sektion den Jungfrauen vorbehalten. Besonders die Aristokratie und die gehobene Bourgeoisie des neunzehnten Jahrhunderts war hier unten stark vertreten. Es schien, als habe man sämtlichen Figuren aus den Romanen von Tolstoi, Balzac und Dickens den Saft ausgesogen und sie kerzengerade in ihren halbzerfallenen Paradeuniformen, ihren modernden Ballkleidern und verstaubten Gehröcken hintereinander geschichtet, Reihen um Reihen der oberen Zehntausend des neunzehnten Jahrhunderts, streng nach Darwinschen oder Marxschen Kategorien unterteilt. Ehepaare durften mitunter auf ewig beieinander bleiben und quittierten dieses Vorrecht mit zahnlosem Grinsen, die Köpfe traulich auf die Schulter des Gatten gesenkt.

»Dornröschen«, die schlafende Schönheit in der Kinderabteilung, war in gewisser Hinsicht ein glatter Betrug, weil man sie erst vierzig Jahre nach Schließung des Etablissements eingelassen hatte, weswegen sie im Gegensatz zu allen anderen ihren hervorragenden Gesamtzustand nicht den örtlichen Besonderheiten von Erde und Luft, sondern den Fortschritten der Wissenschaft im zwanzigsten Jahrhundert verdankte. Sie war 1920, kurz nach ihrem Tod im Alter von zwei Jahren, mit Injektionen nach geheimen Rezepturen präpariert und, das lange, goldblonde Haar aufs schönste ausgekämmt, in einem Übelkeit erregenden Tableau aufgebahrt worden, das mich an die altmodischen, weihnachtlichen Schaufensterdekorationen von Myer Emporium in Sydney erinnerte; durch spezielles Glas und Licht in Szene gesetzt, stellte sie die Hauptattraktion der Katakomben dar, die Nekro-Pädophile in Ekstase versetzen mußte. Leonardo Sciascia erinnerte sich einmal, daß in seiner Kindheit Mönche als Kinderdiebe verrufen waren und bekanntermaßen häufig Schußwaffen unter ihren Kutten trugen. Man ermahnte die Kinder, sich von ihnen fernzuhalten. Sciascia schilderte den bedrohlichen Besuch eines Mönchs bei einem Ladenbesitzer. Dieser war mit den Schutzgeldzahlungen im Verzug; seine kleine Tochter spielte gerade im Laden, als der Mönch eintrat. Er strich ihr über den Kopf, äußerte sich lobend über ihre Schönheit und sagte mit warnendem Unterton, sie scheine noch recht lebendig zu sein. In den fünfziger Jahren fand ein ganzes Kapuzinerkloster in Zentralsizilien sein einträgliches Auskommen durch Erpressung und Mord, wofür die Mönche schließlich ins Gefängnis kamen. Ich hob den Blick von Dornröschen und stellte fest, daß außer Robert und mir niemand mehr in den Katakomben war und durch die kleinen Gitterfenster die Dämmerung einsickerte. Im Gedanken an den finsteren Mönch, der den Eingang bewachte, überkam mich die Furcht, lebendig begraben zu werden. Ich hatte genug von diesen Offenbarungen über Palermos inniges Verhältnis zu seinen Toten. Wir machten, daß wir nach oben kamen. Der Mönch war verschwunden und die Tür noch offen. Ich habe nie den Wunsch verspürt, den Ort noch einmal zu besuchen. Später hörte ich, daß man die Mumien hinter Gitter gesetzt und so ihrem freien, ungezwungenen, um nicht zu sagen, schamlosen Umgang mit den Lebenden einen Riegel vorgeschoben hatte.

Kurze Zeit später zog es mich eines Abends ins Charleston, um *pasta con le sarde* und *involtini di pesce spada* zu essen, dazu gab es einen Rapitalà als passenden Weißwein. Das vornehmste und teuerste, in vieler Augen auch beste Restaurant Palermos verlangte einen gewissen Aufwand, was die äußere Erscheinung betraf. Also schrubbte ich mich gründlich, wechselte die Kleidung und inspizierte die geringfügige Verbesserung in dem trüben, ovalen Spiegel an der schief hängenden Schranktür. Zuvor war ich bei dem vergeblichen Versuch, die Kapelle von San Lorenzo zu besichtigen, pudelnaß geworden. Ich hatte Caravaggios Spätwerk *Die Anbetung der Hirten mit den Heiligen Franziskus und Laurentius* betrachten wollen, das sich angeblich dort befand. Frustriert und durchweicht, wie ich war, wollte ich mir zur Entschädigung nun einmal etwas Besonderes gönnen. Vielleicht wäre dieser Impuls noch stärker gewesen, hätte ich damals bereits gewußt, daß Caravaggios Gemälde zehn Jahre zuvor aus der Kapelle entwendet worden war; man vermutete allgemein, es sei in Palermo verblieben und schmücke nun das Heim eines Mafiabosses.

Pasta con le sarde ist ein ganz und gar typisches Palermer Gericht und außerhalb der Stadt, geschweige denn außerhalb Siziliens, kaum bekannt. Es handelt sich um ein sehr schlichtes Rezept. Wer es nicht probiert hat, mag es ein wenig befremdlich finden. Ada Boni, die wahrscheinlich legendäre Verfasserin von *Talisman des Glücks*, einem soliden und aufs Praktische ausgerichteten Kochbuchklassiker, der regionalen Nuancen wenig Aufmerksamkeit schenkt, bemerkt zu diesem Gericht (bevor sie die höchst heterogenen Zutaten auflistet):

> ... was anscheinend nicht zusammenpassen will, fügt sich zu schönster Harmonie. *Pasta con le sarde* ist eine Art Mosaik, in dem auch der win-

> zigste Bestandteil seinen Platz im großen Ganzen findet. Wer also, dem Beispiel vieler folgend, aus dem Wunsch nach Vereinfachung oder Variation heraus individuelle Abwandlungen vornimmt, ohne zunächst das wahre Rezept probiert zu haben, begeht einen großen Irrtum.

Interessant ist hier das Wörtchen »wahre«, um so mehr, als Boni im folgenden das Rezept für *timballo* angibt, ein Nudelgericht, das in einer trommelförmigen Auflaufform gebacken wird. Ich kenne *pasta con le sarde* nur unter Verwendung von Spaghetti oder ähnlichen länglichen Nudelsorten. Bei meiner Beschäftigung mit Sizilien stieß ich immer häufiger auf die Worte »wahr« und »in Wahrheit« – und lernte sie eher als Ausdruck eines innigen Verlangens zu werten denn als Kennzeichnung einer objektiv belegten Tatsache. Nirgendwo berief man sich häufiger auf die *Wahrheit* als in Sizilien, nirgendwo sonst erschien sie einem so sehr wie eine Chimäre. Doch zurück zum Rezept: gehackte Zwiebeln werden angebräunt und unter Zugabe von leicht gesalzenen Anchovis und rohen Sardinen weiter gebraten. Die alles entscheidende Zutat ist wilder Fenchel, den man gekocht und zerteilt mit Pinienkernen, Rosinen und Safran zu den Sardinen gibt. Der verstorbene Waverley Root sprach einmal von Mandeln, eventuell eine Verwechslung mit Pinienkernen, die bei ihm nicht vorkommen; möglicherweise waren die Mandeln auch als Ersatz gedacht. Als weitere wenig überzeugende Zutaten nennt Root unter anderem verquirltes Ei, was darauf schließen läßt, daß er sich vorsichtig an Bonis Rezept hielt. Sind keine wildwachsenden Pflanzen erhältlich, wird mitunter auch Fenchelsamen verwendet.

Niemand erwähnt, daß es sich eindeutig um ein arabisches Gericht handelt, wie schon ein Blick auf die Zutaten zeigt. Die Tomaten kamen fünfhundert Jahre nach der arabischen Erfindung der langen dünnen Nudelstengel namens *pasta asciutta* hinzu, als Kolumbus dieses Gemüse aus Amerika heimbrachte und die süditalienische Küche damit revolutionierte. Elizabeth David bietet *pasta con le sarde* als zweizeilige, lieblos hingeworfene Version aus zweiter Hand. Bei ihr ist von *gesalzenen* Sardinen, was einer Katastrophe gleichkäme, sowie von Tomaten die Rede, aber sie gab auch zu, das Gericht niemals vor Ort genossen zu haben. Sie zitierte jedoch eine Beschreibung von 1935, in der das Gericht als *unausgewogen, aber von belebender Wirkung* bezeichnet wird. Da der *Talisman* erstmals 1932 erschien, klingt dies wie ein Echo auf Boni, die stärker auf der Harmonie des Ganzen beharrte, als das oben erwähnte Zitat vermuten läßt.

Die Pasta im Charleston war gut, wie nicht anders zu erwarten, desgleichen die *involtini* mit Schwertfisch und der strohfarbene Rapitalà. Das Ambiente hingegen erinnerte fatal an den Speisesaal eines Hotels. Sämtliche Gäste schienen in höchst private, gedämpfte Gespräche vertieft. Worum es bei diesen eindringlich gemurmelten Unterhaltungen ging, wäre vielleicht von größerem Interesse für mich gewesen, hätte ich damals schon gewußt, daß einige Monate zuvor, im Sommer 1979, Michele Sindona häufig im Charleston zu Gast gewesen war.

Zu diesem Zeitpunkt waren die Polizeikräfte zweier Kontinente hinter Michele Sindona her, doch das zählte noch zu seinen geringsten Sorgen. Schwerer wog, daß er unlängst Milliarden Dollar an Fremdgeld verloren hatte, das zum Großteil der Mafia gehörte, und nun als Gast der Cosa Nostra in Palermo weilte. Sindonas Geschichte war exemplarisch für das Italien der siebziger Jahre. Noch ein paar Jahre zuvor war er praktisch der ungekrönte König des italienischen Finanzwesens und Herrscher über die größte Finanzgruppe in Europa gewesen. Er war der Bankier der Cosa Nostra gewesen, als die Einkünfte aus dem Heroinhandel sich absurd zu vervielfachen begannen. Er war auch der Bankier des Vatikans gewesen. Man nannte ihn ein Finanzgenie. Als schließlich alles zusammenbrach, löste Sindona den schlimmsten Crash in der amerikanischen Bankgeschichte und in der Geschichte Italiens aus. Nachdem der vom Staat eingesetzte Liquidator seiner italienischen Bank im Juli 1979 auf einer Mailänder Straße erschossen worden war, begriffen die meisten, um welche Sorte von Finanzmann es sich bei Sindona handelte und woher sein Geld stammte. Was sie nicht begriffen: warum Ministerpräsident Giulio Andreotti trotz widrigster Umstände weiter alles daran setzte, das Finanzimperium des in Ungnade gefallenen Michele Sindona zu retten.

Geboren wurde Sindona sechzig Jahre vor all diesen Kalamitäten als Sohn eines Blumenhändlers aus Patti, einem Ort an der Nordküste Siziliens unweit von Messina und dem Kontinent. Sein Vater hatte sich auf Trauerkränze und Blumenschmuck für Gräber spezialisiert. Nach einer nicht weiter bemerkenswerten Schullaufbahn stellte der junge Sindona mit siebzehn Jahren unvermittelt fest, daß er imstande war, komplizierte Gleichungen im Kopf zu lösen, und beschloß alsbald, diese Gabe zu klingender Münze zu machen. Bei Kriegsende lernte er den alliierten Befreier Vito Genovese kennen und betrieb Schwarzmarktgeschäfte mit Zitronen und Weizen. Auch der Bischof hatte ein wohlgefälliges Auge auf den jungen Sindona, welcher 1945, ausgerüstet mit Empfehlungsschreiben seiner beiden Gönner, nach Mailand aufbrach. Dort ließ er sich als Westentaschenspekulant, Steueranwalt und Immobilienmakler nieder. Er erwies sich als gefällig, was ihm wiederum Gefälligkeiten eintrug. Was seinem Finanzgenie an Ideen entsprang, unterlag strikter Geheimhaltung, und auch über seine Freunde schwieg er sich aus. Er wollte als Bankier wirken. Banken standen stellvertretend für Macht. *Unternehmen kauft und verkauft man wieder, Banken kauft man und behält sie*, pflegte er zu sagen. Fünfzehn Jahre brauchte er, dann war er – 1961 – größter Anteilseigner der Banca Privata Finanziaria, in die sich vier Jahre später die Londoner Hambros und die Continental Illinois aus Cicero mit vierzig Prozent einkauften. 1973 hatte Sindona sie ausgezahlt und eine sehr viel größere Bank komplett übernommen. Als Partner der IOR, der Bank des Vatikans, hatte er ein weiteres Geldinstitut erworben, und zu seinen Kunden zählten drei der größten Banken Italiens. Er unterhielt ein weltweites Netz von Beteiligungen und Unternehmungen. Nixons Finanzminister war ihm Freund und Geschäftspartner zugleich; durch seine Banken flossen Gelder aus Fonds der CIA zur Unterstützung des griechischen Militärputsches von 1968 und, vier Jahre später, elf Millionen Dollar geheime Wahlkampfhilfe für einundzwanzig antikommunistisch gesonnene Politiker in Italien. Gegen Ende der sechziger Jahre bezeichnete *Business Week* Sindona als erfolgreichsten Financier Italiens; *Fortune* ging noch weiter und pries ihn als weltweit einen der brillantesten Geschäftsmänner überhaupt.

Sindonas Name tauchte jedoch auch, zusammen mit drei weiteren, im November 1967 in einem Brief des Interpol-Chefs von Washington an die römische Polizei auf. Diesem Schreiben zufolge war Sindona in illegale Drogengeschäfte zwischen Italien und den USA sowie in Europa verstrickt. Der amerikanischen wie der italienischen Regierung wären Verluste von Milliarden Dollar erspart geblieben, hätte eine von ihnen auf die Warnung reagiert; beide blieben jedoch untätig. Zu Beginn der siebziger Jahre betrieb Sindona im Namen der Mafia ein Finanzunternehmen, das sizilianische Auswanderer aus der Provinz Agrigent um Ersparnisse im Wert von mehreren Millionen Dollar betrog. Er kaufte Immobilienfirmen, Versicherungsgesellschaften, Industriekonzerne, Hotelketten und immer weitere Banken auf. Und sein Erfolg in Sachen Geld erstickte wie bisher alle mißtrauischen Fragen nach den Quellen der Mittel, die er vervielfachte. Sindona vollbrachte im Reich der Finanzen Wunder. Damals verfügte er über einige renommierte Partner. In den sechziger Jahren hatte er eine taktische Freundschaft mit dem damaligen Erzbischof von Mailand und künftigen Papst Paul VI. geschlossen. 1969 erwarb er für dreihundertfünfzig Millionen Dollar die Immobiliengesellschaft des Vatikans, deren Wert heute in die Milliarden geht. Das Abkommen wurde von Sindona und Seiner Heiligkeit höchstpersönlich anläßlich eines nirgends belegten, spätabendlichen Treffens im dritten Stock der päpstlichen Wohngemächer unterzeichnet. Damit hatte Sindona die angestammten Berater des Vatikans ausgebootet, und zwar genau in dem Moment, da Erzbischof Marcinkus, der neue Leiter der Vatikan-Bank, ursprünglich in Cicero, Illinois, und nun als Paul VI. nahestehender Prälat tätig, die gigantischen Investitionen des Vatikans von Italien weg auf den internationalen Markt verlagerte. Als Finanzberater des Vatikans nutzte Sindona sein neues Prestige nachdrücklich zum Wohle seiner eigenen internationalen Unternehmungen. Mittlerweile befanden sich mindestens fünf Banken und über hundertfünfundzwanzig Aktiengesellschaften unter seiner Kontrolle.

1971 setzte Sindona zum bisher größten Coup an. Er strebte nach Übernahme der beiden größten italienischen Holdinggesellschaften, den Bastionen alteingesessenen Vermögens in Italien. Er gedachte sie zu verschmelzen und zugleich eine der größten Banken Italiens zu übernehmen. Der Präsident der Bank von Italien bemerkte später, wenn Sindona *mit seinem Plan zum Zuge gekommen wäre, hätte dies ... möglicherweise zur Schaffung der größten Finanzgruppe in Europa geführt.* Sindona, als Bankier der »Freunde«, hätte die unumschränkte Herrschaft über das brüchige Finanzsystem Italiens erlangt. Im August 1971 ging Centrale, die erste Holdinggesellschaft, in seine Hände über. Die hochrangigen Vertreter des italienischen Kapitalismus wurden unverzüglich aufs Abstellgleis dirigiert und durch Sindonas Männer ersetzt, darunter der bis heute undurchsichtige Bankier Roberto Calvi, der kurze Zeit später selbst seinen Mentor Sindona überflügelte und der an einem Strick unter der Blackfriars-Brücke in London endete. In letzter Minute blockierte das aufgeschreckte Finanz-Establishment Italiens, das jahrelang Sindonas Treiben stillschweigend geduldet hatte, seinen Griff nach der Macht. Als er daran ging, auch Bastogi, die zweite Holdinggesellschaft, und die nationale Landwirtschaftsbank zu übernehmen, stellte sich die Bank von Italien quer und ordnete eine Überprüfung der restlichen Banken in Sindonas Besitz an. Nur wenige Tage vor Sindonas geplantem und von der gesamten finanziellen Medienwelt gebilligtem öffentlichen Angebot für die zweite Holdinggesellschaft blockierte die Bank von Italien diese Übernahme und durchkreuzte damit Sindonas grandiosen Entwurf.

Und doch, als die Wirtschaftsprüfer in Sindonas Banken auf umfassende illegale Vorgänge stießen und darauf drängten, die Verantwortlichen in der Administrative zu entlassen, unternahm der Präsident der Bank von Italien nichts. Sindona war eine immens mächtige Figur. Große internationale Banken standen ihm zur Seite, er genoß die Unterstützung der DC und des Vatikans. Er war stärker als die Bank von Italien. *Der Beschluß, keine disziplinarischen Maßnahmen zu ergreifen, resultierte ... aus einer politischen Einschätzung, inwieweit die Bank von Italien fähig wäre, Sindona den Gnadenstoß zu versetzen*, befand ein Parlamentsausschuß viele

Jahre später. Zudem hatte Sindona 1972 gerade die im Bankengefüge der USA an achtzehnter Stelle rangierende, höchst gewinnträchtige Franklin National Bank gekauft (mit Geld, das nicht das seine war, wie sich später herausstellte) und seinen Wohnsitz nach New York verlegt. Die Bank von Italien hegte die schwache Hoffnung, Sindonas Abwesenheit werde seine italienischen Banken zur Räson bringen. Andere Institute jedoch begannen Gefahr zu wittern. Die Hambros-Bank kappte abrupt alle Verbindungen zu Sindona, und weitere folgten ihrem Beispiel.

Mit der Tatsache konfrontiert, daß seine etablierten Verbündeten ihn zu verlassen begannen, gab sich Sindona noch wilderen Spekulationen auf den Finanzmärkten hin und intensivierte zugleich seine Beziehungen zur italienischen DC. Im April 1973 entnahm er seinen Mailänder Banken dreihundertfünfzig Millionen Dollar zur Finanzierung neuer Expansionsprojekte. Ende Juli waren beide Banken zahlungsunfähig. Sindona spekulierte insgeheim und mit vollem Einsatz gegen die Lira. Nachdem er daraus soviel Gewinn wie nur möglich geschlagen hatte, stand er der Bank von Italien und der italienischen Regierung *mit Rat und Tat* zur Seite, um dem rätselhaften Verfall der Währung zu begegnen. Im Dezember jenes Jahres pries Ministerpräsident Giulio Andreotti, ungeachtet der Warnungen des italienischen Botschafters in Washington, Sindona bei einer Rede anläßlich eines Galabanketts der italo-amerikanischen Gemeinde von New York öffentlich als *Retter der Lira.*

Sindona erkaufte die Unterstützung der DC mit gigantischen Zuwendungen und Darlehen an die Partei. Zweieinhalb Millionen Dollar ließ er Fanfani zukommen, einem weiteren ehemaligen und künftigen Ministerpräsidenten mit einer großen Machtbasis in Sizilien. Inzwischen waren Sindona etliche Patzer an der Aktienbörse sowie beim Währungs- und Warenterminhandel unterlaufen. Im Sommer 1974 wurde Sindonas Finanzkrise zu der Italiens. Deutschland reagierte alarmiert. ITALIEN MANÖVRIERT AM RANDE DES ABGRUNDS, lautete eine Schlagzeile der *Frankfurter Allgemeinen Zeitung*. TANZ AUF DEM VULKAN und FÜNF MINUTEN VOR ZWÖLF hieß es bei der *Welt.* In Frankreich stieß man ins gleiche Horn. ITALIEN KURZ VOR DEM BANKROTT, schrieb *Le Monde*, und *Le Figaro* nahm die AUTOPSIE EINES KONKURSES A L'ITALIANA vor. Sindona verschmolz seine beiden Mailänder Banken zur Banca Privata Italiana. Die amerikanische Franklin National Bank befand sich in ernsthaften Schwierigkeiten, und zwei mit Sindona verbundene Banken in Deutschland brachen zusammen. Schließlich legte der italienische Finanzminister sein Veto gegen die weitere finanzielle Unterstützung der von Sindona zur Rettung seines Vermögens gegründeten Holdinggesellschaft ein, was mehr oder weniger das Ende bedeutete. Binnen weniger Tage meldeten im Oktober 1974 sowohl die Banca Privata Italiana wie die Franklin National Bank Konkurs an. Noch kurz vor dem Zusammenbruch der Franklin Bank hatte die Federal Reserve Bank Sindona ein Darlehen in Höhe von 1,7 Milliarden Dollar zur Sanierung eingeräumt. Es war der größte Bankenkollaps in der amerikanischen Geschichte. In Mailand wurden zwei Haftbefehle wegen Betrugs ausgestellt. Sindona floh zunächst nach Hongkong und von dort nach Taiwan. Auf den Rat von David Kennedy, Nixons Finanzminister, kehrte er in die Vereinigten Staaten zurück, wo er verhaftet und gegen eine Kaution von drei Millionen Dollar auf freien Fuß gesetzt wurde. Mit ungebrochenem Optimismus verschanzte er sich in einer geräumigen Suite des Hotels Pierre und plante sein Comeback.

Als Bankrotteur, dem in zwei Kontinenten Strafprozesse drohten, war Sindona nun gleichsam ein Paria in der internationalen Finanzwelt und seinen ehemaligen Freunden aus der Politik zutiefst peinlich. Daß er sie noch mehr in Verlegenheit zu bringen vermochte, wenn er nur wollte, erkannte er als das Pfund, mit dem er zum gegenwärtigen Zeitpunkt am ehesten wuchern konnte. Unmittelbar vor dem Bankencrash war an einem hektischen Sommertag in Rom ein gelber Umschlag, der Sindonas *Liste der Fünfhundert*, also die Namen der prominentesten illegalen Kapitalverschieber Italiens enthielt, wie eine heiße Kartoffel zwischen den Präsidenten der Bank von Italien und der Bank von Rom hin- und hergewandert. Niemand wagte das Kuvert zu öffnen, aus Furcht, die gesamte etablierte Geschäftswelt als Gesetzesbrecher entlarvt zu sehen, und das Dokument verschwand wieder in der Versenkung. Das gab einen Vorgeschmack. Sindona hatte Italien, gemäß dem Kurs von 1995, fast vier Milliarden US-Dollar gekostet.

Auch den Vatikan hatte er ordentlich geschröpft. Und das Entscheidendste, aus seinem eigenen unmittelbaren Blickwinkel: er hatte seine Freunde in Sizilien um wahre Unsummen gebracht, nämlich an Einkünften aus ihren Heroingeschäften in den USA. Die mittlerweile verstorbene Mafia-Expertin Claire Sterling schrieb, die Mitglieder der Cosa Nostra hätten *bis 1979 jährlich rund eine Milliarde Dollar von Amerika über die Schweiz, Liechtenstein, London, Caracas und die Cayman-Inseln nach Palermo gebracht.* Drogengelder in Milliardenhöhe waren nun verloren. 1979 glaubte Sindona noch, er könne durch den einen oder anderen finanzpolitischen Rettungsplan wieder ins Geschäft kommen, die Würfel noch einmal werfen und so die verlorenen Milliarden wiederbeschaffen.

Er hatte auch Gelder von Licio Gelli veruntreut. Dieser höchst zwielichtige Charakter, der es auf neununddreißig Eintragungen im Index der

Wahren Geschichte Italiens brachte, hatte als Erwachsener zunächst für den faschistischen Geheimdienst gearbeitet und im weiteren in rechtsgerichteten Terroristenkreisen, beim internationalen Waffenhandel, in der Mafia und im Vatikan die Hand im Spiel gehabt. 1981 wurde Gelli als Vorsitzender einer geheimen Freimaurerloge namens P2 verhaftet. Zu den Mitgliedern der P2, die angeblich einen Militärputsch in Italien plante, zählte ein Großteil des italienischen Establishments aus Justiz, Politik, Armee und Geheimdienst. Sindona war sowohl für Gelli wie für die Cosa Nostra als Finanzberater tätig gewesen. *Sindona ... war mit dem undurchdringlich geheimnisumwitterten Licio Gelli nah befreundet. Vereint jonglierten sie mit astronomischen Summen*, schrieb Claire Sterling, die sich gewöhnlich von kleineren kriminellen Verstrickungen auf internationaler Ebene nicht weiter irritieren ließ.

In all diesen Kreisen hielt nur die Hoffnung auf Wiedererlangung der verlorenen Summen den Rachedurst im Zaum. Und Sindonas einziges Rettungsmittel bestand in den Geheimnissen, die er hütete. Die Zeit war reif für Erpressungen.

Die italienische Regierung hatte einen Treuhänder zur Abwicklung der Liquidation von Sindonas Bank bestellt. Ihm stand, angesichts von Sindonas raffinierten Täuschungsmanövern, eine undankbare Aufgabe bevor. Beispielsweise war doppelt Buch geführt worden, und Sindonas Leuten war es gelungen, den größten Teil der tatsächlichen Kontenbelege beiseite zu schaffen oder durch den Aktenwolf zu drehen. Giorgio Ambrosoli, der Liquidator, zeichnete sich jedoch durch Tatkraft, penible Genauigkeit und Hartnäckigkeit aus. Die Aufgabe stellte eine Herausforderung für ihn dar. Daß bestimmte Kreise von Staatsdienern keinen rechten Enthusiasmus für die Klärung von Sindonas geheimen Machenschaften aufbrachten, bereitete Ambrosoli zwar einige Sorgen, und die zunehmende Isolation, in der er arbeitete, sowie die mangelnde Unterstützung wirkten fast beängstigend, doch der Treuhänder betrachtete auch dies als Herausforderung eines anderen Kalibers. Bald flog er kreuz und quer durch Europa, von Bank zu Bank, und erforschte die Konstellationen des Sindona-Imperiums. Genf, Zürich, Basel, Hamburg, Luxemburg, Paris. Was er dabei herausfand, war folgendes: Obgleich das Geld, das von Sindonas Banken zu diesen Instituten floß, als Einlage und somit als Guthaben der italienischen Banken registriert war, wurde es tatsächlich im Namen ebenjener ausländischen Banken weltweit an eine Reihe von Unternehmen in Steueroasen weitergeleitet, die allesamt, wie sich herausstellte, Sindona gehörten. Ambrosolis großer Coup war eine Blitzaktion im Oktober 1975, bei der er die Anteile eines Sindona-Unternehmens namens Fasco AG, mit Hauptsitz in Liechtenstein, in die Hand bekam. Fasco war die Muttergesellschaft, eine Art russische Matrjoschka-Puppe, zu der dreihundert Unternehmen gehörten, von denen weitere Firmen abhingen, die wiederum Unternehmen besaßen ... Daß Fasco aufgeflogen war, versetzte Sindona in seinem New Yorker Exil in wilden Zorn. Es folgten hektische legale Schritte und Presseinterviews. Aus seiner Suite im Hotel Pierre sandte Sindona eine Botschaft an Ambrosoli: *Rache ist süß, besonders aus der Ferne.*

Wiewohl nach allgemeinem Urteil in Ungnade gefallen und vom Glück verlassen, stand Sindona doch noch nicht ganz allein da. Trotz aller drängenden Staatsaffären fand Giulio Andreotti nach wie vor Zeit, sich eines Freundes in Not anzunehmen. Auf Seite 427 der *Wahren Geschichte Italiens* las ich, daß im November 1973, ein Jahr vor dem Bankenkollaps, Sindonas Schwiegersohn und zugleich Direktor seiner Banken in einem Brief an Ministerpräsident Andreotti mitgeteilt hatte, *welche Strategie unsere Gruppe in Italien zu verfolgen gedenkt*, wobei er sich erlaubte, den Ministerpräsidenten als *geschätzten Freund und formidablen Experten* zu titulieren, *dessen Einverständnis mit ... den wesentlichen Entscheidungen uns am Herzen liegt.* Derselben Seite der *Wahren Geschichte Italiens* entnahm ich, daß Sindona persönlich 1976, *im kritischsten Moment meines Lebens, dem hochgeehrten und lieben Ministerpräsidenten*, als welcher Andreotti damals wieder amtierte, in einem Brief seinen Dank *für die neuerliche Bezeugung von Wertschätzung und das Ihrerseits bekundete Interesse für meine Angelegenheiten* ausdrückte. Als Äußerung eines Bankrotteurs, dem Strafprozesse in den Vereinigten Staaten und in Italien bevorstanden, gegenüber einem Regierungschef war dies einigermaßen erstaunlich. Aber der Brief wurde noch kurioser, denn Sindona erläuterte darin auch, wie er sich *juristisch und politisch* zur Wehr zu setzen gedachte. Er schrieb: *Ich sehe mich gegen meinen Willen gezwungen ... die wahren Gründe für den Haftbefehl ... mit Dokumenten untermauert zu präsentieren.* Das klang fast nach einer Drohung. Andreotti hatte bereits viele Hebel in Bewegung gesetzt, um Sindona zu helfen. Einen Monat, nachdem er im August 1976 erneut zum Ministerpräsidenten gewählt worden war, erhielt er Besuch von zwei Individuen, deren Verbindungen zur Mafia und zur P2 später publik wurden: von einem Anwalt und einem zum Geschäftsmann konvertierten ehemaligen Priester, die sich als Mitglieder der italo-amerikanischen Gemeinde vorstellten. Sie suchten Andreottis Beistand, was die Verhinderung oder Verzögerung von Sindonas Auslieferung nach Italien anging. Der Ministerpräsident gewährte ihnen eine Privataudienz von fast einer Stunde, wonach die Mitglieder der italo-amerikanischen Gemeinde hochzufrieden abzogen und

Sindonas Anwalt auf der Rückfahrt zum Hotel mitteilten, Andreotti habe ihnen *seine ungeteilte Aufmerksamkeit* zugesichert. Daraufhin begaben sie sich geradewegs zu Licio Gelli. Dieser lastete den Kommunisten die Schuld für Sindonas Mißgeschick an: *Die Kommunisten hassen Michele Sindona, weil er antikommunistisch eingestellt und stets für das freie Unternehmertum eingetreten ist ...*

Das erste konkrete Anzeichen von Andreottis *ungeteilter Aufmerksamkeit* für Sindonas Probleme war ein finanzieller Rettungsversuch kurz nach dem Besuch der beiden Italo-Amerikaner. 1978 folgte ein weiterer, zielstrebigerer Vorstoß. Beide Male waren Licio Gelli und die P2 maßgeblich beteiligt. Abgesehen davon kam es zu flüchtigen, aber aufschlußreichen Begegnungen. Andreottis Faktotum, sein Stabschef Franco Evangelisti, traf den abgetauchten Sindona mindestens einmal, *eine zufällige Begegnung*, als er Spielzeugsoldaten im Kaufhaus F. A. O. Schwarz, gleich neben dem Hotel Pierre, erstand. Der Ministerpräsident selbst kam dem FBI zufolge 1976 und 1977 mit Sindona in New York zusammen, was Andreotti jedoch in Abrede stellte. Nichtsdestotrotz hatte Andreotti in der für ganz Italien traumatischen Phase der monatelangen, tödlich endenden Entführung des DC-Vorsitzenden und ehemaligen Ministerpräsidenten Aldo Moro ein verblüffend offenes Ohr für Sindonas Sympathisanten. Zwischen 1978 und 1980 fanden mindestens ein Dutzend nachgewiesene Treffen zwischen Andreotti und Sindonas Anwalt in den Amtsräumen des Ministerpräsidenten statt. Während Moro auf den Tod wartete, fand er Zeit, seine Gedanken über Andreottis Beziehungen zu Sindona schriftlich festzuhalten: daß Andreotti trotz entsetzter Vorhaltungen seitens des italienischen Botschafters und Moros selbst darauf bestanden hatte, als Sindonas Ehrengast bei dem Bankett in New York zu erscheinen. Der 1978 von Andreotti in die Wege geleitete finanzielle Rettungsversuch scheiterte letztlich am Widerstand der führenden Banken und vor allem an Italiens mächtigstem Financier, dem schlauen alten Fuchs Enrico Cuccia; und Giorgio Ambrosoli war weiterhin hartnäckig und unbestechlich entschlossen, die Quellen von Sindonas Vermögen aufzudecken.

Am Jahresende 1978 gingen Drohanrufe bei Giorgio Ambrosoli ein, ein Dutzend in ebenso vielen Tagen. *Könnte ein Verrückter sein*, notierte Ambrosoli zunächst in seinem Tagebuch. Der anonyme Anrufer ließ nicht lokker. Offenbar war er gut informiert. Er sagte, Ambrosoli habe über Sindona *Unwahrheiten verbreitet.* Ambrosoli zeichnete die Gespräche auf.

UNBEKANNTER ANRUFER: Sie haben dich im Visier. Ich bin in Rom, und die haben dich im Visier, weil du nicht kooperierst ...

AMBROSOLI: Aber wer sind »die«?

UNBEKANNTER ANRUFER: Der Oberboß.

AMBROSOLI: Wer ist der Oberboß?

UNBEKANNTER ANRUFER: Du verstehst schon. Der Oberboß und der Unterboß, alle geben sie dir die Schuld ... Du bist ein netter Kerl, es täte mir leid ... Das ganz große Tier, kapierst du? Ja oder nein?

AMBROSOLI: Ich nehme an, das ganz große Tier ist Sindona.

UNBEKANNTER ANRUFER: Nein, es ist Andreotti!

AMBROSOLI: Wer? Andreotti?

UNBEKANNTER ANRUFER: Genau. Er rief an und hat gesagt, er hätte sich um alles gekümmert, aber du seist an allem schuld ... Also nimm dich in acht.

Am zwölften Januar erhielt Ambrosoli den letzten Anruf.

UNBEKANNTER ANRUFER: Guten Morgen. Neulich wolltest du wohl besonders schlau sein, wie? Du hast den Anruf aufgezeichnet.

AMBROSOLI: Wer hat Ihnen das erzählt?

UNBEKANNTER ANRUFER: Das ist meine Sache. Ich wollte dich retten, aber damit hat es jetzt ein Ende.

AMBROSOLI: Damit hat es jetzt ein Ende?

UNBEKANNTER ANRUFER: Ich unternehme nichts mehr, um dich zu retten, weil du nichts anderes verdient hast, als wie ein Schwachkopf abgeknallt zu werden. Das bist du: ein Schwachkopf und ein Bastard!

Eines Nachts wachte der siebenjährige Betò, Ambrosolis jüngster Sohn, gegen ein Uhr morgens auf, als sein Vater von der Arbeit heimkam. Das Kind wurde Zeuge, wie seine Eltern eine Tonbandaufzeichnung abhörten, auf der eine Stimme schrie: *Wir bringen dich um wie einen Hund! Wir bringen dich um wie einen Bastard!* Als Ambrosoli merkte, daß sein Sohn die Drohung mitbekommen hatte, brachte er ihn zu Bett und beruhigte ihn mit den Worten: *Das werden sie nie wagen, weil wir wissen, wer sie sind ...* Auch Financier Cuccia, das zweite Hindernis für Sindonas Retter, erhielt Morddrohungen. Auf sein Haus war ein Anschlag verübt worden, seinen Kindern stellte man nach. Mißtrauisch gegen jedermann, hüllte er sich in Schweigen. Dann fand Ambrosoli heraus, daß Sindona in den Besitz einer Kopie des streng geheimen und vernichtenden Berichts gekommen war, in dem Ambrosoli soeben seine detaillierten Erkenntnisse über die Machenschaften von Sindonas Banken aufgezeichnet hatte.

Neunundneunzig Anklagepunkte wegen Betrug, Meineid und Veruntreuung von Geldern im Zusammenhang mit dem Kollaps der Franklin National Bank wurden in den USA gegen Sindona zusammengetragen. Am gleichen Tag im März 1979, da Sindona in New York vor Gericht stand, wurde der Journalist Mino Pecorelli in Rom ermordet, nachdem er kurz zuvor einen Artikel über Andreottis Rolle bei einem weiteren Finanzskandal von der Veröffentlichung zurückgezogen hatte. Vier Tage später verhaftete man den Präsidenten der Bank von Italien, der sich den Bemühungen um Sindonas Rehabilitation am energischsten in den Weg gestellt hatte, und ließ dem Leiter der Bank eine Vorladung zukommen. Die Bank von Italien war die einzige Institution des Landes, die noch Ansehen genoß. Und dreieinhalb Monate später, in einer Julinacht des Jahres 1979, wurde der furchtlose, zielstrebige Treuhänder Giorgio Ambrosoli vor seinem Haus in Mailand von dem *unbekannten Anrufer*, einem amerikanischen Mafioso, erschossen. Angeordnet hatte das Attentat Michele Sindona. Neben einigen Straf- und Ermittlungsrichtern nahm auch der Leiter der Bank von Italien an der Beisetzung teil, doch weder von der Regierung, die Ambrosoli ernannt und im Stich gelassen hatte, noch vom Staat, in dessen Diensten er ermordet worden war, fand sich auch nur ein Vertreter ein.

Am zweiten August, drei Wochen nach dem Meuchelmord an Ambrosoli, ließ Michele Sindona seine drei Millionen Dollar Kaution sausen und machte sich aus dem Staub. Verkleidet mit einer lächerlichen, grobporigen Maske sowie Perücke, Sonnenbrille und falschem Bart verließ er das Hotel Pierre, und seine Sekretärin erhielt einen Anruf, wonach er sich in den Händen *kommunistischer Kidnapper-Terroristen* befand. In Wirklichkeit war Sindona unterwegs nach Palermo. Die Maske begann sich aufgrund der schweißtreibenden Sommerhitze am Flughafen zu lösen, dennoch gelangte Sindona mit den Freunden aus der New Yorker Familie Gambino, die seine Flucht organisiert hatten, nach Sizilien. Die Freunde wichen ihm nicht von der Seite. Zu ihnen gesellten sich Männer aus Gellis P2, offenbar jedoch keine Vertreter der dritten großen Gläubigerpartei Sindonas, des Vatikans. Die Vatikanbank IOR hatte ein Darlehen von fast eineinhalb Milliarden Dollar gegeben, eine Summe, die Claire Sterling zufolge in den siebziger Jahren schlicht verschwand, *nachdem sie durch panamaische Banken geflossen war, die Sindona, Licio Gelli und dem Vatikan selbst gehörten.* Sindona brachte siebzig Tage in Sizilien zu, bestens aufgehoben in einer Mafia-Villa außerhalb von Palermo, konferierte stundenlang mit den Bossen und kutschierte in John Gambinos schwarzem Mercedes einigermaßen ungehindert durch die Gegend. Mit eben diesem Gambino, der aus New York eingeflogen war, hatte Sindona im Charleston zu Abend gespeist. Während sie sich also ihrerseits an *pasta con le sarde* und *involtini di pesce spada* delektierten, drehten sich ihre Gespräche vermutlich um den eigentlichen Sinn und Zweck von Sindonas Aufenthalt.

Dieser Zweck fand Ausdruck in Drohbriefen der angeblichen Entführer. Nicht nur wollten sie Sindona die Liste der fünfhundert illegalen Kapitalexporteure und ihrer ausländischen Bankguthaben abnötigen, sondern auch die Namen von Sindonas Unternehmen im Ausland, aus deren Fonds DC und Sozialisten sich bedienten, sowie die Aufzeichnungen über Sindonas Zahlungen an Politiker und seine regelwidrigen Tätigkeiten für Kunden wie etwa den Vatikan und die Fiat-Unternehmerfamilie Agnelli. Nach Inkenntnissetzung der Betroffenen wurde ein Treffen in Wien *zu Verhandlungen über Sindonas Freilassung* anberaumt. Und nun führte ein simpler Fall von Schlamperei, wie er bei der italienischen Post gang und gäbe ist, zu Konsequenzen, die sich die Cosa Nostra und ganz Italien wohl kaum hätten träumen lassen. Er setzte Giovanni Falcones allererste Ermittlung gegen die Mafia in Gang und enthüllte, was dieser später *als eine noch zu entschlüsselnde, ungeheuerliche neue Realität* beschrieb – einen umwerfenden Einblick in die Verquickungen zwischen Drogen- und Immobiliengeschäften, Italien und Amerika, Mafia und Politik. Ein in Mailand aufgegebener Brief mit Instruktionen für das Treffen in Wien erreichte Sindonas Anwalt in Rom nicht rechtzeitig. Man teilte dem Anwalt telefonisch mit, ein Kurier werde ihm die Instruktionen in Kopie überbringen. Das Gespräch wurde abgehört und der Kurier abgefangen. Damit war die ganze Sache gekippt. Sindona und Gambino flogen zurück nach New York, wo Sindona dem FBI erklärte, die Entführer hätten ihn laufenlassen.

Dank der Identifizierung des Kuriers hatte Falcone einen Fuß in der Tür. Es handelte sich um Vincenzo Spatola, den Bruder von Rosario Spatola, der es im Laufe zweier Jahrzehnte vom Milchmann zu Palermos reichstem Bauunternehmer gebracht hatte und in der Rangliste der italienischen Steuerzahler den fünften Platz einnahm. Abgesehen von einer weit zurückliegenden Haftstrafe in den fünfziger Jahren wegen des Verkaufs von verwässerter Milch verfügte Rosario Spatola als Mitglied der Geschäftswelt über eine blütenweiße Weste. Erst kürzlich hatte er im Rahmen einer Wahlkampagne für den DC-Minister Ruffini zu einem festlichen Abendessen eingeladen. *Sagt euren Freunden und den Freunden eurer Freunde*, ließ er verlauten, *daß sie diesen integren und ehrenwerten Mann nach Kräften unterstützen sollen.* Was die Freunde denn auch befolgt hatten. Doch Rosario Spatola, so stellte sich heraus, war der Cousin von John Gambino und unterhielt mit ihm über den Atlantik hinweg breitgefächerte Geschäftsbeziehungen. Damit war Falcone auf dem Sprung. Die Identität des Botschaftsüberbringers Vincenzo Spatola machte deutlich, daß der transasiatische und transatlantische Drogenschmuggel der Cosa Nostra die Basis für Sindonas finanzielle Aktivitäten und seine politischen Allianzen in Italien gebildet hatten. Sindona war Financier der Cosa Nostra wie des Vatikans gewesen, und Andreotti hatte ihn politisch gedeckt.

1979 war das Jahr, in dem Richter Giovanni Falcone vom Konkursgericht abgeordert wurde, um gemeinsam mit seinem Freund aus Kindheitstagen, Paolo Borsellino, an der Ermittlung von Strafsachen zu arbeiten. Und gleich sein erster Fall führte ihn zu den Spatolas, den Inzerillos, den Di Maggios und Gambinos – vier Familien, die über den Atlantik hinweg durch ein engmaschiges Netz dynastischer Eheschließungen miteinander verbunden waren. 1979 war das Jahr, in dem sich die *prominenten Leichen* zu häufen begannen. Der Chef der polizeilichen Ermittlungsbehörde in Palermo, Boris Giuliano, büßte in jenem Sommer seine Nachforschungen zum transatlantischen Drogen- und Dollarverkehr mit dem Leben. Er hatte auf dem Gepäckband am Palermer Flughafen Punta Raisi einen Koffer mit einer halben Million Dollar in kleinen Scheinen entdeckt. Zwei Wochen später stellte er in Palermo vier Kilo frisch raffiniertes Heroin sicher, und eine Woche darauf wurde er in der Stadt hinterrücks erschossen, während er in einem Stehcafé einen Cappuccino trank. Gegen Ende des Sommers kehrte Richter Cesare Terranova aus Rom nach Palermo heim, um in Sachen Drogenhandel zu ermitteln, und wurde zwei Tage später, nach dem Frühstück, von einer Kalaschnikow niedergemäht. *Was sollen bloß die Leute denken?* fuhr es seiner Frau durch den Kopf, als sie die Garbe der Maschinenpistole und den Gnadenschuß aus dem Revolver hörte und auf die Straße stürzte. *Eine Frau im Nachthemd. Sie werden denken, ich bin verrückt geworden.* Im folgenden Sommer wurde der leitende Staatsanwalt Costa erschossen. Auch unkooperative Politiker mußten daran glauben. Im Frühling jenes Jahres fiel Michele Reina, Chef der DC von Palermo, einem Attentat zum Opfer, und im Winter darauf wurde Piersanto Mattarella, der DC-Vorsitzende der Region Sizilien, ermordet. Anläßlich von Mattarellas Tod bemerkte Salvo Lima gegenüber Andreottis Faktotum, dessen Stabschef Franco Evangelisti: *Wer einen Pakt abschließt, muß ihn auch respektieren* – wobei er sich wohl kaum vorstellen konnte, zwölf Jahre später ebenfalls niedergeschossen zu werden, weil er sich nicht an die Spielregeln der Cosa Nostra gehalten hatte. Vier Monate später traf es den Carabinieri-Hauptmann Emanuele Basile, Giulianos Nachfolger als Ermittler in Drogensachen, während er mit Frau und Kind eine kirchliche Festveranstaltung verließ. Tödlich getroffen brach er über seiner unverletzt gebliebenen kleinen Tochter zusammen.

Mit Michele Sindona nahm es ein böses Ende. In New York wurde er wegen des Zusammenbruchs der Franklin Bank zu fünfundzwanzig Jahren verurteilt. In Italien brummte man ihm weitere fünfzehn für den Kollaps der Banca Privata Italiana auf, dazu noch lebenslang für die Anstiftung zum Mord an Giorgio Ambrosoli. Als die Affäre Sindona im Abgeordnetenhaus zur Debatte stand, sah sich Andreotti so schwer gebeutelt wie nie zuvor in seiner langen Laufbahn. Zum damaligen Zeitpunkt war er Außenminister, und das Parlament rüstete sich zur Abstimmung, um ihn des Amtes zu entheben. Die Kommunisten retteten ihn durch Stimmenthaltung. Gegen Ende seines Lebens schien Sindona in Demenz zu verfallen; er wirkte, so sagte jemand, *wie ein jämmerliches gerupftes Hühnchen.* Allerdings bewahrte er sein Schweigen. Niemals enthüllte er auch nur ein einziges seiner gewichtigen Geheimnisse. 1986 wurde seine lebenslange Haftstrafe wegen Mord in letzter Instanz bestätigt, und Sindona wanderte in den Hochsicherheitstrakt des Gefängnisses von Voghera, wo er rund um die Uhr von Aufsehern und Überwachungssystemen im Auge behalten wurde. Zwei Tage später trank er in seiner Zelle einen mit Strychnin versetzten Espresso. Der Tod trat unmittelbar ein. Der Befund lautete auf Selbstmord. Am folgenden Tag erschien in *La Repubblica* eine Karikatur, die Sindona im Gefängnis bei der Entgegennahme eines winzigen, dampfenden Täßchens Espresso zeigte. Der freundliche Spender war nur als Silhouette zu sehen. Eine schmächtige, bucklige Gestalt mit dreieckigen Fledermausohren und dicken, schwarzumrandeten Brillengläsern hielt Sindona die Tasse hin und fragte: *Ein Stück Zucker oder zwei?*

Ob es wohl ebendieser Tisch war, an dem Sindona und Gambino gesessen hatten? Ich nippte an meinem zweiten Marsala, sah mich mißmutig um, dachte *Null Atmosphäre* und spürte, allerdings noch recht vage, mit leisem Grauen etwas vom Geist des neuen Palermo. Doch auch die Gespenster der Vergangenheit waren noch nicht tot. An der Wand hinter meinem Kopf war eine kleine rechteckige Messingtafel mit einer Inschrift angeschraubt. Ihr zufolge war in dem Café, das früher die Stelle des Charleston eingenommen hatte, der einzige Roman von Giuseppe Tomasi, Herzog von Palma und Fürst von Lampedusa, entstanden. Sindona verschwand in der Versenkung. Hier, im Caffè Mazzara, hatte der alternde Aristokrat, der letzte seines Stammes, der große unbekannte Schriftsteller gesessen und sein einziges, schmales Meisterwerk *Der Leopard* komponiert, das Destillat einer Ära, einer Klasse, einer nicht mehr bestehenden sizilianischen Kultur.

Der alternde Aristokrat im Überzieher, damals noch keine sechzig Jahre alt, schrieb eine Bilanz seiner Dynastie, die sich heute liest, als sei sie inmitten der sterbenden Pracht entstanden, die sie pries, aber sie war ganz und gar ein geistiges Konstrukt des Fürsten. Was trieb Tomasi di Lampedusa eigentlich dazu, in den letzten zweidreiviertel Jahren seines Lebens Tag um Tag, ausgerüstet mit einem Schulheft und einem Kugelschreiber, hier in dem häßlichen Caffè Mazzara zu sitzen? *Es amüsierte ihn.* So stellte er es jedenfalls seiner Frau Alessandra Wolff gegenüber hin, einer Psychoanalytikerin Freudscher Schule und Tochter eines lettischen Barons, die der Krieg aus ihrem baltischen Schloß vertrieben hatte. Sie las das erste Kapitel und fand, es offenbare Talent. Auch im Gespräch mit seinem Onkel, der zugleich der Stiefvater seiner Frau und ehemaliger Botschafter in St. Petersburg und London war, sprach Lampedusa lediglich von Amüsement. Er spielte das Ganze herunter.

Der eigentliche Anstoß war von Lampedusas Cousin Lucio gekommen. Eugenio Montale, der bedeutendste moderne Dichter Italiens, hatte Anfang 1954 per Post einen unzureichend frankierten Umschlag mit einer Handvoll Gedichten in kaum leserlicher Druckschrift von einem unbekannten Sizilianer erhalten. Gewöhnlich schenkte der große Poet unverlangt eingesandten Manuskripten keine Beachtung, doch jene Gedichte sah er sich näher an, um zu prüfen, ob sie die hundertachtzig Lira Nachgebühr wert waren, die er zu entrichten hatte. Er stellte fest, daß ihm das Werk eines echten Künstlers vorlag. In jenem Sommer wurde Montale zu einer Schriftstellerkonferenz in der Nähe von Mailand eingeladen, bei der er und andere prominente Kollegen jeweils einen jungen unbekannten Autor vorstellen sollten. Montale beschloß, seinerseits den sizilianischen Dichter vorzuführen. Wie die restlichen Versammelten in freudiger Erwartung jugendlicher Offenbarungen, traf auch Montale fast der Schlag, als sein vermeintlich junger Protegé Lucio Piccolo sich als überaus scheuer sizilianischer Baron seiner Generation entpuppte, der nicht nur Dichter war, sondern auch über profunde Kenntnisse in Astronomie, Mathematik und Musik verfügte sowie nebst anderen Sprachen das Griechische und Persische beherrschte – eine distinguierte, verschwiegene Erscheinung in, trotz hochsommerlicher Hitze, formellem, dunklem Anzug. Lucio Piccolo wurde auf der Konferenz ein Preis für seine *Neun Gedichte* verliehen. Später erinnerte sich Montale, daß *er kam und ging, ohne ein Wort zu sprechen.*

Begleitet hatte den Dichter sein Cousin, der Fürst von Lampedusa, dessen noch verschlosseneres Wesen sich bereits in seiner noch stärkeren Vermummung andeutete: in jenem Sommer erschien er mit Hut, zugeknöpftem Mantel und einem schweren Spazierstock. Als zusätzliche Begleitperson fungierte *ein sonnengebräunter, stämmiger Diener*, der den beiden Cousins auf Schritt und Tritt folgte. Der Romanautor Giorgio Bassani erinnerte sich, daß auch Lampedusa sich die ganze Konferenz über in Schweigen hüllte und sich bei einer Vorstellung verbeugte, ohne ein Wort zu äußern. Die beiden waren so still, weil sie selbst daheim in Sizilien selten mit anderen in Berührung kamen. Unter sich, in Palermo oder auf Piccolos

Familiensitz in Capo d'Orlando, redeten sie wie die Wasserfälle. Der Fürst hatte ebenfalls ausgedehnte historische Studien betrieben und las Literatur in fünf Originalsprachen. Lampedusa und sein Cousin waren unermüdlich im Austausch von Argumenten, Zitaten, Improvisationen, Anspielungen und absurden Scherzen, die jeden Zuhörer in Erstaunen versetzten. Daß Piccolo seine Handvoll Gedichte mit einem in Wirklichkeit von Lampedusa verfaßten Begleitschreiben an Montale geschickt hatte, stellte den ersten Schritt in Richtung Öffentlichkeit dar, den die zwei je unternahmen.

Und dies war, will man Lampedusas Worten glauben, der eigentliche Anstoß zu dem Roman *Der Leopard*. Der stumme Beobachter der Sommerkonferenz war nicht sonderlich beeindruckt von den berühmten Schriftstellern, die er dort vorfand, und schrieb später an einen Freund in Brasilien, wenn sein Cousin Lucio einen Preis einheimsen könne, ... *war ich doch sicherlich nicht blöder; also setzte ich mich hin und schrieb einen Roman.* Was Lampedusa wirklich dazu bewog, sein eigenes, unvergleichliches Buch zu schaffen, läßt sich nicht ergründen. Aus dem fetten, stillen Knaben, der nicht gern draußen spielte, wie sein Cousin Fulco di Verdura sich verächtlich erinnerte, war ein massiger, schweigsamer Mann von fahler Gesichtsfarbe geworden, dessen Lebensinhalt aus Lesen bestand. Von einer dominanten aristokratischen Mutter ging er in die Hände einer imposanten aristokratischen Gattin über und traf kaum je mit der Gesellschaft zusammen, in der er sich bewegte. Nach seinem Tod mit sechzig Jahren und angesichts seines erstaunlichen postumen Ruhms mühte sich der kleine Zirkel der Palermer Aristokratie redlich um eine Erklärung dessen, was das Buch zu offenbaren hatte, und vermochte sich doch nur an die Schweigsamkeit des Fürsten zu erinnern, an seine massige Statur, seine Blässe. *Mittags speiste er gewöhnlich in der Pizzeria Bellini ... nahm dann nachmittags den Bus nach Hause ... die Abende verbrachte er lesend, während seine Frau sich mit ihren Fällen beschäftigte.* Lampedusa entzog sich dem Urteil seiner Biographen, und sein Roman entzog sich seinen Kritikern.

Zwanzig Jahre bevor er sich ans Schreiben machte, hatte er in Gedanken ein Buch konzipiert, das sich um die Gestalt seines Urgroßvaters drehte und in der Zeit Garibaldis und der italienischen Einigung spielte. Aus diesem Vorhaben war jedoch nichts geworden. Seine Witwe meinte später vage, er sei zu beschäftigt gewesen – *der Krieg ... ein neues Haus* – und habe das Projekt deshalb jahrelang ad acta gelegt. Glücklicherweise brauchte er weder eine Familie zu versorgen noch sich seinen Lebensunterhalt zu verdienen. Selbst der Krieg ging, soweit man das von Kriegen sagen kann, für ihn noch glimpflich aus. Als die Bombenangriffe einsetzten, wurde es ungemütlich in Palermo, doch Lampedusa hielt sich häufig bei seinen Cousins in Capo d'Orlando auf und übersiedelte Anfang 1943 für die restliche Kriegszeit ganz dorthin. 1942, während die meisten in Europa hungerten (oder zumindest Mangel litten) und ganze Armeen bei Tobruk und Stalingrad aufgerieben wurden, schrieb er seiner Frau von einem Mittagessen, bestehend aus Lasagne, Blätterteigpastete mit Hummer, panierten Koteletts mit Kartoffeln, Erbsen und Schinken sowie Cremetörtchen mit kandierten Kirschen von Escoffier, *alles in den üblichen Portionen*. In einem späteren Brief erwähnte er zarte, schmackhafte Steaks von fünf Zentimeter Dicke und eine *wagenradgroße* Scheibe frischen Thunfischs. Wieder einige Zeit darauf bestand seiner Schilderung zufolge ein leichtes sommerliches Mittagsmahl aus Fettucine-Nudeln mit Butter und Parmesan, einem umfänglichen Fisch mit diversen Saucen sowie *pâté de lapin, zubereitet nach den traditionellen Regeln für Wildpasteten: aus Leberpüree, schwarzen Trüffeln, Pistazien, Gemüse-Fond*. Zum Abschluß wurden Meringuen mit Schokoladeneis gereicht.

Am fünften April 1943 überflogen viermotorige amerikanische Bomber Palermo. Bei diesem Angriff, der die bevorstehende Invasion einläutete, wurde ein gutes Drittel des alten Stadtkerns zerstört. Der Palazzo Lampedusa bekam einen Volltreffer ab, und damit war Lampedusas materielles Bindeglied an die Welt seiner Kindheit, seiner Familie und seiner Vergangenheit dahin. Nachdem er die Ruine inspiziert hatte, ging Lampedusa zu Fuß die zwanzig Kilometer bis zum Haus des Fürsten von Mirto in Santa Flavia am Meer, nicht weit von Bagheria, wo die Vettern Salvo später ihr gigantomanisches Hotel Zagarella errichten ließen. Lampedusa traf bis zur Unkenntlichkeit eingestaubt dort ein, und wie der damals anwesende Graf Sarzana später erzählte, saß er drei Tage lang einfach da, ohne ein Wort zu sprechen. Obwohl Lampedusa die Zerstörung des Familienpalazzos bis an sein Lebensende betrauerte, stellten sowohl dieser Verlust wie der des Palastes in Santa Margherita di Belice, wo er seine Kindheitssommer verbracht hatte und der zwanzig Jahre zuvor verkauft worden war, notwendige Ereignisse dar, die seine Phantasie freisetzten. Der verlorene Palast in Santa Margherita, den er an eine verfeindete Familie veräußert hatte, um die Schulden seines sozialistischen Onkels zu begleichen, wurde in Lampedusas Roman zum Anwesen Donnafugata. Der Tod seiner Mutter, der dominanten Fürstenwitwe, im Jahr 1947 mag ein ähnlich befreiendes Erlebnis für ihn gewesen sein.

Ohne diese schweren Einbußen, die das Terrain klärten, wäre seine Phantasie wohl nie in solche Tiefen vorgedrungen. Etwas so töricht Geschwätziges wie das kleine Memoirenbuch seines Cousins Fulco di Verdura hätte Lampedusa niemals geschrieben, auch nicht so etwas wie Dacia Marainis kurzes Werk über Bagheria, in dem sich Nostalgie und Indigniertheit so raffiniert mischten. Doch ohne den Verlust, der ihn in die Grotten seiner Phantasie eintauchen ließ, hätte Lampedusa vielleicht überhaupt nichts geschrieben. Eigenartigerweise verbannte er das Werk – mit dem er Ende 1954, im Erfolgsjahr seines dichtenden Cousins, begann und das nach den Worten seines Biographen David Gilmour *eine Ausflucht nach Jahren voller Enttäuschungen* darstellte *und zugleich die Chance, einem in seinen Augen weitgehend vergeudeten Leben doch noch ein Glanzlicht aufzusetzen* – nach sechs Monaten Arbeit in die Schublade und zeichnete statt dessen seine *Erinnerungen an die Orte meiner frühesten Kindheit* auf, die als Beginn einer Autobiographie konzipiert waren. Seine Witwe deutete später an, sie habe ihn zum Schreiben dieser Memoiren angeregt, damit er seine Wehmut überwinden und über den Verlust der familiären Bezugspunkte hinwegkommen könne. Nicht umsonst war Alessandra Wolff Italiens erste weibliche Psychoanalytikerin. Ob es ihres Rats bedurft hatte, entzieht sich unserer Kenntnis, doch wenn er notwendig gewesen war, dann wirkte er fabelhaft. Nach etwa dreißig Seiten Memoiren nahm Lampedusa die Arbeit an dem Roman wieder auf, in dem er sich dann nie mehr der Sehnsucht und dem Sog der verlorenen Welt der Vergangenheit hingab. Je stärker das Entschwundene mit allen Sinnen wieder heraufbeschworen wurde, desto unerbittlicher setzte sich Lampedusas Intelligenz zur Wehr und erhöhte die sprachliche Spannung, bis der Roman sich zu einer Analyse von Leben und Tod in Sizilien wandelte, die in einer Atmosphäre von untergründiger, ganz unsizilianischer Leichtlebigkeit ausklang. Wie Proust setzte auch Lampedusa die sinnliche Erinnerung zum Verständnis und nicht zum Trost ein. Wie Proust verfügte er über einen überragenden Intellekt. Eine Gruppe befreundeter Studenten hatte sich um den blassen, verschlossenen Fürsten geschart, dessen Erscheinung um diese Zeit den Beschreibungen zufolge an einen pensionierten General erinnerte. Als Lampedusa feststellte, daß sie *von nichts eine Ahnung* hatten, wie er sagte, hatte er tief in die Schatztruhe seiner lebenslangen Lektüre gegriffen und eine Reihe von Vorträgen über englische und französische Schriftsteller verfaßt, deren Werke man abends gemeinsam las. Der Mann in den Fünfzigern, der weit über seine Jahre hinaus gealtert war und an dem Bassani *der bittere Zug um seinen Mund* in Erinnerung blieb, öffnete sich jungen Leuten. Einen von ihnen adoptierte er sogar, übertrug ihm seine Titel und gestaltete nach seinem Vorbild die schlagfertige, ironische und ehrgeizige Figur des Tancredi im *Leopard*.

Tancredi, einem mittellosen jungen Adligen, gelingt der Aufstieg dank seiner Geistesgaben und einer strategisch günstigen Heirat mit der schönen

Tochter eines neureichen Mafioso. Er ist der Neffe des Fürsten Don Fabrizio, der Zentralgestalt des Romans, in dessen hochgewachsener, hellhaariger Erscheinung der Verfasser sich ein idealisiertes Alter ego schuf. Dreh- und Angelpunkt des Romans ist der historische Moment der Einigung Italiens durch Garibaldi. Der *Leopard* besticht nicht eben durch Handlungsreichtum. Die großen Ereignisse werfen ihre Schatten voraus, werden im Rückblick betrachtet oder aus gebührender Entfernung zur Kenntnis genommen. In kleinen häuslichen Vorkommnissen spiegelt sich gebrochen die große weite Welt. Die fürstliche Familie begibt sich auf ihren sommerlichen Landsitz. Sie lädt die Ortsprominenz zu einem festlichen Diner. Der Fürst geht auf Kaninchenjagd. Tancredi und seine Verlobte Angelica durchstreifen die leeren Räume des Palastes. Don Fabrizio wird ein Sitz im italienischen Senat angetragen, den er ablehnt. In Palermo findet ein Ball statt. Der Hauskaplan des Fürsten besucht sein Heimatdorf. Die Atmosphäre unterdrückter erotischer Spannung, die Angelica und Tancredi im ersten Teil schwül umgibt, findet keine Fortsetzung. Sie verpufft in der später wie über die Schulter des Romans hingeworfenen Bemerkung, daß ihrer Ehe kein Erfolg beschieden war.

> Dies waren die besten Tage im Leben Tancredis und Angelicas – zweier Leben, die später nie mehr so sehr eines werden sollten, die so sündig werden würden auf dem unausweichlichen Hintergrund des Schmerzes. Aber damals wußten sie es nicht, sie strebten auf eine Zukunft hin, die sie greifbar wähnten, während sich später herausstellte, daß sie nur aus Rauch und Wind gebildet war. Als sie dann alt und nutzlos weise geworden waren, kehrten ihre Gedanken mit ständigem Bedauern zu jenen Tagen zurück: es waren die Tage der immer gegenwärtigen, weil immer beherrschten Sehnsucht ...
>
> Jene Tage waren die Vorbereitung auf ihre Ehe, die auch im Erotischen mißlang – eine Vorbereitung jedoch, die sich darstellte als ein Gefüge für sich, auserlesen schön und von kurzer Dauer: wie jene Ouvertüren, die länger leben als die vergessenen Opern, denen sie angehören – sie enthalten in ihrer schamhaft verhüllten Heiterkeit alle die Arien, die dann in der Oper, ungeschickt ausgeführt, enttäuschen mußten.

Angelica, am Ende eine korpulente Witwe mit plumpen Beinen und Krampfadern, tritt beim ersten Diner in Donnafugata als unvergleichlich schöne Siebzehnjährige in Erscheinung. Den zu diesem Anlaß servierten Speisen wird einige Aufmerksamkeit gewidmet. Sie sind deshalb von Wichtigkeit, weil die örtlichen Honoratioren gerüchteweise von französischer *haute cuisine* haben munkeln hören und befürchten, als ersten Gang eine wäßrige, fade Suppe vorgesetzt zu bekommen. Als daher die drei livrierten und gepuderten Lakaien eintreten, jeder eine riesige silberne Servierplatte mit einem wahren Bollwerk von *timballo di maccheroni* in den Händen, seufzen die bei Tisch Versammelten ganz ursizilianisch vor Erleichterung und freudiger Erwartung auf.

Das gebräunte Gold der Umhüllung, der starke Duft von Zucker und Zimt, der davon ausströmte, waren nichts als das Vorspiel zu dem Wonnegefühl, das einem im Innern aufstieg, wenn das Messer die Kruste auseinanderriß: Zuerst brach ein mit Wohlgerüchen beladener Dampf daraus hervor, und dann bemerkte man die Hühnerleber, die harten Eier, die Streifen von Schinken, jungem Huhn und Trüffeln in der weichen, heißen Masse der kleinen, kurzen Makkaroni, denen die verdichtete Fleischessenz eine köstliche Gamslederfarbe verlieh.

Wie sie im folgenden der himmlischen Pasta zu Leibe rücken, verrät einiges über die Gäste selbst. Das Gegenstück zu dieser herzhaften und köstlichen heimischen Speise ist die *eintönige Üppigkeit* der Gerichte auf den Buffet-Tischen, wie sie anläßlich des Balls in Ponteleone im Schlußteil des Buchs beschrieben wird.

Korallenrot die lebendig in kochendes Wasser geworfenen Langusten, wächsern, gummiähnlich die Kalbs-chaud-froids, stahlfarben die in die weichen Saucen versenkten Wolfsfische, die Puten, die die Ofenhitze goldgelb gebraten hatte, die unter dem Gelatinepanzer rosigen, fetten Leberpasteten, die Schnepfen – man hatte die Knochen ausgelöst und die Vögel dann sanft auf Grabhügel gerösteter, mit Ambraduft durchzogener Brotstücke gelegt, die mit den ganz fein gehackten inneren Teilen ebendieser Vögel garniert waren – die Fleisch-Gelatinen in der Farbe der Morgenröte, viele andere grausame, schönfarbene Köstlichkeiten ...

Unter Don Fabrizios gesättigtem Blick verströmen die Delikatessen einen Hauch von barockem Grauen. Seine Inspektion der noch traumhafteren Nachspeisen mündet in eine Vision von den abgeschnittenen Brüsten der Heiligen Agatha. Mir kam erneut die Fata Morgana des Mittagessens mit Orlando in der Villa Niscemi in den Sinn. Verspätet begriff ich, daß bestimmte Traditionen eisern aufrechterhalten wurden und bis heute ein gewisses Gefühl für Qualität bestand, das wenig mit Appetit zu tun hatte. Ich wäre unter denen gewesen, die beim Anblick des *timballo di maccheroni* einen genußvollen Seufzer ausgestoßen hätten.

Mit den höchst symbolträchtigen Momentaufnahmen in *Der Leopard* und einer Reihe kontrastierender Dialoge, vornehmlich zwischen dem fatalistischen Fürsten und diversen weniger entsagungsvoll gestimmten Gesprächspartnern, schuf Lampedusa einen knappen, hellsichtigen Zustandsbericht von Sizilien und seinem Platz in der Geschichte. Die dialektische Intelligenz des Buches liegt in seiner harten, knochigen Struktur, die das nachgiebige Fleisch zusammenhält. Ohne diese geistige Härte hätte das Buch wohl eher Viscontis Film geglichen, dessen Regisseur mehr blaues Blut in den Adern hatte als Lampedusa – und den Verstand eines Schaufensterdekorateurs. Freilich hätte das Buch dann vielleicht auch mehr von einem Roman an sich gehabt. Lampedusa schaute sich so viel von Tolstoi und Stendhal ab, daß sein Buch wie ein Roman aus dem neunzehnten Jahrhundert wirkt. Tatsächlich steht es mit seiner Folge von Unterhaltungen, widerstreitenden Theorien, Ansichten und Stimmen aus Vergangenheit, Gegenwart und Zukunft Siziliens eher in Verwandtschaft zu Platos *Symposion. Jedes Wort ist abgewogen*, schrieb Lampedusa an seinen Freund in Brasilien, *und jede Episode hat ihre verborgene Bedeutung.* Die ursprünglich vorgesehene Zeitspanne von vierundzwanzig Stunden hätte dies deutlicher werden lassen, doch die Geschichte sprengte ihren Rahmen. Aus Stillstand und Tod erwächst eine Illusion von Leben und Bewegung. *Der Leopard* erscheint als Roman, hat stets als Roman gegolten, ist aber in Wahrheit eine grandiose barocke Meditation über den Tod.

In seiner ersten Fassung wurde *Der Leopard* im März 1956 abgeschlossen, ein Jahr später folgten zwei weitere Kapitel. Noch unvollendet wurde das Manuskript bei Mondadori, Italiens größtem Verlag, eingereicht. Von dort sandte man es gegen Jahresende mit größtem Bedauern zurück. Sieben Monate später starb Lampedusa mit sechzig Jahren an Lungenkrebs. Kurz nach dem ersten Versuch war eine weitere Kopie des getippten Manuskripts ohne Namensnennung abgeschickt worden. Es blieb über ein Jahr lang ungelesen und unbeachtet liegen, bis jemand es an den Romanautor Giorgio Bassani weiterleitete, der darin das Werk *eines echten Schriftstellers ... eines wahrhaften Dichters* erkannte und unverzüglich auf Veröffentlichung drängte. Zunächst hatte Bassani keine Ahnung, daß es sich bei dem Autor um jenen sizilianischen Fürsten handelte, dem er vier Jahre zuvor erstmals begegnet war. Er begab sich nach Palermo und stellte eine endgültige Fassung zusammen, in die er weitere Teile des Manuskripts einarbeitete, die er wohlverwahrt bei Lampedusas jungen Freunden entdeckte. Im November 1958 erschien *Der Leopard* bei Feltrinelli. Ein gutes Jahr später ging der Roman in die zweiundfünfzigste Auflage.

Die kleine literarische Szene Italiens zu Ende der fünfziger Jahre reagierte alles andere als erfreut auf die Tatsache, daß ein derart unzeitgemäßes Werk zum ersten internationalen Bestseller des Landes wurde, obwohl der Autor bereits tot war. Kardinal Ruffini, der Onkel des gleichnamigen, von den »Freunden« ins Amt gehobenen DC-Ministers, äußerte, *Der Leo-*

pard sei eines von drei Dingen, die Sizilien Schande machten. Die anderen beiden waren Danilo Dolci, der Reformer und Autor, der die Weltaufmerksamkeit auf die Armut Siziliens lenkte, und diejenigen, die behaupteten, daß die Mafia tatsächlich existiere. In der ideologiegetränkten Kultur jener Zeit des Kalten Krieges jedoch waren die Progressiven die schärfsten Kritiker des Buches, und am wenigsten schätzten sie Don Fabrizios umfassende Absage an alle Hoffnungen auf Wandel. Als der liberale Funktionär Chevalley aus dem Norden angereist kommt, um ihm einen Sitz im italienischen Senat anzubieten, winkt der Fürst ab.

> In Sizilien ist es nicht von Wichtigkeit, ob man übel oder ob man gut tut: die Sünde, die wir Sizilianer nie verzeihen, ist einfach die, überhaupt etwas zu »tun«. Wir sind alt, Chevalley, sehr alt. Es sind zum mindesten fünfundzwanzig Jahrhunderte, daß wir auf den Schultern das Gewicht hervorragender, ganz verschiedenartiger Kulturen tragen: alle sind sie von außen gekommen, keine ist bei uns von selbst gekeimt, in keiner haben wir den Ton angegeben ... seit zweitausendfünfhundert Jahren sind wir eine Kolonie. Ich sage das nicht, um mich zu beklagen: es ist unsere Schuld. Aber einerlei – wir sind müde und leer ... Den Schlaf, lieber Chevalley, den Schlaf wollen die Sizilianer, und sie werden immer den hassen, der sie wecken will ...

Zu den vielen Kritikern, die solche Äußerungen als defätistisch und rückschrittlich, als Apologie einer gescheiterten Elite empfanden, gehörte auch Leonardo Sciascia, der eben um diese Zeit zu schreiben begann. Sein eigener erster Roman und größter Erfolg, *Der Tag der Eule*, erschien wenige Jahre nach dem *Leopard*. Wie die meisten Kritiker des Buches zog auch Sciascia Parallelen zwischen der fürstlichen Romanfigur und ihrem fürstlichen Autor; diesen beschuldigte Sciascia 1959 in einer Buchbesprechung, Sizilien in klimatisch-geographischer Abstraktion darzustellen und den wirklichen Gegebenheiten mit aristokratischer Distanz zu begegnen. Die gleiche Meinung verfocht er noch zwanzig Jahre später. 1978 wiederholte er:

> Ich hatte stets das Gefühl, daß Sizilien, wie Lampedusa es in *Der Leopard* beschreibt, nichts weiter als eine der Zeit und Geschichte entrückte geographische und klimatische Abstraktion darstellt. Vielleicht bot dieses von Skeptikern und Adligen bevölkerte Sizilien Lampedusa die Möglichkeit, ein schönes Buch zu schreiben, doch wenn Stendhal, seinem innigsten Wunsch gemäß, die Zeit gefunden hätte, Sizilien zu bereisen, wäre dieses Werk schon ein Jahrhundert früher von ihm geschrieben worden.

In den sechziger Jahren behauptete Sciascia, er habe 1961 mit *Der Tag der Eule* als erster sizilianischer Schriftsteller die Mafia in der Belletristik zum

Thema gemacht. *Keiner hatte bisher in einem für den großen Markt bestimmten fiktionalen Werk dieses Problem hervorgehoben – außer mir*, äußerte er 1965 mit Nachdruck. Wie hatte er nur vergessen können, so fragte ich mich, welch vitale und entscheidende Rolle die Figur des Don Calogero Sedàra im Gefüge des *Leopard* einnimmt?

Die Kutschenkolonne bewegt sich durch die sengende Sommerhitze Zentralsiziliens und erreicht schließlich die Grenze des Familienlandsitzes. In der Landschaft fallen Einzelheiten von keineswegs aristokratischer und schon gar nicht abstrakter Natur ins Auge. Beispielsweise der Brunnen:

> ... er konnte Einweichtrog sein, Viehtränke, Kerker und Erbbegräbnis. Er stillte den Durst, er verbreitete den Typhus, er verwahrte eingesperrte Christenmenschen, er verbarg Leichname von Tieren und von Menschen so lange, bis sie sich in glattpolierte und namenlose Skelette verwandelt hatten.

In diesem kundigen Einblick ist viel von sizilianischem Leben und Sterben auf dem Land enthalten. Die Leichname finden nicht nur in den Geschichten von Entführungen und Zerstückelungen Erwähnung, mit denen Tancredi später den aus dem Norden stammenden Chevalley reizt, sondern schon dort, wo die Rede auf Tancredis zukünftigen Schwiegervater Don Calogero, den Vater Angelicas, kommt. Nach der Ankunft im Palast erfährt der Fürst von seinem Gutsverwalter, daß Don Calogero Sedàra, der Bürgermeister des Ortes, mittlerweile Grundbesitz in einer Größenordnung erworben hat, die ihm Einkünfte in gleicher Höhe wie jene des Fürsten einträgt, und daß seine Anwesen in dieser Gegend davon noch den geringsten Teil ausmachen. Auch politisch hat Sedàra an Einfluß gewonnen. Soweit man weiß, hat er gehörigen Anteil an der Befreiung gehabt und fungiert nun im Ort als Haupt der Liberalen, der neuen politischen Kraft; es gilt als sicher, daß er Abgeordneter im neuen Nationalparlament werden wird.

Sedàra spricht ein hundsmiserables Italienisch. Er ist klein von Statur, verschlagen, habgierig, stets schlecht rasiert, hochintelligent und bereits zu diesem Zeitpunkt sehr vermögend. Er hat eine wunderschöne, bäurisch ungeschliffene Frau, die er vor aller Welt verborgen hält. Ein Jagdgefährte erzählt dem Fürsten, daß deren Vater, *ein so schmutziger und unzivilisierter Mensch, daß alle ihn Peppe 'Mmerda, Stinkmist, nannten, entschuldigen Exzellenz das Wort,* zwei Jahre nach ihrer Heirat mit Don Calogero tot auf einem Feldweg gefunden wurde. *Peppe Stinkmist* hatte zwölf Schrotkugeln im Rücken. *Immer hat er Glück, dieser Don Calogero; denn der Alte wurde unbequem und anmaßend.* Bei der Jagd kommt dem Fürsten nicht nur zu Ohren, daß die Frau, die sein Neffe Tancredi, Fürst von Falconeri, zu heiraten wünscht, die Enkelin jenes bäuerlichen Mafiaopfers *Peppe Stinkmist* ist. Er entdeckt auch, daß ihr Vater, der Bürgermeister, bei der Volksabstimmung über die staatliche Einheit Italiens das Ortsergebnis manipuliert hat. Angeblich hatten hundert Prozent dafür gestimmt. Der Fürst erinnert sich.

> Italien war an jenem finsteren Abend in Donnafugata geboren worden; geboren hier, in diesem vergessenen Ort, wie im lässigen Palermo und im erregten Neapel ... geboren war es, und man mußte hoffen, daß es in dieser Form würde leben können – jede andere würde schlechter sein. Einverstanden. Und doch hatte diese beharrliche Unruhe etwas zu bedeuten. Er spürte: während jener allzu trockenen Verkündung von Zahlen, wie während der allzu hochtrabenden Reden war irgend etwas, irgendwer gestorben, Gott allein wußte in welcher schmalen Gasse des Ortes, in welchem Winkel des Gewissens seiner Einwohner.

Nun versteht der Fürst, was da gestorben war:

> Jetzt wußte er, wer in Donnafugata und in hundert anderen Orten im Lauf jener Nacht voll unsauberen Windes getötet worden war: ein Neugeborenes – die Redlichkeit ... Die Nein-Stimme Don Ciccios, fünfzig gleiche Stimmen in Donnafugata, hunderttausend NEIN im ganzen Königreich hätten am Ergebnis nichts geändert, hätten es vielmehr noch bedeutungsvoller gemacht, und es wäre diese Seelenverstümmelung vermieden worden.

Tancredi will mit Angelica ins Bett, weil sie schlicht begehrenswert ist, doch er will sie auch heiraten, um nach dem Verlust des Familienvermögens wieder zu Geld zu kommen und die aufgegebene Villa mit der Bougainvillea im alten Glanz zu restaurieren. Sein fürstlicher Onkel begreift diese strategische Notwendigkeit und empfiehlt schließlich Don Calogero Sedàra für das ursprünglich ihm selbst angetragene Senatorenamt. Selbst aus dem Handlungszusammenhang gelöst, erschien mir diese Passage nicht als eine der Zeit und Geschichte entrückte Abstraktion. Knapp und nur gerade eben angedeutet, stellt sie die prägnanteste erzählerische Darstellung jener ursprünglich sizilianischen Verquickung von Geschäftswelt, Verbrechen und Politik im modernen Italien dar, die Keimzelle alles Kommenden. Eine scharfsinnige, unausgesprochene Analogie zieht sich durch die Geschichte von Don Calogero und seinem politischen Aufstieg infolge der Befreiung Siziliens im Jahr 1860. Sie verweist auf die spätere Befreiung durch die Amerikaner, im Jahre 1943, und auf die Lokalgrößen, die dank der Democrazia Cristiana in ebenjener Zeit zu Höherem aufstiegen, als Lampedusa an seinem Roman schrieb. Der Don Calogero Sedàra im *Leopard* hat mehr als nur den Vornamen und das ungepflegte Äußere mit Don

Calogero Vizzini gemeinsam, dem *capo di tutti i capi*, der die US-Armeen bei ihrem Eintreffen mit Lucky Lucianos gelbem Seidentüchlein willkommen hieß. Don Calogero weist auch eine starke und recht ahistorische Ähnlichkeit mit Totò Riina auf, dem verschmuddelten, ungebildeten Mann von der Straße, der die Milliardenumsätze seines multinationalen Unternehmens mit Bleistift in einem eselsohrigen Notizbuch festhielt. Lampedusa spricht an dieser Stelle nicht offen von der Mafia, aber er läßt ihre bedeutsame Präsenz durchscheinen. Der Brunnen, die Leichname, der plötzliche Reichtum, die bewaffneten *campieri* des Fürsten, die Bewacher des Anwesens mit ihren Flinten *von nicht unbedingter Ungefährlichkeit.* Eine spätere Episode, in der Pater Pirrone in die Niederungen seines Heimatdorfes hinabsteigt, wirft ein deutliches Licht auf die ländliche Welt der Ehrenmänner. Der Jesuitenpriester stattet seiner Familie einen Besuch ab und wird dabei in ein brutales Gespinst aus Fehden, Verführung und Erbstreitigkeiten verwickelt, welches er auflöst, indem er eine Heirat arrangiert, die allen strategischen Interessen entspricht, ähnlich wie die von Tancredi und Angelica.

Wenn wir wollen, daß alles bleibt, wie es ist, dann ist nötig, daß alles sich verändert, äußert Tancredi zu Beginn des Romans, als er voll Eifer seinem Onkel erläutert, warum er sich auf die Seite von Garibaldi schlägt. Sein Satz bringt die Haltung der sizilianischen Herrscherklasse auf den Punkt, die sich stets mit den neuen Invasoren zu arrangieren trachtete; ist dies vollbracht, paßte man Wünsche und Willen der Eindringlinge den eigenen Interessen an. Es stimmt nicht ganz, daß alles bleibt, wie es ist – der Fürst weiß dies wohl, und der Roman zeigt es ebenfalls. Auch die Geschichte. Was aber stets blieb, wie es war, ungeachtet aller Machtverschiebungen an der Spitze, war das Leben der armen Sizilianer.

> Im bläulichen Schimmer von fünfeinhalb Uhr morgens gesehen, erschien Donnafugata öde und hoffnungslos. Vor jeder Wohnung lagen in Haufen längs der wie mit Aussatz bedeckten Mauern die Überbleibsel der jämmerlichen Mahlzeiten; zitternde Hunde durchwühlten sie mit einer immer enttäuschten Gier. Hier und da stand schon eine Tür offen, der üble Geruch der vielen Schläfer verbreitete sich auf die Straße; im Dämmerlicht der Dochte hoben die Mütter die Lider ihrer Kinder, die an Trachomen litten: diese Mütter trugen fast alle Trauer, etliche waren die Frauen solch dummer Tröpfe gewesen, über die man an den Biegungen der Saumpfade stolpern kann. Die Rodehacken fest in der Hand, kamen die Männer heraus, um jemanden zu suchen, der ihnen, wenn es Gott gefiele, Arbeit gäbe; kraftloses Schweigen oder erbittertes Gekreisch hysterischer Stimmen …

Kurz bevor er 1955 mit der Arbeit am *Leopard* begann, hatte Lampedusa erstmals Palma di Montechiaro besucht, jenen Ort bei Agrigent, dem er seinen Herzogtitel verdankte und der 1637 von einem seiner Vorfahren als ein *Neues Jerusalem* gegründet worden war. Manche Details im *Leopard* beruhen eindeutig auf Gegebenheiten, die Lampedusa in Palma vorfand, beispielsweise das hermetisch verschlossene Kloster, das – im wahren Leben wie im Roman – für eine Vorfahrin des Fürsten zum Refugium geworden war und wo ein weiterer Ahne seine letzten Jahre in einem Sarg geschlafen hatte. 1959, ein Jahr nach Erscheinen des *Leopard*, widmete ein junger Parasitologe aus Bologna sich mehrere Monate lang in Palma dem Studium der sizilianischen Lebensbedingungen. Über die Hälfte der Ortsbewohner waren Analphabeten, die Kindersterblichkeit betrug fünfzig Prozent. Auf den Bauernhöfen lebte das Vieh – Maultiere, Pferde, Ziegen, Rinder, Kühe und Schweine – mit den Besitzern unter einem Dach. Nur ein Drittel der Häuser verfügte über fließendes Wasser, das in jedem Fall verschmutzt war, und ein örtlicher Reinigungstrupp von zwanzig Mann, die seit sieben Monaten kein Gehalt gesehen hatten, transportierte die nächtlichen Ausscheidungen in offenen Maultierkarren ab. Die Abwässer durchflossen unkanalisiert die Straßen, überall fanden sich Schwärme von Fliegen, und der Gestank war überwältigend. Neben einer reichen Fauna von Darmparasiten grassierten Malaria, Typhus, Trachome sowie obskure Viren, die nach der Lehrmeinung in Europa eigentlich gar nicht vorkamen. Die Kinder arbeiteten im Kalksteinbruch, und Fleisch kam praktisch nirgendwo auf den Tisch. In dem fürstlichen Ort, wie er sich 1959 präsentierte, war anscheinend die Zeit seit hundert Jahren stehengeblieben, und um in seinem historischen Roman mit jenen Zeilen über den Ort bei Tagesanbruch das sizilianische Elend zu beschreiben, brauchte Lampedusa lediglich aufzuzeichnen, was er bei seinem Besuch dort vorfand. Nichts hatte sich geändert.

Nachdem er 1860 auf Sizilien gelandet war und zunächst Palermo, dann die ganze Insel befreit hatte, kämpfte sich Garibaldi relativ mühelos von Marsala aus Richtung Norden. Wie Sciascia Andreotti bei einer ihrer wenigen Begegnungen ins Gedächtnis rief, standen die *picciotti* in Sizilien Garibaldi zur Seite, weil sie von ihren Bossen dazu abgeordnet worden waren; in Neapel wurden die *guaglioni* vorübergehend als Nationalgarde zur Ordnungsmacht, wanderten allerdings ins Gefängnis, sobald der Befreier weiterzog. Die bourbonische Monarchie war rasch besiegt und der Mezzogiorno bald dem vereinten Italien einverleibt, das nun vom Haus Savoyen aus dem Piemont im Norden regiert wurde. Von dieser Verschiebung des ökonomischen und politischen Schwerpunkts innerhalb Italiens sollte sich der Süden nie mehr erholen. Neapel verfiel zusehends und unwiderruflich. Seine eben keimende Schwerindustrie verpflanzte man, um das Wachstum im Norden zu fördern, wo nach wie vor das industrielle Kerngebiet Italiens lag. Den Unternehmen im Industriedreieck zwischen Turin, Genua und Mailand wurden protektionistische Steuererleichterungen gewährt. Zu Beginn des zwanzigsten Jahrhunderts erlebte die Wirtschaft im industrialisierten Norden einen Aufschwung. Turin, die alte Residenzstadt des Hauses Savoyen, wurde zum Hauptsitz der Fiat-Motorenwerke, eines der größten Industrieunternehmen in Europa. Zur gleichen Zeit stürzte der Preisverfall für Öl, Wein und Wolle den Süden in eine Wirtschaftskrise, die um die Jahrhundertwende wahre Massen von Landbewohnern zur Emigration nach Süd- und Nordamerika bewog. All die Jahre hindurch hatte der Mezzogiorno, ungeachtet seiner größeren Armut, höhere Steuern zu entrichten und erhielt dafür weniger an Subventionen und Kapitalinvestitionen als die nördlichen Regionen Italiens. Die Rücklagen des Südens und die Geldsendungen der Emigranten wurden vom Norden aufgesogen, und die Kluft zwischen dem fortschrittlichen und dem unterentwickelten Italien verbreiterte sich. Im modernen Nationalstaat blieb der Mezzogiorno weiterhin *das Schwanzende von Italien*, wie Papst Leo X. ihn genannt hatte. In der herrschenden Klasse des Südens mit ihren reaktionären, schmarotzerhaften Abgeordneten und ihren kriminellen Verbündeten fanden diese Realitäten ihren politischen Ausdruck. Alles hatte sich verändert, wie von dem hellsichtigen jungen Tancredi im *Leopard* vorausgesehen, und alles war gleich geblieben.

Manche Ursachen reichten auch weiter zurück. Die Forschungen eines Politikwissenschaftlers der Universität Harvard namens Putnam ergaben, daß die Entwicklung von Nord- und Süditalien bereits vor fast tausend Jahren auseinandergedriftet war. Das im Süden von den normannischen Söldnern gegründete feudale Königreich war, wie zuvor schon die byzantinischen und arabischen Staatsgebilde, ein zentralistisches und absolutistisches System. Hinsichtlich Verwaltung, Wirtschaft und Sozialgefüge war das Regime im Süden sehr fortschrittlich. Seine Verfassung aus dem Jahr 1230 enthielt die erste Kodifizierung von Verwaltungsrecht in Europa für die folgenden siebenhundert Jahre. Unter normannischer Herrschaft entstand 1224 in Neapel Europas erste staatliche Universität. Es war bereits eine multikulturelle, religiös tolerante Gesellschaft, in der Griechen, Araber, Juden, Romanen und Italiener vereint ihre Kunstfertigkeit entfalteten. Doch rührte der Reichtum des Südens vom Grundbesitz und nicht vom Handel her, und durch seine effiziente Verwaltungspraxis verstärkte das

Regime die soziale Hierarchie nur noch weiter. Gerade durch seine Stärken stand es dem Wandel im Weg, während sich im Norden bis zum zwölften Jahrhundert Florenz, Venedig, Bologna, Genua und Mailand bereits zu einem Netz von Stadtrepubliken fortentwickelt hatten. Sie stellten Stadtstaaten mit aktiver Bürgerschaft und professioneller öffentlicher Verwaltung dar. Ihren Reichtum verdankten sie dem Finanzwesen und dem Handel, und hier entstanden die Institutionen des modernen Kapitalismus. Putnam zufolge bildete sich zu dieser Zeit die Spaltung zwischen dem hierarchisch gegliederten, autokratischen und bürokratischen Süden und dem demokratisch geordneten, unternehmerischen und weitblickenden Norden heraus. Gegen Ende des siebzehnten Jahrhunderts begann die Macht des Adels im Norden bereits abzubröckeln, wohingegen die Bourbonen im Süden über den größten und am schlechtesten verwalteten italienischen Teilstaat herrschten. Seine Hauptstadt Neapel, 1791 doppelt so groß wie Rom und dreimal so groß wie Mailand, war

> ein grotesker Parasit, dessen Bewohner vorwiegend aus Hofangestellten, Priestern, Domestiken und Bettlern bestanden ... er saugte einer völlig ausgezehrten und verarmten, rechtlosen Bauernschaft das Mark aus den Knochen.

Nach der Vereinigung war es vor allem der Süden, aus dem Emigranten auf die Schiffe Richtung Neue Welt strömten. Zwischen 1901 und 1910 kamen fast eindreiviertel Millionen Neueinwanderer aus dem Mezzogiorno in die Vereinigten Staaten; der Norden entsandte im gleichen Zeitraum nur rund dreihunderttausend Menschen. Jenseits des Ozeans bildeten sich Kolonien und Gemeinden. Anfang der zwanziger Jahre ließen die amerikanischen Einwanderungsgesetze den Zustrom der Emigranten zu einem spärlichen Rinnsal werden, und die faschistische Ära sowie ein neuer Weltkrieg schotteten Italien schließlich völlig ab. Gut zwanzig Jahre nach Anbruch des Faschismus lag die italienische Wirtschaft darnieder, und die meisten Menschen im Süden litten Hunger. Nach Kriegsende wanderten viele junge Süditaliener nordwärts ab, wurden zu Fremden im eigenen Land, zum Kanonenfutter für Italiens Wiederaufbau und den folgenden wirtschaftlichen Boom. Manche, zumeist unverheiratete Männer, zogen noch weiter nach Norden, in die Schweiz, nach Deutschland und zu den belgischen Bergwerken. 1977 schrieb Manlio Rossi-Doria, ein profunder Kenner der Agrargesellschaft des Südens:

> Unter allen Veränderungen, die sich im Lauf der vergangenen dreißig Jahre für den Mezzogiorno ergeben haben, war die Abwanderung von nahezu fünf Millionen Süditalienern in die nördlichen Regionen Italiens und Europas sicherlich die massivste, einschneidendste und

schmerzlichste ... Es läßt sich schier nicht ermessen, welch enormen Preis all diese Auswanderer dafür zu entrichten hatten ...

Manche sahen ihr Heil immer noch in Übersee. In den elf Nachkriegsjahren zwischen 1946 und 1957 überwog die Zahl der italienischen Auswanderer die der Heimkehrer um eine gute Million; und nahezu drei Viertel davon kamen aus dem Süden. Neben Argentinien, dessen Bevölkerung zu sechzig Prozent italienischer Herkunft war und wohin sich nach wie vor die meisten wandten, blieb Australien als eine der wenigen ausländischen Anlaufstationen übrig. Trotz der gewaltigen Entfernung waren die Aussichten dort beachtlich. Viele blieben auf immer dort. Zwischen 1951 und 1971 verlor der Mezzogiorno, selbst unter Einrechnung der Heimkehrer, über vier Millionen Einwohner, bei einer Gesamtbevölkerung von knapp über achtzehn Millionen. *Es war ein Phänomen von kolossalen Ausmaßen.* Die armen bäuerlichen Gemeinden im Landesinneren, Rossi-Dorias *nackter Süden* der Getreidefelder und Viehweiden, wo ein Drittel der Gesamtbevölkerung im Mezzogiorno lebte, büßten die Hälfte ihrer Einwohner ein. Die Kluft zwischen den beiden Italien wurde größer und größer.

V EIN GEFANGENER

1971 trat Leonardo Sciascia mit einem kurzen Werk an die Öffentlichkeit, das sich recht deutlich von seinen früheren Romanen abhob. Während er in diesen durchweg die sizilianischen Themen unverblümt und realistisch behandelt hatte, präsentierte sich *Il Contesto* (deutsch: *Tote Richter reden nicht*) seinem Untertitel zufolge als Parodie und war eine Detektivgeschichte (oder eben die Parodie einer solchen), eingebettet in eine politische Intrige in einem ungenannt bleibenden Land, das stark an Sizilien erinnert. Ein literarisch gebildeter Polizeidetektiv namens Inspektor Rogas – dessen romanischer Name vermuten läßt, daß es sich bei diesem offensichtlich erfundenen Charakter um jemanden handelt, der seinen Voltaire genau kennt – untersucht die Mordserie an einer Reihe prominenter Richter. Er stellt bald fest, daß seine eigenen Vermutungen, wonach die Morde als Racheakte eines zu Unrecht Verurteilten anzusehen sind, der Fährte zuwiderlaufen, auf die seine Chefs ihn ansetzen möchten – ihr zufolge sind politisch motivierte Linksextremisten für die Taten verantwortlich. In Sciascias Geschichte werden die logischen Vorgänge von Aufdeckung, Klärung und Lösung jedoch auf den Kopf gestellt, und was zunächst als durchaus unkompliziertes, rational erklärbares Problem erscheint, verzwirbelt sich zunehmend zu einem trüben Strudel verborgener Kräfte, obskurer Verflechtungen und geheimer Motive. Am Ende der Geschichte wird Rogas selbst ermordet. Tags zuvor hat er einem befreundeten Schriftsteller seine Verdachtsmomente anvertraut, ohne daß diese dem Leser jemals vollends klar werden. Letztlich ist der Leser am Ende so klug wie zuvor. Will er die abrupt endende Novelle dennoch verstehen, sieht er sich zu dem Versuch gezwungen, die Ereignisse zu einer Folge von haarsträubenden Hypothesen zu verknüpfen. Sciascia entzieht sich und entläßt den Leser mit einer leisen Übelkeit. Mein eigenes Unbehagen wurde noch durch einen französischen Kritiker genährt, der schrieb, es sei *möglich, wenn auch nicht einfach*, die Dynamik der Morde in der Kunstgalerie am Ende der Geschichte zu rekonstruieren. Ich hatte es erfolglos versucht und wurde nun das Gefühl nicht los, daß mir das Wesentliche entgangen war.

Tote Richter reden nicht übt auf den Leser eine ähnliche Wirkung aus wie die konzentrierte Lektüre der italienischen Tageszeitungen zur Entstehungszeit der *Wahren Geschichte Italiens*. Abscheuliche Morde, seltsame Zufälle, zahlreiche Details, schleichende Bedrohung und keinerlei gesicherte Erkenntnisse. *Wie jeder Polizeibeamte, der auf seinen Ruf hält, also vor sich selber jenen Respekt hat, den er dann von den Lesern ernten will*, lebt Rogas allein, erinnert sich aber vage, daß er einmal eine Frau hatte. Gegen Ende der

Geschichte begibt er sich in sein Donnerstagslokal, um alles beim Mittagessen zu durchdenken. Rogas ist auch im kulinarischen Bereich ein Kenner und sucht an jedem Wochentag ein anderes Restaurant auf: *alle sieben [betrachteten] ihn als Stammgast, aber man war seiner doch nicht so sicher, als daß man ihn schlecht behandeln konnte.* Nachdem er Speisen und Wein sorgsam gewählt hat, ißt er geistesabwesend, in Gedanken bei dem Problem, das ihn umtreibt.

> Innerhalb einer Kette von Verbrechen, die aufzuklären er sich von Berufs wegen verpflichtet fühlte, um den Täter der gerechten Strafe oder doch den Justizbehörden zuzuführen, hatte sich ein anderes erhoben, ein Verbrechen gegen die Grundprinzipien des Staates, das zu klären jedoch nicht sein Beruf, ja, gegen seinen Beruf war. Praktisch handelte es sich darum, den Staat gegen jene zu verteidigen, die ihn darstellten und die ihn gefangenhielten. Der Staat wurde gefangengehalten. Und er mußte befreit werden. Auch er war gefangen, er konnte nichts tun als versuchen, eine winzige Bresche in die Gefängnismauer zu schlagen.

Wenn man nach intensiver Beschäftigung mit der *Wahren Geschichte Italiens* dieses Buch, *Tote Richter reden nicht*, erneut liest, verblüfft es einen, wie früh und wie genau Sciascia wahrnahm, was in Italien vor sich ging. Die eben zitierte Stelle könnte als Motto der *Wahren Geschichte* dienen. *Tote Richter reden nicht* ist ein prophetisches Werk über die Geschichte Italiens in den siebziger und achtziger Jahren. Rogas wird zufällig Zeuge eines geheimen Treffens, an dem neben dem Obersten Richter auch die Spitzen von Polizei und Streitkräften sowie Regierungsmitglieder teilnehmen – Sciascia schrieb dies zehn Jahre, bevor die Verschwörung der P2 aufgedeckt wurde. Die Richter und Politiker in *Tote Richter reden nicht* fallen Attentaten zum Opfer, die Jahre später die Roten Brigaden und die Mafia tatsächlich (nach)vollziehen. Das fragwürdige Verhalten der linken Opposition am Schluß der Geschichte brachte die kommunistische Partei bei Erscheinen des Buches in Harnisch. Und als Rogas beobachtet, wie eine Regierungslimousine nach dem geheimen Treffen diskret vom Haus des Obersten Richters davongleitet, und darin *derart in die Ecke seines Wagens gedrückt, daß er leer erschien, den Außenminister* erspäht, überprüfte ich unverzüglich die realen Gegebenheiten, um festzustellen, daß Andreotti damals noch etwa ein Jahr vom Amt des Ministerpräsidenten und mehr als ein Jahrzehnt von dem des Außenministers entfernt war. Den überwiegenden Teil der sechziger Jahre diente er als Verteidigungsminister.

Mit seinem Gespür für das untergründige Rumoren in der italienischen Gesellschaft und seiner besonders fein entwickelten Antenne für die Erschütterungen, die von Sizilien ausgehend später auch das Festland erfaßten, verdichtete Sciascia diese Tendenzen zu Bildern und Handlungssträngen von solcher Präzision, daß die Realität dem von seiner Phantasie eingeschlagenen Weg folgte. 1971 schrieb er in einem Nachwort zu *Tote Richter reden nicht*, die Geschichte sei ursprünglich als witzige Persiflage gedacht gewesen, doch

> ... an einem bestimmten Punkt begann sich die Geschichte in einem nur in der Einbildung vorhandenen Land abzuspielen; in einem Land, wo die Ideen außer Kurs geraten waren, wo die Prinzipien – noch proklamiert und mit Beifall aufgenommen – Tag für Tag verhöhnt wurden, wo in der Politik die Ideologien zu bloßen Bezeichnungen herabgesunken waren, wo es bei den Auseinandersetzungen der Parteien lediglich um Macht ging, wo nur die Macht um der Macht willen zählte. Wie gesagt, spreche ich dabei von einem Land, das nur in der Einbildung existiert. Man mag dabei an Italien denken, an Sizilien; aber nur in dem Sinne wie mein Freund Guttuso, wenn er sagt: *Auch wenn ich einen Apfel male, ist Sizilien da.* Das Licht. Die Farbe. Und der Wurm, der ihn von innen her aushöhlt? Jedenfalls gehört der Wurm in meiner Parodie ganz der Vorstellung an. Sizilianisch und italienisch mögen das Licht, die Farbe sein (aber ist etwas davon zu spüren?), die Vorfälle, die Einzelheiten; aber die Substanz (wenn sie da ist) will etwas über das Wesen der Macht aussagen, über die Macht, die immer undurchsichtigere Formen der Verflechtungen annimmt, wie sie in gewisser Weise für die Mafia eigentümlich sind.

Nachdem Sciascia die »Parodie« abgeschlossen hatte, ließ er sie zwei Jahre in der Schublade liegen. Als Grund hierfür vermutete er, daß er ursprünglich etwas Unterhaltsames hatte schreiben wollen, am Schluß jedoch nichts Amüsantes mehr daran finden konnte.

Allerdings jagt bei Sciascia auch in seinen unbeschwertesten Momenten niemals ein Gag den anderen. Sein nächstes Buch, *Todo Modo* oder *Das Spiel um die Macht*, erschien 1974 und schildert die *Exerzitien* einer Gruppe recht weltlich gesonnener christdemokratischer Politiker und einflußreicher Persönlichkeiten. Die Klausur, die der geistigen Einkehr dienen soll, findet in einem Luxushotel statt, das der geschäftstüchtige Priester und Leiter der Exerzitien über einer alten Einsiedelei hat errichten lassen. Mit von der Partie ist ein illustrer Küchenchef, dank dem die Politiker *sich eine ganze Woche lang der Geistesakrobatik widmen würden, allerdings ohne sich kasteien zu müssen.* Neben viel Ränkeschmieden und Sex kommt es zu einer Reihe von Morden, deren Hintergründe wie in dem vorausgegangenen Roman lediglich angedeutet, aber nie offenbart werden. Das erste Mordopfer ist ein ehemaliger Senator: *ein scharfgeschnittenes Fuchsgesicht ... ein Mann, der auf dem Gebiet der Patristik und Scholastik recht bewandert war.* Dieser Ex-Senator wird während des abendlichen Rosenkranzgebets erschossen, und einige Tage später bekommt der Ermittlungsbeamte einen Berg von dem Opfer unterzeichneter Schecks in Fotokopie auf den Tisch. Ausgestellt waren sie auf *Sonder- und Geheimfonds, über die er [der Ermordete] verfügte.*

Sind denn auch Schecks zugunsten eines der hier einquartierten Gäste dabei?

Eines? Aller, ausnahmslos aller! Nicht einer ist hier, der nicht sein Teil abbekommen hätte.

Hier verkürzte sich die Zeitspanne zwischen Sciascias vorausgreifender Phantasie und der nachfolgenden Realität. *Todo Modo* erschien nur zwei oder drei Jahre vor dem Italcasse-Skandal. Diese gigantische und komplizierte Affäre gärte Ende der siebziger Jahre unter der Oberfläche und wird in der *Wahren Geschichte Italiens* ausführlich behandelt. Sie stellte sich als so verwickelt heraus, und die Anstrengungen, sie unter Verschluß zu halten, waren so weitreichend und wirksam, daß die Einzelheiten erst zwanzig Jahre später ans Licht kamen. Italcasse war eine staatseigene italienische Bank, die letztlich von der DC kontrolliert wurde; ein berühmt-berüchtigter, fünf Jahre nach *Todo Modo* verfaßter Artikel behandelte *Die Schecks des Präsidenten* – Schecks, die Giulio Andreotti auf einige höchst fragwürdige Zeitgenossen ausgestellt hatte und die von Konten abgingen, *über die er verfügte.* Den Artikel selbst hat niemand je zu Gesicht bekommen, weil er noch vor der Veröffentlichung verschwand und sein Autor erschossen wurde. Bei der Verfilmung von *Todo Modo*, ein Jahr nach der Veröffentlichung des Romans, erschienen die im Buch nur skizzierten Gestalten klar erkennbar als reale DC-Potentaten, und eine stellte ganz eindeutig Aldo Moro dar.

Moro diente vor Andreotti in den späteren siebziger Jahren als Ministerpräsident: er war ein exzellenter katholischer Ideologe und der geduldige, unermüdliche *große Baumeister* der neuen Verständigung mit den Kommunisten, die deren Chef Enrico Berlinguer als historischen Kompromiß und Moro als *die unvermeidliche Konvergenz von Parallelen* bezeichnete. Indem das Establishment die Opposition schluckte und assimilierte, lief der italienische Transformismus erneut zu Höchstform auf; *alles veränderte sich, damit alles bleiben konnte, wie es war.* Die Linke hatte an Stärke gewonnen. Die Kommunisten wollten mitregieren und drifteten bereits hoffnungsvoll nach rechts ab, um zu beweisen, daß man sie in die Verantwortung nehmen konnte. Das gefiel durchaus nicht allen, insbesondere nicht den Roten Brigaden, die in ihrem *Vernichtungsfeldzug* gegen die herrschende Klasse Italiens während der beiden zurückliegenden Jahre fünfzehn Menschen getötet hatten und entschlossen waren, alle Verständigungsversuche zunichte zu machen. Das gleiche galt für die Ränkeschmiede und Terroristen der Rechten, und vielleicht auch für die großen, mächtigen Freunde. Als Moro sich bemühte, *die unvermeidliche Konvergenz von Parallelen* in Washington zu erläutern, hatte Henry Kissinger ihn wutentbrannt und lauthals zur Schnecke gemacht. Und doch hatte die christdemokratische Schlange in aller Ruhe und Geduld das kommunistische Kaninchen hypnotisiert und war nun bereit, es zu verschlingen.

Dies sollte am Vormittag des sechzehnten März 1978 geschehen. Als Moro, der Vorsitzende der DC, sich Richtung Parlament aufmachte, war der Tag für ihn schon so gut wie gelaufen. Was anstand, war die Vereidigung einer neuen Regierung unter Giulio Andreotti. Zum drittenmal in Folge und zum fünftenmal innerhalb des Jahrzehnts wurde Andreotti Ministerpräsident, diesmal jedoch einer Regierung, die sich unter anderem auf die Kommunisten stützte. *Der große Baumeister* Moro hatte die Kommunisten zum Schulterschluß bewegt, ohne ihnen Machtbefugnisse zugestehen zu müssen, und wer schien nun geeigneter, die kommunistische Herausforderung im Keim zu ersticken und eigenen Interessen anzupassen, als der Erzchristdemokrat Giulio Andreotti? *Die Macht verschleißt denjenigen, der sie nicht hat,* lautete sein persönliches Motto. Er hatte versprochen, die Kommunisten zu Rate zu ziehen. Sie würden sich *im Dunstkreis der Regierung* bewegen und überschlugen sich fast vor Freude. Soweit seine melancholische Natur es zuließ, empfand Moro Zufriedenheit mit der Lösung.

Kurz nach der Abfahrt gerieten er und seine Sicherheitseskorte an jenem Morgen mitten in Rom in einen Hinterhalt. Ein Kommando der Roten Brigaden stellte sich ihrem Konvoi auf der Via Fani in den Weg, tötete Moros Chauffeur und seine vier Leibwächter, zerrte den Politiker in ein anderes Auto und verschwand. Mit Ausnahme seiner Bewacher von den Roten Brigaden sah niemand ihn lebend wieder – nur noch auf Polaroidbildern, die aus dem *Volksgefängnis* an die Öffentlichkeit weitergegeben wurden.

Fünfundfünfzig Tage lang hielten die Roten Brigaden Moro in Rom gefangen, während Polizei und Sicherheitskräfte mit erstaunlicher Ineffizienz versuchten, ihn aufzuspüren. Eine Reihe von Kommuniqués der Roten Brigaden und Briefe von Moro akzentuierten das dramatische Geschehen. Es herrschte allgemeine Plan- und Kopflosigkeit. Niemand schien von Polizei und Sicherheitskräften die Rettung Moros zu erwarten; derweil mußte er sich in seinem Geheimversteck vor einem *Volksgericht* verantworten. Es roch verdächtig nach geheimdienstlichen Umtrieben. Die

Sozialisten wünschten offene Verhandlungen mit den Roten Brigaden, um Moros Freilassung zu erwirken. Den Kommunisten, auf Armeslänge von Respektabilität und doch noch meilenweit von wirklicher Macht entfernt, grauste es besonders davor, durch eine wie immer geartete Verknüpfung mit diesem linksextremistischen Alptraum Schuld auf sich zu laden, weshalb sie darauf drängten, keinesfalls mit den Entführern zu verhandeln. Die DC-Führer waren längst dieser Ansicht, doch die Kommunisten traten am entschlossensten dafür ein. Keine Zugeständnisse an die Roten Brigaden. Das war das Todesurteil für Aldo Moro.

Allerdings ein weder leichtes noch rasches. Fünfundfünfzig Tage sind eine lange Zeit, und der Streit darum, was zu tun sei, wogte hin und her. Moro sandte Briefe an seine engsten Freunde innerhalb der DC, in denen er sie flehentlich bat, in Verhandlungen zu treten, Gründe nannte, die für die Rettung seines Lebens sprachen, und sie unter Berufung auf ihr jahrelanges intimes Vertrauensverhältnis zu bewegen suchte, ihre Motive und Vorgehensweisen noch einmal zu überdenken. Die Kommunisten bildeten eine eiserne, geschlossene Front, doch Moros Parteikollegen in der DC lasen die Kommuniqués über Verhöre und Prozesse mit wachsender Beunruhigung. Moro kannte alle Geheimnisse der DC, und nicht wenige davon waren äußerst kompromittierend. Manche DC-Führer steckten tiefer im Dreck als andere und hätten nur ungern gesehen, daß Moro komplett auspackte. Ein Jahr zuvor hatte Moro zur Verteidigung seiner über den Lockheed-Skandal gestolperten Kollegen noch vollmundig getönt:

> Es darf keine Sündenböcke, keine Menschenopfer geben ... Die DC steht zusammen wie ein Mann in Verteidigung ihrer Vertreter ... Man wird nicht auf öffentlichen Plätzen den Stab über uns brechen, wir lassen uns nicht den Prozeß machen.

Seine alten Freunde und Verbündeten legten nicht die gleiche Loyalität an den Tag. Vielmehr sahen sie sich einig mit den Kommunisten in deren Bemühen, um jeden Preis DEN STAAT zu retten, den die Christdemokraten stets gern mit ihrer Partei identifizierten, sofern sie überhaupt einen Gedanken daran verschwendeten. Während die Wochen verstrichen, begannen manche, die um der Rettung eines Menschenlebens willen zu gewissen Kompromissen bereit waren und darin nicht notwendigerweise das Ende der Welt gekommen sahen, sich über die Bereitwilligkeit zu wundern, mit der die DC sich hinter nationalen Argumenten verschanzte, und sich auch zu fragen, ob es nicht individuelle Motive gebe. Doch je verzweifelter und bitterer im Ton Moros Briefe wurden, desto mehr verhärteten sich die Herzen, und Ministerpräsident Andreotti hatte keinerlei Mühe, seine Truppen bei der Stange zu halten. Die Regierung blieb unnachgiebig, und am neunten Mai wurde Moros Leichnam im Kofferraum eines roten, nach anderen Meldungen violetten R4 gefunden, der kaltschnäuzig mitten in Rom auf der Via Caetani geparkt stand, exakt auf halbem Weg zwischen dem Hauptquartier der DC und dem der PCI.

Moros fünfundfünfzigtägige Gefangenschaft hatte nicht nur Italien, sondern auch, wie sich herausstellte, den Gegenstaat der Cosa Nostra gelähmt. Gleich auf den ersten Seiten der *Wahren Geschichte Italiens* findet sich ein Rückblick auf die Entführung Moros aus der Sicht der Cosa Nostra. Im Sommer 1991 rief sich der reuige Mafioso Francesco Marino Mannoia jene Tage wieder ins Gedächtnis, anläßlich eines Verhörs durch römische Richter in New York. Die Führung der Cosa Nostra war geteilter Meinung über Moros Schicksal gewesen, gab Mannoia zu Protokoll. Der Boß Stefano Bontate, ein *überzeugter Christdemokrat* mit mannigfachen politischen Verbindungen, hatte seitens der Mafia eine Befreiungsaktion für Moro organisieren wollen. Dafür trat er anläßlich eines Führungstreffens einige Wochen nach der Verschleppung vehement ein. Ihm widersprach der in Rom ansässige Boß Pippo Calò. Dieser umkreiste das Thema eine Zeitlang, führte logistische Schwierigkeiten ins Feld, wandte sich schließlich an Bontate und sagte: *Du hast es offenbar noch immer nicht begriffen, Stefano. Nicht einmal die Führer seiner eigenen Partei haben ein Interesse daran, ihn zu befreien.* Die Spaltung angesichts des Schicksals von Moro war ein frühes Warnzeichen für den bevorstehenden Vernichtungskrieg, der bereits als düsterer Schatten über der Cosa Nostra hing. Calò hatte sich auf die Seite von Riina und den Corleonesi geschlagen, die aller Politik mißtrauten und Politiker verabscheuten. Bontate wurde drei Jahre später eliminiert.

Eine weitere Erinnerung an jene Tage des Jahres 1978 fand ich im dritten Teil der Ermittlungsprotokolle auf Seite 225 der *Wahren Geschichte Italiens*. Claudio Martelli, der junge Vizechef der sozialistischen Partei, diente später in Andreottis letzter Regierungsmannschaft als Justizminister. Er war es, der zu Beginn der neunziger Jahre in Rom Falcone die Stange hielt und für die gesetzliche Verankerung von Falcones Maßnahmenkatalog gegen die Mafia sorgte; zum Dank hatte Riina auf seiner Todesliste Martellis Namen denen von Falcone und Borsellino hinzugefügt. Martelli rekapitulierte den Entführungsfall Moro vor der Staatsanwaltschaft und verglich dabei die Unnachgiebigkeit der Regierung Andreotti bezüglich Moros mit dem Verhalten der DC gegenüber Entführern der Roten Brigaden einige Jahre später; da nämlich hatte die Regierung einigermaßen peinliche Zugeständnisse gemacht, um den Forderungen der Roten Brigaden zu entsprechen und die Geiseln vor Unbill zu bewahren. Zur Rettung eines Richters hatte man ein ganzes Gefängnis geschlossen und ferner unter Inanspruchnahme der neapolitanischen Camorra Ciro Cirillo befreit, einen engen politischen Weggefährten von Andreottis Gefolgsmann in Neapel, Antonio Gava. Martelli sprach in Gegenwart der Staatsanwälte von

> den Verdachtsmomenten, die uns Sozialisten angesichts des Umgangs mit der Moro-Entführung kamen ... ich bin heute wie damals der Überzeugung, daß unredliche Motive hinter dem Flammenschild der Kompromißlosigkeit steckten, das insbesondere Andreotti vor sich hertrug ... menschlich wie politisch waren wir Sozialisten tief berührt von Moros Briefen und seiner Weigerung, sich aus Gründen der Staatsräson zu opfern. Andreotti blieb hartnäckig dabei, daß die Briefe nicht von Moro stammten, unmöglich von ihm selbst geschrieben sein könnten ...

Einer, der die Ereignisse jener fünfundfünfzig Tage mit äußerster Bestürzung verfolgte, war Leonardo Sciascia. Im Sommer des gleichen Jahres, einige Monate nach Moros Ermordung, verfaßte er ein Pamphlet über die ganze Affäre, das im Oktober von dem Palermer Verlag Sellerio veröffentlicht wurde. Das elegante, schlichte Buch umfaßte etwas über hundert Seiten mit kleinem Druckspiegel, umrahmt von großzügigen, cremefarbenen Rändern; ein guter Teil des Textes war Aldo Moros eigenen Briefen entnommen. Die gebundene Ausgabe umhüllte ein edler weißer Papierumschlag, geziert von einem altfranzösisch wirkenden Kupferstich des metaphysischen Künstlers Fabrizio Clerici. Diese Hülle wiederum steckte in einem Schutzumschlag aus Pergamentpapier. Eine Sonderauflage von hundertundzwanzig Exemplaren, vermutlich nicht für den Handel bestimmt und numeriert von 1 bis 100 sowie von I bis XX, wurde auf handgeschöpftem Papier gedruckt, vom Autor persönlich signiert und mit einem von Hand hergestellten Abzug von Clericis Kupferstich versehen.

Die großflächigen, cremefarbenen Seiten der für den Handel bestimmten Ausgabe waren unbeschnitten, und sich mittels eines Messers zum Text vorzuarbeiten, ein Vorgang, der ablenkend und konzentrationsfördernd zugleich wirkt, zwang den Leser zu Gedankenpausen und ließ ihn sich länger und intensiver mit dem befassen, was Moro und Sciascia zu sagen hatten. Das schmale Buch war eine einzige Sinneserfahrung. Mitgeliefert wurde ein Lesezeichen, auf dem folgende, sicherlich von Sciascia selbst formulierte düstere Warnung abgedruckt war: *... das Buch will weder faszinieren noch rühren, es hat keinerlei literarische Qualitäten zu bieten, sondern stellt lediglich die harte, nackte Suche nach einer harten, nackten Wahrheit dar.* Es ging darum, auf welche Weise die Politiker Moro zum Sterben verurteilt hatten. Unter Verwendung von öffentlichen Proklamationen und Moros veröffentlichten Privatbriefen deckte Sciascia Schritt für Schritt auf, wie die Regierung sich gegen Verhandlungen mit den Roten Brigaden entschied, wie sie diesen Entschluß vor der Öffentlichkeit rechtfertigte und wie jener Entschluß in unausweichlicher Konsequenz zur Ermordung Moros führte. Die Schrift war zugleich eine Übung, aus Moros Briefen das herauszulesen, was sie ausdrückten und was sie verschwiegen. Während seiner zweimonatigen Haft im *Volksgefängnis* schrieb Moro etwa fünfzig bis siebzig Briefe an Kollegen und Familienangehörige, die von den Roten Brigaden weitergeleitet wurden.

Sciascias Schrift begann mit der Erinnerung an einen alten Freund, einen mittlerweile verstorbenen Schriftsteller, dessen Hang zur Polemik den seinen noch in den Schatten stellte. Pier Paolo Pasolini, der im November 1975 ermordete Dichter und Filmemacher, hatte in seinen letzten Lebensjahren das DC-Regime häufig angeprangert. *Ich kenne sie*, las man von Pasolini ein Jahr vor seinem Tod auf der Titelseite der einflußreichsten und weitverbreiteten Tageszeitung Italiens, *Corriere della Sera*.

> Ich kenne die Namen der Verantwortlichen für das Gemetzel ...
> Ich kenne die Namen der Verantwortlichen für die Gemetzel ...
> Ich kenne die Namen der Führenden, der Manipulatoren ...
> Ich kenne die Namen der Ausführenden ...
> Ich kenne die Namen der mächtigen Gruppierung, die ...
> Ich kenne die Namen derer, die zwischen zwei Messen ihre Vorkehrungen trafen und politische Deckung garantierten ...
> Ich kenne die Namen der bedeutenden und ernstzunehmenden Figuren, die hinter den lächerlichen Figuren stehen, die ...
> Ich kenne die Namen der bedeutenden und ernstzunehmenden Figuren, die hinter den tragischen Kindergestalten stehen, die ...
> Ich kenne all jene Namen und alle Taten (die Gemetzel, die Übergriffe auf Institutionen), deren sie sich schuldig gemacht haben ...

Pasolini schloß ein entwaffnendes Eingeständnis an. *Ich kenne sie. Aber ich habe keinen Beweis in der Hand. Ich habe nicht einmal Fingerzeige.* Statt dessen beanspruchte er für sich das künstlerische Privileg einer *imaginierten* Aussage über politische Realitäten. Der Gerichtssaal sei nicht der einzige Ort, an dem über die Wahrheit befunden wird. Oftmals sei er sogar der letzte Ort, an dem sie zu finden wäre. Pasolini fuhr fort:

> Ich kenne sie, weil ich ein Schriftsteller und ein Intellektueller bin, der versucht zu verfolgen, was vor sich geht, der versucht sich zu vergegenwärtigen, was bekannt ist und was unter Verschluß bleibt, der heillos durcheinandergeworfene Bruchstücke zu einem kompletten, zusammenhängenden politischen Bild fügt, der zur Logik zurückkehrt, wo Willkür, Rätselhaftigkeit und Wahnsinn zu herrschen scheinen.

Zwei Monate vor seiner Ermordung faßte Pasolini sein Ziel enger. Im *Corriere della Sera* forderte er schlicht, die DC wegen folgender Vergehen gerichtlich zu belangen:

> Unwürdiges Verhalten, Verachtung der Bürgerschaft, Veruntreuung öffentlicher Gelder, Intrigenwirtschaft mit Ölgesellschaften, Industriellen, Bankiers, Verschwörung mit der Mafia, Hochverrat, Kollaboration mit der CIA, gesetzwidriger Einsatz von Organen wie dem SID [Geheimdienst], Urheberschaft der Massaker von Mailand, Brescia, Bologna ... Zerstörung von Stadt und Land in Italien ... Verantwortlichkeit für den, Zitat, *grauenvollen* Zustand von Schulen, Hospitälern und allen fundamentalen öffentlichen Einrichtungen ...

Mittlerweile waren seine Polemiken zu einem wilden, verzweifelten Scherz geworden. Es fiel mir schwer, zwanzig Jahre nach jenem Herbst 1975 die irrwitzige Kühnheit von Pasolinis Provokationen auf der Titelseite der führenden italienischen Tageszeitung nachzuvollziehen. Wie er jedoch in allem genau den Punkt traf, das ließ auch jetzt noch den Puls schneller schlagen.

> Betrachten wir Andreotti oder Fanfani, Gava oder Restivo, mit Handschellen zwischen den Carabinieri, als metaphorisches Bild. Betrachten wir den Prozeß gegen sie als Metapher. Der das, was ich zu sagen habe, in einem ebenso komischen wie erhabenen Licht ... und vor allem sehr viel deutlicher erscheinen läßt.

Einen Monat vor seiner Ermordung hielt er in einer weiteren Litanei fest, *worüber die Italiener Bescheid wissen wollen.* So unter anderem:

> Die italienischen Bürger wollen wissen, warum ... die Kluft zwischen Nord- und Süditalien immer noch breiter geworden ist und die Bewohner des Südens stärker als je zuvor zu Bürgern zweiter Klasse abstempelt ... Die Italiener wollen wissen, inwieweit die Mafia an Entscheidungen der Regierung in Rom beteiligt ist oder mit ihr zusammenarbeitet ...

Früher im selben Jahr hatte Pasolini Moro als denjenigen beschrieben, der

> von allen noch am wenigsten in die Scheußlichkeiten verwickelt zu sein scheint, die in diesem Land von 1969 bis heute in dem, zumindest der Form nach, erfolgreichen Bemühen um Erhaltung der Macht stattgefunden haben.

Im Verlauf seiner intensiven Beschäftigung mit den Zeitungsausschnitten des zurückliegenden Frühjahrs fiel Sciascia auf, daß die Politiker bereits einige Tage nach der Entführung von Moro zunächst *als Staatsmann* und schließlich als *großem Staatsmann* zu sprechen begannen. Moro, so Sciascia, war nie ein Staatsmann gewesen, geschweige denn ein großer, weil die DC mit dem Staat nie etwas im Sinn gehabt hatte. Moro war ein erstrangiger

Politiker und blieb es auch während seiner Gefangenschaft. Das Gerede vom *Staatsmann* diente dazu, den Moro früherer Zeiten scharf von dem Verfasser der nun aus dem Gefängnis eintreffenden Briefe zu unterscheiden, die auf Verhandlungen um seine Freilassung drängten. Die Briefe, so seine alten Parteifreunde aus der DC, seien entweder von den Terroristen diktiert oder aber zumindest unter Druck durch physische oder psychische Folter zustande gekommen. Zunächst klang in Moros Worten die Hoffnung auf Rettung an; er spielte auf Zeit und versuchte vermutlich, in seiner wie üblich indirekten und gewundenen Ausdrucksweise nützliche Informationen zu übermitteln. Zu einem bestimmten Zeitpunkt muß Moro in seiner *gut verköstigten* Isolation klargeworden sein, daß die Befreier ausbleiben würden. Kein Einsatzkommando würde die Tür des Volksgefängnisses eintreten. Nach zwanzig Tagen hatte Moro einen heftig umstrittenen Brief an die DC-Führer gesandt, in dem er wahrheitsgemäß darauf hinwies, daß er stets dafür eingetreten war, in Fällen wie dem seinen der Rettung von Menschenleben Vorrang zu geben; des weiteren erinnerte er die Kommunisten daran, was sie ihm schuldeten. Da die DC-Führung diesen Brief ihres Vorsitzenden nicht einfach unter Verschluß halten konnte, hatte sie eine Verlautbarung herausgegeben, derzufolge das Schreiben unter Zwang entstanden sei und Moro *moralisch nicht dafür verantwortlich gemacht werden* könne.

Von diesem Zeitpunkt an war der Tonfall von Moros Briefen persönlicher, verzweifelter und in der Argumentation wesentlich schärfer geworden. Sciascia beschrieb diese Entwicklung als tragischen Zusammenbruch. Hinter der Maske, der Rolle, wurde der Mensch sichtbar, und hinter dem Menschen die Kreatur, das nackte, zweizinkige Tier, wie Shakespeare sagt; und in dem Moment, da Moro die Maske des Politikers ablegte, nicht länger als Politiker sprach, sondern in seinen Briefen unverfälscht und zutiefst menschliche Töne anschlug, wandten sich die DC, die Kommunisten und die italienische Presse von ihm ab. Ein von Moro attackierter DC-Führer hatte erwidert, er gedenke nicht, *mit den Roten Brigaden in Verhandlungen zu treten.* In den Korridoren des italienischen Parlaments hatte der Kommunist Antonello Trombadori geschrien: *Moro ist tot!* Ein bekannter konservativer Kommentator hatte ein *Requiem für Moro* drucken lassen. All dies, während Moro noch am Leben war und auf Rettung hoffte. Das Tüpfelchen auf dem i stellte ein offizielles Statement einer Gruppierung dar, die sich »Freunde Moros« nannte. Darin hieß es: *Der Moro, der sich aus dem »Volksgefängnis« vernehmen läßt, ist nicht der Mann, den wir kennen.* Die rund fünfzig Unterzeichner bezeichneten sich als alte Freunde, die mit dem Moro von einst *die gleiche kulturelle Prägung, christliche Grundhaltung und politische Vision* geteilt hatten. Jener Moro, der immer noch auf Verhandlungen zum Zweck seiner Freilassung hoffte, sei *nicht der Mann, den wir kennen, mit seinem geistigen, politischen und juristischen Weitblick, der wesentlich zum Zustandekommen der Verfassung dieses Landes beigetragen hat. Der große Staatsmann* sei tot, wollten sie sagen, und ließen damit den brillanten, intelligenten, höchst lebendigen Verfasser der Briefe, aus denen für sie die Roten Brigaden sprachen, völlig außer acht.

Moro war mittlerweile klargeworden, daß seine Partei ihn zum Tode verurteilt hatte. *Ich hätte es nicht für möglich gehalten*, schrieb er. Die Schlußworte eines langen Briefes, in dem er sein Ende und sein Begräbnis voraussah, gerieten zum Omen – oder auch zum Fluch:

> Dieses Blutbad wird nicht gut ausgehen ... weder für Andreotti, noch für die DC, noch für das Land: ein jeder wird sich der Verantwortung zu stellen haben.
>
> Ich wünsche bei meinem letzten Weg, das wiederhole ich, keine Männer der Macht. Ich möchte, daß mir diejenigen nahe sind, die mich wirklich geliebt haben ... Gottes Wille geschehe, sobald alles das gerichtet ist. Aber verberge sich kein Verantwortlicher hinter der Erfüllung einer vermeintlichen Pflicht. Die Dinge werden sich klären; sie werden bald sehr klar sein.

Sciascia schloß mit einem Abschnitt aus einer Geschichte des argentinischen Schriftstellers Jorge Luis Borges. Ein Erzähler spricht von einem Detektivroman, dessen Handlung er vergessen hat. Er erinnert sich nur noch an einen Satz gegen Ende, der dem Leser klarmacht, daß die in der Geschichte angebotene Lösung falsch ist. *Der Leser wird unruhig, schaut sich die verdächtigen Kapitel noch einmal an und entdeckt eine andere Lösung, die wahre.* Sciascia will hiermit andeuten, daß Moro in einem seiner letzten Briefe eine verschlüsselte Botschaft zur Komplizenschaft des Staates mit dem Terrorismus übermittelt habe. Doch Borges' Zeilen standen auch in Bezug zu Sciascias Überzeugung, daß Moro seiner DC bis zum Ende loyal blieb und den Geiselnehmern keinerlei kompromittierende Geheimnisse verriet. *Mag sein, daß doch noch »Ergebnisse« zum Vorschein kommen*, schrieb Sciascia. *Aber es wird zu spät sein, um nicht an ein ausgeklügeltes Komplott zu denken ...* Jahre später kam tatsächlich aufschlußreiches Material ans Licht. Und obgleich Sciascia durchaus Grund für seine Skepsis gegenüber allem hatte, was aus der in sich gespaltenen, alptraumhaften Welt des italienischen Geheimdienstes zutage trat, hatte die Entdeckung dieses Materials Folgen, die hinreichend Grund zu der Annahme gaben, daß es authentisch war. In seiner entsetzlichen Verlassenheit hatte Moro mehr enthüllt, als Sciascia sich damals vorstellen konnte. *Der unruhig gewordene Leser* muß nun also zurückblättern und einige Kapitel der *Wahren Geschichte Italiens* erneut studieren. Eine entscheidende Tatsache hatte Sciascia falsch verstanden.

Erstmals war das Material keine fünf Monate nach der Entdeckung von Moros Leiche im Kofferraum des roten Renault 4 aufgetaucht. Am ersten Oktober 1978 durchsuchten Carabinieri des General Dalla Chiesa unterstellten Antiterror-Kommandos eine Wohnung in der Via Monte Nevoso in Mailand. Dort überraschten sie neun Mitglieder der Roten Brigaden beim Abtippen von Dokumenten, die aus Moros Feder stammten. Es handelte sich um unabgesandte Briefe, diverse Notizen und seine ausführlichen Antworten zu politischen Fragen während der Verhöre durch die Roten Brigaden.

Kaum entdeckt, verschwanden die Dokumente auch schon wieder. Zumindest die Originale waren nicht mehr auffindbar, was bald zu Fragen führte. Fünf Tage später schrieb der Journalist Giorgio Bocca in *La Repubblica*, hohe Politiker und Militärs hätten die Moro-Papiere durchgesehen, bevor sie an die Untersuchungsrichter weitergeleitet wurden. Die verhafteten Mitglieder der Roten Brigaden beharrten ihrerseits darauf, ein Teil des Materials sei auf dem Weg zu den Justizbehörden verschwunden. Später erhielt die Presse eine höchst unvollständige Fassung von neunundvierzig Seiten. Sie enthielt eine Reihe von Beschuldigungen, die der DC und insbesondere Andreotti galten. Moro hielt Andreotti dessen Beziehungen zu dem Mafia-Bankier Sindona vor, ferner den Finanzskandal der Italcasse-Bank, in den sowohl Andreotti wie Angehörige der Cosa Nostra verwickelt waren, und die Beteiligung des Staates an dem terroristischen Bombenanschlag auf eine mailändische Bank an der Piazza Fontana im Jahr 1969, bei der sechzehn Menschen ums Leben gekommen waren.

Nichts davon war im Grunde neu, und die veröffentlichte Version der Moro-Papiere bestätigte mehr oder weniger nur bereits Bekanntes, wenn auch eine gewisse Pikanterie in der Tatsache lag, daß die Beschuldigungen nun von einem DC-Mitglied selbst erhoben wurden. Etwas später im selben Monat erschien ein eigenartiger Artikel über die Moro-Papiere in einem wenig bekannten Magazin namens *Osservatore Politico*, abgekürzt OP. Diese Zeitschrift war ein Ein-Mann-Unternehmen des Journalisten Mino Pecorelli, der ursprünglich in den trüben Gefilden des italienischen Geheimdienstes gewirkt hatte. OP stellte eine Art Mitteilungsblatt dar, das verblümt und mit drohendem Unterton Insiderwissen präsentierte und dessen Methoden häufig mehr an Erpressung als an Informationsvermittlung denken ließen. Allgemein ging man davon aus, daß Pecorelli seinen früheren Arbeitgebern zumindest noch nahe stand.

Der Artikel in OP enthielt ein paar sehr kurze Auszüge aus den Moro-Papieren, die in der offiziellen Presseversion fehlten. Im Begleittext hieß es: *Giulio Andreotti hat sehr viel Glück, doch ihm wurde der Pfad durch eine Reihe nicht ganz glücklicher Umstände geebnet ...* Pecorelli ließ in dem Artikel warnend durchblicken, daß er den vollständigen Inhalt des Originals kannte. Abgesehen von diesem Köder dauerte es noch zwölf Jahre, bis die kompletten Moro-Papiere mehr als nur drei oder vier Personen bekannt wurden. Im Oktober 1990 fanden Arbeiter beim Umbau jener Mailänder Wohnung, in der 1978 die ursprünglichen Papiere entdeckt worden waren, hinter einer vergipsten Türfüllung eine vollständigere Kopie. Ob diese Unterlagen nun mit den 1978 entdeckten und seither scheinbar spurlos verschwundenen Moro-Papieren identisch waren oder nicht – jedenfalls enthielt die neue Version einiges mehr als die bisher bekannte. Moro enthüllte hierin das Fortbestehen eines bei Kriegsende in Italien eingerichteten und mit der NATO in Verbindung stehenden militärischen Netzwerks, das geheim und illegal gegen kommunistische Bestrebungen agierte. Ferner bestätigte er, daß die DC teilweise von der CIA finanziert wurde – was die Linken schon seit Jahren behaupteten. Moro sprach über die Verwicklung des Staates in die von rechtsgerichteten Terroristen in den siebziger Jahren entwickelte *Strategie der Spannung* und zu vielen weiteren Themen. All dies war 1978 mit Sicherheit als Staatsgeheimnis der Zensur zum Opfer gefallen.

Das gleiche galt für eine beträchtliche Menge an Material, das ausschließlich Andreotti betraf. Dieser, so las man in den neu gefundenen Papieren, war vor kurzem als Sieger aus einem Machtkampf um die Kontrolle der Geheimdienste hervorgegangen und hatte demnach Zugang zu sämtlichen Staatsgeheimnissen. Moro beschrieb Andreotti als ungemein mächtig, innerhalb wie außerhalb Italiens, und machte den Mann, dem per Gesetz soviel Macht übertragen war, im weiteren aufs schärfste herunter. Er schilderte Andreotti als *kalt, undurchsichtig, bar jeglicher menschlicher Gefühle ... machtbesessen, um Böses zu tun, wie er es sein ganzes Leben lang getan hat.* Ein höchst gefährlicher Mann, wenn man ihm freien Lauf ließ, warnte Moro. Eindringlich schilderte er Andreotti so: *aschfahl, entrückt, befangen in seinem Traum vom Ruhm.*

Im Gegensatz zu der früher veröffentlichten Version enthielten diese Moro-Papiere Informationen zu Andreottis Geschäften mit Sindona und einen recht detaillierten Bericht über Andreottis Rolle bei dem Italcasse-Skandal – eine vertrackte und äußerst kompromittierende Angelegenheit. Andreotti hatte mit Darlehen der Italcasse-Bank, einem staatseigenen Geldinstitut unter Kontrolle der DC, in Schwierigkeiten geratenen Geschäftsfreunden unter die Arme gegriffen. An den Transaktionen waren Geldwäscher beteiligt, die im Auftrag des Cosa-Nostra-Bosses Pippo Calò arbeiteten – des Mannes, der sich gegen Moros Befreiung ausgesprochen hatte. Die Veröffentlichung dessen, was Moro über die Sache wußte, hätte wahrscheinlich das Ende von Andreottis politischer Karriere bedeutet. Jemand war in den Besitz der unterzeichneten Schecks gekommen, die Andreottis Verquickung mit den Interessen der Mafia bewiesen. Der Schaden für Andreotti bei Bekanntwerden allein der Fakten wäre noch größer geworden, sobald jemand laut gefragt hätte, warum Andreotti sich Verhandlungen um Moros Freilassung widersetzt habe. Weiterer Schaden wäre aus der Entdeckung erwachsen, daß Ministerpräsident Andreotti die verräterischen Teile der Moro-Papiere unterdrückt hatte. Und ein Totalabsturz war nun wirklich das letzte, wonach Ministerpräsident Andreotti 1978 der Sinn stand.

Der Artikel des OP über die Moro-Papiere vom Oktober 1978 fiel in eine Zeit hektischer Aktivitäten in allerlei Bereichen. Eines Morgens bekam Franco Evangelisti, Andreottis Stabschef und rechte Hand, zu Hause um zwei Uhr früh unerwarteten Besuch von General Dalla Chiesa, der ihn aufforderte, ein getipptes Schriftstück von etwa fünfzig Seiten durchzulesen, das von Moro stamme und das der General am folgenden Tag Andreotti übergeben wollte. Laut Evangelisti erfuhr er nie, ob es tatsächlich übergeben worden war. Dalla Chiesas Schwiegermutter erinnerte sich ebenfalls, ihre Tochter habe ihr zu dieser Zeit von den Moro-Papieren erzählt; Andreotti habe den General danach gefragt. Soweit sie wußte, hatte Dalla Chiesa einen Teil der Dokumente an die Untersuchungsrichter weitergeleitet, Andreotti einen Teil, aber nicht alles zukommen lassen und eine vollständige Kopie bei sich behalten. Andreotti selbst hatte diese Zeit ganz anders in Erinnerung; er wußte überhaupt nur noch sehr wenig. Er sagte, von Dalla Chiesas nächtlichem Besuch bei seinem Faktotum habe er nichts gewußt und den Moro-Dokumenten, als sie ihm vorgelegt wurden, nur flüchtig Beachtung geschenkt, vielbeschäftigter Ministerpräsident, der er war. Schließlich fügte er noch hinzu, bis zu seinem Prozeß im Jahr 1993 habe er sich geweigert, die Moro-Papiere zu lesen, um *sein Andenken* an den ermordeten Kollegen *nicht zu beflecken.*

Enge Mitarbeiter von General Dalla Chiesa und Pecorelli erinnerten sich für das halbe Jahr ab September 1978 an häufige Zusammenkünfte zwischen dem Leiter des Antiterror-Kommandos und dem Skandaljournalisten. Dieses seltsame Gespann – das Musterbild militärischer Korrektheit und der Schmierfink mit seiner fragwürdigen Vergangenheit – schienen nur eines gemeinsam zu haben: Sie waren die einzigen, die wußten, was in den Moro-Papieren stand, abgesehen von Andreotti und vielleicht noch dem unsäglichen Licio Gelli sowie einem oder zweien seiner Leute im Geheimdienst. Pino Arlacchi, Verfasser kenntnisreicher Studien über die Mafia und 1995 stellvertretender Vorsitzender der parlamentarischen Antimafia-Kommission, stellte Pecorelli für jene Zeit in ein interessantes Licht. Pecorelli hatte damals gerade mit Licio Gelli und der rechtsgerichteten Geheimloge P2 gebrochen und wurde in der Folge zum Verbündeten von Dalla Chiesa; sie halfen und schützten einander bei ihren Recherchen, zusammengeschmiedet durch das Gefühl, in akuter Gefahr zu sein.

> [Pecorelli] identifizierte sich schließlich ernsthaft mit dem Journalismus, der zunächst nur als Deckmantel gedacht war. Vorher hatte seine Zeitschrift lediglich einer Splittergruppe innerhalb des Geheimdienstes als Druckmittel gedient, ab Mai 1978 verloren die Geldgeber jedoch zunehmend die Kontrolle über ihr Sprachrohr. OP brachte weiterhin Enthüllungen über Missetaten des Regimes und Attacken auf sehr mächtige Figuren ...

Bei einem der geheimen nächtlichen Treffen zwischen Dalla Chiesa und Pecorelli in dem weißen Alfa Romeo des Generals, Ende 1978 oder Anfang 1979, war ein Dritter zugegen. Ein Stückchen weiter, auf Seite 554 der *Wahren Geschichte Italiens*, im sechsten Band der Ermittlungsprotokolle, fand ich die Aussage von Angelo Incandela. Als altgedienter Strafvollzugsbeamter genoß er Dalla Chiesas unbedingtes Vertrauen. Er war es gewesen, der das Mitglied der Roten Brigaden Patrizio Peci zur Zusammenarbeit mit Dalla Chiesa überredete und so den entscheidenden Durchbruch im Kampf des Staates gegen den Linksterrorismus herbeiführte. Im Gefängnis von Cuneo, wo Incandela arbeitete, saßen eine Reihe wichtiger Brigadisten und Mafiosi ein. Dalla Chiesa war auf der Jagd nach einem Packen Dokumente zu Andreotti, das seiner Meinung nach ins Gefängnis eingeschmuggelt worden war; und Pecorelli, den Incandela erst später anhand eines Fotos identifizierte, sollte ihm erläutern, auf welchem Weg und wohin genau das Dokumentenpäckchen, zusammengerollt und mit Klebeband fest verschnürt wie eine Salami, ins Gefängnis geraten war. Incandela erinnerte sich:

> Drei Tage später ... wies mich der General erneut darauf hin, daß ich unbedingt diese Papiere über die Moro-Entführung auftreiben müsse ...
> General Dalla Chiesa brannte auf Informationen über Andreotti.
> Im Lauf der Jahre bat er mich häufig, Informationen der Inhaftierten über Andreotti an ihn weiterzugeben.
> Er war völlig davon überzeugt, daß Andreotti ein äußerst gefährlicher Mensch sei ...

In Mailand wollte er mich einmal dazu bewegen, das, was ich seiner Meinung nach über Andreotti wußte, in einem vertraulichen Bericht festzuhalten, und sagte: *Aber verstehst du denn nicht, daß darin für mich und dich und andere wie uns die einzige Hoffnung besteht, unser Leben zu retten?*

Die Papiere waren tatsächlich ins Gefängnis gelangt. Incandela fand das Päckchen und händigte es Dalla Chiesa ungeöffnet aus. In der Folge kam es im Sommer 1981 zu einem weiteren geheimen Treffen zwischen Dalla Chiesa und Incandela, bei dem der General den Beamten nachdrücklich ersuchte, einen großen Umschlag mit einem Dokument, das Incandela auf vierzig Seiten schätzte, hinter einem Spülkasten in der Toilette beim Aufenthaltsraum der Gefangenen zu verstecken. Der Umschlag sollte dann im Rahmen einer Durchsuchungsaktion gefunden werden. Incandela verärgerte den General, indem er sich weigerte, dies jedoch nur, weil er den Umschlag nicht von den Wächtern unbemerkt verstecken konnte. *Plötzlich änderte sich sein Ton, und er starrte mir in die Augen*, erinnerte sich Incandela. *Bist du ein Diener des Staates oder eine feige Memme?* hatte Dalla Chiesa gefragt. *Wir schreiben Geschichte ... Männer mit Mumm in den Knochen müssen für das Vaterland schon einmal ein Risiko eingehen.*

Einer der damals in Cuneo einsitzenden Ehrenmänner war Tommaso Buscetta. Als höherer Mafioso erwartete er privilegierte Behandlung, und als er die nicht erhielt, herrschte er Incandela eines Tages an: *Weißt du eigentlich, daß wir in Rom sogar auf Andreotti zählen können? Wir hätten Moro retten können, aber sie wollten es nicht.* Die Cosa Nostra hatte Buscetta während der ersten Wochen von Moros Gefangenschaft aufgetragen, Kontakt zu Mithäftlingen von den Roten Brigaden aufzunehmen. Damals glaubte die Cosa Nostra noch, den Freunden in der DC mit der Rettung von Moro einen Gefallen zu erweisen. Als ihnen aufging, daß der Gefallen in Wirklichkeit darin bestand, Moro sterben zu lassen, wurde Buscetta zurückgepfiffen.

Dalla Chiesas Idee, den Umschlag hinter dem Spülkasten zu verstecken, offenbar um die Moro-Papiere wieder in Umlauf zu bringen, ohne daß der General mit ihrem erneuten Auftauchen in Verbindung gebracht wurde, deutet darauf hin, daß sich Dalla Chiesa selbst mitten im Kampf gegen den Terrorismus noch intensiv mit den Dokumenten zum Fall Moro beschäftigte – fast drei Jahre nach ihrer ersten Entdeckung. Pecorelli verlor rascher das Interesse an den Enthüllungen als der General, war jedoch in der betreffenden Zeit mit Leib und Seele dabei. *Eine echte Bombe! Der Fall Italcasse ist nicht vorbei, er fängt gerade erst an – wer die Schecks angenommen hat, wird sich im neuen Jahr herausstellen*, notierte er sich. Er hatte herausgefunden, daß die Cosa Nostra bei Andreottis Italcasse-Darlehen für seine Geschäftsfreunde ihre Hand im Spiel gehabt hatte.

Ende Januar 1979 lud man Pecorelli zu einem Essen ein. Es fand im Restaurant des Clubs Famija Piemonteisa in Rom statt, dessen Vorsitzender Walter Bonino das Essen organisiert hatte und selbst daran teilnahm. Dieses Essen nimmt in der *Wahren Geschichte Italiens* breiten Raum ein; besondere Aufmerksamkeit wird beispielsweise der Sitzordnung geschenkt, die so intim war, daß zwei Gäste kein vertrauliches, unbelauschtes Gespräch führen konnten. *Die wahre Geschichte Italiens* gibt ferner Aufschluß darüber, daß die Gäste nach dem Essen in einen angrenzenden Raum wechselten, wo Kaffee gereicht wurde. Über das Menü erfährt der Leser nichts. Gab es, passend zum Namen des Clubs, etwas typisch Piemontesisches, etwa ein Trüffelgericht? Die Saison für die wohlriechenden weißen Alba-Trüffel wäre noch nicht ganz vorbei gewesen. Man hätte sie *alla piemontese* servieren können – in feine Scheiben schneiden, abwechselnd mit ebenfalls dünnen Scheiben Parmesan in eine Pfanne schichten und mit einer Prise Salz, Pfeffer und Olivenöl zehn Minuten zugedeckt köcheln lassen. Oder wäre angesichts der an diesem Abend versammelten hartgesottenen und abgebrühten alten Knaben eher etwas typisch Römisches angemessen gewesen, vielleicht gegrillte Rippchen vom Lamm, an denen man sich *die Finger verbrennt*? Gepaßt hätten beide Gerichte, allerdings war es für eins der zarten Frühlingslämmer noch zu früh im Jahr. Möglicherweise merkten die Gäste auch gar nicht recht, was sie bei diesem offenbar keineswegs geselligen Anlaß zu sich nahmen.

Außer Pecorelli und Bonino waren bei dem Essen drei weitere Personen zugegen: die Untersuchungsrichter Claudio Vitalone und Adriano Testi sowie ein General der Guardia di Finanza, der italienischen Finanzpolizei, mit Namen Donato Lo Prete. Alle drei standen *in enger Verbindung* zu Andreotti, besonders Vitalone. Er gehörte zur römischen Staatsanwaltschaft und war Andreottis *Rechtsberater*, außerdem ein erbitterter Rivale von Evangelisti um die Position als engster Vertrauter von Andreotti. Im Verlauf des Jahres wurde er für die DC zum Senator gewählt, brachte es später zum stellvertretenden Minister und schließlich, in der Endphase der letzten Andreotti-Regierung im Jahr 1992, zum Minister. Testi gehörte dem italienischen Richterrat an; später wurde ihm eine wichtige Abteilung im Justizministerium übertragen, die er noch heute leitet. Lo Prete stand ein Prozeß wegen Korruption in einem Ölskandal bevor; er wurde dafür verurteilt und war ebenso wie Vitalone in der Zeitschrift OP angegriffen worden.

Fünfzehn Jahre lang blieben die näheren Umstände dieses Essens weitgehend im dunkeln. Beim ersten Verhör, ein Jahr nach dem Ereignis, stritten Bonino, Vitalone und Testi einhellig ab, irgend etwas von Bedeutung besprochen zu haben, während sie verzehrten, was immer ihnen serviert wurde. Auch 1994 blieben sie bei dieser Version, als die Ermittlungsrichter neuen Behauptungen von Tommaso Buscetta nachgingen und sie noch einmal fragten, worüber sie damals mit Pecorelli gesprochen hatten. Jemals von Interesse war das Essen überhaupt nur darum, weil Mino Pecorelli es nur wenige Wochen überlebte. Ein Kopfschuß traf ihn vor dem Büro des OP in Rom, und zwar am Abend des zwanzigsten März 1979, dem Tag, an dem Andreotti seine neue Regierung vorstellte und zum fünften Mal italienischer Ministerpräsident Italiens wurde. Aus unerfindlichen Gründen kam in dieser Amtszeit von Andreotti die römische Staatsanwaltschaft, zu der auch Vitalone zählte, mit ihren Ermittlungen zu Pecorellis Ermordung nicht recht weiter, nachdem die prominenten Gäste einhellig beteuert hatten, bei dem Dinner sei weder von Geld noch von OP oder von Andreotti die Rede gewesen. Auch die Vorstöße in alle anderen Richtungen verliefen bald im Sand. Die Ermittlungen wurden eingestellt, und Pecorellis Tod blieb rätselhaft. Als jedoch die Untersuchungsrichter aus Perugia, die den Fall 1994 wieder aufrollten, erneut die Geschichte von *einem harmlosen Zusammentreffen* aufgetischt bekamen, drohten sie der Runde mit einer Meineidsklage, woraufhin einer der Beteiligten klein beigab. Walter Bonino, der tatsächlich nur zufällig zugegen gewesen war, gab zu, er habe bezüglich des Abends gelogen. Laut seiner Aussage hatte er das Dinner arrangiert, weil Vitalone eine Begegnung mit Pecorelli wünschte. Bonino hatte ganz klar den Eindruck, daß dies etwas mit Andreotti zu tun hatte.

An jenem Dienstagabend war es beim Essen zunächst zu einem kleinen Hickhack zwischen Vitalone und Pecorelli wegen eines Passes gekommen, woraus sich eine häßliche persönliche Auseinandersetzung zwischen Pecorelli und Lo Prete entwickelte, der *ausgesprochen feindselig* wirkte. Die Spannung am Tisch wuchs, als Vitalone zu seinem nicht geringen Erstaunen und Zorn entdeckte, daß Pecorelli mit Franco Evangelisti, Andreottis rechter Hand und Vitalones Rivalen, nicht nur gut bekannt war, sondern daß Evangelisti auch eine Reihe von Zahlungen an Pecorelli und OP geleistet hatte. Daraufhin sprach Pecorelli über die kommende Ausgabe von OP. Sie sollte gegen Ende der Woche mit der Titelgeschichte *Die Schecks des Präsidenten* erscheinen. Da der italienische Premier formell als Präsident des Ministerrats bezeichnet wurde, war mit dem *Präsidenten* ganz klar Andreotti gemeint. Der Artikel skizzierte Andreottis Rolle in der Italcasse-Affäre.

Alle erstarrten. Die Tischrunde verstummte. Vitalone ergriff als erster das Wort und erkundigte sich nach dem Inhalt des Artikels. Dann fragte er

Pecorelli, ob dieser die Veröffentlichung nicht aufschieben könne, bis Vitalone *mit einer hochgestellten Persönlichkeit* darüber gesprochen habe. Pecorelli gab ihm Zeit bis zum Samstag. Drei Tage später erfuhr Bonino von Pecorelli, daß der stellvertretende Minister Evangelisti ihn am Tag nach dem Essen angerufen und zu einer Besprechung in seine Amtsräume gebeten hatte. Evangelisti hatte Pecorelli eine Reihe von Angeboten gemacht hinsichtlich Hilfe bei der Finanzierung, dem Druck, dem Vertrieb von OP sowie der Werbung, und hatte sich nach jeder neuen Offerte vergewissert: *Ist es Ihnen so recht?* Der Artikel über *Die Schecks des Präsidenten* wurde niemals veröffentlicht und ist bis heute nicht gefunden worden, weder das getippte Originalmanuskript noch die Fahnenabzüge. Zwei Tage nach Evangelistis verheißungsvollen Geld- und Hilfsangeboten brachte ihm Pecorelli das Titelblatt mit der drohenden Schlagzeile über einem Farbfoto von Andreotti mit seinen nichtssagenden Gesichtszügen und dem leeren Blick hinter dikken, schwarzgerahmten Brillengläsern. Mittlerweile zeigte sich Andreotti rührend besorgt um Pecorelli, dem er nie begegnet war. Noch mehr als fünfundzwanzig Jahre später erinnerte sich Pecorellis Schwester an den überraschenden Beileidsanruf Andreottis nach dem Tod ihrer Mutter. Und kaum hatte er erfahren, daß Pecorelli an Migräne litt wie er selbst auch, ließ Andreotti dem Journalisten, den er nie gesehen hatte, eine Arznei zukommen, mitsamt einem kurzen Begleitschreiben, in dem er ihr gemeinsames Problem erwähnte und das Heilmittel anbot. Bonino erinnerte sich, daß Pecorelli bei einer späteren Abendeinladung Witze, ja, *sogar Zoten darüber riß*, weil er *das Medikament in Zäpfchenform* erhalten hatte, *was Pecorelli natürlich zu ironischen Vermutungen über Andreottis Absichten und Hintergedanken anregte.* Einen Tag nachdem Evangelisti persönlich die versprochene Summe in bar übergeben hatte, wurde Pecorelli auf der Straße erschossen. Am selben Tag, dem zwanzigsten März 1979, stellte Giulio Andreotti die neu gebildete italienische Regierung vor. Um halb acht Uhr früh am folgenden Morgen, zwölf Stunden nach der Bluttat, erreichte die Familie per Eilboten ein Kondolenztelegramm von Ministerpräsident Andreotti. Es war das erste Schreiben, das die Familie nach dem Mord empfing, und das erstaunte sie sehr.

1995 standen Andreotti und Vitalone gemeinsam wegen Mordes an Mino Pecorelli vor Gericht. Laut Anklage der Staatsanwaltschaft von Perugia hatte Andreotti seinen Wunsch, den lästigen Journalisten loszuwerden, Vitalone gegenüber geäußert, woraufhin dieser sich den Vettern Salvo in Palermo gegenüber entsprechend äußerte, die wiederum die oberste Führung der Cosa Nostra davon in Kenntnis setzten, welche die Information an ihren Mann in Rom, den Boß Pippo Calò, weitergab, der die Exekution in Zusammenarbeit mit einer römischen Verbrechergang ausführte. Die Mordanklage stützte sich, wie der Palermer Prozeß gegen Andreotti wegen Mitgliedschaft in der Mafia, auf die Existenz einer Kommunikations- und Befehlskette, die den Ministerpräsidenten über eine Reihe vertrauenswürdiger Mittelsmänner in den sich überlappenden Sphären von Politik und Verbrechen mit der Cosa Nostra verband. In dem Mordfall waren die Staatsanwälte willens, diese Verflechtung durch eine Unmenge nachweislicher Treffen zwischen Politikern und Gangstern zu illustrieren. Andreottis Faktotum Vitalone schien bis zum Hals in jenem Sumpf zu stecken.

Vierzehn Jahre nach dem Ereignis berichtete Tommaso Buscetta den Palermer Untersuchungsrichtern, er habe 1979, im Todesjahr Pecorellis, während seiner Inhaftierung in Cuneo eine weitere Botschaft von außerhalb erhalten, in der er erneut aufgefordert wurde, Kontakt mit ebenfalls dort einsitzenden Mitgliedern der Roten Brigaden zu knüpfen. Diesmal trat ein persönlicher Emissär von Stefano Bontate an Buscetta mit der Bitte heran, herauszufinden, ob die Roten Brigaden die Verantwortung für den Mord übernehmen würden, wenn die Cosa Nostra im Gegenzug General Dalla Chiesa ausschaltete. Dieser stand seit Jahren auf der Abschußliste der Roten Brigaden; allerdings konnte Buscetta sich nicht vorstellen, welches Interesse die Cosa Nostra an seiner Eliminierung hätte haben sollen. 1979 war Dalla Chiesa vollauf mit der Antiterrorismus-Kampagne beschäftigt und bereitete der Mafia keinerlei Schwierigkeiten. Buscetta stellte also pflichtgemäß den Kontakt her und gab die Anfrage weiter, welche die Roten Brigaden mit der Bedingung konterten, einer ihrer Mitstreiter müsse an der Ermordung beteiligt sein. Auf diese Antwort hin wurde der Plan gestrichen. Die Cosa Nostra hielt nichts von Joint-venture-Attentaten.

Zu Beginn der achtziger Jahre wurde General Dalla Chiesa zum Nationalhelden. Andere aus den Reihen der Roten Brigaden waren dem historischen Beispiel des reuigen Mitglieds Patrizio Peci gefolgt und hatten sich gegen bewaffneten Kampf und politische Attentate entschieden. Dalla Chiesa machte sich ihr Überlaufen rasch zunutze, um den Roten Brigaden den Todesstoß zu versetzen. Bis 1981 hatte sich Italien durch Säuberungsaktionen die terroristische Gefahr weitgehend vom Hals geschafft. Der Staat war intakt, ebenso wie das christdemokratische Regime, mit dem er immer mehr gleichgesetzt wurde. *In diesem Land*, sollte Dalla Chiesa selbst einige Zeit später bitter vermerken, *zählt die Parteimitgliedschaft mehr als der Staat.* Im April 1982 wurde Dalla Chiesa unter großem Tamtam als Präfekt nach Palermo versetzt. Dies war sein dritter Posten in Sizilien. Zunächst hatte er als junger Hauptmann in Corleone gedient, als Liggio und Riina noch im Aufstieg begriffen waren. Von 1966 bis 1973 war er in Palermo Chef der Carabinieri und somit in einem großen Teil Siziliens für die Durchsetzung von Recht und Ordnung zuständig gewesen. Während seiner Jahre als Oberst in Palermo, die noch nicht allzu lange zurücklagen, hatte er den Stil der sizilianischen Politik und Verwaltung sowie deren innige Verflechtung mit der Cosa Nostra gut zu verstehen gelernt. Er kannte Andreottis Mann in Sizilien, Salvo Lima, und wußte um die Nähe der führenden Christdemokraten zur Cosa Nostra. Er kannte auch den anderen christdemokratischen Ex-Bürgermeister, Vito Ciancimino aus Corleone, der ebenfalls der Cosa Nostra nahestand.

Vor seiner Abreise nach Palermo teilte Dalla Chiesa dem Ministerpräsidenten und dem Innenminister seine Sorgen mit. Er kehrte nun zum drittenmal nach Palermo zurück, zwar mit enormem Prestige, aber doch mit zuwenig realer Macht, um im Herzland der Cosa Nostra etwas ausrichten zu können. Die Staatsmänner versprachen, ihn mit den Sondervollmachten eines Hohen Kommissars im Kampf gegen die Mafia auszustatten. Man versicherte ihn der vollen Unterstützung seitens der Regierung. In einem Brief an den Ministerpräsidenten verwies Dalla Chiesa auf finstere Botschaften, welche *die »politische Familie« mit dem meisten Dreck am Stecken* durch die Presse übermittelte, und sah voraus, daß er *auf versteckten oder gewalttätigen Widerstand, wenn nicht sogar auf glatte Zurückweisung* stoßen würde. Die Familie mit Dreck am Stecken war Andreottis Fraktion innerhalb der DC. Drei Tage zuvor – Dalla Chiesas Versetzung war noch nicht publik, und die Regierung debattierte über die Frage von Sondervollmachten – hatte der Andreotti ergebene Bürgermeister von Palermo ein Zeitungsinterview gegeben. Seiner Ansicht nach *brandmarkte das Gerede über die Mafia ein ganzes Volk als Kriminelle, desgleichen die politischen Machtträger, in deren Wahl sich der Volkswille demokratisch kundgetan hat.* Als Beweis dafür, daß der Staat sehr wohl das Verbrechen in Sizilien bekämpfe, sei anzusehen, daß es *unter den vielen hingemordeten Bürgern von Palermo* eine Reihe prominenter Opfer gebe, und er nannte die zahlreichen Namen von ermordeten Polizeichefs, Richtern und Politikern. Dalla Chiesa kannte Sizilien, er kannte die Mafia, und er verstand die Botschaft. *Das hier*, sagte er zu seinem Sohn und deutete auf das Interview, *ist eine Warnung*.

Der General führte ein persönliches Tagebuch. Allabendlich faßte er die Tagesereignisse in Form eines vertraulichen Briefs an seine verstorbene Frau Doretta zusammen. Am fünften April, zwei Tage nach der Bekanntgabe von Dalla Chiesas neuer Funktion, bat Andreotti, der damals kein Regierungsamt innehatte, den General um ein Treffen, was dieser am folgenden Abend in seinem Tagebuch vermerkte. Andreotti, so schrieb er seiner toten Frau, habe ihn zu seinen Absichten in Palermo befragt. *Ich erwiderte, ich sei nicht gewillt, irgendwelche Rücksichten auf den Teil der Wählerschaft zu nehmen, auf den sich seine politischen Freunde stützen.* Um welchen Teil der Wählerschaft es sich handelte, brauchte er Doretta nicht näher zu erläutern. Als Andreotti dies gehört habe, so Dalla Chiesa zu seinem Sohn, sei er *leichenblaß geworden.* Im Tagebuch findet sich weiterhin der Vermerk, daß Andreotti über die Sindona-Affäre gesprochen und einen Mafioso erwähnt habe, der in Amerika umgebracht und in einem Sarg heim nach Sizilien transportiert worden sei, mit einem Zehndollarschein im Mund.

All dies bestritt Andreotti vier Jahre später unter Eid; er sei von Natur aus blaß, er habe Dalla Chiesa keineswegs ausgehorcht und nehme an, daß es sich bei dem Ganzen, wie die Untersuchungsrichter in der *Wahren Geschichte Italiens* es ausdrückten, um eine *Nachtphantasie* des Generals handle. Andreotti schrieb dies der Eigenart des Tagebuches zu, *das in der Form eines imaginären Zwiegesprächs mit Dalla Chiesas verstorbener Frau geführt wurde* ... Dies war nicht die einzige leise Unterstellung, der General könne möglicherweise nicht mehr alle Tassen im Schrank gehabt haben. Andreotti brachte im weiteren vor den Richtern auch sein äußerstes Befremden über die Behauptung zum Ausdruck, er habe im Gespräch den toten Mafioso mit dem Zehndollarschein im Mund erwähnt. Er stritt vehement ab, von der fraglichen Leiche überhaupt je gehört zu haben. Dabei handelte es sich um Pietro Inzerillo, dessen Bruder Salvatore, Boß einer der mächtigsten Mafiafamilien von Palermo, im Jahr zuvor ermordet worden war, zwei Wochen nachdem man seinen Verbündeten Stefano Bontate mit derselben Kalaschnikow niedergemäht hatte. Inzerillos sechzehnjähriger Sohn schwor Rache für seinen Vater, weswegen ihm der rechte Arm abgehackt wurde, bevor man ihn erschoß. Inzerillos Bruder suchte die Corleonesi mit einem Geldkoffer als Versöhnungsangebot auf und wurde nie wieder gesehen. Inzerillos Onkel ging in New Jersey aus dem Haus und wurde nie wieder gesehen. Bontates Clan wurde ausgelöscht. Pietro Inzerillo war nach New York geflüchtet. Man fand ihn schließlich in einem der Gambino-Familie gehörenden Cadillac: mit Handschellen gefesselt, der Kopf vom Rumpf abgetrennt, Dollarscheine im Mund und der Unterleib in gleicher Weise verziert. Die amerikanische Polizei hatte die Leichenteile in einem versiegelten Sarg heimgeschickt. Es ging um zehn Millionen Dollar Drogengeld, das die Inzerillos Riina, wie der behauptete, schuldeten. Wurden diese Begleitumstände ihres heiklen Charakters wegen oder schlicht aus Unkenntnis außer acht gelassen? Der Staatsmann Andreotti verwahrte sich später entschieden gegen den Eindruck, er habe von derlei Details Kenntnis gehabt.

Am letzten Apriltag 1982 wurden, während Dalla Chiesa im Norden Abschiedsbesuche absolvierte, der sizilianische PCI-Chef und sein Fahrer bei einem Anschlag in Palermo ermordet. Der junge Pio La Torre hatte nach dem Krieg die Arbeiterschaft von Corleone organisiert, während der junge Dalla Chiesa eben dort als Hauptmann der Carabinieri stationiert war und der junge Totò Riina seine ersten Morde verübte. In jüngster Vergangenheit war La Torre Parlamentsabgeordneter in Rom und Mitglied der Antimafia-Kommission gewesen, hatte jedoch ein Jahr vor seiner Ermordung um Rückversetzung nach Palermo ersucht. In Sizilien kämpfte er maßgeblich gegen die Stationierung einer US-Basis für Marschflugkörper in Comiso, unter anderem, weil damit eine Intensivierung der kriminellen Verbindungen zwischen Sizilien und den Vereinigten Staaten zu erwarten stand. Außerdem beschäftigte er sich eingehend mit der neuen Mafia und ihrem neuen Reichtum aus Staatsaufträgen, Bauspekulationen und Drogenhandel. Er hatte den Entwurf für ein komplexes und grundlegendes neues Gesetz fertig, das erstmals bereits die Mitgliedschaft in der Cosa Nostra zu einem Kapitalverbrechen erklärte. Ferner setzte es für Ermittlungen wegen verdächtiger Vermögenswerte das Bankgeheimnis außer Kraft. Schließlich erlaubte es der Regierung, Erpressungsgelder zu beschlagnahmen. Die drei Verordnungen setzten voraus, daß die Cosa Nostra als verbrecherische Organisation existierte, eine Tatsache, die bislang im italienischen Gesetz nicht verankert war. Käme La Torres Entwurf durch, böte er erstmals die Handhabe, gezielt gegen die Mafia vorzugehen. Das Gesetz war noch im Entwurfsstadium, als La Torre ermordet wurde.

Dieses Ereignis brachte General Dalla Chiesa früher als geplant nach Sizilien. Als die Nachricht von dem Attentat auf La Torre eintraf, mußte er eilends aus dem Nieselregen in Mailand, wo zu seiner ehrenvollen Verabschiedung eine Militärparade abgehalten wurde, nach Süden abreisen, um in Palermo Flagge zu zeigen. Nach einem kurzen, hektischen Zwischenstop in Rom zu einem Treffen mit dem Ministerpräsidenten tauchte er in die *Bruthitze* von Palermo ein, wie er in einem weiteren Brief an seine Frau schrieb. Unangekündigt traf er in Straßenanzug und Sonnenbrille am Flughafen ein und nahm ein Taxi in die Stadt. Niemand erwartete ihn, als er in den Amtsräumen des Präfekten erschien. Dalla Chiesa hatte nunmehr den verantwortungsvollen Posten des nationalen Koordinators im Kampf gegen die Mafia inne – Machtbefugnisse hatte er jedoch nicht. *Plötzlich finde ich mich hier in der Fremde wieder*, schrieb er an jenem Abend an Dorettas Geist, *umgeben von Menschen, die auf der einen Seite Wunder von deinem Carlo erwarten und auf der anderen meine Mission und mein Auftauchen hier verfluchen.*

Am ersten Mai wurde Pio La Torre beerdigt. Dazu fand sich Enrico Berlinguer, der Chef der PCI, ein, und Pippo aus dem Restaurant Sant'Andrea, damals noch einfacher militanter Gewerkschaftler, diente Berlinguer wie bei jedem seiner Besuche in Palermo als Leibwächter. Auch Staatspräsident Pertini und Ministerpräsident Spadolini kamen zu der Beerdigung und blickten aschfahl und regungslos vom Podest auf die Piazza, während die jungen Kommunisten das übliche Trauerprotokoll störten. *Das werdet ihr teuer bezahlen!* schrien die jungen Leute von der Piazza den Christdemokraten auf ihrer Plattform entgegen. *Ihr werdet für alles bezahlen!* Ein Trupp holländischer Touristen, die in Sandalen und grauen Wollsocken durch das Stadtzentrum marschierten, blieben mit offenen Mündern stehen und zückten die Kameras, als die Tagelöhner und Stahlarbeiter die Fäuste erhoben.

Governo DC
la mafia sta lì,

sangen die jungen Leute. *Da war die Mafia am Werk, in der DC-Regierung.*

Lima! D'Acquisto! Ciancimino!
Chi di voi è l'assassino?

Wer von euch ist der Mörder? Die jungen Palermer entpuppten sich in den folgenden Wochen als Dalla Chiesas offenkundigste Befürworter, neben anderen schlichten Bürgern, die wenig zu sagen und zu melden hatten. Daß in Palermo das politische Establishment, wie Dalla Chiesa vorausgesehen hatte, ihm Steine in den Weg legte, ihn anfeindete und seine Position untergrub, war von Anfang an mit Händen zu greifen. Und die versprochene Unterstützung seitens der Regierung blieb aus, wie ebenfalls vorausgesehen.

Während er seiner verstorbenen Gattin Doretta Briefe schrieb, umwarb Dalla Chiesa eine auffallend schöne, sehr viel jüngere Frau namens Emanuela Setti Carraro, die wie er aus dem Norden stammte. Seine Isolation bewog ihn trotz aller Befürchtungen, sie zu sich nach Palermo zu holen, wo sie heirateten. Claire Sterling beschreibt das Ereignis in ihrem Buch *Die Mafia*:

> Schauplatz ihrer Hochzeit war eine Szenerie alptraumhafter Gewalt. Das Blutvergießen hatte damals in Palermo seinen Höhepunkt erreicht. Killer durchstreiften mitten am Tag auf schweren Motorrädern die Stadt und gaben nahezu wahllos Schüsse ab. Geköpfte Opfer wurden in Autos am Bahnhof abgestellt, Tote im Zentrum auf der Straße verbrannt, Leichen der Polizei vor die Tür geworfen. *Es herrschte eine gnadenlose, von menschenverachtender Arroganz geprägte Atmosphäre*, schrieb der Vorsitzende Richter im Palermer Maxi-Prozeß.

Es war die Zeit von Riinas Terrorherrschaft. Für Neapel galt in diesem Jahr das gleiche, aus Gründen, die durchaus in Zusammenhang mit Ereignissen in Palermo standen. In Neapel waren noch mehr Leichen zu verzeichnen. 1982 war für den Mezzogiorno das Jahr Null. In jenem Sommer flüchtete ich nach Brasilien, und dort, am Strand von Copacabana in Rio, schlug ich eines Morgens Anfang September das *Jornal do Brasil* auf und las von dem tödlichen Anschlag auf General Dalla Chiesa, seine Frau Emanuela Setti Carraro und ihren Fahrer mitten im belebten Palermo.

Er hatte alles kommen sehen, klar und deutlich, unabwendbar, während um ihn in seiner Hilflosigkeit ein Vakuum entstand. Anfang August hatte er in einem langen Interview mit Giorgio Bocca in *La Repubblica* die Gefahr angesprochen:

> Ich glaube, ich habe die neue Spielregel verstanden. Man tötet den Inhaber einer Machtposition, wenn sich folgende fatale Kombination ergeben hat: er ist zu gefährlich geworden, kann aber umgebracht werden, weil er allein dasteht ... Die Mafia ist vorsichtig, langsam, sie lotet dich aus, hört dir zu, beobachtet dich aus der Distanz ...

Ich stecke bis zum Hals darin, sagte er im gleichen Monat zu seinem Sohn. Mit *darin* meinte er den Treibsand von Andreottis DC. Während die Mafia ihn aufs Korn nahm, ihn mit subtilen Mitteln isolierte und in Mißkredit brachte, versuchte Dalla Chiesa in dem letzten Monat, der ihm noch blieb, vergeblich ein Treffen mit dem Parteichef der DC herbeizuführen; bat vergeblich den Innenminister um größere Machtbefugnisse. Dies tat er noch am Morgen seiner Ermordung. Sein letzter Schachzug, der für sich gesehen bereits mehr aussagte als seine eigenen Worte darüber in seinem Tagebuch an Doretta, war ein heimlicher Besuch beim US-Konsul in Palermo, den er bat, Druck auf den italienischen Ministerpräsidenten auszuüben, damit er, Dalla Chiesa, die nötige Unterstützung für seinen Kampf gegen die Cosa Nostra und ihre politischen Verbündeten erhielt. Diese verstohlene Visite des Generals besagt alles über die Souveränität des italienischen Staates in dem halben Jahrhundert seit Kriegsende. Im Augenblick größter Not wandte sich einer der loyalsten, intelligentesten, gewissenhaftesten und erfolgreichsten Diener dieses Staates an die Amerikaner.

Der Konsul, ein Mr. Jones, schilderte das Treffen später im *Wall Street Journal*, aus dem Claire Sterling eine Anekdote von Dalla Chiesa zitiert. Sie spielt in den siebziger Jahren, in denen er als Oberst der Palermer Carabinieri diente. Ein Carabinieri-Hauptmann, der in Palma di Montechiaro, dem Ort, den Tomasi di Lampedusa im *Leopard* beschrieb, stationiert war, teilte seinem Kommandeur in Palermo telefonisch mit, er werde vom lokalen Mafiaboß bedroht. Daraufhin hatte sich Oberst Dalla Chiesa nach

Palma begeben und war um die Stunde des rituellen abendlichen *corso* gemächlich, Arm in Arm mit dem Hauptmann, die Hauptstraße auf und ab spaziert. Vor dem Haus des Bosses waren sie eine Weile stehengeblieben und dann weitergegangen. In Erinnerung an seine kleine Solidaritätsbekundung äußerte Dalla Chiesa nun gegenüber dem Konsul: *Ich bitte um nichts weiter, als daß jemand meinen Arm nimmt und mich ein Stück begleitet.*

An jenem Abend holte Emanuela Setti Carraro den General mit ihrem Mini von der Präfektur ab. Es war bereits dunkel. Statt sich mit gepanzerten Fahrzeugen und Leibwächtern zu schützen, zog Dalla Chiesa unauffälliges Verhalten, Mobilität, ständig wechselnde Zeiten und Routen vor. Ein einziger Sicherheitsbeamter, Domenico Russo, folgte ihnen in einem weiteren Auto. Auf der Via Carina wurden sie von acht Männern überholt, vier davon auf zwei schweren Motorrädern, die anderen vier in einem BMW. Dalla Chiesa warf sich schützend über seine Frau, die dennoch als erste tödlich getroffen wurde. Mordwaffe war dieselbe Kalaschnikow, mit der man auch Bontate und Inzerillo aus dem Weg geräumt hatte. Einer der Männer stieg aus dem BMW und feuerte aus nächster Nähe auf die Opfer. Russo erlag später seinen Verletzungen.

Hundertsiebenundzwanzig Tage zuvor, bei seiner Ankunft in Palermo, hatte der General der Schattengestalt seiner Frau anvertraut:

> Es ist mir vollkommen klar, daß es Selbstmord gleichkäme, meine neue Aufgabe mit Leibwächtern und Eskorten anzugehen statt mit der Intelligenz und dem Quentchen Phantasie, die sie erfordert. Dennoch bin ich sicher, daß meine Doretta ihre schützende Hand über mich halten wird, damit ich noch ein wenig Gutes für diese Gesellschaft leisten kann, die schon allzu viele schmählich verraten haben.

Intelligenz und Phantasie waren nicht genug gewesen; auch an dem General wurde Verrat geübt. *Hier liegt die Hoffnung aller aufrechten Bürger von Palermo*, lautete die Inschrift eines Kranzes, der am Ort der Bluttat niedergelegt wurde. Nach bester italienischer Manier ging nun ein Sturm von Emotionalität durch die ganze Nation und bewirkte postum, was dem General im Leben verwehrt geblieben war. Unverzüglich wurde nun der Posten des Antimafia-Hochkommissars mit den Sondervollmachten ausgestattet, um die Dalla Chiesa ersucht hatte. Ferner verabschiedete das italienische Parlament ohne jede Debatte das zwei Jahre zuvor vom sizilianischen PCI-Chef entworfene Gesetz. Es wurde nun das *Gesetz La Torre* genannt. Die neu ernannten Hohen Kommissare erwiesen sich einer nach dem anderen als derart uneffektive Bürokraten, daß niemand Einwände erhob, als der Posten bald darauf wieder abgeschafft wurde. Das Gesetz La Torre aber veränderte alles. Zum ersten Mal fanden Wörter wie Mafia und

Mafioso Eingang in das italienische Strafgesetzbuch. Mit dem *Articolo 416 bis*, der bald berühmt werden sollte, wurde Pio La Torres Ziel verwirklicht, die gesamte Organisation der Cosa Nostra, der Camorra und der 'Ndrangheta als verbrecherisch anzuprangern, statt nur die Einzelvergehen ihrer nach Tausenden zählenden Mitglieder zu verfolgen. Das Gesetz ermöglichte eine globale Strategie gegen die Cosa Nostra. Ohne *Articolo 416 bis* hätte es Falcones Maxi-Prozeß niemals gegeben, freilich auch nicht die furchtbare Rache der Cosa Nostra im Jahr 1992. Ohne *Articolo 416 bis* wäre der Staatsmann Giulio Andreotti niemals im Sommer 1995 vor ein Palermer Gericht gestellt worden.

Während ich an jenem vierten September in Rio de Janeiro auf das *Jornal do Brasil* starrte, erfuhr in Nordbrasilien, bei Belém an der Mündung des Amazonas, zweitausend Kilometer entfernt, Tommaso Buscetta gemeinsam mit Gaetano Badalamenti dieselbe Nachricht aus dem Fernsehen. Badalamenti war als erster Palermer Boß von Riina in die Knie gezwungen worden. Er hatte die Warnzeichen rechtzeitig erkannt, sich vor dem großen Gemetzel außer Landes begeben und betrieb nun einen schwunghaften Drogenhandel in Nord- und Südamerika. Nachdem er die Hoffnungslosigkeit aller Vermittlungsversuche zwischen den Palermer Familien und den Corleonesi erkannt hatte, war auch Buscetta zu Frau und Familie und seinem eigenen Drogengeschäft in Brasilien zurückgekehrt. Fachmännisch kommentierte der ehemalige Boß die Umstände des Mordes: wer ihn angeordnet haben mußte – Riinas Corleonesi; wer ihn ausgeführt hatte – Nitto Santapaolas Mafia aus Catania. Dann sagte er zu Buscetta:

> Masino, da hat sich irgendein Politiker der Mafia bedient, um den General loszuwerden. Er war einfach zu lästig geworden ... Sie haben ihn nach Palermo geschickt, um ihn vom Hals zu haben. In Sizilien hatte er noch nichts weiter unternommen, was einen derartigen Haß auf ihn rechtfertigen könnte.

Etwas später kam Badalamenti auf den Mord an Pecorelli zu sprechen und bestätigte hierbei haargenau etwas, das Buscetta bereits zwei Jahre zuvor von Stefano Bontate gehört hatte: *Die Ermordung Pecorellis war ein politisch motiviertes Verbrechen, ausgeführt von der Cosa Nostra, auf Anordnung der Vettern Salvo, die wiederum auf Wunsch von Andreotti agierten.* Weiter sagte Buscetta aus:

> General Dalla Chiesa mußte sterben, weil er im Besitz von Geheimmaterial war – ich weiß nicht, ob es sich um Informationen, Dokumente, Papiere oder sonst etwas handelte –, das mit dem Fall Moro in Zusammenhang stand und Andreotti in ernsthafte Schwierigkeiten bringen konnte. Über das gleiche Geheimmaterial verfügte auch Mino Pecorelli,

der Journalist ... Badalamenti sagte zu mir, *die beiden Fälle Pecorelli und Dalla Chiesa seien eng miteinander verflochten ...*
Die Versetzung des Generals nach Palermo diente nur dazu, seine Eliminierung einfacher zu machen – sie vor allem logischer, berechtigter erscheinen zu lassen. Der Beschluß dazu war bereits einige Zeit früher gefaßt worden, aus Gründen, die mit der Antimafia-Politik nichts zu tun hatten.

Als galanter Mafioso alter Schule fügte Buscetta noch hinzu:

Seine Frau wurde ebenfalls getötet – nicht etwa, weil die Mafia ihren angestammten Respekt vor Frauen und unschuldigen Kindern verloren hätte, sondern weil Dalla Chiesa ihr möglicherweise diese Geheimnisse oder gefährlichen Papiere anvertraut hatte.

1993 erinnerte sich Vito Ciancimino vor den Ermittlungsrichtern der *Wahren Geschichte Italiens* an die kollektive Psychose jenes Sommers, als Dalla Chiesa in Palermo eintraf, um am Ende isoliert und machtlos dazustehen. Bald nach dem Attentat hatte der ehemalige Bürgermeister und Mafioso eine kleine, zwanglose Unterhaltung mit dem ehemaligen Mafioso und Bürgermeister Salvo Lima und dem millionenschweren Mafioso Nino Salvo. Er fragte sie nach dem Warum. *Dalla Chiesa war doch praktisch schachmatt, kein Hahn krähte mehr nach ihm, warum ihn da umbringen?* Limas Augen glühten vor Haß, und er verlor seine gewohnte Selbstbeherrschung, als er antwortete: *Für bestimmte Leute in Rom war er als kaltgestellter General a. D. gefährlicher denn als Präfekt mit Sondervollmachten.* Lima fuhr fort: *Wer den Arsch dafür hinhalten muß, das sind wir, und wer weiß, wie lange das dauern wird.*

Ciancimino erläuterte: *Mit »wir« meinte er uns Sizilianer. Und Nino Salvo nickte zustimmend, offensichtlich sehr aufgebracht.* Andreottis Vizekönig in Sizilien schäumte vor Wut, weil Andreotti die Freunde derart in Schwulitäten gebracht hatte und sie dem unkalkulierbaren Übel aussetzte, das der Cosa Nostra dank Artikel 416 B drohte – und alles nur, um die Erinnerung an seine Vergangenheit auszulöschen, um seine Spuren zu tilgen. Lima ließ sich besänftigen, als Andreotti Ende 1982 gen Süden reiste, um gegen die negativen Auswirkungen des Attentats anzusteuern und gemeinsam mit Lima und Ciancimino eine Wahlveranstaltung zu bestreiten. *Ihr Christdemokraten in Sizilien seid stark, deswegen greift man euch an*, teilte Andreotti der Menge mit. *Wir verwerfen die verlogenen Moralpredigten von Kritikern, denen der Schaum vor dem Mund steht, während ihr bei jeder Wahl immer stärker werdet.* Das ließ Lima wieder strahlen.

Im November jenes Jahres besuchte auch Seine Heiligkeit Papst Johannes Paul II. Palermo, anscheinend genesen von den Schußwunden, die ihm im Vorjahr ein Agent der türkischen Mafia auf dem Petersplatz zugefügt hatte. Die Ermittlungen im Falle dieses scheinbaren Attentatsversuchs gingen Richtung Bulgarien, und viele Leute vermuteten, der Anschlag stehe in Zusammenhang mit des Heiligen Vaters tatkräftiger Unterstützung der antikommunistischen Solidaritätsbewegung in seinem Heimatland Polen. Andere behaupteten später, der Anschlag sei aus den Reihen des Vatikans selbst angeordnet und nur als Warnung gedacht gewesen. In Palermo sprach der Papst, am Ende dieses furchtbaren Jahres, vor hundertfünfzigtausend Menschen auf der zentralen Piazza. Er erwähnte die Mafia mit keinem Wort.

VI EINE SCHLECHTE ANGEWOHNHEIT

Zuerst kommt immer der Zucker hinein. Dann, wenn der Barmann sich das winzige Täßchen von dem dampfend heißen Abtropfgestell schnappt. Bevor der Kaffee aus dem Röhrchen sickert. Nur so kann das, was da Tropfen um Tropfen in der Maschine langsam, heiß und dickflüssig aufsteigt und sich in einen noch heißeren, schneller und dünnflüssiger rieselnden Strahl frisch gefilterten Kaffees verwandelt, mit dem weißen Pulver verschmelzen, das einen Großteil der winzigen weißen Tasse füllt. Nur so kommt man in den Genuß des voll karamelisierten Doppelkicks aus Koffein und Glukose. Ein Löffel hat dabei – an diesem Punkt – nichts zu suchen. Daheim füllt man daher den Zucker in den oberen Teil der facettierten Aluminiumkanne, bevor der Kaffee hochsprudelt, und rührt ihn leicht unter, während die Flamme noch brennt.

Nur in Neapel wird so verfahren. Wünscht man wenig oder gar keinen Zucker, muß man den Barmann vor seiner ersten Bewegung abfangen. In einer stark frequentierten Bar wird er die Tasse unter Umständen mit einer Spur Kaffee am Rand markieren, um Verwechslungen vorzubeugen. Und damit ist auch zugleich der Zuckerverweigerer unwiderruflich als leicht bizarrer Typ markiert. Letztes Jahr suchte ich erstmals nach drei Jahren wieder die Bar Messico auf. Sie liegt in Bahnhofsnähe, und die Leute hinter der Bar bereiten Tag um Tag, rund ums Jahr außer sonntags, Tausende Tassen von Kaffee zu. Dort, wo ich stand, bediente ein neuer Barmann. Sein älterer Kollege am anderen Ende der Bar vollführte das pantomimische Kunststück, das Neapolitaner stets absolvieren, wenn man nach langer Abwesenheit wieder auftaucht, und das darin besteht, so zu tun, als sei man nie fortgewesen. Auf diese Art wird man wieder in die Reihen aufgenommen. Man war ja im Grunde gar nicht weg. Ohne meine Anwesenheit auch nur im mindesten zur Kenntnis zu nehmen – zumal ich noch kein Wort gesprochen hatte –, raunte der ältere Barmann dem jüngeren zu: *Für den da drüben ohne Zucker.*

Später suchte ich auch die lächerlich kleine Bar Nilo wieder auf; sie liegt mitten in Neapel an der gleichnamigen winzigen Piazzetta Nilo, die eine antike Marmorstatue des ruhenden ägyptischen Flußgottes ziert. Aufgestellt hatten sie vor Jahrtausenden Einwanderer aus Alexandria, die den Nilkult mit nach Neapel brachten. Im Lauf der Jahrhunderte wuchs die Statue den Neapolitanern unter dem Namen *'o cuorpo 'e Napule* ans Herz und gilt ihnen mittlerweile als Sinnbild der Stadt. Vor der Statue stand gewöhnlich ein Zeitungsverkäufer mit seinem Tapeziertisch, der unten herum mit Pornomagazinen behangen war. Als 1994 Neapel sich für den Besuch Präsident Clintons und den verheißenen neuen Zustrom von Touristen rüstete, mußte der Zeitungsverkäufer sich um die nächste Ecke verziehen, wo ich ihn bei meiner Rückkehr fand. Tag für Tag rückte er seinen Zeitungsstand zentimeterweise wieder näher zum »Leib Neapels« hin. Statue und Bar befinden sich an der Spaccanopoli, einer schmalen, geradlinigen Straße, die quer durch die Stadt führt und die vor zweieinhalbtausend Jahren die griechischen Begründer angelegt haben. Als ich auch diese Bar nach jahrelanger Abwesenheit erstmals wieder betrat, begrüßte mich der schielende Barmann mit den Worten: *Sempre amaro, professò? Immer noch ohne Zucker?* Der Bar Nilo wurde einmal ein Preis für den besten Kaffee in Neapel zuerkannt. Damit wäre er der beste Kaffee der Welt. Ich bevorzuge den im Messico, aber es gibt Tage, an denen ich schwankend werde. Der Kaffee im Nilo gehört jedenfalls zu den besten. Und als ich mich dann wieder in einer kleinen Bar im spanischen Viertel einfand, wo ich 1978 zu frühstücken pflegte und seither nie mehr gewesen war, tat dort noch der gleiche Barmann Dienst und erkannte mich. *Hast es also zu was gebracht*, sagte man in Neapel, wenn jemand nach längerer Abwesenheit wieder auftauchte. Zu etwas bringen konnte man es nur anderswo, hieß das, und nur das konnte der Grund sein, warum jemand fortging.

Jede Transaktion, jeder gesellschaftliche Akt erfordert in Neapel ein kompliziertes und zuweilen kräftezehrendes Gemauschel, ein subtiles und listenreiches Spielchen, bei dem der Spieler in der sozial schwächeren Position darauf hinarbeitet, sich einzuschmeicheln und zugleich den Stärkeren aufs Kreuz zu legen, ihn auf dem falschen Fuß zu erwischen, und zwar mit größter Raffinesse, nahezu unmerklich, um dadurch unterbewußt im anderen eine gewisse gesellschaftliche Verlegenheit aufkommen zu lassen, die im weiteren als Hebel eingesetzt werden kann. Man strebt an, möglichst ein Gefühl von Verpflichtung, von Dankbarkeit, ja, Abhängigkeit zu schaffen. Darin liegt nicht notwendig etwas Niederträchtiges. Es ist eine uralte Kunst, die Stärke aus Schwäche schöpft und einen Teil des liebenswerten Wesens der Neapolitaner ausmacht. Man braucht diese Kunst, um in Neapel zu überleben. Wenn Respekt der Schlüsselbegriff aller sozialer Beziehungen in Sizilien ist, dann gilt für Neapel genau das Gegenteil: Respektlosigkeit. Neapel stellt eine ungleich labilere, kompliziertere Welt dar. Der eigensinnige Sizilianer Sciascia kannte die neapolitanische Eigenart, selbst einen schlichten Akt wie die Zubereitung eines Kaffees mit versteckten Ansinnen, Anzüglichkeiten und verschwörerischen Gesten anzureichern. In seinem 1961 erschienenen ersten Roman *Der Tag der Eule* trinkt der Hauptmann der Carabinieri

> ... einen kochendheißen Kaffee. Der Kantinen-Carabiniere hatte ihn eigens für ihn zubereitet, und zwar mit der besonderen Menge Kaffee

und der Geschicklichkeit, über die ein Neapolitaner wie der Kantinier verfügt, wenn es darum geht, sich das besondere Wohlwollen seines Vorgesetzten zu verdienen.

Die Bar gegenüber der Oper San Carlo, die ich abends mitunter aufsuchte, hatte sich völlig verändert. Vor Urzeiten pflegte ich dort nach dem Abendessen einen Rum zu trinken und die Jukebox zu bedienen. Meines Wissens war es die einzige Bar in Neapel mit einer Jukebox. Abends hingen hier Jungen aus Pallonetto herum, dem kleinen vorspringenden Häusergewirr der *contrabbandieri* von Santa Lucia. Eines Nachts lud mich der Barbesitzer zu einer Orgie in seiner Villa ein. *Die Jungs hier*, sagte er, *lesen mir jeden Wunsch von den Augen ab.* Er sang im San Carlo gegenüber im Opernchor, und einmal sagte ich zu ihm, ich hätte ihn bei der letzten Aufführung von Rossinis *Die Italienierin in Algier* auf der Bühne im Eunuchen-Chor entdeckt. Seine Miene verfinsterte sich. *Ich war im Chor der algerischen Edelmänner*, sagte er. Einige Jahre später wurde er in seiner Villa ermordet.

Warum von allen Europäern ausgerechnet die Neapolitaner so versessen auf Kaffee sind, weiß ich nicht. In Mailand schwört man auf Aperitifs, die wiederum in Neapel völlig unbekannt sind. Ein Aperitif impliziert sowohl einen leicht benebelten, entspannten Zustand wie auch die Verheißung eines nachfolgenden, nahrhaften Mahls. Letzteres ist in Neapel von jeher eine unsichere Angelegenheit. Darum verdankt die Welt Neapel die klassischen, rasch zubereiteten, preiswerten und magenfüllenden Gerichte wie Pizza, Pasta und ihre sämtlichen Varianten, die eigentlichen und ursprünglichen »Fast-food«-Produkte. Ein neapolitanischer Kaffee hat dieselbe Wirkung wie ein kräftiger Tritt. Er bringt einen in Gang und kostet so gut wie nichts.

Nördlich von Neapel wird italienischer Kaffee zusehends schlechter. In Rom ist er häufig ungenießbar. Weiter südlich erfüllt er im allgemeinen die Erwartungen. Der Kaffee in Palermo ist von überragender Qualität. *Der ideale Kaffee für Sizilianer*, befand der Journalist Giorgio Bocca nach einem Besuch bei den Ermittlungsrichtern des Antimafia-Verbunds im Justizpalast von Palermo, *wäre wohl ein schwarzer Tropfen mit einem Superkonzentrat allen Koffeins der Welt.* Doch selbst in Neapel kann man sich nicht blind darauf verlassen, in einer Bar guten Kaffee serviert zu bekommen. Voraussetzung dafür sind tadellos in Schuß gehaltene Maschinen, rege Frequentierung sowie Qualitätskaffee. Mitunter wird einem in Neapel das gleiche dünne, ätzende, bittere Gesöff vorgesetzt wie in Sydney. Dann befindet man sich vermutlich in einer Bar, deren Besitzer frisch renoviert hat und deswegen bei seinem Lieferanten in der Kreide steht. Die Tausende und Abertausende von winzigen Bars in Neapel stehen in ständigem Wettstreit um die schönste Innenausstattung. Hat der Besitzer einer Kaffeebar sich übernommen, ist er auf Ewigkeit an denselben Lieferanten gebunden, der ihm hinfort und für alle Zeiten minderwertigen Kaffee aufs Auge drücken kann. Kaffee ist die Droge der Neapolitaner. Alkohol trinken sie selten, abgesehen von einem Gläschen Wein zur Mahlzeit oder einem nach Arznei schmeckenden Amaro zum Abschluß. Vorübergehend war bei den wilden Typen aus dem spanischen Viertel Kamillentee groß in Mode, den sie in den frühen Morgenstunden als Schlafmittel zu sich nahmen, und einmal bot mir ein betagter Boß der *quarteri* einen Chivas Regal an.

Der Zucker, den man hier so sorgsam beifügt, ist vermutlich eng mit dem Kaffeekult verbunden. Neapel war einer der ersten und größten Importeure von Zucker in Europa. In seinem grandiosen Werk *Das Mittelmeer* erwähnt Fernand Braudel für das eine Jahr 1625 – als das übrige Europa Zucker noch kaum kannte – für Neapel *die unglaubliche Menge* von fünfzehnhundert Tonnen Importzucker. Im gleichen Jahr importierte Neapel außerdem fünfhundert Tonnen Honig. Dieser immense Verbrauch wurde ein halbes Jahrhundert nach der Einführung des Kaffees in Italien aus dem Osten verzeichnet. Erstmals importierten die Venezianer 1580 Kaffee aus Konstantinopel, wohin er dreißig Jahre zuvor aus Ägypten gekommen war. Stieg der neapolitanische Zuckerverbrauch mit Einführung des Kaffees so sprunghaft in die Höhe? Braudel äußerte sich nicht zu dieser Frage. In Betrachtung des späten sechzehnten Jahrhunderts bemerkte er: *Neapel war ausschweifend, und zwar in jeder Hinsicht ... es war die erstaunlichste, auf aberwitzigste Weise pikareske Stadt der Welt.* Da der Flüssigkeitsanteil eines neapolitanischen Kaffees kaum ausreicht, um den Zucker aufzulösen, liegt der Verdacht nahe, daß der Kaffee lediglich dazu dient, dem Zucker Geschmack zu verleihen und seine Umsetzung zu erleichtern. Und der Zucker muß sich vollständig auflösen. Ganz zu Anfang, als ich noch Zucker nahm, tadelte mich ein *scugnizzo* wegen der schlechten Angewohnheit, den ungelösten Zucker mit einem Löffel vom Boden der Tasse zu kratzen. Es war eine läßlichere Sünde, als Wein zu verschütten, wie Judas es tat, aber gleichwohl ein Vergehen. Ein *scugnizzo* ist – oder war – übrigens ein neapolitanischer Straßenjunge, allerdings nicht im modernen Sinn von sozialem Abschaum, völlig auf sich gestellt und obdachlos, sondern vielmehr jemand, der durchaus über eine gewisse Stellung, ja, sogar über Ansehen verfügt, der zur Gesellschaft gehört, ohne von ihr vereinnahmt zu sein; der einen Bogen um die Schule macht, aber noch nirgendwo im Arbeitsprozeß eingebunden ist. In den neunziger Jahren wurden die *scugnizzi* vorwiegend als Drogenkuriere eingesetzt, eine Aufgabe, für die sie mit ihrer Pfiffigkeit, ihrer Straßenjungen-Intelligenz und ihrer außerordentlichen Mobilität dank der Vespas geradezu ideal geeignet sind. Ihre Auftraggeber nennen sie *muschilli*, kleine Fliegen, und wissen auch die Tatsache zu schätzen, daß die *muschilli* nach italienischem Gesetz bis zum Alter von vierzehn Jahren nicht strafmündig sind.

Im siebzehnten Jahrhundert wurde den Gourmets von Neapel einiges geboten. Hier wurde die Eiscreme erfunden; die spanischen Herrscher der Stadt führten Schokolade aus der Neuen Welt ein, und um 1690 erblickte Schokoladeneis das Licht der Welt. Im ganzen Süden sind Süßspeisen wie etwa Kuchen, Torten und auch die anderen Eissorten, *granite, semifreddi, cassate* sowie Marzipan nach wie vor ein wahrer Genuß. Dem fülligen, bebrillten Totò aus dem Sant'Andrea in Palermo kamen die Tränen, als er mir die komplizierten Spielarten seiner lebenslangen Leidenschaft für Schokolade erläuterte. Und unter den Marktzulieferern des *borgo* von Sant'Antonio Abate in Neapel war nur der Käseverkäufer für mich von ähnlicher Bedeutung wie der kleine Konditor an der Ecke, der Produzent, Lieferant, Klein- und Großhändler in einer Person war und aus seinem kleinen, unbeschilderten Lädchen, seinem *laboratorio*, die Bars und Cafés mit Backwerk versorgte – eine Informationsquelle und ein Beichtvater, dem man alles anvertrauen konnte, ob es nun mit Torten oder mit anderem zusammenhing.

Später kam mir der Gedanke, das manierierte, obsessive Spiel mit Löffeln, Pulvern und Flammen, das man im Umgang mit Kaffee und Zucker lernt, könnte für junge Neapolitaner anfänglich einen Teil des Reizes von Heroin ausgemacht haben. Diese Droge kam in Italien während meiner Zeit dort in Mode und ist ein eigenes Kapitel, über das noch einiges zu schreiben wäre. Bestimmte Schichten der neapolitanischen Gesellschaft, die notorisch der Zeit hinterherhinken, erreichte das Heroin erst gleichzeitig mit anderen Symptomen des Spätkapitalismus wie etwa Fernsehen und Konsumgütern, aber es wirkte rascher, weil es alle Kontrollen außer Kraft setzte. Das Heroin griff um sich wie ein Feuersturm. Es kam einem durchaus stimmig vor, daß in Neapel die Moderne im Gewand einer paradiesischen Droge auftrat und Vereinsamung und Entfremdung die direkte Folge des intensiven, flüchtigen Rausches waren, der einen zum Sklaven macht. Die Neapolitaner sind seit jeher anfällig für flüchtige Freuden gewesen.

Das Heroin ruinierte eine komplexe Gesellschaft, zu Hause in dichtbevölkerten Stadtlandschaften mit ihrem schamlosen Klassengemisch – eine Kultur, die in ihrer Größe aus dem Immateriellen, dem Unsicheren und Vergänglichen schöpfte, deren Kunstsinn vor allem in Musik und Theater Ausdruck fand, erkennbar an ihrer Rhetorik, Erotik, Komik, ihrer Fleischeslust und ihrem Hang zum Barocken wie zum Metaphysischen, begabt mit einer Sensibilität, die zwischen träger Sinnlichkeit und strenger Abstraktion schwankte; ein vielstimmiger Chor, von Instinkten geleitet, jeder für sich und jeder Teil des Ganzen. Neapel schenkte der Welt Eiscreme, Pizza, die *opera buffa* und das Transvestitentum als Kunstform. Neapel betörte Vergil, Boccaccio, Stendhal, schockte und empörte Sade, Ruskin und Sartre. Neapel lieferte den Stoff für Gemälde des Besuchers Caravaggio und für Opern des Besuchers Mozart. Neapel war das Mutterland des Polymorph-Perversen und, in Teilen noch heute im öden späten zwanzigsten Jahrhundert erkennbar, die griechische Stadt von Petronius' *Satyricon*. Bis zum Heroin und bis zum Erdbeben mit all ihren Konsequenzen.

Eines Tages wird ein neuer Braudel die mediterrane Welt des ausgehenden zwanzigsten Jahrhunderts erforschen und anhand seiner Erkenntnisse aufzeigen, wie das Heroin gleich dem Zucker vor fünfhundert Jahren die Lebensstrukturen verändert hat. Die Wandlungen, die das jüngere weiße Pulver herbeiführte, das aus Asien nach Westen bis Amerika vordrang, waren ähnlich umfassend. Sie betrafen vielfach auch die gleichen Orte. Heroin begann seinen Siegeszug im Süden, aus all den uralten Gründen, die mit der Geographie des Mittelmeerraums zusammenhängen, und wirkte dort besonders verheerend. Zu denen, die als erste begriffen und am präzisesten registrierten, was da vor sich ging – nicht im eigentlichen Drogengeschäft, sondern in der dahinterstehenden Politik, die es ermöglichte –, gehörte Leonardo Sciascia. Und Sciascia wählte 1961 in seinem ersten Roman den *caffè ristretto*, den extrastarken schwarzen Espresso des Südens, als Metapher, um durch eine Romangestalt seine intuitiven Einsichten in das, was vorging, zum Ausdruck zu bringen.

> Vielleicht verwandelt sich ganz Italien allmählich in Sizilien ... Als ich die Skandale der Regionalregierung in der Zeitung las, hatte ich eine phantastische Vorstellung. Die Wissenschaftler behaupten, die Palmlinie, das heißt das für die Vegetation der Palme günstige Klima, rücke nach Norden vor. Soweit ich mich erinnere, jährlich fünfhundert Meter ... Die Palmlinie ... Ich nenne sie die Kaffeelinie, die Linie des starken Kaffees, des schwarzen Kaffees ... Sie steigt wie die Quecksilbersäule eines Thermometers, diese Palmlinie, diese Linie des schwarzen Kaffees und der Skandale. Immer weiter hinauf in Italien. Schon ist sie über Rom hinaus ...

Es war eine anschauliche und weit vorausweisende Metapher, und die Idee der Palmlinie wurde in gewisser Weise zwanzig Jahre später, zu Anfang der achtziger Jahre, von Kommentatoren wieder aufgegriffen, die den Niedergang Italiens beklagten und die schleichende Mafia-isierung, den

Verfall bürgerlicher Tugenden, der allmählich und unerbittlich ganz Italien erfaßte, mit einer schwärenden Wunde verglichen. Was natürlich eine Verleumdung der Palmen und des Kaffees des Südens war.

So oder so wäre es zu einem Zusammenbruch gekommen. Nach nahezu drei Jahrtausenden wies das Neapel von 1978 Alterserscheinungen auf. Die unsagbar malerische Schönheit von Bucht und Stadt vertrug kein näheres Hinsehen mehr. Sie war größtenteils zu einem dreckigen, wuchernden Slum an der größten Kloake der Christenheit verkommen. Zwölf Ratten auf jeden Einwohner, hatte irgendwer einmal ausgerechnet. Die Schulen, Bibliotheken, Krankenhäuser, Universitäten, Museen und Gefängnisse müssen die schlechtesten von Europa gewesen sein. Eine Bank, ein Postamt oder das Rathaus aufzusuchen, kam einem Alptraum gleich. Die *res publica*, die öffentliche Sache, zu der nach allgemeinem Dafürhalten Gesundheitsfürsorge, Ausbildungseinrichtungen, öffentlicher Transport, Politik, Kommunikation, Unterhaltung, Sport und persönliche Sicherheit zählten, lag hoffnungslos im argen. Nach den üblichen Maßstäben für soziale Zustände war Neapel ein Katastrophengebiet. Fünf Jahre zuvor hatte es hier Cholerafälle gegeben. Die Zahl von Hepatitis-Fällen war die zweithöchste der Welt, wie ich erfuhr, als ich selbst angesteckt wurde. Im Laufe meines ersten Jahres in Neapel stieg plötzlich die Säuglingssterblichkeit dramatisch an und versetzte die ärmeren Viertel in Panik. Man munkelte viel von einer mysteriösen Krankheit, doch an dem Dreck, der Infektionen mit sich brachte, war nichts mysteriös. *Die dritte Welt beginnt in Neapel*, hieß es, und viele Statistiken glichen tatsächlich Dritte-Welt-Statistiken.

Was Neapel in den siebziger Jahren noch zu bieten hatte, abgesehen von einer verfallenden Ansammlung unvergleichlicher Kunstwerke, war das volkstümliche städtische Leben, das in direkter, wenn auch spinnwebfeiner Linie auf die Uranfänge der Stadt zurückging. Es war einzigartig in Europa und der Tatsache zu verdanken, daß die Industrialisierung an Neapel schlicht vorbeigegangen war. Wie Goethe und Stendhal feststellten und lebhaft bezeugten, war Neapel im achtzehnten und beginnenden neunzehnten Jahrhundert eine der drei großen Hauptstädte Europas. Stendhal schrieb 1817: *In meinen Augen steht sie unvergleichlich als schönste Stadt des Universums da.* Neapel stand London und Paris an Größe und Pracht in nichts nach. *Paradies und Höllenfeuer*, schrieb Gibbon in Erinnerung an das Schicksal von Pompeji und an den Vesuv, der nach wie vor in Sichtweite der Stadt unheildrohend vor sich hin rauchte. Durch die Kräfteverschiebung nach Norden infolge der Einigung Italiens an den Rand gedrückt, war Neapel dem wirtschaftlichen Niedergang anheimgegeben, der ihm – um den

Preis des Verfalls – die Zerstörung gewachsener Strukturen durch Modernisierung und Erschließung ersparte. Erneuernde stadtplanerische Maßnahmen blieben bruchstückhaft und sporadisch. Gegen Ende des letzten Jahrhunderts schlug man nach einer Choleraepidemie eine breite, schnurgerade Straße durch die Hafenslums. Bei Santa Lucia wurde dem Meer ein Stück Land abgewonnen. Später ließ Mussolini unterhalb der Via Toledo im Zentrum ein weiteres Viertel planieren, damit dort die Bank von Neapel, das Polizeipräsidium und das Postamt im modernistischen Monumentalstil des Faschismus errichtet werden konnten, die einzigen halbwegs vorzeigbaren Neubauten der Stadt in den vergangenen hundert Jahren. Sonst aber überließ man Neapel seinem Schicksal. Noch immer glich das Stadtzentrum einem geschäftigen Bienenstock und präsentierte, wenn auch mit Einschränkungen, eine kulturelle Kontinuität, die anderswo längst dahingeschwunden war.

In gewisser Weise wirkte die Stadt in der Zeit vor den Drogen und den Mordserien wie verzaubert. Daß dieser überschäumende, leidenschaftliche Hedonismus, diese Kunst des Sich-Arrangierens, inmitten der modernen Welt überhaupt möglich war! Der Pesthauch des Stadtverkehrs und das allmähliche Vordringen des Fernsehens kamen einem dagegen unerheblich vor. Die verrückte Zentripetalkraft Neapels schien nicht von dieser Welt zu sein und doch in ihr zu existieren. Die gemeinsame, alle Unkundigen ausschließende Sprache diente den Neapolitanern als Bollwerk gegen Italien und alles darüber hinaus und gab den Bewohnern ein familiäres Gefühl von Zusammengehörigkeit, das stärker war als Klassenunterschiede. Die Gleichgültigkeit in praktischen Dingen, eine allen gemeinsame intensive Konzentration auf Kleinigkeiten, minimale Geldsummen, feinste Nuancen beim Servieren von Pasta, Petitessen der gesellschaftlichen Etikette – all dies kennzeichnete eine soziale Gemeinschaft, die ohne Steuerung um sich selbst kreiste. Und doch verlieh die ungeheure Leidenschaft und Energie, mit der man sich hier auf das ganz Nebensächliche warf, dem Leben eine allgegenwärtige phantastische Intensität, wie ich sie wohl nie wieder finden werde. Neapel war ein einziges, großes Theater, und darüber hinaus schenkten die Neapolitaner einem Neuankömmling das unendlich tröstliche Gefühl, er sei bei einem Volk gelandet, das schon alles durchlebt hatte. Sie hatten gelernt, sich nicht als Gestalter der Geschichte durchs Leben zu schlagen, sondern als Betrachter, als der Chor im Hintergrund. Geschichte bedeutete für Neapel wie für Sizilien zweieinhalb Jahrtausende Fremdherrschaft. Das milde, feucht-schwüle Klima trug das Seine zur Schaffung eines traumartigen Zustands bei, in dem es außer um Essen und Sex vor allem darum ging, sich jeweils bis zum folgenden Tag durchzuschlagen. Ich glaubte, der Vergangenheit zu begegnen – einer Vergangenheit, die noch funktionierte. Hier sah ich die Überlebenden der antiken Welt. Auch ich erlag dem Zauber, ließ meine Pläne und die Welt dahinfahren und blieb in Neapel. Ich dachte, es würde ewig so bleiben. Nach mehreren tausend Jahren und mitten im Spätkapitalismus, warum auch nicht? Ich würde mich arrangieren, genau wie die Neapolitaner. Drei Jahre später war alles dahin. Das Neapel des Volkes gab es nicht mehr.

Als die *contrabbandieri* von Santa Lucia noch Zigarettenschmuggel betrieben, lag ihre Flotte blaugrauer Schnellboote im Hafen des *borgo* vor Anker, unter dem alten Kastell dell'Ovo. Die Boote waren groß und geräumig, enorm flink und wendig – ideal zur Aufnahme von Marlboro-Stangen außerhalb der Hoheitsgewässer. Nach beendeter Tour nahmen die *contrabbandieri* gern etwas Schmackhaftes zu sich, bevorzugt in einem Fischrestaurant namens Da Ettore, das um die gleiche Zeit von der Bildfläche verschwand wie die Schnellbootflotte und die verwegenen Seebären mit ihren blauen Pullovern. Es hatte rund um die Uhr geöffnet und servierte gegrillten Fisch, Riesengarnelen und *spaghetti con le vongole.* Gutes Essen ohne Brimborium. Mitunter entluden die Schmuggler ihre Ware am hellichten Tag, während in Rufweite eine Reihe von Wachtposten am Ufer standen, um rechtzeitig vor *'a finanza* zu warnen. Ein Blitzangriff stand bei den neapolitanischen Verkehrsverhältnissen nicht zu erwarten. Die jugendlichen Vespafahrer klemmten sich eine Stange Marlboro zwischen die Beine, schossen quer über vierspurige Straßen hinweg und verschwanden in dem undurchdringlichen Stadtdickicht des Pallonetto. Zuweilen gab es größere Scharmützel mit den Zollbeamten, die über eigene Schnellboote sowie Helikopter verfügten, und dann versammelte sich eine Menschenmenge an der Uferpromenade, um das aufregende Geschehen zu verfolgen. Eines Nachts wollten mich ein paar *contrabbandieri* einmal mit auf Tour nehmen, doch irgend etwas ging schief, und dann waren sie auch schon verschwunden. In den siebziger Jahren hatte das Ganze etwas Romantisches an sich, obwohl die *contrabbandieri* bereits fest in Riinas Händen waren. Das zweite gute Lokal lag in einer der krummen Gassen, die sich zur Bastion des Pallonetto hinaufwinden; man saß draußen, auf dem schmalen Fußweg vor dem Restaurant, und aß köstliche Nudelgerichte und *frutti di mare* mit den Fingern, wie auf den Fotografien aus dem letzten Jahrhundert.

Ein feinsinnigerer oder weniger hingerissener Beobachter, als ich es war, hätte die Signale vielleicht früher und deutlicher wahrgenommen und den Klagen aus dem Munde der Neapolitaner über den Niedergang ihres Lebensstils mehr Bedeutung beigemessen. Im Rückblick läßt sich schlechterdings nicht übersehen, daß alles kurz vor der Auflösung stand, schon geraume Zeit in Auflösung begriffen war und daß jedes weitere Anziehen der sozialen Daumenschrauben zum allgemeinen Zusammenbruch führen mußte. Ein Besucher mit mehr Sinn für die Verzahnung von sozialen und wirtschaftlichen Kräften hätte vielleicht erkannt, daß die Industrie des Verbrechens zwangsläufig einen Quantensprung tun mußte: von den simplen Spielarten wie Taschendiebstahl, Zigarettenschmuggel, Prostitution und Schutzgelderpressung in einem für beide Seiten akzeptablen Ausmaß auf eine höhere, stärker unternehmerisch ausgerichtete Aktivitätsebene. Das große Geschäft mit dem Zigarettenschmuggel wurde jedenfalls zum Zeitpunkt meiner Ankunft bereits seit vier Jahren von Mafia und Camorra gemeinschaftlich betrieben, und im Sommer 1979, meinem ersten vollen Sommer in Neapel, fanden sich dort Riina und die Führungskommission der Cosa Nostra zu Neuverhandlungen ein. Die Neapolitaner hatten zu tricksen versucht. Schließlich überließ man das Zigarettengeschäft jedoch dem offenen Markt, weil die Cosa Nostra sich in jenem Jahr auf Riinas Drängen hin dem Heroin zuwandte.

Auch politisch geriet in den siebziger Jahren einiges in Bewegung. Ein paar Jahre amtierte als Bürgermeister noch Achille Lauro, genannt *comandante*: Monarchist, Demagoge und millionenschwerer Reeder aus Sorrent, der als Kabinensteward angefangen und später auf seinen Schiffen zahllose arme italienische Auswanderer nach Australien befördert hatte. Die Amerikaner waren 1944 ins Land gekommen und hatten es seither nicht mehr verlassen. Neapel war, als Heimat der sechsten US-Flotte und größte NATO-Basis in Südeuropa, zu einer Bastion des Kalten Krieges geworden. Unter der Schirmherrschaft der Amerikaner hatte sich Lauro mehrfach seine Wiederwahl durch die Verteilung von Paketen mit Teigwaren und Schuhen gesichert; der zweite Schuh eines jeden Paares konnte erst nach Stimmabgabe abgeholt werden. Anders als es die Mafia in Palermo hielt, ließ der von Spekulanten angeheizte Bauboom in Neapel den Stadtkern unberührt, verschandelte allerdings die Vorstädte und brachte sogar noch üblere Gebäude hervor.

Als 1975 eine reformwillige Stadtverwaltung das Ruder übernahm, konnten die Kommunisten nichts weiter tun, als den Finger auf die sozialen Wunden einer Stadt zu legen, in der zu Anfang der siebziger Jahre fast die Hälfte aller Häuser weder Dusche noch Badewanne aufwiesen und beinahe jedes fünfte nicht einmal über eine Innentoilette verfügte. Die scheußlichen, billigst hingeklotzten Wohnblocks aus der Blütezeit des Spekulantentums in den fünfziger Jahren fielen bereits wieder ein. Ende 1977 fielen binnen dreier Monate vierzehn Gebäude in sich zusammen, womit dreitausend Menschen ohne Dach über dem Kopf dastanden. Es gab so gut wie keine qualifizierte Verwaltungsangestellte. Lauro und die DC hatten das Budget dazu verwendet, die kommunalen Posten mit Müllmännern, Türstehern und Platzanweisern zu besetzen – ihrer Wählerklientel. Diese gingen während der Arbeitszeit zumeist ihren eigentlichen Beschäftigungen nach. Als ich mit Hepatitis im Krankenhaus lag, fand ich heraus, daß der leitende Krankenpfleger der Station nebenbei eine Diskothek betrieb, zu deren Stammgästen Militärpersonal der NATO-Basis zählte. Dieser Pfleger, der gelegentlich in einem roten Sportkabrio zum Hospital gebraust kam, bekundete ein flüchtiges Interesse an mir, wohl weil er auf einen neuen Kundenkreis hoffte. Beim Blick aus einem Fenster der Station sah ich das Küchenpersonal nach Dienstschluß mit Kisten voll Essen auf den Dachgepäckträgern ihrer Mini-Fiats heimwärts fahren. Eines Nachts drückte ein heftiger Frühjahrssturm dieses Fenster ein, übersäte die Betten mit Glasscherben und setzte die Station unter Wasser. Ein Flügel des in den sechziger Jahren erbauten Krankenhauses stand leer und rottete offensichtlich vor sich hin. Zu den Patienten zählten etliche von Carabinieri bewachte *camorristi*, und Drogen waren überall frei in Umlauf. Ich wurde Zeuge, wie der Stationschef hinter einem Patienten im Pyjama herjagte und sich mit ihm um ein kleines Plastiktütchen balgte.

Alle wirtschaftlichen Schlüsselstellungen in Neapel befanden sich fest in der Hand der DC, und die Vorstöße des neuen, linksgerichteten Stadtrats wurden blockiert. Zwei Drittel der Posten waren mit Leuten von Antonio Gava besetzt, und Gava stand auf der Seite von Andreotti. In den achtziger Jahren war Gava der eigentliche Boß von Neapel und diente in zwei Andreotti-Regierungen als Minister. Die Leute rauften sich darum, ihm die Hand zu küssen. Er war der Salvo Lima von Neapel, und zwar, wie sich herausstellte, nicht in Hinblick auf seine Manieren. Als Innenminister unter Andreotti in den späten achtziger Jahren hatte Gava die führende Position in Italiens Kampf gegen das organisierte Verbrechen inne – eine Ernennung, die vielen Italienern auf raffiniert infame Weise deutlich machte, wie unanfechtbar Andreotti sich damals fühlte. Am Ende erlebte Gava einen nahezu ebenso tiefen und harten Sturz wie sein Meister. Im September 1994 wurde er verhaftet. Die erste Anklage lautete auf einfache Bestechung, wie bei den anderen aus Neapel stammenden Ministern der Andreotti-Regierung, die ebenfalls vor Gericht gestellt und verurteilt wurden: De Lorenzo, Scotti und Cirino Pomicino. Das aussagekräftigste Zeugnis gegen Gava lieferte in dem Korruptionsprozeß sein ehemaliger Geldeintreiber mit der Schilderung, wie er Gava an einem bestimmten Tag rund dreihunderttausend Dollar in bar überbracht hatte. Es handelte sich um den

Bonus, den Gava für einen Bauauftrag erhielt, bei dem es um einen Krankenhausbau ging; dem Gericht wurde geschildert, wie Gavas Gesicht angesichts der bescheidenen Summe vor Zorn dunkelrot angelaufen war, wie er in dem ausdrucksvollen neapolitanischen Dialekt, dessen er sich bei Verhandlungen mit Lokalpolitikern und Gangsterbossen befleißigte, vor sich hin geknurrt hatte: *Lumpige Brotkrümel.* Vor seiner Verurteilung wegen Korruption stand Gava in Neapel außerdem als Mitglied des organisierten Verbrechens vor Gericht. Die Beweislast war detailliert und erdrückend, und zu seinen einundachtzig Mitangeklagten zählten Verbrecherbosse und Killer der Camorra sowie andere ehemalige Mitglieder des politischen Establishments, etwa ein stellvertretender Minister der DC und ein DC-Senator.

Ende November war ich wieder in Neapel, rechtzeitig zur Eröffnung des Camorra-Prozesses, dem Gava allerdings fernblieb. Er ließ verlauten, er habe einen Schlaganfall erlitten, und wurde wegen Mißachtung des Gerichts belangt.

Damals jedoch, 1978, hatten die goldenen Jahre für Gava gerade erst begonnen. Die Reformer waren paralysiert. Stahl- und Autoindustrie befanden sich in der Krise, und der einzige Wirtschaftszweig Neapels, der nicht permanent stagnierte, war der kriminelle Sektor, wobei es sich vornehmlich noch um bescheidene, traditionelle Kriminalität handelte. Nur beim Zigarettenschmuggel arbeitete man im großen Stil mit der Cosa Nostra zusammen. Die Camorra war nicht so straff organisiert wie die Mafia; es gab Hunderte über die Bezirke verteilte kriminelle Gruppen, zwischen denen sich die Machtverhältnisse über Nacht verschieben konnten, und keinerlei Hierarchie, keinen Überbau wie die *cupola* der Mafia, die die Verbrecherszene von Neapel koordiniert und kontrolliert hätte. Dann jedoch, auf der Schwelle von den siebziger zu den achtziger Jahren, sorgten zwei nahezu gleichzeitig eintretende Ereignisse für einen Wandel der Verhältnisse.

Castelammare di Stabia ist der größte Ort des zersiedelten Gebiets, das sich entlang der Halbinsel von Neapel über Sorrent bis um den Fuß des Vesuvs herum erstreckt. Hier hatte Antonio Gava, in Nachfolge seines Vaters, seine eigentliche Machtbasis. In Castelammare di Stabia erlebte ich in der Abenddämmerung des neunundzwanzigsten November 1980 mit, wie der Boden schwankte und Häuserteile auf die Straße fielen, wo sie geparkte Autos zermalmten. Es war das große Erdbeben. Ein paar Kilometer weiter stürzten ganze Orte in sich zusammen. Später am Abend kämpfte ich mich per Anhalter durch die Dunkelheit und das allgemeine Chaos zurück nach Neapel, und dort verbrachte ich die kalte Nacht im Freien unter den von

Kanonenkugeln zernarbten Mauern des Anjou-Kastells und erwartete gemeinsam mit den zusammengekauerten Menschenmassen aus dem Hafengebiet und dem spanischen Viertel das Ende der Welt, wie wir sie bislang gekannt hatten. Wir hatten Glück. Es folgten keine größeren Nachbeben. Fast dreitausend Menschen starben bei dem Erdbeben, jedoch nur wenige davon in Neapel. Ein moderner Wohnblock sackte in sich zusammen und begrub die Bewohner unter sich. Einige Personen erlagen Herzattacken oder wurden von Trümmern erschlagen. Mit ein paar Tagen Verspätung stürzte ein Flügel des Armenhauses, zur Zeit seiner Erbauung im achtzehnten Jahrhundert das größte Gebäude Europas, ein und erdrückte einige mittellose alte Insassen in ihren Betten. Das war alles. Neapel entging um Haaresbreite der Katastrophe. Dennoch war es das Ende der Welt, wie wir sie bislang gekannt hatten, auch wenn dies erst Jahre später ganz deutlich wurde. Neapels Bauten glichen einem Mund voll verfaulter Zähne, die nur deshalb unter dem Stoß nicht wegbrachen, weil sie so eng beieinander standen. In der ganzen Stadt schlängelten sich Risse über die bröckeligen Mauern. Wir verbrachten noch mehrere Nächte unter freiem Himmel, bis Kälte, Feuchtigkeit und Demoralisierung stärker wurden als die Furcht, bis die Nachbeben aufhörten und die Menschen allmählich in ihre auf tönernen Füßen stehenden Palazzi zurückkehrten. Als der Maserati des Präsidenten, unterwegs zum Katastrophengebiet von Irpinia, einige Nächte später die Via Toledo durchbrauste, war ich der einzige Mensch auf der Straße. Um das spanische Viertel und die anderen uralten Elendsquartiere im Stadtkern von Neapel wuchsen blitzschnell Stahlrohrkäfige in erstaunlichen geometrischen Formationen; dicht an dicht überspannten Gittergerüste die Gassen, um sie vor herabfallenden Gebäudeteilen zu schützen. Man stützte Treppenhäuser mit Holzbalken ab, evakuierte Gebäude, mauerte Gassen mit Beton zu. Die Bewohner der einsturzgefährdeten Häuser wurden – eine vorübergehende Notmaßnahme – in Wohncontainer und kleine Ferienwohnungen umgesiedelt. Sie kehrten nie zurück. Viele lebten noch ein Dutzend Jahre später in Containern. Die anderen fanden Unterschlupf in den gräßlichen Vorstädten. In wenigen Tagen hatte das alte Zentrum von Neapel einen beträchtlichen Teil seiner Bewohner eingebüßt, und zwar die wehrlosesten, die am meisten dazu beigetragen hatten, die Stadt so einzigartig zu machen.

Die Menschen standen nicht nur ohne Behausung da. Das dichte Netz von Handwerksbetrieben, das den alten Stadtkern mit Leben erfüllte, die Schattenwirtschaft halblegaler Kleinstbetriebe, in denen Leder, Metall, Papier, Holz und Textilien weiterverarbeitet wurden und wo Frauen und Heranwachsende Beschäftigung fanden – all das wurde durch die Umsiedlung der dort Tätigen und durch die Zubetonierung der Gassen abgewürgt. Die einzigen Neapolitaner, die sich ihren Lebensunterhalt auf ehrliche Weise verdienten – ob auch die Angestellten im öffentlichen Dienst dazugehörten, sei für den Moment dahingestellt –, mußten sich nun anderweitig umsehen. Die Schönen der Nacht beiderlei Geschlechts konnten die Matrosen der sechsten Flotte nur noch mit Mühe in ihre Séparées im spanischen Viertel locken, das nun einem Alptraum von Piranesi glich. Pasquale, der Koch des Lokals, in dem ich gern zu Abend aß, hatte von dem Erdbeben ein Trauma davongetragen. Alles Gekeife seiner Frau vermochte ihn nicht aus seiner Erstarrung zu rütteln. Abends blieb sein Lokal fortan geschlossen. Die Friseure, Mechaniker, Polsterer und Barmänner, die angehenden, ausgewachsenen und abgetakelten Prostituierten beiderlei Geschlechts, die Zuhälter, Transsexuellen, Ex-Sträflinge, die Autobewacher und Autowäscher; die Verscherbler von imitierten Rolex- und Omega-Uhren und die Weiterverkäufer von militärischem Ausrüstungsmaterial, das von nuklear angetriebenen Flugzeugträgern heruntergefallen war; die Buchhalter, Klempner, Diebe, Köche, Kellner und Verkäufer von geschmuggelten Marlboro- und Merit-Zigaretten, kurz gesagt, die ganze Meute, mit der ich damals meine Zeit zubrachte, zerstreute sich für immer in alle Winde. Schon begann Heroin das spanische Viertel bei Nacht in ein Ödland zu verwandeln, und an die Stelle der Schießereien – die früher für Unterhaltung gesorgt hatten, wenn ich abends vor Pasquales Lokal am Kragen gepackt und von meinem Essen fort nach drinnen gezerrt wurde, woraufhin die Rolladen herunterrasselten, bis das Geballer vorbei war – trat bald die systematischere Kriegführung zwischen den Drogengangs. Nachts mied ich nun das Viertel.

In den Tagen nach dem Erdbeben klopften Ingenieure jedes Gebäude gründlich ab, und zahllose Arbeitertrupps retteten im Verlauf der folgenden Monate durch mikrochirurgische Eingriffe die Stadt vor dem Zusammenbruch. Dies kostete zweistellige Milliardenbeträge – in Dollar. Die Stadtverwaltung entwarf einen Wiederaufbauplan. Irgendwann jedoch fiel auch dem letzten auf, daß bei vielen Gebäuden die Arbeiten weit über das Notwendige hinaus in Richtung Renovierung und Umbau gingen. Und zwar unaufhörlich. Nach ein paar Jahren bot die heruntergekommene Altstadt einen seltsam geleckten und feschen Anblick. Die leerstehenden Wohnungen jedoch blieben auch weiterhin leer. Die Evakuierten kamen nie zurück. Die am wenigsten zu melden hatten, blieben auf ewig in ihren Containersiedlungen. Neapel verwandelte sich in ein Eldorado für Spekulanten.

Das frisch aufgemotzte Neapel war die sichtbare Seite eines gigantischen Schwindels. In den Orten rings um Irpinia, wo das Epizentrum des

Erdbebens gelegen hatte, ging weit Übleres vor. Ungekrönter König von Irpinia war Ciriaco De Mita, DC-Parteichef und in den achtziger Jahren italienischer Ministerpräsident, dessen Bruder ganz zufällig in dieser Region im Baugewerbe tätig war. Aus Rom flossen über fünfzig Milliarden Dollar an Hilfsgeldern in die erdbebengeschädigten Regionen von Neapel und Irpinia. Den Kuchen teilten sich, soweit von unterscheidbaren Interessengruppen überhaupt noch die Rede sein konnte, Politiker, Verwaltungsbeamte und Bauunternehmen, die in der Hand des organisierten Verbrechens waren. 1985 nahm ein junger Reporter der neapolitanischen Tageszeitung *Il Mattino* Einsicht in die Aufträge zum Wiederaufbau in Gavas Machtbereich auf der Halbinsel von Sorrent, der näher am Epizentrum gelegen hatte als Neapel und stärker zerstört war. Der Reporter wurde vor seinem Wohnhaus in Neapel erschossen. Es sollte zehn Jahre dauern, bis die Camorra Rechenschaft für diesen Mord ablegen mußte. Er war stillschweigend vom Bürgermeister eines der Orte angeordnet worden.

Der reformwillige Stadtrat von Neapel mußte abtreten, und das bedeutete das Ende für den Plan, die an Ausschreibungen beteiligten Unternehmen auf kriminelle Unterwanderung hin zu überprüfen. Damit war für Gava und die Camorra das letzte Hindernis beseitigt. Drei Jahre nach der Katastrophe von Irpinia geriet die Erde erneut, wenn auch bedächtiger, in Bewegung, und zwar in der antiken Hafenstadt Pozzuoli, möglicherweise Schauplatz der wüsteren Episoden aus dem *Satyricon* und heute ein Randbezirk von Neapel, der bereits seit römischen Zeiten allmählich im Meer versinkt. Wieder eine Altstadt, die evakuiert wurde, wieder Milliardenbeträge aus Rom, wieder ein nahebei hochgezogenes, unbewohnbares neues Zentrum. Andere Großinitiativen folgten, während das Leben in Neapel Jahr um Jahr unerträglicher wurde. Zweifelhafte Firmen übernahmen wichtige Dienstleistungen wie das U-Bahn-Projekt, die Entwicklung eines Schnellbahnsystems, die Drahtseilbahnen, die Parkhochhäuser und die Bauvorhaben anläßlich der Fußballweltmeisterschaft. Wiederaufbaugelder und Gewinne aus Drogengeschäften flossen in dieselben Kanäle. 1993 löste die italienische Regierung den Stadtrat von Neapel aus Gründen der öffentlichen Sicherheit auf – das erste Mal, daß diese Maßnahme in einer Stadt Italiens ergriffen wurde.

Ich ging fort. Und kam zurück. Ich befand mich in der für Neapel so typischen Situation, einen Blick auf die Seligkeit erhascht zu haben, nur um ihrer wieder beraubt zu werden. Was blieb, war herzzerreißende Traurigkeit über den Verlust. Das Leben schleppte sich weiter dahin, und als ich Ende 1992 schließlich beschloß, endgültig fortzuziehen, tat ich es ohne Bedauern und nach nüchternen Überlegungen. Im folgenden Jahr wurde in

Kampanien, vor allem in der Region um Neapel, weit öfter als irgendwo sonst in Italien, Sizilien eingeschlossen, gegen Parlamentsabgeordnete wegen Mitgliedschaft in kriminellen Organisationen ermittelt, wurden weit mehr Richter der Korruption bezichtigt, weit mehr Stadträte wegen verbrecherischer Umtriebe ihrer Ämter enthoben. Die Statistiken waren recht aufschlußreich. Nur was die Morde betraf, hatte Sizilien die Nase noch knapp vorn. In dem Jahrzehnt zwischen 1980 und 1990 waren in Kampanien 2621 Tötungsdelikte zu verzeichnen, knapp dreihundert weniger als in Sizilien, wo es im gleichen Zeitraum 2905 Ermordete gab. Kalabrien lag abgeschlagen an dritter Stelle.

Nach dreiwöchigen Verhandlungen erklärte sich der Direktor des Hauptpostamts bereit, meine Bücher nach Sydney zu senden. Der Bauunternehmer mit dem Glasauge, der mir gegenüber an der Gasse wohnte, transportierte die Ladung mit seinem Laster. An einem naßkalten Tag wanderte ich vor dem Morgengrauen zum letzten Mal über den *borgo* und zum Bahnhof. Das schlüpfrige Pflaster aus schwarzem Lavagestein war noch mit Marktabfällen vom Vortag übersät. Ich hatte ausgiebig, wenn auch nicht sehr exakt und systematisch, darüber nachgedacht, was eigentlich schiefgelaufen war, und das war nicht nur etwas Persönliches. Nein, ganz und gar nicht.

Der bereits verwesende Kopf auf dem Vordersitz und der Rumpf, den man nach vorsichtiger Öffnung des Kofferraums fand, gehörten zu einem bis vor kurzem noch quicklebendigen römischen Anwalt. Zuletzt hatte man ihn mittags im Hotel Royal essen sehen, von wo der Blick über den Bootshafen von Santa Lucia mit seinen Jachten und der Schmugglerflotte über das uralte Kastell dell'Ovo und schließlich bis zur Bucht von Neapel mit Capri und dem Vesuv schweift. Der Anwalt hatte auch unzerstückelt keinen sonderlich erfreulichen Anblick geboten. Er mußte in jener Woche des Jahres 1982 im Auftrag von Raffaele Cutolo nach Neapel gekommen sein, denn der Wagen mit seinen sterblichen Überresten stand vor Cutolos Schloß am Stadtrand geparkt. Der Professor, wie Cutolo genannt wurde, weil er den Volksschulabschluß hatte, saß zu der Zeit im Gefängnis, doch die von ihm organisierte Neue Camorra war die aufstrebende Kraft in der neapolitanischen Verbrechensszene zu Beginn der achtziger Jahre. Von Zeit zu Zeit absolvierte der Professor, stets teuer gekleidet und überreichlich mit goldenen Accessoires von Cartier bestückt, von den Medien vielbeachtete Auftritte vor Gericht, bei denen er die Huldigungen von Kriminellen und Prominenten entgegennahm, aus seinen Gedichten zitierte und verschleierte Drohungen gegen Politiker und Richter ausstieß. Im Gegensatz zu den finsteren und geradezu fanatisch diskreten Mafiosi hatten die Camorristi einen leichten Hang zum Theatralischen, zur Show, weshalb sie bei den Sizilianern als Clowns verschrien waren. Mitunter versteckte der Professor die Drohungen auch in seinen Gedichten, die im übrigen käuflich zu erwerben waren, zu schmalen Bändchen zusammengefaßt.

Cutolos Inhaftierung behinderte das rasante Wachstum der Neuen Camorra nicht. Er saß schon seit den fünfziger Jahren im Gefängnis, und dort rekrutierte er sein Gefolge. Von einer Irrenanstalt aus hatte er in ständigem telefonischen Kontakt mit Kolumbien und Peru einen florierenden Kokainhandel dirigiert. Draußen liefen die Fäden in dem festungsartigen Schloß bei seiner unverheirateten Schwester, Rosetta *Eisauge* Cutolo, zusammen. Die Dame mit dem eisigen Blick galt als Finanzgenie und hatte ihr Leben in den Dienst ihres Bruders gestellt. Als ihr Plan, das Polizeipräsidium von Neapel in die Luft zu jagen, knapp vereitelt wurde und die Polizei zu einer Razzia im Schloß anrückte, schlüpfte die Dame mit dem eisigen Blick durch die polizeiliche Straßensperre, versteckt unter einer karierten Reisedecke auf dem Boden eines Wagens, an dessen Steuer der Priester des Ortes saß.

Das Polizeipräsidium von Neapel befindet sich in einem soliden Bau von sieben, acht Etagen im Stadtzentrum; das Emblem der faschistischen Erbauer, Beil und Rutenbündel, ziert bis heute die Fassade. Dieses Gebäude in die Luft zu jagen, wäre nicht ganz einfach gewesen, doch offensichtlich entsprach die Sprengstoffmenge der Aufgabe. Daß der Plan der Neuen Camorra nur um wenige Stunden fehlschlug, betraf auch mich, denn ich wohnte damals genau gegenüber an der Via Medina. Schon früher einmal hatte mitten in der Nacht die Explosion einer Bombe in einer Bank, die der Camorra gehörte und ein paar Meter vom Polizeipräsidium entfernt neben einer sechshundert Jahre alten Kirche stand, den weitläufigen Palazzo aus dem sechzehnten Jahrhundert erschüttert, in dem ich unter den Büroräumen der Liberalen Partei wohnte. Hier, wo einst der Philosoph Benedetto Croce ein- und ausgegangen war, residierte nun ein rasch im Aufstieg begriffener Politiker namens De Lorenzo, dem ich häufig auf dem Hof begegnete. Der Universitätsprofessor De Lorenzo schneiderte sich eine Karriere zurecht, in deren Verlauf er bald darauf das Gesundheitsministerium in eine kriminelle Organisation verwandelte und für sich selbst dabei vier Millionen Dollar an Schmiergeldern abschöpfte. Vor dem Polizeipräsidium gegenüber standen Carabinieri in Kampfwesten mit Maschinenpistolen aufgepflanzt, und mit quietschenden Reifen kamen immer neue Konvois von Alfas angebraust, beladen mit Terroristen und Camorra-Mitgliedern, die in den Abendnachrichten bereits als Täter präsentiert werden würden. Um die Ecke war ein Gitter in die Wand eingelassen, vor dem ein Pulk stämmiger Frauen in Schwarz sich lautstark mit ihren Ehemännern, Söhnen, Brüdern und Freunden in den darunterliegenden Zellen zu verständigen suchte. Wenn man in dieser Umgebung lebte, fühlte man sich eben mitbetroffen.

Niemand, der zu Anfang der achtziger Jahre in Neapel lebte, kam umhin, sich mitbetroffen zu fühlen. Cutolos Neue Camorra rekrutierte ihre Streitkräfte in den Außenbezirken Neapels, dem Dickicht gesetzloser Ortschaften, das um die eigentliche Stadt herum wucherte. Die Camorra zapfte dort ein enormes Reservoir von Jugendlichen an, die weder Aussicht auf Arbeit noch starke soziale Bindungen hatten. Die Organisation an sich war neu, funktionierte aber ganz nach den traditionellen Regeln krimineller Verbände in Süditalien. Sie kümmerte sich um ihre Leute, wenn der Staat sie im Stich ließ. Frühe Heiraten waren im Süden an der Tagesordnung; daher blieben Frauen und Kinder oft ohne jede Versorgung zurück, wenn junge Männer wegen geringfügiger Vergehen ins Gefängnis wanderten. Im Gefängnis von Poggioreale herrschten auch für die jungen Männer selbst furchtbare Zustände. Cutolo hielt seine Hand über die jungen Häftlinge, kümmerte sich um ihre Familien und verschaffte den Entlassenen Arbeit. Zum Dank schworen seine Schützlinge der Nuova Camorra Organizzata ewige Loyalität. Die Aufnahmezeremonie orientierte sich an den ursprünglichen Ritualen der Camorra aus dem achtzehnten Jahrhundert. Giacomo, der Sohn eines Klempners, den ich aus dem spanischen Viertel kannte, verschwand in den Reihen der Neuen Camorra. Eines Nachts war er erwischt worden, als er am Hafen Haschisch an die Matrosen der sechsten US-Flotte verkaufte, und wanderte dafür nach Poggioreale. Dort wurde er zu einer Audienz in die mit Teppichen ausgelegte Zelle von Don Raffaele Cutolo eingeladen, mit dem er ein Täßchen Kaffee trank. Cutolo gab damals im Gefängnis für seine Versorgung mit Nahrungsmitteln und andere damit zusammenhängende Dinge im Monat zwanzigtausend Dollar aus. Sein Ruhm hatte fast den Höhepunkt erreicht. *Der Professor hat sich wie ein echter Gentleman verhalten.* Hier endete Giacomos Bericht; weiter nachzuhaken, wäre taktlos gewesen. Ich habe Giacomo nie wiedergesehen.

Die Neue Camorra wuchs schnell und bedrohte die alten Camorra-Familien aus dem Stadtkern. Eine graphische Darstellung der Verbrechensszene in der Altstadt von Neapel zeigt, daß das Zentrum in Zonen aufgeteilt war, jede beherrscht von Familienorganisationen, die lange Zeit in friedlicher Koexistenz gelebt und die Einnahmen aus Schmuggel, Prostitution, imitierten Luxusgütern und Schutzgeldern unter sich aufgeteilt hatten. Als Cutolos Männer von der Peripherie hereinzudrängen begannen, bildeten die alten Camorra-Clans eine Allianz, die sogenannte »Neue Familie«, um die Machtrivalen in die Schranken zu weisen. Von der Existenz der Neuen Familie hörte ich 1980 aus berufenem Munde, besser gesagt, aus dem Munde eines engelsgesichtigen Fünfzehnjährigen, der zu einer der Familien im spanischen Viertel gehörte. Noch war es nicht zur großen Gewaltexplosion gekommen, noch wußte niemand, was bevorstand: ein fortdauernder Straßenkrieg, der zu Beginn der achtziger Jahre nahezu dreihundert Menschenleben jährlich forderte. Damit lag die Todesrate mindestens ebenso hoch wie die der Mafia in dem Krieg, der zur gleichen Zeit in Palermo tobte. In Neapel waren viele Opfer kaum älter als fünfzehn, sechzehn Jahre; es waren die neuen Rekruten, die Fußsoldaten auf beiden Seiten des Konflikts, dessen Einsatz von Woche zu Woche stieg. Es war ein barbarischer Vernichtungskrieg, gegen den Riinas Morden wohlüberlegt und geradezu subtil wirkte. Es war eine Zeit des Schreckens, und die Leichen auf der Straße waren nicht das einzig Grausige, was Neapel in jenen Jahren verwandelte.

Der andere Schrecken war das Heroin – unmittelbar mit dem Krieg der Camorra verbunden und weitgehend dessen Ursache. Unraffiniertes Heroin aus Asien gelangte in den achtziger Jahren nach Italien, und die Camorra übernahm gemeinsam mit der Cosa Nostra den Vertrieb. Die neue Droge schlug ein wie eine Bombe. Bald wies Italien Schätzungen zufolge eine der höchsten Suchtraten der Welt auf und war zudem das einzige Land, in dem die meisten AIDS-Fälle auf die Verwendung schmutziger Nadeln durch Drogensüchtige zurückzuführen waren. In Neapel verteilte die Camorra Haschisch, oft zunächst kostenlos, um die Jugendlichen für die Idee von *la droga* als billiger und harmloser Vergnügungsspender empfänglich zu machen. Als das Heroin seinen Siegeszug antrat, schlug es eine Schneise durch die Jugend der Stadt. 1980 wohnte ich der Beerdigung eines der ersten Opfer einer Überdosis bei; er war ein Schüler von mir gewesen. Sein Tod wurde in den Zeitungen auf der Titelseite gemeldet. Die lange Liste der rasch nachfolgenden Sterbefälle war der Presse keiner Erwähnung mehr wert. Die Jugendlichen verschwanden einfach. Auf den Gassen des spanischen Viertels wimmelte es nun nachts von gespenstisch umherwankenden Gestalten. Was da zerstört wurde, hatte eine lange Geschichte: die privilegierte Autonomie der *scugnizzi* im Straßenleben von Neapel, die ungehemmt wuchernde Energie in diesem Ameisenhaufen des gemeinen Volkes. Zumeist kam sie von innen und richtete sich gegen die Person selbst, doch wann immer sie ein würdiges Ziel fand, lief diese jugendlich-proletarische Wildheit zu großer Form auf. Der Fischhändler Masaniello hatte als Anführer einer solchen Meute von *scugnizzi* das spanische Königreich in seinen Grundfesten erschüttert. Die unbewaffneten, halb verhungerten Straßenjungen von Neapel hatten die deutsche Armee 1943 aus ihrer Stadt vertrieben. Ihre rechtmäßigen Erben, jene Burschen, die bis nach Mitternacht aufblieben, um auf der Via Toledo die Frühausgabe von *Il Mattino* zu studieren und sich über die Vergehen und Strafen ihrer älteren Brüder in Kenntnis zu setzen, waren nun verschwunden. *Ich kenne niemanden mehr in Neapel*, hatte Oscar Wilde theatralisch geklagt, als er schon fast am Ende seines Lebens in die Stadt zurückkehrte. *Alle meine Freunde sitzen im Gefängnis.* Mir kam es zu Beginn der achtziger Jahre in Neapel allmählich so vor, als seien alle meine Freunde tot.

Die alte Camorra sah sich Bedrohungen seitens Cutolos ausgesetzt, kaum daß sie Nutznießerin des gigantischen neuen Reichtums aus dem Heroingeschäft geworden war. Cutolo hatte der Neuen Camorra den Heroinhandel untersagt, weil er klug genug war, um zu erkennen, daß damit vor allem die soziale Schicht geschädigt werden würde, der er seine Macht verdankte. Später, als Cutolos NCO sich übernommen hatte und infolge ihres rapiden Wachstums in Schwierigkeiten geriet, mag er es sich anders überlegt haben. Die Neue Familie jedenfalls setzte auf die neuen Einkünfte aus der Droge der achtziger Jahre, Kokain, deren Einfuhr Cutolo kontrollierte. Beide Rauschmittel brachten der Camorra mittlerweile so viel ein, daß man die Gewinne nicht mehr einfach in das Geschäft mit dem Verbrechen reinvestieren konnte. Sie mußten, so wie die Profite der Mafia in Sizilien, ins Bau- und Immobiliengewerbe von ganz Italien gesteckt werden. Hier kamen Gava und die politischen Freunde aus Rom auf den Plan. Dem seit langem bestehenden Modell der Mafia folgend, wollte auch die Camorra sich nun in das Gewebe nationaler Politik und Finanzen einfädeln. Es ging um so viel dabei, daß Riinas Cosa Nostra 1981 eine Beilegung des Krieges zwischen der Neuen Camorra und der Neuen Familie herbeizuführen versuchte. Zwar fühlte sich die Cosa Nostra der alten Camorra-Garde der Neuen Familie verbunden, deren Chefs teilweise zugleich Vollmitglieder der Cosa Nostra waren, doch der Krieg wirkte sich hinderlich auf die Geschäfte aus. Das Gipfeltreffen wurde auf dem Anwesen eines Camorra-Chefs in einem Randbezirk von Neapel abgehalten; zu diesem Anlaß fanden sich über hundert führende Mafiosi und Camorristi ein, die gänzlich unbemerkt von der Polizei jeder im eigenen Wagen anreisten. Riina und seine sizilianische Delegation waren in einem separaten Gebäude untergebracht und standen bereit, um Rat und Zustimmung zu erteilen. Die Friedensbemühungen blieben erfolglos, und wenn Cutolo später auch eine Niederlage einstecken mußte, siegte die Neue Familie nicht aufgrund ihrer Allianz mit der Cosa Nostra, sondern aufgrund ihres Bündnisses mit der DC.

Cutolo erlebte seinen großen Augenblick im Frühling dieses Jahres, und gegen Ende 1981 schien er allgemein als wichtige Schachfigur in den gefährlichen Gefilden von Verbrechen und Politik akzeptiert zu sein. Die glücklose reformerische Verwaltung in Neapel war nach dem Erdbeben in völlige Lähmung verfallen und hatte dadurch dem Terrorismus neuen Auftrieb gegeben. Fünf Monate nach dem Erdbeben entführte die neapolitanische Kolonne der Roten Brigaden im April 1981 einen einflußreichen DC-Politiker namens Ciro Cirillo, wobei sein Fahrer und sein Leibwächter ums Leben kamen und sein Sekretär schwere Verletzungen erlitt. Cirillo war Chef der Stadtplanung für Kampanien, Vorsitzender des Komitees für den Wiederaufbau der Erdbebengebiete und vormaliger Präsident der Region. Außerdem war er ein enger Freund und Verbündeter von Antonio Gava. Die Roten Brigaden wollten die weitverbreitete Unzufriedenheit nutzen und Cirillo als Druckmittel einsetzen, um der Vertreibung der Bevölkerung aus dem Stadtzentrum Einhalt zu gebieten, die Schließung des großen Containerlagers für Obdachlose zu erwirken und die Zwangsbeschlagnahmung von Häusern zu unterbinden. Außerdem wollten sie Cirillo – wie zuvor Moro – über peinliche Geheimnisse der DC aushorchen. Anders als der unglückliche Moro wurde Cirillo allerdings drei Monate später nach Zahlung eines ansehnlichen Lösegelds freigelassen. Von den politischen Forderungen sprach niemand mehr. Führungspersönlichkeiten der DC, die auf Gavas Seite standen, hatten auf Betreiben des Geheimdienstes Cutolo im Gefängnis aufgesucht und ihn als Mittelsmann für einen finanziellen Deal mit den Roten Brigaden gewonnen. Damit war der Staat moralisch bankrott – und Cutolo auf dem Gipfelpunkt seiner Karriere.

Als Hauptpreis für Cutolos Vermittlertätigkeit sollten seinen Unternehmen große Wiederaufbau-Aufträge in den Erdbebengebieten zugeschanzt werden; doch von den geheimen Verhandlungen im Gefängnis drang zuviel an die Öffentlichkeit. Allgemeine Empörung wurde laut, und die DC-Politiker zögerten Cutolos Entlohnung nach Kräften hinaus. Um ihnen Dampf zu machen, machte er publik, daß ein amtierender DC-Minister ihm einen Besuch abgestattet hatte. Dessen Name war Scotti – wiederum ein Innenminister aus den Reihen der DC, der wiederum offiziell federführend im Kampf des Staates gegen das organisierte Verbrechen auftrat. Diese gezielte Indiskretion verdeutlichte den Spitzen der neapolitanischen DC, wie gefährlich sie durch Cutolo kompromittiert waren, wie anfällig für weitere Erpressungen. Gava ging die Neue Familie um Hilfe an. Wenige Wochen darauf wurde Cutolos Finanzverwalter in einer Klinik ermordet, wo er die Verletzungen auskurierte, die er sich bei einem früheren Anschlag zugezogen hatte. Neun Monate später starb Cutolos Stellvertreter, zuständig für alle militärischen Belange und gleichsam sein Alter ego, bei der Explosion einer Autobombe in Rom. In seiner Tasche fand man eine Kennkarte des Geheimdienstes. Die spektakuläre Ermordung per Autobombe sollte verdeutlichen, daß Cutolo endgültig außer Gefecht gesetzt war. Wie später ein *pentito* ausführte, wollten Gavas neue Verbündete Cutolo demonstrieren, daß er erledigt war und ein für allemal mit der Erpressung von Politikern und staatlichen Organisationen Schluß machen mußte, die sich in der Affäre Cirillo auf Verhandlungen mit ihm eingelassen hatten. Unmittelbar darauf gingen den Unternehmen der Neuen Familie große Staatsaufträge zum Wiederaufbau zu.

Der 1982 auf dem Autositz gefundene Kopf war eine Antwort auf Cutolos Versuch, die DC zu erpressen. Vor seiner Enthauptung hatte man den Anwalt gezwungen, eine Notiz zu verfassen, wonach er der Urheber jenes Dokuments gewesen sei, das den Besuch des DC-Ministers bei Cutolo im Gefängnis belegte. Außerdem war der Kopf ein böses Vorzeichen. Etwas später im gleichen Jahr fiel Antonio Ammaturo, Chef der Strafermittlungsbehörde der neapolitanischen Polizei, mit seinem Assistenten einem Anschlag zum Opfer, weil er seine Nase zu tief in den Entführungsfall Cirillo gesteckt hatte. Seine Akten und ein Großteil der übrigen zu dem Fall gehörenden Dokumente verschwanden auf Nimmerwiedersehen. Noch zehn Jahre später hatte die Affäre Cirillo tödliche Folgen. Als die parlamentarische Antimafia-Kommission 1993 ihre Absicht bekundete, sich mit der Angelegenheit zu befassen, äußerte Cutolos Anwalt, der bei den damaligen Verhandlungen aufs intensivste beteiligt gewesen war, gegenüber *Il Mattino*, er gedenke vor der Kommission vollständig auszupacken. Drei Tage später wurde er ermordet. Es sollte noch Monate dauern, bis Gava als Mitglied der Camorra verhaftet wurde. Der mißglückte Bombenanschlag der Neuen Camorra auf das Polizeipräsidium markierte den Beginn ihres Abstiegs. Cutolo versuchte sich mit der Cosa Nostra in den USA zu verbünden, was jedoch dank der Bindungen der Neuen Familie an die sizilianische Cosa Nostra vereitelt wurde. Gleichzeitig mit der Blitzrazzia auf Cutolos Schloß im Jahr 1983 wurden weitere hundert Mitglieder der Neuen Camorra in Haft genommen, darunter ein Gefängniskaplan und eine Nonne, die den zuständigen Polizeibeamten, als er vor Tau und Tag zu ihrer Festnahme im Kloster erschien, übel zurichtete. Sie riß ihm das Hemd vom Leib und biß ihm glatt den Finger durch. Insgesamt wurden bei den Polizeirazzien der Jahre 1983 und 1984 fünfzehnhundert Verhaftungen vorgenommen.

Damit war Cutolo erledigt, wenn man ihm auch das Sonderprivileg einer Gefängnishochzeit zugestand. Rosetta *Eisauge* hielt sich noch zehn

Jahre versteckt, bis die Polizei schließlich auch sie in die Fänge bekam. Die Neue Familie zerfiel im folgenden wieder in einander bekriegende Clans, was für eine konstant ansehnliche Mordrate sorgte. Zwischen 1980 und 1988 waren auf den Straßen von Neapel über fünfzehnhundert gewaltsame Todesfälle infolge von Auseinandersetzungen zwischen den Gangs zu verzeichnen. Zu Beginn der neunziger Jahre zeigten die Statistiken alljährlich wieder Hunderte von Morden an. Manche der siegreichen Familien wollten den Heroinhandel auf ihrem eigenen Gebiet unterbinden. Einigermaßen spät hatten sie endlich begriffen, was der Stoff ihren Kindern antat. Dies führte zu einem längeren Schießkrieg in dem besonders betroffenen spanischen Viertel. Eben dort begann auch eine Gruppe von Müttern in Eigeninitiative gegen den Drogenhandel der Camorra vorzugehen. Mittlerweile aber verdiente die Camorra an öffentlichen Bauaufträgen mehr, als sie je an Profit aus dem Drogengeschäft gezogen hatte. Und sowieso war das Kind bereits in den Brunnen gefallen.

Ich wachte im ersten frühen Morgenlicht auf dem Sofa in der verrauchten Wohnung eines Freundes auf. Sie lag im Dachgeschoß eines riesigen, verfallenden Palazzos aus dem sechzehnten Jahrhundert, dessen monumentaler, gemauerter Torbogen auf eine modrige, wegen ihrer Enge für Autos gesperrte Sackgasse führte. Einst war sie eine Durchgangsstraße gewesen, allerdings nie für Autos, und mittlerweile hatte man sie am anderen Ende komplett zugemauert, weil die Gebäude, die sie flankierten, zusammenzubrechen drohten. Wir schrieben das Jahr 1995, ich war nach Neapel zurückgekehrt und nun wieder im Aufbruch begriffen. Um sieben mußte ich ein Taxi an der Piazza erwischen, unter der in ihrer Monumentalität noch imposanteren Toreinfahrt zur erzbischöflichen Residenz. Sie gehörte zum großen Komplex der Kathedrale, deren unergründliche marmorne Tiefen den kostbaren, reichverzierten Schrein mit den Phiolen bargen, die das geronnene Blut des Heiligen Gennaro enthielten. Das Schicksal der Stadt hing davon ab, daß San Gennaros Blut sich mit schöner Regelmäßigkeit verflüssigte. Im Morgengrauen zur erzbischöflichen Residenz zu gelangen hieß, das Gepäck über zahllose bröckelige, rissige, ungleiche Stufen hinunterzuschleppen. Auf einer der vielen breiten Zwischenebenen hatte ich vor kurzem einen sechsjährigen Jungen gesehen, bereits wohlbewandert in den Gepflogenheiten der ihn umgebenden Welt, der einem unbedeutenden Boß respektvoll die Hand küßte. Am Ende der düsteren Passagen, die von den Treppenabsätzen abgingen, sah ich aus dem Augenwinkel immer wieder eine spaltbreit offenstehende oder eben sich schließende Tür, einen Fuß, der um eine Ecke verschwand, und mein Ohr verzeichnete das Geräusch anderer, unsichtbarer Füße, ein paar Biegungen voraus oder hinter mir auf der majestätisch vor sich hinrottenden Treppe.

Dann quer über den Hof, vorbei an den Motorrollern und der Wäsche und dem Abfall und dem improvisierten, lichtlosen Gärtchen, stets bewacht von der Heiligen Jungfrau, die im strahlenden Glanz von Leuchtröhren und halb begraben unter grellbunten künstlichen Blumen in heiterer Gelassenheit aus ihrer geräumigen, hübsch gestalteten Nische blickte. Weiter die dunkle, glitschige Gasse entlang, wiederum aufmerksam beäugt von Parterrebewohnern, die ebenfalls Tag und Nacht aus ihren stickigen, finsteren Kabinetten über die untere Hälfte ihrer horizontal halbierten Eingangstüren hinwegstarrten wie Pferde aus ihren Boxen. Und nun hinaus auf den freien Platz des *largo*, wo nahezu rund um die Uhr ein Pulk von Schuljungen sich um einen Fußball balgte und wo tags zuvor Maurer und Stukkateure, auf Leitern balancierend, Schönheitsreparaturen an einem weniger privaten und bescheideneren Schrein der Jungfrau Maria hoch oben an einem Mauereck vorgenommen hatten, begutachtet von der einen oder anderen jener alten Frauen, die sich zweimal im Jahr in der Kathedrale einfanden, um ihren Heiligen mit unflätigen Schimpfwörtern zu belegen und so lange zu reizen, bis sein Blut sich verflüssigte und wieder zu fließen begann.

Es war ein Geräusch, das mich aufrüttelte. Nicht das allmählich erwachende Leben in dem unterhalb gelegenen großen Mietshaus, sondern ein Geräusch, das von oben kam und immer deutlicher wurde, bis die dazugehörige Silhouette taumelnd ins Blickfeld geriet. Mittlerweile stand ich auf der winzigen Terrasse mit ihrer Reihe abgestorbener Kakteen. Es war ein Hubschrauber, der in der grauen Morgendämmerung tief über den Dächern schwebte, sie nahezu streifte, um dann ganz gemächlich Richtung Forcella abzudrehen. Selbst zu Fuß dauerte es nur eine Minute bis Forcella, wenn man die Gasse hinter der Kathedrale nahm, die Scassacocchi hieß, weil auch sie so eng war, daß bereits im siebzehnten Jahrhundert die Räder einer Kutsche sich an ihr rieben und splitterten. Die Hauptverkehrsader von Forcella verlief in Fortsetzung der vor Jahrtausenden von den Griechen angelegten Durchgangsstraße, fiel bei einer winzigen Piazza am Fuß eines architektonischen Schluchtenwirrwarrs steil ab und verzweigte sich dann. Forcella, die Kasbah von Neapel. Man machte also wieder einmal Jagd auf die Giulianos.

Die letzte Razzia wegen der Giulianos, bei der ich zugegen gewesen war, kam der Familie ebenso ungelegen wie mir. Als stärkste Camorra-Familie in Neapel hatten die Giulianos ihre Vorherrschaft im Viertel mittlerweile auf die ganze Stadt ausgeweitet und seit einigen Jahren immer unverfrorener zur Schau gestellt. Dazu gehörte, daß sie die Piazzetta systematisch, rund um die Uhr, in Flutlicht tauchen ließen. Zum einen war so das Territorium abgesteckt, unübersehbar, grell erleuchtet und einschüchternd, andererseits aber auch ein Warnsystem gegen polizeiliche Übergriffe installiert. Nichts entging der Familie, die den kleinen, gegabelten Platz von ihren monströs renovierten und zu Festungen umgebauten Anwesen aus im Auge behielten. Das Flutlicht wurde ergänzt durch ein ausgefeiltes Video-Überwachungssystem und speiste sich – zu Lasten der Öffentlichkeit – aus dem städtischen Stromnetz. Weder die Elektrizitätswerke noch die Polizei hatten sich bisher veranlaßt gefühlt, in der Sache etwas zu unternehmen.

Die grelle Zurschaustellung wie auch das Markieren des Territoriums – beides war die Camorra der achtziger Jahre in Reinkultur. Da es hier weder eine stabile politische Rückendeckung nach sizilianischem Muster noch eine stabile Struktur wie die Führungskommission der Cosa Nostra gab, setzten die Camorra-Familien alles daran, ihre heimische Scholle zu verteidigen, und taten dies nach neapolitanischer Manier mit viel Sinn für Theatralik. Gavas Unterboß in Castellammare, der sich täglich bei den Carabinieri melden mußte, erschien jeweils mit einer ganzen Kavalkade von schweren Motorrädern gleicher Marke der 1000-Kubik-Klasse. Er selbst und die Fahrer der anderen Maschinen, die bei der Prozession durch die Stadt vor, hinter und neben dem Gefährt des Bosses dahinrauschten, trugen allesamt identische Helme und Lederjacken. Weitere Mitglieder seiner Eskorte hielten im Vorfeld die Route von anderem Verkehr und Fußgängern frei. Im nahegelegenen Torre Annunziata bemächtigte sich der herrschende Clan eines riesigen alten Palazzos im Ortszentrum und verwandelte ihn in eine Festung mit Geheimgängen und vermauerten Fenstern, gegen die Außenwelt abgeschottet durch schußsichere Türen und Fensterläden, Dutzende von Überwachungskameras, bewaffnete Wachen am Eingang und eine Meute deutscher Schäferhunde auf dem Dach.

Als Diego Maradona, der absolute Superstar des Fußballs, Mitte der achtziger Jahre von Argentinien nach Italien wechselte und Neapel einige Jahre darauf zum ersten Mal in der Geschichte italienischer Fußballmeister wurde, sprach die Presse bedeutsam von einer kulturellen Wiedergeburt Neapels, und schon machte sich die Familie Giuliano an Maradona heran. Er feierte ausgiebig mit ihnen und gewöhnte sich in ihrer Gesellschaft das Kokainschnupfen an, das ihm zum Verhängnis wurde. *Ich war süchtig, bin es noch und werde es immer sein*, sagte die einstige Fußballgröße, nach Argentinien zurückgekehrt, als seine Karriere in Scherben lag. *Es wird viel über Drogen geredet, aber nicht darüber, was die Leute dazu treibt. Ich habe das*

Zeug mit voller Absicht genommen. Ich mußte aus Neapel weg. Man wußte, was er damit sagen wollte. Es gibt viele Bilder aus früheren, glücklicheren Zeiten von Maradona auf Hochzeiten und anderen Festivitäten der Giulianos; ein Schnappschuß zeigt ihn mit einem jungen männlichen Familienangehörigen in einer gigantischen, sündteuren muschelförmigen Badewanne, einer Neuerwerbung der Familie. Beide sind voll bekleidet. Als Nunzio Giulianos siebzehnjähriger Sohn an einer Überdosis starb, enterte ein ganzes Heer von *guaglioni* aus seinem Clan das Krankenhaus, überwältigte das Personal und zog mit der Leiche des Jungen ab, um die Totenwache im Kreis der Familie abzuhalten. Wenn ein Giuliano das Zeitliche segnete, bestimmte nicht etwa die Gesundheitsbehörde, sondern die Familie nach eigenem Gutdünken, was dann zu geschehen hatte. Die Giulianos waren stets zu einer kleinen Machtdemonstration bereit.

Letztlich mußte es aber doch zu einer offiziellen Reaktion auf die Demütigungen kommen, mit denen die Giulianos die Vertreter der öffentlichen Ordnung überschütteten. Sie erfolgte in Form diverser Polizeirazzien von militärischem Charakter. Hubschrauber dirigierten von oben eine Heerschar Carabinieri am Boden. Häuser wurden durchsucht, Flüchtige festgenommen, Flutlicht und Überwachungskameras außer Betrieb gesetzt. Bei der Razzia entdeckte man ein erst kürzlich fertiggestelltes privates Kasino samt einem kompletten Bordell, gut versteckt im Gewirr der Gassen. Es handelte sich um ein äußerst diskret geführtes Etablissement auf mehreren Etagen, mit Glücksspieleinrichtungen für die Fußsoldaten im unteren Bereich und luxuriösen Anlagen für Schäferstündchen der älteren Familienmitglieder in den oberen Stockwerken. Zur Ausstattung gehörte auch die muschelförmige Badewanne.

Des weiteren kamen die Carabinieri einer geheimen Fluchtroute auf die Spur. Sie begann im Haus eines prominenten Mitglieds der Familie Giuliano mit einer versteckten Falltür im Eingangsflur und endete, zu erreichen über ein Kletterseil, im Büro einer kulturellen Vereinigung, hinter der ein obskurer religiöser Orden der katholischen Kirche stand. Die neapolitanische Kurie behauptete, weder jenen Orden noch sein kulturelles Anhängsel zu kennen. Es war nicht der einzige Fluchtweg aus der »Kasbah«. Eines der durchsuchten Gebäude stand am Ende einer Gasse, die vom linken Teil der gegabelten Hauptstraße abging. Eine Steintreppe führte über fünf Stockwerke zum Dach dieses Gebäudes hinauf, war allerdings oberhalb der letzten Etage durch ein mit schweren Ketten und Vorhängeschlössern gesichertes Eisentor abgeriegelt. Wer das Hindernis überwand und den Weg kannte, gelangte von hier aus mühelos zu Fuß auf benachbarte und selbst weiter entfernte Dächer. Letztlich landete man in den Amtsräumen der

Gemeindeverwaltung. In ihrem Übereifer, bis zum Dach vorzudringen, schlugen die Carabinieri ein Riesenloch in die solide Wand oberhalb des Tores. Ich konnte es von der Eingangstür des trostlosen Zimmers aus sehen, das ich im obersten Stock gemietet hatte.

Die Verhaftungen und Beschlagnahmungen sowie der Abbau der Flutlichtanlagen und Videokameras versetzten das Viertel einigermaßen in Aufruhr. Das Loch war noch frisch, als ich feststellte, daß ich ungebetenen Besuch gehabt hatte. Meine Nachbarin, die Frau des Konditors, war sichtlich verstört, und ich entnahm ihren vagen Auskünften, daß es sich nicht um die Polizei gehandelt hatte. Es fehlte nichts; was hätte man auch stehlen wollen. Aber das Zimmer war durchsucht worden. Das Ganze wiederholte sich. Dann setzten die Todesdrohungen ein. Sie erfolgten in zwei Phasen und waren jeweils mit Bleistift auf große, gefaltete Bögen aus schwerem, liniertem Papier geschrieben, sogenannte *carta protocollo* mit breitem Rand auf beiden Seiten und am Kopf des Blattes; dort wurden für gewöhnlich horrend teure Gebührenmarken aufgeklebt. Die Bögen fanden Verwendung in allen Bereichen des bürokratischen Amtsschimmels und waren bei Tabakhändlern einzeln käuflich zu erwerben. Das Papier stammte aus meinem eigenen Bestand. Ich nutzte den Raum vormittags als Arbeitszimmer. Bei dem Bleistift war ich mir nicht ganz sicher; vielleicht hatten die Camorristi ihren eigenen dabeigehabt. Der für die Botschaften verwendete Bleistift hatte eine weiche Mine, so wie meiner, war aber eindeutig stumpf, was gegen meine Gewohnheiten verstieß. Bis zu dem Abend, an dem ich die Botschaften fand, hatten die Bögen geraume Zeit ungenutzt dagelegen. Es waren zwei Nachrichten in verschiedenen Handschriften, eine davon leserlicher und offensichtlich einem gebildeteren Hirn entsprungen. Ihre mehr oder weniger schräggeneigten Lettern hoben sich deutlich von den unbeholfenen Druckbuchstaben der anderen Notiz ab. Mit der Schulpflicht hat man es in Neapel von jeher nicht so genau genommen. Die erste Warnung besagte relativ prägnant, vom Satzbau her anfechtbar, aber in immerhin einigermaßen höflichem Ton, Unbefugten sei der Aufenthalt in dem Gebäude untersagt. Die andere kam brutaler und direkter daher; ihr Ton überwog in der zweiten Serie von Botschaften. Sie brachten klar zum Ausdruck, daß meine Anwesenheit in diesen Gemäuern mehr als unerwünscht sei. *Morirai*, hieß es in einer Notiz. *Du bist des Todes.*

Es war ohnehin nie sehr erfreulich gewesen, mich um den wütend knurrenden Schäferhund in seinem mit Stroh ausgelegten Zwinger unter einer nackten Glühbirne herumzudrücken; an der Frau vorbeizukommen, die eingemummt in Tücher an der Ecke teilnahmslos vor einem umgedrehten Karton mit je einem Päckchen geschmuggelter Merít und Marlbóro saß – beides auf der zweiten Silbe betont; die stechenden Blicke zu ignorieren, mit denen man mich aus dem Laden über die Stapel von Brot, Dosen und Käse hinweg bedachte; an den Jugendlichen vorbeizueilen, die unter dem Torbogen über einen Motorroller gebeugt standen, und mich von den einen Spaltbreit offenstehenden Türen an den Treppenabsätzen nicht ins Bockshorn jagen zu lassen. In Begleitung heimzukommen, um festzustellen, daß das Schloß aufgebrochen war, die Wohnungstür schief in den Angeln hing und neue Todesdrohungen im Eingangsbereich lagen, ließ mich wirklich zweifeln, ob es eigentlich weise war, diesen kleinen Luxus beizubehalten. Die Vermieterin reagierte nicht gerade erfreut auf meine Kündigung. Dabei hatten wir ausdrücklich eine sehr lose Vereinbarung getroffen. Bei dem Ferngespräch gab sie mir zu verstehen, ich hätte *offensichtlich nicht das Vertrauen meiner Nachbarn gewonnen.* Ob ich denn nichts von der Fluchtroute über die Dächer gewußt habe? *Natürlich gab das den Leuten zu denken*, meinte sie bissig.

1995 öffnete mir Palermo die Augen für das, was ich während meines Aufenthalts in Neapel nicht gesehen hatte. In Sizilien war die Mafia für den, der wollte, stets klar in ihrem Wesen erkennbar, und es hatte immer eine Gruppierung innerhalb der Gesellschaft gegeben, die sich als immun gegen die Drohungen und Schmeicheleien der ehrenwerten Gesellschaft erwies, ein Widerstandsnest, das auf Erneuerungen hinarbeitete. Die Camorra war in den neapolitanischen Institutionen weit weniger verankert gewesen als die Mafia in Palermo, dafür jedoch ungleich breiter präsent in der Gesellschaft, in der ganzen bourbonischen Kultur von Freundschaften und Schutzsystemen, nach der das hinfällige alte Neapel immer noch funktionierte. Sie wurde von eben jenen freundlich geduldet, die von Berufs wegen gegen sie hätten vorgehen sollen. Unzählige Male hatte ich mitangesehen, wie ein Dienstwagen der Carabinieri bei einem Zigarettenverkäufer hielt und ein Beamter in Uniform mehrere Stangen Schmuggelware erstand. Bis Heroin und die Nachwehen des Erdbebens für neuen Profit sorgten, bildete der Zigarettenschmuggel die Haupteinnahmequelle für die Camorra. Es gab eine Zeit, da ich freundschaftliche Beziehungen zu einer ganzen Reihe von Menschen pflegte, die kleine Rädchen in der Maschinerie der Camorra waren, wie beispielsweise die alte Cchiù Cchiù, eine in Tücher eingewickelte, zahnlose Vettel, die Nacht um Nacht an einer Ecke der Via Toledo Zigaretten verkaufte und der ich zum Schutz gegen die Winterkälte des öfteren ein Feuerchen machte; Giacomo, der sich Cutolos Bande anschloß, oder der betagte Boß des spanischen Viertels, der mir den Chivas Regal spendierte. Dieser alte Grandseigneur war einer der letzten

Vertreter seiner Gattung. Noch in den sechziger Jahren konnte der große neapolitanische Schauspieler und Dramatiker Eduardo De Filippo einen Typ wie ihn als absoluten Autoritätsträger porträtieren, der in einer Welt ohne jegliche soziale Gerechtigkeit als Schiedsmann fungierte. Der echte Pascalone 'e Nola hatte ausgesprochen menschliche Züge an sich; einmal ließ er einem Jugendlichen, der ein Mädchen geschwängert hatte, einen Batzen Geld zukommen. *Als Hochzeitsgeschenk*, sagte er. Heiratete der Bursche nicht, konnte das Geld als Beitrag zu seinen Bestattungskosten verwendet werden. So war es in Neapel. Am anderen Ende der Stufenleiter fand ich mich beim Kaffee in dem luxuriös ausgestatteten Privathaus (mit Blick auf die Bucht) eines Rechtsanwalts und Finanziers wieder, der später größerer Transaktionen für die Camorra überführt wurde; hörte ich von einem Freund Gavas den Satz *Ich weiß, an wen ich mich wenden muß, sobald es nötig wird*; begegnete ich Aristokraten, die später in die Schmiergeldaffäre im Bauwesen und in die Skandale um das Stadion für die Fußballweltmeisterschaft verwickelt waren. Ob ganz oben auf der Leiter oder an ihrem Fuß, in Palermo hätte ich die vergleichbaren Vertreter der Mafia wohl kaum je kennengelernt. Allmählich verstand ich, was Orlando damals meinte, als er von der größeren politischen Reife Palermos sprach, dessen Bewohner sich unbequemen Entscheidungen hatten stellen müssen. 1995 erweckte Neapel nach wie vor den Eindruck einer völlig ziel- und planlosen Stadt; Sprache und Gestik waren noch die gleichen, hatten jedoch allen Bezug zur Realität verloren.

Neapel war von einem Gift befallen. Verborgener Groll kam leicht hervor. Die barocken Schnörkel der neapolitanischen Mentalität verdrehten sich noch mehr und wurden zu etwas Häßlichem. Mittlerweile wurde von einem erwartet, daß man Fußgängerzonen und Straßencafés bewunderte. Die Pest der Themenparks breitete sich aus. Dunkle Mächte wünschten die Stadt einzubalsamieren, ein zweites Venedig zu kreieren, ein Stückchen Toskana erstehen zu lassen. Die Bewohner wurden an den Rand, wenn nicht gar ganz aus der Stadt gedrängt. Schattenhaft nahm man sie noch wahr, an der Peripherie des Blickfeldes. War es die Schönheit, die mir nun die Sicht trübte, oder der Umstand, daß die Orte, die ich gekannt hatte, leblos geworden waren? Nie war mir Neapel schöner erschienen. Ich kam mir vor wie ein Geist, der durch die Straßen strich. *Die Touristen kommen zurück!* Zwanzig Jahre zuvor war Neapel eine sterbende Stadt gewesen, die ihren Bewohnern gehörte. Selbst zu ihren besten Zeiten nahezu unerträglich, hatte sie bei aller Scheußlichkeit der Lebensumstände doch pulsiert. Nun hörte man kaum mehr den neapolitanischen Dialekt. Die absurde Komödie war vorbei. Neapel brach mir das Herz. Und dennoch tat die Stadt weiterhin, was sie stets getan hatte, sie hielt einen zum Narren, weckte Träume, die sie nie erfüllen würde, erinnerte einen daran, warum man sein Leben hatte dahinfahren lassen, nur um dort zu sein, und warum man die Stadt, sofern man sie liebte, einen Herzschlag lang noch immer für die grandioseste Stadt der Welt hielt. In Neapel fiel einem ein, daß man glücklich gewesen war, nie aber ein Grund dafür. Neapel würde jedenfalls immer *interessanter* sein als andere Orte, tröstete ich mich in Gedanken. Neapel würde nie langweilig werden. Braudel erlebte Neapel an seinem absoluten Tiefpunkt im Jahr 1983; und schrieb:

> Neapel hat stets Anstoß erregt, schockiert und verlockt ... Italien hat es zu seinem eigenen großen Übel, aus Gleichgültigkeit wie aus Furcht, nie verstanden, das ungeheure Potential dieser Stadt zu nutzen, die so ganz und gar anders ist, eher von europäischem denn italienischem Charakter ...

Neapel war der einzige Ort, an dem ich mich je daheim gefühlt habe.

Ende der sechziger Jahre drehte Pasolini seine Verfilmung von Boccaccios *Decamerone* in Neapel und Kampanien. Er kam nach Neapel, *weil die Neapolitaner sich gleich geblieben sind.* Die Stadt blieb ihm im Gedächtnis, und unter seinen letzten Schriften findet sich eine Reihe von Briefen an einen imaginären neapolitanischen Knaben. *Die Armut der Neapolitaner ist mir lieber als das satte Wohlbefinden der italienischen Republik, die Unwissenheit der Neapolitaner ist mir lieber als alle Schulen der Republik ...* In einem weiteren Text, den ich nicht mehr aufspüren konnte, einer der perversen, halluzinatorischen Visionen, die er kurz vor seiner Ermordung zu Papier brachte, charakterisierte er die Neapolitaner als ein Volk, das der modernen Welt abweisend gegenüberstehe. Er beschrieb sie als Angehörige eines Wüstenstamms, die auf den schwarzroten Piazzas kampierten, in Erwartung des Endes, des selbstgewählten Todes. Querköpfig und brillant wie eh und je, ahnte Pasolini doch nicht voraus, wie die Dinge sich weiter entwickeln würden.

VII EIN REALIST IN ROM

Rote Fahnen wehten in der kalten Winterluft vor dem Pantheon. Eine Kapelle spielte die Internationale. Der Parteiführer weinte. Der Sarg kam vom Senat, wo er tagelang aufgebahrt gewesen war, um dem Staatspräsidenten und seinem Vorgänger, dem Ministerpräsidenten und seinen Vorgängern, der gesamten Nomenklatura sowie Tausenden namenloser Bewunderer Gelegenheit zu geben, an dem Verstorbenen vorbeizudefilieren und ihm unter Tränen die letzte Ehre zu erweisen.

Anläßlich des Todes von Renato Guttuso im Jahr 1987 erlebte Italien sein letztes großes kommunistisches Staatsbegräbnis. Die Trauerzeremonie für Berlinguer hatte weit größere Ausmaße gehabt, Rom und die ganze Nation zum Innehalten gebracht. Doch dies war ein politisches Ereignis gewesen, und die Millionen Trauernden auf den Straßen hatten im folgenden der Partei ihren größten und flüchtigsten Triumph beschert, den erträumten *sorpasso*, bei dem die Kommunisten zum ersten und bisher letzten Mal in der Geschichte die Christdemokraten überflügelten und den größten Stimmenanteil errangen, der je einer Partei in nationalen Wahlen zuteil wurde. Die Beisetzung von Guttuso, einige Jahre später an einem winterlichen Januartag, erinnerte an die Vergangenheit, an die Linken, an die Jahre des Kampfes, an Engagement, Leidenschaft und Tod. Hier wurde ein Mann zu Grabe getragen, der als Widerstandskämpfer gegen die Nazis – *Militärkommandeur für Rom-Mitte bis zur Befreiung*, las ich auf einem vergilbten Dokument, das sich unter seinen Papieren befand – zum Künstler und militanten Streiter gereift war und der im Untergrund auf Wachspapier, wie Metzger es zum Einwickeln verwenden, einen wüsten Zyklus von Tuschezeichnungen geschaffen hatte, betitelt *Gott Mit Uns*: Guttusos Schreckensvisionen des Kriegs.

Ganz ohne Peinlichkeit ging es 1987 nicht ab. Die Partei war seit ihrem illusionären *sorpasso* von 1984 in rasanter Talfahrt begriffen, die infolge der Panik nach dem Fall der Mauer 1990 schließlich zu ihrer Selbstzerstörung führen sollte; und ihr großer Künstler, der die Jahre des Kampfes in epischer Breite auf die Leinwand gebannt hatte, war der Partei so blind ergeben bei jeder Drehung und Wendung gefolgt, daß sein Dahinscheiden auch ein Licht auf den gegenwärtigen Stand der Dinge warf. Im Gegensatz zu all den anderen Künstlern und Intellektuellen hatte Guttuso der Partei weder 1956 noch 1968 oder in irgendeinem anderen der langen, zermürbenden Jahre den Rücken gekehrt. Er war geblieben und dafür belohnt worden. Für zwei Legislaturperioden hatte er als kommunistischer Senator gedient, Lobpreis von Pablo Neruda geerntet, und als sein alter Freund, der

Schriftsteller Leonardo Sciascia, ihn in den achtziger Jahren aufforderte, sich anläßlich einer Debatte über die Ursprünge des Terrorismus in Italien zwischen Sciascia und Berlinguer für eine der beiden Positionen zu entscheiden, hatte Guttuso sich auf die Seite Berlinguers und der Partei gestellt, worauf Sciascia mit ihm brach. Als Guttuso jedoch starb, sagte Sciascia unter Tränen: *Ich habe nie aufgehört, ihn zu lieben.*

Wirklich peinlich waren, wenn man sich den asketischen Kampf der Kommunisten vor Augen hielt, Guttusos immenser Reichtum, seine zwanzigjährige Affäre mit der extravaganten Gräfin Marzotto und manche der Freunde, die sich nach Berlinguers katastrophalem historischen Kompromiß mit der Rechten um den Künstler geschart hatten. Zu diesen Freunden zählte Monsignore Angelini, ein aalglatter, weltgewandter Kleriker und Intimus Seiner Heiligkeit, der bald darauf in den Rang eines Kardinals erhoben wurde. Ein weiterer aus dem Kreis der Freunde war der ehemalige und zukünftige Ministerpräsident Giulio Andreotti. Vermutlich trug all dies dazu bei, daß Alberto Moravia sich in seiner Trauerrede kurz hielt und ideologische Fragen auffällig ausklammerte. Vor den Politikern, die in ihre teuren Mäntel gehüllt dastanden, erinnerte er nur knapp und bündig an den *mediterranen Expressionisten* aus Sizilien, der sein Freund gewesen war. *Wenn ein Künstler stirbt*, sagte Moravia, *stirbt ein Stück Welt mit ihm.* Der hochgewachsene, korpulente Ministerpräsident Craxi und der leicht gebeugte Außenminister Andreotti lauschten teilnahmslos, während der kommunistische Parteisekretär sein Gesicht in einem Taschentuch verbarg.

Danach wurde, zur großen Verblüffung vieler Teilnehmer, der Sarg mit Guttuso darin in Windeseile zu der nahegelegenen Kirche Santa Maria Sopra Minerva gekarrt, wo eine zweite Trauerfeier stattfand. Monsignore Angelini zelebrierte die Totenmesse. Perplex sahen die Anwesenden den Sarg in der Kirche verschwinden; nun mußten sie selbst eine Entscheidung treffen. *Bei allem schuldigen Respekt vor dem Verstorbenen* blieb Ministerpräsident Craxi seiner laizistischen Grundeinstellung treu und weigerte sich, die Kirche zu betreten. Andere Trauergäste, darunter auch der ehemalige und künftige Ministerpräsident Giulio Andreotti, nahmen an beiden Zeremonien teil. Andreotti hatte zu dem engen Kreis derjenigen gehört, die in den letzten Lebensmonaten des Malers noch Zutritt zu Guttusos prächtigen Wohngemächern erhalten hatten, und wollte nun auch bis zum Ende dabeisein. Außerdem war er ein zutiefst gläubiger Katholik, der sein Leben lang jeden Morgen um sechs die Frühmesse besuchte. Monsignore Angelini war Andreottis persönlicher Beichtvater und ebenfalls als einer von wenigen Auserwählten noch zu dem sterbenden Maler vorgelassen worden.

In seiner Predigt vor der geschrumpften Gemeinde in der Kirche verbreitete sich Monsignore Angelini ausführlicher als zuvor Moravia im Freien. In seiner Würdigung Guttusos beschwor er unter anderem Namen wie Leonardo, Michelangelo, Raffael, Caravaggio, Rembrandt und Dürer herauf. Wenn dies auch eine Spur zuviel des Guten war, hatte er doch seine Gründe dafür. Denn viele der verdutzten, antikirchlich gesinnten Trauergäste wußten bislang nicht, daß Monsignore Angelini Italiens berühmtesten zeitgenössischen Maler und Kommunisten an den Busen der katholischen Kirche gezogen hatte. Unmittelbar nach Guttusos Tod verkündete er vor der Presse, er habe dem sterbenden Maler die letzte Ölung verabreicht und ihm die Beichte abgenommen. *Er starb im Gebet an die Madonna, vor Augen das geheiligte Antlitz unseres Herrn Jesus Christus*, teilte er den Medienvertretern mit. Bei aller Trauer um den Verschiedenen muß Monsignore Angelini dies als gelungenen Coup für die Mutterkirche empfunden haben. Er bestand darauf, daß es sich keinesfalls um eine Konversion, sondern um eine Rückkehr in den Schoß der Kirche gehandelt habe.

In einem Artikel für ein überregionales Wochenblatt vertrat Andreotti die Meinung, es zeuge von einem *Mangel an Feingefühl, einen Widerspruch* zwischen Guttusos kommunistischem Leben und seinem katholischen Tod zu sehen. Salbungsvoll fügte er hinzu: *Aus Guttusos religiösen Werken spricht ein Glauben und eine spirituelle Verfeinerung, die vielleicht mehr sind als nur ein Gebet.* Und Monsignore Angelini fügte hinzu: *Andreotti ... war sein bester Freund.* Manch andere von Guttusos besten Freunden hatten den Maler in seinen letzten Lebensmonaten überhaupt nicht mehr gesehen. Man hatte sie nicht vorgelassen. Zu ihnen zählte neben Alberto Moravia auch die Frau, die zwanzig Jahre lang Guttusos Geliebte und Modell gewesen war, porträtiert auf Dutzenden von Gemälden und Hunderten von Zeichnungen, und von der er häufig gesagt hatte, ohne sie sei er nicht imstande zu malen: Marta Vacondio, die Gräfin Marzotto. Marta Marzotto war aufgewühlt und außer sich vor Zorn.

> Ich werde es ihnen nie verzeihen, daß ich von Guttusos Tod aus dem Radio erfahren mußte. Ich hatte geschworen, ihn niemals allein zu lassen, bis zum Ende seine Hand zu halten ... Sie haben mich einfach ausradiert, mich ferngehalten, als hätte ich die Pest. Als hätte es mich nie gegeben ...

Zwanzig Jahre lang war die Gräfin Marzotto täglich zu Besuch gekommen. Drei Monate vor Guttusos Tod verwehrte man ihr den Zutritt. Angelini und Andreotti bezeugten später vor Gericht, der sterbende Guttuso habe Marta Marzotto nicht mehr empfangen wollen. Vielleicht ohne zu wissen, daß die beiden eine Liebesbeziehung verband, hatte Andreotti sogar gesagt: *Ich finde es durchaus logisch, daß er sie nicht mehr sehen wollte. Sie war sein Modell, aber er malte ja nicht mehr.* Laut Aussage der Gräfin waren die Schlösser an den Türen des Palazzo del Grillo ausgewechselt worden, so daß ihre Schlüssel nicht mehr paßten. Ein von ihr und Guttuso gemeinsam genutztes Tresorfach in einer römischen Bank fand sie leer vor. Es hatte die Liebesbriefe enthalten, die sie einander geschrieben hatten, außerdem Schmuck, erotische Zeichnungen Guttusos von der Gräfin, Goldbarren sowie Gemälde von Picasso und Magritte. Der Gesamtwert von Guttusos Hinterlassenschaft betrug, nach unterschiedlichen Schätzungen in der Presse, zwischen einhundert und dreihundert Millionen Dollar. Der Alleinerbe war Guttusos erst jüngst adoptierter Sohn, sein Sekretär, ein junger Mann aus Palermo namens Fabio Carapezza. Presseberichten zufolge glich er mit seinen *schwarzen Locken und den blauen Augen einem Cherub in einer Kirche.*

GUTTUSO wurde 1912 in der Nähe von Palermo geboren und machte sich in den dreißiger Jahren mit seinen explosiven, sonnendurchfluteten Bildern erstmals einen Namen als sizilianischer Expressionist. Er nahm bereits an geheimen antifaschistischen Aktionen teil, trat bei Beginn des Krieges in die kommunistische Partei ein und kämpfte als Partisan gegen die Nazis. Nach Kriegsende verschmolz sein Ruhm als Maler und Kommunist zu großen, von der Atmosphäre des Kalten Krieges geprägten Leinwandepen. Diese verloren im Lauf der Jahre an Kraft, und Guttusos Aufstieg zu *dem* italienischen Maler schlechthin fiel zeitlich mit dem umstrittenen historischen Kompromiß in den Siebzigern zusammen. Während Abstraktion und Konzept-Kunst die internationale Kunstszene prägten, hielt Guttuso in Italien die Fackel des Gegenständlichen hoch. Er verfügte nicht über das wandelbare Genie von Pablo Picasso, dem anderen Kommunisten aus dem Mittelmeerraum. In den mehr als dreitausend Gemälden, die Guttuso über fünfundfünfzig Jahre hinweg mit unermüdlicher Leichtigkeit schuf, blieb er sich bei aller Fruchtbarkeit doch endlos gleich. Aber er war ein wunderbar spannungsreicher und sicherer Zeichner und als Maler in Form und Farbigkeit strotzend intensiv. Der große, einflußreiche Kritiker Roberto Longhi berichtete, Berenson habe Guttusos *Zeichnungen* sehr geschätzt, weil sie so genau Berensons Prinzip der *Idee-geborenen Empfindung von Bewegung* verkörperten, und fügte seinerseits hinzu:

> Das Auge verweilt nicht auf diesen Zeichnungen, sondern streift wieder und wieder über sie hin, ihren raschen, provokanten Linien auf der Spur ... Guttusos Strich zieht nicht an, er verwundet – er ist nadelspitz, ein Dorn, ein Stachel im Fleisch ...

Der Dichter Pablo Neruda, dessen Werke sich oft wie eine literarische Entsprechung zu Guttusos Kunst lesen, schrieb 1953:

In deinem Heimatland, Guttuso, duftet der Mond
Nach weißen Trauben, nach Honig und herabgefallenen Zitronen
doch da ist kein Land
da ist kein Brot.

Neruda fährt, wenig überzeugend, fort: *Du schenkst Land und Brot in deinen Bildern.* Sein *Gedicht für Renato Guttuso* wurde zum Ende hin noch viel schlechter, und für Guttusos Malerei galt das gleiche. Es war die Ära der kämpferischen Kunst unter Stalins Ägide, der engagierten Kunst, und für beide Künstler gab es auch noch etwas anderes. In den siebziger Jahren war Guttuso ein reicher Mann, der ein sehr irdisches Leben in der Gesellschaft führte, wurde jedoch weiterhin besungen, diesmal von dem spanischen Dichter Rafael Alberti:

Maler der verbrannten Erde
Der Steine und verdorrten Ernten
Unaufhörlich flirrendes Licht, das auf die Wege der Menschen fällt.

Nostalgie trug erheblich zu Guttusos Attraktivität bei. Während die Italiener sich in den Konsumrausch stürzten, erinnerte Guttuso sie daran, daß sie ein armes, leidenschaftliches Volk mit Sinn für die schlichten Freuden des Lebens waren. Während Bauern aus dem Süden ihr Land verließen und zu den Fabriken des Nordens zogen, während Industrielle ihren Reichtum vernaschten, erinnerte Guttuso sie alle daran, daß sie der Erde und der Sonne verhaftet blieben und daß sie auch Blut für das vergießen würden, was ihnen lieb und teuer war.

Genau dies wollten viele Menschen in einer Zeit der Wandlung und Entwurzelung hören. Angesichts eines Italiens, das sich bis zur Unkenntlichkeit veränderte, fanden sie in Guttusos konventionell herben Bildern Bestätigung. Und mittlerweile hatten viele Italiener Geld genug, um Bilder zu erwerben, oder doch Lithographien in limitierter Auflage. Pasquale hatte mir in der Mühle erzählt, daß Guttuso eine Reihe von eigenen Läden besessen hatte, über die er seine Lithographien verkaufte. Dieser ungewöhnlich vollständigen Kontrolle über Produktion und Distribution verdankte er einen großen Teil seines Geldes. Als Künstler war er wie geschaffen für Italiens neues Industriezeitalter, und er verfügte für seine industrielle Produktion, die sich am unteren Ende der Preisskala bewegte, bei den Linken im Lande über einen loyalen Abnehmerkreis.

Selten hat eine solch wechselseitig einträgliche Beziehung zwischen einer Partei und ihrem Künstler bestanden. Guttuso blieb der PCI durch alle Höhen und Tiefen, alle Wendungen und Wandlungen treu bis an sein

Lebensende. Die Partei förderte ihren engagierten, ergebenen Künstler nach Kräften, und Guttuso revanchierte sich mehr als großzügig, sobald er zu Ansehen und Reichtum gekommen war. Er ließ der Partei üppige Spenden zukommen und verlieh ihr Prestige und Glaubwürdigkeit, als andere Künstler ihr bereits den Rücken gekehrt hatten. Er war Mitglied des Stadtrats von Palermo und absolvierte zwei Amtszeiten als kommunistischer Senator Siziliens. Oft nahm seine Umgebung Anstoß an Guttusos Affinität zur Welt der Macht, an seinem Sinn für das politische Spiel. *Guttuso ist ein Machtmensch. Da kommt der Sizilianer in ihm durch*, seufzte Alberto Moravia etwa um die Zeit, als Guttusos Ansehen und Einkommen rapide in die Höhe schossen. Moravia, wie eh und je den Ideen und Konzepten in der Kunst verpflichtet, um Erklärungen bemüht und loyal gegenüber seinen Freunden und der Partei, der er selbst nicht angehörte, fügte hinzu: *Sein Geldhunger ist Teil seines visuellen Hungers. Aber Guttuso ist ein Künstler. Politisches vergeht, Kunst bleibt bestehen.*

Die Jahre verstrichen, und Guttuso war nicht mehr nur reich, sondern enorm reich. In der Welt der Schönen und Reichen von Rom zählte Ideologie weniger als Macht, und am reinsten manifestierte sich Macht nun einmal in Reichtum. Die römischen Salons bildeten die Avantgarde, was linken Chic betraf, und waren weit entfernt von den zerbombten Parteibüros und ermordeten Gewerkschaftsorganisatoren in Sizilien. Guttuso hatte eine Schwäche für aristokratische Frauen, schon seit den dreißiger Jahren, als er noch ein armer, sehr verführerischer Jüngling mit vielversprechenden Anlagen gewesen war. Der historische Kompromiß in den siebziger Jahren rechtfertigte schließlich die ständige Anwesenheit von Kirchenfürsten und manchen der mächtigsten, dem Vatikan eng verbundenen Christdemokraten wie etwa Giulio Andreotti in den prachtvollen Gemächern Guttusos im römischen Palazzo del Grillo. Jedermann fühlte sich geschmeichelt. Guttuso erläuterte:

> Geld ist eines der fundamentalen Elemente der Macht. Geld schafft Macht. Macht schafft Geld. Doch die Macht, die von Geld herrührt, ist eine sehr bittere Sache, weil man nicht mehr weiß, wer ein Freund ist und wer ein Feind. Macht isoliert einen von den wahren Gefühlen, ja selbst von der Liebe.

Das klang wie eine furchtbare Vorausahnung des Kommenden.

Bagheria, Guttusos Geburtsort, liegt einige Kilometer westlich von Palermo. Die Armut seiner frühen Jahre hat der Maler stets überzeichnet, vielleicht um damit mehr Eindruck bei den Aristokratinnen zu schinden. Er war Sohn eines Diplomlandwirts und damit in seiner Kindheit nicht schlechter gestellt als andere Angehörige des sparsam, aber kultiviert lebenden Kleinbürgertums in Italien vor dem ersten Weltkrieg. Sein Vater malte, schrieb und spielte Klavier. Fünfzehn Kilometer von Palermo entfernt, war der kleine Ort damals durchaus noch eigenständig, wenn auch im Einzugsbereich der Großstadt. Und die reizvolle Lage von Bagheria an einem Hang gleich oberhalb des Vorgebirges, das die Bucht von Palermo gen Osten abschließt, hatte die Feudalherren dazu bewogen, hier ihre Villen zu errichten. Der fruchtbare Küstenstrich mit seinen Zitrusplantagen und Olivenhainen ist Teil der Conca d'Oro, der »goldenen Muschel« von Palermo. Die stattlichen Anwesen dienten gleichzeitig als Landgüter. Bagherias erste prächtige Villa entstand im siebzehnten Jahrhundert als ländliches Refugium für Fürst Butera; weitere folgten im Lauf der nächsten hundert Jahre. Die Villa, der mein Besuch galt, stammte aus dem Jahr 1736. Guttuso hatte 1973 seiner Heimatstadt eine umfangreiche Sammlung seiner Werke vermacht, und hierfür wurde die Villa Cattolica zum Museum umgestaltet. Eines Samstagnachmittags stand ich in Palermo an einer Bushaltestelle, gegenüber dem Treppendurchschlupf zum Vucciria-Markt. Vor mir hatte sich bereits eine Frau an der Haltestelle aufgepflanzt, die mit ihren zum Bersten gefüllten Einkaufstüten heim nach Bagheria wollte. Unsere gelegentlichen Bemerkungen über die Zuverlässigkeit der Busse wurden mit der Zeit lebhafter. Nach einer Stunde zog ich ab. Es war zu spät, um die Villa noch vor dem Dunkelwerden zu erreichen. Die arme Frau mit ihren Wochenendeinkäufen vom Markt blieb geduldig stehen.

Am nächsten Morgen fand ich mich wieder bei der Haltestelle ein. Ein Taxi pirschte sich an. Ich gab dem Fahrer zu verstehen, daß ich auf den Bus wartete, woraufhin er mir mitteilte, am Sonntag verkehrten keine Busse. Das Taxi glitt gemächlich in eine gegenüber abzweigende Sackgasse. Und wartete. Ich blieb bei meiner Bushaltestelle; ich hatte es nicht besonders eilig. Der Fahrer zog sich seine Kappe über die Augen und tat, als schliefe er. Gianni hatte einen Druck des Gemäldes von *La Vucciria* daheim. Gianni war der Taxifahrer. Er erzählte mir davon, als wir uns um den Bahnhof herum aus der Stadt herausschlängelten. Überglücklich angesichts des Pauschalpreises, den er ausgehandelt hatte, wurde der schweigsame Sizilianer mit einem Mal redselig. Ein gewisses Maß an Entgegenkommen gehörte nach stillschweigender Übereinkunft zu dem Geschäft dazu. Wir unternahmen einen kleinen Abstecher Richtung Meer. Gianni wies mit dem Kopf zu einer Ansammlung trostlos verfallener Gebäude. *Spanò*, sagte er mit einer gewissen schroffen Reverenz in der Stimme. *Da war es früher. Wo sie immer zu Abend gegessen haben. Das berühmte Fischrestaurant.*

Sie? fragte ich.

Wenn die großen Mafiabosse aus den Staaten kamen, haben sie da immer zu Abend gegessen. So heißt es jedenfalls. In Spanò. Ich selbst kenne mich da nicht aus. Ich weiß gar nichts.

Ich fand es beeindruckend, daß Gianni mit mir über die Mafia sprach. Fünfzehn Jahre zuvor hatte man nichts als leere Blicke geerntet, wenn man das Thema erwähnte.

Der Name Spanò sagte mir etwas. Ein junger Mafioso, dessen Karriere als Ehrenmann in der Nachkriegszeit begann, hatte einmal in Spanò gegessen. Tommaso Buscetta, der schon damals Ansehen in der Cosa Nostra genoß, *weil ich mich halbwegs ordentlich ausdrücken konnte und immer gute Argumente hatte*, entsann sich siebenundzwanzig Jahre später eines Abendessens in einem Séparée, an dem er teilgenommen hatte. Es fand am zwölften Oktober 1957 in Spanò statt. Die Speisenfolge begann mit *pasta con le sarde*, ging dann über zu gegrilltem Fisch, und bis die Anwesenden schließlich ein Gläschen Amaro oder Limoncello zur Verdauung bestellten, waren zwölfeinhalb Stunden vergangen. Es war möglicherweise das wichtigste Fischessen in der Geschichte des organisierten Verbrechens.

Die Abendgäste waren allesamt Sizilianer, wobei die Hälfte von ihnen, *oriundi* genannt, bereits seit langem in den USA lebten. Angeführt wurde die amerikanische Delegation von Giuseppe Bonanno, in Brooklyn unter dem Namen Joe Bananas bekannt. Bei seiner Ankunft in Italien war Joe Bananas am römischen Flughafen Fiumicino mit einem roten Teppich und einer stürmischen Umarmung vom Minister für Außenhandel, dem sizilianischen Christdemokraten Bernardo Mattarella, empfangen worden. Dieser stammte wie Joe Bananas aus Castellammare del Golfo, einem Vorort von Palermo. Sein Sohn Piersanti Mattarella war jener Präsident der sizilianischen Region, der 1980 mit der Cosa Nostra brechen wollte und dies mit dem Leben bezahlte. Mattarella senior war auch der Politiker, der dem jungen Vito Ciancimino mit einer Anstellung in seinem Abgeordnetenbüro den Start ins Leben ermöglicht hatte. Vorsitzender der sizilianischen Delegation war ihr *capo di tutti i capi* Don Giuseppe Genco Russo, Nachfolger des verstorbenen Don Calò Vizzini, der 1952 unter großer Anteilnahme der Öffentlichkeit den letzten Atemzug getan hatte. Über das, was während der zwölfeinhalb Stunden des Essens zur Sprache kam, schweigt sich die Geschichte aus. Nur ein winziges Detail gab später einer der Kellner aus Spanò preis. *Glücklich, wer von ferne zusieht, wenn hundert Köter um einen Knochen kämpfen,* hatte Genco Russo irgendwann während der Mahlzeit vor sich hingemurmelt.

Die Bedeutsamkeit des Anlasses muß den jungen Tommaso Buscetta beeindruckt haben. Nur wenige gestandene Ehrenmänner haben so uneingeschränkt an das Vorhandensein einer Mafia-Ethik und -kultur geglaubt wie Tommaso Buscetta während seiner langen Karriere. Als vierzehntes Kind einer armen Palermer Familie war er bereits ein Mafioso vom Scheitel bis zur Sohle, bis in die letzte Fingerspitze und Gehirnwindung, noch bevor er 1945 mit achtzehn Jahren in die Gesellschaft aufgenommen wurde. Man stach ihm mit einer Nadel in den Finger, sein Blut tropfte auf ein Heiligenbild, das er brennend von einer Hand in die andere wandern ließ. *Sollte ich meinen Eid jemals brechen, möge mein Leib zu Asche verbrennen wie dieses Bild.* Die Initiation eines Ehrenmannes hat etwas von den nächtlichen Beschwörungsszenen aus *Tom Sawyer* an sich, und Buscetta selbst wies ein Vierteljahrhundert später spöttisch auf das Lächerliche daran hin. Er hatte seine Gründe, im nachhinein das Gewicht des frühen Eides abzuschwächen, denn Buscetta war mittlerweile wenn nicht zum ersten, so doch zum bedeutsamsten *pentito* in der Geschichte der Cosa Nostra geworden. Es fügte sich gut, daß Buscetta bei dem ausgedehnten Fischessen vom Oktober 1957 in Spanò zugegen war – ging es dabei doch ausschließlich um Fragen, aus denen sich Giovanni Falcone Jahrzehnte später mit Buscettas Hilfe sein Theoriegefüge über die zentralistische Struktur der Cosa Nostra zusammenbastelte.

Das Grand Hotel et Des Palmes war ursprünglich die hübsche Villa Ingham, wurde um die Jahrhundertwende zum führenden Prunkhotel Palermos und hat sich bis heute eine gewisse, wenn auch fadenscheinig und altersfleckig gewordene Würde bewahrt. Renoir malte dort Wagner bei der Arbeit am *Parsifal*, in der heute nach dem Komponisten benannten opulenten Suite. Ein späterer Gast war der französische Symbolist und Autor von *Locus Solus* und *Eindrücke von Afrika*, Raymond Roussel, der Afrika nie näher kam als mit seinem Aufenthalt im Grand Hotel et Des Palmes. Nachdem er Zimmer 224 vierzig Tage lang nicht verlassen hatte, starb er 1933 dort unter Umständen, die Leonardo Sciascia rätselhaft genug fand, um sie zum Thema des schmalsten all seiner schmalen Werke zu machen: eines Büchleins von achtundzwanzig Seiten Umfang mit dem Titel *Dokumente im Zusammenhang mit dem Tod von Raymond Roussel.* Nach dem Krieg blieb der Kleine Rote Saal des Hotels auf Dauer für Lucky Luciano und seine jeweiligen Gäste reserviert. Lucianos geschickten Vermittlerdiensten über den Atlantik hinweg war es wohl zu verdanken, daß 1957 die beiden Delegationen der Amerikaner und der Sizilianer sich zu ihrem äußerst intensiven, viertägigen Treffen im Wagner-Saal zusammenfanden. Vom zehnten bis zum vierzehnten Oktober widmeten sich die beiden Gruppen ernsthaften Geschäften, deren Höhepunkt (und zugleich Atempause) der Ausflug nach Spanò darstellte.

Die Amerikaner waren angereist, um den Sizilianern die Idee der Cupola oder Führungskommission schmackhaft zu machen, was ihnen auch gelang. Moderne integrative Managementprinzipien gelangten von der Tochtergesellschaft in den Vereinigten Staaten heim ins Mutterland Sizilien. Nach dem Modell der amerikanischen Führungskommission bildete die sizilianische Cupola den Vorstand, der die Cosa Nostra als Ganzes regierte. Sie bezog sämtliche Familien ein, die über die verschiedenen Territorien herrschten. Sie entschied über Mordaufträge und unterhandelte fortan mit der amerikanischen Führungskommission der Cosa Nostra formell auf der Basis getrennter, aber gleichberechtigter Positionen. Nach wenigen Monaten funktionierte das Konzept, belegt durch die gemeinschaftlich geplante Eliminierung des gefährlichen Psychopathen Albert Anastasia in seinem New Yorker Friseurstuhl, ausgeführt von einem sizilianischen Kommando. Die Amerikaner hatten in jenem Jahr auf eigenem Boden Ärger wegen des Heroingeschäfts. Die Sizilianer erklärten sich einverstanden, den Import von Heroin in die USA zu übernehmen, wobei keine Seite voraussehen konnte, welch gigantische Gewinne Heroin zwanzig Jahre später erbringen würde. Eine Darstellung des Gipfeltreffens legt nahe, daß auch Michele Sindona dabei zugegen war. Beide Seiten einigten sich darauf, in Zukunft als autonome und voneinander getrennte Organisationen aufzutreten, womit der informelle transatlantische Familienaustausch ein Ende fand. Mit Ausnahme einer vorübergehenden Auflösung in den sechziger Jahren – infolge der Antimafia-Aktivitäten der Regierung – fungierte die sizilianische Cupola seither als Führungsorgan der Cosa Nostra. Nicht einmal Totò Riina schaffte sie ab. Die italienischen Gerichte brauchten dreißig Jahre, um auch nur ihre Existenz anzuerkennen.

Wenn man Palermo, der Küste folgend, ostwärts Richtung Bagheria verläßt, sieht man am Strand jenseits der Straße Schutthalden, stinkende, brennende Abfallhaufen sowie aus allem nur Erdenklichen zusammengeschusterte Bruchbuden. Bis zum Ende des Sommers, und vielleicht sogar rund ums Jahr, leben dort Menschen. Der Blick schweift über heruntergekommene, mit Brettern vernagelte Restaurants und Hotels, die bis zur nächsten Saison oder, nach ihrem Aussehen zu urteilen, für immer geschlossen bleiben. Man sieht niedrige Betonwälle und Schilfanpflanzungen, Abstellplätze für Gebrauchtwagen, Verkaufsstände mit Wassermelonen und Muscheln, auf den Strand hinaufgezogene Fischerboote. Danach führt die Route zwischen zwei Reihen lehmfarbener Häuser mit schweren hölzernen Fensterläden hindurch, die direkt an der engen Straße stehen, keines von ihnen höher als ein, zwei Stockwerke. Hinter ihnen ragen die großen, häßlichen, gesichtslosen neuen Wohnkasernen empor. Alle Läden, Bars und Häuser entlang der Straße, die aus der Stadt hinausführt, weisen die gleichen dunklen, höhlenartigen, mit Plastiksträngen verhängten Eingänge auf. Hin und wieder legt ein Gemüsehändler seine Ware in Kisten entlang des schmalen Fußwegs aus, hin und wieder erbarmt sich eine Bar der steifgliedrigen betagten Männer mit ihren Filzkappen und grauen Schnurrbärten und stellt ihnen eine Reihe wackliger Holzstühle nach draußen, wo sie in nächster Nähe zu dem vorbeirauschenden Verkehr sitzen und vor sich hin starren. Die Szenerie ist typisch für die Südküste und die Saison im Spätsommer oder Frühherbst; die Luft ist nicht mehr brütend heiß, über allem liegt ein staubiger, träger, goldschimmernder Dunst. Diverse Sarggeschäfte, deren polierte Waren im Dunkeln aufgestapelt sind wie Toffeestücke, versuchen das Geschäft zusätzlich durch den Verkauf von schaurigen Kruzifixen und weiteren Devotionalien anzukurbeln.

Wo die letzten Ausläufer der Großstadt sich verlieren und den Blick auf das Meer, ein paar Fleckchen Gras und Gebäude der Leichtindustrie freigeben, fällt dem Betrachter allmählich die Architektur der kleinen Schwarzbauten ins Auge, welche die Küste säumen. Sie sind gewöhnlich einstöckig, aus weißgekalktem Beton und Schlackenstein erbaut und mit Terrakottaziegeln gedeckt, haben Fensterrahmen aus Aluminium und jene modernen, stets beigefarbenen Rolläden, die wie Jalousien heruntergelassen werden und das Fenster komplett verrammeln; als Zierde kommt häufig noch ein meterlanges Stück Balustrade aus vorgefertigten, kurzen bauchigen Säulen hinzu, stets in strahlendem Weiß. Die vornehmeren Anwesen schmückt unter Umständen eine Nymphe, ein Cherub oder ein David in Gips, einer wie der andere vom Moder angefressen, aufgeweicht und verformt; in den feudalsten Anlagen stehen diese Statuen an einem kleinen Teich oder Springbrunnen, der mit leuchtend blauen Kacheln eingefaßt ist. Gelegentlich gehören Geranientöpfe und ein gefliester Innenhof dazu, fast immer jedoch ein doppelter Autostellplatz und ein kunstvoller, mit Stacheln bewehrter Metallzaun um das Ganze. Wie die länger bestehende Straßenlandschaft der lehmfarbenen Häuser sind auch diese Kleinvillen einem jeden, der das Küstengebiet des Mezzogiorno kennt, ein vertrauter Anblick. Zu Tausenden liegen sie über das von Brutalität und Gesetzlosigkeit geprägte Hinterland Neapels verstreut, säumen sie die Adriaküste südlich und nördlich von Bari. In fast ununterbrochener Linie ziehen sie sich entlang der Tyrrhenischen Küste durch Kampanien und Kalabrien. Diese Häuser haben mich schon immer fasziniert, zum Teil deswegen, weil die ihnen zugestandenen Extravaganzen wie etwa die Statuen, die Springbrunnen, die weiße Tünche und das Terrakotta, die dickbäuchigen Säulen der Balustraden und die betongefaßten Gärten, in mir unwiderstehlich Erinnerungen an gewisse heimische Verschönerungsaktionen in Vororten von Sydney heraufbeschwören.

Als Einfamilien-Schwarzbauten verkörpern sie in Italien unmittelbar, von keinem Architekten verfremdet, die Träume, Sehnsüchte und Ängste ihrer Erbauer. Man erkennt die brüchige Sehnsucht nach Stil, das Fernsehvorbild vom guten Leben, das sich in einem willkürlichen Sammelsurium von baulichen Versatzstücken und Stilelementen manifestiert, die dann letztlich etwas ergeben, was tatsächlich wie aus dem Fernsehen wirkt und den Rahmen nur deshalb nicht völlig sprengt, weil Schwarzbauten naturgemäß möglichst rasch und unaufwendig errichtet werden und andererseits auch Sicherheitserwägungen mitspielen. Daher die Rolläden, die gepanzerten Türen, die Geländer mit den Eisenspitzen, die Mauern, Videokameras, Alarmanlagen und Gucklöcher. Bei den bescheidenen, häufig nur als Ferienwohnsitzen gedachten Küstenbauten kommt den Sicherheitsvorkehrungen eine eher untergeordnete Rolle zu. Weiter landeinwärts in der Hügellandschaft Siziliens mit ihren größeren, kostspieligeren und solider gebauten Villen gleichen die neuen Häuser immer stärker scheußlichen Festungsbunkern. Was sie auch sind. Hier findet das Sozialethos der neureichen Sizilianer seinen düstersten und greifbarsten Ausdruck. Dem Stil mangelt es durchaus nicht an historischen Vorläufern und Tradition, doch erst im späten zwanzigsten Jahrhundert hat er derart lebensbedrohliche Formen angenommen. Sie zeugen überdeutlich von Furcht und Mißtrauen gegenüber dem Nachbarn. Während mir dies bei der Taxifahrt und auch auf meinen Bustouren landeinwärts nach Corleone und Racalmuto durch den Kopf ging, verstand ich, welch ungeheuren Reiz die australischen Wohnhäuser von Glenn Murcutt auf den Studenten Vincenzo ausgeübt haben mußten, die so luftig, leicht und bescheiden auf die Erde hingetupft waren, beschränkt aufs Minimale, Wesentliche und offen für ihre Umgebung. Von Sizilien aus gesehen, wirkten solche Häuser wie Modelle oder Träume von einer anderen Welt, einer anderen Lebensweise; und bei dem Anblick, der sich mir nun bot, wurde mir erstmals der politische Gehalt von Vincenzos Begeisterung deutlich.

Wo die Bebauung ein wenig lichter wird, sieht man entlang der Küste die unendlichen Weiten der berühmten Zitrusplantagen mit ihren dunkelgrünen, wie lackiertes Blech glänzenden Blättern, zwischen denen sich Haine knorriger, silbrig schimmernder Olivenbäume erstrecken. Gianni und ich gondelten mit dem Taxi ein Weilchen ziellos herum und wandten uns dann bergan; nach einer Straßenbiegung kam, auf einem Hügelrücken gelegen, die Villa Cattolica in Sicht. Es war ein hübscher, ein wenig eigenwilliger und asymmetrischer Bau in jenem liebenswerten südlichen Stil, wie ich ihn von der Villa Niscemi des Fürsten Verdura kannte, in der ich mit Orlando bei drückender Mittagshitze gespeist hatte. Auf relativ kleiner Grundfläche ragte die Villa Cattolica hoch empor, was sie bei ihrer Lage auf dem Felsvorsprung dramatisch ins Auge stechen ließ, wie ein rosafarbenes, spätbarockes Tortenstück. Ins Blickfeld drängten sich zusätzlich ein riesiger Kran und einige hohe Schornsteine, die direkt aus der Villa zu wachsen schienen, jedoch zu einer dicht dahinter stehenden Fabrik gehörten. In der Villa selbst waren früher einmal Lebensmittelkonserven hergestellt worden.

Sie war wegen Umbau geschlossen. Wir ließen das Taxi vor dem hohen, fest versperrten Eingangstor stehen und folgten der umlaufenden Mauer bis zu einer Aussparung, einem großen höhlenartigen Raum, der offenbar einem Ehepaar fortgeschrittenen Alters mit einem Kind als Behausung diente. Die Eltern teilten uns mit, die Villa sei wegen Umbau geschlossen. Sonst war aus ihnen nicht viel herauszubekommen. In der Nähe fanden wir eine kleine Kunstgalerie, die Keramikwaren zum Verkauf bot und deren geschniegelter Besitzer sich als entgegenkommender erwies. Er ließ uns wissen, die Villa sei wegen Umbau geschlossen. War ein Ende der Umbauarbeiten abzusehen? *Die Restaurierungsarbeiten sollen gegen Ende nächsten Jahres abgeschlossen sein*, sagte der Galeriebesitzer. *Sollen*, wiederholte er und wedelte dabei heftig mit der Hand durch die Luft. Ganz eindeutig war der Strom von Kunstliebhabern versiegt, der früher sein Geschäft mit Leben erfüllt hatte. Ich war auch nicht gerade bester Stimmung. Ein Vermögen an Taxikosten für nichts und wieder nichts. Ob es denn noch andere Spuren von Guttuso in Bagheria gebe? Zum Beispiel sein Elternhaus? *Schauen Sie*, sagte der Galeriebesitzer, *Renato Guttuso ist von Bagheria vor einer Ewigkeit fortgegangen. Die längste Zeit seines Lebens hat er anderswo verbracht. Berühmt war er in Mailand, in Rom, aber nicht hier. Er hat nie etwas für den Ort getan. Ist verschwunden, sobald er konnte, und hat erst am Ende seines Lebens seine sentimentale Heimatliebe entdeckt. Den Leuten aus Bagheria ist es so egal wie nur was, wo Guttuso nun geboren wurde.*

Gianni sagte: *Dann schauen wir uns eben die Villa Palagonia an.* Wir fuhren in den Ort hinauf. Hier drängte sich als erstes der Vergleich mit dem stalinistischen Wohnungsbau in Osteuropa auf. Dann dachte ich jedoch daran, daß dort ein Sinn für öffentliche Würde die architektonischen Scheußlichkeiten bis zu einem gewissen Grad gemildert hatte. Eine höhere Bestimmung verlangte nun einmal nach breiten Straßen zwischen Wohnkasernen, nach monumentalen Plätzen und heroischen Maßstäben. All dies fehlte im modernen Bagheria, wenn es auch ursprünglich in den vornehmen Villen vorhanden gewesen sein muß. Die finsteren Betonblöcke des heutigen Bagheria wirken auf den Betrachter beengend, bedrohlich, gierig, bar jeder Ordnung oder Symmetrie. Was ursprünglich den Reiz des Ortes ausgemacht und neue Bewohner angelockt hatte – das Licht, die Vegetation, der Ausblick aufs Meer – war mittlerweile für die Leute, die in den Mafiawohnungen lebten oder die Straßen dazwischen bevölkerten, ausgemerzt.

Die Statuen, die der Fürst von Palagonia um die Mitte des achtzehnten Jahrhunderts aus weichem gelblichen Tuffstein hatte meißeln und auf den Mauern rings um seine Villa und den Garten aufstellen lassen, ragten damals vor dem blauen Himmel auf. Was von ihnen heute noch übrig ist, verschwindet vor den großen Mietshäusern dahinter. Die Villa der steinernen Ungeheuer wird von den umliegenden Gebäuden erstickt, geht unter in einem modernen Slum. Dabei ist dies die Stätte, die der Bildungsreisende des achtzehnten Jahrhunderts unbedingt gesehen haben mußte und deren monströsen Fabelwesen die Einheimischen nachsagten, schwangere Frauen erlitten bei ihrem Anblick eine Fehlgeburt. So wirkten die Riesenstatuen mit den großen Köpfen, die der Fürst nach seinen Anweisungen fertigen und an den Toren, beim Eingang und entlang der umlaufenden Gartenmauern Wache halten ließ. Nicht wenige fielen Vandalismus und Zerstörungswut zum Opfer oder wurden mit ihrem weichen Material vom Zahn der Zeit und vom Klima angenagt und zerfressen. So zugerichtet, geben diese bizarren, steingewordenen Alpträume aus vorromantischer Zeit kaum noch eine Vorstellung davon, welch ungeheure Wirkung sie einst auf ihre Betrachter ausübten; ihre Überreste erscheinen dem Zeugen des zwanzigsten Jahrhunderts lediglich als Spielereien. Dabei verabscheute Goethe aus tiefstem Herzen sowohl den Ort wie die Vorstellungswelt ihres Erbauers, des Fürsten von Palagonia –

> [er] erlaubt seiner Lust und Leidenschaft zu mißgestaltetem, abgeschmacktem Gebilde den freisten Lauf, und man erzeigt ihm viel zu viel Ehre, wenn man ihm nur einen Funken Einbildungskraft zuschreibt.

Der Mann der Aufklärung führt sodann *die Elemente der Tollheit des Prinzen Palagonia* auf:

> Menschen: Bettler, Bettlerinnen, Spanier, Spanierinnen, Mohren, Türken, Buckelige, alle Arten Verwachsene, Zwerge, Musikanten, Pulcinelle, antikcostümirte Soldaten, Götter, Göttinnen, altfranzösisch Gekleidete, Soldaten mit Patrontaschen und Gamaschen, Mythologie mit frazzenhaften Zuthaten: Achill und Chiron mit Pulcinell. Thiere: nur

> Theile derselben, Pferd mit Menschenhänden, Pferdekopf auf Menschenkörper, entstellte Affen, viele Drachen und Schlangen, alle Arten von Pfoten an Figuren aller Art, Verdoppelungen, Verwechslungen der Köpfe ...

Renato Guttusos Geburtshaus stand am Corso Butera, der Hauptstraße des alten Bagheria, nur einige Meter von der Villa Palagonia entfernt, und Jahre später entsann er sich, in deren verlassenen Garten gespielt zu haben, wo üppig wuchernde, verdrehte Feigenkakteen sich aufs schönste in das Bild der grotesken Statuen fügten. Später sagte Guttuso, er sei von dieser Vermischung *des Phantastischen mit dem Realen* stark beeinflußt worden. Heute ist alles beschnitten, gestutzt, sauber gesäumt. Goethe genoß von der Villa *einen unschätzbaren Blick über die Vorgebirge ins Meer.* Heute sähe er nichts als Mietskasernen der Mafia. Empört über die Verschandelung des verwunschenen Orts, den Dacia Maraini aus ihrer Kindheit unmittelbar nach dem Krieg kannte, forschte die Schriftstellerin der Geschichte von Bagherias Zerstörung in den fünfziger und sechziger Jahren anhand der kommunalen Unterlagen nach. Alles war in knapp zehn Jahren geschehen, beginnend mit der Enteignung von Grundstücken im Umkreis der Villa Valguarnera zum Bau einer Grundschule. Die Schule hätte auch anderswo gebaut werden können; doch als die Erschließungsgesellschaften in den Parkanlagen rund um die Villen im Stadtzentrum einmal Fuß gefaßt hatten, folgten unter stillschweigender Duldung von Stadtrat und Verwaltung zunächst neue Straßen und schließlich zehnstöckige Mietshäuser. Die Villa Butera und alle übrigen Villen und Gärten aus dem achtzehnten Jahrhundert wurden nacheinander umzingelt und verschluckt.

Maraini machte einen dubiosen Ingenieur namens Giammanco aus, der nachweislich in praktisch jeder Phase des Zerstörungswerks auftauchte, und zwar zugleich als technischer Experte des Stadtrats, der die Projekte zu befürworten hatte, wie als Besitzer des zu erschließenden Grundes, denn er hatte sich zuvor vorausschauend mit einigen der alternden Aristokraten angefreundet. Nachdem der Schaden einmal geschehen war, folgten Ermittlungen und Gerichtsverhandlungen zur Klärung der Frage, gegen welche Gesetze und Verordnungen die Bausünder verstoßen hatten. Giammanco wurde freigesprochen. Ihre aristokratischen Familienbande lassen Dacia Maraini ein wenig sentimental von Bagheria schwärmen, wie es früher einmal war. Das gleiche gilt für Fulco di Verdura, den Jungen aus der Villa Niscemi, der hier regelmäßig den Sommer in der väterlichen Villa Serradifalco verbrachte und sich erinnerte, wie sein Vater zu Pferd der Familie entgegenkam, flankiert von zwei ebenfalls berittenen, hartgesottenen Typen mit umgehängten Gewehren, den *campieri* oder Gutswächtern, die der Familie außerhalb ihres Anwesens auf Schritt und Tritt folgten. *Gegen die Mafia vermochten sie uns nicht zu schützen*, bemerkte der Herzog treuherzig und schrieb dann, die *ungezügelte, rachsüchtige* Mafia von Bagheria habe seinem Vater später großen Ärger bereitet.

Ungezügelt und rachsüchtig war sie sicherlich. Vor der Unterdrückung durch die Faschisten und vor dem Krieg konzentrierte sich die damals noch ländlich geprägte Mafia Siziliens mit ihren Raubzügen entweder auf die großen Güter im Landesinneren oder auf die Zitrusplantagen entlang der Küste. Bagheria war das Zentrum der Zitrus-Mafia, die den Daumen auf der Wasserversorgung hatte und so die Plantagenbesitzer terrorisierte. 1888 ließ sie den Bürgermeister von Bagheria während einer religiösen Prozession ermorden. Als Renato Guttuso sieben oder acht Jahre zählte, wurden einmal in einem einzigen Monat siebenundsiebzig von der Mafia initiierte Morde in Bagheria verzeichnet, und eines Abends wurde er Zeuge, wie zwei Männer mit Gewehren auf der Via Butera einen weiteren von hinten niederschossen. Das Kind blickte vom Balkon seines Elternhauses hinunter.

> Jeder wußte sofort Bescheid. Niemand hatte etwas gesehen. Als Kind hörte ich oft, wenn die Abenddämmerung hereinbrach, zwei Gewehrschüsse, durch eine halbe Sekunde voneinander getrennt und gefolgt von absoluter, tödlicher Stille.

Die Zeiten änderten sich, doch die Zitrus-Mafia besteht bis heute, und ebenso die totale Kontrolle der Mafia über die Versorgung der Insel mit Wasser, die eben daran verzweifelten Mangel leidet. Viele Gemeinden im sizilianischen Landesinneren sind gezwungen, ihr Wasser von der Mafia zu beziehen, die dementsprechend Interesse daran hat, den Notstand aufrechtzuerhalten, wenn nicht zu verschärfen. Bei näherem Hinsehen entdeckte ich an jenem Tag in Bagheria, daß viele der wunderschönen Orangen- und Zitronenhaine rund um den Ort tatsächlich nicht mehr bewirtschaftet wurden und zahlreiche Bäume im Absterben begriffen waren. Das Problem bei den Zitrusplantagen war jedoch nicht mehr der Wasserentzug, sondern die Überproduktion. Da der Mezzogiorno mittlerweile wie ganz Italien zur Europäischen Gemeinschaft gehört, erhalten die sizilianischen Produzenten von Zitrusfrüchten aus Fonds eben jener Gemeinschaft ansehnliche Ausgleichszahlungen, damit sie die überschüssige Produktion vernichten. Die gesamteuropäische Bürokratie in Brüssel hat die Mafia ebensowenig im Griff wie die alten Handelsgärtner der Conca d'Oro. Denn unterdessen ist die Mafia auf den Trick verfallen, nicht vorhandene Zitrusernten zu vernichten und dafür von Brüssel zu kassieren. Ein Jahr vor seiner Ermordung bemerkte Giovanni Falcone, selbst wenn die gesamte Landoberfläche Siziliens mit Orangen- und Zitronenbäumen bepflanzt sei, würde die Insel immer noch nicht genug hervorbringen, um guten Gewissens das einzustreichen, was Europa ihr für die Vernichtung des Überschusses zahle.

Renato Guttuso kehrte Bagheria früh den Rücken. Als er die Stadt in den Dreißigern verließ, war sie noch vorwiegend ländlich geprägt und ähnelte nicht im mindesten dem von der Mafia errichteten Slum, zu dem sie eine Generation später verkam. Dennoch war in jenem Bagheria der Zitrus-Mafia bereits im Keim angelegt, was den Ort später als Schauplatz des großen Massakers berühmt machen sollte, mit dem – unter anderem – Riinas Aufstieg zur Macht begann; auch gehörte Bagheria schon damals zu den besonders berüchtigten Orten in einem Gebiet, das wegen seiner immens hohen Mordrate das Todesdreieck genannt wurde. Guttuso hielt, trotz kurzer Besuche und der Schenkung an die Villa Cattolica, bis zum Ende Distanz, selbst dann noch, als er ein hübsches Haus im Zentrum von Palermo erworben hatte. Erst als Toter kam er zurück, um seine letzte Ruhestätte inmitten des unkrautüberwucherten Gartens der Villa Cattolica zu finden, in einem unsäglich kitschigen blauen Marmorsarkophag, verziert mit vier vergoldeten Tauben, einem Entwurf des Bildhauers Manzù. An der feierlichen Einweihung der Begräbnisstätte im Jahr 1989 nahm auch Giulio Andreotti teil.

Pasquale, der alte Kommunist von der Mühle, hatte mir ins Gedächtnis gerufen, daß die PCI, als sie Guttuso zum Dank für seine Loyalität und großzügige finanzielle Unterstützung der Partei zum italienischen Senator küren wollte, sich um Wählerstimmen in einem anderen Teil Siziliens bemühen mußte, weil Guttuso *in Bagheria nicht wohlgelitten war.* Nach der Wahl, erzählte sein alter Genosse, fand ein Dinner in Palermo statt, an dem die politische Führung teilnahm. Im Lauf des Abends wurde Guttuso temperamentvoll und erhob sich, um einen Toast auszubringen. *Nieder mit der Mafia!* rief er, das Weinglas hoch erhoben. Der Präsident des Regionalparlaments verließ fluchtartig den Raum. Guttuso, ob seines Fauxpas am Boden zerstört, lief dem Präsidenten nach und flehte ihn an, zur Tafel zurückzukehren. Allmählich verkannte er die Situation.

Das machte mich nachdenklich. Als einige Jahre später die Metastasen von seiner Lunge ins Gehirn vorgedrungen waren und der steinreiche Maler im Sterben lag – ein Gefangener in seinen palastartigen römischen Gemächern, isoliert von alten Freunden und seiner Geliebten auf Betreiben hochrangiger Prälaten und Politiker, seines Adoptivsohnes und dessen Palermer Familie, die allesamt wie lauernde Krähen um sein Bett versammelt waren –, ob ihm da, in seinen klaren Momenten, wohl je durch den Kopf ging, daß er sich letztlich nicht allzu weit von der Heimat entfernt hatte?

Gianni und ich nahmen unterhalb der Villa Cattolica eine Pizza zu uns. Hangabwärts hinter der Pizzeria erstreckte sich ein kleines Tal voll halbverdorrter Zitronenbäume. *Sollen sie doch eingehen*, sagte der Besitzer, als ich danach fragte. *Hoffentlich schreiben Sie was Gutes über Bagheria. Das ganze Gekeife über die Mafia. Traut sich ja niemand mehr her. Es gibt keine Arbeit in Sizilien. Keiner kümmert sich um irgendwas.* Er verfiel in den langen, rhythmisch phrasierten Klagegesang des Mezzogiorno. Um ihm Einhalt zu gebieten, erwähnte ich Guttuso, was seine Stimmung wieder hob. Er war selbst künstlerisch tätig und hatte unlängst mit Skulpturen begonnen. Ich bekam einige seiner Werke zu sehen. Das zentrale Stück war eine Porträtbüste von Maestro Guttuso persönlich, überlebensgroß und aus dem gleichen butterweichen Tuffstein gemeißelt wie die Ungeheuer des Fürsten von Palagonia. Der Kopf war durchaus gelungen, und die fast im griechischen Stil kannelierten Linien von Guttusos welligem Haar fielen besonders ins Auge. Aber mit dem Nasenrücken stimmte etwas ganz und gar nicht. Braupartie und Nase waren so stark weggemeißelt worden, daß sie sich konkav nach innen wölbten, und zum zweiten Mal an jenem Tag mußte ich an ein scheußliches Geschwür oder eine gewebezerfressende Krebserkrankung denken und schauderte. *Das ist bemerkenswert ähnlich*, sagte ich.

Auf dem Rückweg nahm Giovanni die Autobahn und setzte mich zehn Minuten später im Stadtzentrum von Palermo ab. Beim Abschied blickte er mir tief in die Augen. Er war der festen Meinung, ich müsse sizilianische Eltern haben. In Neapel und später auch in Sizilien wurde ich oft für einen *oriundo* gehalten. Das Wort kommt, wie Orient auch, von dem lateinischen Verb mit der Bedeutung »sich erheben« und bedeutet nichts weiter, als daß man an dem Ort geboren ist, als dessen *oriundo* man bezeichnet wird. Im Süden Italiens hat es eine Sonderbedeutung angenommen: man meint damit jemanden, der nach langjähriger Emigration wieder an seinen Geburtsort zurückkehrt. Als Fußball noch nicht zu einer Branche der Medienindustrie verkommen war, nannte man auch einen Spieler italienischer Herkunft, der von einem ausländischen Fußballklub in eine heimische Mannschaft zurückfand, einen *oriundo*. Soviel mir bekannt ist, fließt kein italienisches Blut in meinen Adern, aber dieses Attribut hat mich immer gefreut und gerührt.

Der Triumph des Todes heißt ein großes Fresko aus dem fünfzehnten Jahrhundert, das ursprünglich die Wand eines Palermer Armenspitals zierte und nun, nach seiner Restaurierung, im Palazzo Abatellis zu sehen ist. Es zeigt den Tod auf seinem Streitroß, der eine Gruppe junger, schöner Menschen niedermäht. Eine Reihe von Königen und Prälaten hat ihr Schicksal bereits ereilt, ihre Leichen liegen übereinander getürmt im zentralen Vordergrund des Bildes. Überlebt haben die Armen und Verkrüppelten; sie stieren linker Hand hinter dem starr blickenden Tod hervor. Das Pferd, mit dem der Tod eben zum Sprung ansetzt, erscheint auf geometrische Formen reduziert, allegorisiert, ein abstraktes Skelett. Dennoch beben seine Nüstern vor überschäumender Energie; es scheint einer urtümlicheren Realität zu entspringen als die Reichen, Schönen und Mächtigen. Der Tod ist auf diesem Bild nicht bloß ein allegorischer Knochenmann, sondern ein Mensch aus Fleisch und Blut im letzten Stadium der Verwesung, an dessen Gerippe noch Hautfetzen hängen. Der Tod selbst hat sein Leben ausgehaucht, und das graue Pferd wirkt, wie in Picassos Gemälde *Guernica*, eher als leidende denn als bedrohliche Kreatur.

Mit seinem Format, der radikalen, unentrinnbaren Düsterkeit seiner sozialen Botschaft, mit seiner übermächtigen didaktischen Absicht im allgemeinen und dem klapperdürren, häßlichen Pferd im besonderen erinnert das Bild einen unweigerlich an das Werk von Renato Guttuso, und man kann nicht umhin, einen gewissen Einfluß anzunehmen. Der berühmte Guttuso mit seinen vor Leben strotzenden Darstellungen von Sonne, Erde und Meer Siziliens wurde stets von einem anderen Guttuso überschattet, der stärker der Düsternis und Gewalt verhaftet war, ein Maler der Negation; darauf haben die aufmerksameren unter seinen Kritikern immer wieder hingewiesen. *Dem äußeren Anschein zum Trotz*, schrieb Sciascia einmal, *ist Guttuso Anfechtungen von Furcht, Angst, Leiden und Todesahnungen ausgesetzt ... mitten im intensivsten Leben ist doch etwas von ›Gegenleben‹ in ihm.*

1943 malte Guttuso, als er sich vor den nazideutschen Besatzern Roms verbarg, seinen eigenen *Triumph des Todes*, auf dem sich ein graues Streitroß wiederfindet. Die *Kreuzigung* von 1941 zeigt im Vordergrund ein Pferd mit irren Augen, und in der *Schlacht*, ebenfalls 1943 entstanden, sind zwei Pferde, eines davon tot, einer einzelnen menschlichen Leiche gegenübergestellt. In jenen Jahren malte Guttuso immer wieder Pferde als Sinnbilder kreatürlichen Leidens. Picasso war ihm stets das große Vorbild, und in seinen Anfängen, in der Frühzeit von Faschismus und Krieg, trug er eine kleine Reproduktion von *Guernica* wie einen Talisman in der Brieftasche bei sich, als Inbegriff von Kunst, Politik und Moralität. Diesem Vorbild blieb er ewig treu. Alberto Moravia bemerkte zu dem Strandgut, das sein Werk verunstaltete, es wirke *bei diesem Maler der Feigenkakteen, Olivenbäume, Felsküsten und Fischerboote ... als ein gewisser, nahezu obsessiver Mißton.* Selbst Guttusos Sinnlichkeit füge sich in dieses Schema, fuhr Moravia fort:

> Guttusos Frauen gleichen seinen abgemagerten Hunden und knochendürren Pferden: Kadaver mit breiten Flanken und dünnen Beinen, Hängebrüsten und geblähten Bäuchen, bereit für einen Fick, den sie eher über sich ergehen lassen, als daß sie nach ihm verlangten.

Einen *Weiblichen Akt* von Guttuso aus dem Jahr 1959 beschreibt er wie folgt:

> Eine Frau liegt rücklings auf einer blutroten Decke, die Augen geschlossen, den Kopf weit in den Nacken geworfen. Rippen und Hüftknochen stehen hervor. Ausladende, gespreizte Schenkel verengen sich dramatisch zu schmalen Schienbeinen. Der Schambereich ist ein dunkles, schattiges Dreieck ... den Mund halbgeöffnet und die Augen halbgeschlossen, liegt sie da, in Erwartung weiterer, eindeutiger Gewaltakte.

Die Gewalt in Guttusos Gemälden geht Moravia zufolge über das rein Inhaltliche hinaus und wird in seinen großen, politischen Werken zum Kompositionsprinzip.

> Das Bindemittel in Guttusos Komposition ist die Gewalt. Gewalt der dargestellten Figuren untereinander und Gewalt des Malers den Figuren gegenüber ...

Mit Nachlassen der politischen Triebfeder verkam die Gewalt im Lauf der Jahre zu geistiger Trägheit. In den letzten großformatigen Gemälden, deren Seichtheit nicht mehr zu übersehen war, fand die Schwunglosigkeit der Komposition ihre Entsprechung in der primitiven Flachheit, mit der die Figuren dargestellt waren. Das erste Werk Guttusos, das ich gegen Ende der Siebziger in Reproduktion sah, gehörte zu dieser Serie, und ich mochte es überhaupt nicht. Es handelte sich wohl um das vorgeblich allegorische Bild *Spes Contra Spem* (Hoffnung wider alle Hoffnung): ein Raum mit Intellektuellen in existentieller Verzweiflung, darunter auch Moravia und Guttuso selbst, sowie als immer wiederkehrende Motive die nackte Frau, der Balkon, das fliehende Kind und der flüchtige Ausblick aufs Meer. Damals erschien mir Guttuso als der Walt Disney des italienischen Stalinismus. Andere Gemälde waren noch schlimmer. Auch *La Vucciria* gehörte dazu. Alle Bildkomponenten, die Früchte, Gemüse, die Fische, die Guttuso so sehr mit Leben erfüllte, indem er sie schlicht als solche und um ihrer selbst willen malte, erschienen auf der Riesenleinwand abgeschwächt, wie uniformierte Versatzstücke tödlich in Reih und Glied arrangiert, Elemente eines flachen Musters und durchbrochen nur von der Rückansicht einer hölzern dastehenden und vor sich hinstarrenden Frau beim Einkauf. Es ist höchst aufschlußreich, anhand der alten Broschüre, die anläßlich der ersten Präsentation des Gemäldes erschien, die dramatische Intensität der Vorskizzen zu den Marktauslagen mit der Leblosigkeit des fertigen Ganzen zu vergleichen. Später rückte Guttuso selbst von dem Gemälde ab. 1980 sagte er:

> *La Vucciria* ist ein Bild, das ich jahrelang in meinem Inneren mit mir herumtrug. Ich stamme aus Bagheria, aber die höhere Schule besuchte ich in Palermo. Morgens besorgte ich mir gewöhnlich auf dem Markt etwas für die Mittagspause, Brot und *panelle.* Die Marktstände mit ihren Auslagen sizilianischer Früchte und Gemüse faszinierten mich. Ich hatte ein grandioses Stilleben im Sinn, von einem Pfad wie einer Kerbe tief gespalten, an dem Käufer und Betrachter stehen. Die Idee verselbständigte sich, und das Gemälde ist zu sehr zum Stilleben geraten. Zu viele Paprika, zu viele Tomaten, zu viele Eier. Heute würde ich es anders malen, aber mir steht der Sinn nicht danach. Es ist schwer, auf ein bereits behandeltes Thema nochmals zurückzukommen ...

Die kundigsten Kritiker nahmen alle die Spaltung in Guttusos Werk zwischen seinem präzisen Blick und der schwungvollen Ausführung einerseits und der alles abtötenden Macht des Ordnungswillens andererseits wahr, drückten sich jedoch davor, dies in Worte zu fassen. Moravia hielt sich eindeutig zurück, wenn er über das Werk seines Freundes sprach. Roberto Longhi nannte als Guttusos Vorbilder Goya, Géricault, Daumier, Delacroix, pries Guttusos wundervolle Linienführung und deutete im folgenden zart als Problem an, *wie häufig sein zeichnerischer Schwung in der Malerei vom Kurs abkommt.*

Obwohl Guttuso Sizilien früh verließ, um auf dem Festland Karriere zu machen, schob er zwischen die großen, choralen Gemälde stets Zeichnungen und kleine Ölbilder ein, in denen Sizilien wieder auftauchte – mit den Details, wie etwa den Fischen und Zitronen, welche die Phantasie des hungrigen sizilianischen Jungen befeuerten. Möglicherweise maß er ihnen auch den Wert eines Talismans oder Fetischs zu, betrachtete sie als Prüfsteine für etwas, das er zu verlieren fürchtete, als Embleme seines Ursprungs, die zu malen ihm ermöglichte, Sizilianer zu bleiben. *La Vucciria* ist in Sizilien Guttusos bekanntestes Werk. Überall hingen Reproduktionen, und es war nicht weiter verwunderlich, daß auch Gianni eine daheim hatte. Eine andere sah ich an einer Wand des Horse Shoe, eines lärmerfüllten, fast neapolitanisch anmutenden Lokals in der Nähe der Vucciria, mit spottbilligen Mittagsmenüs unter der Woche und ausgezeichneter *caponata.* In diesem Gemälde versammelte Guttuso manche der sizilianischen Details, die er so häufig in Skizzen und kleinen Ölbildern behandelt hatte, zu einer großen Darstellung mit sozialer Aussage. Der Vucciria-Markt war der Brennpunkt und das Symbol, in dem sich sein Sizilianertum aufs äußerste verdichtete. Mit seinem Wort vom *Traum eines Hungrigen* meinte

Sciascia nicht nur den Markt selbst, sondern auch Guttusos bildliche Interpretation. Ich fand Sciascias Besprechung unter Guttusos Papieren, in der Broschüre für die erste Präsentation von *La Vucciria*, 1974 in der Palermer Galerie Vivi Caruso. Guttusos Bild, fuhr Sciascia fort, habe nicht die in ihm dargestellte Überfülle zum eigentlichen Thema, sondern genau das Gegenteil, den Hunger. Wie der Markt, so war auch das Gemälde der Vucciria der *Traum eines Hungrigen*, doch mittlerweile hatte sich Guttuso zu weit davon entfernt, um ihn noch real erscheinen zu lassen.

Fotos? fragte Letizia Battaglia. Zum drittenmal innerhalb von vierundzwanzig Stunden hatte ich mich an das Thema herangetastet. Diesmal würde ich mich nicht abschütteln lassen. *Sie sind alle in Kisten verpackt*, brummelte sie. *Es ist so lästig, sie herauszukramen.* Ich setzte ihr weiter zu, während Pietro den winzigen weißen Fiat durch den Verkehr steuerte, der an diesem heißen Vormittag in Palermo unter einer schweren Dunstglocke lag. *Ich HASSE meine Fotos!* rief Letizia Battaglia aus. *Sie sind GRAUENHAFT!* Dabei glitzerten ihre Augen vor Vergnügen.

In Sydney war mir irgendwann einmal zu Ohren gekommen, das italienische Kulturinstitut habe die Schirmherrschaft über die Werkausstellung einer sizilianischen Fotografin übernommen. Der Direktor des Kulturinstituts residierte in einer Suite, die vom fünfundvierzigsten Stock aus einen atemberaubenden Panoramablick auf den Circular Quay und den größten Hafen der Welt bot. Da es sich um eine weibliche Künstlerin handelte, noch dazu aus dem Mezzogiorno, die außerdem bereits 1985 den hochangesehenen Eugene-Smith-Preis in New York erhalten hatte, zeigte sich das Institut mehr als angetan von der Idee, Letizia Battaglia als kulturelle Botschafterin Italiens herauszustellen. Dann jedoch, kurz vor der Eröffnung, bekamen die italienischen Kulturvertreter einige der Schwarzweißbilder zu sehen – mehr schwarz als weiß und eigentlich öfter grau als schwarz oder weiß –, die in Australien gezeigt werden sollten.

Zersplitterte Autofenster. Starre Gestalten auf Autositzen. Blicklos stierende Augen in nach hinten abgeknickten Köpfen. Ein Rinnsal Blut aus einem offenen Mundwinkel. Leichen, mit dem Gesicht nach unten in einer Blutlache vor einer verwitterten Mauer. Füße in teuren Schuhen, die an einem Ende unter einer hastig auf den Asphalt geworfenen Decke hervorlugten, unter deren anderem Ende halbgeronnenes Blut hervorsickerte. Wehklagende Frauen auf den Knien. Die Füße und Beine von Umstehenden, wie Zaunstäbe um den Anblick in der Mitte. Carabinieri mit üppigen schwarzen Schnurrbärten, deren Blick ins Leere ging. Kreideumrisse auf dem Asphalt. Särge aus Kiefernholz. Polizeifahrzeuge mit Blaulicht. Jedes Foto anders, jedes Foto gleich. Jedes Foto ein Schock, in der Häufung von verheerender Wirkung. Nicht kunstvoll aufgenommen, aber von einer Kraft, die der Kunst Neid abgerungen hätte. Das Gesicht einer Frau, makellos widergespiegelt in einer noch nicht geronnenen dunklen Blutlache, die sich links von einem Leichnam unter einem weißen Laken ausbreitete, näher am Körper als der halbzerknickte Schirm und die zu Boden gefallene Filzkappe daneben. Bei der Leiche drei Frauen, in Trauer vereint und infolge eines früheren Sterbefalls bereits in Schwarz: die alte Mutter, auf einem von der Nachbarin herausgebrachten Küchenstuhl zusammengesunken, knetet ein Taschentuch in den Händen; die Schwester als Spiegelung; die Ehefrau knieend neben dem Leichnam, dem sie das Laken vom Kopf zieht.

Letizia Battaglia bildete die Lebenden wie die Toten ab, mitten in ihrem Geburtsort Palermo; vor allem jene, die wider alle Vernunft versuchten, im Zentrum von Palermo zu leben, inmitten der Kriegsruinen und der gezielten Vernachlässigung, für die eine Mafia-Stadtverwaltung im Dienst von Mafia-Spekulanten jahrzehntelang gesorgt hatte. Eine hagere Mutter, genau vom gleichen Typus wie die Frauen, die Walker Evans während der großen Wirtschaftskrise in den Appalachen fotografiert hatte, stillt einen Säugling, während zwei weitere Kinder nackt in der Küche spielen. Auf dem Boden liegt eine schwärzlich verfärbte Bananenschale, und das Gesicht eines Kindes ist von frischen Rattenbissen verunstaltet. Ein junges Mädchen spült Geschirr in einer Wanne neben einem offenen Klosett. Eine Familie steht vor ihrem Haus, das zum Schutthaufen zusammengestürzt ist. Kinder in einem Bett. Die Leichen dreier Kinder, an ausströmendem Gas gestorben. Zahnlose Alte. Ein kleines Mädchen, das Brot heimträgt. Kleine Jungen beim Spiel mit Gewehren. Eine Ehefrau mit zwei blaugeschlagenen Augen. Ein altes Weiblein, das Foto ihres spurlos verschwundenen Sohns in den Händen. Die Interieurs sind alle gleich – abblätternde Wände mit Wasserflecken, trübe Beleuchtung, die Wachstuchdecke auf dem Tisch, die Fotografie der Vorfahren an der Wand, der säuerliche Geruch, der selbst von den Abzügen ausgeht.

Die häuslichen Szenen, die vorwiegend Frauen zeigen, spiegeln mit ihrer leisen Gewalt die lautere männliche Gewalt wider – die Toten auf dem Pflaster; aber beide überlappen sich immer wieder. Dies ist etwa auf einem Foto zu sehen, wo weibliche Gestalten sich über die Leichen in der Gosse beugen; und an dem Zimmer der Prostituierten, die mit ihren beiden Komplizinnen zur Strafe für einen Drogendeal hingemetzelt wurde; alle drei liegen sie hingestreckt auf einer wildgemusterten Polstergarnitur, unter dem Poster, auf dem eine vollbusige Nackte lasziv mit einem Fußball herumspielt. Auch die Fotos von festlichen Anlässen spiegeln die Alltagswelt wider. Die Statue der Heiligen auf ihrem Traggestell, die verprügelte Frau auf der Krankenbahre. Der blutig übersteigerte Realismus der österlichen Riten, in denen das biblische Geschehen nachgestellt wird, und die Leichen auf der Straße. Die Karnevalsparade in Corleone, zu der die Männer als Mafiosi maskiert mit Flinten erscheinen. Auch die – selteneren – Fotos von den Lustbarkeiten der High-Society finden ähnlich ihre Entsprechung in Bildern aus der Wirklichkeit der Unterschicht. Die aristokratischen Empfänge in Palermo könnten als Illustrationen zu *Der Leopard* dienen, von ein paar unbedeutenden Anachronismen in der Kleidung einmal abgesehen, und die verblichenen ovalen Fotografien von edlen Vorfahren weisen durchaus Ähnlichkeit mit entsprechenden Bildern an den Wänden schäbiger Küchen auf. Die drei Schickeria-Männer, die einander umarmen, gleichen bis hin zu den funkelnden Siegelringen den drei Mafiosi aus Trapani auf einem anderen Bild. Vielfalt ergibt sich hier weniger durch Kontrast und Abgrenzung als durch Nuancen und Verflechtungen. Es ist die gleiche Gesellschaft, die gleiche Kultur, die gleiche Geschichte.

Die Ausstellung wurde abgesagt, die Schirmherrschaft zurückgezogen. Jetzt behauptete Letizia, sie könne sich an all das nicht mehr erinnern. Irgendein Mädchen sei vor Jahren bei ihr hereingeschneit ... Süditaliener leben im Hier und Jetzt, und was sich vor geraumer Zeit auf der anderen Seite der Erdkugel abgespielt hatte oder auch nicht, war von geringem Interesse. Viel wichtiger war, was man beim Blick durch die Scheiben der kleinen Blechbüchse auf Rädern zu sehen bekam.

Abscheulich! rief Letizia Battaglia, als der winzige weiße Fiat durch eine Seitenstraße Palermos schoß. *Widerwärtig!* Sie deutete auf ein paar schwarzglänzende Haufen aufgeplatzter Plastiktüten voller Speisereste, die in der Oktobersonne friedlich vor sich hin faulten. Wer wie ich aus Neapel kam, verstand ihre Empörung nicht ganz. Im Vergleich mit dem Palermo im Hochsommer, das der sizilianische Romanautor Vincenzo Consolo ein Dutzend Jahre zuvor, auf dem Höhepunkt des Mafiakriegs, beschrieben hatte, herrschte hier schönste Normalität.

Palermo ist ein übelriechender Krankheitsherd. Jetzt, im glutheißen Juli, verströmt es den süßlichen Geruch von Blut und Jasmin, den beißenden Gestank nach Desinfektionsmittel und brutzelndem Fett. Der Qualm von der Müllverbrennungsanlage in Bellolampo hängt unbeweglich über der Stadt, wie eine riesige, schwere Wolke ... Seit Jahresbeginn sind bereits über siebzig Menschen ermordet worden, an Händen und Füßen zusammengeschnürt wie Zicklein, die Kehlen durchgeschnitten, die Köpfe vom Rumpf getrennt, die Eingeweide herausgerissen, die Leichen in schwarze Plastiktüten gesteckt und in Kofferräume gestopft ... Hinter diesen kühlen Tuffsteinmauern häufen sich Marktabfälle und Hausmüll, Knochen aus den Metzgereien. Hunde, Katzen und Kinder wühlen darin, Ratten springen lustig ringsumher. Palermo ist zerstört worden, wie Beirut – von einem über vierzig Jahre währenden Krieg, dem Krieg der mächtigen Mafia gegen die Armen ...

Doch Letizia Battaglia, die freudige Streiterin, befand sich auf einer Mission, und ich hatte mich um sechs Uhr früh aus dem Bett gekämpft, um sie dabei zu begleiten. Um sieben stand ich, trotz einiger doppelter Espressi noch ziemlich benommen, beim Zeitungskiosk an der Ecke der Piazza San Domenico und rieb mir den Schlaf aus den Augen, als der staubige kleine Wagen mit quietschenden Reifen neben mir hielt. Mein Namensvetter Pietro, Letizias Fahrer und ihre rechte Hand im Rathaus, war ein stämmiger Palermitaner mit sorgsam kurz gestutztem sizilianischem Schnurrbart und schweren, funkelnden Goldketten auf der behaarten Brust. Er rauchte, wie Letizia auch. Ich quetschte mich auf ein schmales Bänkchen hinter den Vordersitzen, und wir brachen zu der Tour auf, die Letizia jeden Morgen unternahm.

Tags zuvor hatte ich sie endlich in dem kleinen, festungsartigen Bau aufgespürt, der ihr als Wohn- und Arbeitsstätte diente und der, wie ich nach längerem Umherirren herausfand, nur ein paar Meter von meinem Zimmer in dem kaninchenbau-artigen Hotel entfernt an der Ecke zweier Altstadtgassen lag. *Woher haben Sie meine Nummer?* war ihre erste Frage am Telefon gewesen. Nun tastete ich mich vorsichtig in einen höhlenartigen, schwach beleuchteten Raum vor und entdeckte eine Gestalt, die wie ein wachsamer Spatz hinter einem Schreibtisch hockte, das Gesicht von dichtem, glänzendem Haar umrahmt, den Blick fest auf mich geheftet. *Also, was wollen Sie hören?* erkundigte sie sich argwöhnisch und stieß eine lange bläuliche Rauchfahne aus. Etwas über ihr Leben, wenn sie davon sprechen wolle. *Meine diversen Leben*, korrigierte sie mich. Unter ihr erstes Leben glaubte sie den Schlußstrich gesetzt zu haben, als sie mit sechzehn heiratete, um dem Gefängnis ihrer kleinbürgerlichen Familie und ihrem eifersüchtigen, besitzergreifenden Vater zu entkommen. Doch die Ehe entpuppte sich lediglich als Fortsetzung des bereits Bekannten, und nach zwanzig Jahren fühlte sie sich immer noch wie im Käfig, trotz aller Freude über drei wohlgeratene Töchter. Mit sechsunddreißig verließ sie ihren Mann, um sich auf eigene Füße zu stellen, und dies war nun der echte Neubeginn. *Ich will nicht, daß du mir irgend etwas gibst*, hatte sie ihm erklärt. *Ich gehe einfach fort und sorge für mich selbst.* Was sie denn auch tat. Sie arbeitete als Reporterin für *L'Ora*, »Die Zeit«, eine lokale Tageszeitung, die damals wegen ihrer klaren Stellungnahme gegen die Mafia und deren Einfluß sehr berühmt war. Mittlerweile existierte *L'Ora* nicht mehr. Da Letizia das Reporterdasein nicht sonderlich zusagte, wechselte sie nach Mailand und wurde Fotografin, und dieser Beruf behagte ihr von Anfang an. Mit ihrer Kraft und Unmittelbarkeit waren Bilder weniger anfechtbar als Worte. Damals begeisterte sich Letizia vor allem für das Werk von Diane Arbus. Später lernte sie viel von Mary Ellen Mark, einer weiteren kühnen Fotografin. Doch ganz in den Dienst der Fotografie stellte Letizia ihr Leben nie.

1974 begegnete sie in Norditalien Franco Zecchin und ging mit ihm 1975 zurück nach Palermo, wo sich beide als Fotografen niederließen und einen gemeinsamen Stil entwickelten, der die Sehgewohnheiten auf harte, düstere Weise attackierte und ihre Arbeiten fast ununterscheidbar werden ließ. Ich-bin-die-Kamera-Fotos waren das wirklich nicht; hier diente die Kamera als Waffe, in einer Zeit, da Waffen schwer zu finden waren. Andererseits handelte es sich auch nicht um Kriegsfotografie, aufgenommen mit dem dubiosen Wagemut des flüchtigen Beobachters, der das Ticket für den nächsten Flug schon in der Tasche hat. Abgesehen von ihren zwei Gesellenjahren in Mailand hatte Letizia Battaglia ihr ganzes Leben lang in Palermo gewohnt. Während der zwanzig Jahre, die sie mit der Kamera arbeitete, wurde Palermo von der Mafia erdrosselt, zertrampelt und verstümmelt. Nach zehn Jahren erhielt sie in New York den Eugene-Smith-Preis für sozial engagierte Fotografie. In Frankreich und den USA war sie berühmt; in Italien dagegen ist bis heute kein einziger Fotoband von ihr erschienen.

Der Eugene-Smith-Preis war für Letizia wohl ein Höhepunkt und eine Herausforderung, dann traten zur Fotografie noch andere Initiativen. Die sich natürlich alle überschnitten. Wer sich in jenen Jahren der uneingeschränkten Mafiaherrschaft als Mafia-Gegner exponierte, für den diente alles, was er tat, demselben Bestreben. *Alles hatte letztlich mit der Mafia zu tun*, sagte Letizia. *Essen, Einkaufen, die Liebe. Man mied Orte, in denen Mafiageld steckte.* Als Mitglied der Grünen wurde sie in den Stadtrat von Palermo gewählt, wo sie heftig gegen den christdemokratischen Bürgermeister Leoluca Orlando opponierte. *Dann ging uns auf, daß Orlando eigentlich ganz in Ordnung war. Er stand in Opposition zu seiner eigenen Partei, ein guter Mann. Wir brachten es zuwege, ihn zum Austritt aus der DC zu bewegen, und gründeten gemeinsam La Rete, das Netz.* 1986 trat sie in Palermo als Mitbegründerin eines feministischen Verlags namens La Luna, »Der Mond«, in Erscheinung.

Angesichts der gnadenlosen Männergesellschaft der Cosa Nostra entwickelte sich in Palermo auch ein ganz eigener Feminismus. Wenn die Mafiafrauen sich aus ihrer Unterjochung befreien könnten, wäre der Monolith angeknackst. Und so geschah es denn auch tatsächlich. Letizia hatte als Fotografin mit Anna Puglisi und Umberto Santino zusammengearbeitet, den Leitern des Dokumentationszentrums in Palermo, das in mühevoller Kleinarbeit Unterlagen über die Cosa Nostra, ihre Aktivitäten und Investitionen, ihr Vermögen, ihre Politik und Kultur zusammentrug und analysierte. Das Zentrum war nach Giuseppe Impastato benannt, einem jungen radikalen Linken aus der Zeit, als es noch eine radikale Linke gegeben hatte; er war von der Mafia ermordet worden. Wiewohl selbst Sohn eines Palermitaner Mafioso, hatte er in einem lokalen Radiosender die Verbrechen der Cosa Nostra angeprangert. Sein Schicksal wurde in der Presse nur wenig beachtet, denn seine Ermordung im Jahr 1978 fiel mit der Entführung von Aldo Moro in Rom zusammen: Man fand Impastatos Leiche an einem Bahngleis, von Sprengstoff in Stücke gerissen, damit es nach einem mißglückten terroristischen Attentat aussah. Nun veröffentlichte La Luna die von Anna Puglisi gesammelten Zeugnisse der Frauen, die dabei waren, sich aus der sozialen Gefangenschaft in der Cosa Nostra freizukämpfen und zu denen, als Frau eines Mafioso, auch Giuseppe Impastatos Mutter zählte. Später gründete Letizia ihren eigenen Verlag namens Edizioni della Battaglia, der schön gestaltete und manchmal nicht ganz leicht zugängliche Bändchen publizierte, in denen poetische Texte und Fotografien zusammen erschienen. Als ich ging, drückte sie mir einen Stapel davon in die Hand. Unterdessen war sie 1991 als Mitglied des Netzwerks La Rete in das sizilianische Regionalparlament gewählt worden.

Sie bezog Quartier im Zentrum von Palermo gegenüber einem Bordell und half durch dieses Beispiel (oder hoffte es zumindest), das sterbende Herz der Stadt wieder mit Leben zu erfüllen. Der Stadtrat unter Bürgermeister Orlando gewährte mittlerweile Subventionen für den Erwerb und die Sanierung von Immobilien im alten Kern und stemmte sich damit gegen den Kurs des Verfalls und der Zerstörung, den die Stadtverwaltung unter Einfluß der Mafia jahrzehntelang verfolgt hatte. Auch Pippo und Anna Maria vom Restaurant Sant'Andrea hatten mitsamt ihren beiden Söhnen und den Katzen ihre geräumige, von Spekulanten errichtete Vorstadt-Wohnung aufgegeben und lebten nun in einem Spatzennest von Behausung im fünften Stock, ohne Aufzug, aber mit einer winzigen Dachterrasse und Ausblick auf eine gewaltige Kirchenkuppel, gleich neben der Universität. Das seltsam höhlenartige Gemäuer, in dem ich Letizia angetroffen hatte, war früher ein Abstellplatz für die Karren von Straßenverkäufern gewesen; er befand sich in den Ruinen eines ausgebrannten Hauses aus dem achtzehnten Jahrhundert. Als Letizia das Haus kaufte, sollte im Erdgeschoß gerade eine Pizzeria entstehen; nun residierte hier der Verlag. Ein Stockwerk höher befanden sich ihre Wohnräume und darüber die Dunkelkammer und das Fotostudio. Unten war es so düster, daß ich Letizia bis zum Ende unseres Gesprächs nie richtig gesehen hatte. Sie hatte von ihrem Projekt geredet, die Lebensqualität von Palermo zu heben, und auch ihr Männerteam erwähnt, als ich sie mit der Frage aus dem Tritt brachte, ob ich am folgenden Vormittag mitkommen dürfe. Die Bitte wurde mir gewährt.

Warten Sie, bis Sie mein Team kennenlernen, hatte sie an jenem Spätnachmittag im Dunkeln gesagt. *Ich habe ein handverlesenes Team von städtischen Arbeitern. Jeden Morgen um sieben brechen wir auf. Zu den erbärmlichsten Stadtvierteln. Und räumen auf. Hundescheiße. Benutzte Spritzen. Alles. Und wir schaffen Grünflächen. Wir sorgen für Zivilisation.* Im Stadtrat war Letizia nicht mehr länger für Park- und Gartenanlagen zuständig, weil ihre anderen, gewichtigeren Aufgaben als Mitglied des sizilianischen Regionalparlaments damit kollidierten. Im stillen fragte ich mich, ob die Sizilianer ihre regionalen Abgeordneten wohl noch immer »die neunzig Diebe« nannten. Jedenfalls fühlte sich Letizia nach wie vor zuallererst dem baufälligen, heruntergekommenen Herzen ihrer Stadt verpflichtet und konnte sich des Eindrucks nicht erwehren, ihr Nachfolger sei mit den anstehenden Problemen nicht ganz so vertraut, suche nicht mit gleicher Intensität nach Lösungen. *Also hat man mir meine eigene Eingreiftruppe gegeben*, sagte sie. *Männer mit den gleichen Zielen wie ich. Ich habe einen Lastwagen, einen PKW mit Fahrer und ein Team namens »Letizia Battaglias Spezialeinheit«.* Mittlerweile waren wir durch einige ziemlich ungesund wirkende Nebenstraßen im Zentrum gekurvt und kamen plötzlich an einer Fläche heraus, auf die mehrere Straßen im seltsamsten Winkel mündeten.

Diesen Fleck eine Piazza zu nennen, wäre eine Übertreibung gewesen. Dennoch gab es darauf ein paar niedrige Sträucher, die um ein Arrangement aus Steinblöcken und Kies wuchsen. Ursprünglich war das Ganze mit schlichten Stäben und durchhängenden, schweren Ketten eingefaßt gewesen, die jedoch inzwischen größtenteils niedergetrampelt am Boden lagen. In der Nähe parkte ein arg zerbeulter Lastwagen aus Beständen der Stadtverwaltung, und ringsum verteilt standen – auf ihre Rechen gestützt oder auf der öffentlichen Parkbank sitzend, rauchend, schwatzend oder Löcher in die Luft starrend – die Männer aus Letizias handverlesener städtischer Interventionsgruppe, alle mit den Jahren korpulent geworden, die meisten in Blaumännern und die wenigsten frisch rasiert. Keiner rührte sich, als der kleine weiße Fiat quietschend zum Stehen kam, doch kaum daß Letizia herausgesprungen war und *Frühstück! Kaffee! Alle Mann ab in die Bar!* rief, setzte sich die Gruppe fast unmerklich in Bewegung und hatte sich im Nu in die nahegelegene Bar und Pasticceria begeben.

Die kleine Grünanlage ging auf Letizias Initiative zurück und sollte das Bewußtsein der Öffentlichkeit stärken. In einem der Elendshäuser in der Nähe war ein kleines Mädchen von seinen Eltern zu Tode geprügelt worden, und der staubbedeckte Kiesfleck stellte ein Mahnmal für sie dar; in einen Stein war eine Tafel mit ihrem Namen eingelassen. Die Tafel war inzwischen stark verfärbt und kaum noch leserlich; die wenigen Büsche waren von Staub bedeckt, mit Abfällen übersät und zertrampelt. Letizia war jedoch fest entschlossen, die Gedenkstätte in Schuß zu halten und nicht in Schmutz und Dreck untergehen zu lassen. Während Pietro mir von dem toten Kind erzählte, besprach Letizia mit Mitgliedern ihres Teams, was zu tun anstand. Gemurre wurde laut. Als einer der älteren Männer, angetan mit einer Filzkappe und einem halb aufgeknöpften Monteursanzug, protestieren wollte, schnappte Letizia ihn sich und walzte vergnügt mit ihm über den Kies. Ein paar halbwüchsige Jungen brachten ihre Vespas zum Stehen und begafften von ihren Sätteln aus mit offenen Mündern das umherwirbelnde Paar.

Plötzlich war der Tanz zu Ende. Man hatte zu einer Übereinkunft gefunden. Pietro und ich wurden in das kleine weiße Auto zurückbeordert, und wir sausten davon. Unsere nächste Station war der botanische Garten. Zweihundert Jahre zuvor hatte Goethe ihn zu dem *wunderbarsten Ort der Welt* erklärt; die exotische Vegetation überwältigte ihn, und das Spiel von Licht und Farben wie *der ganze Eindruck jenes Wundergartens* ließen ihn an Homer denken. An diesem Vormittag allerdings erinnerte wenig an Homer. Selbst Letizias Überschwang wurde von der Verwahrlosung und Kümmerlichkeit des Orts gedämpft. Hier hatte sie nicht mehr viel zu sagen. Früher, als städtische Beauftragte für Gartenanlagen und Stadtverschönerung, hatte sie zweitausend Gärtner befehligt. *Wir haben die Stadt umgekrempelt*, sagte sie über jene Zeit. Dann fuhren wir weiter zu einem Hospiz für Ausgestoßene, das ein stämmiger Laienbruder des Franziskanerordens mit kräftig gerötetem Gesicht, dichtem braunen Bart und verschmitzten Augen leitete. Sein Blick funkelte noch lustiger, als Letizia einen Wortschwall auf ihn niedergehen ließ. Er trug eine braune Kutte und eine Strickmütze, und wir standen im staubflimmernden Sonnenlicht, während Letizia und er darüber diskutierten, was mit einem aidskranken Junkie anzufangen sei, der die anderen beklaute.

Weiter ging es im Affentempo um den Friedhof des Kapuzinerklosters herum zu einem nagelneuen Gebäude in einem Elendsviertel, einer neobrutalistisch anmutenden Grundschule, mit deren Lehrern Letizia bekannt war. In der Woche zuvor hatte ein Laster tonnenweise Kies im Hof abgeladen, in dem auch Pflanzen hätten wachsen können. Zornbebend schwor Letizia, sie werde dafür sorgen, daß der Kies wieder abtransportiert würde. Einige Minuten später setzten sie mich mitten im morgendlichen Stoßverkehr vor dem Teatro Massimo ab. Letizia erklärte mir, sie müsse jetzt arbeiten. Ihr Tag fing gerade erst an. Nach ein paar Stunden Verlagsarbeit wurde sie am späteren Vormittag zu einer Komiteesitzung im Stadtrat oder im Regionalparlament erwartet. An Sitzungstagen konnte es vorkommen, daß sie bis fünf Uhr früh am folgenden Morgen in den Amtsräumen blieb. Sonst bemühte sie sich, ein bißchen Zeit für ihre Töchter und die fünf Enkel herauszuschinden. Und jetzt war gerade erst die Frühstückszeit vorüber. Ich würde mich wohl gedulden müssen, wenn ich ihre Fotos zu Gesicht bekommen wollte.

Ihre Fotos, erzählte mir Letizia, hatten sie zur Politik geführt. *Wir stellten sie auf offenen Plätzen und in Schulen aus. Unsere grausigen Bilder erregten Zorn und Abscheu, sie brachten die Menschen dazu, über das zu reden, was die Mafia Palermo antat, sie stachelten den Willen zum Widerstand in ihnen an.* Ihr eigenes Interesse galt weniger den Gewalttaten der Männer als dem Leben von Frauen, Kindern und auch Geisteskranken, die gezwungen waren, mit dieser Gewalt zu leben. Die Politik, die Macht, ein Leben in der Öffentlichkeit hatten sie nie angezogen. *Ich war Fotografin, weil ich meinen Unterhalt verdienen mußte, und ich setzte meine Bilder im Kampf gegen die Mafia ein. Ich stellte Fotos von Kindern, die um ihren ermordeten Vater weinen, neben solche, auf denen Kinder vor Hunger weinen. Ich wollte nie Politiker fotografieren.* Aber ein Fotojournalist nimmt an Aufträgen an, was sich bietet. So kam es, daß sie eines Nachmittags im Jahre 1979 von der Tageszeitung *L'Ora*, für die sie damals arbeitete, gebeten wurde, anstelle von Franco Zecchin ein politisches Ereignis zu fotografieren. Dieses Ereignis war zugleich ein Festakt, den Laetitia *eine Apotheose* nannte, als sie sich später wieder daran erinnerte. Der Ministerpräsident, Giulio Andreotti, stattete Palermo einen Besuch ab.

Andreotti sollte anläßlich der Wahlen zum europäischen Parlament auf einer Parteiveranstaltung sprechen. Der DC-Kandidat war Andreottis Vasall Salvo Lima. Am siebten Juni, eine Minute vor neunzehn Uhr, zogen Andreotti und Lima Seite an Seite zu den Klängen der Nationalhymne triumphal in Palermos zentral gelegenem Kino Nazionale ein. Auf der Bühne wurde Andreotti von den Potentaten der sizilianischen DC umringt, darunter Piersanti Mattarella, Präsident der autonomen Region Sizilien. Sechs Monate später wurde dieser auf dem Weg zur Messe in Begleitung seiner Familie erschossen, weil er den Kungeleien der DC mit der Cosa Nostra ein Ende setzen wollte. Zu den Anwesenden zählte auch Bürgermeister Vito Ciancimino. Er wurde fünf Jahre später als Mitglied der Mafia verhaftet und abgeurteilt. Ebenfalls zugegen war der Parteisekretär der sizilianischen DC, Rosario Nicoletti. Er beging 1984 Selbstmord, nachdem er illegaler Machenschaften mit der Cosa Nostra bezichtigt worden war. Auch der DC-Verteidigungsminister Ruffini hatte sich eingefunden, ein Neffe des Erzbischofs von Sizilien, der sein Amt den Stimmen der »Freunde« verdankte. Schließlich war da noch der Europakandidat selbst: der ehrenwerte Abgeordnete Salvo Lima. Er wurde 1992 erschossen. Und nicht zu vergessen Nino Salvo, der damals außerhalb Siziliens weniger bekannt war. Salvo wurde 1984 mit seinem Cousin und Partner Ignazio wegen Mitgliedschaft in der Mafia verhaftet. Nino starb während des Maxi-Prozesses an einem Gehirntumor. Ignazio wurde verurteilt und 1992 in Palermo auf offener Straße erschossen. Bis zu ihrer Festnahme waren die Vettern Salvo vor allem als zwei der reichsten Geschäftsmänner Italiens bekannt, die zugleich zu den einflußreichsten Drahtziehern in der sizilianischen DC zählten. Die euphorisch gestimmte Gruppe, die Letizia an jenem Abend um Andreotti geschart fotografierte, stellte die Crème de la Crème im Machtgefüge der sizilianischen DC zu Ende der siebziger Jahre dar.

Die Vettern Salvo nehmen in der *Wahren Geschichte Italiens* breiten Raum ein. Der Leiter der Staatsanwaltschaft von Palermo, Gian Carlo Caselli, und die mit dem Fall Andreotti betrauten Untersuchungsrichter sahen in den beiden die Verbindungsleute zwischen Cosa Nostra und DC. Sie waren die Mittelsmänner, hieß es in der *Wahren Geschichte Italiens*, die der Cosa Nostra den *politisch motivierten Wunsch* Andreottis unterbreitet hatten, der Präfekt von Palermo, General Dalla Chiesa, und der Journalist Mino Pecorelli möge beseitigt werden. Auch in den Büros von *L'Ora* schnappte Letizia häufig Gespräche über die Salvos auf, aber bis zu jener Abendveranstaltung kannte sie Nino Salvo nicht. Sie war eher darauf erpicht, Andreotti und Ciancimino lachend und applaudierend Seite an Seite aufzunehmen. Ciancimino war damals, 1979, schon weit über Palermo hinaus als Mafioso berüchtigt, und später, nach seiner Verurteilung – als erster der Mafiamitgliedschaft überführter Politiker überhaupt, den daraufhin mit einem Schlag kein Mensch mehr zu kennen schien –, wurde Letizias Foto als Beweis dafür herangezogen, daß Vito Ciancimino sehr wohl einen großen Bekanntenkreis besessen hatte.

Zwei Stunden später an demselben Abend fand sich Letizia in dem pompösen Hotel Zagarella ein, das die Salvos erst kurz zuvor ein wenig außerhalb von Palermo errichtet hatten, in Santa Flavia nahe Bagheria. Dort wurde sie Augenzeugin, wie Andreotti bei seiner Ankunft von Nino Salvo auf der Schwelle des Hotels begrüßt wurde, *umgeben von dreihundert Parlamentsabgeordneten, Senatoren, Stadträten und Gewerkschaftlern*, und es gelang ihr ein Schnappschuß von der Gruppe, als sie gemeinsam das Hotel betrat: Salvo, Ruffini, Mattarella, Andreotti, Lima, gepflegt, geschniegelt, die Frisur mit Gel geglättet, untadelig gekleidet. Ein weiterer Schnappschuß von Letizia zeigt wiederum Andreotti beim Rundgang durch die Gästeschar: die Augen hinter den spiegelnden Brillengläsern nicht zu erkennen, die Lippen unverwandt zu einem sphinxhaften Lächeln verzogen, und wie sein Schatten eng neben ihm Nino Salvo. Die Speisefolge des Menüs, das man in Salvos Hotel für Andreotti entworfen hatte und das am folgenden Tag in *L'Ora* beschrieben wurde, strebte eindeutig die aristokratische Grandezza der zeremoniellen Mahlzeiten in *Der Leopard* an, glich aber der Schilderung nach eher dem monumentalen, vulgären Gelage des unermeßlich reichen ehemaligen Sklaven Trimalchio im *Satyricon*, wenngleich die sexuellen Freuden ausgespart blieben. Nino Salvo hatte mit seinem literarischen römischen Vorläufer einiges gemeinsam – das in unglaublich kurzer Zeit erworbene Vermögen ebenso wie die ausgedehnten Ländereien in Süditalien. Der Hoteldirektor entsann sich, daß Salvo zunächst voll Stolz Andreotti in seinem neuesten Zwölf-Millionen-Dollar-Juwel herumgeführt hatte (finanziert, wie sich später herausstellte, mit Regierungsgeldern des Fonds für den Mezzogiorno). Der Direktor erinnerte sich, wie Salvo mit großer Geste eine Tür aufstieß und zu Andreotti sagte: *Und hier haben wir den Bankettsaal für tausend Gäste.* Bei dem anschließenden Festmahl wurden zunächst Kanapees mit Kaviar und geräuchertem Lachs sowie russischer Salat gereicht. Der erste Gang bestand aus gebackenem *pasticcio* von *anelletti* und Lasagne, gefolgt von Hummer und Riesengarnelen. Als nächstes kamen Spanferkel und Wildschwein nebst Fasan und Milchkalb auf den Tisch; sodann riesige, auf Holzkohle gegrillte Fische, süße Quarkkuchen mit Schlagsahne, Profiteroles und zuletzt ein Rollwägelchen mit frischem Obst. Vieles stammte, einschließlich der diversen Weine, von den eigenen Ländereien der Salvos – wie einst bei Trimalchio.

Letizia führte ihren Auftrag aus, ging heim und vergaß die ganze Sache. Es war nichts weiter als ein öder Job gewesen; zudem wurden die Fotos nie gedruckt. Ihr war es gleich. Sie fand sie gräßlich. Vierzehn Jahre später, Ende 1993, fiel eine Schwadron von Carabinieri in ihr Studio ein und beschlagnahmte ihr Negativ-Archiv. Nicht im Traum wäre ihr eingefallen, daß es um Andreotti gehen könnte. Als sie später zur Befragung einbestellt wurde und ihre Abzüge in den Händen von Gioacchino Natoli sah, einem der gegen Andreotti ermittelnden Staatsanwälte, dachte sie im stillen: *Mein Gott, Letizia, die sind ja grauenhaft.* Der Untersuchungsrichter fragte, warum sie nie veröffentlicht worden seien. Nun, vielleicht, weil sie *so schrecklich* waren. Und damals war an dem, was sie zeigten, nichts Besonderes gewesen. Letizia hatte nicht gewußt, um wen es sich bei Nino Salvo handelte, aber sie erinnerte sich noch an den Tag und die Atmosphäre von Verherrlichung, die Andreotti bei seinem Besuch in Palermo umgeben hatte. Wer bei diesem Anlaß neben ihm stand, mußte eine wichtige Figur gewesen sein. Ihre Aussage paßte zu der von Vito Ciancimino und zu den

Erinnerungen des Hoteldirektors sowie des ehemaligen Ministers Ruffini an jenen Tag. Alle entsannen sich deutlich, daß Salvo und Andreotti einander wie alte Freunde begrüßt und inmitten der Menge ein persönliches Gespräch geführt hatten. Die anderen Zeugen waren mittlerweile tot.

Warum nur bestand Andreotti vor den Ermittlungsrichtern dennoch so hartnäckig darauf, er kenne die Salvos nicht einmal aus der Zeitung, habe nie auch nur das Entfernteste mit ihnen zu tun gehabt, warum erkannte er nicht einmal jetzt, bei der Befragung im Jahr 1993, das auf dem Foto abgebildete Gesicht des Mannes an seiner Seite? Die Weigerung, in diesem entscheidenden Punkt auch nur einen Millimeter preiszugeben, selbst um den Preis der totalen Unglaubwürdigkeit, wo doch für jeden anderen offenkundig war, daß er während seiner Jahre an der Macht mit den Salvos Geschäfte getätigt haben mußte, und obwohl seine höchst geheime private Telefonnummer unter »Giulio« in einem Notizbuch Salvos gefunden worden war – dieser Starrsinn deutete möglicherweise darauf hin, daß er ebenso wie die gegen ihn ermittelnden Staatsanwälte genau wußte, um welchen gefährlichsten aller Punkte es hier ging. Die Salvos standen im Zentrum der Machtstrukturen, dort, wo Mafia und Politik sich berührten. Im Kern ging es in der *Wahren Geschichte Italiens* um diese Verbindung, und Andreotti muß gespürt haben, daß alles verloren wäre, wenn er hier auch nur einen Fingerbreit nachgab. So wurden Letizias *gräßliche* Bilder von Andreotti und Salvo Seite an Seite im Prozeß von Palermo zum vielleicht wichtigsten Beweisstück überhaupt und machten die Fotografin selbst zur wichtigen Zeugin. Nach einer Weile freundete sie sich mit der Vorstellung an. Zwar hatte sie nie Politiker fotografieren wollen, doch mit diesen Bildern hatte sie auch ein Sizilien im Griff der Mafia angeprangert. Es wirkte unter den gegebenen Umständen schon ein bißchen schwach, wenn Andreotti beharrlich behauptete, er habe Salvo – mit dem er an jenem Abend so ausgiebig gesprochen hatte, den er jedoch nur *die fragliche Person* nannte – für den Hotelmanager gehalten.

San Domenico heißt der Heilige, dem eine grandiose Barockkirche von 1640 geweiht ist, eines der bekanntesten Gotteshäuser in Palermo, das auch noch durch seine Größe und prunkvolle Ausstattung beeindruckte, als es im Herbst 1995 wegen Restaurierungsarbeiten eingerüstet und mit grünen Netzen verhängt war. Indem ich abends zum Restaurant Sant'Andrea ging und anschließend wieder nach Hause, indem ich morgens meine Zeitungen kaufte und mit einem dampfenden Espresso in der Hand von einem Balkon meines fast genau gegenüberliegenden, labyrinthischen Hotels Ausschau hielt, lernte ich den Lebensrhythmus rund um die Kirche kennen, auf der marmorgepflasterten Piazza und mit der Marienstatue aus dem achtzehnten Jahrhundert auf ihrem Steinsockel. Auf die Stufen der Statue setzte ich mich immer dann, wenn ich mit meinem Handy nach Australien telefonieren wollte. Sonntagsmorgens wurde dort ein Markt für alte Münzen, Fotos, Postkarten und anderen Krimskrams abgehalten. Unter der Woche boten Nordafrikaner auf dem Pflaster Haushaltsgegenstände an, und abends verwandelte sich die Piazza in den Tummelplatz einer Gruppe recht handfest wirkender Transsexueller und Transvestiten.

Für ihr Tagwerk – oder vielmehr ihre Nachtschicht – staffierten sie sich nicht sonderlich extravagant oder chic aus: ein tailliertes Kostüm in gedeckten Farben oder eine alte, nietenbesetzte Lederjacke über einem mehr als knappen Minirock und dunklen Strümpfen, wobei zwischen Strumpfansatz und Rocksaum ein gutes Stück sorgfältig enthaarten Oberschenkels sichtbar blieb. Hochhackige Pumps oder schwarzsilberne Plateauschuhe brachten die muskulösen Waden und kräftigen Hinterbacken voll zur Geltung, und die Kombination von Stöckelschuhen, dunklen Strümpfen und fleischigen Hintern erinnerte mich oft an ein ständig wiederkehrendes Bildelement in den erotischen Werken Renato Guttusos, zumal in denen aus seinen späteren Jahren. Offenbar griff Guttuso mit zunehmendem Alter immer häufiger auf diese feminine Triade aus Stöckelschuh, dunklem Strumpf und entblößtem weiblichem Hinterteil zurück.

All das bot der Meister noch einmal im Übermaß in seinem letzten großen, unvollendeten Gemälde, *Raum mit kommenden und gehenden Frauen*, das nun, in Luftpolsterfolie gewickelt, an der Wand eines Lagerraums in der Villa Cattolica in Bagheria lehnte. Sicher nicht zufällig war Guttuso auch mit dem Fotografen Helmut Newton befreundet. Zu Newtons erotischen Motiven gehörten, meiner Erinnerung nach, stets prächtige Pelze und Lederkleidung, hochhackige Pumps, Strümpfe und Strumpfhalter sowie nackte, schimmernde Frauenpopos; diese Motive behandelte er immer von neuem mit dem gleichen intensiven Blick wie später Robert Mapplethorpe den afro-amerikanischen Penis. *Raum mit kommenden und gehenden Frauen* war ein Werk ohne jede Ideologie, ohne erzählende, dramatische oder symbolische Momente; nichts als eine Studie zu weiblichen Körpern, bekleideten und unbekleideten, in Bewegung und Ruhe, von denen einer direkt ein Newton-Bild zitierte. Und Helmut Newton hatte das Kompliment erwidert. Irgendwo hatte ich einmal ein Foto von Newton gesehen, das auf ein schwindelerregendes Spiel wechselseitiger Beeinflussung hinwies und das die Gräfin Marzotto neben einem großen Guttuso-Gemälde zeigte – bis auf die Strümpfe nackt und von hinten gesehen, gleichsam in islamischer Gebetshaltung.

Daß ich Guttusos Gemälde zu sehen bekam, war Letizia zu verdanken. Ich hatte ihr von meinem mißlungenen Vorstoß auf die Villa Cattolica erzählt, worauf sie mir anbot, mit irgendeiner parlamentarischen Befugnis dafür zu sorgen, daß wir die massiven, mit Ketten gesicherten Tore überwinden konnten. Sie wollte selbst mitkommen, denn sie war noch nie in der Villa gewesen. Wir verabredeten, an einem Morgen mit Pietro, dem Fahrer, hinauszufahren. Allerdings stand die Geburt von Letizias sechstem Enkelkind unmittelbar bevor, und als ich beim Zeitungskiosk wartete, kam Pietro in heller Aufregung mit dem kleinen weißen Wagen angebraust, um mir mitzuteilen, die Wehen hätten eingesetzt, und Letizia müsse ihrer Tochter beistehen. Also verschoben wir die Tour und unternahmen sie schließlich in einem größeren Auto mit einem anderen Fahrer. Das Unternehmen begann alles andere als gut. Letizia fand anscheinend die ganze Idee inzwischen absurd und war in miserabler Laune. Der Fahrer, ein mürrischer junger Mann, machte sich, wie alle italienischen Funktionäre, die Stimmung seiner Vorgesetzten verstärkt zu eigen. Er betrachtete es offenbar als seine Aufgabe, mir meine Unverschämtheit deutlich zu machen, und fuhr, als wäre das Auto eine gefährliche Waffe. Letizia saß stocksteif neben ihm. *Ich verstehe beim besten Willen nicht*, sagte sie plötzlich, *warum Sie sich so für Guttuso interessieren. Wozu soll diese Expedition eigentlich gut sein?* Ich erwiderte, meiner Meinung nach seien sein Leben und ganz besonders sein Sterben höchst symptomatisch für Kunst und Politik im Italien der Nachkriegszeit. Tauge er denn etwas als Maler?

Die Antwort war Schweigen. *Wie sollen wir überhaupt dorthin finden?* ließ sich Letizia plötzlich wieder vernehmen. *Hat jemand eine AHNUNG, wo diese Villa eigentlich ist?* Der Fahrer jedenfalls offensichtlich nicht; er murmelte irgend etwas von Bagheria. Ich erklärte, es sei ganz einfach, und ich sei schon einmal dort gewesen. Die Villa Cattolica liege auf dem Weg in den Ort, an einer Kurve der Küstenstraße zweiter Ordnung. Die beiden auf den Vordersitzen ignorierten das. Letizia blickte starr geradeaus, und der Fahrer brabbelte weiterhin Bruchstücke von falschen Informationen vor sich hin. *Es wird das Todesdreieck genannt*, sagte Letizia unvermittelt. *Wegen der ganzen Morde. Bagheria ist ein übler Ort.* Wir steckten noch immer im dichten Verkehr von Palermo, und mit einemmal hatte ich genug. Scheiß auf sie. *Vielen Dank, Letizia, daß Sie sich mit den Betreffenden in Verbindung gesetzt und mir diese Fahrt angeboten haben, aber da Sie ganz offensichtlich mit anderem beschäftigt sind und einen vollen Tag vor sich haben, wäre es vielleicht das Einfachste, ich fahre allein dorthin und bemühe Sie nicht weiter* – schließlich hatte ich immer noch das unbenutzte Busticket von meinem ersten Versuch. Mitten im Verkehrsstau öffnete ich die Tür. *GEHT SCHON IN*

ORDNUNG, sagte Letizia scharf, und das Auto tat einen Satz vorwärts. *MAN ERWARTET MICH.* Sie spreizte sich wie ein Pfau. *Die Direktorin BRENNT DARAUF, mich kennenzulernen.* Die restliche Fahrt verging in Stillschweigen. Sie hatten sich verschworen, meine Hinweise zu ignorieren, und irrten daher eine ganze Weile durch die scheußlichen modernen Viertel von Bagheria, bis wir eher zufällig auf die Villa stießen.

Außerhalb des Ortes tauchte die Sonne das Meer und die Blätter der Orangenbäume in grelles Licht. Als die Direktorin herauskam, um uns überschwenglich zu begrüßen, schlug Letizias Stimmung unvermittelt um. Auf einmal sprühte sie vor Vitalität, Leidenschaft und Enthusiasmus, erklärte sich zur begeisterten Anhängerin des *wahren* Guttuso in seinen expressionistischen Anfängen und lauschte den breiten Ausführungen der Direktorin zu deren eigener Laufbahn mit höflicher Aufmerksamkeit. Mich stellte Letizia als berühmten Kritiker und Kunsthistoriker aus Übersee hin. Jede nur erdenkliche Hilfe wurde versprochen. Die plötzliche Verbesserung meines Status und der Stimmung seiner Chefin glättete die Falten auf der Stirn des griesgrämigen Fahrers. Der Kulturbeauftragte des Ortes war ebenfalls zugegen, und nachdem sich Letizia flüchtig über die wenigen Bilder, die zu sehen waren, und über das nur zu ahnende künftige Aussehen der Villa begeistert gezeigt hatte, verwickelte sie den Lokalpolitiker in ein Gespräch unter Kollegen. Die Villa wurde innen tatsächlich umgebaut und neu verputzt, wenn auch nicht gerade an diesem Tag, und die Ausstellungsräume boten einen chaotischen Anblick. Die Gemälde lagen zumeist in Stapeln auf dem Fußboden. Ich begann sie durchzusehen, während Letizia im Raum nebenan Kontaktpflege betrieb. Als sie genug Charme und Anmut versprüht hatte, verabschiedete sie sich, den Chauffeur im Schlepptau. *La Vucciria* fand sich nicht in der Sammlung; ich mußte mich also noch gedulden. Manche der frühen Gemälde waren gut. Nachdem ich sie mir angesehen hatte, spähte ich unter die Hülle aus Luftpolsterfolie des großformatigen, an die Wand gelehnten Bildes *Raum mit kommenden und gehenden Frauen.*

Es war eine riesige, über vier mal drei Meter messende Leinwand mit der unvollendeten Darstellung acht weiblicher Figuren, an der Guttuso gearbeitet hatte, bis er 1986 endgültig isoliert wurde. Zwei Figuren sind nackt, eine voll bekleidet, zwei weitere tragen Trikots, einige andere lange Strümpfe und bis über das Gesäß hochgezogene Unterkleider, die letzte trägt einen rüschenbesetzten Strumpfhalter und darüber einen Pelzmantel. Alle haben schwindelerregend hohe Stöckelschuhe an. Fünf der Gesichter bleiben unter Haaren verborgen, und von den restlichen dreien weist nur die stehende Nackte rechts grob vorskizzierte Gesichtszüge auf.

Sie stellt jedoch den Schlüssel zu den anderen dar – an ihren Gestalten werden die vielfältigen Reize von Marta Marzottos Körper variiert. Außer einem Telefon und einer Flasche Johnny Walker Black Label waren auf dem Bild keine weiteren Details zu sehen.

Die Mädchen von der Piazza San Domenico konnten sich Pelze à la Helmut Newton wohl kaum leisten; sie hätten auch nicht ihrem Stil entsprochen. Bestenfalls trugen sie ein bißchen schwarzes Leder, und selbst das nur aus höchst praktischen Erwägungen. Es war kein Spaß, stundenlang draußen im Dunkeln auf dem tropfnassen Holzbänkchen eines Straßenverkäufers auszuharren, einen Schirm gegen den Herbstregen aufgespannt. In Aufzug und Gebaren wahrten die Transsexuellen zudem die strenge sizilianische Schicklichkeit. Die Haare wurden kräftig nach oben und zur Seite toupiert, ohne Dauerwelle oder Spray, sondern eher ein bißchen wild; ein Hauch von Wildheit war nie falsch. Das Make-up war meist ausgeprägt und eine Spur flüchtig – rasch zwischen zwei Kunden bei trübem Licht aufgefrischt, stellte ich mir vor: eine dicke Schicht Schminke über die durchscheinenden Bartstoppeln gekleistert und der Mund in tiefem Dunkelrot kräftig nachgezogen. An den meisten Abenden ließen sich die Mädchen kurz im Sant'Andrea blicken; entweder kamen sie im Sturmschritt durch die Gasse zu der winzigen, verfallenen Piazzetta oder direkt von dem alten Mietshaus, in dem sie ihre Kunden empfingen. Aus dem Tempo, mit dem sie die Stufen erklommen, konnte das Küchenpersonal stets darauf schließen, wie die Geschäfte liefen, und für gewöhnlich herrschte Hochbetrieb. Die Mädchen grüßten in die Runde, tranken ein Glas Wasser oder sonst etwas und taxierten flink die Gäste. Sie sicherten ihr Territorium, nur für den Fall, daß die Leute vom Sant'Andrea plötzlich hochnäsig wurden und sich für etwas Besseres hielten. Die Mädchen waren keinesfalls gewillt, sich als Gelichter aus der Unterwelt abstempeln zu lassen.

Manchmal setzten sie sich zu einem Imbiß und einem Bier, was den winzigen Tamilenjungen, der einzelne Rosen für die Damen verkaufte, sehr verwirrte. Zählten sie nun dazu oder nicht? Öfter fanden sie sich zu einem Cognac mit dem Küchenpersonal ein, wenn das Restaurant sich geleert hatte. Eines Abends wirkten die Mädchen wie ein Haufen aufgescheuchter Hühner. Enzuccia, die sich komplett zur Frau hatte umoperieren lassen und jetzt ganz und gar echt war, einschließlich üppiger Brüste, die sie mich unter ihrem locker sitzenden Herbstpullover aus leichter Lambswool betasten ließ, um mir zu beweisen, daß absolut kein Silikon darin steckte, war gerade eben mit Flavia und Fiammetta von dem Mafiaprozeß in Caltanisetta zurückgekommen. Sie hatte den beiden Gesellschaft leisten und ein wenig moralische Unterstützung liefern wollen. Flavia und Fiammetta waren jedoch nach ihrem Tag im Zeugenstand in einem so *verheerenden* Zustand, daß sie sich der bevorstehenden Nachtschicht kaum gewachsen fühlten. Da sie noch keine Geschlechtsumwandlung hatten vornehmen lassen, waren die Mädchen vor Gericht roh als *Homosexuelle* unter den gesetzlichen Namen aufgerufen worden, die sie seit langem abgelegt hatten – als *wären* sie jene fremden, Lichtjahre entfernten Personen, deren Namen sie bei Gericht zu hören bekamen, während ihre richtigen Frauennamen in Anführungszeichen zitiert wurden. Nach dieser unsensiblen Behandlung fühlten sie sich abends immer noch leicht angeschlagen und zittrig, weswegen ich mich an Enzuccia wandte, um die ganze Geschichte zu erfahren. Enzuccia war nicht nur um die Strapazen eines Kreuzverhörs herumgekommen, sondern erfreute sich als Vollblutfrau auch besonderen Selbstbewußtseins. Es bedurfte mehr als nur eines Abends im Sant'Andrea, um die Geschichte aus ihr herauszukitzeln. Abgesehen von der Tatsache, daß ein Mädchen sich schließlich seinen Lebensunterhalt verdienen mußte und Enzuccia diese Aufgabe im Fließbandtempo erledigte, lag ihr eigentlich weit mehr daran, mich über den Prozeß ihrer Bewußtwerdung und Selbstentdeckung als Frau in Kenntnis zu setzen. Aber ich ließ nicht locker und bekam die Geschichte zu guter Letzt doch noch aus ihr heraus.

Flavia und Fiammetta hatten als Zeuginnen bei dem Prozeß gegen die Mörder von Paolo Borsellino und den fünf mit ihm zu Tode gekommenen Mitgliedern seiner Polizeieskorte ausgesagt. Den Auftrag zu diesem Mord, wie zu dem an Falcone, hatte Totò Riina gegeben. Einer der Angeklagten, die sich für das Massaker in der Via D'Amelio verantworten mußten, hieß Enzo Scarantino; man beschuldigte ihn, den Wagen gestohlen zu haben, der dann vollgepackt mit Sprengstoff vor dem Appartementhaus gestanden hatte. Scarantino war *pentito* geworden und diente nun als Kronzeuge der Anklage. Die Verteidiger zogen seine Glaubwürdigkeit massiv in Zweifel. Er sei ein Lügner und Aufschneider, brachten sie vor. Scarantino könne gar nicht bei dem Anschlag beteiligt gewesen sein, weil die Ehrenwerte Gesellschaft ihn niemals in ihre Reihen aufgenommen hätte. Scarantino, so die Verteidiger, sei nämlich schwul.

Sie fuhren tonnenschweres Geschütz auf. Seine Frau, die Mutter seiner Kinder, wurde vorgeladen und sagte nervös aus, sie habe *schon immer von diesen Neigungen ihres Mannes gewußt.* Flavias und Fiammettas Anwesenheit sollte hauptsächlich dazu dienen, die angebliche Beziehung zwischen Scarantino und Margot (auf der zweiten Silbe betont) zu bezeugen; für Margot war der Prozeß zur persönlichen Tragödie geworden. Enzuccia, Flavia und Fiammetta hatten gemeinsam mit Margot vor dreizehn Jahren als noch junge Mädchen in einer Bruchbude gehaust, die sich für ihr Gewerbe geradezu anbot. Margot, mittlerweile fünfunddreißig, hatte sich – noch vor ihrer Operation – von Scarantino im Auto mitnehmen lassen. *Seit diesem Tag haben wir fast zwei Jahre zusammengelebt. Ich war in ihn verliebt, aber wir hatten nie richtigen Geschlechtsverkehr. Ich fühlte mich bereits als Frau, und er kehrte den Mann heraus.* Enzuccia kannte Margot, deren richtiger Name Michele lautete, recht gut. *Sie hat einen Zwillingsbruder, der sich später auch operieren ließ. Sie stammten aus sehr gutem Hause und nahmen als Kinder klassischen Ballettunterricht,* erinnerte sich Enzuccia.

Für Margot hatte Scarantino eine andere fallenlassen, die in Männerkleidung aussagte und in der Verhandlung als die *Wilde Josephine* vorgestellt wurde. Josephine erklärte vor Gericht: *Ich habe ihn geliebt und war sehr verletzt, als er mich wegen Margot verließ, die später eine Geschlechtsumwandlung vornahm.* Auch für Margot nahm die Sache kein gutes Ende. *Er betrog mich mit einer anderen Frau und hatte ein Kind mit ihr.* Margot sagte aus, sie sei auch nach seiner Heirat noch mit Scarantino in Kontakt geblieben, während seines Militärdienstes in Taranto und später auch in Palermo. *Er wollte nicht, daß ich der Prostitution nachging, und ich hab's auch nie getan. Er gab mir immer Geld. Seine Familie war natürlich gegen unsere Beziehung, und wenn ich bei Enzo daheim anrief, sagten sie jedesmal, ich sollte mich verpissen.* Nach ihrer Operation zog Margot in den Norden, um ein neues Leben zu beginnen. Enzuccia erzählte mir, sie lebe jetzt in Pisa. Sie heiratete einen kleinen Geschäftsmann aus der Toskana, und alles lief bestens, bis sie als Zeugin der Verteidigung im Mordprozeß Borsellino vorgeladen wurde. Als ihr Mann aus der Zeitung von ihrer Beziehung zu Scarantino erfuhr, gab er ihr den Laufpaß. Margot hatte Fotos von sich an die Berichterstatter des Prozesses verteilt. Sie erinnerten an Titelbilder von VOGUE: Unter der Balkenüberschrift zeigten sie Margot, die Arme über der Brust verschränkt; das Haar fiel ihr entweder über die eine Gesichtshälfte oder flatterte im Wind.

Die Verteidigung versuchte natürlich, Schlamm aufzuwühlen. Jedem Bewohner des Mezzogiorno war bekannt, daß ein Mann, der im Umgang mit einem Transsexuellen den maskulinen Part übernimmt, damit keineswegs seine Virilität gefährdet. Die Verteidigung versuchte, mit der modernen Vorstellung vom Schwulen als einem Mann, der sich sexuell zu anderen Männern hingezogen fühlt, Verwirrung zu stiften; und dies in einer Region, ja einem Land, wo doch jeder wußte, daß einzig und allein das weibliche Element entmannen kann. Endgültig entmannend ist die Ehe. Fast über Nacht verwandelt sich der freche, ledige *picciotto* in einen gesetzten, übergewichtigen und leicht weibischen Ehemann und Vater. Für die

Frau aus dem Süden sind Ehe und Mutterschaft die Krönung, und dafür ist sie bereit, einiges auf sich zu nehmen – zum Beispiel, bis zur Hochzeit unberührt zu bleiben und danach eine gewisse formelle Unterwürfigkeit an den Tag zu legen.

Für die flüchtigen außerehelichen Eskapaden eines Ehemannes boten sich Enzuccia und ihre Freundinnen in so idealer Weise an, daß die in Italien zahlreich vorhandenen *femminielle* (wie sie in Neapel genannt werden, der Stadt, in der die Transsexualität zur Kunstform erhoben wurde) mit der Nachfrage nicht mehr Schritt halten konnten. Die gesamten achtziger Jahre hindurch strömten Transsexuelle aus Brasilien nach Italien und zogen nordwärts nach Mailand, um den abirrenden Ehemännern zu Diensten zu sein. Es war eine Blütezeit. Mit Transsexuellen zu verkehren war für italienische Ehemänner weniger problematisch und riskant, als ein Verhältnis mit einer anderen, richtigen Frau zu haben; es wurde viel weniger als Betrug an Ehe und Familie empfunden. Immer weitere Brasilianerinnen trafen ein, selbst in Palermo, wie ich eines Abends bei einem sehr späten Drink in einem der wenigen nach Mitternacht noch geöffneten Lokale feststellte. Eine dieser jungen Brasilianerinnen trug etwas, das wie eine Stewardeßuniform aus den fünfziger Jahren aussah, allerdings ohne Abzeichen. Sie klagte über ihr Asthma und erzählte, sie werde am folgenden Tag zur Behandlung in die Schweiz fliegen. Was sie vielleicht auch tat, denn ich begegnete ihr nie wieder. Am selben Abend stellte mir Pippo eine elegante Erscheinung namens Giulia vor. Giulia fragte mich, ob ich *unseren Bürgermeister* kennenlernen wolle, und wirkte leicht geknickt, als sie hörte, daß ich bereits die Ehre gehabt hatte. Pippo erzählte mir später, daß Giulia Orlandos Presseattaché war, und ich fand, Orlando hatte mit dieser Ernennung Courage und Ritterlichkeit bewiesen.

Und nun tischte Enzuccia mir ihre Lebensgeschichte auf. Sie war gleich um die Ecke in der Vucciria geboren, als neuntes von elf Kindern, sieben davon Jungen und vier Mädchen; wie Enzuccia sich selbst einordnete, blieb unklar. Ihr Vater war Portier im Grand Hotel et Des Palmes gewesen, und ihre Mutter hatte als Büglerin in der Hotelwäscherei gearbeitet. Mit ihrer Mutter hatte es einige Reibereien gegeben, während die Brüder ihr in den frühen Jahren viel Verständnis und Unterstützung zuteil werden ließen. *Du bist ja bloß eifersüchtig auf mich, du blöde Kuh!* hatte Enzuccia ihre Mutter angebrüllt. *Du bist eifersüchtig auf meine Jugend, mein Aussehen, meine Freiheit. Ich bin alles, was du immer sein wolltest und nie warst!* Das Leben daheim war kein Zuckerschlecken. Enzas Geschichte wurde ein bißchen wirr, als sie die Zeit schilderte, in der ihr drogensüchtiger Bruder alles zu Bruch schlug, sich Kämpfe mit ihrer Mutter lieferte und sie mit dem Messer verletzte, bis die Polizei kam. Die Erinnerungen verwischten sich. Ich war nicht ganz sicher, ob es sich um denselben Bruder in verschiedenen Situationen oder um unterschiedliche Brüder handelte. Ihren ersten echten Schritt in die Freiheit – vor dem zweiten und krönenden ihrer vollständigen Geschlechtsumwandlung – tat Enza, indem sie mit vierzehn in das Gewerbe einstieg. Eben hier auf der Piazza San Domenico. Es war ein großer Schritt gewesen. Danach blickte sie nie mehr zurück. *Du errätst nie, wer mein erster Freier war,* sagte Enzuccia, mit erinnerungsseligem Blick. *Wer denn?* fragte ich. *Mein Bruder.*

Mittlerweile war Enza zur wohlgerundeten Matrone herangereift und spielte liebend gern mit ihren kleinen Nichten, die Enza mitunter in ihrer winzigen Wohnung besuchten, bevor sie sich ins nächtliche Getümmel stürzte. Auch Flavia und Fiammetta gegenüber verhielt sie sich leicht mütterlich, obwohl die beiden wahrhaftig keine Küken mehr waren. Allerdings fehlte ihnen Enzuccias solides Selbstvertrauen; vielleicht beruhte es darauf, daß sie wußte, sie war eine echte Frau. Flavia neigte zu nervösen Zuckungen, und Fiammetta mit ihrem wild, aber liebreizend toupierten Haar verfiel mitunter in wild kreischendes, aber liebreizendes Gelächter. Enza besaß nicht nur die Wohnung, in der sie lebte, sondern noch vier, fünf weitere in verschiedenen Gegenden von Palermo. *Du kannst bald in den Ruhestand gehen*, sagte ich, *und von der Miete leben.* Enza sah mich an. *Ruhestand?* sagte sie. *Außerdem habe ich sie gar nicht vermietet. Ich behalte sie einfach so.* Als ich sie fragte: *Würdest du mir denn eine vermieten?* wurde ich ziemlich kühl abgefertigt. Dabei verstanden wir uns prächtig. Sie zog zwischen ihren Brüsten eine ihrer Geschäftskarten heraus und reichte sie mir. ENZUCCIA stand darauf in großen, verwischten Frakturlettern und darunter, kleiner gedruckt: *eine Klasse für sich.* Unten in der Ecke stand ihre Handynummer. *Wenn du nachmittags mal nicht weißt, wohin mit dir*, sagte sie. *Dich ein bißchen mau fühlst. Ruf einfach an und komm uns besuchen.* Ich steckte die Karte ein und sagte, das würde ich bestimmt. Das Zimmermädchen des Hotels bedachte mich mit einem düsteren Blick, als sie am Tag darauf die Karte fand.

Der Prozeß um das Massaker in der Via D'Amelio warf ein Licht auf die puritanische Grundhaltung der Cosa Nostra, die als Organisation die traditionellen Familienwerte hochhielt. *Die einzige Frau, die einem Mafioso wirklich etwas bedeutet, kann nur die Mutter seiner Söhne sein. Die anderen sind »alle bloß Huren«*, stellte Giovanni Falcone fest.

Wenn ein Ehrenmann die falsche Frau heiratet, ist das kein allzu großes Unglück, denn die Ehe ist nicht von grundlegender Bedeutung für sein

Leben. Hat er die falsche Frau geheiratet, kann er sie trotzdem behalten. Von ihm wird lediglich verlangt, daß er die wichtigsten Werte der Familie achtet, Mutter und Kinder respektiert und gut versorgt. Im übrigen kann er tun, was er will, diskret natürlich.

Der Mann zog hinaus ins Leben und stellte raffiniertes Heroin oder Bomben her, trieb Geld ein oder diente als Kurier, während die Frau daheim blieb, die Hausarbeit verrichtete, Kinder aufzog und eine warme Mahlzeit auf dem Herd stehen hatte, wenn der Vater, abgekämpft von Mord und Totschlag, abends heimkam. Sie besuchte regelmäßig die Messe. Vor allem aber hielt sie Augen, Ohren und Mund fest geschlossen. Dafür betrieb ihr Mann seine außerehelichen Eskapaden möglichst unauffällig. In den oberen Etagen wurden die Ehebünde häufig aus dynastischen Erwägungen heraus geschlossen; in jedem Fall aber hielt die Cosa Nostra nichts davon, daß sich unglückliche Paare trennten. Bis daß der Tod euch scheide, hieß es – allerdings tat er das oft genug. Was Tommaso Buscetta Ärger eingetragen hatte, war sein intensives, ausschweifendes Liebesleben. Wie sehr die Cosa Nostra ihn in Zeiten der schwersten Krisen auch gebraucht hatte, vom Standpunkt der Organisation aus war und blieb Buscetta zu stark von seinen Leidenschaften beherrscht. Ihm mangelte es an Disziplin und Selbstkontrolle, befand man in der Cupola. Das Interessante an diesem Urteil war, daß die nachfolgenden Ereignisse es voll bestätigten. Emotional spürte Buscetta, daß die Corleonesi jene Mafia-Ethik verraten hatten, der er leidenschaftlich anhing, und dieses Gefühl bewog ihn, alles, was er wußte, vor Giovanni Falcone auszubreiten. Hinzu kam freilich, daß Riina ein Dutzend naher Verwandter von Buscetta in rascher Folge hatte töten lassen – nur weil sie nahe Verwandte von Buscetta waren. Buscetta sah sich selbst niemals als reuigen Überläufer, sondern als Repräsentanten einer Mafia-Kultur, die durch das barbarische Wüten der Corleonesi vernichtet worden war.

Mit welchen Schwierigkeiten Ehefrauen in der Mafia zu kämpfen hatten, zeigte sich exemplarisch an dem traurigen Schicksal von Vincenzina Bagarella und der damit verquickten Geschichte ihres Bruders Pino Marchese. Vincenzina Bagarella war verheiratet mit Riinas Schwager Leoluca Bagarella, der in den zwei Jahren zwischen Riinas Verhaftung 1993 und seiner eigenen faktisch die Cosa Nostra führte. Vincenzina Marchese wurde Bagarella im April 1992 angetraut, in einer kurzen Phase von Ruhe und Frieden, einen Monat nach dem Attentat auf Salvo Lima und einen Monat vor dem Massaker an Giovanni Falcone, seiner Frau und drei seiner Begleiter. Die Frauen von Corleone betrachteten die Heirat von Anfang an mit scheelen Augen, weil die Braut aus Palermo stammte und diese Stadt im öden Hochland von Corleone als Brutstätte der Verderbnis galt. Bagarellas unverheiratete Schwestern saßen in Riinas Haus über ihren Stickarbeiten und schmähten die Braut als *Hure aus der Stadt*, wie im Bericht der Carabinieri zu lesen ist. Riina selbst war aus konkreteren Gründen gegen die Heirat. Vincenzina entstammte einer Familie aus Palermo, die er benutzt und dann vernichtet hatte. Nach der Trauung hörte man Riina wiederholt äußern, Vincenzinas Bruder Pino Marchese sei *sein Herzensfreund*, was allen hätte zu denken geben sollen.

Pino hatte bei dem verpatzten Weihnachtsmassaker von 1981 in Bagheria den Fluchtwagen gesteuert und, tölpelhafter Grünschnabel von *picciotto*, der er damals war, blutige Fingerabdrücke hinterlassen. Sie waren von dem Professor für forensische Medizin an der Universität Palermo identifiziert worden. Man legte dem Professor nahe, sein Gutachten zu revidieren, was dieser ablehnte; dafür mußte er aus dem Weg geräumt werden. Im Auftrag von Riina hatte Pino 1989 im Ucciardone-Gefängnis seinem eigenen Boß im Schlaf mit einer gußeisernen Bratpfanne den Schädel eingeschlagen. Als Riina ihn im Gefängnis versauern ließ, wurde Pino zum *pentito*. Er erläuterte den Untersuchungsrichtern, warum Salvo Lima ermordet worden war. Lima hatte *strengsten Befehl, den Maxi-Prozeß wunschgemäß zu regeln. Sie sagten ihm: »Halt dich an dein Versprechen, sonst bringen wir dich und deine Familie um«.*

Selbst Pinos privates Glück wurde von der Cosa Nostra zerstört, wobei sie ihre familiären Wertvorstellungen auf einen Fall anwandte, der gar nicht direkt mit ihm zu tun hatte. Der Vater des Mädchens, das Pino heiraten wollte, hatte sich von seiner Frau scheiden lassen und lebte mit einer anderen zusammen – ein Schandfleck für Pinos geplante Ehe. Er sei nur zu tilgen, indem Pino seinen zukünftigen Schwiegervater töte, teilten ihm sein Schwager Bagarella und sein eigener Bruder mit; wenn er es nicht tue, nähmen sie die Sache selbst in die Hand. Pino *blieb nichts übrig, als ... die Verlobung mit dem Mädchen, das ich aufrichtig liebte, zu lösen, indem ich vorgab, mir läge nichts mehr an ihr. Diese Entscheidung war natürlich äußerst schmerzlich und blieb nicht ohne Auswirkungen auf das Verhältnis zu Bagarella und meinem Bruder.*

In der Familie ihres Mannes von Anfang an mißtrauisch und feindselig beäugt, muß die Lage für Vincenzina vollends unerträglich geworden sein, als ihr Bruder keine sechs Monate nach ihrer Heirat zur anderen Seite überlief. Vor aller Welt versteckt, gefangen im goldenen Käfig einer eleganten Stadtwohnung, zu Schweigen, Unsichtbarkeit und zum Alleinsein verdammt, als Schwester eines Verräters von allen gehaßt, muß sich Vincenzina entsetzlich gefühlt haben. Mit Riinas Verhaftung und der wachsenden Macht ihres Mannes wurde der Druck gewiß noch stärker. Und als Bagarella 1995 selbst verhaftet wurde, fand die Polizei, als sie die eheliche Wohnung stürmte, eine vor sich hin köchelnde Terrine mit Kutteln auf dem Herd, fünfzig Designerhemden in Bagarellas Schrank sowie die Kleider seiner Gattin und einen frischen Blumenstrauß vor einer Fotografie von ihr. Nicht jedoch Vincenzina selbst. Man stellte fest, daß Bagarella ihren Ehering an einem Kettchen um den Hals trug, und fand in der Wohnung in einer Schmuckschatulle eine auf liniertes Papier gekritzelte Notiz: *Alles verziehen, meine Lieben, mein Mann verdient vergoldet zu werden. Ich küsse und umarme euch alle. Luca, der Fehler liegt ganz und gar bei mir, verzeih mir ... Ich wollte nicht ... Küsse ... Küsse ...* Vincenzina war tot, und dies war ihr Abschiedsbrief. Sie habe sich in der Wohnung erhängt, berichteten reuige Mafiosi später. Man hatte ihre Leiche, angekleidet und sorgfältig gekämmt, aus dem Appartementhaus in die Innenstadt von Palermo geschafft, wo sie verschwand. Die Untersuchungsrichter nahmen lange Zeit an, Bagarella habe sie umgebracht. Aber Vincenzina blieb keine Wahl. So war es um das Familienleben in der Cosa Nostra bestellt. Nach einem Hochzeitsfoto zu schließen, das sie bleich, unglücklich und mit verschwollenen Augen zeigt, wußte sie, was sie erwartete, als sie den ehrgeizigen Killer heiratete, der stets an Riinas Seite zu finden war und darauf gierte, dessen Platz einzunehmen.

Giovanni Falcone und Paolo Borsellino bewiesen im Umgang mit den reuigen Mafiosi Mitgefühl für deren Seelenqualen, sie respektierten die Wertvorstellungen der Mafia und verstanden sehr wohl, daß man sich nicht aus reinem Eigennutz gegen die Cosa Nostra stellte. Die Ehrenmänner wurden in den achtziger Jahren abtrünnig, weil die primitive, grausame Mafia-Ethik im Zusammenbruch begriffen war. Selbst in Sizilien hatte mittlerweile das gewöhnliche Leben mehr zu bieten als nur den Lohn für blinde Clan-Treue. Die immensen Einkünfte aus dem Drogenhandel trugen denjenigen, die Kopf und Kragen dafür riskierten, keinerlei Verbesserung ihrer Lebensumstände ein. Sich verstohlen an einem schnellen Wagen, einer goldenen Rolex oder teurer Kleidung zu erfreuen, war ein kläglicher Trost angesichts eines Lebens im Untergrund, von Mißtrauen umgeben, bei sexueller Frustration und ständiger Furcht vor Verrat und Tod. Nicht in Reichtum, sondern in Macht hatte der Lohn der alten Mafia bestanden. *Befehle zu erteilen ist besser als vögeln*, lautete ein oft gehörtes Mafia-Sprichwort. Francesco Marino Mannoia erklärte dem Ermittlungsrichter Roberto Scarpinato: *Viele Leute meinen, man macht wegen des Geldes bei der Cosa Nostra mit ... Wissen Sie, warum ich ein Ehrenmann geworden bin? Weil ich vorher in Palermo ein Niemand war. Danach neigten alle, wohin ich auch ging, die*

Köpfe vor mir. Kein Geld der Welt hätte das zustande gebracht. Laut Renate Siebert, einer Soziologin der Frankfurter Schule, hieß es nun wählen zwischen Eros und Thanatos, zwischen den widerstreitenden Impulsen von Liebe und Tod, und an den ausführlichen Selbstrechtfertigungen so intelligenter, alles andere als einfältiger Überläufer wie Buscetta und Antonio Calderone verblüffte vor allem, wie oft sie sich auf Empfindungen beriefen. Es war eine Sache, der Cosa Nostra anzugehören – das konnte nur ein Mann –, und eine ganz andere, als Frau dem mörderischen Ethos und der Angst unterworfen zu sein, doch ohne die Autonomie, die Männer in begrenztem Maße genossen. Außerhalb der Mafia konnten Frauen wie Letizia Battaglia die ererbte, untergeordnete Rolle der Frau verwerfen. Für eine Frau, die innerhalb der Mafia-Welt lebte, war dies weit schwieriger.

Shobha war es, die mir von Rita Atria erzählte. An dem Morgen, an dem ich Shobha in dem Dorf Scopello begegnete, saß sie in der Sonne, die Lichtpünktchen in ihr langes, dichtes goldblondes Haar und in das Wasser der Meeresbucht von Castellammare unter uns zauberte. Shobha besaß ein dickes, ledergebundenes Notizbuch mit Tausenden von Namen, Adressen und Telefonnummern; irgendwann einmal war es ihr ins Meer gefallen. Nun war es zwar wieder getrocknet, doch die meisten Zahlen konnte man nicht mehr lesen. Wir verabredeten, daß wir uns ein paar Tage später in der Bar Roney treffen würden, einem der angesagten Treffpunkte in Palermo, wo man senile Aristokraten, Mafiosi zweiten Grades, also Geschäftsleute, und Aspiranten auf die eine oder die andere Rolle im Umgang miteinander beobachten konnte. Shobha war – ein verrückter Zufall – eine von Letizias wundervollen Töchtern und ebenfalls Fotografin, wie sich herausstellte. Sie hatte in Indien gelebt und dort die hinduistische Religion und einen Hindu-Namen angenommen. In Kuba hatte sie Reportagen über die Kinder von Che Guevara und über Fidel Castros rebellische Tochter gemacht. Ihre Fotos von Palermitaner Aristokraten hingen bei ihr reihenweise an der Wand, aufgespießt wie Schmetterlinge. Sie hatte auch über die Mafia Reportagen gemacht, und dabei hatte sie Piera Aiello kennengelernt. Normalerweise war das unmöglich, weil Piera Aiello versteckt lebte; sie stand als Zeugin unter Schutz. Piera Aiello war die Schwägerin von Rita Atria.

Die Atrias waren eine Mafiafamilie aus Partanna, wo zwischen zwei Clans Krieg herrschte. Der Vater, Vito, war 1984 ermordet worden. Sein Sohn Nicola wuchs zum Drogenhändler heran und ließ verlauten, er werde den Tod seines Vaters rächen. Nicolas zehn Jahre jüngere Schwester Rita verehrte ihn abgöttisch. Er spielte mit ihr, als sie noch klein war; später, nachdem ihr Vater ermordet worden war, Nicola sich mit Männerangelegenheiten befaßte und ihre Mutter Rita den Umgang mit ihm verbot, trafen sie sich weiter heimlich an einem anderen Ort. Nicola hatte eine Freundin namens Piera, deren Familie nicht zur Mafia gehörte; aber sie war ein tapferes Mädchen und wurde zu einer tapferen Frau. *Mein Name ist Piera Aiello, und mein Leben ist rasch erzählt. Mit vierzehn war ich verlobt, mit achtzehn verheiratet, mit einundzwanzig Mutter und mit dreiundzwanzig Witwe.* Piera war zehn Jahre älter als Rita, und sie erinnerte sich noch, wie Nicola das kleine, sechsjährige Mädchen geherzt und geküßt hatte. Später wollte Piera mit Nicola und seinem Leben in der Mafia nichts mehr zu tun haben. *Aber ich hatte nicht mit der Ehre der Atrias gerechnet. Sie zwangen mich, ihn zu heiraten.* Doch während sie noch versuchte, Nicola zum Überlaufen zu bewegen, wurde er vor ihren Augen erschossen, in der Bar und Pizzeria, die sie in Partanna betrieb. *Ich habe Nicola geliebt, er war der Vater meiner Tochter ... meine Tochter soll sich nie schämen müssen, eine Atria und eine Sizilianerin zu sein.* Piera wandte sich an die Ermittlungsrichter. Sie war bereit zur Aussage. *Die Frauen der Mafiosi wissen stets über alles Bescheid. Wenn sie den Mund aufmachen, bedeutet das den Untergang der Cosa Nostra ... Ich hatte Nicola fast zur Kooperation überredet ... eine Frau kann ihren Mann zu allem bringen. Selbst wenn er ein Oberboß ist.* Einige Monate später beschloß auch die siebzehnjährige Rita auszusagen. Gemeinsam zeichneten Rita und Piera Atria dem Ermittlungsrichter Paolo Borsellino ein detailliertes Bild von den Machtverzweigungen der Mafia in Partanna.

Für Ritas Mutter war diese Entscheidung eine Tragödie. Nicht genug, daß Mann und Sohn erschossen worden waren, nun verlor sie auch noch die Tochter an die sich perfide – wie sie es sah – einmischende Schwiegertochter. Sie bezeichnete die beiden als *infami* und unternahm juristische Schritte gegen Borsellinos Behörde, der sie vorwarf, Rita entführt zu haben. In ihrer Verzweiflung drohte sie Rita mit dem Schicksal, *das ihrem Bruder zugestoßen war.* Piera und Rita wurden in ein Versteck in Rom gebracht. *Sie war ein junges Mädchen, das sehr an seiner Mutter hing – an einer Mutter, die Ritas Entscheidung niemals akzeptierte*, erinnerte sich Piera. *Es kam zu heftigen Wortwechseln am Telefon und bösen Streitereien, nach denen Rita jedesmal am Boden zerstört war.* Und doch, immer noch besser als die grauenvolle Angst, die in Partanna ihr ständiger Begleiter gewesen war. Rita hatte dort Tagebuch geführt.

> Vier Uhr nachmittags. Als ich vorhin draußen die Wäsche aufhängte, sah ich Claudio Cantalicio in seinem Wagen vorbeifahren. Das geschieht nicht zum ersten Mal ... Claudio hielt den Kopf gesenkt, aber sein Beifahrer reckte sich herüber, um einen Blick auf mich zu werfen ... Lieber bin ich in einem Käfig voll hungriger Löwen, als mich dem Haß der Ac-

cardos auszusetzen. Und wenn ich mich im letzten Loch verstecke und für immer dort bleibe – wenn sie wollen, finden sie mich und bringen mich um ... Ein Uhr morgens, und ich kann nicht schlafen ... Ich habe schreckliche Angst ... heute abend gegen elf Uhr fünfunddreißig hörte ich jemanden an die Tür klopfen ... hartnäckig, wieder und wieder ... Es war Andrea d'Anna ... Ich weiß, daß er immer bewaffnet ist ... Heute abend war er nicht betrunken, er hätte seinen Auftrag ausführen können, mich und meine Mutter umzubringen ... Ich sagte meiner Mutter, es sei alles in Ordnung, erfand irgendeine Ausrede, um sie zu beruhigen, aber ich habe Angst, daß sie mich morgen umbringen.

Zunächst machte Piera Aiello und Rita Atria ihr neues Leben in Rom beinahe Spaß, es kam ihnen fast normal vor. Gemeinsam besichtigten sie die Stadt, gingen tanzen und trafen andere junge Leute. Aber sie mußten ständig die Unterkunft wechseln, und ihre Bewacher untersagten ihnen aus Sicherheitsgründen, dauerhafte Freundschaften anzuknüpfen. Rita durfte sich zwar mit einem jungen Seemann namens Gabriele treffen, wurde aber selbst ihre Bedenken nicht los. Sie fürchtete sich nicht vor Gabriele, sondern vor seiner Familie und dem, was geschehen würde, wenn seine Mutter herausfand, wer sie wirklich war. Die einzige Verbindung der beiden mit der Heimat stellte Paolo Borsellino dar. Er hatte in besonderem Maße die Gabe, Vertrauen und Freundschaft herzustellen; er blieb mit Rita und Piera in engem Kontakt und ließ sie auch nicht im Stich, als sie längst nicht mehr von Nutzen waren. Seine Schwester erinnerte sich:

Paolo sprach oft mit seinen eigenen Töchtern über Rita, weil er sie fast als eine davon betrachtete und er besser verstehen wollte, was in der Seele so eines jungen Mädchens vorgeht. Er nannte sie gern *picciridda* [sizilianisch für »kleines Mädchen«], und sie war ihm wie eine Tochter ... er hing sehr an ihr.

Borsellino neckte Rita gern, und sie nannte ihn Onkel Paolo. Außer Piera und ihm hatte sie ja nun keine Familie mehr. In Rom dachte sie viel über ihr Heranreifen zur Frau nach und schrieb dazu in ihr Tagebuch:

Ich wäre so gern eine richtige Frau. Worin liegt der kleine Unterschied zwischen mir und einer Frau? Vielleicht darin, daß ich die Freuden des Fleisches noch nicht gekostet habe? Mir war nicht klar, wie wichtig das ist. Wenn das der einzige Unterschied ist, dann bringt mich an irgendeinen öffentlichen Ort, legt mich auf ein Bett, und dann erst werdet ihr begreifen, wie alt ich bin. Ich bin jünger, als ihr wissen könnt, aber ich werde euch überirdische Genüsse bereiten, von denen ihr euch niemals habt träumen lassen. Wenn es Größeres gibt, als Frau zu sein, nun, dann steht dieses Attribut mir zu.

Dies schrieb sie 1992, in den letzten Monaten ihres Lebens. Am sechsundzwanzigsten Juli, eine Woche nach dem tödlichen Attentat auf Paolo Borsellino und seine Eskorte in der Via D'Amelio, stürzte sich Rita vom Balkon ihres bewachten Hauses in Rom. Sie war siebzehn Jahre alt. *Jetzt gibt es keinen mehr, der mich beschützt*, schrieb sie in ihr Tagebuch; und weiter:

> Bevor man der Mafia den Kampf ansagt, muß man sein eigenes Gewissen prüfen, und erst, wenn man die Mafia in sich selbst besiegt hat, kann man darangehen, die Mafia zu bekämpfen, die im Herzen der eigenen Freunde existiert; die Mafia, das sind wir, unser eigenes falsches Verhalten.

Damit forderte sich ein junges Mädchen, das in einer Mafiafamilie und einer Mafia-Hochburg aufgewachsen war, in jenem furchtbaren Sommer zu viel ab. Außer dem Priester des Ortes waren bei Ritas Beerdigung in Partanna keine Männer zugegen, und auch keine Verwandten. *Unter keinen Umständen darf meine Mutter zu meiner Beerdigung kommen oder mich nach meinem Tod noch einmal sehen, hatte Rita schriftlich verfügt.* Ihre Mutter äußerte auch nicht den Wunsch danach. Sie schloß sich im Haus ein, als die kleine Prozession daran vorbeischritt, und drückte sich ein Kissen vors Gesicht. Ein paar Freundinnen und Lehrerinnen aus der Schule waren gekommen, und die Ermittlungsrichter des Bezirks schickten ein Kondolenzschreiben. Frauen aus Palermo, die dort gegen die Mafia kämpften, trugen Ritas leichten Holzsarg. In der Sommerhitze schwitzend, erteilte der alte Priester der Toten unter freiem Himmel einen Segen, verweigerte ihr jedoch ein kirchliches Begräbnis, weil sie als Selbstmörderin eine schwere Sünde begangen hatte. *Eine Blume, von einem bösen Wirbelsturm mitsamt den Wurzeln ausgerissen*, nannte er Rita, rezitierte Psalmen, die nachdrücklich von Sünde sprachen und spielte in seiner Predigt vage auf das Böse im Menschen an. Als ein Jahr später für den korrupten Industriellen und Selbstmörder Raoul Gardini im Dom von Ravenna eine feierliche Trauerzeremonie abgehalten wurde, entsann sich Paolo Borsellinos Familie wieder dieser Diskriminierung. In einer bitteren Presse-Erklärung erinnerte sie daran, *daß der Priester ihres Heimatortes ihr ein Begräbnis verweigert hat ... in Dankbarkeit denken wie an Rita Atria, die wie Paolo Borsellino ihrer Liebe zu Wahrheit und Gerechtigkeit wegen sterben mußte.*

Wie es Rita gewünscht hatte, wurde sie neben ihrem Bruder und weit entfernt von ihrem Vater begraben. Den Grabstein zierten ein Foto von ihr und die eingravierte Inschrift DIE WAHRHEIT LEBT, die Piera ausgewählt hatte. Drei Monate später, an Allerheiligen, kam Ritas Mutter, zerschlug den Grabstein mit einem Hammer und zerstörte Foto wie Inschrift. *Niemand hat das Recht gehabt, das Bild da zu befestigen. Rita gehört nicht da-*

hin. Nach Ritas Tod war ihre Mutter monatelang in Katatonie gefallen und mußte von Nonnen gefüttert werden. Am Ende setzte sie auf gerichtlichem Weg durch, daß Ritas Leichnam in das Familiengrab umgebettet wurde. Piera Aiello verlor bei all dem niemals die Nerven.

> Hin und wieder kehre ich zurück nach Partanna, warum auch nicht. Ich besuche den Friedhof und bete an Ritas Grab. Leibwächter begleiten mich, so daß die Leute mich sehen können, alle sehen sie mich, aber keiner kann mir zu nahe kommen. Sie können nur glotzen, und ich gehe mit hoch erhobenem Kopf, wie eine Dame.

So erschien Piera, wenn sie zurückkam, einer der Frauen von Partanna, und so erinnerte man sich an sie:

> In einem Auto saß Piera Aiello auf dem Rücksitz, ganz allein, obwohl eine Unmenge Leibwächter sie abschirmten. Sie wirkte still und in sich gekehrt, trotz eines Anflugs von Traurigkeit absolut gefaßt, und zeigte ein scheues Lächeln, die Augen hinter der verspiegelten Sonnenbrille verborgen. Ich spürte eine unendliche Einsamkeit von ihr ausgehen, eine tiefe Tragik, die ich mir nie hätte vorstellen können, als wir damals, vor vielen Jahren, an heißen Sommerabenden oft ein kühles Bier in ihrer Bar in Montevago tranken – die einzige, die lang geöffnet hatte. Piera stand hinter der Bar, sie sprach kein Wort und schien sich unbehaglich zu fühlen, war freundlich, aber auf der Hut. Sie stand ganz im Schatten ihres ungebärdigen Mannes ...

Die Frau hatte eine Botschaft für Piera: *Denk daran, du bist nicht allein.* Eine Frau, die sich ganz besonders über das *Armesünderbegräbnis* von Rita aufgeregt hatte, war Rosaria Schifani, und sie sagte das gleiche. *Rita eine Sünderin? Was für eine Sünde soll das sein? Die Sünde, den Mund aufzumachen? ... nie wieder werden wir eine Frau alleinlassen.* Rosaria Schifani kannte sich mit dem Mund-Aufmachen und Alleingelassen-Werden aus. Sie war dreiundzwanzig Jahre alt. Zwei Monate zuvor war ihr Mann Vito zusammen mit Giovanni Falcone, Francesca Morvillo und zwei Kollegen bei dem Bombenanschlag auf der Autobahn zum Flughafen nicht weit von Capaci ums Leben gekommen. Letizia hatte ein schönes Foto von ihr gemacht: zerbrechlich und doch stählern, mit breitem Mund, schweren Lidern, hohen Wangenknochen, das Gesicht zur Hälfte im Schatten. Das Foto erinnerte mich an Antonello da Messinas großartiges Porträt der *Annunziata* in der Galerie des Palazzo Abatellis. Die gleichen ausgeprägten Wangenknochen im halb überschatteten Gesicht, blickt auch Annunziata fest den Betrachter an, wobei sie mit den ausgestreckten Fingern der rechten Hand zart Aufmerksamkeit heischt. Doch beider Blick wirkte zugleich nach innen gerichtet und unerreichbar.

Die Trauerfeier für Falcone, seine Frau Francesca Morvillo und seine drei Leibwächter fand an einem regnerischen Maitag 1992 in der Kirche San Domenico statt. Das Entsetzen über diese Morde und das Gefühl, einen furchtbaren Verlust erlitten zu haben, vom Staat verraten worden zu sein, schuf eine angespannte Atmosphäre, die sich erst recht auflud, als Rosaria Schifani aufstand und zu den Mächtigen Italiens sprach, die nach Süden geeilt waren, um den Toten die letzte Ehre zu erweisen. Nie haben die Menschen den Moment vergessen, in dem die junge Witwe des sizilianischen Polizisten, eine zarte, unversöhnliche junge Frau in Schwarz, den Führern des Landes befahl, auf die Knie zu fallen. Sie sprach von ihrem toten Mann, mehr zu sich selbst als zu der trauernden Menge in der Kirche. *Er war so schön*, sagte sie. *Er hatte so schöne Beine.* Dann sagte sie noch einige Worte, die sie mit Hilfe eines Priesters vorbereitet hatte. In der Erregung des Augenblicks kamen sie laut und deutlich, jedoch in Bruchstücken heraus.

Mein Vito Schifani
Der Staat, der Staat
Warum stecken die Mafiosi noch immer überall im Staat
Ich verzeihe euch
Aber fallt auf die Knie
Sie wollen sich nicht ändern
Sie ändern sich nicht
Zuviel Blut
Hier gibt es keine Liebe
Hier gibt es keine Liebe
Hier gibt es keine Liebe
Hier gibt es kein Fünkchen von Liebe.

IX FREUNDE

Wenn man von Palermo in Richtung Westen der Küste folgt, am Flughafen Punta Raisi vorbei und um die Bucht von Castellammare herum – die Bucht, auf die man von Pasquales Mühle aus blickt –, kommt landeinwärts hinter einem Gebirgszug, der heute ein Naturschutzgebiet ist, der antike Ort Erice in Sicht. Fast versteckt liegt er hoch über dem Meer und der Küstenebene in einem vollkommen gleichschenkligen Dreieck, auf dem Gipfel einer Felszitadelle, von Bäumen umgeben. Die Temperatur sinkt spürbar in den wenigen Minuten, die man braucht, um sich den steilen Felshang hinaufzuschlängeln zu einem Ort, an dem Phönizier, Griechen und Römer einer der Göttin der Fruchtbarkeit geweihten Tempel unterhielten. Erst hieß sie Astarte, die Hure Babylons, dann Aphrodite und schließlich Venus. Heute findet man den mittelalterlichen Ort grau, intakt, autofrei und still vor; und trotz seiner Berühmtheit und Schönheit, trotz seiner Andersartigkeit und des stetigen Stroms von Besuchern verschlossen, unzugänglich, steinhart wie alle sizilianischen Bergdörfer. Doch dieser Ort wirkt besonders tot und finster. Er zehrt von seiner Vergangenheit. Fast unmittelbar am Fuß der schroffen Felsformation beginnt die Stadt Trapani und dehnt sich nach Westen an einer geschwungenen Landzunge entlang aus, die ins Meer ragt.

Wie Erice besteht auch Trapani seit rund dreitausend Jahren. Fast eine Ewigkeit diente es den Phöniziern und ihren Nachfolgern als Anlaufpunkt auf ihren Handelsrouten im Mittelmeergebiet. Trapani zählte zu der Kette von Brückenköpfen, welche die Phönizier in die Küste Westsiziliens schlugen. Nachdem die Römer die karthagische Flotte vernichtet und die Stadt im dritten vorchristlichen Jahrhundert eingenommen hatten, ging es mit ihr langsam, aber stetig bergab. Aus diesem Niedergang retteten Trapani die Araber, und die labyrinthischen Gassen der Altstadt zeugen bis heute von der islamischen Stadt, welche die Araber zu Beginn des neunten Jahrhunderts hier errichteten. Zur Gold- und Korallenverarbeitung als angestammten Gewerbezweigen der Stadt kam dank der Araber der Seehandel hinzu, und Trapanis Aufstieg setzte sich noch lange nach Ankunft der Normannen im Jahre 1077 fort. Die Araber brachten auch ihre Kochkunst mit, und bis heute, tausend Jahre später, sind sarazenische Gerichte in Trapani weit verbreitet. Der nordafrikanische Couscous, sonst in Sizilien kaum bekannt, ist in Trapani eine feste Größe. Der Weizengrieß, den man über Dampf quellen läßt, wird in Nordafrika meist zu Lamm oder Huhn gegessen, wobei das Fleisch entweder gegrillt oder samt Gemüse in Brühe gekocht wird; in Trapani jedoch serviert man *cuscussu* mit Fisch.

Das war der Grund, warum Pippo und ich an einem weiteren herrlichen Herbstsonntag – das Sant'Andrea hatte geschlossen – gemächlich über Castellammare und Erice nach Trapani kurvten. Diesmal hatten wir einen Auftrag. Wir sollten in Trapani ein paar Servierschüsseln für Couscous ausleihen. In Scopello sahen wir an einer schmalen Felsbucht die Überreste einer *tonnara*, in der seit Beginn des dreizehnten Jahrhunderts bis vor ein paar Jahren Thunfisch verarbeitet worden war. An der ganzen Küste fanden sich diese aufgelassenen Thunfischfabriken, die zunehmend unter der Verschmutzung des Mittelmeers gelitten hatten und schließlich von global operierenden japanischen Fabrikschiffen verdrängt worden waren. Jahrhundertelang hatte das barbarische Ritual der *mattanza*, des alljährlichen großen Thunfischfangs im Frühjahr, einen wichtigen Bestandteil der sizilianischen Wirtschaft dargestellt. Wenn die großen Thunfische, von Westen kommend, auf dem Zug zu ihren Laichplätzen in Schwärmen die Küste von Sizilien passierten, erwarteten sie dort, meilenweit vor der Küste, Gruppen offener Fischerboote, deren Besatzung unter Umständen schon seit Tagen müßig auf ihren eingezogenen Rudern lümmelte und darauf lauerte, einen Schwarm zu sichten – wohlgerüstet mit ihrem Riesensortiment von Netzen, schwimmenden Pferchen, in die sie die großen Fische zu treiben gedachten.

Am sechsundzwanzigsten Mai 1757 ruderte man den Marquis von Villabianca von Palermo vier Meilen auf See hinaus, damit er eine *mattanza* beobachten konnte. Das System der unter Wasser ausgelegten Netze beschrieb er als

> ... ein Atrium von Netzen unter dem Meeresspiegel, mit Seitenwänden, Säulen und Stützen, die an Land ein gar prächtiges Gebäude ergäben ... Dieser Meerespalast besteht aus vier Kammern. Die erste wird ihrer Form wegen die Quadratische Kammer genannt ... Durch ihre Schleuse, die den Hauptzugang zur *tonnara* bildet, schwimmen die Thunfische hinein, guten Mutes und gänzlich unwissend, welch perfide Menschenkunst sie in dieses sinnreiche Bauwerk lockt ... Diese Kammer führt zu einer zweiten, welche die Kleine Kammer heißt ... Ostwärts schließt sich die dritte Kammer mit ihrem sogenannten Freien Zugang an, dessen Netze breitmaschig geknüpft sind, und hierauf folgt die vierte und unwiderruflich letzte, die Todeskammer ... der Schauplatz des feierlichen Opfers.

Sind die Thunfische endgültig in der Todeskammer gefangen,

> ... ziehen die Fischer, angetan mit der Livree des Eigentümers, der *tonnara*, die Netze der besagten tödlichen Kammer mittels Flaschenzügen an die Wasseroberfläche, stürzen sich alsdann wie ausgehungerte Wölfe

auf die zum Vorschein kommenden Fische und machen ihnen mit scharfen Speeren und Harpunen den Garaus.

An einem Sommermorgen Anfang der siebziger Jahre dieses Jahrhunderts wurde Dominique Fernandez Zeuge der endgültig letzten *mattanza* bei einer großen *tonnara* am südlichsten Kap Siziliens. Ihm fiel auf, daß die Mienen der Harpuniers völlig unbewegt blieben, während die großen Fische in dem blutroten Wasser wild um sich schlugen.

Kein Blutrausch, kein Totentanz. Nicht einmal ein Hauch von Zorn, von Vergeltung an den Fischen, auf die sie seit drei Tagen gewartet hatten, zusammengesunken über ihren Rudern, unter der gnadenlosen Sonne, die ihnen die Haut verbrannt hatte und selbst durch ihre Strohhüte gedrungen war ... kein Zeichen von Freude, von Begeisterung auf ihren Zügen, die Armut und Apathie gegen jede menschliche Regung versiegelt hatte.

Vom Ufer aus beobachtete noch ein weiterer Zeuge die letzte *mattanza* mit Hilfe eines Fernglases und zählte die Fische. Er war ein neapolitanischer Fürst, der sich neun Monate im Jahr in Neapel dem süßen Nichtstun hingab und nur zur *mattanza*, von der er lebte, in den Süden reiste. Den letzten Fang vor Augen errechnete er nun, wie lange er noch dem Müßiggang würde frönen können.

Die Namen wecken Erinnerungen an Siziliens Vergangenheit. Der Anführer der Fischer, der den Fangort auswählte und für Beginn und Durchführung der *mattanza* von Thun- und Schwertfisch verantwortlich war, trug in Sizilien seit jeher einen arabischen Titel – *rais*, der Befehlshaber. Der in Palermo wirkende Strafverfolger Lo Forte umschrieb Riinas nicht enden wollendes Massaker an seinen Rivalen mit dem Wort *mattanza*. Und das Zimmer in Palermo an der Piazza Sant'Erasmo, in dem der Mafiaboß Filippo Marchese seine Opfer verhörte, folterte, erdrosselte und in Säure auflöste, wurde die Todeskammer genannt. Der reuige Mafioso, der erstmals von diesem Schreckensort berichtete, war eines von vierzehn Kindern eines Fischers, der von dem wenigen, was das leergefischte Meer noch hergab, seine Familie nicht mehr hatte ernähren können. Um zu überleben, hatte er sich der Kleinkriminalität zugewandt und war dabei der örtlichen Mafia in die Quere gekommen. Sie stellte ihn vor die Wahl, entweder aus Palermo fortzugehen, für sie zu arbeiten oder mit seinem Leben abzuschließen. Von da an mußte er halb aufgelöste Körperteile aus der Todeskammer, in Plastiksäcke verpackt und mit Gewichten beschwert, von einem Ruderboot aus im Hafenbecken von Palermo versenken. Aus Vincenzo Sinagra, dem Sohn des Fischers, wurde nie ein überzeugender Mafioso. Er verärgerte seinen Boß, weil das Entsetzen über die Morde, deren

Zeuge er wurde, sich stets in seiner Miene spiegelte. Nach seiner Verhaftung lernte er mit Hilfe der alten Schulbücher von Borsellinos Kindern Italienisch. Bis dahin hatte er nur sizilianischen Dialekt gesprochen.

Der Zingarello-Park war nur ein Pünktchen auf der Landkarte, doch daß er mit seinen Palmen, den mächtigen Johannisbrotbäumen und der duftenden, typisch mediterranen Macchia, im Frühling mit seiner Blumenpracht aus Schwertlilien, Narzissen und Veilchen überhaupt noch bestand, war den Umweltschützern zu verdanken. Ein paar Jahre früher hatten sie einen langen Kampf gewonnen, in einer Region, in der die Bauspekulation die Grundlage des Paktes zwischen Mafia und Politik darstellte. Die sizilianische Erde sollte zubetoniert werden, wo immer großes Geld zu machen war. Mit Grünzeug ließ sich kein Blumentopf gewinnen. Pippo war zu Recht sehr stolz auf diese knochentrocken wirkenden Hänge.

Nachdem wir eine Weile in der kühlen Brise von Erice herumgeschlendert waren und von den Felsvorsprüngen hinuntergelugt hatten, rollten wir wieder bergabwärts, auf das Meer und Trapani zu. Wir wollten zu Angelo und Clara. Ich wußte kaum etwas über die beiden, außer daß sie Freunde von Anna Maria und Pippo waren und sie zur Gründung des Restaurants Sant'Andrea angeregt hatten. Angelo und Clara hatten in Trapani ein Restaurant eröffnet, wo man solide, herzhaft gewürzte lokale Gerichte in üppigen Portionen vorgesetzt bekam. Unter Kennern wurde das Trybynis berühmt. Kundige Palermitaner unternahmen einen Tagesausflug nach Trapani, nur um im Trybynis zu essen. Anna Maria sagte: *Entweder mögen die Leute, was dort auf den Tisch kommt, oder sie mögen es nicht. Vielen ist es zu mächtig. Ich mag es sehr*, setzte sie hinzu. Etwa um die Zeit, als das Trybynis seinen einzigartigen Ruf erlangt hatte, keimte in Angelo und Clara die Überlegung, wer gerne koche, müsse das deswegen nicht unbedingt tagaus, tagein für eine Horde wildfremder Leute tun. Beide hatten sie weitere Interessen sowie eine bewegte politische und künstlerische Vergangenheit. Beide hatten Kinder aus einer früheren Beziehung in ihre neue Familie eingebracht. Clara war Sängerin, Angelo hatte früher intensiv in der extrem linken Politik mitgemischt und alternativen Schmuck hergestellt; jetzt war er Erzeuger von landwirtschaftlichen Produkten. Und als sie das Restaurant bis zu seinem glanzvollen Höhepunkt geführt hatten, verloren sie das Interesse daran.

Sie hatten das Restaurant in der Stadt aufgegeben und sich in ihr außerhalb gelegenes Bauernhaus zurückgezogen. Zu dem Anwesen gehörten ein Obstgarten und ein Olivenhain, dem nun Angelos Hauptinteresse galt. Aus selbstgeernteten und vor Ort gepreßten Oliven stellte er ein Olivenöl von feinster Qualität her. Clara und er kochten und aßen nach wie vor gern und teilten dieses Vergnügen auch weiterhin mit anderen. Wirklich entschlossene Gäste, die wußten, wie man sich mit den beiden vorab in Verbindung setzte und durch das Gewirr von Landsträßchen zu ihrem Bauernhaus fand – indem man nämlich an bestimmten Kreuzungen den mysteriösen kleinen, von Hand beschrifteten Schildern folgte, auf die Pippo mich nun hinwies –, durften sich, freilich nur nach Anmeldung und in sehr kleiner Anzahl, abseits der Familie an einen kleinen Tisch setzen und mitessen, was immer Angelo und Clara für sich, ihre Kinder und die verwandten und befreundeten Besucher gekocht hatten.

Als wir an jenem ersten Sonntag unangekündigt bei ihnen aufkreuzten, wußte ich jedoch von all dem noch nichts. Angelo und Clara waren für mich nur diese Freunde, die ein Restaurant betrieben hatten und einen Stapel von Couscousschüsseln besaßen. Pippo brauchte die Schüsseln, weil Anna Maria und er einen arabischen Abend im Sant'Andrea planten. Hinter ihrer Idee, ein eigenes, gutgehendes Restaurant in Palermo zu eröffnen, stand nicht nur rein geschäftlicher oder bloß gastronomischer Ehrgeiz. Das Sant'Andrea war als ein kulturelles Projekt, als eine Übung in Bewußtseinserweiterung gedacht. Selbstverständlich konnte man kein Bewußtsein erweitern, wenn das Essen nicht beeindruckend war. Die Küche war ein wesentlicher Bestandteil der politischen Intentionen. An dem arabischen Abend sollte ein festes Menü maghrebinischer Speisen geboten werden, dazu maghrebinische Musik. Für den kulinarischen Bereich war Nabil verantwortlich; für ihn stand hier nicht nur das eigene Renommee auf dem Spiel, sondern bis zu einem gewissen Grad auch die Ehre seiner Familie, Tunesiens, des Maghreb, Arabiens sowie die Ehre des Islams überhaupt. Nabil war völlig aus dem Häuschen. Tagsüber hatte er stundenlang am Telefon gehangen und mit seiner Mutter, die in einem tunesischen Fischerdorf lebte, über Einzelheiten ihrer heimischen Kochkunst konferiert. Zu der Menüfolge gehörte auch ein Couscousgericht, und im Sant'Andrea gab es keine passenden Schüsseln. Fischcouscous war ein Gericht, das man fast ausschließlich in Trapani und auch dort nur zu Hause aß. Auf den Speisekarten von Restaurants fand man es kaum, außer vielleicht bei Angelo und Clara.

Die Straßen wurden enger, und die Bebauung hörte auf. Schließlich bogen wir auf einen unbefestigten Weg ab und passierten ein Tor in einer hohen weißen Mauer. Dahinter kamen ein mit Herbstblättern übersäter Hof und ein paar Autos in Sicht, ein Baum, ein verknäuelter Gartenschlauch und ein niedriges, weißgetünchtes Haus. Als der kleine Wagen zum Stillstand kam, baute sich ein riesiger weiblicher Eisbär vor ihm auf. Bei näherem Hinsehen entpuppte er sich als Lola, *la maremmana*, eine Art toskanischer Schäferhündin; ihr folgte ein zaundürrer, hellbrauner Hund, der an einen Whippet erinnerte und seinen auswärts gebogenen Schwanz wie eine Sense schwang.

Pippo wehrte erfolgreich Lolas Zunge ab und wand sich aus dem Fiat. Man hatte uns durch das Fenster kommen sehen, und nun riß ein Mann in den Vierzigern, der offensichtlich viel Zeit im Freien zubrachte, die Tür auf. Er trug eine Brille, hatte sein krauses goldblondes Haar zu einem nachlässigen Pferdeschwanz gebunden und sich länger nicht rasiert. Das war Angelo. Nach kurzer Balgerei wurde Lola freundlich, aber bestimmt verbannt, und wir zwängten uns hinein. Von der Haustür aus betrat man gleich einen großen, hellen, verrauchten Raum mit Kachelfußboden, der die ganze Breite des Hauses einnahm und von dessen Mitte ein Flur in den hinteren Teil führte. Von dort kam ein überwältigender Duft nach Knoblauch, stärker als alles, was ich vorher oder nachher je gerochen habe, sinnverwirrend und vermischt mit dem Aroma von Kräutern, Zigarettenrauch und still vor sich hin köchelndem Wein. Die Hälfte des großen Raums wurde von einem endlos langen Tisch eingenommen; vielleicht hatte man auch mehrere zusammengeschoben. Daran aufgereiht saßen zwölf bis fünfzehn Personen beiderlei Geschlechts im Alter zwischen zwölf und neunzig. Sie hatten leergegessene Teller vor sich stehen und den mild-zufriedenen Dämmerblick von Leuten, die gut gegessen haben. Dann wogte aus einer geöffneten Tür an dem Flur eine Dampfwolke zu uns herein, der Duft nach Knoblauch und Kräutern verdichtete sich von neuem, und eine riesige, gefüllte Schüssel schwebte in den Raum. Getragen wurde sie von einer Frau um die Vierzig, mit großen Augen und kurzgeschnittenem, braunem Haar, einem relativ schmalen Gesicht und breitem Mund, von dessen Unterlippe eine Zigarette hing. Dies war Clara. Sie wirkte amüsiert und ein wenig geheimnisvoll.

Es folgten eine weitere Riesenschüssel und zwei große Auflaufformen, die in gewissen Abständen mit Schwung auf die Tafel geknallt wurden. Nach einer flüchtigen Vorstellung wurden Pippo und mir Plätze am Tisch zugewiesen. Man goß uns Wein ein und brachte neue Teller. Niemand wußte, wer ich war, und wir kamen unangekündigt, aber Pippo war ein Freund des Hauses, ich war sein Freund, und es war Essenszeit. Ich hatte mächtigen Hunger, während die anderen, die bereits Gott weiß was zu sich genommen haben mochten, das Gericht andächtig, aber ohne rechten Appetit betrachteten. In den gewaltigen Porzellanschüsseln ruhten, zu Spiralen gerollt, kleine italienische Würstchen aus grob gehacktem Schweinefleisch auf einem üppigen Bett aus sautiertem, dunklem Blattgemüse von grünlich-grauer Färbung. *Friarielli!* rief ich, doch damit lag ich falsch.

Friarielli aß man nur in Neapel. Dort wurde es von allen Gemüsesorten am häufigsten verwendet: eine unansehnliche, an Unkraut erinnernde Pflanze mit faserigen Stengeln, leicht pelzigen Blättern und gelben Blüten, die über Nacht wuchs und bündelweise zu einem Spottpreis zu haben war. Man mußte sie frisch verzehren, sonst bildeten sich auf den Blättern lepröse gelbe Flecken mit schwarzen Punkten in der Mitte. Die faserigen Stengel waren zum größten Teil nicht verwertbar. *Friarielli* zählen vermutlich zu den bescheidenen Verwandten der großen Broccoli-Familie. *Das Zeug geben wir im Norden dem Vieh zum Fressen*, sagte ein Freund aus Mailand, der mich besuchen kam. Ihr unverwechselbar süßlich-bitterer Geschmack verlieh den *friarielli* – ein Wort, das es nur im Neapolitanischen gibt – ihre ganz besondere Note. Zu anderen Blattgemüsen verhalten sie sich wie der bittere, tiefgrüne *rucchetta* zu sonstigen Blattsalaten – dunkler, knackiger und absolut unvergeßlich. Die Neapolitaner nennen *rucchetta* wegen der Form seiner schmalen Blätter ›Fötzchen‹. Andernorts vermißte ich diese neapolitanische Spezialität ebenso schmerzlich wie Mozzarella aus Büffelmilch. In Neapel aß man *friarielli*, mit Knoblauch und Chili kurz in Olivenöl angebraten und fast ohne Sauce, vornehmlich zu Würstchen wie den hier servierten, allerdings von feinerer Konsistenz und würzigerem Geschmack, aus Rind- oder Schweinefleisch. In Apulien und anderen südlichen Regionen wurde viel Rapsgemüse gegessen, und zwar die zarten, sautierten Pflanzenspitzen, beispielsweise zu *orecchiette con cime di rape*, apulischen kleinen Ohren aus frischem Nudelteig, die zwischen Daumen und übrigen Fingern in Form gepreßt werden. Wer *friarielli* kennt und liebt, kann dem faden, geschmacklosen *rape* nichts abgewinnen. Auf dem Markt von Trani fragte ich, ob sie je *friarielli* im Angebot hätten. *Wir haben einmal eine Kiste davon genommen*, sagten sie, *aber niemandem hat das Zeug geschmeckt*. Nur die Neapolitaner verstehen es, wie John Donne sagte, *zu nähren sich von dem, was ungeschulten Sinnen roh erscheinen mag*. Zutreffend, und nicht nur, was das Essen anbelangt. Also fragte ich Clara, die sich neben mich gesetzt hatte, eindringlich aus. Sie kannte *friarielli*, was mich sehr beeindruckte, doch dies hier war ein anderes Gemüse. Sie nannte mir den sizilianischen Namen, den ich aber sofort wieder vergaß.

In den Auflaufformen ruhten gewaltige Landhühner, zubereitet *alla cacciatora* mit Kartoffeln, und von ihnen rührte die köstliche Aromawolke aus Knoblauch, Kräutern und Wein her, die mir immer noch das Hirn vernebelte. Hier bediente sich jeder selbst; ich wollte mir eine bescheidene Portion Geflügel auftun und stellte fest, daß die überdimensionalen Exemplare von Federvieh grob in Stücke zerteilt waren, die kein normaler Mensch auch nur annähernd hätte vertilgen können. Was ich da auf meinen Teller zu hieven versuchte, sah wie ein kompletter Flugsaurier aus, und das war noch das kleinste Stück, das ich in der Schüssel entdecken konnte. Ich versuchte es zurückzubugsieren und brachte damit die sorgsam aufgehäuften, köstlich duftenden Kartoffeln zum Einsturz. *Du brauchst einen Löffel für den Saft*, meinten die anderen hilfsbereit. *Wie willst du ohne Löffel an den Bratensaft kommen?* Jemand reichte mir eine offensichtlich für Großküchen bestimmte Schöpfkelle, und ich kam zu meinem Saft. Die ganze Szenerie schüchterte mich ein, ich fühlte mich überwältigt von den mythischen Ausmaßen dieser Familientafel. Angelo und Clara hatten jeweils ihre Mutter neben sich sitzen. Die von Angelo war weißhaarig, sie wirkte gebrechlich, ein wenig ängstlich und nicht mehr ganz von dieser Welt. Claras Mutter hatte dunkle Haare, trug ein ausgesprochen elegantes graues Seidenkleid mit cremefarbenen Längsstreifen und steckte voller Tatkraft. Sie rauchte noch mehr als Clara. Außerdem gab es ein Paar, dessen eine Hälfte entweder mit Angelo oder Clara verschwistert war, sowie eine Schwester nebst Ehemann, der als Ingenieur in Neapel arbeitete.

Darüber hinaus bevölkerte die Tafel ein Schwarm atemberaubend schöner junger Leute – Kinder von Angelo, von Clara, ihren Geschwistern oder Schwägern; manche glichen mit ihren mattgoldenen, gekräuselten Haarschöpfen den Engeln von Piero della Francesca. Welchen Geschlechts sie waren, konnte ich nicht feststellen. Ich war viel zu verwirrt, um mir außer dem von Lola auch nur einen einzigen Namen zu merken. Immer wieder verfinsterte sich der Raum, und ein monströses Antlitz schob sich vor das vordere Fenster: es gehörte Lola, die auf die Hinterbeine gestemmt hereinschaute. Oder sie pochte mit der Pfote an die Tür, die einmal tatsächlich aufsprang, woraufhin Lola mit ihrem treuen Begleiter hereingesaust kam. Der Zweig eines Pfirsichbaums streifte mit seiner schweren Last an ein Seitenfenster. Vor der Nachmittagssonne erstrahlte das Haar der jungen Leute wie ein goldener Heiligenschein. Träge stieg Rauch von Claras Zigarette empor. Der eine oder andere Besucher brach auf. Dann riß uns das Eis aus unserem Dämmerzustand – Eis mit Jasmingeschmack. Clara erklärte mir mit ihrem ironischen Lächeln: *Trapani ist der einzige Ort auf der Welt, wo Jasmin-Eis hergestellt wird.* Sie verriet mir auch das Rezept, aber ich erinnere mich nicht mehr, wie viele Jasminblüten auf einen Liter Wasser über Nacht dazu eingeweicht werden müssen. Das Jasmin-Eis war stark parfümiert und schmeckte *interessant*, und als wir davon kosteten, lachten wir alle.

Eis zählt zu den Köstlichkeiten des Mezzogiorno, es bildet einen der triumphalen Höhepunkte der hiesigen Kultur, und doch bekommt man es heutzutage in keinem Restaurant mehr. Ich fragte mich, ob es im Trybynis wohl

Eis gegeben hatte und Trapani in dieser Hinsicht als Außenposten der Zivilisation, als Hüter einer fünfhundertjährigen Genußtradition gelten konnte. Denkbar wäre es gewesen, denn wir befanden uns auf uraltem arabischem Gebiet; und mit Sicherheit waren es die Araber gewesen, die dem italienischen Süden Eis und Sorbet geschenkt hatten. Auch der Jasmin konnte nur aus Arabien stammen, sann ich vor mich hin. Die Grundzutaten von Eis sind gefrorenes Wasser und Zucker, und Zuckerrohr kam mit den Arabern nach Sizilien. Das gefrorene Wasser war seit jeher vorhanden, oder vielmehr Schnee, was seltsam anmutet auf dieser fast schon zu Afrika gehörenden Insel mit ihren milden, kurzen Wintern und sengendheißen Sommern. Sciascia erinnerte sich an das Eis seiner Kindheit in Racalmuto, vor dem Krieg und vor Einführung des Kühlschranks.

> Man hörte den Ruf *Schnee aus Cammarata, Schnee aus Cammarata*, sobald der Juni mit seiner drückenden Hitze angebrochen war. Cammarata ist ein Ort hoch in den Bergen, und der dort zusammengeschaufelte Schnee wurde zwischen zwei Lagen Salz und Stroh auf Handkarren nach Racalmuto befördert. Salz und Stroh dienten dazu, den Schnee gegen die Wärme abzudämmen und in gefrorenem Zustand zu halten. Auch daheim wurde er in Stroh gebettet, damit er nicht schmolz. Man kühlte Wein und Wasser damit und machte *granitas* daraus: eine Handvoll Schnee, vermischt mit Sirup von Stachelbeeren oder schwarzen Johannisbeeren. Vor allem die Kinder rissen sich darum. Sie schlürften es rasch aus der Handfläche, bevor es geschmolzen war. Daheim gab es sogar besondere Flaschen mit einer Extrakammer für Schnee, damit man auch mitten im Sommer kühlen Wein trinken konnte. Als in den dreißiger Jahren die Eisfabrik gebaut wurde, waren die Kinder traurig, daß es nun keinen Schnee aus Cammarata mehr gab, aber es gefiel ihnen sehr ... wie die Eisblöcke über das Fließband glitten. Und für ein paar Münzen bekamen sie dort eine Handvoll Eisraspel mit Sirup.

Das waren die schlichten Freuden in einem armen Dorf des Landesinneren. Der Schnee von den Vulkanen Ätna und Vesuv schenkte Palermo und Neapel eine breite Palette gehaltvoller, raffinierter und erlesener Köstlichkeiten. Die Tradition blieb ungebrochen erhalten. Im Scimmia, dem »Affen«, auf der Piazza Carità an der Via Toledo, wo ich den Sonntagabend oft mit Leuten aus dem spanischen Viertel und aus Montesanto verbrachte, wurde seit dreihundert Jahren Eis hergestellt und verkauft. Die Camorra aus dem Hinterland schaltete sich offensichtlich bereits frühzeitig ein und forderte – dem Essayisten Addison zufolge, der im Jahre 1700 Neapel besuchte – Schutzgeldzahlungen für den Eisnachschub. Das gleiche geschah in Sizilien. Kurze Zeit später bereicherte sich auch der Stadtrat von Palermo am

Verkauf von Schnee, und als die »Freunde« 1820 das Geschäft übernahmen, wurden die österreichischen Truppen, die damals Sizilien gerade besetzt hielten, zur Schneegewinnung an den Ätna beordert und aufgefordert, sich nötigenfalls mit dem Gewehr Respekt zu verschaffen. Sizilien exportierte Schnee, und auch in diesem Geschäftszweig gab es Piraten.

All das entnahm ich einem Werk von Elizabeth David, das etwa um die Zeit, als ich Angelo und Clara kennenlernte, postum veröffentlicht wurde. In den fast vierzig Jahren zwischen dem Erscheinen ihres Erstlings, *Italian Food*, und ihrem Tod im Jahr 1992 hatte sich Elizabeth David von einer Amateurköchin und -schriftstellerin zur Expertin auf beiden Gebieten sowie zur Historikerin und Kulturkritikerin des Essens entwickelt. Ihre beiden letzten Werke, in denen sie auf Rezepte ganz verzichtete, waren eine Kulturgeschichte des Brotes und das 1995 unvollendet veröffentlichte Buch *Harvest of the Cold Months*. Darin bemerkt David:

> Wie in Neapel bewies man auch in Sizilien von Anfang an ein ausgesprochenes Geschick für die Herstellung von Eisspezialitäten. Die Inselbewohner waren rasch auf den Geschmack gekommen und verzehrten Eis in reichlichen Mengen und köstlichen Varianten. Neben Zuckerwaren aller Art aus kandiertem und frischem Obst sowie Kuchen und Bonbons vertilgten die Sizilianer zu jedem festlichen Anlaß Eis in Hülle und Fülle. Während seiner kurzen Regierungszeit als König von Sizilien (1713–1720) hatte Victor Amadeus von Savoyen die Stadtverwaltung von Palermo scherzhaft das »Eis-Parlament« getauft. Denn bei den Sitzungen, sagte er, seien die Teilnehmer ganz offensichtlich vor allem vom Eisverzehr in Anspruch genommen.

Ich hatte Eis immer für eine neapolitanische Erfindung gehalten. Es schmeichelt den Sinnen, ist vergänglich, überflüssig, dabei so köstlich – und hätte damit als Erfindung gut zu den Neapolitanern gepaßt. Zu der Frage, wo Eis nun tatsächlich aufgekommen war, fand ich bei Elizabeth David nur vorsichtige Äußerungen.

> Daß die neapolitanischen Eisspezialitäten, ebenso wie die sizilianischen, letztlich auf orientalischen Sorbets basieren, ist kaum zu bezweifeln. Folglich läge die Vermutung nahe, daß die Sorbets durch Araber und Spanier nach Sizilien und Neapel kamen. Aber ob dem wirklich so war? Und wenn ja, wann?

Elizabeth David war auf ein zerfleddertes, undatiertes Büchlein gestoßen, das mit einiger Sicherheit im siebzehnten Jahrhundert in Neapel gedruckt worden war und neben Sorbets auch Rezepte für Eiscreme enthielt. Einem Bericht aus dem späten siebzehnten Jahrhundert zufolge, den Elizabeth David zitiert, verzehrt man in der Stadt Neapel reichlich Sorbet, bestehend aus Zukker und Schnee, und wie es scheint, ist ein jeder Neapolitaner von Geburt an der Zubereitung kundig.

Da andere Briefe und Berichte aus dem frühen siebzehnten Jahrhundert nahelegen, daß Eis zu jener Zeit noch unbekannt war, scheint es sich in Neapel im Lauf des Jahrhunderts durch den Austausch zwischen türkischem Reich und Westeuropa aus Sorbet entwickelt zu haben. Das abgegriffene Büchlein präsentierte Rezepte für Wasser- und Milchspeiseeis, und unter den Geschmacksessenzen waren auch Jasminblüten aufgeführt. Vielleicht ist Trapani der letzte Ort auf der Welt, wo noch Jasmin-Eis hergestellt wird, aber der erste war er sicher nicht. Andere beliebte Geschmacksrichtungen im Neapel des siebzehnten Jahrhunderts waren Aprikose, Muskatellertraube, Erdbeere, bittere Kirsche, Muskatbirne, Pistazie, Kastanie und Schokolade. Aus der spanischen Kolonie Peru war mittlerweile auch die Vanilleschote in Europa eingetroffen. Etwa die Hälfte dieser Geschmacksrichtungen, ergänzt durch viele neue, erfreuten sich dreihundert Jahre später im Scimmia noch immer großer Beliebtheit. Viele davon fand ich auch in Palermo, wo Eis oft auch als Füllung zwischen zwei Brioche-Hälften gegessen wurde.

Vergeblich suchte ich in Elizabeth Davids letztem Werk nach Hinweisen zu *cassata.* Mit den Fragen zu dieser Spezialität schlug ich mich schon seit längerem herum, und ich hätte gern eine kompetente Auskunft dazu gefunden. Ein einziges Mal hatte ich mich mit Pippo beinahe gestritten, und dabei war es nicht etwa um Politik gegangen, sondern um *cassata.* Für Pippo war diese Süßspeise *natürlich* typisch barock. Ich wußte, was er damit meinte – die Mächtigkeit, die überbordende Üppigkeit des spanischen siebzehnten Jahrhunderts, aufs äußerste verdichtet in den kandierten Früchten und der unerträglich süßen Glasur über dem Ricotta. Doch nach all dem, was ich mir an jenem Tag schon hatte anhören müssen, ging mir Pippos Äußerung, *cassata* sei *natürlich* barock, gegen den Strich, und ich erwiderte, für mich sei *cassata* eindeutig eine sarazenische Spezialität. Der Streit zwischen uns blieb unentschieden, und die Frage hatte mich seither nicht mehr losgelassen.

Cassata, und damit fingen die Schwierigkeiten schon an, war zweierlei. Viele Jahre lang hatte ich geglaubt, sizilianisches *cassata* sei ausschließlich eine Eissorte. Zu meiner Überraschung stellte ich in Sizilien fest, daß es auch einen gleichnamigen Kuchen gab, und zwar vermutlich schon länger als das Eis. Bei allen Gemeinsamkeiten waren Kuchen und Eiscreme doch zwei verschiedene Dinge. Gemeinsam waren ihnen die kleingewürfelten kandierten Früchte. Nebst diesen bestand die Füllung des Kuchens aus sahnig-süßem Ricotta-Quark und winzigen Schokoladenkügelchen, aromatisiert mit Vanille und einem Schuß Maraschino-Likör; zusammengehalten wurde das Ganze von Biskuitteig und gekrönt von einer panzerartigen grünen Glasurschicht. Für gefrorenes *cassata* bereitete man unter Zugabe von reichlich Eigelb eine gehaltvolle helle Eiscreme und fügte als Zwischenschicht eine Füllung aus Schlagsahne mit gewürfelten kandierten Früchten und gehackten süßen Mandeln ein. Sehr großzügig betrachtet, war die Eiscreme das gefrorene Gegenstück zum Kuchen, aber eben doch nicht ganz das gleiche. Das *cassata*-Problem beschäftigte mich nun schon lange, und es enttäuschte mich schwer, daß Elizabeth David dieser himmlischen Eisspezialität in ihrem Werk keine Beachtung schenkte. Ich sah damit den Verdacht bestätigt, der mir schon beim Lesen von *Italian Food* gekommen war – daß sie nämlich insgeheim eine Abneigung gegen Sizilien und seine Gerichte hegte, vielleicht sogar nie dort gewesen war und vor Ort etwas gekostet hatte. *Cassata*-Eis war gewißlich die Speise der Huris, jener glutäugigen Jungfrauen, die gläubigen Moslems im Paradies Gesellschaft leisten; *cassata* als Kuchen hingegen erinnerte mich immer an einen zäh der Erde verhafteten Klumpen Lehm – in seiner Süße an die Grenze des Zumutbaren rührend, wabblig, schwer, irgendwie widerlich und schlicht zuviel des Guten, barock im übelsten Sinne. David hätte sich durchaus damit beschäftigen dürfen, denn der Kontrast hebt hervor, was das Eis so unübertrefflich macht – die Modifizierung des Süßen durch Kälte.

Cassata stellte auch Etymologen vor ein Dilemma. Im Latein des vierzehnten Jahrhunderts, wie es in Mittelitalien gesprochen wurde, war *cassata* Brot mit Käse vermischt, *panis cum caseo commixtus*, was sich möglicherweise als Biskuitkuchen, im Italienischen *pan di Spagna*, mit cremigem Ricotta-Frischkäse lesen ließe. Varianten dieser Speise lassen sich bis ins zwölfte Jahrhundert zurückverfolgen: *casata* und *casiata* bezeichneten ein Gericht aus Käse und Eiern. So plausibel dies auch wirkt, es wirft im Mezzogiorno morphologische Probleme auf. Außerdem widerspricht es der Theorie, wonach der Name von dem arabischen Wort *qas'a* oder *qas'at* abgeleitet sei, was große tiefe Schüssel bedeutet und auf die Kuchenform verweist, die ganz mit Löffelbiskuits ausgekleidet und dann mit der Ricotta-Creme gefüllt wird. Nach dem Scharmützel mit Pippo mußte ich die arabische Deutung vorziehen.

Auch *cannoli*, die andere himmlische Süßspeise Siziliens, besteht im wesentlichen aus Ricotta. Der Wortursprung ist hier eindeutig geklärt. *Canna* heißt »Rohr«, beim Zuckerrohr wie beim Gewehrlauf. Die *lupara a canna mozzata* der Mafia war eine abgesägte Schrotflinte. Das *cannolo* genannte knusprige zylindrische Gebäck umhüllt die Ricotta-Creme, und es erinnerte mich an die etwas kleineren, mit Schlagsahne gefüllten »brandy snaps«, wie ich sie von Kindergeburtstagen in Toorak kannte. In Australien wickelte man den warmen, weichen Biskuitteig um einen Besenstiel, ließ ihn kaltwerden und zu festen Röhren erstarren. Bei der Zubereitung von *cannoli* umkleidet man Metallröhren mit dem rohen Teig und backt ihn so aus. Die Ricotta-Creme läßt alle nur erdenklichen Varianten zu, wird jedoch gewöhnlich ebenfalls mit winzigen kandierten Obststückchen und Schokoladenkügelchen durchsetzt. Die Creme hat entweder Vanille- oder Schokoladegeschmack, manche Teigröhren werden auch am einen Ende mit Vanille- und am anderen mit Schokoladencreme gefüllt. Waverley Root behauptete in *The Food of Italy*, es handle sich bei *cannoli* um ein antikes Gericht nicht etwa aus vorsarazenischer, sondern gar aus vorchristlicher Zeit. Waverley Root betrachtete *cannoli* als Phallussymbole:

> Sie gehen angeblich auf die Zeit vor den Sarazenen und selbst vor Beginn des Christentums zurück. Nach dieser Theorie greifen die *cannoli* die Form der Menhire genannten, geheimnisvollen prähistorischen steinernen Stelen von magischer oder religiöser Bedeutung auf, die möglicherweise Fruchtbarkeitssymbole verkörperten. Wie dem auch sei, offenbar wurden *cannoli* ursprünglich bei Hochzeiten serviert; mit ihrem Verzehr nahmen die Gäste teil an einer Zeremonie, die Fruchtbarkeit auf die neue Familie herabbeschwören sollte. Später brachte man *cannoli* mit Ostern – einem Fest der Wiedergeburt – in Verbindung, doch heutzutage ißt man sie, wiewohl die österliche Assoziation noch nicht gänzlich verschwunden ist, rund ums Jahr und weiß zumeist nichts mehr von der mystischen Vergangenheit dieser Süßspeise.

Wohl doch nicht ganz rund ums Jahr, schien mir. Als Stefania, die langhaarige Soziologiestudentin, die im Sant'Andrea arbeitete, mir vor einer Weile den ersten *cannolo* des Herbstes vorgesetzt hatte, hatte ich sie gefragt, ob sie je im Sommer *cannoli* äße. *Aber ja*, erwiderte sie, ohne groß zu überlegen. *Sie sind im Sommer weniger gut, aber man bekommt sie schon.* Vor fünf oder zehn Jahren, fiel mir da wieder ein, war es in einer sizilianischen Gerichtsverhandlung um *cannoli* als Saisonware gegangen. Ein Mann von Anfang Zwanzig wurde der Vergewaltigung eines dreizehnjährigen Mädchens beschuldigt, in Palermo, wenn ich mich recht erinnerte; vielleicht war das Mädchen auch zwölf oder vierzehn gewesen. Bei dem Mann handelte es sich um den Liebhaber der Mutter des Mädchens, und laut Anklage hatte die Mutter dem Verbrechen Vorschub geleistet. Das junge Mädchen hatte einige Courage bewiesen, indem es von sich aus den Mann bei den Carabinieri anzeigte.

Der Aussage des Mädchens zufolge fanden sich an einem heißen Augustabend der Liebhaber und etliche andere junge Männer, möglicherweise weitere Liebhaber, bei ihrer Mutter zum Essen und Trinken ein. Vor meinem inneren Auge sah ich eines der Interieurs, wie sie auf Letizias Fotografien von häuslicher Gewalt und Verkommenheit vorkamen. Irgendwann im Lauf des Abends begannen die Blicke begehrlich zu der noch kaum entwikkelten Gestalt der Tochter zu schweifen, die im gleichen Raum schlief oder döste oder zumindest so tat. Laut Aussage der Tochter bot die Mutter demjenigen, der die meisten *cannoli* vertilgen konnte, als Siegespreis ihr Kind an. Gewinner war ihr eigener Liebhaber; vielleicht war es bei dem Wettkampf nicht ganz mit rechten Dingen zugegangen. Das Mädchen jedenfalls mußte augenblicklich herhalten. Verschiedene Begleitumstände bestätigten die Aussage des Mädchens, und der Liebhaber der Mutter wanderte ins Gefängnis. Er legte jedoch Berufung ein und brachte als triftige Begründung vor, die Geschichte des Mädchens könne nicht stimmen. Sie sei unhaltbar. Das Mädchen habe von *cannoli* gesprochen, die Vergewaltigung solle aber an einem heißen Augustabend stattgefunden haben, und es sei allgemein bekannt, brachte der Verteidiger triumphierend vor, daß es in Sizilien *cannoli* nur im Winter gebe. Die Ricotta-Creme zersetze sich in der Hitze, und außerdem sei diese Süßspeise für den Sommer schlicht viel zu mächtig. Die Richter schlossen sich den Ausführungen an. Nicht etwa, daß sie dem Mädchen keinen Glauben schenkten, erläuterten sie freundlich, aber es sei ganz offensichtlich zu erregt und verwirrt gewesen, um verläßlich auszusagen. Das Urteil gegen den Liebhaber der Mutter wurde aufgehoben.

Standen *cannoli* als verblaßte Zeugen für Leben und Fruchtbarkeit in Sizilien, dann wiesen die zu Allerheiligen gehörigen Süßigkeiten unmißverständlich in die andere Richtung. Rund um jenen Tag wurde in Palermo groß gefeiert, es gab Geschenke für die Kinder, und auf den Straßen der Stadt drängten sich bis spätabends Familien um die Buden, die so dicht beieinander standen, daß an manchen Stellen kein Durchkommen mehr war. Anna Maria schmückte an diesem Abend die Tische im Sant'Andrea mit kleinen Marzipanfrüchten. Sciascia beschreibt eine solche Szene in *Man schläft bei offenen Türen*, einer seiner letzten Erzählungen.

> Figürchen aus Zucker und Marzipan zierten die Schaufenster der Bäkkereien ... es waren *die Gaben der Toten*, jene Männchen und Marzipanfrüchte, nach denen die Kinder am Morgen des zweiten November das Haus absuchten ...

Giovanni Falcone hob ihre Bedeutung hervor:

> Die Kultur des Todes ist nicht alleiniges Eigentum der Mafia. Ganz Sizilien ist durchtränkt davon. Allerheiligen ist für uns ein wichtiger Feier-

tag. Wir schenken einander Süßigkeiten aus steinhartem Zucker, die Totenschädel genannt werden. Einsamkeit, Pessimismus und Tod sind die beherrschenden Themen in unserer Literatur von Pirandello bis zu Sciascia ...

Mir gegenüber am Tisch brachte Angelo das Gespräch auf die Olivenernte. Er redete über Kosten, Arbeitskräfte, Absatz, Quantität und Qualität. Offensichtlich war er es nicht gewohnt, Arbeiter zu beschäftigen, Löhne zu zahlen und Buch darüber zu führen, und eben deshalb schien er einigen Spaß daran zu haben. Er verbreitete sich darüber, welche Überraschungen seine Saisonarbeiter ihm bereiteten. Sie wollten alle nicht in Geld, sondern in Naturalien entlohnt werden. Sie wollten das kaltgepreßte Olivenöl. Es war so gut, daß sie das, was sie nicht selbst verbrauchten, mit einem tüchtigen Aufschlag verkaufen konnten. Das gleiche tat der deutsche Großhändler, der die gesamte restliche Produktion abnahm. Angelos Öl war von so hervorragender Qualität, daß der deutsche Großhändler es mit minderwertigerem Öl versetzen und das Ergebnis dennoch als feinstes kaltgepreßtes Olivenöl *extra vergine* vermarkten konnte. *Das Öl, das wir produzieren, hat einen Säuregehalt von 0,1 Prozent*, sagte Angelo. *Bis zu einem Prozent läuft alles unter der Bezeichnung »extra vergine«.* Bis zum zehnfachen also. Die Kriterien waren großzügig bemessen. Das Herz blutete mir bei der Vorstellung, daß Angelos Qualitätsware in so viel schlechterem Zeug unterging.

Ein Öl für Boutiquen, brüllte ich. Die Atmosphäre des Hauses stieg mir zu Kopf. *Leg dir hübsche Flaschen zu, finde jemanden für den Vertrieb und steig selbst in das Geschäft ein.* Angelo blickte flüchtig zu mir herüber. Offenbar verlockte ihn die Rolle des erfolgreichen Geschäftsmanns nicht sonderlich. Bauer zu spielen war etwas ganz anderes. Er hatte den Hof vor einigen Jahren geerbt. Bis dahin – eigentlich bis er Clara kennenlernte und mit ihr das Restaurant aufmachte, was für beide einen Neubeginn darstellte – hatte sein Leben die für einen Italiener seines Alters typischen Höhen und Tiefen durchlaufen. Angelo kam auf seine Kindheit in Salemi zu sprechen. Salemi lag auf einer Hügelkuppe im strategischen Zentrum Westsiziliens, landeinwärts von Trapani, mit dem es eng verflochten war. Mit seiner Burg zählte Salemi zu den uralten Ansiedlungen, die ihre Eigentümlichkeit und Bedeutung den Arabern verdankten, desgleichen auch den Namen, Salem, Gesundheit und Sicherheit. Später bot der Ort den aus Spanien vertriebenen Juden Zuflucht und wurde zum Sitz eines berühmten Jesuitenkollegs. Salemi lag auch für die Mafia strategisch günstig. Aus diesem Ort stammten die beiden Vettern, die nach dem Krieg zu ungekrönten Königen Siziliens wurden und zu den reichsten Männern in Italien zählten. Ich brachte das Gespräch auf die Salvos.

Gott, ja, sagte Angelo. *In so einem Ort kennt jeder jeden. Hab mit ihren Kindern gespielt, als wir noch klein waren, kam zu ihnen ins Haus. Ob du's glaubst oder nicht*, fuhr er beiläufig fort, *Angela war meine Freundin. Wir hatten eine Zeitlang ein kleines Techtelmechtel, aber nichts Ernstes. Wir waren ja noch halbe Kinder.*

Angela? sagte ich. *Doch nicht die, die heiratete und –*

Ganz recht, sagte Angelo. Er hatte mich unauffällig im Blick behalten, um zu sehen, ob ich die Pointe mitbekam. *Ninos Tochter. Das Hochzeitsgeschenk. Das silberne Tablett.* Ich hatte schon einiges von den Salvos gehört. Jetzt erzählte mir Angelo ihre Geschichte.

Bereits unmittelbar nach dem Krieg wurden die Vettern Nino und Ignazio Salvo, Mitglieder einer bekannten ortsansässigen Familie und damals beide noch blutjung, in einem Bericht der Carabinieri über die Wahlkampagne von 1946 als Mafiosi erwähnt. Ein weiterer Bericht des Carabinieri-Kommandeurs von Salemi aus dem Jahr 1965 bezeichnete jeden der Vettern als *Mitglied der Mafia und Sohn eines Mafioso.* Von Mafiabossen, um genau zu sein. 1971 zog Oberst Dalla Chiesa, damals Kommandeur der Carabinieri-Einheit von Palermo, Erkundigungen über sie ein. Von anderer Seite wurden sie jedoch in Schutz genommen, und es sollte noch eine Reihe von Jahren dauern, bis man sich außerhalb von Salemi darauf besann, woher die Salvos eigentlich stammten und mit wem sie verbandelt waren. Solches laut werden zu lassen, galt lange Zeit als ebenso gefährlich wie sinnlos und zeugte von mangelndem Takt. Bis zum Ende der siebziger Jahre waren die Salvos ziemlich unauffällig zu den mächtigsten Männern Siziliens geworden und zählten zu den reichsten Männern Italiens. Rund dreißig Jahre hielten sie die Zügel in der Hand.

Nachdem die römische Regierung in den vierziger Jahren die weitgehend autonome Region Sizilien geschaffen hatte, um den separatistischen Hitzköpfen den Wind aus den Segeln zu nehmen, stand das neue Regionalparlament vor der Frage, wie die Steuereintreibung in der Praxis aussehen sollte. Nach zweijähriger Debatte entschied das Parlament schließlich 1952 mit einer Stimme Mehrheit, eine kuriose Tradition fortzuführen, die auf das bourbonische Königreich Beider Sizilien zurückging: Man erteilte Privatpersonen die entsprechende Konzession. Der junge Nino Salvo hatte die Tochter eines örtlichen Steuereintreibers geehelicht und kam so in das neu entstandene Geschäft. Gemeinsam mit seinem Vetter baute er ein Unternehmen namens Satris auf, dem binnen zehn Jahren nahezu alle Steuereintreibungsstellen Siziliens angehörten. Statt der üblichen dreieinhalb Prozent Beteiligung an den eingetriebenen Summen erhielt das Monopolunternehmen Satris zehn Prozent. Außerdem wurde ihm zugestanden, die eingegangenen Summen erst mit mehrmonatiger Verzögerung weiterzuleiten. Diesen Aufschub und die Steuererträge Siziliens, die Liquidität eines Kleinstaats, machten die Salvos sich zunutze, um ihr Imperium aufzubauen. Als Dreißigjährige operierten sie bereits von Palermo aus und hatten ein immenses Vermögen zusammengescheffelt.

Die Salvos waren Grundbesitzer, Bauunternehmer, Hoteliers und Weinproduzenten – alles im großen Stil. Angelo tadelte mich einmal, weil ich Torre Vecchia schätzte, denn das sei ein Salvo-Wein. Gleichzeitig erweiterten die Salvos ihre Einflußsphäre vom Gemeinderat des Ortes Salemi auf die DC der gesamten Provinz Trapani. Angriffe auf ihr Steuermonopol wurden vom Regionalparlament regelmäßig abgeschmettert. Die Macht der Salvos war von derjenigen der DC nicht mehr zu trennen. Die Vettern, hieß es in einem Bericht der parlamentarischen Antimafia-Kommission aus dem Jahr 1976, *stellen einen der gewichtigsten Faktoren im Kontrollsystem der Mafia über die Provinz Trapani dar, haben sie doch die lokale DC fest im Griff.* Doch weder diese Erkenntnis noch sonst etwas vermochte die Salvos aufzuhalten. Im Hafen von Palermo lag eine sechsundzwanzig Meter lange Yacht, die Alicia, auf der sie gern Feste veranstalteten. Ein häufiger Gast, las ich in der *Wahren Geschichte Italiens*, war dabei Claudio Vitalone, jener Ex-Minister, der nun gemeinsam mit Andreotti wegen des Mordes an Pecorelli vor Gericht stand. Auf der Alicia hingen Gemälde von Van Gogh und Matisse. Alicia – so hatte Salemi in römischer Zeit geheißen.

Anfang der achtziger Jahre begannen die Dinge für die Salvos schiefzulaufen. Zu ihrem Unglück war Giovanni Falcone auf sie aufmerksam geworden, der sich damals gerade näher mit der Mafia beschäftigte, weil alle ihm zugeteilten Fälle in diese Richtung wiesen. Im Mai 1982 mußten die Vettern verblüfft mitansehen, wie fünfzig Inspektoren der Finanzpolizei ihre Privathäuser und Büroräume in Palermo durchsuchten. Dreißig Pappkartons mit Dokumenten wurden abtransportiert. Die Salvos gingen davon aus, daß der Befehl dazu aus Rom gekommen war, und Anfang Juli trat Nino Salvo mit einer unverhüllten Warnung an die römische DC ins Rampenlicht. In einem Interview, das er dem einflußreichen italienischen Wochenblatt *L'Espresso* gab, stellte er die Frage: *Kann sie [die DC] zulassen, daß man systematisch Hatz auf Angehörige der Geschäftswelt macht, die ihr von jeher besonders nahegestanden haben?* In der ersten Augustwoche wurde die italienische Regierung gestürzt: eine unvermittelte, geheimnisumwitterte Krise, die wohl eine Art Warnung darstellte und auf die fünf Tage später die Bildung einer neuen, identischen Regierung folgte. Die Salvos und ihr Imperium blieben unangetastet, obwohl Falcone inzwischen brisante Entdeckungen zu Geschäft und Politik in Sizilien gemacht hatte.

So war er darauf gestoßen, daß das Hotel Zagarella, das die Salvos in den siebziger Jahren am Rande Palermos errichtet hatten, das in Italien unweigerlich als *pharaonisch* bezeichnet wurde und in dem Giulio Andreotti fünf Jahre später anläßlich des Freundschaftsfestes der DC logieren sollte, fünfzehn Millionen Dollar an Baukosten verschlungen hatte – auf die neunziger Jahre umgerechnet also gute fünfzig Millionen. Von jenen damals fünfzehn Millionen hatten die Salvos lumpige sechshunderttausend aus eigener Tasche bezahlt, mithin etwas über ein Dreißigstel. Der Rest war aus dem staatlichen Entwicklungsfond für den Süden, *Cassa per il Mezzogiorno*, beglichen worden. Der Oberst der Finanzpolizei, der die Durchsuchungsaktion leitete, erinnerte sich aus dem Jahr zuvor an eine kleine Hochzeitsparty für achthundert Gäste, die ein sizilianischer Abgeordneter im Zagarella veranstaltet hatte, und prüfte die entsprechenden Abrechnungen. Der prominente Abgeordnete hatte keine Lira aus der eigenen Tasche gezahlt. Das Zagarella erfreute sich nicht nur unter christdemokratischen Politikern großer Beliebtheit; dort fanden auch Hochzeiten und Gipfeltreffen der Mafia statt. Die Gnadenfrist für die Salvos währte nur wenige Jahre. Im Juli 1983 unterzeichneten Rocco Chinnici und Giovanni Falcone einen Haftbefehl für Riina und die Cupola der Cosa Nostra wegen des Mordes an General Dalla Chiesa. Drei Wochen später zerriß eine Autobombe Chinnici, seinen Chauffeur, zwei Leibwächter und den Portier seines Wohnhauses. Seine Frau sah die Mordtat vom Fenster aus mit an. Doch Falcones Interesse an den Vettern Salvo erlahmte nicht.

1984 bekam er von Tommaso Buscetta die ersten Enthüllungen zu den Machenschaften der Cosa Nostra geliefert. Was die Politiker anbetraf, bewahrte Buscetta wohlweislich fast ein weiteres Jahrzehnt Stillschweigen; doch über die Salvos packte er 1984 soweit aus, daß die Vettern endlich verhaftet und im Maxi-Prozeß von Palermo zur Verantwortung gezogen werden konnten. Ein Großteil der Anklageschrift zeichnete die Karriere der Salvos nach. Die Vettern und Vito Ciancimino waren unter den vierhundertfünfundsiebzig angeklagten Mafiosi die einzigen Politiker, doch zum ersten Mal erhob sich offen und in aller Form die Frage nach der dritten Ebene der Mafia, die in den Rängen der Politik zu suchen war. Nino Salvo starb unmittelbar vor der Prozeßeröffnung an Lungenkrebs. Ignazio wurde verurteilt und stand, nach wie vor steinreich, unter Hausarrest, als Riinas Killer ihn im September 1992 erschossen.

Als Angela Salvo, Ninos Tochter, im September 1976 vor den Traualtar trat, war sie zwanzig Jahre alt und pubertären Schwärmereien wie der für Angelo längst entwachsen. Bei dem Hochzeitsempfang wurde ein selbst für die Verhältnisse der Salvos legendärer Prunk geboten, und als Gäste kamen die Reichsten und Mächtigsten von ganz Sizilien. Die opulenten, kostspieligen Hochzeitsgeschenke wurden in vier Räumen ausgestellt. Salvo Lima schenkte dem Brautpaar eine große silberne Terrine. Das in aller Augen wertvollste Geschenk – ob auch das kostspieligste, war nicht von Belang – thronte auf einem eigenen Tisch im mittleren Raum, und die Hochzeitsgesellschaft defilierte mit einer gewissen Ehrfurcht und Bewunderung daran vorbei: ein riesiges Silbertablett mit einer Glückwunschkarte von Ministerpräsident Giulio Andreotti. Ein Fotograf aus Palermo, der auftragsgemäß die Hochzeitszeremonie und den Empfang mit Filmkamera und Fotoapparat festhielt, bannte auch jedes einzelne Hochzeitsgeschenk auf Zelluloid, doch als der Brautvater später die Bilder erhielt, kaufte er auch sämtliche Negative, die an dem Tag entstanden waren.

So überraschte es kaum noch, daß der später ermordete Polizeibeamte, der 1984 Nino Salvo verhaftete, in dessen Taschen ein Adreßbüchlein fand, das unter dem Buchstaben G den Namen Giulio enthielt, gefolgt von der höchst geheimen Privatnummer des Mannes, der nun Außenminister war. Überraschend war lediglich die Hartnäckigkeit, mit der Giulio Andreotti in Abrede stellte, je seine Geheimnummer an Salvo weitergegeben und Salvos Tochter ein imposantes Silbertablett zur Hochzeit geschenkt zu haben. Er bestritt all dies und leugnete darüber hinaus, Nino Salvo oder seinen Vetter Ignazio überhaupt zu kennen. *Ich habe weder die Vettern Ignazio und Antonino Salvo noch irgendeinen ihrer Familienangehörigen jemals getroffen oder näher kennengelernt.* Er reagierte damit genauso wie bei der Konfrontation mit Letizias Foto, das ihn in Gesellschaft von Nino Salvo und den DC-Potentaten im Hotel Zagarella zeigte: Andreotti identifizierte alle Abgebildeten mit Ausnahme *der Person links, bei der es sich Euer Ehren zufolge um Nino Salvo handelt; ich erkenne ihn nicht und habe ihn nie gesehen ... Ganz gewiß saß er nicht an meinem Tisch.* Er stritt sogar ab, die Fotos von Salvo gesehen zu haben, die bei dessen Verhaftung im Jahr 1984 in den Zeitungen erschienen. *Vielleicht sind diese Fotos nur in den sizilianischen Zeitungen erschienen.* Hier riß den Ermittlungsrichtern der Geduldsfaden: Andreotti sei *offenbar einer der uninformiertesten Bürger in der Geschichte Italiens.* Wie nicht anders zu erwarten, hatte Andreotti auch Forattinis böse Karikatur in *La Repubblica* nie gesehen, die ihn auf Golgatha am Kreuz zwischen den beiden Vettern Salvo zeigte.

Ein letztes Mal wurde Andreotti gefragt, wie es denn möglich sei, daß *nur er* die Salvos überhaupt nicht gekannt haben wolle, wo doch so viele aus seiner nahen politischen Umgebung gesagt hatten, die Salvos seien ihnen bekannt. *Es ist nicht nur möglich*, hatte Andreotti erwidert. *Es ist so.* Andreottis Leugnen, so die Schlußbemerkung der Untersuchungsrichter in der *Wahren Geschichte Italiens*, sei *unbegreiflich und absurd, widerlegt nicht nur durch elementarste – politische wie sonstige – Logik, sondern auch durch konkrete Beweise.* Die einzige Erklärung dafür, daß Andreotti derart mauerte, sahen die Richter in der

> nach Lage der Dinge mehr als legitimen Hypothese, daß Senator Andreotti gezwungen war, diese Bekanntschaft abzustreiten, denn da die Salvos bereits in Mafiaprozessen verurteilt und somit eindeutig als Ehrenmänner überführt worden waren, hätte er sonst zugestanden, daß die Anklage gegen ihn auf *Verbindung zu Mafiakreisen* zu Recht bestand.

Während Clara mit Pippo in die Küche ging, um nach den Couscousschüsseln zu schauen, begaben sich die jungen Leute mit einem Korb zum Obstpflücken nach draußen. Es entstand kurz Unruhe, als Claras Mutter Lola mit Hühnerknochen füttern wollte. *Ich wußte doch nicht, daß ihr das schaden kann*, sagte sie, ohne die Zigarette aus dem Mund zu nehmen. Wir nippten an unserem Marsala. Angelo zündete sich eine Zigarette an. Ich dachte über so manches nach; zum Beispiel darüber, wie lächerlich Andreotti mit seinem sturen, pauschalen Leugnen doch gewirkt hatte. Und darüber, daß dieser Mann, der angeblich so wenig von Sizilien wußte, der die Insel als fremd und feindselig empfand, bei der Befragung ganz wie ein Mafioso reagiert hatte. Der Justiz gegenüber hieß es für die Mafia stets, alles zu leugnen, ausnahmslos. Wie unglaubwürdig es sich auch anhören mochte. Keinen Fußbreit nachgeben. Die anderen die Arbeit tun lassen. Ein paar schwachsinnige Erklärungen einflechten und damit zeigen, daß man den Befrager und die von ihm vertretenen Institutionen verachtet. Nichts preisgeben. Ich hätte von dem *klügsten politischen Kopf Europas* ein wenig plausiblere Erklärungen erwartet.

Angelo stieß wie ein schnaubender Drache durch die Nasenlöcher zwei Rauchsäulen aus und erinnerte mich daran, was für Andreotti auf dem Spiel stand. Die Beschuldigung nämlich, die Salvos hätten die Cosa Nostra mit dem Mord an Pecorelli beauftragt, weil sie ihrerseits von Andreotti darum gebeten worden seien. Die Beschuldigung, im Haus des – noch lebenden – Ignazio Salvo den Pakt mit Riina, dem neuen Oberhaupt der Cosa Nostra, abgeschlossen zu haben. Die übergeordnete These, daß die Salvos das notwendige Bindeglied zwischen DC und Cosa Nostra darstellten, als Mittler zwischen Andreotti und den Bossen fungierten. Daß mithin, als der

Pakt 1992 brach – da es Andreotti nicht gelang, vom Obersten Gerichtshof einen Freispruch im Maxi-Prozeß zu erwirken –, die im gleichen Jahr folgenden Morde an Lima und Salvo das einer Abrechnung mit Andreotti selbst Nächste darstellten, wozu die Cosa Nostra fähig war. Gäbe Andreotti auch nur die geringste Verbindung mit den Salvos zu, wäre dies für ihn der Anfang vom Ende. Besser das Offensichtliche leugnen, als dieses Risiko einzugehen.

Die jungen Leute kamen mit Mandarinen herein. Lola folgte ihnen, was niemand zur Kenntnis zu nehmen schien. Der beißende Geruch von geschälten Mandarinen drang durch den abgestandenen Rauch.

Angela Salvos Hochzeit, zu der die fotografischen Dokumente bis heute verschwunden sind, gab mit ihrer Opulenz einen Vorgeschmack auf das geradezu obszöne Bankett der Salvos für Andreotti im Hotel Zagarella, dessen Auftakt die Fotos von Letizia Battaglia rein zufällig verewigt hatten. Das ostentative Luxusleben der Salvos wurde in der *Wahren Geschichte Italiens* von einem weiteren Zeugen ausführlich beschrieben, den die unverfrorene Zurschaustellung von Macht angewidert hatte. Dieser Zeuge sprach streng von Partys und Ausflügen, die an den *Großen Gatsby* gemahnten, Scott Fitzgeralds Roman über die zwanziger Jahre in New York, über leichtverdientes Geld, Jazz und Alkoholverbot; andererseits aber auch das Wohlleben in Rom unter Nero heraufbeschworen, wie Petronius es im *Satyricon* beschrieben hatte. Das leuchtete ein, denn Fitzgerald hatte den phänomenal reichen Ex-Gangster Gatsby nach dem Vorbild des phänomenal reichen Ex-Sklaven Trimalchio gestaltet. Im Roman schildert Gatsbys schillernde Lebensgeschichte sein junger Nachbar, der bei aller Steifheit und Sittenstrenge doch von ihm fasziniert ist; und ganz ähnlich wirkt der Anwalt Alfonso Conte in dem einschlägigen Abschnitt der *Wahren Geschichte Italiens*. Er wurde nicht näher beschrieben, und in seiner Zeugenaussage schwang soviel Mißbilligung mit, daß ich mich fragte, wie es überhaupt zu gesellschaftlichen Kontakten zwischen ihm und den Salvos hatte kommen können. Erst nach einer ganzen Weile dämmerte mir, daß ich diesen so kleinkariert wirkenden *avvocato* Alfonso Conte ja kannte. Ich war bei ihm zu Hause gewesen. Und wußte das eine oder andere über ihn.

Um mich in Neapel über Wasser zu halten, hatte ich Ende der siebziger Jahre Privatstunden in Englisch erteilt, allerdings so wenige und so gut bezahlte wie nur möglich. Ich verlangte derart unverschämt viel, daß man mich für eine Kapazität hielt. Für eine kurze, goldene Zeit war ich der gefragteste Privatlehrer für Englisch in der Stadt, um den sich Frauen in teuren Nerzen rissen, und so erhielt ich Zutritt zu den Salons von *Napoli bene*.

Eines Tages wurde ich schriftlich aufgefordert, mich bei einem gewissen *avv.* Alfonso Conte einzufinden. Der Portier überreichte mir die Nachricht feierlicher, als er sonst mit meinen Angelegenheiten verfuhr, und meine unwirsche Reaktion auf den herrischen Ton der Nachricht betrübte ihn. *Sie haben den avvocato noch nicht aufgesucht*, sagte er ein, zwei Tage später besorgt. Ein weiterer Bote war vorbeigekommen, und dem Portier stand offenbar schon der kalte Schweiß auf der Stirn. Schließlich machte ich mich auf den Weg hinauf zu einem prachtvollen Haus, das in den Hang über der Bucht von Neapel hineingebaut war, und nahm in Gesellschaft der blonden Anwaltsgattin und ihres halbwüchsigen Sohns meinen Kaffee über einem dicken, weißen Veloursteppich ein. Die Englischkenntnisse des Sohnes mußten sich während der bevorstehenden Sommermonate dringend verbessern, und man erwartete von mir, daß ich mehrmals in der Woche frühmorgens zu der großen Yacht des Anwalts übersetzen würde, die während der Saison vor Capri vor Anker lag, und dem Sohn vor dem Frühstück eine wohlbemessene Dosis Englisch eintrichterte. Die Frage, wie sich mein übriges Leben in diese Vorgabe fügen sollte, interessierte nicht. *Sie könnten ja gleich auf Capri bleiben*, schlug die Anwaltsgattin vage vor. *Oder Sie fahren tagsüber zurück nach Neapel.* Dann traf der Anwalt selbst ein, eine distinguierte Erscheinung mit welligem, grauem Haar, Seidenhemd und Mokassinschuhen, der wie ein leicht überreifer Fernsehstar wirkte. Bald waren wir uns einig. Nun, da die sommerliche Hitzeperiode näherrückte, brauchte ich das Geld dringend, und außerdem war ich neugierig. Ich hatte in *L'Espresso* einen Artikel über irgendeine nebulöse Affäre gelesen, in dem zufällig auch von *avvocato* Conte und seinem rasanten Aufstieg zu märchenhaftem Reichtum sowie zum hochangesehenen Mitglied der Kommunistischen Partei die Rede war. Angeblich gab es im Salon der Yacht reihenweise rote Seidenkissen, auf die mit Goldfäden kleine Hämmer und Sicheln eingestickt waren. Zumindest hatte es sie gegeben, bis die PCI den Anwalt wegen Unwürdigkeit ausschloß. Doch als ich später anrief, um die Einzelheiten des sommerlichen Intensivkurses zu besprechen, wußte seine Frau schon nicht mehr, wer ich war. Es gehe um ihren Sohn, um sein Englisch, sagte ich beharrlich. *Wir haben ihn nach England geschickt*, erwiderte sie und legte auf.

Ich nahm es stoisch. *Die Contes müssen vielbeschäftigte Leute sein*, dachte ich und schnallte für den Sommer den Gürtel enger. Vielbeschäftigt waren sie allerdings. Viele Jahre später las ich im Bericht der parlamentarischen Antimafia-Kommission von *avvocato* Contes Verurteilung wegen Vergehen im Zusammenhang mit der Bank Fabbrocini, die der gleichnamigen Camorra-Familie gehörte – eben die Bank, deren Filiale an meiner Wohnstraße in Neapel von einer Bombe zerstört worden war. Conte bekam später erneut Ärger wegen Betrugs und sonstiger Vergehen in Verbindung mit anderen Banken und Finanzunternehmen der Camorra. Und nun enthüllte die *Wahre Geschichte Italiens*, daß das Ehepaar Conte zur gleichen Zeit, Ende der siebziger Jahre, in Sizilien intensive gesellschaftliche Kontakte gepflegt hatte, unter anderem mit den Vettern Salvo und Andreottis Vasall Claudio Vitalone. Wie sein ehemaliger politischer Dienstherr bestritt auch Vitalone 1994, den Salvos jemals begegnet zu sein. Als er das hörte, brach ein Zeuge, der sich erinnerte, wie oft Vitalone sich auf der Yacht der Salvos hatte sehen lassen, in schallendes Gelächter aus und erzählte den Ermittlungsrichtern, in der guten Gesellschaft Palermos habe man sich *mit dem Messer in der Hand* um Einladungen zu den Partys der Salvos geschlagen.

Besonders eindrücklich schilderte Alfonso Conte den Untersuchungsrichtern der *Wahren Geschichte Italiens* eine sehr an Gatsby erinnernde Party in der Villa seines Geschäftspartners, die, soweit er sich erinnerte, im Spätsommer 1979 in Palermo stattgefunden hatte – in dem Sommer, in dem ich auf der Yacht vor Capri die Englischkenntnisse seines Sohnes hätte aufpolieren sollen. Rund hundert Gäste zählte diese Party, und die Contes wurden mit etlichen anderen von ihrem Gastgeber im Hotel Villa Igiea untergebracht. Contes Partner hatte eigens zu der Party Vitalone und seine Frau sowie Salvo Lima in einem Privatjet aus Rom einfliegen lassen. Zu den Gästen zählten außerdem die Vettern Salvo, der damalige Bürgermeister von Palermo sowie Aristide Gunnella, ein bereits berüchtigter Minister, der später wegen Zugehörigkeit zur Mafia verurteilt wurde. Conte betonte vor den Ermittlungsrichtern, die Party habe ihn zum Bruch mit diesen gesellschaftlichen Kreisen bewogen, denn *die übertriebene Zurschaustellung von Reichtum und Macht bei solchen geselligen Anlässen widerte mich förmlich an.* Contes Feingefühl stieß sich in diesem Fall am *Anblick der langen Allee, die zu der Villa führte und von vielen Gestalten in traditioneller sizilianischer Tracht mit brennenden Fackeln erleuchtet wurde.* Während des gesamten Abendessens, so Conte, sei Vitalone in angeregte Gespräche mit Salvo Lima und den Vettern Salvo vertieft gewesen. Im Laufe des Abends habe Nino Salvo immer wieder den einen oder anderen Machtträger zu sich gerufen und mit ihm gesprochen. Conte schnappte auch auf, wie Lima und Gunnella gemeinsam einen Kandidaten für die nächste Bürgermeisterwahl in Palermo kürten. Am folgenden Tag unternahmen einige Gäste, darunter die Contes, die Vitalones und die Vettern Salvo, mit einem Konvoi von zwölf Mercedes-Limousinen eine Rundfahrt durch Palermo, um sich sodann zum Lunch wieder am Swimmingpool der Villa einzufinden. *Es ging zu wie bei einem Staatsbesuch.* Danach mußte *avvocato* Conte zurück nach Neapel; die Arbeit rief.

Grobe Leute sind das, sagte Angelo unvermittelt. *Brutal, primitiv und engstirnig. Außenstehende vergessen das leicht. Aber wer auf ihrem Territorium lebt, vergißt es nie.* Er erzählte mir, daß sie ihm vor ein paar Jahren das Haus niedergebrannt hatten. Das Haus, in dem wir jetzt saßen, war erst vor kurzem neu aufgebaut und frisch gestrichen worden.

> Ich hatte eine wunderbare Jagdhündin. Sie warf Junge, und ein Typ aus Trapani wollte mir ein paar Welpen abkaufen. Ich sagte ihm, es täte mir leid, aber sie seien alle schon vergeben. Ein Weilchen darauf waren die Welpen verschwunden – gestohlen. Wir wußten, wer es gewesen war. Eines Tages sahen Clara und ich in Trapani den Typen in einer Bar. Clara machte ihm vor allen Leuten die Hölle heiß. Wenn sie mal in Fahrt ist, kann sie einen das Fürchten lehren, so ätzend und sarkastisch wird sie dann. Für einen Ehrenmann war es eine unerhörte Demütigung.

Ich konnte mir gut vorstellen, wie Clara mit ihrer tiefen, heiseren Stimme richtig loslegte. Ein paar Wochen später wurde ihnen das Haus in Brand gesteckt. Glücklicherweise waren sie an dem Abend nicht daheim.

Angelo wohnte noch in Salemi, als 1968 ein Erdbeben das Tal von Belice unterhalb von Salemi erschütterte. Dasselbe Erdbeben zerstörte auch den Palast in Santa Margherita di Belice, der für Lampedusa in seiner Kindheit so wichtig gewesen war, das Vorbild zu Donnafugata in *Der Leopard.* Fünfhundert Dorfbewohner kamen dabei ums Leben, neunzigtausend hatten kein Dach mehr über dem Kopf. Die italienische Regierung reagierte auf den Notstand in gleicher Weise wie zwölf Jahre später bei dem sehr viel stärkeren Erdbeben von Irpinia bei Neapel: Sie ließ einen Geldregen auf das Katastrophengebiet niedergehen. In seiner *History of Contemporary Italy* beschreibt Paul Ginsborg, was mit dem Geld geschah.

> Neun Jahre später lebten sechzigtausend Bewohner des Tals noch immer in den Wellblechbaracken, die man unmittelbar nach dem Erdbeben errichtet hatte. Gigantische, surreal anmutende Infrastrukturen waren im Tal entstanden – Straßen, die nirgendwohin führten, Überführungen, die nur Schafherden benutzten, Fußgängerwege ohne Fußgänger ... nicht ein einziges neu gebautes Haus hatten die Behörden irgendeinem Dorfbewohner zugewiesen. Das vom Parlament bewilligte Geld war entweder gar nicht oder in die falschen Projekte investiert worden, oder man hatte es schlicht unterschlagen.

Auf Drängen eines ortsansässigen Priesters schrieben Kinder aus obdachlosen Familien 1976 an Parlamentsabgeordnete, und Ginsborg zitiert den

Brief eines Mädchens *an den langjährigen Führer der Christdemokraten Andreotti*. Mit seinem Antwortschreiben sandte Andreotti dem Mädchen eine Puppe.

Welchen Teil des sizilianischen Landesinneren man auch bereiste, überall war die von Ginsborg beschriebene Szenerie erkennbar. Das Erdbeben von Belice verstärkte nur, was immer schon in ganz Sizilien vorgegangen war. Unsummen an staatlichen Geldern wurden seit jeher für private Projekte wie das Hotel Zagarella und Bauobjekte in Palermo abgezweigt, oder sie flossen in ebenso gigantische wie sinnlose öffentliche Bauvorhaben, die es nur gab, weil sie Unternehmen im Besitz der »Freunde« Aufträge verschafften. Sciascias Lieblingsbeispiel war stets die weitgehend ungenutzte Autobahn zwischen Messina und Catania. Geld stand in rauhen Mengen zur Verfügung. Dank des Sonderstatus der autonomen Region Sizilien blieben sämtliche von den Salvos eingetriebenen Steuern dort, und gemäß dem Abkommen von 1948 erhielt die Insel kräftige Finanzspritzen aus Rom. Zudem steuerte auch die staatliche *Cassa per il Mezzogiorno* noch beträchtliche Summen an Entwicklungsgeldern bei. Angelo erinnerte sich, daß in den Nachwehen des Erdbebens von Belice den Vettern Salvo ihr spektakulärer Sprung in die Sphären der Macht gelang und sie von überaus vermögenden, einflußreichen Steuereintreibern und Geschäftsleuten zu steinreichen politischen Machtträgern wurden, die für politische Veranstaltungen in Salemi christdemokratische Minister aus Rom gewinnen konnten. Die nur von Schafen frequentierten Straßenüberführungen waren ihr Werk.

Angelo selbst machte sich aus dem Staub. Er studierte zunächst Architektur in Palermo, wechselte später aufs Festland und schrieb sich an der Universität von Florenz ein. Dort tauchte er tief in den Mahlstrom der Studentenbewegung, die in ihrem Bemühen, eine Alternative zu der erdrükkenden Macht der DC und der allzu zögerlichen, starren PCI zu finden, immer extremere Wege ging. Angelo kam flüchtig mit den Gruppen in Kontakt, die zunehmend aus dem Untergrund operierten und terroristische Aktionen durchführten. All das hatte irgendwann ein Ende. Die Linke scheiterte, und das christdemokratische Regime brach Jahre später von selbst zusammen. Angelo schloß sein Studium nie ab. Er schlug sich als Kunsthandwerker durch, indem er Metallschmuck herstellte und verkaufte. Nach langjähriger Beziehung trennte er sich von der Mutter seiner Tochter und kehrte nach Sizilien zurück. Clara lebte in Trapani mit ihren Kindern aus einer ebenfalls unlängst gescheiterten Beziehung. Kurz nachdem Angelo und Clara sich zusammengetan hatten, eröffneten sie gemeinsam das Trybynis. Als Angelos Vater starb, erbte er dessen kleinen Hof.

Nach den Wahlen von 1994, erzählte Angelo, habe es ein Nachspiel zu der Brandstiftung an seinem Bauernhaus gegeben. Im Jahr zuvor trug ein kurzer Höhenflug Berlusconi an die Spitze der ersten neuen Regierung nach dem Kollaps des christdemokratischen Regimes. *Neu* war natürlich in einer altehrwürdigen Gesellschaft wie der Siziliens ein relativer Begriff, und es gab angestammte Interessen, die kein Politiker außer acht lassen durfte. Für manche dieser Interessen, derer sich die DC ein halbes Jahrhundert lang treulich angenommen hatte, brauchte man mittlerweile neue politische Verbündete und ein neues Etikett. Der Präsident der Provinz Palermo, ein Mann namens Musotto, wurde erst nach dem Gespräch zwischen Angelo und mir, an jenem Herbstsonntag 1995, irgendwann frühmorgens als Mafioso verhaftet; aber ich registrierte bei der Nachricht erstaunt, daß er in Sizilien ein führendes Mitglied von Berlusconis politischer Gruppierung gewesen war. Wiederum einige Monate später stellte sich eindeutig heraus, daß Giovanni Brusca – offenbar seit Riinas und Bagarellas Verhaftung im Jahr 1993 respektive 1995 der *neue capo di tutti i capi* der Cosa Nostra – die Familien angewiesen hatte, für Berlusconi zu stimmen. Doch dieser Bestätigung bedurfte es eigentlich nicht, so offenkundig stark war Berlusconis Anhängerschaft in Sizilien. Selbst 1996 noch, als Berlusconi von der Mitte-Links-Koalition in die Schranken verwiesen wurde und Italien die erste wirklich neue Regierung seit dem Krieg erhielt, gewannen auf Sizilien die Vertreter Berlusconis – und bildeten damit seine letzte Bastion in ganz Italien.

In seinem Triumphjahr 1994 hatte Berlusconi jedoch in Trapani eine winzige, aber empfindliche Schlappe einstecken müssen. Die diversen Strömungen innerhalb der Linken hatten sich auf eine gemeinsame Plattform und einen Kandidaten geeinigt, und ihre Kampagne, an der Angelo intensiv mitwirkte, trug der vereinigten Linken zur allgemeinen Überraschung den Wahlsieg in Trapani ein. Die Anhänger Berlusconis zeigten sich darüber nicht sonderlich erfreut. Ein Freund von Angelo, der törichterweise am Wahlabend dem Hauptquartier der Berlusconi-Partei zu nahe kam, wurde übel zusammengeschlagen. Kurz darauf brach im Trybynis ein Feuer aus. Ein Passant sah Rauch aus dem Restaurant aufsteigen und schlug rechtzeitig Alarm. Etwa eine Woche später folgte eine weitere Feuersbrunst, die mehr Schaden anrichtete.

Angelo war 1968 aus Sizilien fortgegangen, und während er in Palermo und Florenz studierte, erlebte seine heimatliche Provinz Trapani eine Blütezeit. In den achtziger Jahren lagerten in den Banken des achtzigtausend Einwohner zählenden Ortes Trapani vierzig Prozent aller Einlagen von ganz Sizilien. Trapani hatte reichlich Geldinstitute aufzuweisen: sechs Regionalbanken, achtundzwanzig Provinzbanken sowie gut zweihundert Sparkassen und Finanzunternehmen. Anfang der achtziger Jahre kam einem der immerhin zwei Untersuchungsrichter von Trapani, Giangiacomo Ciaccio Montalto, der Verdacht, die Bankguthaben könnten mit dem tonnenweise von Trapani nach Amerika verschifften Heroin in Zusammenhang stehen. Doch der Bürgermeister von Trapani bestritt die Existenz einer örtlichen Mafia, und der Unterpräfekt protestierte gegen die Kriminalisierung dieser *ordentlichen, von harter Arbeit lebenden Stadt.* Ende 1982 war Ciaccio Montalto Heroinlieferungen im Wert von einer Drittelmilliarde Dollar von Trapani über Paris nach Montreal auf die Spur gekommen. Er arbeitete eng mit dem Untersuchungsrichter Carlo Palermo in Norditalien zusammen, der den internationalen Drogen- und Waffenhandel aus einem anderen Blickwinkel verfolgte. Im Januar 1983, fünf Monate nach der Ermordung von General Dalla Chiesa in Palermo, wurde Ciaccio Montalto abends vor seinem Haus erschossen. *Er hatte das Gefühl, zunehmend im luftleeren Raum zu agieren*, sagte seine Frau. Außerdem hatte er das Gefühl, daß sein einziger Kollege im Dienst der Mafia stand.

Bei seinen Ermittlungen im Norden war Carlo Palermo auf einige höchst peinliche Details bezüglich der Finanzierung von Ministerpräsident Craxis sozialistischer Partei gestoßen, wurde jedoch vom Parlament an weiteren Nachforschungen gehindert. Craxi hatte sich unlängst dagegen ausgesprochen, Andreotti wegen der Sindona-Affäre zum Rücktritt zu zwingen; zum Dank unterstützten nun Andreottis Gefolgsleute Craxi im Parlament. Carlo Palermo wurde nach Trapani versetzt, auf den Posten des ermordeten Untersuchungsrichters Ciaccio Montalto – ein Amt, für das sich kaum ernsthafte Bewerber gefunden hatten. Im April 1985 wurde Palermos Wagen von einer gewaltigen Bombe zerstört; er selbst überlebte, weil die volle Wucht der Explosion ein vorbeifahrendes Auto traf und dessen Fahrerin mit ihren sechsjährigen Zwillingen tötete. Einige Tage nach dem Anschlag auf Carlo Palermo entdeckte der Polizeibeamte Saverio Montalbano bei Alcamo in der Provinz Trapani die größte Heroinraffinerie Europas. Als Joint-venture-Unternehmen von Totò Riina und Bernardo Brusca, Giovannis Vater, war sie erst seit zwei Monaten in Betrieb. Der späteren Aussage eines reuigen Mafioso zufolge schäumten die beiden Gründer vor Wut. Montalbano gelangen außerdem einige aufschlußreiche Entdeckungen zu den politischen und kriminellen Machenschaften der Freimaurer in Trapani – kurzum, er erwies sich als derart effektiv, daß man ihn *wegen unberechtigter Nutzung eines Dienstfahrzeugs* belangte, degradierte und versetzte. Ein Richter äußerte in einem Protestschreiben, man könne *sich der Auffassung nicht erwehren, es habe andernorts großes Interesse daran bestanden, sich eines so kompetenten Ermittlers zu entledigen.*

1988 wurde der Richter Alberto Giacomelli in Trapani ermordet. Zwei Wochen später starb der Aktivist Mauro Rostagno, der ein Rehabilitationszentrum für Drogenabhängige in Trapani aufgezogen und in einem lokalen Rundfunksender die Mafia angeprangert hatte, eines gewaltsamen Todes. 1989 wurde Richter Costa aus Trapani verhaftet. Er war jener Kollege, den Ciaccio Montalto eine Woche vor seiner Ermordung unklugerweise verdächtigt hatte, für die Mafia zu arbeiten. In Richter Costas Haus fanden sich Unmengen von Bargeld und Waffen. Dem flüchtigen Besucher kam Trapani mit seinen niedrigen weißen Häusern im grellen Sonnenlicht und der breiten, geraden Straße, die bis zu den Uferfelsen führte und vor der blendenden Spiegelfläche des Meeres endete, wie ein völlig verschlafener, stiller Ort vor.

Die Vorstellung, daß ich etwas schreiben wollte, machte Clara neugierig. Es sei noch nicht sicher, sagte ich. Wie solle man das Phänomen Sizilien begreiflich machen? Auch nur zu erklären, was es mit der Mafia und den Politikern auf sich hatte – *Wenigstens bist du kein Amerikaner*, sagte Clara nachdenklich, mehr zu sich selbst als zu mir. Sie nahm einen Zug aus ihrer Zigarette. *Die Sorte hatten wir nämlich schon mal. Vor ein paar Jahren. Geh mir weg mit Amerikanern.* Clara fuhr fort:

Da tauchte mal so eine Frau in Trapani auf. Sie war Italo-Amerikanerin. Ihre Vorfahren stammten irgendwo aus der Gegend von Trapani, waren emigriert, und jetzt forschte sie nach ihren Wurzeln. Wollte die Vergangenheit ausgraben. Die fremde, unbekannte Welt und so weiter. Sie hatte eine Art von Empfehlungsschreiben an einen Freund von mir dabei, und da ich mich ein bißchen für lokale Geschichte und Kultur interessiere, wurde sie mir aufs Auge gedrückt.

Wie sich rausstellte, saßen wir im gleichen Boot. Waren damals beide alleinerziehende Mütter. Oder waren es bis vor kurzem gewesen. Das schuf so eine Art von Verwandtschaftsgefühl, wir tauschten Erfahrungen aus und redeten über die Probleme alleinlebender Frauen. Sie kam oft, und wir unterhielten uns. Das Restaurant gefiel ihr sehr. Sie blieb länger hier, als sie vorhatte und ich erwartet hatte, aber dann zog sie doch weiter, in andere Gegenden von Sizilien. Sie schrieb so etwas wie einen Reiseführer. Schließlich fuhr sie zurück nach Amerika, und etwa ein Jahr später kam mit der Post ein Exemplar ihres Buches. Wir konnten kein Wort davon lesen, weil es alles in Englisch war. Aber wir kriegten mit, daß viel über uns darin stand, viel mehr, als wir hätten voraussehen müssen. Zum Beispiel ein ganzes Kapitel mit dem Titel »Claras Restaurant«.

Clara schüttelte sich ein bißchen und drückte ihre Zigarette aus. Sie warf mir einen grimmigen Blick zu.

Offenbar war es ein voller Erfolg. Vor zehn Tagen rief mich ein Reiseveranstalter aus Palermo an, er hätte da eine Busladung amerikanischer Ladies, die alle nach Trapani kommen und in Clara's Restaurant essen wollten. Ich sagte, das Lokal sei geschlossen, woraufhin er sagte, sie kämen trotzdem. Sie wollten mich sehen. Also rollte schließlich ein Riesenbus mit dieser Herde Amerikanerinnen in Polyesterhosen an, und ich mußte ihnen ein Mittagessen vorsetzen. Sie liefen mir auf Schritt und Tritt nach. Wollten alles sehen, was in dem Buch vorkam. Wollten mich ANFASSEN. Und nächsten Sommer kommen noch mehr von der Sorte.

Sie goß uns beiden einen Schluck Marsala nach und entspannte sich. *Soviel zu den Amerikanern. Sie sind dermaßen ... Jedenfalls würdest du so was wohl nicht schreiben.* Sie sah mich an.

Natürlich nicht, sagte ich. *Ich versuche zu kapieren, worum es bei dem Andreotti-Prozeß geht. Lauter widerborstiges, sprödes Zeug.*

Und was ist da dein Problem? sagte Clara. *Trink einen Schluck Marsala. Nimm dir eine Mandarine.*

X EINE GELIEBTE VOR VERSCHLOSSENEN TOREN

Marta Marzotto war nach wie vor eine der bekanntesten Frauen Italiens, doch als ich sie im Herbst 1995 aufspüren wollte, kostete mich das einige Zeit. Sie war ständig unterwegs. Rom, Venedig, Cortina. Frankreich, Afrika, Amerika. Sogar in Australien war sie schon gewesen. Und wenn sie sich in Mailand aufhielt, mußte man sich vorsehen. *Rufen Sie um Gottes willen nicht zu früh am Morgen an*, legte mir ihr eingeschüchtert wirkender Diener ans Herz, als ich endlich mit ihrem Privatanschluß verbunden war. *Sie wird leicht zornig.* Als schließlich ein Ferngespräch zustande kam, war die Gräfin überhaupt nicht zornig, nur sehr ungeduldig. *Was immer Sie wollen, fassen Sie sich kurz*, sagte sie. *Ich muß in drei Minuten zu einer Beerdigung. Einer meiner allerersten Liebhaber.*

Das tut mir leid, sagte ich. *Tut mir aufrichtig leid, das zu hören.*

Liebling, natürlich essen wir zusammen zu Mittag, gurrte die Gräfin daraufhin. Ich zögerte.

Vielleicht ... sagte ich.

Was? Dann SAG IHNEN, sie sollen dir einen Wagen schicken, schnauzte die Gräfin. *Das ist doch absurd.*

Der wechselnde Ton ließ darauf schließen, daß ich nicht der einzige war, mit dem sie sprach; ich hoffte nur, daß ich die richtigen Fetzen aufschnappte. Ich bot an, später noch einmal anzurufen, nach der Beerdigung. *Nein, nein, nein*, sagte sie. *Kommen Sie ruhig nach Mailand. Nur heute geht es nicht, wegen der Beerdigung, und morgen auch nicht, da habe ich meine Modenschau, aber vor dem Wochenende, denn dann bin ich in Venedig. Wann immer es Ihnen paßt. Und dann halten wir in aller Ruhe einen NETTEN KLEINEN PLAUSCH.* Worauf sie wiederum das Register wechselte und gebieterisch verfügte: *Legen Sie es da drüben hin.*

Also bestieg ich in Palermo das Flugzeug, und wir starteten an den heimtückischen Felszacken von Punta Raisi vorbei und stiegen über der kobaltblauen See steil in die Höhe. Ein paar Stunden später ruckelte ich gelassen in der Straßenbahn auf die Innenstadt Mailands zu, durch einen friedlichen, grünen Vorort mit Schienen auf der leeren, kurvenreichen Hauptstraße. Noch nie war ich von einem Ende Italiens zum anderen geflogen; und kein Wissen von dem, was mich erwartete, hätte den Schock dämpfen können. Fort war der Süden mit seinen Menschenmengen und Ruinen, mit seiner Klarheit und Dramatik. Als ich mich Mailands Innenstadt näherte, sah ich öde, aufgegebene Baustellen, die unter den Sozialisten begonnen worden waren. Eine der Gruben gähnte vermutlich dort, wo auf Anweisung des damaligen Mailänder Bürgermeisters, eines Schwagers von Ministerpräsident Craxi, der schöne alte Springbrunnen demontiert und abtransportiert worden war, angeblich zur Restaurierung. Wiederhergestellt, war dieser Springbrunnen offenbar vor kurzem im Garten von Craxis tunesischer Exil-Residenz gesichtet worden.

Die Gräfin war zu Hause und mitten in einem Telefongespräch. *Grauenvoll*, sagte sie und schüttelte den Kopf über etwas, das sie gerade zu hören bekommen hatte, *wie schrecklich*. Sie legte auf und zog die bloßen Füße auf das Sofa, unter ihren grünseidenen Morgenmantel. Dann sah sie mich an. *Sie wollen mich zurückhaben, wissen Sie*, sagte sie. *O ja. Sie vermissen mich schmerzlich und gäben alles dafür, mich wieder da zu haben. Aber ich werde nie zurückkommen. Nie im Leben.* Es hatte mich überrascht, daß sie nun in Mailand lebte, ich fragte mich, warum sie Rom verlassen hatte und der Hauptstadt offenbar die Pest an den Hals wünschte. *Daß der EHEMANN einen betrügt*, sagte sie getragen, *ist zu ERWARTEN. Man akzeptiert es. So ist das Leben.* Sie legte eine Pause ein. *Aber daß der LIEBHABER einen hintergeht, nein, nein, das ist zuviel. Die Demütigung, die Pein. – Nein. Da führt kein Weg zurück.* Das machte mich stumm. Offenbar sollte ich Bescheid wissen und hatte doch keine Ahnung, von welchem Liebhaber sie sprach. Ich wußte nicht einmal, wie es um ihre Beziehung zu Graf Umberto stand, nahm aber an, daß sie getrennt lebten. Hatten sie sich nicht nach dem Guttuso-Drama getrennt? Ich nickte bedächtig.

Marta Marzotto im Negligé war eine sehr gutaussehende Frau mit silberblondem Haar. Kosmetische Kunstgriffe hatte sie nicht nötig. Ihr kraftvolles, offenes, nordisches Gesicht kannte man aus Hunderten von Gemälden, Tausenden von Zeichnungen und Zehntausenden von Fotografien. Als ich später hörte, sie sei fünfundsechzig, konnte ich es nicht glauben. *Er hat keine Lira*, setzte die Gräfin ihren Monolog fort. Sie hielt ein Tastentelefon mit Schnur in der einen Hand, ein Handy in der anderen und tippte mit dem Fingernagel eine Nummer ein. *Und jetzt wollen die vom Fernsehen ihm auch nichts zahlen. Furchtbar ist das. Sie haben ihn einfach aus der Show geschmissen.* Ich wußte nicht recht, worauf dies hinauslief und warum es mir erzählt wurde. Die Gräfin verstand es, mehrere verschiedene Gesprächsdrachen gleichzeitig fliegen zu lassen, selbst wenn man die einzige Person war, mit der sie sprach. Manchmal verhedderten sich die Fäden. Vielleicht sprach sie ja auch gar nicht mit mir. *Unfug*, rief die Gräfin und hackte mit einem Fingernagel der Hand, die nicht das Handy hielt, auf das Tastentelefon ein. *Die Show soll doch schockieren, schräge Vögel präsentieren, eine Wunderkammer sein. Ich war doch selbst schon dort zu Gast. Sie soll gerade nicht er-*

freulich sein. Warum können sie da nicht jemanden mit AIDS einladen? Kaum hatte sie aufgelegt, klingelten die beiden Telefone wieder. Sie trug ihren Anwälten auf, gewisse Dokumente herbeizuschaffen, die Guttuso hinterlassen hatte und die mir, wie sie sagte, zeigen würden, in welcher geistigen Verfassung er sich gegen Ende seines Lebens wirklich befunden hatte. Dann rief eine Freundin an, mit der Marta am Abend zuvor ausgegangen war.

– *Ach, du weißt schon, Liebste, in UNSEREM ALTER* – Das andere Telefon klingelte. Die Gräfin lauschte kurz. *Gut, schicken Sie mir die Kopien.* Die Anwälte in Mailand arbeiten schnell, dachte ich. *Elfenbeinküste, aha. Und er hat einen Führerschein? Wie steht es mit ihren Kochkünsten? Und sie sind wirklich vertrauenswürdig? Liebling, DU WEISST, ich habe WERTSACHEN hier ...* Sie hatte *coppia* gesagt und *nicht copia* – Paar, nicht Kopie. Es ging um neue Hausangestellte. Dann aber machte sie sich daran, einige Dinge klarzustellen.

Der Palazzo del Grillo in Rom steht neben einem gleichnamigen Turm aus dem dreizehnten Jahrhundert, nicht weit vom Kolosseum und dort, wo einmal das Kaiserforum war. Der Palazzo ist ein reichverzierter Rokokobau aus dem achtzehnten Jahrhundert mit einer prachtvollen Haupttreppe und einem Innengarten mit Springbrunnen und steinernen Nymphen. Ein Teil davon stand 1964 zum Verkauf, und damals, zur Zeit von *La Dolce Vita* und Italiens erstem Boom, war Renato Guttuso der gefragteste Maler des Landes. Während sich die von Spekulanten hochgezogenen Wohnblöcke im ganzen Land ausbreiteten, erinnerte er deren Bewohner an ihre verlorene Welt der Armut und Leidenschaft. Und er war auf der Suche nach einem hübschen Plätzchen für sich selbst. Zum ersten Mal in seinem Leben verfügte er wirklich über Geld und hielt Ausschau nach einer komfortableren Behausung. Durch seine guten Beziehungen zur kommunistischen Partei hatte er einen einflußreichen Bankier kennengelernt, der damals die Banca Commerciale Italiana leitete. Von ihm erfuhr Guttuso, daß zwei Wohnungen im Palazzo del Grillo zu verkaufen waren, und über ihn erhielt er auch das Darlehen, mit dem er das weitläufige, luxuriöse neue Atelier und die Privatwohnung erwerben konnte. Es fügte sich günstig, daß die Vorbesitzerin eine Freundin seiner Frau Mimise Dotti war. Als Guttuso sie 1937 kennenlernte, war Mimise, eine ungewöhnlich schöne, wohlhabende Norditalienerin, noch die Frau eines Grafen mit Verbindungen zum Vatikan gewesen.

Die Wohnung im ersten Stock wurde zu Guttusos großzügigem, gut ausgestattetem Atelier, und mit dem Aufzug oder über eine Wendeltreppe gelangte man von dort in die Etage darüber, wo sich die Wohnräume befanden. Das Atelier im ersten Stock wurde bald zum Treffpunkt der Schönen und Reichen; die zweite Etage war strikt privat. Man erreichte das Atelier über einen erhöhten Innenhof und einen terrassenförmig angelegten Garten. 1980 malte Guttuso ein Ölbild von diesem Garten, das er *Der abendliche Besuch* nannte. Dahinter stehe die Idee, sagte er, *einen Besuch meines Ateliers in der Abenddämmerung darzustellen. Ich sah den Besucher selbst nicht deutlich vor mir, bis ich ... eine Vision hatte: eine Tigerin.* Er fuhr fort: *Wenn ich zurückblicke, wurde die Tigerin bald zu mehr – zu einer Besucherin, die mir Schönheit, aber ... auch ungezügelte Wildheit ins Haus bringt.* Es lag mehr als nahe, in der Tigerin die schöne, wilde Frau zu erkennen, die Guttuso, als das Gemälde entstand, bereits seit zehn Jahren im Atelier besuchte: Marta Vacondio, die Gräfin Marzotto.

La Marzotto springt einen aus den Bildern der letzten zwanzig fruchtbaren Schaffensjahre von Guttuso förmlich an. In hundertfachen Varianten. Bekleidet, nackt und halb entblößt, oft nur in Strümpfen mit Strapsen. In Netzstrümpfen. Wach, schlafend oder dösend, in Bewegung und in Ruhe. Sitzend, stehend, liegend und auf allen vieren, von vorne, von hinten, von oben und sehr viel häufiger noch von unten zu sehen. Dies gipfelte in der riesigen, unvollendeten Leinwand mit ihren zahlreichen Figuren, beherrscht von einer aufrecht stehenden, nackten, trotz ihres ausladenden Gesäßes an ein Raubtier erinnernden Marta auf sehr hohen Absätzen – der Leinwand, die nun in Luftpolsterfolie gewickelt an einer Wand in der Villa Cattolica lehnte.

In manchen Momenten des Lebens braucht man jemanden, der einen aufrüttelt, sagte Guttuso Jahre nach seiner ersten Begegnung mit Marta. *Mir erging es so, als ich mich den Sechzig näherte ... Ich mag erotisch reife, erotisch offene Frauen, die keine Tabus kennen ... Ganz junge Frauen mag ich nicht.* Zwar ging Marta Marzotto, die Abendtigerin, auf die Vierzig zu und hatte fünf Kinder, als sie bei Guttuso erschien, aber sie war zwanzig Jahre jünger als der Meister, und seine Frau Mimise war sieben Jahre älter als er.

Die Gräfin war in Norditalien als Tochter eines Eisenbahnarbeiters zur Welt gekommen. Während der harten Kriegszeit besserte ihr Vater seinen Lohn auf, indem er im Winter mit einem Handkarren Kohle auslieferte. Die kleine Marta begleitete ihn auf seinen Runden; sie hockte auf den Kohlesäcken. *So siehst du die Welt von ganz oben*, sagte ihr Vater. Sie suchte in den Gräben nach Fröschen, die in der Po-Ebene gern gegessen werden, und verkaufte sie. Ihre Mutter arbeitete in einer Fabrik des Textilimperiums Marzotto und in der Saison auch auf den Reisfeldern; als Marta elf war, begann sie auch dort mitzuhelfen. Mit fünfzehn stand sie morgens um vier auf, fuhr mit dem Zug in die Stadt zu ihrer Arbeit als Schneiderlehrling und kehrte nach Einbruch der Dunkelheit in die Eisenbahnerhütte zurück, wo sie mit Bruder und Eltern im gleichen Raum schlief. *Wie in einem Roman von Dickens*, sagte sie Jahrzehnte später, *nur daß es in Italien geschah, und mir.* Sie war eine große, dünne Blondine mit Sommersprossen und herrlich langen Beinen, und als ein Mannequin eines Tages krank wurde, sprang Marta ein. Sie war sofort ein Erfolg und ließ ihr altes Leben für immer hinter sich. 1954 heiratete sie Umberto Graf Marzotto, wurde damit zum Mitglied von Italiens größter Textildynastie und lebte die folgenden dreizehn Jahre, bis zu der Geburt ihres fünften Kindes und der schicksalhaften Begegnung mit Guttuso, als Gattin, Mutter und begabte Köchin im gepflegten Wohlstand der italienischen Provinz.

Als Guttuso sie 1967 im Haus eines Mailänder Freundes kennenlernte, war Marta Marzotto mit ihrem fünften Kind schwanger und bewunderte eines von Guttusos Gemälden. Sie war noch nicht Roms führende Gesellschaftsdame; ihr Salon an der Piazza di Spagna, wo Intellektuelle und Künstler verkehrten, entstand erst vier Jahre später und eher zufällig. Da war Marta in der Szene bereits unermüdlich rührig. Die Liste der berühmten Gäste bei ihren legendären Soireen war schier endlos – Francesco Rosi und Lina Wertmüller, die Regisseure; Moravia, der Schriftsteller; Pasolini, der beides war; Andy Warhol, das Universalgenie; Paolo Portoghesi, der Architekt und Direktor der Biennale von Venedig, mit seinem Markenzeichen, dem schwarzen Filzhut. Rivalisierende Gastgeberinnen und Kenner des Salons als Kunstform fanden, Martas Salon sei zu gemischt, zu wenig exklusiv, zu amüsant, um zu den wirklich bedeutenden zu zählen. *Was heißt hier Salon*, entgegnete sie darauf, *es sind einfach nur Freunde.* In den späteren siebziger Jahren fanden sich zunehmend auch Politiker bei ihr ein, darunter Andreotti, und Industrielle wie Agnelli von Fiat und De Benedetti, der Chef von Olivetti. Vielleicht lag es am Vormarsch der dunklen Anzüge, daß Marta der ganzen Sache nach einem Jahrzehnt plötzlich überdrüssig wurde. Sie verkaufte ihre Wohnung, bezog ein nobleres Haus in der Nähe und gab ihrem Leben einen formelleren Rahmen. Guttusos Frau Mimise, inzwischen über siebzig, war nicht mehr gesund, und sie wußte von der Affäre zwischen Renato und Marta. Mimise spielte mit dem Gedanken an Selbstmord.

Der Palazzo del Grillo war mittlerweile in zwei streng getrennte Bereiche aufgespalten. Mimise Dotti verließ die zweite Etage nicht mehr, und Marta Marzotto blieb strikt in der ersten. Guttusos Sekretär tilgte sorgsam jeglichen Hinweis auf Marta Marzotto aus Zeitungen, Briefen, Einladungen und Fotografien, bevor sie zu Mimise in den zweiten Stock gelangten, und das Hauspersonal war darauf gedrillt, alle Botschaften der Gräfin abzufangen. Diese zweigeteilte Welt – in der zweiten Etage die angebetete, dahinschwindende Gattin, in der ersten die höchst irdische, sinnliche Mätresse – wurde dadurch weiter aufgespalten, daß Guttuso bei den Besuchern der unteren Ebene zwischen »Sonntagsfreunden« und anderen unterschied. Die Prälaten, Politiker und Intellektuellen – die Machtträger, die ihn am Lebensende umgaben – fanden sich sonntags ein. Die Sonntage waren der ernsthaften Unterhaltung und der Pflege von Beziehungen auf höchster Ebene vorbehalten. Die Werktagsfreunde, die nachmittags vorbeikamen, um Karten zu spielen, zu klatschen, Whisky zu trinken und Frauen oder Freundinnen mitzubringen, ließen sich jeden zweiten Tag blicken. Mit dieser Aufteilung lief der Haushalt fünfzehn Jahre lang reibungslos. Die Gräfin war Guttuso Muse, Modell und Geliebte zugleich. Andererseits liebte er seine alternde Gattin im zweiten Stock noch immer. Und Marta Marzotto, die einflußreiche Gastgeberin, absolvierte weiter unermüdlich ihre Runden als weiblicher *Stachanov der High-Society*. Die Italiener haben ein Wort für das erfunden, was die Gräfin verkörperte: *presenzialista*. Marta Marzotto war präsent: bei jeder Vernissage, jeder Party, jedem Festival. Sie nahm an jeder Talkshow teil, wurde in jeder Zeitung, jedem Hochglanzmagazin erwähnt. Sie veröffentlichte ihre Memoiren sowie ein weiteres Buch mit dem Titel *The Success of Excess*. Selbst heute, mit Mitte Sechzig, ist sie unermüdlich und liefert Stoff für zahllose Reportagen.

Die einzige große Eifersuchtskrise löste in den Jahren 1977 und 1978 Martas Affäre mit dem eleganten Parteiführer der Linkssozialisten Lucio Magri aus. Da dieser aus der PCI ausgeschert und später wieder eingetreten war, hatte die Affäre auch eine politische Dimension, die Guttuso besonders zu schaffen machte. Angesichts der mehr als offenkundigen Untreue der Gräfin schuf der eifersüchtige Maler 1979 einen aufsehenerregenden Zyklus großformatiger *Allegorien*, in denen die Gräfin stets nackt und Guttusos Rivale mit einem Affenkopf erscheint. Ein Bild zeigt das nackte, umschlungene Paar, die Genitalien dem Betrachter zugekehrt, auf den Dächern von Rom, umringt von Ratten und Eulen. Darunter ist, flankiert von Michelangelos *Nacht*, ein ältlicher nackter Mann mit abgewandtem Gesicht zu sehen. Am Tag nach der Eröffnung der Ausstellung, in der auch dieser grob sinnliche Zyklus gezeigt wurde, entfernte man aus der Ausgabe der Tageszeitung *Il Messaggero* die Seite mit den Gesellschaftsnachrichten, bevor sie Mimise in den zweiten Stock gebracht wurde. Die Jahre verstrichen. 1984 hatte Mimise ihren ersten Schlaganfall. Im Jahr darauf zeigten sich beim Kettenraucher Guttuso die ersten Anzeichen des Lungenkarzinoms, dem er später erliegen sollte. Ihm fiel der härtere Part zu, denn er bemühte sich, seine zunehmend gebrechliche Frau nichts von seiner fortschreitenden Krebserkrankung merken zu lassen. Anfang Oktober 1986 erlitt Mimise relativ unerwartet einen zweiten Schlaganfall und starb.

Marta Marzotto sprach mit Guttuso am Telefon. Vom Krebs bereits gezeichnet, empfand er den Tod seiner Frau als vernichtenden Schlag. *Komm her, Marta, komm*, sagte er. *Ich knirsche vor Schmerz so mit den Zähnen, daß ich mir selbst weh tue.* Es war ihr letztes Gespräch. Monsignore Angelini kam ans Telefon. *Kommen Sie nur, Gräfin*, sagte der Prälat. Sie fuhr auch zum Palazzo del Grillo, aber der Pförtner ließ sie nicht ein. Ihre Anrufe wurden nicht zu Guttuso durchgestellt. Ihre Briefe blieben unbeantwortet. Gute drei Monate später erfuhr Marta Marzotto aus dem Radio von Guttusos Tod und weinte nicht nur vor Kummer, sondern auch vor Zorn.

Was in den Monaten zwischen dem Tod von Mimise Dotti am fünften Oktober und dem Tod von Renato Guttuso – kurz nach Mitternacht am achtzehnten Januar des folgenden Jahres – in den Gemächern des Palazzo del Grillo wirklich geschah, konnten letztlich auch die Ermittlungsrichter nicht feststellen; zudem herrschte zwischen ihnen erbitterte Uneinigkeit. Schwere Anschuldigungen wurden erhoben, und es gab einige große Überraschungen. Marta Marzotto war nicht die einzige gewesen, die ab Herbst 1986 Guttuso nicht mehr hatte sehen dürfen. Sein alter Freund Vivi Caruso, Galeriebesitzer in Palermo, erinnerte sich an die große Retrospektive, die in jenem Jahr von der Fondation Maeght in Frankreich organisiert wurde. Als der Direktor der Stiftung und der Kurator der Ausstellung zu Vorgesprächen nach Rom kamen, rief Vivi Caruso, wie er sagte, *im Palazzo del Grillo an und bat den Diener, Guttuso zu sagen, sie seien eingetroffen. Dazu bin ich nicht befugt, erwiderte er darauf. Aber warum denn, fragte ich, ist er zu krank? Nein, sagte er, ich bin schlicht nicht dazu befugt.*

Tage nach Guttusos Tod äußerte ein weiterer enger Freund, der ihn seit fünfzig Jahren kannte, ein berühmter Psychiater, auch ihn habe man daran gehindert, den Maler aufzusuchen. *Das beunruhigte mich sehr.* Giampiero Dotti, ein internationaler Bankier und Neffe von Mimise, der beiden Ehepartnern nahestand, hatte Guttuso viermal besucht und dabei den Eindruck gewonnen, daß ein Sperrgürtel um den zunehmend hinfälligen Maler gezogen wurde. Dotti schrieb, immer wieder sei ihm vom Pförtner beschieden worden, er habe *Anweisungen, niemanden vorzulassen*, und jeden seiner Anrufe habe der Diener mit der Auskunft abgeschmettert: *Der Meister wünscht nicht gestört zu werden.* Als Marta Marzotto das Tresorfach in einer römischen Bank, zu dem Guttuso und sie die Schlüssel hatten, ausgeräumt vorfand, fungierte Fabio Carapezza bereits als Guttusos Sohn und Erbe. Seine gesetzliche Adoption war in einer Blitzaktion acht Tage nach

Mimises Tod in die Wege geleitet und keine zwei Wochen später vollzogen worden. Dotti war verblüfft, als er davon erfuhr. An dem Tag, an dem der Adoptionsantrag eingereicht wurde, war er im Palazzo del Grillo zu Besuch gewesen, und niemand hatte ein Wort darüber verloren.

Der junge Fabio Carapezza, Sohn von Freunden Guttusos aus Palermo und als niedriger Beamter tätig, war nun vielleicht hundert Millionen Dollar reicher; es konnten auch doppelt soviel sein. *Wer weiß schon, wieviel das Ganze wert ist,* seufzte Guttusos alter und Carapezzas neuer Anwalt. Tage nach dem Tod des Malers folgten auf Marta Marzottos empörten Aufschrei detailliertere Vorhaltungen aus anderen Kreisen. Dotti äußerte sich besorgt um das Fortbestehen der »Stiftung Renato und Mimise Guttuso«, die der Maler und seine Frau ein Jahr zuvor ins Leben gerufen hatten. Der Landsitz der Dottis in Norditalien, seit Jahrzehnten von Guttuso als Sommerfrische und Atelier genutzt, sollte zum Guttuso-Museum werden. Dotti war entschlossen, die Stiftung nicht *von Individuen sabotiert zu sehen, die nur an der materiellen Seite dieser traurigen Angelegenheit interessiert sind.* Das Projekt wurde auf die lange Bank geschoben, weil die Schenkung zunächst vom italienischen Staatspräsidenten anerkannt werden mußte, und Dotti schrieb, er gehe davon aus, *daß Fabio Carapezza mit seinen neugewonnenen, einflußreichen Freunden Druck ausgeübt hat, um das Ganze hinauszuzögern.* Bei den neugewonnenen, einflußreichen Freunden konnte es sich nur um Monsignore Angelini und den *onorevole* Giulio Andreotti handeln.

Mißtrauisch und ärgerlich war Dotti geworden, als er herausfand, daß Carapezza vierzig Guttuso-Gemälde, die für die Stiftung bestimmt waren, statt dessen dem Museum für moderne Kunst in Rom geschenkt hatte. Die Carapezzas hüllten sich in Schweigen. *Mein Teuerster*, hatte Fabios Mutter, Ginevra Carapezza, am Telefon Dotti ins Ohr gehaucht, *rechtlich sind wir unangreifbar.* Als Dotti sich nach der Beerdigung erkundigte, wo die vor seinen Augen aufgestellte Liste der Gegenstände geblieben sei, die Guttuso bestimmten Personen vermachen wollte, hatte Ginevra Carapezza erwidert: *Mein Teuerster, Sie wissen doch, wie Ihr Onkel war. Was er an einem Tag schrieb, zerriß er am nächsten wieder.* Doch weder Marta Marzotto noch Giampiero Dotti riefen die Ermittlungsrichter auf den Plan, sondern ein Mitläufer aus der Kunstszene, der sich an dem Pförtner des Palazzo del Grillo vorbeigemogelt und in Guttusos Wohnung geschlichen hatte, wo er, so seine Aussage vor den Ermittlungsrichtern, den Maler *mit leblosem, leerem, abwesendem Blick hatte daliegen sehen.* Auf diese Aussage hin mußten die Untersuchungsrichter von Amts wegen ermitteln.

Die große Guttuso-Retrospektive der Fondation Maeght hätte im Frühjahr des folgenden Jahres in dem südfranzösischen Ort St. Paul de Vence eröffnet werden sollen. Mitte 1986 hatte der Kurator der Ausstellung gemeinsam mit Guttuso und anderen im Atelier des Künstlers die Bildauswahl getroffen. *Wir entschieden uns für rund fünfzig Gemälde. Ringsum lagerten Tausende von Zeichnungen. Ich erinnere mich, daß Renato sagte, an Zeichnungen sei wahrhaftig kein Mangel, man könnte die Autobahn von Rom nach Mailand damit pflastern.* Die ausgesuchten Bilder wurden fotografiert, und der Katalog war bereits in Vorbereitung. Guttuso verfolgte das Projekt mit großem Engagement; er hatte zugunsten dieser Ein-Mann-Retrospektive auf eine Gruppenausstellung im Pariser Grand Palais verzichtet. Gegen Ende des Sommers dann stellte der Kurator unvermittelt fest, daß man ihn nicht mehr mit Guttuso sprechen ließ. Der Diener stellte ihn am Telefon nicht mehr durch, der Pförtner verwehrte ihm den Zutritt. *Am neunzehnten November unternahmen wir einen letzten Versuch*, sagte er. Aber sie wurden nicht vorgelassen. Nun traten die Anwälte in Aktion. Der Kurator ging an die Öffentlichkeit, weil laut Ginevra Carapezza praktisch keine Bilder mehr in Guttusos Atelier vorhanden seien. Der Kurator äußerte dazu:

> Meinem Eindruck nach lebte er in seinen letzten Tagen nur noch für diese Ausstellung in St. Paul de Vence. Es war unmenschlich von den Carapezzas, zu verhindern, daß sie zustande kam ... Gewiß befanden sich Bilder im Atelier – und zwar nicht nur kleine Zeichnungen, sondern auch Leinwände von zwei mal drei Metern. Eines Tages werden sie wieder auftauchen ...

Zu denjenigen, die sich an über hundert Leinwände und Tausende von Zeichnungen in Guttusos überfülltem Atelier erinnerten, zählte auch der Leiter der Bank von Italien. Nach drei Wochen *würdevollen Schweigens* ging Fabio Carapezza Guttuso gerichtlich gegen Dotti, eine Reihe von Tageszeitungen sowie gegen Unbekannt vor. Laut seinem Anwalt war dies die einzige Möglichkeit, *die vulgäre Polemik um eine doch glasklare Angelegenheit ein für allemal zu unterbinden.* Angesichts der Entwicklung, welche die Dinge nahmen, war es schwer, nicht in vulgäre Polemik zu verfallen. Daß Angelini den kommunistischen Vorzeigemaler Italiens auf dem Totenbett zum Katholizismus bekehrt hatte, war nicht unbemerkt geblieben. Eine satirische Zeitschrift erschien mit der Schlagzeile *GOTT LEBT*, und darunter stand in etwas kleineren Lettern: *UND ER WILL SEINEN ANTEIL VON DER BEUTE.* Die Autoren dieser reifen Leistung wurden in kommunistischen wie in katholischen Blättern wegen Geschmacklosigkeit und mangelndem Respekt abgekanzelt. Der Kommunisten-Führer Antonello Trombadori, der viel Zeit an Guttusos Sterbebett zugebracht hatte, erklärte, er werde jedem *die Fresse zu Brei schlagen*, der die späte Konversion des Meisters in

Zweifel ziehe. Trombadori war jener Kommunist, der auf den Korridoren des Parlaments verkündet hatte, *Moro ist tot*, während der DC-Politiker noch um sein Leben kämpfte. Für den Journalisten Giorgio Bocca war damit das Maß voll; die Angelegenheit zeige, schrieb er, daß der »historische Kompromiß« doch sehr viel mehr gewesen sei als nur eine kurzlebige politische Strategie. Er, Bocca, sei abgestoßen von der *hier zutage tretenden ekelerregenden Vulgarität: die alten Kofferträger des Stalinismus und des Klerikalfaschismus friedlich vereint am Totenbett.* Guttusos Konversion betrachtete er als typisch italienisches Phänomen.

> Uns steckt der Katholizismus in jeder Pore. Wir sündigen, und dann beichten wir ... Wir legen uns als Faschisten schlafen und wachen als Demokraten wieder auf. Muttersöhnchen sind wir, abgesichert in jeder Richtung, wie jene Familien der Mittelschicht während der Résistance, die einen Sohn zu den Kommunisten in die Berge schickten und den anderen im Namen des Familienunternehmens mit den Deutschen verhandeln ließen.

Bocca wandte daraufhin seine Aufmerksamkeit Guttuso selbst zu, den der ehemalige und künftige christdemokratische Ministerpräsident Fanfani (derjenige, dem Sindona zweieinhalb Millionen Dollar hatte zukommen lassen) unlängst im Fernsehen als *einen der Väter der demokratischen Republik* bezeichnet hatte. Eine bemerkenswerte Ehrung, befand Bocca, für jemanden, der sein Leben lang ein stalinistischer Sektierer geblieben war.

> Als Individuum konnte Guttuso leben, wie es ihm gefiel: das Proletariat *aus dem Bauch heraus* lieben, wie er gern sagte, sich aber zugleich in den Villen der Großbourgeoisie von Varese sehr heimisch fühlen; für den radikalsten Kommunismus sein und dabei mit allen kapitalistischen Tricks ein großes Vermögen zusammentragen. Ihn jedoch als Vorbild hinzustellen, einen Künstler der demokratischen Kultur zu nennen, dazu bedarf es beachtlicher Unverfrorenheit ... Er tat so, als begriffe er nicht, was die Sowjets an ihm schätzten: weder die gelungenen Bilder aus der Frühphase noch die pompöse Überproduktion seiner reifen Jahre – man denke an das grauenvolle *Begräbnis von Togliatti* –, sondern den Verrat, den er als Intellektueller begangen hatte.

Andere fanden es schockierend, wie mit Marta Marzotto umgesprungen wurde. Alberto Moravia, ein weiterer alter Freund, den man von Guttuso ferngehalten hatte, sagte:

> Ein solches Verhalten gegenüber einer Frau, die man sehr geliebt hat, entbehrt jeder Logik. Der eigentliche dunkle Punkt an der ganzen Sache ist für mich weder die Konversion noch die Erbschaft, sondern die Geschichte mit Marta.

Die Regisseurin Lina Wertmüller war der gleichen Ansicht.

Das Ganze – mit Konversion und Erbschaft, mit Monsignori und Adoptionen – ist eine trübe Sache, die etwas vom sechzehnten Jahrhundert an sich hat ... Im Lauf meines Lebens habe ich so viele Liebesaffären aus nächster Nähe miterlebt, und die von Renato und Marta war eine der intensivsten ... Gewiß, Guttuso hatte panische Angst vor dem Tod und wollte sich vielleicht in seinem Zustand niemandem mehr zeigen, auch nicht Marta. Aber nicht einmal ein letztes Telefongespräch?

Marta Marzotto hatte ein wenig Beistand nötig. Graf Marzotto, der sich jahrzehntelang diskret und verständnisvoll verhalten hatte, war nun über das öffentliche Aufsehen und den Skandal entsetzt und versuchte, seine Gattin daran zu hindern, weiter den Namen Marzotto zu führen. Er wünschte die Trennung. Marta gab, über ihren Anwalt, die Schuld den Medien, die ihrer Meinung nach *weder die Lebenden noch die Toten verschont* hatten. Tatsächlich stand sie ziemlich allein da. Die Zahl der Schönen und Reichen, die sich auf den weißen Diwanen ihres Salons an der Piazza di Spagna gerekelt hatten, war *geschmolzen wie Schnee in der Sonne*, sagte eine ihrer Freundinnen. Man sah in ihr die Verführerin, die Verderberin, die Ehebrecherin und Hure. Es war die alte Geschichte.

Die Gattin des Botschafters von Uruguay in Den Haag wurde hereingeführt; sie trug ein hochelegantes Kostüm im Hahnentrittmuster. Sie hatte Martas Zirkel angehört, als ihr Mann Botschafter in Rom gewesen war. Nun überbrachte sie dem Hof im Mailänder Exil die neuesten Nachrichten aus der Hauptstadt – oder würde dies tun, sobald die Gräfin von ihren Telefonen loskam. Inzwischen machten die Botschaftergattin und ich gedämpft Konversation, um nicht allzu unhöflich zu lauschen. Wir sprachen leise, um die Gräfin nicht zu stören, und weil wir beide hören wollten, was sie am Telefon sagte.

Nun, dann sieh zu, daß er damit AUFHÖRT. Mein Gott, diese Mädchen heutzutage – gelegentlich klang die Gräfin ein wenig wie die Rote Königin in *Alice im Wunderland*. Die Botschaftergattin und ich unterhielten uns im Flüsterton über den Prozeß. Andreotti sei doch ein so intelligenter Mann gewesen, allen anderen um Längen voraus. Und bei Dinnerpartys so geistreich. Übereinstimmend stellten wir fest, daß die italienische Politik für Außenstehende ein wahrer Alptraum war; man wußte einfach nie, wo man wen einzuordnen hatte. *Andreotti hat Renato eine massiv-goldene Rolex geschenkt. Es war ein anderer Name darauf eingraviert. Renato hat sie an meinen Sohn weitergegeben. Er trägt sie immer noch.* Die Gräfin übertönte lautstark das Summen und Quietschen, das aus der Leitung drang. Die Botschaftergattin bezeichnete ihre Jahre in Rom als *die bleierne Zeit*; kein Mensch in der Botschaft von Uruguay habe die Roten Brigaden je verstanden. Daher hatte die Botschaftergattin die politischen Berichte selbst abgefaßt. In Uruguay gab es schließlich die Tupamaros, und von daher wußte sie das eine oder andere über Terrorismus. Ich stellte mir vor, wie ihre fein manikürten Finger spätabends über eine Tastatur wirbelten. Terroristische Zellen. Zerschossene Kniescheiben. Entführungen. Volksgerichte. Exekutionen. Verhörtechniken.

Dieser SCHROTT über Andreotti in den Zeitungen. Von wegen, Renato würde sich im Grab umdrehen. Sein lieber, guter Freund – ÜBEL WERDEN könnte einem davon. Er war NIE ein Freund von Renato. Haben Sie den Corriere *gelesen?* Wild gestikulierend saß sie auf dem Diwan. Der ältliche, würdevolle Diener im gestreiften Jackett, der aus Sri Lanka stammte, brachte der Gräfin eine Ladung Faxe, mindestens zwölf laufende Meter. Es waren die Referenzen des Paares von der Elfenbeinküste. Jede Seite zierte ein gedrucktes Wappen. *Angelini ist ein WIDERWÄRTIGES Subjekt. Nach dem Attentat auf den Papst hat er sich um ihn gekümmert und ist dafür zum Kardinal gemacht worden. Dabei wollten ihn die anderen partout nicht haben.* Der Diener der Gräfin kehrte mit einer silbernen Teekanne und goldgeränderten Tassen auf einem Silbertablett zurück. Die Gräfin und die Botschaftergattin nahmen nichts. Ich nippte als einziger an meiner Tasse. Die Gräfin telefonierte mittlerweile mit einer Kunstgalerie in Palermo – mit der Galerie, ging mir auf, in der Sciascia *La Vucciria* präsentiert hatte. Die Gräfin wünschte mit Vivi Caruso verbunden zu werden. *Freunde von Renato, von Leonardo – es ist eine eigene KULTUR.* Nach ein paar scharfen Worten wurde sie durchgestellt. *Und wer hat mich damals, als ich mit der Polizei beim Palazzo del Grillo anrückte, nicht hereingelassen? Was? Ja, ich weiß, daß es Angelini war. ABER WER STECKTE HINTER IHM?* Ich reckte den Kopf weiter vor, doch bevor die Antwort kam, wurde die Gräfin durch einen Anruf auf der anderen Leitung abgelenkt. Es gab ein Problem mit den Fotos ihrer Modenschau. In letzter Zeit war sie Mode-Designerin geworden, und ihre Kleider wurden von einer Warenhauskette vertrieben. Eine von der billigeren Sorte, um ehrlich zu sein.

MARTAS WELT. MAD MARTA. FÜR FRAUEN, DIE ALLES WOLLEN, UND ZWAR SOFORT.

Sie hatte ein Guttuso-Porträt von ihr als Markenzeichen verwenden wollen, aber Fabio Carapezza verlangte eine Million Dollar für die Verwertungsrechte. *Damit hätte er das Projekt sofort ruinieren können. Ich mußte einlenken.* Es war nicht das erste Mal, daß Guttusos Marzotto-Porträts der Öffentlichkeit vorenthalten wurden. Nach der ins Wasser gefallenen Retrospektive der Fondation Maeght und dem Tod Guttusos hatte Fabio Carapezza eine italienische Wochenzeitschrift per einstweilige Verfügung daran gehindert, die für die Ausstellung vorgesehenen Bilder abzudrukken. Das Magazin hatte die Fotos ergattert, die in Guttusos Atelier für den Katalog gemacht worden waren. Fast alle zeigten die Gräfin. Die Retrospektive wäre zum Hymnus auf Marta Marzottos Körper geraten. Wie war Fabio Carapezza eigentlich zum Haushalt der Guttusos gestoßen?

> Ich selbst habe ihn eingeführt. Es war ganz und gar meine Idee, ihn als Sekretär einzustellen. Ich sagte zu Renato, er ist ein so liebenswürdiger Junge, und er kann alle deine Angelegenheiten verwalten. Er wollte eigentlich in den Staatsdienst, bekam dort aber keinen Fuß in die Tür. Schließlich schaltete Andreotti sich ein und verhalf ihm zum Einstieg.

Marta Marzotto wärmte die alten Geschichten mit Wonne wieder auf, aber ganz offensichtlich hatte sie daran kein dringliches Interesse. Zumindest kein finanzielles; das hatte sie nie gehabt und dies damals auch klar zum Ausdruck gebracht, ebenso wie Giampiero Dotti. Keiner von beiden hatte auch nur eine Lira von Guttusos Vermögen für sich beansprucht. Inzwischen war fast ein Jahrzehnt verstrichen, und die Gräfin bewegte sich in einer völlig anderen Lebenssphäre. Für Tod und Vergangenheit hatte sie offenkundig nicht viel übrig. Von Zeit zu Zeit entzündete sich ihr Interesse flüchtig an einer besonderen Ungerechtigkeit, aber man hatte den Eindruck, daß auch so etwas sie nach all dem, was sie gesehen und erlebt hatte, nur kurz fesseln konnte. Das leere Tresorfach amüsierte sie sogar. Renato Guttuso hatte darin seine Schätze gehortet, nicht etwa nur die Liebesbriefe und die erotischen Gemälde. Ich müsse das verstehen, sagte die Gräfin, schließlich sei Renato lange Zeit sehr arm gewesen. Sie hatten beide Schlüssel zu dem Tresorfach besessen, aber die Gräfin hatte es zum ersten und letzten Male zehn Tage nach Mimises Tod geöffnet, um die Liebesbriefe und die erotischen Zeichnungen an sich zu nehmen. Sie fand das Fach leer vor. Der Schmuck, die Goldbarren, die Gemälde von Picasso, Balthus und Magritte – alles fort. Es war ein großes Fach gewesen, ein mal drei Meter groß. Einige Zeit zuvor hatte sie zu ihrer Überraschung von dem kränklichen Guttuso erfahren, daß ein ihm unbekannter junger Mann den Platz des altgedienten Geschäftsberaters und Buchhalters der Familie eingenommen hatte. Nach dem Tod des Malers fand die Gräfin heraus, daß der alte Berater auf Betreiben von Carapezza gefeuert worden war.

Das rasante Tempo, mit dem Carapezzas Adoption damals über die Bühne gegangen war, beeindruckte die Gräfin noch Jahre später. Sie betonte, Guttuso sei ernstlich krank gewesen, häufig in katatonische Zustände und tiefe Melancholie verfallen. Metastasen des Lungenkarzinoms hatten sich im Hirn gebildet, und Augenblicke geistiger Klarheit wechselten mit immer längeren Phasen von Orientierungslosigkeit oder Verwirrtheit. Für einen Adoptionsantrag benötigte man in Italien wie überall eine Unzahl von Dokumenten, Geburtsurkunden, förmlichen Erklärungen etc., und die Bürokratie, der man dergleichen abringen mußte, funktionierte hier mit der Behendigkeit eines Walrosses an Land. Gewöhnlich dauerte es Ewigkeiten, bis die staatliche Maschinerie eine Antwort auf den simpelsten Bescheinigungsantrag ausspuckte. Und dann blieb immer noch der eigentliche Adoptionsvorgang. Im Falle Carapezza hatte die ganze Sache nur ein paar Wochen gedauert.

Konfrontiert mit Ermittlungen wegen des Verdachts, er habe einen hilflos Kranken ausgenutzt, um sich zu bereichern, kündigte Carapezza an, er werde Guttusos geheimes Testament vorlegen und die Dinge ein für allemal klären. Da ein geheimes Testament laut italienischem Gesetz unmittelbar nach Ableben des Verfassers von dem Notar eröffnet werden muß, in dessen Gegenwart es aufgesetzt, bezeugt und versiegelt worden ist, gab allein schon diese Ankündigung Anlaß zu der einen oder anderen Frage. Und als das geheime Testament dann eröffnet wurde, war damit nichts geklärt. Das aus fünf Zeilen bestehende Dokument, vorbereitet von einem in den Palazzo del Grillo gerufenen Notar und unterzeichnet von dem sterbenden Maler, erklärte schlicht alle bisherigen Testamente für ungültig und setzte den gesetzlichen Erben als Alleinerben ein. Seltsamerweise wurde Carapezza nicht namentlich als Erbe genannt. Falls die Adoption ungültig war, wären Dotti und sein Bruder die Erben gewesen. Nicht, daß sie etwas beansprucht hätten. Oder war vielleicht Guttusos außerehelicher Sohn der Erbe? Marta Marzotto hatte unvermutet für noch größere Verwirrung allerseits gesorgt, als sie zum ersten Mal einen nicht anerkannten, *geheimen* natürlichen Sohn erwähnte. Plötzlich sprach alles von Guttusos wahrem Sohn, aber niemand konnte ihn aufspüren.

Mitte Januar setzte sich Carapezza mit einem Bestattungsunternehmen in Verbindung, und drei Tage später war Guttuso tot. Ein hoher sizilianischer Richter befand später über Guttusos letztwillige Verfügung:

> Das ist ein Un-Testament. Guttuso hatte sich entschlossen, kein Testament zu hinterlassen. Der Notar wurde nur gerufen, um die früheren Testamente für ungültig zu erklären. Eine typisch sizilianische Methode, ein Problem zu lösen: man streift es sich von den Händen.

Die zentrale Frage blieb bestehen: War Guttuso, praktisch von der Welt abgeschottet, im Vollbesitz seiner geistigen Kräfte gewesen? Oder hatte der Krebs in Lunge und Leber, hatten die Metastasen im Gehirn, die Auswirkungen der Chemotherapie, der Schock über den Tod seiner Frau und die Ströme von Whisky seine Denk- und Urteilsfähigkeit beeinträchtigt? Carapezzas Anwälte boten an, eine Reihe prominenter Zeugen zu präsentieren, die Guttuso in seinen letzten Tagen gesehen hatten und seine geistige Klarheit bezeugen würden. Der erste Name auf der Liste der Anwälte war der von Giulio Andreotti.

Marta Marzotto berichtete mir, was mit dem Zyklus *Gott mit uns* geschehen war. Vornehmlich mit dieser frühen Folge von Zeichnungen hatte sich der junge Guttuso einen Namen gemacht. Während er sich zu Beginn der vierziger Jahre in Rom versteckt hielt, hatte der Widerstandskämpfer Guttuso eine Reihe von rohen, aber sehr kraftvollen, an Goya erinnernden Tuschezeichnungen über die Schrecken des Nazikriegs hingeworfen, auf billigem Wachspapier, das im Lauf der Zeit vergilbt und brüchig geworden war. Einige dieser inzwischen höchst wertvollen Blätter seien aus dem Palazzo del Grillo verschwunden, hatte Guttuso selbst noch der Gräfin anvertraut. In diesem Zusammenhang begann sie nun von *dem Dieb* zu sprechen.

Der Dieb war einer der vier Dienstboten – zwei Ehepaaren –, die gemeinsam mit Carapezza im Palazzo del Grillo das Regiment übernommen hatten. *Sie regeln jetzt alles*, hatte der kranke Guttuso einmal seufzend zu Giampiero Dotti gesagt, womit er möglicherweise auch Carapezzas Eltern meinte, die unlängst aus Palermo gekommen waren und sich in den Appartements des Malers im Palazzo eingenistet hatten. Jemand unter Guttusos Angestellten arbeitete mit den Werkstätten zusammen, die Guttusos Werke fälschten. Echte Arbeiten verschwanden und falsche kamen auf den Markt. Früher hatte der Maler Fälschungen in Kunstgalerien wutentbrannt zerfetzt, aber mittlerweile war er müde geworden. Er bat Marta, etwas zu unternehmen, und das tat sie mit viel Energie. Geplant war eine polizeiliche Durchsuchung der Galerien und Druckereien, die Marta ausfindig gemacht hatte; aber irgend jemand aus Guttusos Haushalt warnte die Fälscher. Marta drängte Guttuso, den Angestellten zu entlassen. Der Maler antwortete: *Es treiben sich so viele Wölfe herum. Wenn einer geht, kommen andere nach.*

Aldo Torroni, der Pförtner des Palazzo del Grillo, hielt sich gewöhnlich unten in seinem Kabäuschen auf und winkte die Besucher durch, die er seit Jahr und Tag kannte, weil sie, ob nun berühmt oder nicht, zu Guttusos festem Zirkel gehörten; das übrige Personal betätigte sich in den oberen Gemächern des Malers. Marta Marzotto zum Beispiel war neunzehn Jahre lang jeden Morgen um Viertel vor zehn gekommen und bis eins geblieben. An der Beerdigung von Mimise Dotti Guttuso, die am sechsten Oktober 1986 starb, nahmen sämtliche Angehörige des Haushalts teil, und inmitten des Kommens und Gehens von Trauergästen hörte der gute Aldo einen der Diener klar und deutlich sagen: *Wenn wir Marzotto nur zwei Tage fernhalten können, ist alles erledigt.* Aldo fand das verwunderlich, und noch verwunderter war er, als er am folgenden Tag die Anweisung erhielt, all die Freunde von Guttuso fernzuhalten, denen er zwanzig Jahre lang jeden Tag oder einmal in der Woche freundlich zugenickt hatte. Er war darüber immerhin so verstört, daß er den Verwalter des Palazzo del Grillo um Rat bat; und der Verwalter sagte: *Bitten Sie den Maestro um eine schriftliche Anweisung.* So wisse er genau, wen er noch einlassen dürfe und wen nicht. Dieser Rat kam dem Pförtner klug vor, und er bat in der oberen Etage um eine *schriftliche Anweisung.* Sie wurde ihm versprochen, aber nie ausgehändigt. Als Marta Marzotto eines Tages anrief und zum wiederholten Male fragte, was eigentlich vorgehe, rutschte dem guten Aldo der Satz heraus: *Im Vergleich mit uns, Gräfin, ist der* Denver-Clan *ein Witz.* Er spielte auf die damals sehr populäre Fernsehserie über eine millionenschwere Familie und ihre Intrigen an.

Zwei Monate nach dem Tod des Malers erklärten Carapezzas *prominente Zeugen* vor den Ermittlungsrichtern übereinstimmend, Guttuso sei bis zum Ende bei klarem Verstand gewesen. Wie die Presse berichtete, war Giulio Andreotti *einer der wenigen, die noch in den letzten Lebensmonaten des Künstlers Zutritt zum Palazzo del Grillo hatten*, zwar vollauf mit der Bildung einer neuen Regierung beschäftigt, fand er aber am fünfzehnten März, *trotz seiner Bemühungen um die Beilegung der Regierungskrise, die Zeit zu bezeugen ..., daß Guttuso bis zum Ende bei klarem Verstand gewesen sei.* Der kommunistische Führer Antonello Trombadori verurteilte die *Legendenbildung aus der Schlüssellochperspektive* und stieß verschleierte Drohungen gegen diejenigen aus, *die hier eine Seifenoper inszenieren wollten.* Auch er bezeugte, daß Guttuso bis zum Ende bei klarem Verstand gewesen sei. Manche Zeugen sagten sogar aus, er sei bis zuletzt bei *klarstem* Verstand gewesen. Dies seien *die Sonntagsfreunde*, die Guttuso nur in großen Abständen und nur kurz gesehen hätten, erklärte Dottis Anwalt. Marta Marzotto selbst hatte den Ermittlungsrichtern inzwischen insgesamt fünfzehn Stunden lang Rede und Antwort gestanden. Ihrer Ansicht war Guttuso manchmal bei klarem Verstand gewesen, jedoch infolge seiner fortschreitenden Krankheit nicht immer. Ein weiterer alter Freund der Familie erinnerte sich an Guttusos Verwirrung und an sein versagendes Gedächtnis – schon vor dem Tod seiner Frau habe er oft etwas sechs-, siebenmal wiederholt.

Giampiero Dotti meinte, nun könnten nur noch medizinische Experten zur Klärung beitragen, und forderte ein reguläres ärztliches Gutachten. Dotti wollte die Adoption von Fabio Carapezza per Gerichtsbeschluß für ungültig erklären lassen. Carapezzas Anwälte bestritten sein Recht hierzu, da er selbst das Erbe nicht beanspruche. Bei einer neuen, von Marta Marzotto in die Wege geleiteten Razzia wurden die Drucker ertappt, als gerade eine gefälschte Guttuso-Lithographie durch die Presse lief; die Polizei fand auch falsche Picassos, De Chiricos, Chagalls und Mirós. Mittlerweile war der natürliche Sohn gefunden worden und forderte seine Anerkennung als Guttusos Erbe. Im April protestierten die Richter, die mit der Prüfung der Adoption betraut waren, gegen die geplante Einstellung des Verfahrens, und einer von ihnen trat zurück. Nach einem, wie *La Repubblica* schrieb, *stummen, verbissenen Kräftemessen innerhalb der römischen Staatsanwaltschaft* wurde der Fall wieder aufgerollt. Carapezza verklagte die Wochenzeitschrift *L'Espresso* wegen eines Artikels mit der Überschrift *Die Farbe des Geldes*. Darin fand sich unter anderem Dottis Schilderung der vier Besuche, die er Guttuso in den letzten Monaten hatte abstatten können.

> Diesen Besuchen gingen stets mühselige und demütigende Bemühungen um Kontakt zu Fabio voraus, da im Palazzo del Grillo niemand ans Telefon ging ... die Atmosphäre bei den Besuchen, stets in Gegenwart der Carapezzas, war sehr befremdlich. Renato freute sich offensichtlich über mein Kommen, wirkte aber verwirrt und wie verängstigt. Oft sagte er, Mimise sei zu Hause [sie war längst tot]... Sooft ich Renato Grüße von Freunden ausrichtete, war er zu Tränen gerührt, und oft äußerte er den Wunsch, sie so bald wie möglich zu sehen. Mehrmals ... bat mich Renato, für ihn wegen der Ausstellung Kontakt mit Jean Louis Prat von der Fondation Maeght aufzunehmen ... Bis zum dritten Dezember 1986 hatte ich nie auch nur die leiseste Andeutung auf die blitzartige Adoption gehört ...

Carapezza bemühte sich weiterhin, die Legitimierung von Guttusos natürlichem Sohn zu verhindern. Zu diesem Zweck verbreitete Trombadori, die Mutter des angeblichen Sohnes habe mit sehr vielen Männern geschlafen. Außerdem sei sie – offenbar ein weiterer Grund für profundes Mißtrauen – eine hinreißende Schönheit und an Guttusos Kunst gänzlich uninteressiert gewesen. Dennoch wurde drei Monate später der Antrag des Sohnes für zulässig erklärt, was hieß, daß ihm wahrscheinlich stattgegeben werden würde. Zwei Tage darauf sprach ein anderes Gericht Carapezza von dem Verdacht frei, Guttuso von aller Welt isoliert und sich unter Ausnutzung der physischen und geistigen Hinfälligkeit des Künstlers die Adoption erschlichen zu haben. Unter Berufung auf Giulio Andreotti, Monsignore Angelini, Antonello Trombadori und die übrigen Sonntagsfreunde entschied der Richter – einer derjenigen, die das Verfahren bereits Monate zuvor hatten einstellen wollen –, Renato Guttuso sei *bis zum Ende bei klarem Verstand* gewesen. Carapezza wurde als Alleinerbe bestätigt. Daraufhin wurde nun auch gegen Giampiero Dotti und Marta Marzotto ermittelt, und zwar wegen Verleumdung. Außerdem rückte die Finanzpolizei Marta auf den Pelz und stellte Untersuchungen zum Verkauf des Hauses an der Piazza di Spagna an, in dem sie ihren Salon geführt hatte. Der ermittelnde Richter bezeichnete die zwanzigjährige Beziehung zwischen Marta und Renato als *eine nicht nur künstlerische, sondern auch intime,* und befand, die Gräfin sei *für sämtliche geleisteten Dienste reichlich belohnt worden.*

Das verschlägt mir die Sprache, sagte Marta, als sie davon erfuhr. Sie hatte das Verfahren nicht angestrengt, sondern sich vielmehr so wenig wie möglich dazu geäußert. *GELEISTETE DIENSTE? Ich war doch nicht Guttusos Dienerin. Oder seine Angestellte ... Ich fühle mich angegriffen, persönlich angegriffen. Und das macht mich einfach wütend.* Sie hatte bei der ganzen Angelegenheit nichts für sich haben wollen, außer als Frau respektiert zu werden, und sah sich nun mit einer Verleumdungsklage bedroht, mit polizeilichen Ermittlungen wegen ihrer Immobiliengeschäfte und mit der Trennung von ihrem Ehemann. Dotti äußerte mittlerweile ebenfalls scharfe Worte.

> Warum sind meine Zeugen nicht geladen worden? Menschen, die Renato Tag für Tag gesehen haben, die seit Ewigkeiten wirklich Freunde von ihm waren? Selbst wenn sie nicht zu den berühmten Persönlichkeiten aus Rom und den politischen Kreisen zählten ... Über die Zurechnungsfähigkeit von Renato Guttuso wurde nur anhand von Zeugenaussagen, nicht anhand von medizinischen oder wissenschaftlichen Gutachten entschieden.

Besonders scharf äußerte er sich zu Angelini – *nennen Sie ihn bitte nicht Monsignore* – und zu dem *Kurien-Zynismus dieses enigmatischen Charakters.* Dies fiel mir wieder ein, als Angelinis Zeugenaussage zwei Jahre später veröffentlicht wurde. Er war noch immer nur Monsignore, und seine Erhebung zum Kardinal, die zweieinhalb Jahre früher angeblich unmittelbar bevorstand, war anscheinend auf unbestimmte Zeit verschoben worden. Das Bild, das sich der Richter von der Gräfin gemacht hatte, ging offenbar auf Angelini zurück, denn der hatte erklärt:

> Marta Marzotto wurde von Guttuso überreichlich mit Geld und Gemälden bedacht ... die Gemälde verkaufte Marzotto regelmäßig und bestritt daraus ihren Lebensunterhalt sowie diverse andere Ausgaben ... Die Gräfin verhielt sich mir gegenüber stets höflich ... zu Lebzeiten hatte Guttuso den Wunsch, sein Verhältnis mit der Gräfin zu beenden. Der starke Druck seitens der Presse machte ihm dies unmöglich. Seine schwere Erkrankung und die klare Einsicht in die Wende, die sein Leben

in nicht allzu ferner Zukunft nehmen würde, verliehen ihm den Mut ... sein inneres Gleichgewicht wiederzugewinnen und sich zu einem anderen Dasein zu bekehren.

Noch nie ist etwas je sauber beendet worden, schon gar nicht in Italien. Die Geschichte zog sich hin, die Verfahren multiplizierten sich und wurden niemals abgeschlossen. Würde man das Grab des Maestro öffnen, damit ein DNA-Test vorgenommen werden konnte, der endgültig entscheiden würde, ob der natürliche Sohn auch einer war? Guttusos sterbliche Hülle war 1989 nach Bagheria überführt und in einem schaurigen, tonnenförmigen Sarkophag aus malvenfarbenem Marmor beigesetzt worden, den der Bildhauer Manzù entworfen hatte; ringsum trennte ein flacher Wassergraben das Grabmal mit den vier vergoldeten Tauben – möglicherweise jenen stalinistischen Friedenstauben, die der Künstler während des Kalten Krieges gar so oft gezeichnet hatte – vom unkraut-überwucherten Park der Villa Cattolica. Inzwischen war der natürliche Sohn so rasch und leise von der Bildfläche verschwunden, wie er aufgetaucht war. Was, fragte ich mich, hatte ihn wohl das Interesse an dem Erbe verlieren lassen, das er doch für seine kleinen Töchter sichern wollte? Drei Jahre nach Guttusos Tod war Carapezzas Verleumdungsklage gegen Dotti weiterhin anhängig. Dotti hatte den Kampf um die Annullierung von Carapezzas Adoption in erster Instanz verloren, denn da er kein Geld wolle, hieß es, sei er nicht befugt, das Problem aufzurühren. Nun brachte Dotti vor, daß ihm die Adoptionspapiere nie zugänglich gewesen waren. Die Akte zu Carapezzas Adoption schien spurlos verschwunden zu sein.

Die Stiftung Guttuso, die einzige Alternative, wenn der Nachlaß des Malers nicht vollständig Carapezzas Kontrolle unterliegen sollte, war mittlerweile fast nicht mehr existent. Nur Dotti bemühte sich noch, sie am Leben zu halten. Da es an Mitteln und an Projekten fehlte, hatten die anderen Vorstandsmitglieder für die Auflösung gestimmt. Die Stiftung, die Renato und Mimise gemeinsam gegründet hatten, sollte ursprünglich ihre Heimat auf dem ansehnlichen Landsitz der Dottis bei Varese in Norditalien finden, wo Guttuso sein Sommeratelier hatte. Doch dann kam der Todesstoß – der Vorschlag, in der Gemäldegalerie von Varese einen Guttuso-Saal einzurichten. Diese Idee stammte vom Bürgermeister der Stadt, einem nahen Freund Giulio Andreottis und Mitglied seiner Fraktion innerhalb der DC, sowie von einem Bischof, der ebenfalls eng mit Ministerpräsident Andreotti befreundet war. Anscheinend hatte Andreotti selbst diesen Handstreich im Januar 1990 zwischen den diversen Reden bei der Gedenkfeier in Bagheria eingefädelt. Der Bürgermeister von Varese war bei der Zeremonie zugegen und ließ die Presse voller Freude wissen, Andreotti sei *gewisserma-*

ßen Carapezzas Berater. Nun war auch der Landsitz ganz in der Hand der Carapezzas. Danach verlor ich den Faden.

Wie sich herausstellte, war die Akte zum Adoptionsfall Carapezza nicht das einzige, was im Justizpalast von Rom unauffindbar blieb. Von anonymer Seite war den Ermittlungsrichtern einige Monate nach dem Tod des Malers ein Brief von Guttuso an Marta Marzotto zugespielt worden. Es dauerte mehr als acht Jahre, bis die Adressatin diesen Brief erhielt. Die längste Zeit hatte er in einer abgeschlossenen Akte auf den Regalen der römischen Staatsanwaltschaft geruht. Daß er existierte, entdeckte Marta Marzotto zufällig im November 1994. *Als ich ihn las, habe ich vor Kummer und Zorn geweint,* sagte sie. Der Brief bestand aus einem Blatt mit fünfzehn Zeilen in Guttusos zittriger Handschrift.

> Liebste Martina,
> hoffentlich kann ich Dir diesen Brief durch den guten Aldo zukommen lassen, auch wenn das nicht einfach ist, wie ich wohl weiß. Ich bin sehr krank und möchte Dich gern in meiner Nähe haben, und ich begreife nicht, warum Du noch nicht wieder gekommen bist.
> Die Krähen umkreisen mich, und meine lichten Momente werden immer seltener. Sie lassen mich nicht telefonieren ... Es tut mir leid, Dir diese Dinge mitteilen zu müssen, aber wenn Du bei mir wärst, würde es mir vielleicht sogar wieder besser gehen.
> Ich warte unentwegt darauf, Dich durch die Tür treten zu sehen, warum kommst Du nicht, meine Seele. Komm. Komm, ich warte sehnsüchtig auf Dich, ich umarme und küsse Dich.
> Dein
> Renato
> P. S. Laß mich wenigstens Deine Stimme am Telefon hören.

Marta Marzotto schwieg für einen Augenblick. Sie zog ihre nackten Füße unter sich auf das weiße Sofa. Sogar die Telefone hatten nun aufgehört zu klingeln. Sie war sich ganz sicher, daß der gute Aldo den Brief weitergeleitet hatte. *Und jetzt ist er verschwunden. Ich kann ihn nirgends finden.* Selbst die Botschaftergattin verlor für einen Moment die Fassung. Ihr blieb der Mund offen stehen. *Der Pförtner ist verschwunden?* hauchte sie. Die Gräfin nickte. *Der gute Aldo hat sich in Luft aufgelöst. Spurlos.*

Die Botschaftergattin blickte stumm zu mir herüber. Ich fragte mich, wie es wohl im Justizpalast von Rom zugehen mochte, wenn ganze Fälle, Akten und Dokumente dort einfach so verschwinden konnten. Als nächstes wollte ich mich mit dem Mord an Mino Pecorelli befassen, jenem Journalisten, der mitten auf der Straße in Rom erschossen wurde, weil er Skandalen nachgegangen war, in denen Andreotti eine Rolle spielte. Die Ermittlungen in diesem Fall waren ebenfalls jahrelang in den unergründlichen Tiefen der römischen *procura* versackt. Marta Marzotto müßte sich das ganz gut vorstellen können, dachte ich. Nach einer der vielen endlosen Befragungen zu Guttuso hatte sie geäußert, sie fühle sich *allmählich im Justizpalast schon ganz heimisch.* Und doch war Marta Marzotto vermutlich genauso überrascht wie ich, als ein paar Monate nach unserer Begegnung, im Frühjahr 1996, ein hoher Richter dieser Behörde wegen schweren, um nicht zu sagen, massiven Korruptionsverdachts im Zusammenhang mit dem Finanzimperium Berlusconis verhaftet wurde und Ermittlungen gegen einige weitere seiner langjährigen Kollegen angestellt wurden.

Doch nun jonglierte die Gräfin wieder mit ihren Telefonen. *Gerade hat Licio Gelli mich angerufen*, verkündete sie. *Hab' diesen Vormittag mit ihm gesprochen. Sie sollten mit ihm reden. Wie wär's? DER könnte Ihnen Dinge erzählen. Wollen Sie seine Nummer?* Sie wußte, daß sie boshaft war, und lachte. Ebensogut hätte sie mir vorschlagen können, mich auf ein Plauderstündchen zum Tee mit Heinrich Himmler zusammenzusetzen, dem Gelli übrigens recht glich. Vielleicht war der junge Gelli in seinen Anfängen Himmler sogar begegnet. Er hatte in Spanien für Franco und in der Republik von Salò für Mussolini gekämpft. Im Lauf der Jahre waren ihm viele »Erderschütterer«, wie der englische Dichter O'Shaughnessy sie nannte, über den Weg gelaufen. Die Gräfin stellte mich auf die Probe. Es war ein Test. *Ja*, sagte ich schwach. Die Gräfin begann ihr Verzeichnis von Telefonnummern durchzublättern. *Der Mann ist DERARTIG GEWIEFT*, sagte sie. *Nicht nur hat er seinen Paß wieder. Zwei Polizeiautos begleiten ihn als Eskorte überallhin. Mit Blaulicht und Sirene. Er hat EINFLUSS. Der Vatikan*, fügte sie zerstreut an, *hat ihn für den Nobelpreis vorgeschlagen. Wo hab ich diese verdammte Nummer bloß aufgeschrieben? Für Literatur. Sie setzen die südamerikanischen Botschaften unter Druck. Er könnte Ihnen eine Menge erzählen.* Daran zweifelte ich nicht. Plötzlich fiel mir auch wieder ein, daß ich vor langer Zeit schon einmal etwas über Gellis Schreibkünste gehört hatte. Anfang der achtziger Jahre wollte Tullio Pironti, der neapolitanische Verleger der *Wahren Geschichte Italiens*, Gellis Memoiren publizieren. Der ehrwürdige Großmeister der geheimen Freimaurerloge P2 sorgte damals für Schlagzeilen. 1981 brachte er mittelbar die italienische Regierung zu Fall. Eine Durchsuchung seiner Villa förderte die – oder eine – Mitgliederliste dieser illegalen Geheimloge zutage, die unter anderem möglicherweise das Ziel verfolgte, den Boden für eine rechtsgerichtete Diktatur in Italien zu bereiten. An der Razzia war Sindona schuld; eine der unangenehmen Folgewirkungen seiner gescheiterten heimlichen Expedition nach Sizilien zu Erpressungszwecken im Sommer 1979. Sindona, der Finanzberater Gellis, der Cosa Nostra wie des Vatikans, hatte ihnen allen Verluste in Milliardenhöhe eingetragen. Nach seiner Verhaftung in der Schweiz, wohin er, wie Sindona, mit Perücke und falschem Schnurrbart geflohen war, entkam Gelli per Hubschrauber aus dem Gefängnis und tauchte in Südamerika unter.

Ich weiß Bescheid über Sindona, sagte Marta Marzotto, die meine Gedanken erriet. *Gründlich Bescheid. Ich könnte Ihnen über jeden etwas erzählen.* Die Mitgliedsliste der P2 enthielt die Namen von fünf ehemaligen und amtierenden Ministern sowie von achtunddreißig Parlamentsabgeordneten; von vierzehn Richtern, elf Polizeichefs, zehn Bankpräsidenten, zweihundert hohen Offizieren der Armee, der Carabinieri und der Finanzpolizei sowie fast die gesamte Spitze der Geheimdienste. Aufgeführt waren auch der Eigentümer und Herausgeber des *Corriere della Sera;* ein auf obskuren Wegen zu plötzlichem Reichtum gelangter Geschäftsmann namens Silvio Berlusconi, der ein Dutzend Jahre danach Ministerpräsident wurde und sich noch später – gleichzeitig mit zwei weiteren ehemaligen Ministerpräsidenten – wegen höchst unterschiedlicher Straftaten verantworten mußte; und schließlich noch der Talkshow-Moderator, der zu Martas Empörung den AIDS-kranken Gesprächsteilnehmer ausgeladen hatte.

Nicht auf der Liste stand der Name von Giulio Andreotti. Sein Fehlen gab Anlaß zu diversen Theorien. Die bescheidenste ging davon aus, daß das Mitgliedsregister schlicht unvollständig war und daß das echte irgendwo anders lagerte. Der wildesten These zufolge diente Gelli selbst nur als Aushängeschild, und der eigentliche verehrungswürdige Großmeister der Loge Propaganda 2, der ihre Umsturzpläne in Wirklichkeit orchestriert hatte (amüsanterweise liefen sie unter dem Namen *Demokratische Wiedergeburt*), sei der kleine Mann, den seine Bewunderer *Gott Giulio* und andere *Beelzebub* nannten. Für keine dieser Spekulationen gab es Beweise. Es verhielt sich nur so, daß die Bürger Italiens sich viele Jahre lang kaum nennenswerte Geschäfte vorstellen konnten, die nicht auch *geheim* waren; und keine *geheimen Geschäfte*, hinter denen nicht Andreotti als Drahtzieher stand. Niemand hatte je klären können, ob Gelli über eigene Macht verfügte oder lediglich ein Verbindungsglied, ein Erpresser, ein Stellvertreter für andere war; und die Liste der P2 unterstrich das Dilemma nur. Gelli hatte viele Freunde in Südamerika.

Meine Güte, allerdings, sagte die Botschaftergattin. *Riesige Ländereien in Uruguay. Rinderherden.* Ab einem gewissen Punkt hatten sie und ihr Gatte, der Botschafter in Rom, sich nicht mehr in der Lage gesehen, Einladungen von Gelli und seinem Partner Umberto Ortolani, der womöglich ein noch größeres Stück von Uruguay besaß als Gelli, anzunehmen. *Sie hatten sich einfach, wie soll ich sagen, zu sehr kompromittiert.* Gelli handelte später seine Rückkehr von Brasilien in die Schweiz aus, die ihn pflichtschuldig an Italien auslieferte, wo er lediglich finanzieller Vergehen beschuldigt wurde. Einige Tage nach meinem Besuch bei der Gräfin bestätigte der Oberste Gerichtshof das Urteil, wonach Gelli einer der Verantwortlichen für den Bombenanschlag gewesen war, der elf Jahre zuvor sechzehn Menschen im Schnellzug von Neapel nach Mailand das Leben gekostet hatte. Gelli war wieder in Italien ansässig, jedoch gemäß den Bedingungen, unter denen die Schweiz ihn ausgeliefert hatte, auf freiem Fuß. Andreotti gab zu, ihm einmal zufällig in Buenos Aires begegnet zu sein, anläßlich eines Besuchs bei dem argentinischen Diktator Juan Perón in der Casa Rosada. Davor, sagte Andreotti, habe er Gelli nur als Geschäftsführer der Matratzenfabrik Permaflex aus Frosinone gekannt. *Ich dachte im stillen*, erzählte Andreotti in einer Talkshow kurz vor Beginn seines Prozesses in Palermo, *der Mann da, dachte ich mir, sieht genauso aus wie der Geschäftsführer der Matratzenfabrik Permaflex aus Frosinone.* Andere behaupteten, es sei Gelli gewesen, der Andreotti bei Peron eingeführt habe. Andreotti verriet dem Talkshow-Moderator, seiner Meinung nach sei Gelli in Südamerika eine einflußreiche Persönlichkeit. *Aber nicht in Italien. Mit Sicherheit nicht in Italien.*

Und doch war es Italien, wo Gelli damals über den Bankier Roberto Calvi dem künftigen Ministerpräsidenten Bettino Craxi viele Millionen Dollar hatte zukommen lassen. Craxi hatte sich mittlerweile in Tunesien verkrochen und sich so den drei in Italien gegen ihn verhängten Haftstrafen entzogen, die ihn, wären sie je verbüßt worden, ein Vierteljahrhundert hinter Gittern gehalten hätten. Calvi, der international gefragte Financier und Nachfolger seines früheren Mentors Sindona als Bankier der Mafia und des Vatikans, wurde 1982 in London erhängt unter der Blackfriars-Brücke aufgefunden – eine Todesart, die den Riten der Freimaurer entsprach. Er hatte den weltweit größten Bankenkollaps seit Kriegsende ausgelöst. Ein damals in London lebender Boß der Cosa Nostra von Palermo wurde im Zusammenhang mit Calvis Tod erwähnt. Calvis Witwe behauptete hartnäckig, Andreotti habe an der Spitze der P2 gestanden. Bald nach meinem Besuch bei Marta Marzotto befragten Ermittlungsrichter Gelli in Vico Equense bei Neapel zu seiner Beteiligung an der internationalen Verschiebung von Gold, Plutonium und Diamanten, der sie zufällig auf die Spur gekommen waren. Er antwortete:

> Mehrere Tage pro Woche widme ich Gesprächen mit Menschen aus dem In- und Ausland, die meinen Rat suchen – generellen Rat, nichts Ungesetzliches, keine Begünstigungen und Empfehlungen. Nur Rat, einfach weil ich gern mit Menschen umgehe.

Vielleicht könnte ich Gelli zu den Menschen befragen, mit denen er so gern umging. Denkbar war auch ein anderes Thema, nun da der ehrwürdige Großmeister den Nobelpreis anstrebte: *Dichtung*. Nun fiel mir wieder ein, daß Tulli, als er vergeblich versucht hatte, Gelli zum Schreiben seiner politischen Memoiren zu bewegen, statt dessen ein schmaler Gedichtband angeboten worden war. Doch bevor die Gräfin die Nummer gefunden hatte, war sie in Gedanken schon wieder anderswo.

Himmel noch mal, rief Marta Marzotto plötzlich. Es war fast Mittagszeit. Ob ich einen Salat mitessen wolle? Sie trug der Botschaftergattin auf, mich herumzuführen; unterdessen sprang sie rasch unter die Dusche und schlüpfte in ein noch bequemeres Gewand. Im Lauf des Vormittags hatte ich immer wieder verstohlen im Boudoir der Gräfin Umschau gehalten, vor allem nach den Guttusos. Das größte Bild hing mir gegenüber an der Wand. Es war die *Nacht von Gibellina*, eine grausige, düstere, roh ausgeführte Szene von Feuer, Vernichtung und Verzweiflung, die an das sizilianische Erdbeben von 1968 im Tal von Belice erinnerte. So malte Guttuso in seiner früheren, sozialen, von bäuerlichen Tragödien inspirierten Phase – exemplarisch litten hier Menschen unter der doppelten Gewalt, von der Moravia gesprochen hatte; in diesem Fall unter der Gewalt des Erdbebens und des Malers. Ich hatte das Gefühl, das Bild schon zu kennen, vielleicht als Reproduktion oder in einer anderen Variante. Hier, in dem idyllischen Rokoko-Boudoir, wirkte es nicht ganz heimisch. Außerdem gab es einige kleine Guttuso-Originale, darunter eines, auf dem Marta Marzotto zu erkennen war, doch unter der energischen Führung der Botschaftergattin durfte ich vor ihnen nicht verweilen. Der niedrige Dachgeschoßraum mit den freigelegten alten Balken, in dem wir uns befanden, war voller Schnickschnack und ausgefallenen Dingen; ein durchaus angenehmes Ambiente. In einer Ecke hatte die Gräfin ihre Sammlung großer, schriller Trinkkelche aus buntschillerndem Muranoglas mit viel Gold aufgestellt.

Ein langes, mit bonbonrosa Seide bezogenes Sofa im Empire-Stil nahm eine gesamte Wand des angrenzenden Raums ein; und sein ausladendes, geschwungenes Rückenteil, mit dem gleichen Seidenstoff bezogen und an den Kanten mit Beschlagnägeln verziert, reichte fast bis zur Decke. Es glich einem Phantasie-Thron aus einem *Cinderella*-Bühnenbild. *Was hatten wir für eine Mühe, das Ding hier heraufzuschaffen*, sagte die Botschaftergattin mit Blick auf die rosaseidenen Wülste. An der großflächigen Wand zwischen den beiden Räumen hingen dicht an dicht kleine Zeichnungen in Tinte und farbiger Tusche, jede unter Glas. Selbst aus der Entfernung erkannte ich Guttusos energischen Strich, die plastischen Schraffierungen, die lässig-elegante Spannung zwischen Form und Bewegung, die in seinen größeren Gemälden so oft der Gesamtkomposition zum Opfer fiel. Ich trat näher. Die Botschaftergattin ging rasch weiter. *Die erotischen Zeichnungen*, sagte sie knapp. *Sehr amüsant.*

Die erotischen Zeichnungen! Etwa jene neunzehn, die dem Tresorfach entnommen worden waren, zu dem nur Marta Marzotto und Fabio Carapezza Schlüssel besaßen? Hatte man sie ihr zurückgegeben? Hatte sie auch ihre Briefe zurückerhalten? Während die Botschaftergattin mich unauffällig, aber entschlossen in den anderen Raum drängte, gewahrte ich flüchtig die Gräfin nackt auf allen vieren und hinter ihr, schräg aufgerichtet, entweder eine Schlange oder einen gigantischen Phallus. Die Zeichnungen wirkten lebenssprühend, bezaubernd kraftvoll. Meiner Meinung nach hatte Marta Marzotto den Maler Renato Guttuso sehr beflügelt. Ich hoffte, die Bilder später noch einmal näher in Augenschein nehmen zu können; aber dann bot sich nie die Chance. Im anderen Raum stand die lebensgroße Gipsfigur eines deutschen Bildhauers aus dem letzten Jahrhundert, die eine ihr Kind stillende Zigeunerin in einem Schaukelstuhl darstellte. Die Plastik war in eine Ecke verbannt worden, weil sich die Gräfin permanent das Schienbein an ihr gestoßen hatte.

Erfrischt und strahlend erschien Marta Marzotto jetzt wieder. Eine weitere, auffallend blasse Freundin fand sich ein, die offenbar etwas mit Schmuck zu tun hatte. Sie hatte keinen Appetit, doch Marta scheuchte sie wie uns andere zu Tisch. Es gebe nur ein paar Häppchen, sagte sie. Eigentlich bloß Reste. Der Diener im gestreiften Jackett ging ein und aus. Er brachte saftige Stücke von rohem Schinken und dunkelgrünen Rucchetta-Salat. Eine sämige venezianische Ochsenschwanzsuppe und angebratene Polenta-Scheiben. *So mag ich's am liebsten*, sagte Marta Marzotto und häufte uns die Teller voll. Riesige rosa Mortadellascheiben. *Davon müssen Sie probieren*, sagte Marta, *ein Geschenk von Pavarotti.* Die Mortadella wies eine gewisse Ähnlichkeit mit ihrem Stifter auf, von Bart und Zähnen einmal abgesehen. Es gab ein köstliches Huhn mit Zitrone. Und den schönsten Gorgonzola, den ich je gesehen hatte; ein Keil war aus dem ganzen Käse herausgeschnitten worden, und das cremig-blaue Innenleben quoll daraus hervor. Die Gräfin bot Wein aus einer Flasche ohne Etikett an, einen prächtigen, fruchtigen Weißwein, dem noch weniger zugesprochen wurde als dem Essen. Wir aßen mit massivem, schwerem Besteck, für richtige Hände gemacht, und tranken aus Martas phantastisch kolorierten Muranogläsern. Ein himmlisch duftiges Mokka-Semifreddo folgte. *Nehmen Sie doch noch*, sagte die Gräfin großzügig und lud das Halbgefrorene auf meinen Teller. *Sonst schmilzt es.*

Ich versuche Diät zu halten, Marta, jammerte die Schmuck-Dame. *Und du tust mir das hier an.*

Marta Marzotto und die Botschaftergattin unterhielten sich über ihre Reisen. Ich aß. *Meine Kinder finden Australien einfach wundervoll,* bemerkte die Gräfin freundlich. *Sie lieben das Land, sind andauernd da. In Australien und Neuseeland. Ich übrigens auch. Ich war in Adelaide.* Sie legte eine Pause ein. *Ein häßlicher kleiner Ort. Meine Kinder sind direkte Nachfahren von Friedrich Barbarossa.*

Sydney ist wunderbar, sagte die Botschaftergattin. *Wir haben viele Freunde dort. Ich fahre immer wieder gern hin. Wir lieben die australischen Filme.*

»Das Piano« war großartig, sagte Marta Marzotto tonlos.

»Bad Boy Bubby«, sagte die Botschaftergattin so nachdrücklich und laut, daß die anderen zusammenzuckten. *Was für ein ungewöhnlicher Film! Über diesen Jungen, der sein ganzes Leben lang in einem Zimmer gefangengehalten wird.* – Sie begann, *Bad Boy Buddy* nachzuerzählen. Die Gräfin wirkte gelangweilt. Als die Botschaftergattin den Verzehr von Kakerlaken erwähnte, kniff die Gräfin die Augen zusammen und goß ein Schlückchen Wein nach. Als die Botschaftergattin bei der Szene angekommen war, in der die Eltern, in Plastikfolie gewickelt, ersticken, klapperte die Gräfin mit ihrem schweren Besteck. *Ich reise nach Argentinien,* sagte Marta Marzotto plötzlich. *Auf Einladung aus der Casa Rosada. Menem läßt nicht locker, und irgendwann mußte ich einfach zusagen. Aber erst nach Venedig. Und nach Kenia.*

Ist Menem nicht ein Herzchen? bemerkte die Botschaftergattin. *Wir finden ihn himmlisch. Was haltet ihr denn von IHR? Sie muß aber auch ständig im Rampenlicht stehen. Dieses ganze Theater darum, daß sie ihn verläßt und aus der Casa Rosada auszieht. Als Gattin eines Präsidenten –*

Wollt ihr meine neue Kollektion sehen? fragte Marta Marzotto plötzlich. *Ich habe sie gerade auf einer Modenschau gezeigt.* Sie sprang abrupt auf, lief aus dem Zimmer und kam mit einem verchromten Kleiderständer zurück, den sie auf Rollen vor sich herschob. Er war beladen mit herbstlicher Konfektion aus Synthetikstoffen. Die Botschaftergattin sprang vom Tisch auf und sichtete das Angebot. Sie schlüpfte in einen gesteppten Anorak, klappte den Kragen hoch und nahm vor Martas antikem Spiegel Model-Posen ein.

Die könnten meiner Schwägerin gefallen, sagte ich, nachdem ich mir einige der Kleider angesehen hatte. *Vielleicht sollte ich ihr eins als Geschenk mitbringen.*

Wenn Sie in Mailand kaufen, bekommen Sie Rabatt, sagte die Gräfin. *Im Haupthaus.*

Sie könnten doch nach Australien exportieren, sagte ich. *Italienische Mode –*

Zollschranken, zischte die Gräfin sofort. *Prohibitivzölle. Nicht eine Spur Gewinn für mich drin.* Sie schwieg einen Augenblick. *Außerdem haben sie da unten ihre EIGENE HÄSSLICHE KLEINE MODE.* Sie bestellte Kaffee. Der würdevolle Diener aus Sri Lanka glitt aus dem Raum, ohne Notiz von ihr zu nehmen. *Er hört einfach nicht auf mich. Nimmt mich schlicht nicht zur Kenntnis. So benimmt er sich immer, kurz bevor er nach Hause geht.*

Er ist in Gedanken anderswo, erläuterte die Botschaftergattin aus Uruguay. *Er lebt in einer anderen Welt.*

Hoffentlich ist das Paar von der Elfenbeinküste nicht auch so, sagte die Gräfin. Dann wurde uns ein echter Kaffee serviert, wie man ihn besser in Mailand nicht erwarten konnte. Ich trank ihn in kleinen Schlucken, betrachtete dabei diese starke Frau, diese Überlebenskünstlerin, und sah in Gedanken Guttuso vor mir, oder vielmehr Sciascias Bild von ihm. *Er wollte jeden bei Laune halten ... Bei all seiner Virilität war er psychisch sehr verwundbar.* Und zu den Ereignissen nach seinem Tod:

> Eine Geschichte wie von Pirandello. Das ist das einzig Sizilianische daran. Es gibt so viele Wahrheiten, daß man sich kein einheitliches Bild daraus zusammensetzen kann.

Weißt du, was ich glaube? hatte Pasquale damals in der Mühle gesagt. *Sie haben sich einfach zusammen an den Tisch gesetzt und das Geld untereinander aufgeteilt. Die kommunistische Partei und der Vatikan.*

Und der Sohn? fragte ich. *Was ist mit dem adoptierten Sohn?*

Na hör mal, sie mußten doch die Freunde in Palermo bei Laune halten.

XI EIN SCHÖPFER VON LABYRINTHEN

Bronzene Erzengel blickten mir an der Piazza San Domenico über die Schulter, als ich an einem stickigen Tag in Palermo auf den kühlen weißen Stufen am Sockel des Mariendenkmals saß und über Sciascias Worte zu *La Vucciria* nachsann, oder vielmehr über den realen Vucciria-Markt unter mir, *den Traum eines Hungrigen*, den ich vom Platz aus gerade eben nicht mehr sehen konnte. Wovon hatte Sciascia noch gesprochen – *von gewissen süßen und würzigen Gerichten, die alles in sich bergen, wo Würze sich mit Süße mischt und Süßes mit Würzigem.* Seine Worte beschworen eine grandiose, phantastische Komposition mit sehr wohl greifbarem, sinnlichem Hintergrund herauf, etwas wie aus *Tausendundeiner Nacht*, sie klangen wildromantisch und zugleich häuslich, familiär. Wovon redete Sciascia eigentlich? Da kam mir *caponata* in den Sinn.

Kennengelernt hatte ich *caponata* als billiges kaltes Gericht, das ich als Abwechslung zu den ewigen gedünsteten Muscheln abends an einem Tapetentisch mitten im tobenden Verkehr von Neapel an der Porta Capuana genoß. Es bestand aus Anchovis, kleingeschnittenem Oktopus und schwarzen Gaeta-Oliven, dazu etwas Salat und ein mit Fleischbrühe getränktes flaches, steinhartes Brot. Elizabeth David bezeichnete die Kombination treffend als *ein primitives Fischer- und Seemannsgericht* und nannte es *caponata alla marinara.* Erst beim verstohlenen Blick auf einen Nachbartisch im Neonlicht des Horse Shoe, wo Brotstücke im Flug ihr Ziel fanden, Teller auf den Tisch geknallt wurden und Weinflecken die Papiertischdecken zierten, ging mir auf, daß man in Palermo unter *caponata* etwas gänzlich anderes verstand. Zuerst sprang mir die Farbe ins Auge. Die Farbe der Finsternis. Ein Würfelberg von dieser ganz dunkel leuchtenden, violett-goldenen Üppigkeit, der an den schimmernden Glanz barocker Gemälde erinnert und von gemeinsam lang und sacht gekochten Auberginen, schwarzen Oliven, Tomaten und Olivenöl herrührte. Die Farbe der süditalienischen Küche. *Caponata* zählt zu den grandiosen süßsauren Gerichten der Welt – süß, sauer und würzig zugleich.

Die Basis bilden die Auberginen, den Knalleffekt die Sellerieherzen: unentbehrlich und überraschend. Beide Zutaten werden getrennt in Olivenöl goldbraun angebraten und dann zu der Soße gegeben, für die man Tomaten, Zucker und Essig mit einer gehackten, goldgelben Zwiebel in Olivenöl einkocht, unter Zugabe von sizilianischen Oliven, Kapern und *bottarga* – im Block getrocknetem Thunfischrogen, der in Scheiben geschnitten, geraspelt oder gerieben verwendet wird. Dies ist jedoch lediglich das Grundrezept für eine komplette *caponata.* Ob das, was unter dieser Bezeichnung im Horse Shoe täglich in Riesenportionen für ein paar Lire serviert wurde, wirklich geriebenen Thunfischrogen enthielt, wagte ich zu bezweifeln. Die *caponata* im Horse Shoe war köstlich, aber letztlich ein Gemüse-Gericht. Elizabeth David führt eine lieblose Version aus einem französischen Kochbuch von 1913 auf, die wiederum vom Koch des deutschen Botschafters in Rom stammte, und liefert dazu eine typisch englische abfällige Bemerkung: *Ein interessantes Gericht ... Es empfiehlt sich, von allem nur die halbe Menge zu nehmen.* Ein Einwohner Palermos schrieb: *Wer nie eine* caponatina *mit Auberginen gekostet hat, ist nie in die Vorhalle des Paradieses auf Erden gelangt.* Er beschrieb den Geschmack als

> eine unvergleichliche Komposition von Aromen, die Sehnsucht nach exotischen Ländern und Meeren weckt und deren vermischte Düfte doch das Wesen der sizilianischen Küche heraufbeschwören – sie ist das Feld, auf dem alle anderen Küchen einander bekriegen.

Was der Schreiber meint, verdeutlicht Ada Boni in ihrem Kochbuch *Talismano della Felicità.* Nachdem man die zerteilten, goldgebräunten Auberginen und Sellerieherzen in die süßsaure Soße aus Tomaten, Kapern und Oliven gegeben hat, fordert sie gestreng, *sollten Sie bereits getrennt ein paar kleine Tintenfische und nach Möglichkeit einen kleinen Hummer zubereitet haben ... Nach Belieben können auch einige Stücke Schwertfisch, in wenig Öl gebraten, zugegeben werden.* Waren Tintenfische, Hummer und Schwertfisch im Topf, mußte die St.-Bernard-Sauce zubereitet werden, deren Clou neben gewöhnlicheren Zutaten in Mandeln, Anchovis, Orangensaft und geriebener Schokolade bestand; mit ihr beträufelte man die ausgekühlte, kuppelförmig auf einer Servierplatte arrangierte *caponata.* Nun brauchte man das Ganze nur noch mit hartgekochten Eiervierteln, Shrimps und Hummerscheren zu garnieren. Was Sciascia vorschwebte, mußte *caponata* gewesen sein, entschied ich. Viele der dazu benötigten Zutaten waren auf Guttusos Gemälde *La Vucciria* abgebildet.

Aus Sciascias Kommentar ließ sich erraten, daß ihn nicht eigentlich die Fülle, sondern ihr Gegenteil interessierte – nicht das Essen, sondern der Hunger; wie er auch an anderer Stelle schrieb, *mitten im Leben sei etwas Ungelebtes an Guttuso* gewesen, die strotzende Vitalität des Malers durchzogen von Negation und Tod. Guttuso selbst bemerkte zur heterogenen Fülle Siziliens, man finde dort *Dramen, Pastoralen, Idyllen, Politik, Gastronomie, Geographie, Geschichte, Literatur ... letztlich alles und jedes, außer einem: der Wahrheit ...* Ähnlich äußerte sich Lampedusa über die Kurzlebigkeit der Wahrheit in Sizilien – stets werde sie von interessierten Parteien in Beschlag genommen und verdreht. Für einen Maler, der sich in Bildern ausdrückt, war dies ein geringeres Problem als für den Schriftsteller, dessen

Medium die Worte sind. Die Wahrheit ist, wie ihr Gegenteil, auf die Sprache bezogen. *Das Lügen ist ein verdammenswertes Laster*, hatte Montaigne einst geäußert. *Denn nur die Worte sind es, die uns verbinden und zu Menschen machen.* Sciascias knappe, schlanke Erzählungen fanden zu ihrer eigenen Wahrheit, indem sie auf Gewißheit verzichteten, Erkenntnis als unmöglich darstellten; und ich fragte mich, aus welchem Sizilien das wohl herrührte und was es für die Hoffnung der Verfasser der *Wahren Geschichte Italiens* bedeuten mochte, Licht auf die Dinge zu werfen. *Das beste Wort ist das ungesagte*, lautete ein Sprichwort der Mafia, das Giovanni Falcone häufig zitierte. Wie nahe verwandt war Sciascia seiner eigenen Figur, dem *Abbé als Fälscher* in dem gleichnamigen Roman, und dessen These *Die Geschichte ist ein einziger Schwindel. Sie existiert überhaupt nicht*?

Der Ursprung der Wahrheit lag für Sciascia dort, wo er immer gelebt hatte – im öden, hügeligen Landesinneren oberhalb von Agrigent, in Racalmuto. Er schrieb über das, was er kannte. Mit dem Schreiben begann er langsam und bescheiden, erst mit achtundvierzig Jahren widmete er sich ganz diesem Beruf; und selbst als sein Ruhm wuchs, zunächst in Italien, dann auch im Ausland, blieb Sciascia in seinem Geburtsort Racalmuto. Sein Großvater hatte als *caruso*, als Bergmann, in den nahen Schwefelminen gearbeitet, und sein Vater war Angestellter der Bergwerksgesellschaft. Nach dem Krieg wurde Sciascia Grundschullehrer in Racalmuto; halb verhungerten Kindern die Errungenschaften der italienischen Renaissance nahezubringen, bereitete ihm jedoch Unbehagen. Racalmuto war fest in der Hand der Mafia, und die Nachbarstadt Agrigent an der Küste galt nach Palermo und Trapani als größte Mafia-Hochburg Siziliens. Sciascia schrieb über Dinge, die er kannte.

> In jedem Ort und jedem Viertel waren die Mafiabosse und ihre Verbündeten ebenso wohlbekannt wie die Carabinieri und ihre Kommandeure. Die Politiker, die in ihrem Fahrwasser schwammen – denen die Wahlempfehlungen galten –, waren gleichermaßen wohlbekannt ... wie auch die illegalen Machenschaften, mit denen sie zu Geld kamen ... Die Bosse hielten sich nicht etwa bedeckt, sie stellten sich frech zur Schau. Das Wort »Mafia« kam ihnen nicht über die Lippen, sie sprachen statt dessen lieber von Freundschaft. Ihren Mitmenschen, der Gesellschaft und deren Institutionen begegneten sie mit Skepsis und Pessimismus. Die Institutionen leugneten ihrerseits für Sizilien die Existenz eines weitverbreiteten und effizienten kriminellen Netzwerks namens Mafia ...

Auch Racalmuto zählt zu den sizilianischen Orten, deren Name sich aus dem Arabischen herleitet. Er bedeutet *totes Dorf* oder *verwüstete Heimstätte*, was mir eine Warnung hätte sein sollen. Doch ich wollte den Ort sehen, in dem Sciascia sein gesamtes Leben verbracht und über den er, direkt oder indirekt, so viel geschrieben hatte. Soweit ich wußte, war Racalmuto weder in der Geschichte der Kunst noch des Verbrechens je sonderlich in Erscheinung getreten; es war kein großer Ort, aber auch kein kleiner. Nach Sciascias Tod war dort eine Leonardo-Sciascia-Stiftung gegründet worden, die wegen Geldmangel jedoch bald wieder einging, wie ich hörte. Erwähnt wurde Racalmuto stets nur als Sciascias Geburts- und Wohnort. Ich machte mich auf eine echt sizilianische Erfahrung gefaßt.

Eine Horde von Schulkindern und Gymnasiasten mit fluoreszierenden Rucksäcken fuhr von Palermo aus für das Wochenende nach Hause, und ich mußte mir meinen Platz im Bus hart erkämpfen. Die wenigen anderen Passagiere, die Fahrkarten erstanden und inmitten dieses Gewusels von Halbwüchsigen auf die Abfahrt warteten, wirkten wie Sciascias Frühwerk entsprungen: jüngere Hausfrauen und weißhaarige Matronen in Schwarz, ältere Männer mit gegerbten Gesichtern und Filzkappen, hier ein Priester, da ein Carabiniere. Fast alle Nebenfiguren aus Sciascias erstem Mafia-Roman, *Der Tag der Eule*, strebten an diesem Tag ins Landesinnere, darunter auch – nach ihrem Aussehen zu schließen – der Friseur, der Polizeispitzel, die blutjunge Witwe und der Baumbeschneider. Nach einem Killer sah mir keiner von ihnen aus. Schon in den fünfziger Jahren, als Privatautos noch einen Luxus darstellten, hatten Killer keine öffentlichen Verkehrsmittel mehr benutzt.

Der Bus verließ Palermo kurz nach Mittag bei drückender Hitze. Zunächst durch Obst- und Weingärten, deren Laub sich bereits rot verfärbte und abfiel, wand er sich in die dürre, hügelige Endlosigkeit des sizilianischen Landesinneren hinauf, setzte unterwegs nach und nach in kleinen Orten die heimkehrenden Schüler ab, ließ Herden magerer Schafe mit ihren gemächlich ausschreitenden Hirten passieren und fuhr an diversen sonderbaren, halbfertig betonierten Baustellen vorbei; dann wurde die Straße immer steiler, enger und gewundener, die Landschaft immer trockener und felsiger; und nachdem der Bus sich seinen Weg durch eine Trauerversammlung vor einer grauen Barockkirche gebahnt hatte, lud er schließlich die letzten Schüler und mich bei der an einen Felshang geduckten Ansammlung übereinander geschachtelter, braungrauer, ziegelgedeckter Häuser aus, die, wie sich herausstellte, Racalmuto war. Inzwischen war es schon fast dunkel. Sciascia sprach einmal von den zwei Gesichtern Racalmutos – einerseits die sanften, sonnenbeschienenen Hänge unterhalb des Ortes auf der dem Meer zugewandten Seite, mit ihren Weingärten, Oliven- und Mandelhainen; andererseits die landeinwärts blickende rauhe Landschaft der Schwefelminen. Während wir uns in Serpentinen den Hügel hinaufquälten, machten beide Seiten in dem verblassenden Licht einen recht trostlosen Eindruck.

Es war plötzlich kühl geworden, und vom Himmel, der sich immer dunkler färbte, nieselte es. Ich war noch für die Hitze von Palermo angezogen und fröstelte. Ringsum war alles verschlossen und verrammelt; die Ortsmitte schien sich weiter oberhalb zu befinden. Der Bus würde bei Tagesanbruch wieder zurückfahren, und nachdem ich mit dem Fahrer vereinbart hatte, er solle mich dann am Stadtrand auflesen, machte ich mich auf, um ein Nachtquartier zu finden und soviel wie möglich von Sciascias Wohnort zu sehen, bevor es endgültig dunkel wurde. Ich schlug eine der engen, ausblicklosen Straßen ein, die sich wie ein alter Schafpfad den Hügel hinaufwand. Gesäumt wurde sie auf beiden Seiten von Häusern, aus denen man unmittelbar in den Verkehr hinaustrat – falls es Verkehr gegeben hätte und jemand aus einem Haus getreten wäre. Die Türen waren um diese Zeit alle fest verschlossen, die Fenster hinter schweren, hölzernen Läden verborgen. Mitunter meinte ich, durch die Schlitze den Schimmer einer schwachen Glühbirne zu ahnen. Hier und da hing ein Spitzenvorhang hinter einem Fenster, durch das vielleicht ein Bewohner hinausspähte. Sämtliche Türen und Fensterläden waren mit einer dicken Schicht Farbe einheitlich in dem Milchschokoladenbraun gestrichen, das man in solchen Orten als einzige Holzfarbe zu sehen bekam. War es eine Frage des Geschmacks, oder war die Milchschokoladenfarbe schlicht billiger als die dunkelgrüne der städtischen Fensterläden? Niemand war auf den Straßen. Es gab keine Autos, keine Geschäfte.

Dann aber rührte sich etwas. Eine Trauerprozession kam mir schlurfend auf der engen Straße entgegen. Es mußte sich wohl um den großen Leichenzug handeln, den wir vom Bus aus gesehen hatten. Seit meinem Jahr in Trani – wo an jedem grauen Winternachmittag die Trauerprozessionen unter meinem Fenster vorbeizogen, bis auf die allerärmlichsten stets von einer Kapelle begleitet, die schaurig schräg einen Totenmarsch spielte, während von der Adria her ein kühler, feuchter Wind wehte – hatte ich mich immer bemüht, Trauerprozessionen in süditalienischen Kleinstädten aus dem Weg zu gehen. Die winterlichen Beerdigungen sind fast ebenso grausig wie die Hochzeiten im Frühjahr. Nun schwappte die Trauerwoge näher, die gesamte Straße füllend. Wie jemand, dem soeben einfällt, daß er einen Topf Milch auf der heißen Ofenplatte hat stehen lassen, machte ich auf dem Absatz kehrt und nahm die erstbeste Gasse hügelan bis zum nächsten Schafpfad.

Diese Straße glich der ersten: eng, verrammelt, leer und in Düsternis versinkend. Irgendwo fand ich eine höhlenartige Bar und trank dort einen Kaffee, der mich nicht aufwärmte. Ich dachte an Sciascias Erzählungen, in denen der Kaffee immer kochendheiß ist. Der Barmann kannte keine Hotels oder Pensionen in der Nähe. Er war tief in irgendwelche mürrischen Gedanken versunken, darum fragte ich ihn nicht nach dem, was mir mehr auf der Seele brannte, nämlich wo hier eigentlich das Zentrum sei, wo es Menschen gäbe, Bewegung, Leben. Man sah nicht, wo sie hinführten, diese engen Straßen, die sich bergan wanden – den Konturen des Berges folgend, hier und da unterbrochen von endlosen, breiten Steintreppen – und in einem Wirrwarr einander fast berührender, parallel eingekerbter Linien den Hang erklommen, als hätte ein Kind mit Bleistift und Lineal auf einem Blatt Papier gewütet, als bewegte man sich im Traum endlos auf einem Weg, über dem, wie irgendwo bei Sciascia jemand sagt, *immer eine häßliche Barockkirche thront.*

Ich folgte der ausgestorbenen, blinden, verschlossenen, dunklen und leeren Straße weiter, besessen von der Vorstellung, gleich die nächste Parallelgasse könne von Menschen bevölkert sein, belebt, hellerleuchtet, mit einem Lokal und Hotel am anderen. Es war einfach nicht herauszufinden, und inzwischen hatte ich genug von dem Ort gesehen, um zu ahnen, daß ich bis zur völligen Erschöpfung diese Straßen entlangtigern konnte, immer rund um den Felskegel herum, ohne je auf den Lebensnerv zu stoßen, nach dem ich suchte. Vielleicht verliefen diese horizontalen Linien in Wirklichkeit gar nicht parallel zueinander wie etwa die Breitengrade auf einer Landkarte, sondern stellten eine einzige Spirale dar, eine unendlich lange Straße, die den verlassenen Ort von oben bis unten durchlief wie die Windung einer Schraube. Dann sah ich im Dunkeln einen weiteren Leichenzug, wieder poliertes Mahagoni, eine weitere stumme, schlurfende Menge sich auf mich zuwälzen. Oder war es etwa dieselbe Trauerprozession, die mich auf ihrem Weg zum Friedhof, auf und ab oder in Spiralen, rund um Racalmuto vor sich her trieb? Ich bog ab und flüchtete über die nächste Treppe bergan.

Auf einer kleinen Piazza, die ihre Existenz einer leichten Einbuchtung des Hangs verdankte, bosselte vor einer Garage ein ölverschmierter Mechaniker an einem Fiat herum. Bei diesem alltäglichen Anblick wallte dankbare Erleichterung in mir auf. Ich fragte ihn nach einem Hotel. *Hier gibt es keines*, antwortete er liebenswürdig. *Nicht in Racalmuto. Eine Pension? Egal wie bescheiden? Nicht in Racalmuto.* Gereizt lachte ich auf; es könne doch nicht sein, daß es in einem Ort von gut zehntausend Einwohnern kein einziges Quartier gebe. *Es gab einmal ein Hotel*, erinnerte er sich in zweifelndem Singsang, *vor vielen, vielen Jahren. Dann hat es zugemacht.* Obwohl er sich unter einem »Zentrum« anscheinend nichts Genaues vorstellen konnte, gab er mir doch vage Anweisungen, wie ich dorthin käme, wo vielleicht die Mitte von Racalmuto war, und ich machte mich wieder auf den Weg. Inzwischen wollte ich nur noch fort. Sciascias Haus, die Farben – alles egal. Es wurde kälter. Vor Morgengrauen fuhr kein Bus. Als ich die Straße entlangging, die der Mechaniker mir empfohlen hatte, sah ich in der Ferne Licht, bläuliches Neonlicht. Ein Schaufenster. Eifrig ging ich darauf zu, dann sah ich, daß es zu einer Metzgerei gehörte, die geschlossen war. Ein einziges, schiefes Schild verkündete FRISCHFLEISCH. Ich drehte mich um und entdeckte eine einsame Gestalt, einen Mann mit Filzkappe und schiefergrauer Jacke, der langsam auf mich zukam. Als ich mich ihm näherte, wechselte er kaum merklich den Kurs und wandte den Blick ab, obwohl ich ihn fest im Auge behielt. Eindeutig wollte er Ärger vermeiden. Wollte nicht in irgend etwas verwickelt werden, das möglicherweise – *Mi scusi*, sagte ich laut. Niemand sonst war in der Nähe. Er mußte stehenbleiben.

Zu meiner Freude sagte er mir, was ich hören wollte. Es gab eine Eisenbahnlinie. Und einen Bahnhof. Vielleicht käme ich noch von hier weg. Ich müsse den Weg zurückgehen, den ich gekommen war. Und dann die Treppen hinauf. *Und dann*, fragte ich. *Einfach immer weiter hinauf*, sagte er. *Weiter und weiter, bis Sie da sind.* Er schwieg einen Augenblick, ganz in sich versunken. *Am Ende kommen Sie schon hin*, entschied er schließlich. Ich ging zurück, bog rechts ab und machte mich an den Aufstieg. Mir war unheimlich leicht ums Herz; es trug mich förmlich den Hügel hinauf. Tief sog ich die kühle Nachtluft in die Lungen und tanzte über die menschenleeren Stufen auf eine häßliche Barockkirche zu, die vage drohend auf dem Grat kauerte. Die Treppe endete nicht bei der Kirche, sondern setzte sich seitlich leicht verschoben fort, und nun wurde sie schwindelerregend steil. Ich schwebte hinauf. Wo immer eine weitere Barockkirche den Treppenverlauf abknicken ließ oder unterbrach und mich unsicher machte, hockte ein Junge auf einem Steinpoller und wies mir die Richtung. Schließlich ging die Bebauung in freies Gelände über, und ich sah Eisenbahnschienen.

Neben der Frau am Schalter saß ein kleines Kind mit einem großen Ball, und die beiden überschlugen sich fast vor Hilfsbereitschaft. In eineinhalb Stunden fuhr ein Lokalzug nach Agrigent, der fünfundvierzig Minuten später Anschluß nach Palermo hatte. Bis elf konnte ich wieder daheim sein. Das Eisengitter hinderte mich daran, die Schalterfrau zu umarmen, aber wenigstens hielten wir ein nettes Schwätzchen, während sie die Fahrpläne nach Preisen und Verbindungen durchforstete und die Fahrkarten mühselig von Hand ausstellte. Anscheinend unternahmen nicht viele

Leute diese Reise. Ich ließ mich auf der Holzbank in dem mit Graffiti übersäten Warteraum nieder. Und als ich dort über die eng zusammengekauerten, abweisenden und verschlossenen Bergstädte des sizilianischen Landesinneren nachsann, fiel mir etwas ein, das ich ein paar Jahre zuvor im Istituto Orientale in Neapel gelesen hatte.

Das Orientale – inzwischen eine Universität – war im achtzehnten Jahrhundert von Jesuiten als Kolleg zur Heranbildung chinesischer Meßdiener gegründet worden und hieß damals, als man dem Rausch verfallen war, China zu christianisieren, das »Chinesische Kolleg«. Der französische Philosoph Montesquieu erlebte das Feuerwerk anläßlich der Eröffnungsfeierlichkeiten und äußerte, er hätte es sinnvoller gefunden, chinesische Geschäftsleute zu unterrichten. Im Büro des Rektors hing ein Gemälde, das den Gründervater und zwei offenkundig chinesische Knaben darstellte, die merkwürdigerweise neapolitanischen *scugnizzi* glichen. Als ich am Orientale Studenten der Arabistik und Sinologie in Englisch unterrichtete, benutzte ich einmal einen Text über islamische Architektur, von der ich damals noch nichts wußte; und an diesem Text entdeckte ich, wie sehr islamische Städte und Bauwerke auf Innerlichkeit hin konzipiert sind. Im Gegensatz zu ihren europäischen Kollegen, die viel Sorgfalt auf das äußere Erscheinungsbild eines Gebäudes verwandten, schenkten arabische Architekten diesem wenig bis gar keine Aufmerksamkeit und konzentrierten sich statt dessen ganz auf die harmonische Gestaltung der Innenräume und der Innenausstattung. Das gleiche gilt für arabische Stadtanlagen mit ihrem – für Uneingeweihte – verwirrenden Wirrwarr gekrümmt verlaufender Straßen, Sackgassen und verborgener, nahezu privater Höfe, auf die sich eine Gruppe von Gebäuden hinorientierten, in denen bestimmte Familien oder Gewerbe ansässig waren. Nun entdeckte ich zu meiner Verblüffung, daß Racalmuto – wie viele andere alte sizilianische Stadtkerne – in seiner Anlage noch dem Plan entsprach, den arabische Fachleute vor tausend Jahren entworfen hatten. Die Anlage selbst war bis heute erhalten, obwohl spätere Herrscher ihre Monumentalarchitektur diesen Städten aufgezwungen hatten und obwohl die Moscheen wie fast alle arabischen Bauwerke längst verschwunden waren.

Es war, als verkörpere diese Stadt die verborgenen Geheimnisse und verwirrenden Symmetrien – oder Asymmetrien – der Struktur von Sciascias labyrinthischen Erzählungen. Viele Leser seiner Bücher haben bemerkt, daß sie – entgegen dem Anschein – keine Thriller sind, die mit einer Verwicklung beginnen und zu einer Lösung führen. Sciascia tut etwas ganz anderes: er geht von einem Problem aus, das rational lösbar erscheint, und bewegt sich von dort behutsam und logisch unanfechtbar auf ein Ende zu, an dem alle Fragen offen sind und den Leser Furcht erfaßt. War ich demselben Trauerzug in derselben Straße begegnet, verschiedenen Trauerzügen in verschiedenen Straßen, oder demselben Trauerzug in einer anderen Straße, oder ...? Seinem Meister Borges verdankte der Naturalist Sciascia diesen Sinn für eine im Erfahrenen verborgene, alles auflösende Metaphysik – die Fähigkeit, erzählerisch auf jenen Schock hinzuwirken, der eintritt, wenn die Erfahrung auf eine völlig andere Realitätsebene katapultiert wird. Und wenn Sciascias Schaffen erst durch den Einfluß von Borges möglich wurde, dann war *wohl der Schlüsseltext für Borges' Leben und Werk*, wie Robert Irwin schreibt, das große säkulare Epos der arabischen Literatur, *Tausendundeine Nacht.*

> Darin fand Borges genau das, was er zu finden hoffte – Ich-Verdoppelungen, Selbstreflexion, labyrinthische Strukturen und Paradoxien; besonders Paradoxien, die mit Kreislauf und Unendlichkeit zusammenhängen.

Als nahezu apokryph empfand Borges eine Passage in *Tausendundeine Nacht*,

> als Prinzessin Scheherazade, aufgrund eines magischen Fehlers ihres Kopisten, die Geschichte der tausend-und-eine Nächte zu erzählen begann, und dabei Gefahr lief, wieder bei der Nacht anzugelangen, nach der sie die Geschichte erzählen wird, und so weiter bis in alle Ewigkeit.

Etwas Sonderbares ging hier vor. Sonderbar insofern, als all die literarischen Filterungen und Umwege vom Arabischen über das Englische und Spanische zum Italienischen letztlich auf den uralten arabischen Ausgangspunkt zurückführten. *Tausendundeine Nacht* versetzte Sciascia auf dem Umweg über Borges in die Lage, aus einer arabischen Wirklichkeit, die sein ganzes Leben in dem verschlossenen, abweisenden Häusergewirr von Racalmuto, *dem toten Dorf*, bestimmt hatte, Geschichten zu schaffen. Sogar Sciascias Name kommt aus dem Arabischen, wo er »Kopfschleier« bedeutet; bis zur Gründung des italienischen Nationalstaats hatte man ihn Xaxa geschrieben. Die versperrten, rätselhaften Gassen von Racalmuto standen sinnbildlich noch immer für das, was Sciascia bei Borges fand. Anders gesagt, Borges lieferte ihm die Mittel zur Verschlüsselung der physischen und sozialen Welt des sizilianischen Inlands. Und dies über Racalmuto hinaus für Sizilien und letztlich für ganz Italien.

Allerdings gab es für das grimmige Schweigen auch konkretere Gründe. In der Zeit zwischen Sciascias Geburt und seinem Tod, in den Jahren 1921 bis 1989, verließen Racalmuto mehr als dreitausend Einwohner, ein Viertel der Gesamtbevölkerung, die meisten in den letzten vierzig Jahren. Manche der verschlossenen und unbeleuchteten Häuser standen schlicht leer. In der harten Zeit, als eine Schwefelmine nach der anderen geschlossen wurde, blieb Tausenden von Menschen nur die Auswanderung: die Krise setzte nach dem Krieg ein, als der junge Sciascia hungrige Kinder in einer Volksschule unterrichtete. Dabei war schon die Arbeit im Bergwerk schrecklich gewesen. Mitunter wurden schon Zehnjährige dort hinuntergeschickt, und durch erzwungenen Analverkehr wurde ihnen ihr Platz auf der untersten Stufe der Hackordnung halbnackter Arbeiter zugewiesen, die in der Gluthitze stickiger Tunnel schufteten. Sciascias verehrter Großvater war eines dieser Kinder gewesen; mit neun Jahren hatte er den Posten seines Vaters in der Mine übernommen und sein ganzes Leben dort gearbeitet. Nach Feierabend brachte er sich selbst Lesen und Schreiben bei. Er schaffte es bis zum Steiger und ließ sich niemals auf Händel mit der Mafia ein. Sein Sohn, Sciascias Vater, war Angestellter bei der Bergwerksgesellschaft, was bedeutete, daß Sciascia mit Schuhen zur Schule ging, im Gegensatz zu den Kindern der Minenarbeiter und Bauern. Guttuso malte die *carusi* der Schwefelminen als nackte, wilde Kreaturen – ein Bild der Unterdrückung, das damals bereits überholt war.

Sciascia wuchs in der faschistischen Ära auf; nach seiner späteren Darstellung machte der Faschismus ihn zum Nonkonformisten. Sein Vater zog das schwarze Hemd an, um seine Arbeit nicht zu verlieren. *Das hätte mein Großvater nie getan.* Es waren die Jahre der miesen Kompromisse und kleinen Demütigungen. So hinterließ Pirandello die strikte Anweisung, man möge ihn nackt begraben, da ihn der Gedanke mit Abscheu erfüllte, das Regime könne seinen Leichnam in der faschistischen Kluft zur Schau stellen, die er zu Lebzeiten getragen hatte. Der Mafia brachte Sciascia zwiespältige Gefühle entgegen. Der Faschismus war der Insel von außerhalb, vom Kontinent aufgezwungen worden; sich an einem Ort wie Racalmuto von einem Element der eigenen Kultur loszusagen, war nicht ganz so einfach.

> Man betrachte die sizilianische Realität, in der ich lebe: vieles von dem, was sie ausmacht, mißbillige und verurteile ich, aber ich sehe sie mit Schmerzen und vom Standpunkt des Beteiligten ... Es tut weh, wenn ich die Mafia brandmarke, weil ein Restchen Mafiagefühl in mir, wie in jedem Sizilianer, lebendig bleibt. Gegen die Mafia anzukämpfen heißt demnach, gegen mich selbst anzukämpfen. Es geht wie eine Spaltung, wie ein Riß mitten durch mich hindurch.

Als erster italienischer Roman hatte 1961 *Der Tag der Eule* die Mafia zum Sujet, und darauf war Sciascia immer stolz. Das Buch hatte sofort Erfolg und wird nun schon seit Jahren – an einigen derben Dialogstellen schicklich bereinigt – in italienischen Schulen als Klassiker gelesen. Auf die Frage, warum er so lange gebraucht habe, einen Roman von kaum hundert

Seiten abzuschließen, schrieb Sciascia, die meiste Zeit habe er auf Kürzungen verwendet. Mit diesen Strichen habe er weniger beabsichtigt, die Erzählung literarisch zu straffen oder zu polieren als

> der möglichen und wahrscheinlichen Unduldsamkeit jener zu begegnen, die sich von meiner Darstellung mehr oder minder unmittelbar betroffen fühlen konnten. Denn in Italien darf man bekanntlich weder über weltliche noch über geistige Obrigkeit scherzen. Und wenn man es nun gar, anstatt zu scherzen, durchaus ernst meint ... In den Vereinigten Staaten von Amerika darf es in der erzählenden Literatur und in den Filmen trottelige Generale, korrupte Richter und nichtsnutzige Polizisten geben. Und ebenso in England, in Frankreich ... In Italien hat es das niemals gegeben, gibt es das nicht und wird es das niemals geben. So ist es. ... Ich bin nicht heroisch genug, um Klagen wegen Beleidigung und übler Nachrede herauszufordern. Jedenfalls möchte ich das nicht absichtlich tun. Als ich entdeckte, daß meine Phantasie sich nicht gebührend an die Grenzen gehalten hatte, die die staatlichen Gesetze beobachtet wissen wollen, und mehr noch als die Gesetze die Empfindlichkeit derer, die für die Befolgung der Gesetze sorgen, habe ich mich deshalb ans Streichen gemacht, immer wieder ans Streichen ... Einige Figuren sind verschwunden. Einige andere sind in die Anonymität zurückgetreten. Einige Sätze wurden gestrichen. Mag sein, daß die Geschichte dadurch gewonnen hat. Aber jedenfalls steht fest, daß ich sie nicht in jener vollen Freiheit geschrieben habe, die ein Schriftsteller (und ich bezeichne mich als Schriftsteller nur, weil ich mich mit Schreiben beschäftige) genießen sollte.

Es folgt die übliche Erklärung zur zufälligen Ähnlichkeit mit lebenden Personen und tatsächlichen Ereignissen. So werden neue Kunstformen geboren. Sciascias Kunst, die darin besteht, Worte nicht auszusprechen, Tatsachen wegzulassen, Details zu streichen, Beziehungen bestenfalls anzudeuten, die Fingerfertigkeit, mit der er Banales so dicht miteinander verwebt, daß dem Leser die Luft wegbleibt – all dies hatte seinen Ursprung in der juristischen Notwendigkeit, eine eindeutig realistische Schilderung des Lebens in einem sizilianischen Ort ihrer politisch heiklen Details zu entkleiden. Vor dem gleichen Problem standen die Schriftsteller im real existierenden Sozialismus, mit dem das nur beschränkt souveräne Italien in der Zeit des Kalten Krieges mehr kulturelle Gemeinsamkeiten aufwies, als die Italiener selbst oder ihre Freunde wahrhaben wollten.

Es ist einer Betrachtung wert, daß die drei berühmtesten italienischen Schriftsteller jener Zeit – Calvino, Pasolini und Sciascia, die als Freunde und Altersgenossen mit Anfang Zwanzig das Kriegsende erlebten – sich in ihrem Schaffen alle rasch von gutgläubigen realistischen Anfängen zu indirekten, rätselvollen und allegorischen Formen weiterentwickelten. Dies steigerte den formalen Reiz ihres Werkes auf Kosten der Lebendigkeit. Die Lösungen, die diese drei fanden, haben etwas Gezwungenes, Beschränktes; ein Versprechen ist dahingewelkt. Als der am breitesten und offensten Produktive, als der im guten Sinne besonders Unbekümmerte erwies sich Pasolini mit seinem dichterischen Werk, seinen Romanen, Filmen und journalistischen Arbeiten; und Pasolini hatte sein Leben lang, bis zu seiner Ermordung, Hunderte von Verfahren wegen Obszönität, Blasphemie und Unmoral am Hals. Die Kunst konnte sich im Italien der Nachkriegsära nie ganz unbehindert entfalten.

Der als bester Erzähler herausragende belletristische Schriftsteller dieser Zeit blieb bis in die neunziger Jahre völlig unbeachtet und vergessen. Giorgio Bassanis erzählerisches Werk, die *Ferrareser Geschichten* und der ebenfalls in Ferrara spielende Roman *Die Gärten der Finzi-Continis*, ist bei aller Sinnlichkeit und Finesse von einer Ökonomie, Dramatik und künstlerischen Tiefe, die keiner der drei anderen erreicht. Bassani war einige Jahre älter, und dieser Altersunterschied war von großer Bedeutung, denn Bassanis Sujets erwuchsen aus den Verlusten und Zerstörungen des Krieges (die nicht erwähnt werden) und aus der Vernichtung der jüdischen Kultur Ferraras. Bassanis Themen waren Ausstoßung, Begehren, Verrat, Erinnerung. Wenn man ihn liest, erkennt man, was den anderen zum Romancier fehlt. Es spricht für sich, daß es Bassani war, der im *Leopard* das Meisterwerk erkannte, nachdem der einflußreiche, progressive sizilianische Schriftsteller Vittorini das Manuskript zu Lebzeiten Lampedusas abgelehnt hatte.

Der Tag der Eule erzählt die knappe, simple Geschichte eines Mafiamords, dem noch zwei weitere folgen, und von den Ermittlungen der Polizei und der Carabinieri vor Ort. Der Vorsitzende einer kleinen Baugenossenschaft wird auf der zentralen Piazza erschossen, weil er sich gegen Schutzgeldforderungen der Mafia gewehrt hat; später werden noch ein Zeuge und ein Informant eliminiert. Der Carabinieri-Hauptmann ist ein intelligenter junger Mann aus dem Norden (manche glaubten in ihm den jungen Dalla Chiesa zu erkennen), der mit List die Mörder in die Falle lockt und, gefährlicher noch, im Verlauf der Geschichte den mächtigen alten Mafiaboß des Bezirks dingfest macht, vielleicht sogar den *capo di tutti i capi* von ganz Sizilien, der in seiner Redeweise und Erscheinung stark an Don Calò Vizzini erinnert. Wie der Feind in die Falle geht, ist der eigentliche Clou der Geschichte; hier liegt der Keim für Sciascias künftige Werke. Das Übrige wird sparsam, unspezifisch, gelegentlich witzig erzählt. Die Geschichte beginnt an einem kalten, frühen Morgen auf der Piazza einer ländlichen Kleinstadt, kurz vor Abfahrt eines Busses; sie beschreibt den Fahrer, den Schaffner, die Bäuerinnen mit ihren Erzeugnissen, den Pastetenverkäufer, die zwei Schüsse im Morgengrauen und den Mann im schwarzen Anzug, der eben einsteigen will und vom Trittbrett zu Boden stürzt; die aschfahlen Gesichter von Fahrer und Schaffner, die zu Zeugen geworden sind; den Pastetenverkäufer, *der im Krebsgang auf die Kirchentür zuzugehen beginnt.* Obwohl die Carabinieri eintreffen, machen die Passagiere sich aus dem Staub.

> Scheinbar gleichgültig, als wendeten sie sich nur zurück, um die Kirchtürme aus dem richtigen Abstand zu bewundern, strebten sie den Rändern des Platzes zu und bogen, nach einem letzten Blick zurück, in die Gassen ein.

Keiner will etwas gesehen haben. Zwischen die Ermittlungen des Hauptmanns sind telefonische oder direkt in Rom geführte Gespräche eingeschoben; die Sprecher werden nicht immer genannt. Sie bilden die zweite Ebene der Erzählung, und sie entspricht dem, was in der *Wahren Geschichte Italiens* als dritte, politische Ebene der Mafia-Aktivitäten bezeichnet wird. In den Gesprächen ist vielfach von römischen Mafiosi, einem Minister und seinem Faktotum im Parlament, dem Carabinieri-Kommandeur und einem Abgeordneten die Rede, die allesamt anonym bleiben. Andere Politiker werden namentlich genannt, und es bleibt ungewiß, ob die kompromittierenden Äußerungen von ihnen stammen. Bei seinen Ermittlungen stellt der junge Hauptmann eine Verbindung zwischen den Mördern und dem Mafiaboß fest, und in den Gesprächen wird den Beziehungen des Mafiabosses Don Mariano über allerlei politische Zwischenstationen bis hinauf zum Minister nachgespürt. Sicherlich hat Sciascia in diesen Passagen den Retuschierstift angesetzt.

Der junge Hauptmann Bellodi führt seine Ermittlungen fort, ohne zu ahnen, was seine Vorgesetzten über ihn äußern – oder vielleicht ahnt er doch etwas. Für den Minister ist Bellodi

> einer, ... der allenthalben Mafia wittert. Einer von diesen Norditalienern, deren Kopf voller Vorurteile steckt. Kaum sind sie von der Eisenbahnfähre gestiegen, wittern sie allenthalben Mafia ... Er [hat] haarsträubende Dinge behauptet. Die Mafia existiere. Sie sei eine mächtige Organisation, die alles kontrolliere: Schafe, Gemüsehandel, öffentliche Arbeiten und griechische Vasen ...

Der Hauptmann behauptet standhaft, daß die Mafia existiert, und wird dafür von seinem namenlosen Vorgesetzten prompt getadelt.

> Sagen Sie doch selbst, ob das Bestehen einer so weitläufigen, gut organisierten, geheimen und mächtigen Verbrecherorganisation denkbar ist,

die angeblich nicht nur halb Sizilien, sondern sogar die Vereinigten Staaten von Amerika beherrschen soll. Und das mit einem Oberhaupt, das hier in Sizilien sitzt, das die Journalisten aufsuchen und die Zeitungen dann in den düstersten Farben schildern. Der Ärmste ... Hat je ein Prozeß stattgefunden, aus dem hervorgegangen wäre, daß eine Verbrecherorganisation existiert, die Mafia heißt und der man mit Sicherheit die Anstiftung zu einem Verbrechen und seine Ausführung zur Last legen könnte? Ist je ein Schriftstück, eine Zeugenaussage, irgendein Beweis entdeckt worden, der eine nicht zu bezweifelnde Beziehung zwischen einer Straftat und der sogenannten Mafia herstellte?

Die Kette werde immer länger, sagt der Abgeordnete gereizt.

Sie wird so lang, daß schließlich ich, der Minister und der Herrgott im Himmel mit dranhängen können ... Eine Katastrophe, mein Lieber, eine Katastrophe ...

Bellodi weiß um die gesellschaftliche Macht des Bosses, weiß vielleicht sogar, wessen Schutz dieser genießt; und da er mit seinen Ermittlungen nicht weiterkommt, geht ihm das Folgende durch den Kopf:

Einen Mann wie den da anhand des Strafgesetzbuchs dingfest machen zu wollen, ist ein müßiges Unterfangen. Die Beweise werden dazu niemals ausreichen, und das Schweigen der Gerechten und der Ungerechten wird ihm immer Schutz gewähren ... Hier müßte man die Leute wie in Amerika bei ihren Steuerhinterziehungen ertappen ... Man müßte mit einem Schlag in den Banken erscheinen, mit erfahrenen Händen die Buchhaltungen der großen und kleinen Firmen prüfen, die gewöhnlich doppelt geführt werden, die Katasterämter kontrollieren.

Den Höhepunkt der Erzählung bildet die Konfrontation zwischen dem mit allen Wassern gewaschenen alten Boß und dem intelligenten jungen Carabinieri-Hauptmann, wobei sie entdecken, daß sie füreinander *Respekt* (die wichtigste sizilianische Idee) empfinden, und dies bringt Hauptmann Bellodi für einen Moment aus der Fassung. Der Mafioso Don Mariano führt die Ränge auf, in die sich die (ausschließlich männliche) Menschheit nach seiner Mafia-Hierarchie aufteilt:

... die Menschen, die Halbmenschen, die Menschlein, die (mit Verlaub gesagt) Arschlöcher und die Blablablas ... Sie, auch wenn Sie mich auf diese Akten festnageln wollen, Sie sind ein Mensch ...

Sie ebenfalls, sagte der Hauptmann einigermaßen bewegt. Und das Unbehagen, das dieser mit einem Anführer der Mafia getauschte Waffengruß in ihm sofort erregte, ließ ihn zu seiner Rechtfertigung daran denken, daß er im brausenden Jubel eines Nationalfeiertages dem Minister Mancuso und dem Abgeordneten Livigni ... die Hand gedrückt hatte.

> Und ihnen hatte Don Mariano wahrhaftig voraus, ein Mensch zu sein. Jenseits von Gesetz und Moral, jenseits aller menschlichen Gefühle, war er ein unerlöster Klumpen menschlicher Energie, ein Klumpen Einsamkeit, ein blinder, tragischer Wille. Und wie sich ein Blinder in seinem Innern, dunkel und formlos, die Welt der Dinge vorstellt, so stellte sich Don Mariano die Welt der Gefühle, der Gesetze, der menschlichen Beziehungen vor. Und wie hätte die Welt sich ihm anders darstellen sollen, wenn rings um ihn her die Stimme des Rechtes immer von der Gewalt erstickt worden war und der Atem des Geschehens nur die Farbe der Worte über einer unveränderlichen Wirklichkeit verändert hatte?

Der Fatalismus dieser letzten Zeilen gemahnt stark an den historischen Fatalismus, wie er drei Jahre zuvor in Tomasi di Lampedusas Roman *Der Leopard* zum Ausdruck kam – ein Buch, das Sciascia eben wegen seines fatalistischen Bildes von einem letztlich unveränderlichen Sizilien heftig kritisiert hatte. In Sciascias von tiefer Sympathie geprägtem Porträt verkörpert der Mafioso für das ländliche Sizilien ein – wenn auch unvollkommenes – Ordnungsprinzip und ist ein hilfloses Opfer fremder Mächte.

Sciascias Darstellung der Mafia als überwiegend ländlicher Organisation entsprach schon 1961 nicht mehr ganz dem neuesten Stand. Gegen Ende der fünfziger Jahre hatte die Mafia den Schwerpunkt ihrer Aktivitäten in die Städte verschoben, und die Cosa Nostra mischte kräftig im Bau- und Immobiliengeschäft mit. *Der Tag der Eule* erschien vier Jahre nach dem Gipfeltreffen von 1957 im Hotel Delle Palme, bei dem die Cupola gebildet wurde und die Sizilianer den internationalen Drogenhandel übernahmen. So prägnant, offen und kühn stellt Sciascia die politischen Verflechtungen dar, die von einem Mord im ländlichen Sizilien ausgehend bis zur Regierung in Rom reichen, daß sein liebevoll rückwärtsgewandtes Porträt des alten Killers hierdurch verschleiert wird. Die Volksweisheit, die Sciascias *capo* zum besten gibt, und die Antwort des Hauptmanns darauf wirken pittoresk und fast beruhigend.

> Die Wahrheit ruht auf dem Grunde eines Brunnens. Sie schauen in den Brunnen und sehen die Sonne oder den Mond. Aber wenn Sie sich hinabstürzen, ist dort weder die Sonne noch der Mond, sondern die Wahrheit ...
>
> Sie haben vielen Menschen dazu verholfen, sagte der Hauptmann, die Wahrheit auf dem Grunde eines Brunnens zu finden.

Der Mafioso öffnet sich dem jungen Carabiniere, weil er von diesem wie ein intelligenter Mensch und mit Respekt behandelt wird – ein Wert, der auch in der städtischen Mafia weiterhin gültig war. Giovanni Falcone hätte diese Passage bei Sciascia sicherlich gefallen, vielleicht hat er sogar daraus gelernt. Dreißig Jahre später äußerte sich Falcone zum Phänomen der *pentiti* und der Frage, warum gerade er das Vertrauen von Mafiosi, die sich in einer Krise befanden, errungen hatte:

> Warum diese Ehrenmänner sich mir offenbart haben? Weil sie wissen, nehme ich an, welchen Respekt ich vor ihren Seelenqualen habe und daß ich sie nicht betrüge ... Ich habe versucht, mich in ihre menschlichen Dramen hineinzuversetzen und mir, vor der eigentlichen Befragung, ein Bild von ihren persönlichen Problemen zu machen, sie in einen korrekten Zusammenhang zu setzen.

Innerhalb der Mafia galt für jeden Ehrenmann der Imperativ, die Wahrheit zu sagen. Falcone erklärte dies als organisatorische Notwendigkeit, da eine Unmenge komplexer Aktivitäten ausschließlich auf mündlichen Anweisungen beruhten. Als Teil der Mafiakultur wurde das Gebot darüber hinaus noch zu etwas anderem, wie Falcone erkannte:

> Der kategorische Imperativ der Mafiosi, *die Wahrheit zu sagen*, ist zu einem Schlüsselprinzip meiner eigenen, persönlichen Ethik geworden ... So seltsam es erscheinen mag, die Mafia hat mir eine Lektion in Sachen Moral erteilt ... Was ich von den Mafiosi weiß, hat meine Beziehungen zu anderen und sogar meine Überzeugungen stark beeinflußt.

Falcone äußerte weiter, seine Erfahrungen mit dem Mafia-Staat hätten ihm die Augen dafür geöffnet, wieviel funktioneller und effizienter dieser aufgebaut sei als der italienische Staat, den er, Falcone, repräsentiere. All dies ist mit dem Einfühlungsvermögen und dem Respekt, die im Roman der junge Hauptmann und der alte Boß einander entgegenbringen, ebenso eng verwandt wie mit Sciascias Selbsterkenntnis, es gebe in seinem Denken *ein Restchen Mafiagefühl*. Der sizilianische Schriftsteller und der sizilianische Ermittlungsrichter waren beide imstande, Mafiawerte zu verinnerlichen und sich mit Ehrenmännern zu identifizieren. Zwar sprachen die Ermittlungsrichter, denen ich später etwas über ihre neueren Mafiafälle in Palermo zu entlocken versuchte, dies niemals offen aus, doch war es wohl genau das, was Falcone, der Antimafia-Verbund und die nachfolgenden Ermittlungsrichter an Sciascia zu schätzen wußten und weshalb sie ihn nach wie vor als großen Künstler verehrten. Sie kannten den Part der Mafia in Siziliens Geschichte und sahen bewußt auch sich selbst als Teil dieser Geschichte und Kultur. Es gab da ein gewisses Verwandtschaftsgefühl, eine gewisse Fähigkeit zur Einfühlung in den anderen und, ja, Respekt.

Dabei verfügte Sciascia über keine speziellen Kenntnisse in Hinblick auf die Cosa Nostra und ihre Funktionsweise. In den siebziger Jahren saß er gemeinsam mit Guttuso im Stadtrat von Palermo, in den Achtzigern war er Parlamentsabgeordneter in Rom, später auch in Straßburg, und entwikkelte dabei ein brillantes Gespür für die von der Mafia durchsetzte italienische Politik, wie er in seinem Essay über Moros Tod bewies. Nach den sechziger Jahren und seinen ersten beiden Romanen, *Der Tag der Eule* und *Tote auf Bestellung*, nahm er die gesellschaftliche Realität der Cosa Nostra und ihre Veränderungen offenbar nicht mehr im Detail zur Kenntnis. Je mehr Sciascia als Autorität in Sachen Sizilien und Mafia gerühmt wurde, desto weniger bekam er noch mit, was in jener Zeit des raschen Wandels aus der Mafia wurde.

Er war sich weder der Tragweite des Maxi-Prozesses allzusehr bewußt noch der Tatsache, welchen Schlag Falcone und Borsellino der Cosa Nostra damit zu einem Zeitpunkt versetzten, an dem sie ungleich reicher, mächtiger und brutaler geworden war als je in der Geschichte. Ja, Sciascia interpretierte die Bedeutung des Prozesses sogar falsch, da er stärker von der Vergangenheit, also von der Unterdrückung der Mafia durch Mussolinis Faschisten, her dachte als von der Gegenwart aus. Alexander Stille bezeichnet die größtenteils von Falcone verfaßte Anklageschrift im Maxi-Prozeß mit Recht als *ein Meisterwerk juristischer Prosa, eine großartige Geschichtsdarstellung mit dem Spannungsbogen eines Tolstoi-Romans.* Sie beginnt mit dem Satz:

> Dies ist der Prozeß gegen die Mafia-Organisation, die sich »Cosa Nostra« nennt, ...(und) die mit den Mitteln der Gewalt und Einschüchterung Tod und Schrecken verbreitet hat und es nach wie vor tut.

Wie *Die Wahre Geschichte Italiens*, das entsprechende Dokument zum Verfahren gegen Andreotti, fesselt auch der Bericht über den Maxi-Prozeß (in Italien unter dem Titel *Mafia* publiziert) den Leser durch Detailfülle und eine starke strukturierende Intelligenz. Als Sciascia 1971, vierzehn Jahre vor Eröffnung des Maxi-Prozesses, das Nachwort zu *Tote Richter reden nicht* schrieb, konnte er mit einiger Berechtigung festhalten, einzig die Romanschriftsteller hätten bislang die realen Sphären von Verbrechen und Politik im modernen Italien ergründet. Sieben Jahre später griff er in seinem Essay über *Die Affäre Moro* das Thema wieder auf und kam zu dem gleichen korrekten Befund. Noch einmal sieben Jahre später zeichneten die eigentliche Geschichte diejenigen auf, die aktiv an ihrer Gestaltung beteiligt waren: die italienischen Ermittlungsrichter. In den achtziger Jahren hatten Sciascias Ansehen und Autorität als Schriftsteller und Intellektueller ihren Höhepunkt erreicht, dafür aber hatte er seine einst so wache Wahrnehmungsfähigkeit für das Wesentliche verloren.

Kurz vor Beginn des Maxi-Prozesses wurde Leoluca Orlando zum Bürgermeister von Palermo gewählt. Als christdemokratischer Politiker, der versuchte, das traditionelle, stillschweigende Bündnis zwischen Stadt und Cosa Nostra zu zerschlagen, hatte sich Orlando genau wie Falcone und Borsellino viele politische Feinde gemacht. So überraschte es niemanden, daß Anfang 1987, mitten im Maxi-Prozeß, Borsellino und Orlando sowie indirekt auch Falcone in den Medien heftig angegriffen wurden, und nicht zum ersten Mal. Überraschend und verstörend war nur, daß die Attacke von Leonardo Sciascia ausging. In seiner Besprechung eines Buches über die Mafia zur Zeit des Faschismus für den *Corriere della Sera* hatte er eine Parallele zwischen Mussolinis Unterdrückung und den plötzlich wirkungsvollen Antimafia-Bestrebungen in den achtziger Jahren gezogen. Er bezichtigte Borsellino namentlich und Orlando mit unmißverständlichen Anspielungen, den Kampf gegen die Mafia zur Förderung der eigenen Karriere zu mißbrauchen. Die Attacke wurde Sciascia rasch aus der Hand genommen, und zwar von interessierten Kreisen im Umfeld der Mafia, die Sciascias großes Ansehen als Schild benutzten und eine der Kontroversen anheizten, die in Italien so oft im Dienste dubioser politischer Machenschaften angezettelt wurden und viel Staub aufwirbelten.

Sciascias Artikel trug Ende 1987 unmittelbar zu Falcones Niederlage bei der Bewerbung um den Posten des Chefanklägers von Palermo bei. Man entschied sich für einen Ermittlungsrichter, der zuletzt 1949 in Norditalien mit Strafsachen befaßt gewesen war. Einige Richter führten Sciascias Beitrag und die nachfolgende Kontroverse als Rechtfertigung dafür an, daß sie gegen Falcone gestimmt hatten. *Damit begannen sie ihn zu killen*, sagte Paolo Borsellino nach dem Attentat auf Falcone. Mittlerweile bekundete eine Reihe zwielichtiger Personen, die bislang nicht als große Leser gegolten hatten, sie seien *mit Sciascia einer Meinung*. Orlando und Borsellino behielten ihre Ansicht für sich. *Sciascia ist die Stimme Italiens*, äußerte Orlando gegenüber einem Reporter, der ihm ein kurzes Statement entlocken wollte. *Ich hege den größten Respekt vor der Stimme Italiens.* Borsellino sagte nur, daß er den Schriftsteller Sciascia sehr bewundere. Um diese Zeit erteilte Riina insgeheim den Befehl, die beiden Ermittlungsrichter und den Politiker umzubringen.

Sciascia hat sich nie von seinen Äußerungen distanziert. Er gebärdete sich immer unduldsamer gegenüber *Schwachsinnigen, Kretins* und jedem, der, stets *böswillig*, anderer Meinung war als er. Sonderbarerweise stilisierte er sich zu einem neuen Voltaire und wollte in jenen wirren, von Gewalt erfüllten Jahren offensichtlich nicht gern zugeben, daß er auf Fragen zu Mafia und Politik keine Antworten parat hatte. Früher war er mitunter wie ein italienischer Orwell aufgetreten – als bedächtiger, dem Gewissen verpflichteter Verkünder von Wahrheiten, dem seine persönliche

Integrität mehr am Herzen lag als seine Kunst –, und auch der kranke, pessimistische Sciascia der späten Jahre erinnerte wieder an den verdüstert dahinsiechenden Orwell. Aus seiner Schwermut tauchte Sciascia nur hin und wieder auf, um mit arroganten, unfairen oder gar absurden Blitzangriffen aufzuwarten. Es schien ihm überhaupt nicht bewußt zu sein, wie hoch man seine Meinung schätzte oder welchen Schaden er anrichtete. Später gestand er Borsellino unter vier Augen, der Vorwurf von Karrieresucht habe auf einer Fehlinformation beruht. Am Tag nach Sciascias Zeitungsattacke auf die *Antimafia-Profis* flogen Falcone und Orlando gemeinsam nach Moskau. Orlando zitierte das sizilianische Sprichwort, wonach bei Regen alle Schnecken die Fühler ausstrecken, und Falcone lachte. Als Sciascia im Sterben lag, suchte Orlando ihn auf, um seinen Frieden mit ihm zu machen. *Mit mir ist es aus*, flüsterte Sciascia. *Aber mit Ihnen auch, Herr Bürgermeister.* Orlando erwiderte: *Machen Sie sich um mich keine Sorgen*, und er behielt recht. Orlando war ein Stehaufmännchen.

Bei Sciascias Beerdigung im Jahr 1989 blieb in Racalmuto alles geschlossen, und etwa siebentausend Menschen, mehr als die Hälfte der Einwohnerschaft, drängten sich vor der Kirche. Einige seiner ehemaligen Schüler trugen den Sarg. Die alten *carusi* aus den Schwefelminen läuteten die Glokken, und die Arbeiter, die fünfzig Jahre zuvor die Landgüter besetzt hatten, schlugen überall im Ort Trauerplakate an, auf denen Sciascia kurz und bündig als *Freund der Unterdrückten* gepriesen wurde. Unter den Trauergästen waren seine Verleger Einaudi und Sellerio, die aus dem Mezzogiorno stammenden Filmregisseure Lina Wertmüller und Francesco Rosi sowie der Schriftsteller Gesualdo Bufalino, den Sciascia entdeckt hatte und der bemerkte, vielleicht sei *der Zweifel Sciascias eigentliche Religion* gewesen. Neben Orlando fanden sich eine Reihe von Politikern der drei größten Parteien ein, darunter der Sozialistenführer und ehemalige Ministerpräsident Bettino Craxi, ein sozialistischer Ex-Minister und der christdemokratische Minister Calogero Mannino. Während Craxi sich, umringt von Leibwächtern, einen Weg zu seinem gepanzerten Fahrzeug bahnte, fand er Zeit zu der Bemerkung: *Sciascia liebte die Wahrheit, suchte nach ihr und schrieb sie nieder. Er war ein Freigeist, der vor allem gegen Fanatismus und Intoleranz eintrat.*

Das Kompliment hätte Sciascia sicherlich behagt – ob aber auch die Ecke, aus der es kam? Während ich sinnierend im Warteraum des Bahnhofs von Racalmuto saß, fiel mein Blick auf eine der vielen Botschaften, die auf die getünchte Wand gekritzelt waren. *CRACI IS EIN SCHWANZLUDSCHER.* In den achtziger Jahren meinten viele, das wäre der Grund, warum sich der damalige Ministerpräsident in Tunesien eine Luxusvilla am Strand errichtet hatte; aber er handelte in weiser Voraussicht. Zwischen Tunesien und Italien bestand kein Auslieferungsabkommen, weswegen sich Craxi drei Jahre nach Sciascias Beerdigung und kurz vor Erlaß des ersten auf seinen Namen ausgestellten Haftbefehls nach Tunesien absetzte und dort blieb; zu Hause wurden ihm insgesamt gut fünfundzwanzig Jahre wegen Korruption aufgebrummt, und außerdem verurteilte ihn ein Gericht dazu, wenigstens fünfzig Millionen Dollar von den Summen, die er während seiner Amtszeit eingesackt hatte, zurückzuzahlen. Ex-Minister Mannino saß mittlerweile wegen Mafia-Mitgliedschaft in Untersuchungshaft, und der sozialistische Ex-Minister sah in Kalabrien seiner Verurteilung wegen des gleichen Anklagepunkts entgegen. Dem Sucher nach der Wahrheit waren 1989 vieldeutige letzte Ehren zuteil geworden.

Fahrgäste, die in Racalmuto warteten, hielten mit ihrer Meinung nicht hinterm Berg, stellte ich fest, standen mit der Rechtschreibung allerdings arg auf Kriegsfuß. Eine offenbar uralte Inschrift lautete: *ANDREOTI IS MAFIABOSS.* Die Verwünschungen galten dem Antimafia-Netzwerk, der DC, dem Papst, dem Vatikan und der Stadt Palermo. *BÜRGERMEISTER VON RACALMUTO: MAFIA* stand da unter anderem. Auch die Wirtschaft blieb nicht verschont: *DIE ITALENISCHE LIRA IS ZUM KOZEN.* Der auffälligste Slogan war nicht gekritzelt, sondern mit einem Malerpinsel in großen braunen Lettern gemalt: *VERRATE UNS NICHT NITTO SANTAPAOLA.* Santapaola war eine Schlüsselfigur in der Cosa Nostra, der mächtigste Boß der Mafia von Catania – zumindest bis zu seiner Verhaftung. Wollte man ihm auf diese Weise nahelegen, nicht zum *pentito* zu werden und auszupacken, oder stammte der Spruch aus einer früheren Zeit und bezog sich auf einen gruppeninternen Konflikt – vielleicht auf den Grund, aus dem Santapaolas Frau daheim von Gewehrschützen niedergeschossen worden war? Wenn man die Einflußzonen kannte, mußte diese Botschaft einen in Racalmuto verwundern. Ich grübelte noch darüber nach, als der Zug einfuhr.

Nach dem Zwischenaufenthalt im warmen Nieselregen von Agrigent, das dunkel und verlassen dalag, fuhr ich nordwärts nach Palermo und bekam kurz vor Mitternacht im Sant'Andrea wahrhaftig noch gegrillten Fisch serviert.

Kein Künstler vor Sciascia hat die Mafia zum Thema seiner Kunst gemacht, und bislang ist ihm niemand darin nachgefolgt. Sciascia selbst orientierte sich zunächst an Pirandello, und in seinem allerersten Buch, *Pirandello und Sizilien*, ging es denn auch um den metaphysischen Spieler mit ungewissen Identitäten, gesellschaftlichen Masken, um Schein und Wirklichkeit. Fast waren sie Nachbarn, Sciascia und Pirandello. Agrigent, gleich unterhalb von Racalmuto am Meer, wo ich in der Nacht umstieg, war Pirandellos Heimatstadt. Schon zu seinen Lebzeiten hatte die Mafia hier eine ihrer Hochburgen – was sich in Pirandellos Werken nie spürbar niederschlug, wenn man mit ein wenig Vorkenntnissen auch erkannte, daß seine Themen zur Sphäre der Mafia gehörten.

Sciascia selbst widmete sich nach seinen ersten Romanen über Mafia und Politik verstärkt der Arbeit an einer Gattung, die er praktisch erfunden hatte: er vergrub sich in Dokumente ungelöster Rätsel aus dem realen Leben, rekonstruierte und deutete Ereignisse aus der Vergangenheit. Wenn die Streitschrift über die Affäre Moro den Wendepunkt für sein Schreiben darstellte, so war dies sicher kein Zufall. Eingangs hatte er dort ausgesprochen, wie erschreckend es für ihn gewesen sei, daß er in seinem Roman die ganze Affäre anscheinend vorweggenommen habe und dadurch nahezu wie derjenige dastehe, der für die dann wirklich eingetretenen Ereignisse verantwortlich sei. Wie Sciascias Werk im folgenden zeigte, war dies nicht bloß ein schlauer Gedanke zur Einleitung gewesen. Noch deutlicher erläuterte er einige Jahre später:

> Seit Moros Tod sind meiner Vorstellungskraft Fesseln angelegt. Unter anderem deshalb ziehe ich es vor, nur noch Geschehnisse zu rekonstruieren, die bereits stattgefunden haben. Ich habe Angst, Dinge zu sagen, die Wirklichkeit werden könnten.

XII MITTERNACHT IN SIZILIEN

Der sechsundzwanzigste September war in Palermo ein drückend heißer Spätsommertag. Hitze, Staub und grelle Spiegelungen erfüllten die Luft. Vor dem hohen Metallzaun rund um den bunkerartigen Gerichtssaal drängten sich, am Eingang des Hohlwegs, der unterhalb des Straßenniveaus auf den Zaun zuführte, dreihundertachtundzwanzig akkreditierte internationale Medienvertreter schwitzend auf engstem Raum, nachdem sie den Soldaten, die im Tarnanzug und mit schußbereiter Maschinenpistole vor einem Lastwagen standen, ihre Ausweise präsentiert und sich über den Zuweg bis zum Tor im Metallzaun vorgekämpft hatten; die Sonne kroch am Himmel immer höher, das Licht wurde unerträglich grell, und die versammelte Schar fragte sich, ob der Prozeß wohl jemals beginnen würde. Ein italienischer Journalist versuchte in stockendem Englisch einem japanischen Fernsehreporter zu erklären, wer dieser Andreotti eigentlich sei und warum er vor Gericht stehe. Der Japaner hatte keinen blassen Schimmer. Das traf auf die meisten zu, aber immerhin kannten sie das Wort »Mafia«; daran hielten sie sich fest. Das Wort schuf ein flüchtiges Gefühl von Gemeinschaft und Solidarität, während wir uns alle möglichst unauffällig voranboxten. »Mafia« war das Wort, das jeder kannte. Darum waren wir hier, wegen der Mafia. Unser jeweiliges Publikum wollte über die Mafia informiert werden. Vielleicht auch nicht, oder doch nicht allzu ausführlich, aber bestimmt hätte es gern in den Abendnachrichten kurz einen Mafioso zu Gesicht bekommen. In jedem Fall würde das ganze Drum und Dran zu sehen sein – die Wachposten, die Maschinenpistolen, die Hunde, der Zaun, die Hubschrauber, die Fernsehteams, die versammelte Menge. Giorgio Bocca warf den Fernsehkameras reihum kurze Statements hin, und als sie von ihm abließen, sprachen wir kurz miteinander und verabredeten uns für jenen Abend in der Villa Igiea. Dann wandten wir unsere Aufmerksamkeit wieder dem schmalen Tor in dem hohen Metallzaun zu.

Irgendwo außerhalb der Menge, irgendwo außerhalb der stickigen Innenstadt, in einem bislang noch nicht bekannten Unterschlupf am Rande der Stadt, hielt sich Giovanni Brusca auf. Riina hatte man gefaßt, Bagarella hatte man gefaßt, aber Brusca war noch auf freiem Fuß. Er hatte damals unter dem Olivenbaum gestanden und per Fernzündung die Bombe unter Falcones gepanzertem Fahrzeugkonvoi zur Explosion gebracht, der vom Flughafen nach Palermo unterwegs war. Er hatte ein Kind entführt, erdrosselt und in Säure aufgelöst, weil dessen Vater ein *pentito* war. Wenn Brusca Fragen stellte, dann mit der Kettensäge in der Hand. Man wußte, daß Brusca sich in seinem noch nicht bekannten Unterschlupf am Stadtrand von Palermo mit einem Raketenwerfer verschanzt hatte und dieser möglicherweise auf den bombensicheren Gerichtssaal gerichtet war. Zum Glück für die gute Laune und das innere Gleichgewicht der kosmopolitischen Schar, die nun dort vor dem Tor schwatzte und sich so unauffällig wie möglich voranboxte, hatte sich diese Nachricht noch nicht allzu weit herumgesprochen.

Es war neun vorbei, als die bereits völlig schweißgebadeten Soldaten, Polizisten und Carabinieri sich endlich aufrafften und das schmale Tor für die Zutrittsberechtigten öffneten, diese Schar von Medienvertretern, die von allen Ecken der Welt in das heiße, staubige Palermo geströmt waren und nun einer nach dem anderen in den Bunker geschleust wurden, wo man ihre Ausweise peinlich genau prüfte und sie drei separate elektronische Sicherheitskontrollen durchlaufen mußten, stets unter unauffälligem Gedrängel; ihre in vielen Sprachen ausgestellten Pressedokumente wurden unter die Lupe genommen, ihre Namen am Tor auf Listen abgehakt, ihre Taschen geöffnet und mit Metalldetektoren abgesucht, woraufhin es unendlich zu einem anderen Kontrollpunkt weiterging, wo man sie durch eine Art Dekompressionskammer schickte, durch schußsichere Scheiben beäugte, bis sie schließlich bei der massiven Tür anlangten und über einen leicht abfallenden Korridor den Bunkersaal erreichten: größer als ein Fußballfeld, mit zahllosen Reihen polierter Holzbänke, mit Tausenden von Mikrofonen, die wie silbrige Mohnblumen mit hängenden Köpfen aussahen; mit einem Richterpodest, auf dem man ein Rockkonzert hätte abhalten können, und im Hintergrund, entlang der endlosen, leicht geschwungenen Wände, Dutzende und Aberdutzende grün vergitterter, leerer Mafia-Käfige, die noch die Schrammen, Schmierereien und Flecken vom Maxi-Prozeß aufwiesen. Auf der Empore über den Käfigen befanden sich die Fernseh-Kameraleute, die Fotografen sowie eine Handvoll gewöhnlicher Bürger von Palermo. Nun durften die Medienvertreter auf den Bänken Platz nehmen, die einst den Hunderten von Anwälten im Maxi-Prozeß vorbehalten gewesen waren. Heute saßen die Anwälte, mit einer Kordel abgetrennt, in den ersten drei Reihen.

Links von dem teilenden Hauptgang sah man den Chefankläger von Palermo, Falcones und Borsellinos Nachfolger Gian Carlo Caselli, eine schlanke Erscheinung in dunklem Anzug, dessen schneeweiße Mähne ihn wie ein Banner der Tugend umwehte; sein Name und seine Frisur zählten inzwischen zu den bekanntesten in Italien. Neben ihm saßen die drei Staatsanwälte Gioacchino Natoli, Guido Lo Forte und Roberto Scarpinato; sie hatten für *Die Wahre Geschichte Italiens* jene Unmenge an Gedächtnisprotokollen und Beschuldigungen zusammengetragen. Durch einen weiteren, teilenden Gang von ihnen getrennt, saß eine Gestalt im dunklen Anzug, mit dunklem Haar und auffällig dunkler Haut: Leoluca Orlando in Gesellschaft der Anwälte, die für die Stadt Palermo auftraten. Ich saß weit vorn, fast in der Mitte, und sah mich in dem gigantischen, klimatisierten Gerichtssaal um. GLEICHES RECHT FÜR ALLE stand in großen Buchstaben auf der leeren Richterbank. Ich betrachtete die Ankläger und Orlando, die paarweise zusammenstehenden Carabinieri, die Horde unrasierter Leibwächter in Jeans und kurzen Westen, die sich bei den Anklägern herumdrückten, und fragte mich, wann der Richter wohl erscheinen werde, ein kleiner, angeblich unbeugsamer, unbestechlicher Mann namens Ingargiola, genannt *die eiserne Toga*. Auf meinem Handy wählte ich eine Nummer in Australien. Dann erst bemerkte ich das Grüppchen unmittelbar vor mir. Die kleine, unauffällige Gestalt zwischen zwei Anwälten. Sie kam mir irgendwie vertraut vor. Ich hatte den Mann nicht eintreten sehen.

Ein wenig bucklig und völlig reglos saß er da zwischen den Anwälten, die ihn ein Vermögen kosteten – das Haar auf dem großen Kopf immer noch dicht, die dreieckigen Ohren waagerecht abstehend, der schmächtige Körper unter der Last seiner sechsundsiebzig Jahre in sich zusammengesunken, aller Macht beraubt. Sein Buckel war so etwas wie sein letztes Bollwerk. Im Mezzogiorno bringt es Glück, den Höcker eines Buckligen zu berühren, und von meinem Platz aus hätte ich mich vorbeugen und ihn anfassen können, diesen Höcker. Ingargiola hatte, flankiert von seinen Beisitzern, den Raum betreten, und die Vertreter der Anklage befanden sich bereits mitten in ihren blumigen und wortreichen Einwänden gegen die Live-Übertragung des Prozesses im Fernsehen, die eben jetzt begann; da kam zum erstenmal seit Eröffnung der Verhandlung Leben in die versteinerte Gestalt. Eine winzige Bewegung, eidechsenartig. Bonbons wurden von unsichtbar bleibenden Zähnen hinter dem lippenlosen Mund zermalmt, mit einem Geräusch, als gingen Steinbrocken zu Bruch. Die *porzellanenen* Hände spielten mit einem Stift. Dann schwenkte der Kopf fast unmerklich nach rechts, als laste der Blick, den ich nicht abwenden konnte, spürbar auf ihm, und für eine Sekunde starrten wir einander durch spiegelnde Brillengläser in die Augen. *Schlau, verschlagen und mit unvorstellbar mächtigen Freunden gesegnet*, hatte der *pentito* Marino Mannoia gesagt. Mir sträubten sich die Härchen im Nacken. Das also war Andreotti, der Senator auf Lebenszeit. Das also – dieser Mann, der einen furchtbaren Zweireiher im Farbton der Uniformen von italienischen Bahnangestellten trug und unter dem Jackett trotz der schweißtreibenden Hitze noch eine dicke, graue, langärmlige Strickweste, wie Priester sie trugen – war Beelzebub.

Andreotti war am Vorabend aus Rom mit einem regulären Alitalia-Flug in Palermo eingetroffen, denn es sei *ihm inopportun erschienen, den mir als Ex-Ministerpräsident eigentlich zustehenden Privatjet zu benutzen.* Neben dem Schlafanzug befanden sich in seinem Gepäck auch die Werke der Heiligen Teresa von Lisieux, der katholischen Visionärin, die ihren Namen am Himmel geschrieben erblickt hatte. Zu seiner Reiselektüre zählte weiter *Der Weg* von Escrivà, dem Gründer des Opus Dei, und als ich dies erfuhr, fragte ich mich, ob das nicht als kleiner Fingerzeig an Seine Heiligkeit gedacht sein mochte. Auf seiner Reise nach Süden zum Prozeß hatte Andreotti in einer Passage dieses Buches Trost gefunden.

> Zungen haben sich gelöst, und ihr habt Schmähungen erdulden müssen, die um so schmerzlicher waren, als sie euch unerwartet trafen. Eure Antwort muß Verzeihen sein, und auch ihr selbst müßt um Verzeihung bitten, auf daß ihr euch von bloßen Kreaturen unterscheidet und euren Gewinn aus solcher Erfahrung zieht.

Er hatte laut mit dem Gedanken gespielt, dies bei Gericht seinen Anklägern vorzutragen, und sich gefragt, welche Reaktion er damit wohl auslösen würde. Es konnte nicht ausbleiben, daß Andreotti auf seinem Flug nach Süden Erinnerungen an Sizilien kamen – die Insel, die er erstmals 1942 als katholischer Studentenführer besucht und auf der er laut eigener Aussage in seinem ganzen Leben insgesamt höchstens zwanzig Tage zugebracht hatte. *Vieles in Sizilien ist gefährlich*, hatte er gesagt und damit die rätselhaften sozialen Rituale, die drückende Schwüle, den Staub, die Sitte des Handküssens und das Essen gemeint.

> Mein Bauch war voll von herrlich anzusehendem, aber schrecklichem Essen, *pasta con le sarde* und *cassata*, und nicht nur verstand ich dort kein Wort, mir war auch noch übel. Ich frage mich, ob zwischen solchem Essen und dem Aufstieg der Mafia ein Zusammenhang besteht.

Er äußerte sich auch zur Kunst und den sträflich vernachlässigten Museen Siziliens.

> Dabei hat diese Region mit einer solchen Fülle an Kunstwerken aufzuwarten; vielleicht schenkt man ihnen eben darum so wenig Beachtung. Ich habe oft daran gedacht, eine richtige Besichtigungstour durch Sizilien zu unternehmen. Nur gut, daß ich es nicht getan habe. Dann wäre ich inzwischen sicher im Gefängnis.

Nach typischer Politikermanier war Andreotti auf dem Flug nach Palermo Namen durchgegangen, Namen von Personen, die er in Sizilien kennengelernt hatte, und von Sizilianern, die er aus anderem Zusammenhang kannte, Namen, die auch ein Licht auf seine eigene Person warfen. Sciascia erwähnte er nur kurz, *wir haben das ein oder andere Mal miteinander ge-*

plaudert, da Sciascia selbst Freunden gegenüber ein schroffes Gebaren an den Tag legte; doch über Guttuso ließ er sich weitschweifiger aus. Wenn er das noch erlebt hätte, *wie verblüfft wäre er heute zu hören, sein alter Freund Giulio sei der Chef der Mafia ... Mit Renato Guttuso war ich sehr befreundet. Ich lernte ihn kurz nach dem Krieg kennen ...* Er erinnerte sich auch an die Sonntagsfreunde:

> Alles Kommunisten, außer mir und Monsignore Angelini. Von Politik war nie die Rede. Wir waren sehr gute Freunde. Vor allem Guttuso. Er kam mich oft besuchen, war ein Freund der Familie. Ich weiß noch, wie er mir immer wieder zusetzte, mich doch von ihm malen zu lassen. Aber ich wollte nicht den Eindruck erwecken, als sei ich darauf versessen, und vertröstete ihn von einem zum anderen Mal ...

Der alte Fuchs zeigte seine Referenzen und Freundschaften vor. Montaigne fiel mir ein. *Wem können wir vertrauen, sobald er von sich selbst spricht? ... Es ist uns Heutigen die Wahrheit nicht mehr das, was sie ist, sondern was wir andere glauben machen können ...*

Andreotti hatte durchaus wirkungsvoll auf Pathos gesetzt und, wo immer möglich, die Trommel für sich gerührt. Am Flughafen deutete er an, er werde das Ende der Verhandlung möglicherweise nicht mehr erleben. Viel Zeit hatte er betend in den bekannteren Kirchen Roms verbracht. Vor dem Prozeß hagelte es Talkshow-Auftritte, bei denen Giulio Andreotti, das tapfere, unerschütterliche, bucklige Männlein, gelegentlich *etwas von seinem alten Witz aufblitzen ließ*. Die Publicity zeitigte einige verblüffende Nebenwirkungen. Oberst Khadhafi versetzten die Ereignisse so in Wallung, daß er umgehend anbot, die Anwalts- und Gerichtskosten für Andreotti zu übernehmen – was vielleicht nicht ratsam gewesen wäre. Man fragte sich, ob er wußte, worauf er sich da einließ, und ob die Offerte auch für den Mordprozeß Pecorelli in Perugia galt, der ebenfalls in Kürze anstand und parallel zu dem Mafiaprozeß in Palermo laufen sollte. Den Pecorelli-Prozeß hatte der Senator auf Lebenszeit bei seinem Flug nach Süden nicht erwähnt, mit keinem Wort. Natürlich stand der Pecorelli-Prozeß in Zusammenhang mit der Mafia-Anklage, aber ihm fehlten die politische Färbung, die historische Patina, die Tausende von Statisten. Der Pecorelli-Prozeß war, was seine Gegebenheiten und seine Logik betraf, unangenehm spezifisch und begrenzt. Hier gab es ganz klar nur einen einzigen, der vom Tod des Journalisten profitiert hatte. Es bestand weniger Anlaß, anrührende Erinnerungen auszubreiten.

Khadhafis Angebot war kaum als Pluspunkt für das öffentliche Ansehen Andreottis zu bewerten, denn viele Italiener erinnerten sich noch allzu gut daran, daß fünfzehn Jahre zuvor ein exilierter politischer Gegner des

Obersts nach dem anderen mal da, mal dort mit durchschnittener Kehle in einer billigen Pension aufgefunden worden war. Hinzu kamen all die Doppelzüngigkeiten der italienischen Außenpolitik unter Andreotti. Daß Kissinger einige Wochen zuvor von Andreotti abgerückt war, bedeutete eindeutig einen Minuspunkt. In den Wochen vor dem Prozeß hatte es Hinweise darauf gegeben, daß Henry Kissinger in Palermo als Zeuge der Verteidigung aussagen würde. Kurz vor Beginn des Prozesses hatte sich der Seniorpartner von Kissinger Associates in Rom aufgehalten und Andreotti eine Grußbotschaft überbracht, doch nach ihrem Treffen herrschte ein ziemlich lautes Schweigen zu der Frage, ob mit einer Zeugenaussage zu rechnen wäre. Nixons Metternich erkannte eine Lage, in der nichts zu holen war, auf den ersten Blick. Eine weitere unangenehme Demütigung bedeutete es für Andreotti, daß man ihn *aus Sicherheitsgründen* von seinem eigentlich gebuchten Quartier in der Villa Igiea – Zimmer 102 mit Meeresblick und eigener Terrasse – in das Hotel Delle Palme umdirigierte, das schon bessere Tage gesehen hatte. *Ich begreife nicht*, hatte er im Foyer des Delle Palme gezischt, *warum sie mich zum Hotelwechsel gezwungen haben.*

Giorgio Bocca jedoch war in der Villa Igiea untergekommen, und am Abend des ersten Verhandlungstages setzten wir uns in dem verblichenen Art-nouveau-Ambiente zu einem Schwatz zusammen. Die Villa Igiea wurde 1900 eröffnet, im Geburtsjahr von Fulco di Verdura, als Fürsten, Reiche und Schöne sich mit ihren Yachten in Palermo einfanden. Alte Fotografien an einer Wand der Villa Igiea zeigten Edward VII., Rilke, den König von Siam und Damen im Pelz mit großen Hüten. John Gambino und seine Freundin Mixie Ritz waren in der Galerie nicht vertreten. Bocca hatte für alles nur ein pessimistisches Lächeln übrig: für den Prozeß, die Mafia und vor allem für Sizilien. Er stammte aus Cuneo, dem äußersten nordwestlichen Zipfel Italiens mit seinem rauhen Gebirgsklima; dort hatte er als Junge mit den Partisanen zusammen im Schnee gekämpft. Er gehörte der Generation von Calvino, Sciascia und Pasolini an, und in Büchern und Artikeln hatte er die Wege der italienischen Republik in ihren ersten fünfzig Jahren kommentierend begleitet.

Sciascia, sagte er, als der Name fiel. *Er wußte wirklich über die Mafia Bescheid. Als ich hier unten für mein Buch recherchierte, bat ich ihn um ein paar Empfehlungen. Als ich die Leute dann aufsuchte, stellte sich heraus, daß sie alle lokale Mafiabosse waren.* Als offener, schlichter Norditaliener betrachtete Bocca die Mafia eindeutig als ein fremdartiges Gewächs des Südens, das alles vergiftete. Falcone, sagte er, habe die Mafia-Mentalität geteilt. Sowohl Falcone als auch Sciascia hatten dies von sich selbst gesagt. *Falcone ließ sich von* pentiti *als »Richter« anreden, er bestand auf Respekt. In Mailand scheren sie sich den Teufel um die korrekte Anrede, Hauptsache, man läßt sie arbeiten.* Nichts an dem Prozeß überraschte Bocca, rüttelte ihn auf oder gab ihm Hoffnung. Andreotti habe sich stets in schlechter Gesellschaft bewegt, sagte er. Habe ausgesprochen miserablen Geschmack bewiesen. Bocca verbreitete sich über das trostlose Leben der Mafiafamilien auf der Verliererseite, die eingesperrt hinter den gepanzerten Türen und stets geschlossenen Fensterläden ihrer billig gebauten Wohnungen hockten und sich nicht hinaustrauten. Und so werde es immer bleiben, sagte er hartnäckig. Ihm persönlich waren die Camorristi aus Neapel lieber. *Die verstehen wenigstens das Leben zu genießen.*

Die gleichen Ansichten hatte er 1992 gegenüber Paolo Borsellino geäußert, als der Bocca einen brillanten, knappen Zustandsbericht für dessen Buch über den Mezzogiorno lieferte – für das Buch, dem er schließlich den Titel *Inferno* (in der deutschen Fassung *Verfilzt und vergiftet: ein Land in den Fängen der Mafia)* gab. *Haben wir nicht etwa guten Grund zum Pessimismus?* hatte er gefragt, worauf Borsellino ihm ein emphatisches *Nein* entgegenschleuderte, in Erinnerung an das Sizilien seiner Jugend und in Kenntnis des neu erwachten Bewußtseins der jungen Sizilianer: *Es geht langsam vorwärts, das gebe ich zu. Aber vor Orlando hat kein Bürgermeister von Palermo je das Wort Mafia in den Mund genommen, und Orlando spricht es aus.* Bocca merkte in seinem Buch mißmutig an, mittlerweile falle das Wort viel zu häufig. Nach dem Interview in Borsellinos Privathaus hatte der Richter Bocca in seinem gepanzerten Wagen bis zur Villa Igiea mitgenommen und an der Hotelrezeption einen kurzen Anruf getätigt. Am selben Abend traf Bocca sich zum Abendessen in einer Pizzeria mit einem anderen Journalisten, der dort einige Worte mit jemandem wechselte, den Bocca nicht kannte. Als der Journalist zu Bocca zurückkam, erzählte er, der Mann arbeite für den Geheimdienst und habe ihn gefragt: *Bocca wurde heute mit Borsellino zusammen gesehen. Was treibt er hier?* Die Nachricht konnte nur von einem der drei untadelig befrackten Portiers im Grand Hotel Villa Igiea stammen. *Einer von ihnen war ein Spitzel der Polizei und vielleicht auch der Mafia.* Etwa einen Monat nach der Begegnung mit Bocca wurde Borsellino in die Luft gejagt. Zum zweitenmal an diesem Tag fröstelte ich, als ich in die schwüle, vom nahen Meer salzige Nachtluft hinaustrat.

Am ersten Verhandlungstag setzte die Staatsanwaltschaft zunächst eine Verfügung gegen die Live-Übertragung des Prozesses im Fernsehen durch; dann wurde eine Vertagung beschlossen, damit die Richter über den Antrag der Verteidiger beraten konnten, den Prozeß andernorts fortzuführen.

Wo genau, schien die Verteidigung weniger zu beschäftigen, solange er nur nicht in Palermo stattfand. Franco Coppi, Andreottis römischer Anwalt, bot in einem gut einstündigen, frei gehaltenen Vortrag von kühner Eleganz einiges an schlüssiger Argumentation und rhetorischem Schliff auf, um den wie gebannt lauschenden Gerichtssaal mit der komplexen, zwingend verknüpften Struktur großer Abschnitte der latinischen Geschichte vertraut zu machen und so die Richter zu überzeugen, daß Andreotti, der zur fraglichen Zeit seiner angeblichen Mafiavergehen als Minister und Regierungschef amtiert hatte, entweder in Rom vor Gericht gestellt werden sollte oder in Perugia, wo man ihm wegen eines verwandten Falles, des Mordes an Mino Pecorelli, den Prozeß machte. Der Anklagevertreter Guido Lo Forte hielt nüchtern dagegen, die Vergehen, derer Andreotti bezichtigt werde, seien in Palermo, dem Hauptsitz der Cosa Nostra, begangen worden, weswegen auch die Verhandlung in Palermo stattfinden solle. Aufgrund der komplizierten italienischen Aufteilung in örtliche Zuständigkeiten hätte man bei einem Prozeß in Rom vermutlich wieder bei Adam und Eva anfangen müssen, mit anderen Anklägern und einem anderen Richter. Niemand konnte mir diesen Punkt erklären, so undenkbar erschien eine Verlegung. Ich fand auch nie heraus, warum der Mordprozeß Pecorelli in Perugia aufgerollt wurde, einer Stadt, die doch anscheinend weder mit dem Auftrag noch mit der Planung oder Ausführung des Mordes zu tun hatte. Jedenfalls war die Entscheidung des Gerichts über Palermo als Prozeßort erst in einigen Wochen zu erwarten.

Damit hatte ich Zeit für anderes; eine Fährte, der ich schon jahrelang hatte folgen wollen, führte nicht in die jüngste Vergangenheit von Palermo und Rom, sondern an die Westküste Siziliens, ein Stück über Trapani hinaus und in der Geschichte der Insel zweieinhalbtausend Jahre zurück. Der griechische Historiker Thukydides schrieb im fünften vorchristlichen Jahrhundert:

> Die Phönizier hatten sich rings an der Küste Siziliens angesiedelt und sich mancher Felsenbuchten und davor liegender kleiner Inseln bemächtigt, um Handel mit den Sizilianern zu treiben. Im folgenden kamen jedoch viele Griechen übers Meer, die Phönizier gaben die meisten ihrer ehemaligen Siedlungen auf und sammelten sich in Motye, Soloeis und Panormus ..., auch weil man von dort am raschesten nach Karthago übersetzen konnte. Diese also waren die Barbaren, und dergestalt siedelten sie auf Sizilien.

Die Insel Motye oder Mozia liegt noch immer an der schnellsten Route zwischen Karthago und Panormus. Die Fähre von Palermo nach Tunis führt an Mozia vorbei, entlang der Westküste Siziliens von Trapani nach Marsala und dann südwärts Richtung Afrika. Eine andere, größere Insel verdeckt von See aus den Blick auf Mozia, ein winziges, fünfundvierzig Hektar messendes Inselchen, einst die größte und älteste phönizische Siedlung von Sizilien. Siebenhundert Jahre vor Christi Geburt zogen die Karthager einen gut zwei Kilometer langen Festungswall mit Türmen und Toren um die Insel. Sie bildete in Sizilien die Schlüsselbastion der Phönizier für ihren endlosen Kampf mit den Griechen um die Beherrschung der Handelsrouten im westlichen Mittelmeer.

Dreihundert Jahre später, kurz nachdem Thukydides das eben Zitierte geschrieben hatte, attackierten und zerstörten die Karthager die griechische Stadt Selinunt im weiter südlich gelegenen Tal von Belice. Über die Jahrhunderte ist nach einigen Erdbeben heute von Selinunt nur noch ein Haufen Steine übrig. Die grandiosen Metopen seines griechischen Tempels mit ihren eingemeißelten mythischen Szenen befinden sich im Museum von Palermo. Zwölf Jahre später schlugen die Griechen zurück, belagerten Motye und zerstörten schließlich nach einer großen Seeschlacht die Siedlung. Erstmals kamen hierbei Katapulte zum Einsatz, eine große kriegstechnische Neuerung. Die Karthager kehrten alsbald zurück und errichteten eine neue, massiv befestigte Bastion am Ort des späteren Marsala, einige Kilometer südlich auf dem sizilianischen Festland. Die kleine Insel Mozia gewann ihre einstige Bedeutung nie mehr zurück, und als Motye wurde sie rasch vergessen.

Erst gegen Ende des neunzehnten Jahrhunderts erkannte man in der bei Thukydides erwähnten Insel das nunmehr in San Pantaleo umbenannte Eiland, auf dem mittlerweile eine hübsche Villa der Familie Whitaker stand, die durch den Export von Marsala aus Sizilien reich geworden war, neben anderen englischen Familien wie den Woodhouses und Inghams. Giuseppe Whitaker veranlaßte Ausgrabungsarbeiten auf seiner Insel; zum Vorschein kamen das aus dem Fels geschlagene Trockendock und die Schiffswerften, die Mauern, Türme und das Tor zu der gepflasterten Straße, die einst nordwärts in Richtung Festland führte und nun unter dem Meeresspiegel lag. Man fand Brennöfen, Häuser, einen Tempel, einen Friedhof und den Tophet, den »Höllenort«, an dem einst kleine Kinder dem phönizischen Gott Baal als rituelles Opfer dargebracht wurden. Zur Unterbringung der Fundstücke richtete man in der Villa Whitaker ein kleines Museum ein. Nun, 1995, war dort auch eine Statue zu sehen, die, auf dem Rücken liegend, erst 1979 unter dem Geröll der Insel gefunden worden war. Arme, Füße und Kopf der Figur fehlten zunächst; später stieß man in der Nähe jedoch auf den haargenau passenden Kopf. Seit fünfzehn Jahren hatte ich diese griechische Marmorstatue mit eigenen Augen sehen wollen. Die Chance dazu ergab sich, als wir Angelo und Clara die Couscousschüsseln zurückbrachten.

Es war ein grauer Tag, und die Gegend um Trapani und Marsala wirkte tischflach. Wir fuhren an riesigen Salzgewinnungsanlagen und kleinen Hügeln aus verfärbtem Salz vorbei. Die verstreut in der Landschaft stehenden, meist verlassenen Windmühlen waren nicht das einzige, was an die Nordsee erinnerte, zumal – anders als bei unserem ersten Besuch – das Sonnenlicht und das Grün der Landschaft fehlten. Vom Meer her pfiff ein bösartiger, schneidender Wind und türmte Wolkenhaufen über unseren Köpfen auf. Alles wirkte grau in grau. Eine kleine Mole reckte sich den Bäumen von Mozia und der halb dahinter verborgenen rosa Villa entgegen. Das Wasser war relativ seicht, und ein paar steinerne Poller markierten die Stelle, an der man die Insel bei Ebbe zu Pferd erreichen konnte. Eine Notiz, an die Seitenwand eines Schuppens genagelt, gab bekannt, daß das letzte Schiff für heute abgefahren sei.

Finster sahen wir zu, wie der Wind das Wasser peitschte und Gischtfetzen fortriß. Außer uns war kein Mensch zu sehen. Die Meeresoberfläche schien aus massivem, gehämmertem Metall zu bestehen. Gelegentlich drang durch die wildbewegten Wolken ein Sonnenstrahl und tauchte Himmel und Meer in ein bleigraues, silbriges Licht, düster und blendend zugleich. Dann wendete sich das Blatt zu unseren Gunsten. Der Besitzer eines kleinen Bootes hatte auf der Insel kurz etwas zu erledigen; uns bliebe dabei eine halbe, vielleicht auch eine ganze Stunde Aufenthalt. Wir schipperten hinüber. Es herrschte Flut, und der Wind spülte die Brecher über Mozias kleinen hölzernen Anlegesteg, wo ein paar große Hunde den Spritzern zu entgehen versuchten und uns schwanzwedelnd mit wildem Gebell begrüßten. Der trockene Sandboden der Insel brachte zahlreiche große, narbige Feigenkakteen hervor, und unter einer Pinie hatte jemand eine Kinderschaukel angebracht. Auch Weinstöcke und Olivenbäume wuchsen hier. Der rotgesichtige, gebeugte Verwalter, der uns um das Haus herumführte, war so munter, wie es von dem Bewohner eines solchen Ortes, der sich zudem gerade ein ordentliches Mittagsmahl einverleibt hat, zu erwarten stand. Die Hunde begleiteten uns und vollführten zur Feier des Tages Kapriolen. Der ekelhafte, scharfe Wind hatte plötzlich nachgelassen, die Luft war unbewegt und warm.

Das Museum der Villa Whitaker barg die Ergebnisse von Giuseppe Whitakers amateurhaftem Gebuddel zu Beginn des Jahrhunderts sowie spätere, wissenschaftlich korrekt ausgegrabene Fundstücke. Grabstelen und Terrakottamasken vom Tophet sowie Waffen und Werkzeug aus Bronze und Eisen, seltene Zeugnisse der versunkenen phönizischen Kultur, gruppierten sich um verstaubte alte Vitrinen mit farbigen Perlen. *Teile einer punischen Halskette*, besagte die verblichene Handschrift auf einer gewellten Karte, *rekonstruiert von Miss Delia Whitaker*. Alldem widmete ich pflichtgemäß ein paar Minuten – später. Denn sobald der Verwalter aufgeschlossen hatte, steuerte ich auf die Statue des Jünglings von Mozia zu. Binnen zwei Sekunden bestätigte sich mir die Ahnung, die ich seit fünfzehn Jahren gehegt hatte, basierend auf einer Zeitungsbeschreibung und einigen Fotos aus einer archäologischen Zeitschrift. Mein Instinkt war richtig gewesen. Dies war eines der großartigsten noch vorhandenen Werke der griechischen Skulptur. Ich stand vor einem Objekt von unaussprechlicher Schönheit, einem der großen Kunstwerke dieser Welt. Des ausgefallenen Mittagessens wegen wurde ich plötzlich schwach und zittrig. Ich trat zurück und lehnte mich an eine von Miss Whitakers Vitrinen mit punischen Halsketten.

Große Kunst gibt stets Rätsel auf, aber kaum eines dürfte so zutiefst und vermutlich auf ewig unlösbar sein wie das Rätsel, das diese Statue verkörpert. Der Jüngling von Mozia wurde zu Beginn des fünften Jahrhunderts vor Christus geschaffen, in einer für die Geschichte Europas sehr bedeutsamen Epoche: es war die Blütezeit Athens und der Demokratie, der Tragödie und der Skulptur. 480 vor Christus hatte die athenische Demokratie das von Osten vordringende Perserreich besiegt, und im selben Jahr, womöglich gar am selben Tag, besiegten die Griechen in Westsizilien die karthagischen Invasoren bei Panormos, dem späteren Palermo. Die Karthager wurden auf ihre Bastionen an der Küste – Motye, Panormos und Solunto unweit von Bagheria – zurückgedrängt. Dennoch unterhielten Griechen und Phönizier auf Sizilien weiterhin Handelskontakte und beeinflußten einander, wie die in den Gräbern von Mozia gefundenen griechischen Vasen beweisen. Noch lebten und arbeiteten Griechen und Karthager hier Seite an Seite. Keine hundert Jahre später würde auch Mozia von den Griechen ausradiert werden.

Vor ihrer Niederlage und Vertreibung plünderten die Perser im Jahr 480 vor Christus Athen und zerstörten die Akropolis. Aus dem Trümmerhaufen, den sie hinterließen, wurde 1865 eine weitere kopflose Knabenstatue geborgen; dreiundzwanzig Jahre später fand man das dazugehörige Haupt. Unterarme, beide Füße und der rechte Unterschenkel fehlten, im übrigen jedoch war die Marmorstatue, sechsundachtzig Zentimeter hoch, intakt. Heute ist sie im Akropolis-Museum von Athen zu sehen. Zum Zeitpunkt des persischen Angriffs war sie eben erst vollendet, möglicherweise ein Werk des Bildhauers Kritios. Der nackte Knabe, ein Sieger bei den Sportwettkämpfen, stellte ein Schlüsselwerk in der Geschichte der Kunst dar, er setzte eine Zäsur, nach der nichts mehr so war wie zuvor. Reinhard Lullies beschreibt die Figur folgendermaßen:

> Der Knabe ... steht ruhig und selbstbewußt da. Das rechte Knie ist abgewinkelt, der rechte Oberschenkel vorgestreckt, das Schienbein weist leicht zur Seite und nach hinten, so daß die Gewichtsverlagerung auf das linke Bein auch am Oberkörper deutlich wird und die Achsen sich leicht verschieben. Die Oberarme sind zurückgenommen, der linke etwas mehr als der rechte, die Unterarme leicht nach oben abgewinkelt. Der Kopf weist nach rechts. Die einst mit farbigem Material betonten Augen blicken in ruhigem Selbstvertrauen geradeaus. Das Haar fällt zart gewellt vom Scheitel und wird von einem Reif gehalten. Den Nakken bedecken abwechselnd Locken und glatte Strähnchen. Die Modellierung des Körpers wirkt überaus lebendig ...

Der Knabe bezeichnete jenen Moment, in dem die griechische Skulptur zum Leben erwachte; aus dem frontalen, kerzengerade dastehenden archaischen *kouros* mit seinem starren Lächeln wurde eine aktiv wahrgenommene, lebendige Gestalt, die mit ihrem Muskelspiel und dem verlagerten Gewicht nicht mehr das Ideal eines Jünglings darstellte, sondern einen echten jugendlichen Athleten, ein Lebewesen aus Fleisch und Blut. Der Moment des Realismus war gekommen. Dem entsprach auch die Nacktheit der Figur. Die Statuen des fünften Jahrhunderts stellten Athleten und Krieger dar, und auch die Götter glichen Athleten und Kriegern aus dem wirklichen Leben einer Gesellschaft, in welcher der Sport mit seinen Ritualen an die Stelle des Krieges trat. Die Schönheit des nackten Jünglings war realistisch und ideal zugleich.

Der armlose Jüngling von Mozia wich noch radikaler von der Habachtstellung ab, in der nur wenige Jahre früher entstandene Statuen dastehen: den Kopf nachdrücklich nach links gedreht, die Linke fest in die Hüfte eingestemmt. Der rechte, hoch erhobene Arm trug wohl einst einen Speer oder Siegerkranz. Das Gewicht ruht auf dem angespannten, durchgedrückten linken Bein, das rechte ist entspannt und halb abgewinkelt. Mit herausgedrücktem Brustkorb steht er da, und seine linke Gesäßbacke, auf der ein Teil des Gewichtes ruht, wölbt sich unter der aufgestützten Hand kräftig vor. Der Arm selbst fehlt, nur Daumen und zwei Finger der linken Hand sind noch vorhanden, die sich in das Fleisch seiner Hüfte graben. Der Körper als Ganzes ist leicht um seine vertikale Achse gedreht und wirkt so, als sei er mitten in einer trägen Bewegung abgebildet worden – ganz anders als der Jüngling von Kritios, der wach und offen anmutet. Ganz anders auch als der jubelnde Überschwang der beiden atemberaubenden Bronzekrieger, die sieben Jahre vor Entdeckung des Jünglings von Mozia vor Kalabrien aus dem Meer gefischt wurden und vielleicht der gleichen Zeit entstammen. Die Figur von Mozia ist grandios, muskulös, formvollendet, doch fehlt ihr die ideale Spannung der Krieger oder des jungen Athleten.

Obwohl Nase, Mund, Kinn und rechter Wangenknochen Beschädigungen aufweisen, so daß die Züge verwischt sind, wirkt das Gesicht seltsam intakt und ausgeprägt. Es ähnelt mit seinem Anflug von archaischer Starre durchaus dem künstlerisch der gleichen Periode zugehörigen Jüngling von Kritios, nur läßt der Blick zur Seite den Knaben hier gesammelter und schöner erscheinen. Der Mund war ursprünglich offenbar recht groß. Dichte Locken decken in drei Reihen Stirn und Ohren; im Nacken sind sie länger. Der übrige Kopf ist mehr oder weniger glatt modelliert, und dies weist – zusammen mit zwei Bronzeplättchen (und Löchern für drei weitere) – darauf hin, daß sich dort ursprünglich ein Kranz, eine Krone oder sonst eine Kopfbedeckung befunden haben muß. Selbst ohne Füße maß die Statue einen Meter einundachtzig und war damit überlebensgroß.

Die entspannte, sinnliche Haltung, die nahezu hellenistisch weiche und subtile Modellierung des Körpers unter dem in seiner Strenge doch schönen Kopf waren noch nicht alles. Wirklich einzigartig, zur verblüffenden Ausnahme in der Geschichte der griechischen Kunst macht den Jüngling von Mozia der Umstand, daß er bekleidet ist. Er trägt ein ärmelloses, lang und weich herabfallendes, leichtes Gewand, unterhalb der Arme mit einem breiten, eng anliegenden Band gegürtet, das einst vielleicht aus Bronze bestanden hatte und von dem der Stoff federleicht und lose fast bis zum Boden fällt. Zahllose gewellte, nahezu vertikale Rillen erzeugen den Eindruck einer plissierten Tunika. Abgesehen von den fehlenden Ärmeln ähnelt sie einem Gewand, das ein Freund von mir einmal bei einer sommerlichen Fahrt auf dem Nil getragen hat, das ideale Kleidungsstück für heißes Wetter. Bei der geringsten Bewegung hob und bauschte es sich und war dabei so dünn, daß es dort, wo es mit dem Körper in Berührung kam, wie naß an der Haut haftete.

Leichtigkeit und Anmut des Gewands sind mit unvergleichlichem Fingerspitzengefühl herausmodelliert, besonders bemerkenswert jedoch ist der sinnliche Effekt des an Gesäß und Leistengegend eng anliegenden Stoffes, die denkbar stärkste Antithese zu der unverstellten, kraftstrotzenden, unsinnlichen Nacktheit fast jeder anderen griechischen Jünglingsskulptur, die uns heute bekannt ist. Wie sich die Hand durch den dünnen Stoff in das Fleisch der Hüfte preßt, wie das wohlgerundete Hinterteil sich hervorwölbt und die Stoffalten an dieser Stelle glättet, wie die Aufmerksamkeit durch den darüber hinfließenden, alles und nichts enthüllenden Stoff auf die Genitalien gelenkt wird – dies schafft eine konzentrierte erotische Spannung, die den übrigen Nacktskulpturen abgeht. Modellierung, Haltung, das neckische Spiel des spinnwebfeinen Stoffes sind von außerordentlicher Sinnlichkeit – ein erotisch spannungsgeladener Leib unter einem kühnen, nahezu archaischen Gesicht. Jahrhundertelang sollte die griechische Kultur nichts auch nur entfernt Ähnliches mehr hervorbringen, und als es dann doch dazu kam, fehlte die hier vorhandene Spannung und Kraft. Mein Begleiter Dario, der Kunstgeschichte studierte, war sehr verblüfft. Er ordnete die Statue der späteren, hellenistischen Periode zu, bis ich ihn auf die Kopfform hinwies und – was Dario mehr überzeugte – die Autoritäten auf diesem Gebiet zitierte. Hinter Darios Verblüffung über Stil und Datierung verbarg sich sein Staunen darüber, daß hier ein Jüngling als erotisches Objekt dargestellt war.

Dieses großartige und nahezu unbekannte Werk, keine Spur weniger aufregend als die Bronzekrieger von Riace, stand nun also dort in dem kleinen Museum, das etwa die Ausmaße einer Doppelgarage hatte, in einer Art Jahrmarktsbude; aus rissigen Kiefernlatten, wie sie für Packkisten Verwendung finden, hatte man ein kleines, halbhohes Podest zusammengenagelt, die Statue mit einer Blechplatte als Unterlage darauf postiert und mit rohen Holzbrettern einen überdachten Schaukasten um sie herum gezimmert. Zur gefälligen Abrundung war eine burgunderrote Stoffbordüre als oberer Abschluß am Dach befestigt, und davor hielten zwei Ständer ein ebenfalls mit burgunderrotem Samt überzogenes Seil. Die Statue stand völlig im Schatten und war ihres hölzernen Gehäuses wegen nur von vorn zu sehen. Der Verwalter wurde wach, als ich ihn nach dem Kasten fragte. *Das Dach war undicht*, sagte er, *und wir wollten der Statue einen hübschen, angemessenen Platz geben ...* Er strahlte, weil jemand seine Umsicht und Sorgfalt würdigte. Mit seiner Erlaubnis stieg ich über das samtene Seil und auf die staubige Blechplatte. Einige Details konnte ich erkennen, doch ohne den Kasten zu demontieren, war es unmöglich, den Jüngling aus einiger Distanz von allen Seiten zu betrachten. Man blieb auf die Phantasie und auf Fotos aus der Zeit seiner Entdeckung angewiesen.

Was stellte es dar, dieses so völlig aus dem Rahmen fallende griechische Meisterwerk, das da in einen kleinen Schaukasten eingesperrt war? Wie war es nach Mozia gelangt? Niemand wußte es. Für eine Priestergestalt war der Jüngling zu jung, für einen Athleten oder Krieger war seine Haltung zu träge. Der Marmor, aus dem er bestand, stammte aus Anatolien und hatte mit der Zeit einen blassen Goldton angenommen. Zwei Möglichkeiten boten sich an: entweder hatten die Karthager die Statue als Kriegsbeute mitgenommen, vielleicht bei der Zerstörung von Selinunt; oder sie war das Auftragswerk eines griechischen Bildhauers für einen Karthager. Für letzteres sprach die ungewöhnliche Tunika, die dem karthagischen Bekleidungsstil glich. Flüchtig stellte ich mir einen eleganten phönizischen Geschäftsmann vor, der genau wußte, was ihm gefiel, und genügend Geld besaß, um es für Kunst auszugeben. Und dann hatte es auch einen Bildhauer gegeben, der sich von dem Auftrag inspirieren ließ, ja, sogar feststellte, daß in ihm, sobald die üblichen Beschränkungen entfielen, Kühnheit und ungeahnte Fähigkeiten erwachten ... Die kleine historische Phantasie verflog, nicht aber das Rätsel. Die wahre Geschichte der Skulptur würde wohl nie ergründet werden. Die Bootsführer drängten nun zur Abfahrt, und tänzelnd begleiteten uns die Hunde zurück zur Anlegestelle.

In Palermo suchte ich später noch einmal das archäologische Museum auf, dessen Glanzstücke die Metopen aus dem Tempel von Selinunt bilden, der nicht weit von Mozia entfernten Stadt, die von den Karthagern zerstört worden war. Ich ging der Frage nach, ob der Jüngling wohl von dort stammen konnte. Die verwitterten Metopen waren immer noch herrlich, besonders die Darstellung von Aktaion, der in Hirsch-Gestalt von seinen eigenen Hunden zerfleischt wird; aber einen stilistischen Hinweis enthielten sie nicht. Im selben Saal stand eine kleine Statue, die ich vergessen hatte und die mich nun ganz von der Idee abbrachte, der Jüngling von Mozia könnte in derselben Stadt entstanden sein. Es handelte sich um einen weiteren Epheben aus dem fünften Jahrhundert, dieser jedoch aus Bronze und ziemlich schlecht proportioniert; mit dem viel zu großen Kopf nahm er sich fast wie eine Karikatur aus, aber dennoch hatte er einen gewissen glupschäugigen Charme. Der Jüngling von Mozia dagegen gehörte keiner uns bekannten Welt an.

Eine Schar halbwüchsiger Schüler in buntschillernder Freizeitkleidung zog mit ihren Lehrern traumverloren durch die Säle. Es war ein sehr warmer Tag, doch der kleine Museumsangestellte im Tweedjackett überstrahlte alles mit seinem glühenden Enthusiasmus. Er durchbrach die übliche Abfolge von Frage und Antwort, indem er jede seiner Fragen sogleich selbst beantwortete. Wollten die Schüler etwas sagen, fiel er ihnen ins Wort. Der bronzene Ephebe von Selinunt beflügelte ihn erst recht zu einer rhetorischen Meisterleistung. Er pries die ganze Herrlichkeit des männlichen Akts in der Kunst und unterstrich, daß es hierbei im wesentlichen um ein Ideal gehe. Die Schüler warfen von vorn ein paar müde Blicke auf die Statue, doch der Museumsmann führte die Mädchen und Jungen um die Figur herum. *Seht euch das Gesäß an, Kinder. Die Modellierung. An einem solchen Gesäß ist nichts vulgär.* Die versonnene Stille wurde nur von gedämpft zerplatzenden Kaugummiblasen durchbrochen.

Die schönste Plastik des Museums von Palermo befindet sich im ersten Stock: der Bronzewidder von Syrakus. Er liegt, scheint sich jedoch im nächsten Moment erheben zu wollen; die Vorderbeine sind angezogen, der Kopf ist wie zum Blöken seitwärts gewandt – eine wundervolle, vibrierend-lebendige Tierdarstellung aus dem dritten vorchristlichen Jahrhundert. Hingeduckt, und für australische Augen ohnehin mager, strahlt der Widder dennoch eine große Präsenz und Würde aus, mit solcher Wahrnehmungskraft ist er geschaffen. Man findet diesen kraftvollen Realismus oft, wenn in der Kunst Tiere dargestellt sind; solche Kunstobjekte sind aus Freude an der Lebendigkeit dieser Geschöpfe entstanden und nicht mit ideellen Werten befrachtet, wie die menschliche Gestalt und die des Löwen. Löwen sind Symbolfiguren und meist wenig überzeugend, denn kaum ein Künstler, der sie schuf, hat je einen lebendigen gesehen. Der Widder hatte einst, mit einem Gegenstück, den Hafen von Syrakus bewacht; Goethe bewunderte sie. Der zweite Widder wurde in der Revolution von 1848 durch eine Kanonenkugel zerstört.

Als wir von Marsala aus nordwärts in Richtung Trapani und Palermo zurückfuhren, kamen wir an einem Militärflughafen namens Birgi vorbei. Wir befanden uns nun genau nördlich von Mozia, nicht weit von der Stelle, an der die phönizische Straße die Insel einst mit dem Festland verbunden hatte. Vom Flughafen war nichts weiter zu sehen als ein Stacheldrahtzaun, dahinter weite, grasbewachsene Flächen, ein paar Bäume und asphaltierte Verbindungswege zwischen Gruppen grüngestrichener, ein- bis zweistökkiger militärischer Gebäude. Pippo erzählte, hier habe er Ende der sechziger Jahre seinen Militärdienst abgeleistet; ein zweijähriger Militärdienst sei für junge Italiener noch immer Pflicht. Wir fuhren weiter. Dann schnellte ich herum – hatte er »Birgi« gesagt? Allerdings.

> Ein dunkler, gepanzerter Alfa Romeo mit getönten Scheiben näherte sich, in dem die beiden Vettern Salvo und Giulio Andreotti saßen. Der Wagen gehörte den Salvos ... Ich hatte schon oft einen von ihnen darin gesehen. Wie ich hörte, kam Andreotti aus Trapani, wo er mit einem von den Salvos gecharterten Privatflugzeug gelandet war ...

So stand es auf Seite 107 der *Wahren Geschichte Italiens.* Francesco Marino Mannoia hatte sich während des Gipfeltreffens mit den Mafiabossen, das 1980 nach der Ermordung von Piersanti Mattarella, dem Präsidenten des sizilianischen Regionalparlaments, stattfand, im Garten aufgehalten. *Von drinnen hörte ich ganz klar wüstes Geschrei.* Es war jenes Treffen, bei dem Stefano Bontate Andreotti angebrüllt hatte: *Hier auf Sizilien befehlen wir. Und wenn Sie die DC nicht zerstören wollen, tun Sie, was wir sagen.* Andreotti bestritt, jemals in einem Privatflugzeug nach Sizilien gekommen zu sein, andere aber, beispielsweise ein befreundeter Geschäftsmann, dem eine

Fluggesellschaft namens Air Capitol gehörte, und der Air-Capitol-Pilot selbst sagten, dies sei öfter der Fall gewesen. Ein Beamter erinnerte sich, Andreotti auf Limas Geheiß von einem solchen Flug abgeholt zu haben. Die Salvos verfügten über Privatmaschinen. Mit einer davon hatte Nino Salvo zu Weihnachten desselben Jahres Tommaso Buscetta und seine Familie nach Palermo einfliegen lassen, um ihn ein letztes Mal als Vermittler zwischen den einander bekriegenden Familien der Cosa Nostra einzusetzen; Buscetta stellte dann fest, daß ein solcher Versuch aussichtslos war. Auch die Brüder Caltagirone, bekannte Geschäftsleute und Freunde von Andreotti, die in den Italcasse-Skandal verwickelt waren, besaßen ein eigenes Flugzeug.

Der Flugverkehr stand unter militärischer Kontrolle; die Gebäude der Zivilbehörden lagen außer Sichtweite der Landebahn und der Wartezone, und häufig informierte das Militär die Zivilbehörden nicht über das laufende Geschehen. Die Ermittlungen ergaben, daß die Landeprotokolle zahlreiche Fehler und Lücken aufwiesen oder schlicht vernichtet worden waren. In Birgi gab es keine feste Polizeidienststelle. Wer die richtigen Freunde hatte, konnte ohne weiteres dort landen und unbemerkt verschwinden. Der zivile Direktor des Flughafens und zwei Mitglieder der Luftwaffe, die für die Protokolle zuständig waren, gehörten jenen eigenartigen Freimaurerlogen in Trapani an, deren Verquickung mit der Mafia der Polizeibeamte Saverio Montalbano nachgespürt hatte, und seine Bemühungen hatten ihm ein Disziplinarverfahren sowie seine Versetzung eingetragen. Die Salvos verfügten über große Macht in Trapani, und Andreotti war nicht umsonst jahrelang Verteidigungsminister gewesen. In diesem Bereich hatte er einiges zu sagen.

Es war die gleiche Geschichte wie bei dem heimlichen Kuß von 1987. *Wie,* so lautete die Frage der Verteidiger, *hätte Andreotti wohl seinen eigenen Aufpassern entwischen können?*

> Senator Andreotti wird rund um die Uhr von Carabinieri eskortiert, und der Zugang zu seinem Wohnhaus steht unter ständiger polizeilicher Bewachung ... Ein bis zwei Angehörige seiner Eskorte folgen ihm, wenn er Rom verläßt oder ins Ausland reist. Zudem wird Senator Andreotti bei jeder Reise, ob offizieller oder privater Natur, von lokalen Sicherheitskräften in Empfang genommen und begleitet, häufig sowohl von Carabinieri wie auch von Polizeikräften ...

So stand es auf Seite 185 der *Wahren Geschichte Italiens.* Dem Antrag der Verteidigung auf Überprüfung der Protokolle wurde stattgegeben. Die Ermittlungsrichter wühlten sich durch einen wahren Dokumentenberg von Carabinieri und Polizei, um festzustellen, daß bis 1982 Andreottis Hauptbewacher den Eskortendienst außerhalb Roms völlig unbeaufsichtigt und nach eigenem Ermessen hatten organisieren können. Sie waren nicht gehalten, Andreottis Bewegungen im einzelnen an ihre Dienststellen zu melden. Andreotti belohnte seine Hauptbewacher, die er stets persönlich auswählte, mit Sonderzuwendungen und Privilegien. Wenn er auf Reisen ging, hatte es oft in letzter Minute einen – nirgends belegten – Wechsel im Wachpersonal gegeben, so daß statt des eigentlich eingeteilten Begleiters einer der Männer mitfuhr, die Andreotti bevorzugte. Oft entließ Andreotti auch seine Leibwächter und verschwand einfach. Mit wem er sich traf, hatte sie ohnehin nie interessiert, und viele von Andreottis Reisen und Begegnungen, innerhalb Italiens und im Ausland, hatten in den Aufzeichnungen seiner Begleiter keine Spuren hinterlassen.

Als der Ermittlungsrichter Andreottis Chefbewacher von 1974 bis 1988 befragte, hatte dieser für die Zeit der angeblichen geheimen Treffen mit der Cosa Nostra die Protokolle zu Andreottis Sizilienreisen mitgebracht. *Da er begriff, daß sie wohl gebraucht würden, hatte er sie selbst zusammengestellt.* Als ihn der Ermittlungsrichter jedoch eindringlicher befragte, gab er zu, nicht alle Protokolle selbst abgefaßt zu haben. Für die zur Debatte stehenden Besuche Andreottis in Sizilien hatte ihm der zweite Chefbewacher vorbereitete Protokolle übergeben. Die Ermittlungsrichter stellten die beiden Leibwächter einander gegenüber. Der zweite brach zusammen und gestand, mit der Bitte um Verständnis für seine Lage, daß er die Protokolle wiederum von Andreottis Sekretär erhalten hatte. Sie sollten den übrigen Bewachern auf die Sprünge helfen, falls sie gewisse Punkte anders in Erinnerung hatten. Bei den Ermittlungen zum Mordfall Pecorelli war Andreotti ähnlich vorgegangen. Durch einen Mittelsmann hatte er versucht, *das Gedächtnis* eines wichtigen Zeugen *aufzufrischen* und *ihn daran zu erinnern*, daß er bestimmte Schecks von anderer Seite entgegengenommen hatte, nicht etwa von Andreotti.

Der grüne Flughafen unter grauem Himmel lag an diesem Tag still und verlassen da. Nichts rührte sich, kein Flugzeug war zu sehen. Der Ort hütete seine Geheimnisse.

Es muß um Tod oder Leben gehen. Ein ärztlicher Notfall. Eine Attacke, ein Anfall, eine kritische Situation im Justizpalast. In den brütend heißen Hundstagen auf dem Höhepunkt des sizilianischen Sommers sind die Behörden in Palermo nur notdürftig besetzt; wer irgend kann, flüchtet ans Meer. *Ferragosto* ist der tote Punkt im italienischen Jahr. Alles steht still, alles bricht Mitte August unter dem Gewicht des Sommers zusammen. Palermos Nähe zur Sahara wird spürbar, und höchste Konzentration ist im *Ferragosto* wahrhaftig nicht zu erwarten. *Jemand braucht ärztliche Hilfe. Ein anderer ruft den Krankenwagen.* Roberto Scarpinato hielt sich im Sommer 1995 im Justizpalast von Palermo auf, als einer der wenigen, die noch anderes im Sinn hatten als Sonne, Meer und das nächste Essen. Scarpinato arbeitete am Schlußteil der dickleibigen Anklageschrift gegen den Senator auf Lebenszeit Giulio Andreotti, an den letzten Zusätzen zur *Wahren Geschichte Italiens.* Der Prozeß sollte in fünf Wochen beginnen.

Die Stahltore öffnen sich. Die schwitzenden Soldaten mit ihren Maschinenpistolen winken den Krankenwagen durch. Der Krankenwagen versucht, so nahe wie möglich an Scarpinatos Büro heranzukommen. Zimmer 50 im zweiten Stock. Roberto Scarpinato war mit seinen vierundvierzig Jahren der jüngste der drei *pubblici ministeri*, der Strafverfolger Andreottis. Gemeinsam mit Gioacchino Natoli und Guido Lo Forte vertrat er im Prozeß gegen Andreotti die Staatsanwaltschaft. Drei Jahre lang hatten sie den Fall vorbereitet, in Zusammenarbeit mit dem Chefankläger von Palermo, Gian Carlo Caselli, der mittlerweile federführend im Kampf der italienischen Justiz gegen die Cosa Nostra auftrat. Über Jahre hinweg hatte Scarpinato besonders die Verquickungen von Mafia und Politik studiert und galt als der »Ideologe« im Ermittlerteam.

Der Krankenwagen ist vollgepackt mit Plastiksprengstoff. Er wird per Fernzündung zur Explosion gebracht. Damit sind Caselli und Scarpinato ausgeschaltet. So sollte nach dem Plan von Riinas Schwager und Nachfolger, dem Corleoneser Leoluca Bagarella, die Antwort der Cosa Nostra an Caselli aussehen. Die Cupola fand, Scarpinato sei *zu aggressiv.* Als die *pentiti* etwas über das geplante Massaker verlauten ließen, wurde das Unternehmen abgeblasen; kein Krankenwagen, kein Plastiksprengstoff. Der Prozeß gegen Andreotti begann termingerecht. Einige Wochen darauf, kurz vor Verkündung der Entscheidung, ob der Prozeß in Palermo oder andernorts fortgesetzt würde, suchte ich Scarpinato im Justizpalast auf. Zimmer 50 war ein winziger Raum, voll professioneller Computeranlagen, Fotokopierer und Aktenschränke; überall lagen Stapel von Ordnern und Dokumentenmappen. Noch bevor Scarpinato ein Wort gesagt hatte, erfuhr man schon eine Menge, wenn man seine zerzausten, früh ergrauten Locken und die Tränensäcke unter seinen müden, wissenden Augen sah. Im Gegensatz zu dem stets untadelig gekleideten, drahtigen Caselli mit seiner Silbermähne, der von Leibwächtern umringt Fußball spielte, wirkte der Kettenraucher Scarpinato schwerfällig, gesetzt und zutiefst melancholisch. Das Justizgebäude von Palermo glich einem mittelamerikanischen Regierungspalast: ein alles erschlagender, aschgrauer Klotz, weit zurückgesetzt von der Piazza mit ihren Palmen – womit die Architekten der faschistischen Ära ihre strategisch kluge Voraussicht bewiesen hatten – und von einem etwa drei Meter hohen, soliden Stahlzaun umgeben. Wenn man durch die schwarzen rechteckigen Gitterstäbe hindurchspähte, sah man hinter den geparkten Autos die winzigen Gestalten von Soldaten in Tarnanzug und Barett. Die Maschinenpistole im Anschlag, standen sie breitbeinig wie Spielzeugfiguren auf den schier ins Unendliche führenden Treppenstufen.

An einer Wand im Zimmer 50 hing eine gerahmte Vergrößerung des allgegenwärtigen und immer wieder anrührenden Zeitungsfotos von den beiden miteinander scherzenden Chefermittlern Falcone und Borsellino. Darunter stand: *DAMIT DIESES LÄCHELN AUF EWIG FORTLEBT*. Wie die anderen Richter des Ermittlerteams von Palermo hatte auch Scarpinato jahrelang mit Falcone und Borsellino zusammengearbeitet. Er war Sizilianer und stammte aus Caltanisetta, wo Totò Riina eben jetzt wegen des Mordes an Falcone vor Gericht stand. Ermittlungsrichter wurde Scarpinato sowohl in Fortführung der Familientradition wie aus persönlicher Überzeugung; er war ein »gelernter Sohn«, wie man in Italien sagt. In den fünfziger Jahren war Scarpinatos Vater der Richter gewesen, der Don Giuseppe Genco Russo – damals als Nachfolger von Don Calò Vizzini Boß aller Bosse und derjenige, der 1957 bei der transatlantischen Konferenz im Wagner-Saal des Hotel Delle Palme präsidiert und in Spanò als Gastgeber des Fischessens brilliert hatte – zum internen Exil verurteilte. Einen Mafiaboß aus seinem heimatlichen Territorium zu verbannen, war zur damaligen Zeit die schärfste gesetzliche Maßnahme – und trug wesentlich dazu bei, daß die Cosa Nostra ihre Aktivitäten auf andere Landesteile Italiens ausweitete.

Als einige Tage später der Prozeß gegen Andreotti wieder aufgenommen wurde, trafen Scarpinato und ich zufällig im selben Moment vor dem Bunker ein. Zwei gepanzerte Alfas rasten heulend und nur Zentimeter voneinander entfernt vom anderen Ende der Zufahrt heran. Kies und Staub aufschleudernd, kamen sie abrupt zum Stehen, immer noch im gleichen Abstand. Drei Türen des zweiten Wagens flogen noch im Fahren auf, drei unrasierte Gestalten in kurzen Westen sprangen heraus, gingen in Duckstellung und richteten riesige Maschinenpistolen auf mich, die sie mit beiden Händen hielten. Ich glaubte mein letztes Stündlein gekommen. Scarpinato wälzte sich aus dem ersten Wagen und schlurfte, ohne auch nur aufzuschauen, mit seiner zum Bersten vollen alten Aktentasche zu der Stahltür, die den Juristen vorbehalten war. Er lebte nun schon seit langem mit solchen Prozeduren. Wie er mir erzählte, hatte vor einigen Jahren, als er noch die Beweismittel gegen Andreotti zusammentrug, ein Techniker der Telefongesellschaft in Scarpinatos Wohnblock in Palermo eine kleine Werkzeugtasche liegengelassen. Allerdings war man auf den Mann aufmerksam geworden. Überprüfungen ergaben, daß er nicht von der Telefongesellschaft kam. Und die Überprüfung der kleinen Zubehörtasche ergab, gerade noch rechtzeitig, daß sie keinesfalls Werkzeug enthielt. So erwiesen sich Leibwächter mitunter doch als nützlich. Scarpinato wurde rund um die Uhr von acht Mann bewacht. Selbst in dem abgeschotteten Gerichtssaal, den jeder dort Anwesende nur nach den beschriebenen endlosen Ausweiskontrollen, Leibesvisitationen und elektronischen Prüfverfahren hatte betreten können, beschatteten Scarpinato zwei bis drei Leibwächter auf Schritt und Tritt. Er galt als *der am stärksten gefährdete* Vertreter der Staatsanwaltschaft.

An jenem Nachmittag, als wir gleichzeitig vor dem Bunker eintrafen, wirkten alle etwas kribblig. Der Innenminister hatte soeben öffentlich bestätigt, es gebe gute Gründe anzunehmen, daß Bruscas Angriffstruppe über Raketen und eine militärische Abschußvorrichtung verfüge. Einleuchtenderweise galten der Aula-Bunker, wie der Gerichtssaal im Schatten des Ucciardone-Gefängnisses genannt wurde, und das Justizgebäude als die wahrscheinlichsten Angriffsziele. Scarpinato selbst beunruhigte weniger die physische als die politische Gefahr, denen Untersuchungsrichter in Italien damals ausgesetzt waren. Stets hatte sich die Politik massiv in den Prozeß der Rechtsfindung eingemischt, bis 1992 der Zusammenbruch des alten Regimes es den Ermittlungsrichtern ermöglichte, drei Jahre lang ungehindert den gravierenden, fest in den italienischen Institutionen verwurzelten illegalen Machenschaften nachzuspüren. Aufgrund seiner Ermittlungen in den Mailänder Korruptionsfällen wurde Antonio Di Pietro zum Nationalhelden eines Landes, das offenbar immer noch erschreckend eifrig nach Helden und Sündenböcken Ausschau hielt. Der Niedergang der alten Ordnung und der Schock über die Morde an Falcone und Borsellino spornten die Ermittlungsrichter aus Palermo ähnlich an, gegen die Verbrechen der Mafia vorzugehen. Drei Jahre hindurch fühlten sich die Ermittlerteams beider Städte von einer Welle der Zustimmung getragen, während sie die Dunkelzonen der jüngsten italienischen Vergangenheit zu erhellen suchten.

Scarpinato sagte, im Verlauf ihrer Arbeit sei den Ermittlungsrichtern beider Städte bewußt geworden, daß sie es mit etwas zu tun hatten, das er als *systemische Kriminalität* bezeichnete, basierend im Süden auf der Mafia und im Norden auf Korruption – das ein so tief in der Gesellschaft verwurzeltes, so weitverzweigtes Phänomen darstellte, daß das Justizsystem damit nicht fertig wurde, es nicht *umwandeln* konnte, wie Scarpinato sich ausdrückte. Und je tiefer sie in die Grauzone des kriminellen Umfelds vordrangen, desto mehr spürten die Ermittlungsrichter aus Mailand und Palermo, wie die Zustimmung nachließ. Das *Italien der Gesetzesmißachtung* war eine Pyramide. An ihrer Spitze standen diejenigen, auf deren Befehl die Vertreter des Staates ermordet worden waren; die Basis bildeten halbseidene Geschäftsmänner, korrupte Lokalpolitiker und Personen, die sich der Steuerhinterziehung oder des Verstoßes gegen örtliche Bauvorschriften schuldig gemacht hatten. Es war ein politisches Problem, das sich nur politisch lösen ließ. Bei den Bestechungs- und Korruptionsfällen im Norden war eventuell noch eine gewisse Form von Amnestie denkbar. *Aber den Killern der Cosa Nostra gegenüber kann es keinen Waffenstillstand geben.* Diejenigen, die den Reformprozeß unter allen Umständen stoppen wollten, konzentrierten sich ganz auf Palermo, und dort gab es keinen Verhandlungsspielraum. In Palermo konnte es keinen Kompromiß geben. *Die Cosa Nostra*, sagte Scarpinato, *ist Teil eines übergeordneten kriminellen Systems, das einige der blutigsten und tragischsten Kapitel in der Geschichte unseres Landes hervorgebracht hat.* Zehntausend Tote zwischen 1983 und 1993. Zu viele, um noch den Überblick zu behalten.

Scarpinato sprach auch über eine Reihe fehlgeschlagener Staatsstreiche, über die Aktivitäten der Geheimloge P2 und der auf Abwege geratenen Geheimdienste sowie über die Verbindungen beider zu rechts- und linksgerichteten Terroristengruppen, zum organisierten Verbrechen und zum Vatikan. Palermo, sagte Scarpinato und griff damit vielleicht unbewußt eine Äußerung Sciascias auf, sei eine auf die Spitze getriebene Metapher für Italien. Sollte es den palermitanischen Ermittlungsrichtern je gelingen, ein Gesamtbild von den Aktivitäten der Cosa Nostra zu erarbeiten, würden die Konsequenzen für Italien weit über die Grenzen des Rechtssystems hinaus spürbar werden. Eben deswegen fühlten sich die mit dem Fall Andreotti betrauten Ermittlungsrichter so sehr verborgenen Gefahren ausgesetzt. Und dennoch, sagte Scarpinato, hänge das Schicksal der italienischen Demokratie von den Resultaten seiner und der Arbeit seiner Kollegen ab. *Eine Demokratie, die Killer und Massenmörder ungestraft davonkommen ließe, wäre eine Demokratie ohne innere Wahrheit und Gerechtigkeit, eine deformierte Demokratie, dazu verdammt, früher oder später ihre furchtbare Vergangenheit erneut zu durchleben.*

Jahrelang waren die Ermittlungsrichter bezichtigt worden – sogar von Sciascia –, sie hätten, während sie mit ihren unzähligen Haftbefehlen Papierstürme entfachten, die Menschenrechte außer acht gelassen. Scarpinato bestand auf seiner Ansicht, wonach das Gesetz zwar nicht die Menschenrechte von Mafiosi beschneiden, wohl aber endlich unterschiedliche Kategorien von Verbrechen zur Kenntnis nehmen solle. *Eine Organisation, die für systematische Massaker verantwortlich zeichnet, läßt sich nicht mit Geset-*

zen bekämpfen, die für die Ahndung von Einbrüchen und Verbrechen aus Leidenschaft vorgesehen sind. Verbrechen aus Leidenschaft – ein hübscher sizilianischer Akzent, dachte ich. *Das ist, als versuchte man, mikrochirurgische Eingriffe im Gehirn mit Instrumenten vorzunehmen, die für eine Blinddarmoperation taugen,* bot Scarpinato mir als Vergleich an. *Dazu braucht man Laser und keine Pinzetten. Sonst stirbt der Patient.* Er nannte mir das folgende Beispiel. Die italienische Regierung habe die Androhung von Haftstrafen abgeschafft, mit der man jemanden verpflichten konnte, vor Gericht gegen die Mafia auszusagen. Dieses Druckmittel aber sei – in Verbindung mit Maßnahmen zum Schutz von Zeugen – absolut unerläßlich, sagte Scarpinato. *Wer gegen die Mafia aussagt, ist kein gewöhnlicher Zeuge. Wer gegen die Mafia aussagt, schwebt für den Rest seines Lebens in Todesgefahr.* Ein weiterer Punkt sei die zeitliche Begrenzung der Untersuchungshaft für mutmaßliche Straftäter. Sie schütze tatsächlich die Rechte des einzelnen und dürfe als Prinzip des italienischen Justizwesens nicht aufgegeben werden, nur würden die Bestimmungen so peinlich genau befolgt und seien so anfällig für Manipulationen, daß daraus nun eine großartige Fluchtmöglichkeit für die Mafia geworden sei. Damit seien schon Jahre von wackerer, genauer Ermittlungsarbeit mit einem Schlag zunichte gemacht und professionelle Killer auf freien Fuß gesetzt worden. Auf diesem Gebiet besonders hervorgetan hatte sich ein Richter am Obersten Gerichtshof namens Corrado Carnevale, der mittlerweile vom Dienst suspendiert war und gegen den wegen seiner eigenen Verbindungen zur Mafia ermittelt wurde.

Scarpinato machte von Anfang an klar, daß er weder gewillt war, über den laufenden Prozeß noch über Politik zu sprechen. Ebenso zurückhaltend blieb er in Hinblick auf sein Privatleben, und ich bedrängte ihn auch nicht, zumal die Themen, die wir streiften, so gewichtig waren. Dennoch wollte ich wissen, wie es sich – praktisch und psychisch – auswirkt, wenn man zugleich so öffentlich und einsam lebt, als das vorbestimmte Opfer einer kriminellen Organisation von bisher ungekannter Macht und Grausamkeit, weit mehr ein Gefangener als irgendeiner der Leute, die durch Scarpinatos Zutun verurteilt worden waren; und all dies, während die Restauration der alten Ordnung im Gang war und die Solidarität der Öffentlichkeit nachließ. Eine Freundin hatte mir erzählt, er habe sich von seiner Frau getrennt, die ebenfalls Ermittlungsrichterin sei, und lebe nun, wenn er nicht gerade auf der Suche nach Indizien durch die Welt reise, allein in einer Wohnung mit einem leeren Kühlschrank und *ohne die Spur von einer Frau.* Er lese viel, erzählte mir dieselbe Freundin, Bücher jeden Genres, höre endlos Musik und schreibe, wann immer er die Zeit dazu finde. *Was schreibt er denn?* fragte ich. *Seine Gedanken. Seine Gedanken über das Leben.*

Setzte man Scarpinato zu sehr zu, sprach man zu einseitig über die aktuelle Situation der Ermittlungsrichter in Palermo, flammte in seiner barschen Erwiderung die Berufsehre auf. Er erinnerte einen daran, daß das organisierte Verbrechen mittlerweile zum internationalen Phänomen geworden und im politischen Leben einer Reihe anderer Länder – die zu nennen er sich weigerte – fest verankert sei. Die von italienischen Richtern entwickelten Ermittlungstechniken seien in ihrer Raffinesse und Effektivität bislang unerreicht. Scarpinato geriet in Fahrt und erwähnte Frankreich. Wo es dort Anzeichen von Korruption in größerem Ausmaß und von institutionalisierter Kriminalität gegeben habe, seien alle Ermittlungen unverzüglich im Keim erstickt worden. Er sprach von Osteuropa und weiteren internationalen Verbindungen der Cosa Nostra. Er sprach davon, wie unglaublich schnell illegal erworbenes Geld über das internationale Bankennetz weitergeleitet werden könne. *Wir müssen monatelang auf die Genehmigung warten, auch nur ein einziges Bankkonto zu überprüfen.* Seit langem liege der Vorschlag vor, setzte er hinzu, eine zentrale Finanzdatenbank einzurichten, die jede Transaktion in Italien erfaßt hätte. Das sei ohne weiteres machbar. Und wäre enorm hilfreich gewesen. Nur sei der Vorschlag nie gebilligt worden.

Wochen später kam ich wieder in den Justizpalast von Palermo, um mit Gian Carlo Caselli zu sprechen. Der lange Sommer war plötzlich gekippt, über Nacht war es winterlich geworden. Die Felszacken rings um Palermo waren mit Schnee bestäubt, über den bleigrauen Himmel zogen Wolkenbänke, und in der Dämmerung peitschte Regen über den öden Platz vor dem Justizpalast. Zwei Tage zuvor hatte die führende italienische Wochenzeitschrift verkündet: *Palermo neuerlich in Angst und Schrecken. Unmittelbare Bedrohung durch einen schweren Terrorangriff, möglicherweise mit wärmegelenkten Raketen.* Es ging wieder einmal um Giovanni Brusca. Manchmal hatte er es nur knapp geschafft, aber immer wieder war er samt seinem Raketenwerfer den Fahndern entschlüpft. Eine Villa hatte das Polizeikommando unmittelbar nach Bruscas Abgang gestürmt, und neben dem Bett lag aufgeschlagen ein Exemplar von Giovanni Falcones Buch über die Cosa Nostra.

Ein Trupp bewaffneter, nervös wirkender Soldaten umringte mich am Tor, beäugte meine Tasche, und der verantwortliche Polizeibeamte nannte mich kränkend *diese Person*, während seine Untergebenen mich überprüften. Ein mürrischer Funktionär erwartete mich bei der elektronischen Sicherheitsschleuse. Er geleitete mich durch die riesige, nun dunkel und verlassen daliegende Marmorhalle zum Lift. Auf den Bänken vor Casellis

Büro lümmelten ein Dutzend verwegen aussehender Leibwächter herum; als wir uns näherten, erstarrten sie wie eine Meute von Rottweilern. Die Tür zu Casellis Vorzimmer glich, bis auf das Holzfurnier, dem Zugang zu einem Tresorraum. Caselli stammte aus Turin und hatte früher intensiv an der Zerschlagung des Terrorismus der Roten Brigaden mitgewirkt. Pflichtgefühl hatte ihn vor drei Jahren zu dem möglicherweise selbstmörderischen Schritt bewogen, um seine Versetzung nach Palermo zu ersuchen. Er übernahm damit den Stab seiner ermordeten Kollegen und Freunde Falcone und Borsellino. Im Januar 1988 hatte sich Caselli vehement für Falcones Ernennung zum Chefankläger in Palermo eingesetzt. Daß es nicht dazu kam – für Falcone die grausamste Niederlage –, lag an dem Neid und den zwielichtigen Motiven von Kollegen aus den eigenen Reihen. Einige Monate nach der Ermordung von Falcone und Borsellino, am fünfzehnten Januar 1993, trat Caselli seinen Posten in Palermo an. *Ein folgenschwerer Tag*, sagten seine neuen Mitarbeiter im Scherz, denn am gleichen Tag fiel Totò Riina der Polizei in die Hände. Caselli hatte schon vor seiner Übersiedlung in den Süden gewußt, was ihm bevorstand: ein ständig von Attentaten bedrohtes Leben; und seit der Eröffnung des Prozesses gegen Andreotti war er wahrscheinlich mehr in Gefahr als je zuvor. Wie die anderen verzichtete er klaglos auf persönliche Freiheit und ein Familienleben, *um zu tun, was man kann.* Es war eine Entscheidung, die sie alle bereitwillig trafen. Welch ein Paradox, daß Italien, dieser so schwer kompromittierte Staat, in dem trüben Interregnum widerstreitender Kräfte zwischen der ersten Republik und dem, was darauf folgen mochte, noch immer Intellektuelle hervorbrachte, die ohne weiteres bereit waren, für diesen Staat zu sterben. Kein Australier hatte bisher in Friedenszeiten eine solche Wahl treffen müssen.

Guido Lo Forte, der bei Caselli im Büro saß, hatte dienstfrei und trug ausnahmsweise einen lässigen Pullover. Wenn Scarpinato unter den Andreotti-Anklägern die Rolle des weltverdrossenen Bohemiens innehatte, dann wirkte Lo Forte wie ein gescheiter, liebenswürdiger Seminarist. Zuletzt hatte ich ihn in schwarzer Robe mit Halskrause und Quasten im Andreotti-Prozeß gesehen, wo er als leitender Staatsanwalt den zahllosen Spitzfindigkeiten und Unterbrechungen der Verteidigung mit unerschütterlicher Geduld begegnete. *Ist Ihnen aufgefallen, daß der erste Einspruch zwanzig Sekunden nach Beginn der Anklagevorbringungen kam?* fragte er mich nun. Nur für einen einzigen, kurzen Augenblick war die undurchdringliche Maske von ihm abgefallen, als am Ende eines anstrengenden Tages im Gerichtsbunker das Mikrofon eines Radioreporters eine Reihe saftiger sizilianischer Obszönitäten einfing, die Lo Forte seinen Kollegen

Scarpinato und Natoli zumurmelte. *Sie könnten ihn alle kreuzweise, wenn der Scheiß hier noch länger dauere*, hatte er ungefähr von sich gegeben. Und bei der nächsten Sitzung verblüffte die Anklage das Gericht mit ihrer Entscheidung zum Verzicht auf weitere Vorbringungen zu der Frage, ob Andreotti faktisch der Cosa Nostra angehöre. *Die ständigen Unterbrechungen machen es unmöglich, die Logik der Beweisführung aufzuzeigen*, sagte Lo Forte. Caselli bestand mit Nachdruck darauf, es habe sich *nicht um einen polemischen Akt, sondern um eine rein technische Angelegenheit* gehandelt, auch als ich bemerkte, daß es dafür keinen Präzedenzfall in der italienischen Rechtsgeschichte gebe.

Caselli erzählte mir, er habe *überrascht und neugierig* auf die jüngste Ankündigung einer amtlichen Untersuchung der Staatsanwaltschaft von Palermo reagiert, die nun als politische Drohung über ihren Köpfen hing. *Wir haben nicht die geringste Ahnung, welche Gründe dahinterstecken.* Caselli äußerte sich nur höchst zurückhaltend über das politische Klima, in welchem der Prozeß eröffnet wurde; der habe an sich mit Politik nichts zu tun, erklärte er immer wieder hartnäckig und öffentlich. *Ziel und Zweck des Prozesses bestehen darin, die Fakten zu ermitteln, ungeachtet der Stellung der Betroffenen. Es ist kein politischer Prozeß. Hier geht es weder um Rache noch um Seligsprechung.* Außer mir, stellte ich fest, erwähnte niemand Andreotti. Ich kam mir täppisch und indiskret vor. Und doch kam ich nicht umhin zu beobachten, daß allein in der Tatsache, wie häufig sich Caselli bemüßigt fühlte, auf die Grundprinzipien des Zivilrechts zu verweisen, ein gewisser politischer Gehalt steckte. Caselli hatte wohl gewußt, daß die subtilen Verästelungen der sizilianischen Kultur für ihn als Außenstehenden aus dem Piemont schwer faßbar bleiben würden und er nicht hoffen konnte, wie Falcone die Nuancen der Mafia-Mentalität intuitiv zu erfassen. Und doch hatten er und die sizilianischen Ermittlungsrichter einander wunderbar ergänzt, sagte nun Lo Forte; die organisatorischen und psychologischen Fähigkeiten der Outsider und Insider hätten zusammengewirkt und seit Casellis Eintreffen zur Verhaftung und Verurteilung Hunderter von Mafiosi aus allen Rängen der Cosa-Nostra-Hierarchie geführt.

Auf einmal lächelte Lo Forte schief und sagte: *Sizilien ist so kompliziert, daß selbst die Sizilianer es oft nicht verstehen*, und dieser Gedanke schien ihn nicht sonderlich zu beunruhigen. Als sei ihm eine große Erleuchtung gekommen, während wir uns da auf den Sesseln hinter gepanzerten Türen rekelten, fügte er hinzu: *Es ist, als gäbe es in Sizilien so viele verschiedene Wahrheiten* ... Er war selbst Sizilianer, und der übermütig funkelnde Seminaristenblick verriet, daß seine Äußerung als Scherz gedacht war. Caselli, der Mann aus dem Norden, rutschte unruhig im Sessel hin und her und signalisierte mit einem Flackern in seinen Augen, daß er für metaphysisches Spintisieren nichts übrig habe. Vielleicht fragte er sich, was dies mit der vorliegenden Angelegenheit zu tun haben sollte. Alle wurden jedoch wieder ernst, als Lo Forte auf die zersetzende Wirkung von Sciascias sizilianischer Skepsis zu sprechen kam, seiner fatalistischen Haltung, die ihn acht Jahre zuvor bewogen hatte, Borsellino, Orlando und indirekt auch Falcone als Antimafia-Karrieristen zu verunglimpfen. Nachdenklicher wiederholte Lo Forte nun: *Die Schwierigkeit besteht darin, die eine Wahrheit zu finden, wo es deren doch so viele gibt, und vielleicht auch gar keine.* Er begann, von Borges zu sprechen, und dem wäre ich gern noch weiter nachgegangen, aber Caselli hatte nun sichtlich genug von Literaturkritik. In Sizilien konnten Skeptiker einem Fallen stellen. Aber seinen Kindern, sagte Caselli noch, habe er Sciascias Bücher zu lesen gegeben, *damit sie verstehen, was es damit auf sich hat.*

Als ich ihnen gegenüber Scarpinatos Bemerkungen zu den internationalen Aktivitäten der Mafia wiederholte, beugte sich Caselli im Sessel vor. *Die Mafia*, sagte er bedächtig, jedes einzelne Wort abwägend, *Cosa Nostra, die sizilianische Mafia*,

> sie mordet in Palermo. Sie investiert in Mailand. In Frankfurt. In London. New York. Vielleicht auch in Sydney. Die Cosa Nostra ist eine Maschinerie, die Macht und Geld produziert. Wo und wie sie nur kann. Es wäre verhängnisvoll, die Mafia als rein sizilianisches oder rein italienisches Problem zu betrachten. Der immense Reichtum der Cosa Nostra macht sich in der heutigen Wirtschaft immer stärker bemerkbar. Er beeinträchtigt legitime ökonomische Interessen. Auf nationaler wie internationaler Ebene. Historisch wurzelt die Cosa Nostra in Sizilien, ihr Herz und ihr Geist sind dort vermutlich bis heute zu Hause. Ihre Aktivitäten und Interessen aber sind mit der Weltwirtschaft verflochten. Und weil ökonomisch so viel auf dem Spiel steht, muß die Mafia die Politik unterwandern, das ist unvermeidlich. Aber wo die Mafia ist, sind Menschenrechte, Freiheit und Demokratie in Gefahr.

Es war schon dunkel, als ich draußen zwischen Regenpfützen davonging. Ich dachte an Sciascias Wort: *Sizilien steht als Metapher für die moderne Welt.* Ein Soldat herrschte mich an, ich solle das andere Tor benutzen. Und im Gegensatz zu den Ermittlungsrichtern, die ich in ihrem Bau zurückgelassen hatte, konnte ich gehen, wohin ich wollte.

Einige Tage später, kurz vor meiner Abreise aus Palermo, lud ich Letizia und Shobha zum Abendessen im Sant'Andrea ein, das die beiden noch nicht kannten. Wir trafen uns im Foyer des Delle Palme und warteten gemeinsam auf eine deutsche Autorin, die für die deutsche Ausgabe des *Playboy* einen Artikel über Corleone schreiben sollte und mit Shobha dafür vor Ort recherchiert hatte. Im Sant'Andrea gesellte sich noch Saverio Montalbano zu uns – der Mann, der die größte Heroinraffinerie Europas entdeckt hatte und wegen seiner Ermittlungen zu Trapanis Mafia-Logen degradiert worden war; mittlerweile aber fungierte er als stellvertretender Polizeichef von Palermo. Ich war neugierig auf diesen unerschrockenen Beamten und sah eifrig hinaus, als der von seinem Leibwächter gesteuerte Alfa quietschend auf der winzigen Piazza hielt. Montalbano wurde mit einem Tritt vors Schienbein begrüßt – von Anna Maria, die damit lediglich Miele vertreiben wollte, den obdachlosen Perserkater, der sich das Sant'Andrea zur Heimat auserkoren hatte und einer hier speisenden Dame gern die Krallen in die weichen Schenkel schlug, wenn es ihn nach dem Fisch auf ihrem Teller gelüstete. Vage hatte ich mir jemanden wie den jüngeren Al Pacino vorgestellt, Serpico in Lederjacke, doch Saverio Montalbano entpuppte sich als ein sehr schmächtiger, intellektuell wirkender Mann mit schütterem Haar und sanftem, kultiviertem Benehmen.

Shobha warf ihre goldene Mähne in den Nacken und erzählte, daß sie und die deutsche Autorin an diesem Tag im Supermarkt von Corleone eine kleine, gebeugte Witwe in Schwarz gesehen hätten, die eine mit Diamanten besetzte goldene Rolex-Uhr trug. Außerdem habe sie auf dem Friedhof ein paar Zigeunerkinder fotografiert, die nackt auf dem Grab von Luciano Liggio getanzt hatten. *Wie, sie hatten keine Hosen an?* fragte Letizia ziemlich schockiert. *Nur* Unterhosen, sagte Shobha. Ein Mann kam von einem anderen Tisch zu uns herüber und erklärte Letizia, daß er sie sehr bewundere. Petra, die deutsche Autorin, und ich sprachen über die Schwierigkeit, die Mafia verständlich darzustellen, wieviel Wissen dazu nötig war und wie wenig man letztlich sagen konnte. Ich sagte zu Letizia, mit Neapel gehe es zu Ende, und sie erwiderte, sie wolle nach Australien kommen. Vielleicht hat sie diese Ausstellung doch noch durchgesetzt, dachte ich. Sie wollte dort fotografieren. *Nicht in den Städten. Ich will in die abgelegenen Gegenden.* Saverio Montalbano sprach von seinen kleinen Söhnen. *Sie respektieren mich, wissen Sie*, sagte er mit Nachdruck. *Meine Kinder respektieren mich.*

Letizias Gerede über eine Reise nach Australien erinnerte mich daran, daß Roberto Scarpinato mir erzählt hatte, er sei einmal, in den achtziger Jahren, in Sydney gewesen, um gemeinsam mit Falcone den Investitionen der Cosa Nostra nachzuspüren. *Und? Was haben Sie dort gefunden?* hatte ich gefragt, was Scarpinato mit einem seltsam heftigen, ungläubigen Lachen quittierte.

Australien war ein weites Feld, hatte er erwidert.

Nachdem die anderen gegangen waren, blieb ich noch im Sant'Andrea hängen, auf einen letzten Drink mit den Bissos und dem Küchenpersonal. Es war bereits Mitternacht, als wir das Lokal abschlossen und ich über die verlassene Piazza zum Hotel ging.

In den unergründlichen Tiefen Siziliens finden weiterhin Umwälzungen statt, und weiterhin bleibt alles, wie es ist. Ende 1995 stieg ich, um Luft zu schnappen, an die Oberfläche, hätte aber wie Cola Pesce auch auf ewig unter Wasser bleiben können. Der Mafiaprozeß gegen Andreotti quälte sich in Palermo durch das Jahr 1996. Knapp ein Jahr nach seiner Eröffnung waren ganze drei wichtige Zeugen vernommen worden: die Mafia-Überläufer Tommaso Buscetta, Gaspare Mutolo und der aus Palermo gebürtige einstige Arzt, Ehrenmann und DC-Politiker Gioacchino Pennino. Einer der beisitzenden Richter wurde Anfang 1996 bei einem Verkehrsunfall verletzt, was den Fortgang des Prozesses vorübergehend in Frage stellte. Eine Reihe weniger bedeutender Überläufer vertrat, wenn auch nur aufgrund von Hörensagen, beharrlich die These, die Cosa Nostra habe auf Andreotti als Bindeglied zu Corrado Carnevale vertraut, jenem Richter am Obersten Gerichtshof, der die Urteile gegen Mafia-Mitglieder regelmäßig wieder aufhob, und den Bruch dieses Vertrauens im Jahre 1992 mit Zorn registriert. Mitsamt den zu erwartenden Berufungen würde der Prozeß gegen Andreotti die *Wahre Geschichte Italiens* sicherlich bis weit ins dritte Jahrtausend vorantreiben, bevor wir erfahren würden, was das Gericht als wahr befunden hatte und was nicht.

Im Gegensatz zum Mafiaprozeß in Palermo, der einem umfassenden politischen Machtsystem bis in alle Einzelheiten nachspürte, konzentrierte sich die Mordanklage gegen Andreotti und sein Faktotum Vitalone in Perugia streng auf ihr bestens dokumentiertes Thema und näherte sich zügig dem Abschluß. Der Beschuldigte war mittlerweile siebenundsiebzig, was die Chancen erhöhte, daß er seine irdische Laufbahn vor der Entscheidung der Richter in Palermo vollendet haben würde, doch drohte ihm eine Verurteilung wegen Mord. Zwischen der Eröffnung des Mafiaprozesses in Palermo und dem Beginn des Mordprozesses in Perugia fand Seine Heiligkeit Papst Johannes Paul II. im Vatikan Zeit, anläßlich eines Fototermins Andreottis rechte Hand inbrünstig mit beiden Händen zu umschließen, eine Geste, welche in den Medien *fast eine Umarmung* genannt wurde. Die Anteilnahme des Heiligen Vaters schien dem ehemaligen Ministerpräsidenten neuen Mut zu geben; allerdings attackierte ein Student den Papst eben deswegen von der Kanzel des Petersdoms herab, womit zum erstenmal seit siebenhundert Jahren ein Papst sich in seiner eigenen Kirche Anfechtungen ausgesetzt sah.

Das böseste Omen für Andreotti war im April 1996 die Verurteilung von Bruno Contrada wegen Mitgliedschaft in der Mafia zu zehn Jahren Gefängnis. Als ehemaliger Chef der polizeilichen Ermittlungsbehörde von Palermo und spätere Nummer drei in einem der italienischen Geheimdienste verfügte Contrada nach wie vor über äußerst einflußreiche Freunde, und seine Verurteilung nach zweijähriger Verhandlung war ein großer Sieg für Gian Carlo Caselli und sein Team im ersten politischen Mafia-Prozeß. Giovanni Falcone hatte stets ein tiefes Mißtrauen gegenüber Contrada gehegt und ihn verdächtigt, zu *den raffinierten Drahtziehern* des mißlungenen Bombenanschlags von 1989 gezählt zu haben. Das Gericht und der Vorsitzende Richter Francesco Ingargiola, der auch den Andreotti-Prozeß leitete, verliehen mit der Verurteilung Contradas den Zeugenaussagen der Mafia-Überläufer Glaubwürdigkeit, wonach unter anderem Riina sich dank Contrada dem Zugriff der Gerechtigkeit so lange hatte entziehen können.

Ein Jahr später war auch der politische Kontext ein anderer – und doch wieder der gleiche. Die Wahl einer von breiter Unterstützung getragenen neuen italienischen Regierung, die leisen Reformwillen erkennen ließ, schien tatsächlich den Beginn eines parlamentarischen Systems mit funktionsfähiger Opposition zu markieren, und die neue Führung versprach denn auch unverzüglich eine saubere Trennung zwischen Politik und Gerichtswesen sowie volle Unterstützung für die Antimafia-Richter in Palermo und die Antikorruptions-Richter in Mailand. Zu den neuen Ministern zählte unter anderen Antonio Di Pietro, jener ehemalige Ermittlungsrichter, der 1992 die große politische Umwälzung in Gang gesetzt hatte, und erstmals waren auch die Postkommunisten in der neuen Regierung zu finden. Berlusconi, der nur noch in der Region Sizilien die Mehrheit der Stimmen errungen hatte, sah sich nun selbst mit Anklagen wegen Korruption konfrontiert, während die anderen Führungsfiguren seines Imperiums sich gleichzeitig wegen Bestechung der römischen Richterschaft und Verstrickung mit der Mafia verantworten mußten. Der Justizpalast in Rom, in dem neben zahllosen anderen auch die Ermittlungen im Mordfall Pecorelli und im Adoptionsfall Carapezza-Guttuso so seltsame Wendungen genommen hatten, war nun endlich selbst Gegenstand von Untersuchungen.

1996 hatte die Cosa Nostra andere Sorgen als die Frage, welchen Politikern der Rücken zu stärken sei. Nach der Verhaftung von Giovanni Brusca im Mai blieben von der Corleoneser Gruppe und ihren Verbündeten im weiteren Sinn nur noch zwei Chefs übrig, nämlich Pietro Aglieri und Bernardo Provenzano, und die lange Phase grausiger Gewalttaten schien nun praktisch vorüber oder zumindest, nach zwanzig Jahren, auf Eis gelegt zu sein. Dies sei jedoch kein Grund, warnte Gian Carlo Caselli im Juni, die Cosa Nostra als weniger aktiv, mächtig oder international gefährlich einzustufen beziehungsweise anzunehmen, daß andere große Aktionsbereiche der Mafia nicht mehr bestünden. Das internationale Netzwerk organisierter krimineller Bündnisse schließe sich nur um so enger zusammen.

Nach zehn Jahren schnöder Mißachtung kamen in London und Ferrara Retrospektiven zum Werk von Guttuso zustande. Die *New York Review* pries Leonardo Sciascia kurz und bündig als Vertreter einer brillanten und beklemmenden Spielart von Kriminalromanen, *in denen es weniger um das Verbrechen an sich geht als um die Gefahr, etwas darüber zu wissen.* Leoluca Orlando war immer noch Bürgermeister von Palermo, wenn seine Popularität auch allmählich nachließ, und Marta Marzottos Konfektionsmode wurde zügig von den Kaufhaus-Stangen gekauft. Letizia Battaglia verbrachte viel Zeit mit ihrer jüngsten Enkelin, und Licio Gelli verteilte weiterhin Ratschläge an alle, die sie hören wollten. Zu Jahresbeginn ersuchten viele Ermittlungsrichter um Versetzung von ihren nervenaufreibenden Posten in der Staatsanwaltschaft Palermos, doch Gian Carlo Caselli, Guido Lo Forte und Roberto Scarpinato leisteten weiterhin Knochenarbeit. Das Sant'Andrea in Palermo war Abend für Abend voll.

Am 26. September 1999 wurde Giulio Andreotti in Perugia vom Vorwurf der Verschwörung zum Mord an Mino Pecorelli freigesprochen; ebenfalls freigesprochen wurden seine fünf Mitangeklagten, die Mafia-Bosse Gaetano Badalamenti und Pippo Calò; der Terrorist Massimo Carminati, der römische Gangster Michelangelo La Barbera sowie der frühere Richter, Senator und Andreotti-Protegé Claudio Vitalone.

Am Morgen des 23. Oktober 1999 sprach Richter Ingargiola in Palermo Giulio Andreotti, Senator auf Lebenszeit, auch von dem Vorwurf frei, Beziehungen zur Cosa Nostra unterhalten zu haben.

Gian Carlo Caselli, der nun in Rom arbeitete, gab eine handschriftliche Erklärung ab. *Ich bin stolz darauf, in Palermo gearbeitet zu haben, gemeinsam mit Kollegen, die ihre Aufgabe trotz anhaltender, ernster Gefährdung erfüllten: gemäß der Verfassung und der Gesetze der Republik, ohne Ansehen von Rang, Besitz oder Macht der Angeklagten. Was das Urteil von Palermo angeht, so respektiere ich es, wie ich jedes andere respektiere.*

Irgendwo in Amerika schob Tommaso Buscetta, mit chirurgisch verändertem Gesicht, mühsam einen Einkaufswagen durch einen Supermarkt und sagte: *Die Mafia ist gesund und quicklebendig ... und schlauer geworden, sie hat aus ihren Erfahrungen gelernt und ein neues Leben begonnen ... Ich möchte, daß man mich als anständigen Mann in Erinnerung behält ... die ganzen Jahre hindurch habe ich mein Wort gehalten.* In Palermo sagte Staatsanwalt Guido Lo Forte: *Wir haben alles getan, was wir glaubten, tun zu müssen und was uns menschenmöglich war, um die Wahrheit aufzudecken.* Maria Falcone ging zum Grab ihres ermordeten Bruders, um zu beten. *Etwas ist falsch gelaufen,* sagte Piero Grasso, Casellis Nachfolger in Palermo. *Wir machen weiter.*

Am Tag vor Andreottis Freispruch wurde es dem Richter am Obersten Gerichtshof Corrado Carnevale, gegen welchen in Palermo wegen Verbindungen zur Mafia ermittelt worden war, gestattet, seine Arbeit wieder aufzunehmen und *im Namen des italienischen Volkes* Recht zu sprechen.

Einige Wochen später stürzte in Süditalien ein sechsstöckiges Wohnhaus ein, dreißig Jahre zuvor errichtet; siebenundsechzig Menschen starben. Am Tag ihrer Beerdigung, Mitte November, erklärte der Gouverneur der Bank von Italien, das Pro-Kopf-Einkommen im Süden liege fünfunddreißig Prozent unter dem im übrigen Italien, und die soziale Kluft zwischen Nord- und Süditalien wachse.

Zwei Tage darauf unternahmen Staatsanwälte erste förmliche Schritte, gegen den Erzbischof von Neapel, Kardinal Giordano, wegen krimineller Verschwörung und Zinswucher Anklage zu erheben.

Peter Robb
November 1999

EINIGE MITSPIELER

AMBROSOLI Giorgio: Von der italienischen Regierung mit der Liquidation der Banca Privata Italiana betrauter Mailänder Anwalt; Juli 1979 ermordet.

ANDREOTTI Giulio: DC-Politiker und Senator auf Lebenszeit; erstmals 1947 Regierungsmitglied, bekleidete bis 1992 zwanzig Ministerposten und siebenmal das Amt des Ministerpräsidenten; unter Anklage wegen Mafiamitgliedschaft und Mordes an Pecorelli.

BADALAMENTI Gaetano: Mafiaboß aus Palermo, in der Frühphase von Riinas Aufstieg aus der Cupola ausgeschlossen und 1979 nach Brasilien geflohen; seit 1987 in den USA inhaftiert.

BONTATE Stefano: Mafiaboß aus Palermo und Mitglied der Cupola ab 1970; führender Opponent von Riina; im April 1981 ermordet.

BORSELLINO Paolo: Ermittlungsrichter der Staatsanwaltschaft von Palermo, leitendes Mitglied des Antimafia-Verbunds in den achtziger Jahren und enger Kollege von Giovanni Falcone; ab 1991 stellvertretender Chefankläger in Palermo; Juli 1992 ermordet.

BUSCETTA Tommaso [Masino]: Führungsmitglied einer von Riina und den Corleonesi zerschlagenen palermitanischen Mafiagruppe; 1983 in Brasilien verhaftet; entschied sich 1984 nach der Ermordung eines Großteils seiner Familie zur Zusammenarbeit mit Falcone; wichtigster Mafia-Überläufer.

CALÒ Pippo: Mafiaboß, Verbündeter Riinas, Finanzexperte der Cupola; viele Jahre in Rom ansässig; im März 1985 verhaftet, im Maxi-Prozeß verurteilt und bis heute in Haft; Zeuge beim Mordprozeß gegen Andreotti.

CAPONNETTO Antonino: Ermittlungsrichter aus Florenz, wurde nach der Ermordung von Rocco Chinnici 1983 Chefankläger in Palermo; gründete den Antimafia-Verbund von Palermo und bereitete den Boden für den Maxi-Prozeß von 1985; seit 1987 im Ruhestand.

CARNEVALE Corrado: Richter am Obersten Sizilianischen Gerichtshof; hob viele Verurteilungen von Mafiosi aufgrund angeblicher Formfehler auf; wegen Verdacht auf Verstrickung mit der Mafia vom Dienst suspendiert.

CASELLI Gian Carlo: Gebürtiger Turiner, seit Januar 1993 Chefankläger in Palermo; enger Freund und Kollege von Falcone.

CHINNICI Rocco: Chefankläger in Palermo nach 1979; führte eine Kulturkampagne gegen die sizilianische Mafia, initiierte großangelegte Ermittlungen zum Drogenhandel und beschuldigte die Cupola des Mordes an Dalla Chiesa; im Juli 1983 ermordet.

CRAXI Bettino: Ehemaliger Chef der sozialistischen Partei, Ministerpräsident von 1983–1987, wegen Korruption in Abwesenheit zu vierundzwanzig Jahren Haft verurteilt; hält sich in Tunesien auf.

CUTOLO Raffaele: Mitglied der neapolitanischen Camorra, Begründer und Chef der Nuova Camorra Organizzata, jahrzehntelang inhaftiert, Mittelsmann bei der Befreiung des entführten DC-Politikers Ciro Cirillo im Jahr 1981.

DALLA CHIESA Carlo Alberto: Carabinieri-General, tat zweimal in Sizilien Dienst, zerschlug in den Siebzigern die linksgerichtete Terrorismusszene und wurde zum Präfekten von Palermo ernannt; mit seiner Frau im September 1982 ermordet.

DI MAGGIO Baldassare [Baldo]: Mafia-Überläufer, ehemaliges Mitglied der Brusca-Familie und Chauffeur von Totò Riina; führte die Polizei auf die Spur von Riina und war angeblich 1987 Augenzeuge des Kusses zwischen Riina und Andreotti.

FALCONE Giovanni: Antimafia-Chefermittler in Palermo, bereitete die Anklageschrift für den Maxi-Prozeß von 1985 vor; 1991 ins römische Justizministerium versetzt; im Mai 1992 mit seiner Frau und drei Leibwächtern ermordet.

GAVA Antonio: Neapolitanischer DC-Politiker, Innenminister in den achtziger Jahren; 1996 wegen Korruption verurteilt; 1995–1996 wegen Mitgliedschaft in der Camorra vor Gericht.

GELLI Licio: Mutmaßlicher Chef der 1981 aufgedeckten Geheimloge P2; Financier und einflußreicher Drahtzieher; wegen Verbindung zu rechtsgerichteten Terrorkreisen 1996 verurteilt; Verquickungen mit Mafia und Vatikan.

LIGGIO Luciano: Ehemaliger Leibwächter eines Gutsherrn in Corleone; wurde 1953 nach der Ermordung seines Vorgängers Chef des Corleoneser Mafiaclans und später Boß der Cosa Nostra sowie Mentor von Salvatore Riina; 1974 verhaftet, starb im Gefängnis.

LIMA Salvo: DC-Politiker aus Palermo und Mitglied der Cosa Nostra, nacheinander Bürgermeister von Palermo, italienischer Staatsminister und Abgeordneter im Europaparlament; Chef der Andreotti-Fraktion in der sizilianischen DC; im März 1992 ermordet.

LUCIANO Lucky: Geboren als Salvatore Lucania in Lercara Friddi auf Sizilien, emigrierte 1919 in die USA, Chef der amerikanischen Cosa Nostra in den dreißiger und vierziger Jahren, mutmaßlicher Helfer bei der alliierten Invasion Siziliens 1943; 1946 freigelassen und nach Italien repatriiert; starb 1962 in Neapel.

MORO Aldo: DC-Politiker aus Bari, Ministerpräsident und Ideologe der

Verständigung mit der PCI; 1978 von den Roten Brigaden entführt und ermordet.

PECORELLI Mino: Journalist, ehemaliges Mitglied des italienischen Geheimdienstes, Herausgeber und Autor der römischen Politzeitschrift OP; im März 1979 ermordet.

RIINA Salvatore [Totò]: Boß des Corleoneser Mafiaclans seit Mitte der siebziger Jahre und Chef der Cosa Nostra ab Beginn der achtziger Jahre; operierte von 1969 bis zu seiner Verhaftung im Januar 1993 aus dem Untergrund in Palermo; verbüßt derzeit diverse lebenslange Haftstrafen.

SALVO Ignazio: Vermögender sizilianischer Geschäftsmann und DC-Politiker; November 1984 wegen Mafia-Mitgliedschaft verhaftet, im Maxi-Prozeß verurteilt; im September 1992 ermordet.

SALVO Nino: Vermögender sizilianischer Geschäftsmann und DC-Politiker, Vetter und Partner von Ignazio Salvo; im November 1984 wegen Mafia-Mitgliedschaft verhaftet; starb 1986 an einem Gehirntumor.

SINDONA Michele: Sizilianischer Bankier, Financier und Mafioso; wurde 1986 vergiftet.

TERRANOVA Cesare: Sizilianischer Ermittlungsrichter und Mafia-Ankläger in den siebziger Jahren; Abgeordneter im italienischen Parlament, danach als Chefankläger Rückkehr nach Palermo; im September 1979 ermordet.

VITALONE Claudio: Ehemaliger römischer Ermittlungsrichter, Gefolgsmann von Andreotti, DC-Senator und Minister; gemeinsam mit Andreotti unter Anklage in Perugia; wird beschuldigt, den Mord an Mino Pecorelli im Auftrag Andreottis organisiert zu haben.

VIZZINI Calogero: Mafiaboß aus Villalba, Boß aller Bosse der sizilianischen Mafia zur Zeit der alliierten Invasion 1943; Ehrenoberst der US-Army; starb 1952.

QUELLEN

Die faszinierendste Lektüre bieten die italienischen Originaldokumente. In publizierter Form liegen vor: von Caselli et al. *La Vera Storia d'Italia* zum Andreotti-Prozeß, von Falcone et al. [Hg. Stajano] *Mafia* zum Maxi-Prozeß und die Parlamentsprotokolle von der Commissione parlamentare antimafia *Mafia e polìtica* und *Camorra e polìtica* sowie von Tranfaglia [Hg.] *Mafia, polìtica e affari 1943–1991.*

Eines von drei unentbehrlichen Büchern liegt nur in Englisch vor. Paul Ginsborgs *A History of Contemporary Italy. Politics and Society 1943–1988* liefert, knapp und bewegend geschrieben, eine hellsichtige Synthese des sozialen und politischen Kontextes der hier behandelten Verbrechen. Alexander Stille gelingt mit *Die Richter. Der Tod, die Mafia und die italienische Republik* erstmals eine verständliche Darstellung der alptraumhaft komplexen Geschichte der Mafia und des Kampfes gegen sie im Verlauf der vergangenen zwanzig Jahre. Stilles Buch schildert detailliert Falcones und Borsellinos Recherchen zur Cosa Nostra und ihrer Geschichte, legt dabei allerdings weniger Gewicht auf die politischen Verflechtungen, die nach der Ermordung der beiden Ermittlungsrichter zutage kamen. *Die Mafia. Der Griff nach der Macht* von der mittlerweile verstorbenen amerikanischen Autorin Claire Sterling ist ebenso wie Ginsborgs *History* nicht mehr ganz auf dem neuesten Informationsstand und trägt ein wenig dick auf, bietet jedoch eine durchweg akkurate und detaillierte Darstellung insbesondere der Mafia-Verbindungen zu Amerika und ist dabei so spannend, daß man es nicht aus der Hand legen kann.

Die im vorliegenden Buch zitierten Werke von Leonardo Sciascia, *Der Tag der Eule* und *Todo Modo* sowie *Die Affäre Moro* und *Tote Richter reden nicht*, sind alle ins Deutsche übersetzt worden.

Talismano della Felicità von Ada Boni ist das italienische Kochbuch schlechthin, und Elizabeth David warnt mit gutem Grund vor verwässerten englischen Fassungen dieses Klassikers. Ihr eigenes Werk, *Italian Food*, ist bis heute ein unumgängliches Dokument der angelsächsischen Rezeption von italienischer Küche und ein Buch, das man gern auch einfach so zur Hand nimmt.

Im übrigen habe ich mir nach Herzenslust das eine oder andere herausgepickt; die im folgenden aufgeführten Bücher dienten mir nicht dazu, wie Montaigne irgendwo sagt, meine Ideen zu formen, sondern die Meinungen zu untermauern, die ich mir bereits gebildet hatte.

ohne Verfasser, *Chroniques siciliennes. Photographies de Letizia Battaglia et Franco Zecchin*, Paris 1989
ohne Verfasser, *Renato Guttuso dagli esordi al Gott mit uns 1924–1944*, Palermo 1987
La Repubblica [Hg. Scalfari, Eugenio], *passim*, Rom 1975–1996

Abulafia, David, *Herrscher zwischen den Kulturen* [1988], Berlin 1991
Andreotti, Giulio, *Cosa Loro. Mai visti da vicino*, Mailand 1995
Arlacchi, Pino, *Il processo*, Mailand 1995
Arlacchi, Pino, *Mafiose Ethik und der Geist des Kapitalismus* [1983], Frankfurt/Main 1989
Arlacchi, Pino, *Mafia von innen: Das Leben des Don Antonino Calderone* [1992], Frankfurt/Main 1993

Barthes, Roland, *Wilhelm von Gloeden*, Neapel 1987
Barzini, Luigi, *From Caesar to the Mafia*, London 1971
Barzini, Luigi, *The Italians*, London 1964
Bassani, Giorgio, *Ferrareser Geschichten* [1981], München und Zürich 1985
Benton, Barbara, *Ellis Island*, New York 1985
Biagi, Enzo, *Il boss è solo*, Mailand 1986
Boardman, John et al., *The Oxford History of the Classical World*, Oxford 1986
Bocca, Giorgio, *Verfilzt und vergiftet: ein Land in den Fängen der Mafia* [1992], Wien 1994
Bolzoni, Attilio, & D'Avanzo, Giuseppe, *La giustizia è cosa nostra. Il caso Carnevale tra delitti e impunità*, Mailand 1995
Boni, Ada, *Il talismano della felicità*, [1932], Rom 1995
Borges, Jorge Luis, *Gesammelte Werke*, München 1982
Borsellino, Paolo [Hg. Cimino, Marta, & D'Onofrio, Gettina], *... sai, Lucia*, Palermo 1994
Braudel, Fernand, *Das Mittelmeer und die mediterrane Welt in der Epoche Philipps II.* [1949, 1966], Frankfurt/Main 1991
Bufalino, Gesualdo, & Zago, Nunzio [Hg.], *Cento Sicilie. Testimonianze per un ritratto*, Florenz 1993
Buongiorno, Pino, *Totò Riina. La sua storia*, Mailand 1993

Caldarola, Giuseppe [Hg.], *Autobiografia di Cosa Nostra*, Rom 1994
Calvesi, Maurizio, & Lo Cascio, Dora Favatella, *Renato Guttuso* [1991], Stuttgart 1991
Calvi, Fabrizio, *La Vita quotidiana della mafia dal 1950 a oggi*, Mailand 1986

Calvino, Italo, *Die Braut, die von Luft lebte und andere italienische Märchen* [1956], München 1993
Calvino, Italo, *Saggi* [Bd. 1], Mailand 1995
Caselli, Gian Carlo et al., »La giustizia e i suoi nemici«, *MicroMega* 4/95
Caselli, Gian Carlo et al., *La Vera Storia d'Italia*, Neapel 1995
Cavallero, Felice [Hg.], *Mafia. Album di cosa nostra*, Mailand 1992
Cipri, Daniele, & Maresco, Franco, *Lo Zio di Brooklyn*, Mailand 1995
Coletti, Alessandro, *Mafie. Storia della criminalità organizzata nel Mezzogiorno*, Turin 1995
Commissione parlamentare antimafia, *Camorra e polìtica. Relazione approvata dalla Commissione il 21 dicembre 1993*, Rom und Bari 1994
Commissione parlamentare antimafia, *Mafia e polìtica. Relazione del 6 aprile 1993*, Rom und Bari 1993
Cornwell, Rupert, *God's Banker. An Account of the Life and Death of Roberto Calvi*, London 1983
Corrao, Francesca Maria [Hg.], *Poeti Arabi di Sicilia*, Mailand 1987
Cortelazzo, Manlio, & Zolli, Paolo, *Dizionario etimològico della lingua italiana* [5 Bde.], Bologna 1979–1988
Costantini, Costanzo, *Ritratto di Renato Guttuso*, Rom 1985
Costantini, Costanzo, *Il caso Guttuso tra scandalo e mistero*, Rom 1987
Craft, Robert, *Stravinsky. Chronicle of a Friendship*. Revised & Expanded Edition, Nashville und London 1994
Croce, Benedetto, *Storie e leggende napoletane* [1919], Mailand 1990

Dalla Chiesa, Nando, *Delitto imperfetto*, Mailand 1984
Dalla Chiesa, Nando, *Il giudice ragazzino. Storia di Rosario Livatino assassinato dalla mafia sotto il regime della corruzione*, Turin 1992
Dalla Chiesa, Nando, *Storie di boss ministri tribunali giornali intellettuali cittadini*, Turin 1990
David, Elizabeth, *Italian Food* [1954], rev. ed., London 1989
David, Elizabeth, *Harvest of the Cold Months. The Social History of Ice and Ices*, London 1995
Deaglio, Enrico, *Raccolto Rosso*, Mailand 1993
De Filippo, Eduardo, *Cantata dei giorni dispari* [Bd. III], Turin 1995
Di Lello, Giuseppe, *Giudici. Cinquant'anni di processi di mafia*, Palermo 1994

Falcone, Giovanni, & Padovani, Marcelle, *Mafia intern* [1991], München 1993
Falcone, Giovanni et al. [Hg. Stajano, Corrado], *Mafia. L'atto di accusa dei giudici di Palermo*, Rom 1992

Fava, Claudio, *Cinque delitti imperfetti. Impastato, Giuliano, Insalaco, Rostagno, Falcone*, Mailand 1994
Fernandez, Dominique, *La Zattera della Gorgone. Passeggiate in Sicilia. Fotografie di Ferrante Ferranti*, Palermo 1992
Fiandaca, Giovanni, & Costantino, Rosario [Hg.], *La mafia, le mafie. Tra vecchi e nuovi paradigmi*, Rom und Bari 1994
Finley, M. I., *Ancient Sicily*, London 1964
Fitzgerald, F. Scott, *Der große Gatsby* [1925], Zürich 1974
Franchetti, Leopoldo, *Condizioni polìtiche e amministrative della Sicilia* [1877], Rom 1993

Galasso, Alfredo, *La mafia polìtica*, Mailand 1993
Gambetta, Diego, *Die Firma der Paten: die sizilianische Mafia und ihre Geschäftspraktiken* [1992], München 1994
Gibbon, Edward, *Verfall und Untergang des römischen Reiches*, [1776–1788], Nördlingen 1987
Gilmour, David, *The Last Leopard. A life of Giuseppe Tomasi di Lampedusa*, London 1988
Ginsborg, Paul, *A History of Contemporary Italy. Society and politics 1943–1988*, London 1990
Goethe, Johann Wolfgang von, *Die italienische Reise* [1816 & 1817], Bd. 23 der Gesamtausgabe, Stuttgart und Tübingen 1856
Green, Peter, *Alexander to Actium. The Hellenistic Age*, London 1990

Hess, Henner, *Mafia: Ursprung, Macht und Mythos* [1973], Freiburg 1993

Irwin, Robert, *Die Welt von Tausendundeiner Nacht* [1994], Frankfurt/Main 1997

La Duca, Rosario, *I veleni di Palermo*, Palermo 1988
Lampedusa, Giuseppe Tomasi di, *Der Leopard* [1957], München und Zürich 1959
Lampedusa, Giuseppe Tomasi di, *Opere*, Mailand 1995
Lewis, Norman, *The Honoured Society* [1964], London 1984
Lewis, Norman, *Neapel '44: ein Nachrichtenoffizier im italienischen Labyrinth* [1978], Wien 1996
Longhi, Roberto, *Caravaggio* [1952, 1968], Rom 1982
Lullies, Reinhard, & Hirmer, Max, *Greek Sculpture* rev. ed., London 1960
Lupo, Salvatore, *Storia della mafia*, Rom 1993

Maraini, Dacia, *Bagheria* [1993], München und Zürich 1994
Marchese, Pasquale, *L'invenzione della forchetta*, Soveria Mannelli 1989
Minna, Rosario, *La mafia in cassazione*, Florenz 1995
Montaigne, Michel de, *Essais* [1580], Frankfurt/Main 1998
Montale, Eugenio, *Satura/Diario* [1971], München und Zürich 1976
Moravia, Alberto, *Renato Guttuso*, Palermo 1962

The New Shorter Oxford English Dictionary [2 Bde.], Oxford 1993

Orioles, Riccardo et al. [Hg.], *30 anni. Mafia e polìtica 1965–1995. I Siciliani* III/28, Catania 1995
Orlando, Leoluca, *Palermo*, Mailand 1990
Ovid, *Die Liebesgedichte*, München 1984
The Oxford English Dictionary [Compact Edition, 2 Bde.], Oxford 1971

Pasolini, Pier Paolo, *Lutherbriefe* [1976], Wien 1983
Pasolini, Pier Paolo, *Freibeuterschriften* [1975], München 1993
Patroni Griffi, Giuseppe, *Scende giù per Toledo*, Mailand 1981
Penny, Nicholas, *Geschichte der Skulptur* [1993], Leipzig 1995
Petronius, *Satyricon*, Leipzig 1804
Pezzino, Paolo, *Mafia: industria della violenza. Scritti e documenti inediti sulla mafia dalle origini ai giorni nostri*, Florenz 1995
Polo, Marco [Hg. Pizzorusso, Valeria Bertolucci], *Milione. Versione toscana del trecento* [1975], Mailand 1982
Putnam, Robert D., *Making Democracy Work. Civic Traditions in Modern Italy*, Princeton 1993

Ramondino, Fabrizia, *Althénopis, Kosmos einer Kindheit* [1981], Zürich 1986
Ramondino, Fabrizia, & Müller, Andreas Friedrich, *Dadapolis. Caleidoscopio napoletano*, Turin 1989
Rea, Ermanno, *Mistero napoletano. Vita e passione di una comunista negli anni della guerra fredda*, Turin 1995
Renda, Francesco, *Storia della Sicilia dal 1860 al 1970* [3 Bde.], Palermo 1984–1987
Root, Waverley, *The Food of Italy*, New York 1971
Rossi-Doria, Manlio, *Scritti sul Mezzogiorno*, Turin 1982
Ruggieri Tricoli, Maria Clara, *La Villa Niscemi*, Palermo 1989
Runciman, Steven, *The Sicilian Vespers. A history of the Mediterranean world in the later thirteenth century* [1958], Cambridge 1992
Russo, Enzo, *Uomo di rispetto*, Mailand 1988

Sales, Isaia, *La camorra, le camorre* [1988], Rom 1993
Santino, Umberto, *La mafia interpretata. Dilemmi, stereotipi, paradigmi*, Soveria Mannelli 1995
Santino, Umberto, *La borghesia mafiosa*, Palermo 1994
Santino, Umberto, & La Fiura, Giovanni, *L'impresa mafiosa*, Mailand 1990
Santino, Umberto, & La Fiura, Giovanni, *Dietro la droga. Economie di sopravivenza, imprese criminali, azioni di guerra, progetti di sviluppo*, Turin 1993
Santino, Umberto, *Sicilia 102. Caduti nella lotta contro la mafia e per la democrazia dal 1893 al 1994*, Palermo 1995
Sciascia, Leonardo, *La palma va al nord*, 1982
Sciascia, Leonardo, *Die Affäre Moro* [1978], Frankfurt/Main 1989
Sciascia, Leonardo, & Padovani, Marcelle, *La Sicilia Come Metafora*, Mailand 1979
Sciascia, Leonardo, *Opere 1956–1971*, Mailand 1987
Sciascia, Leonardo, *Opere 1971–1983*, Mailand 1989
Sciascia, Leonardo, *Opere 1984–1989*, Mailand 1991
Siciliano, Enzo, *Pasolini* [1978], Weinheim und Berlin 1994
Siebert, Renate, *La mafia, la morte e il ricordo*, Soveria Mannelli 1995
Siebert, Renate, *Im Schatten der Mafia: die Frauen, die Mafia und das Gesetz* [1994], Hamburg 1997
Stajano, Corrado, *Un eroe borghese. Il caso dell'avvocato Giorgio Ambrosoli assassinato dalla mafia polìtica*, Turin 1991
Stajano, Corrado, *Africo*, Turin 1979
Stendhal, *Reise in Italien* [1827 & 1829], München 1996
Sterling, Claire, *Die Mafia. Der Griff nach der Macht* [1990], Bern, München, Wien 1990
Stille, Alexander, *Die Richter. Der Tod, die Mafia und die italienische Republik* [1995], München 1997
Stille, Alexander, »The Fall of Caesar«, *The New Yorker*, 11. September 1995

Theokrit, »Idyllen«, in: *Die echten Gedichte* [dt. v. Emil Staiger], Zürich und Stuttgart 1970
Thukydides, *Die Geschichte des Peloponnesischen Krieges* [411 v. Chr.], Wien 1812
Touring Club Italiano, *Sicilia* [VI. ed.], Mailand 1989
Tranfaglia, Nicola [Hg.], *Mafia, polìtica e affari nell'Italia repubblicana*, Rom und Bari 1992
Tranfaglia, Nicola [Hg.], *Cirillo, Ligato e Lima. Tre storie di mafia e polìtica*, Rom und Bari 1994

Vasile, Vincenzo [Hg.], *L'affare Cirillo. L'atto di accusa del giudice Carlo Alemi*, Rom 1989
Verdura, Fulco di, *Estati Felici* [1976], Palermo 1994
Vidal, Gore, *United States. Essays 1952–1992*, New York 1993
Violante, Luciano, *Non è la piovra. Dodici tesi sulle mafie italiane*, Turin 1994

Quellenverzeichnis für die deutschen Zitate

Goethe, Johann Wolfgang von, *Die Italienische Reise*. Band 23 der Gesamtausgabe. J. G. Cotta: Stuttgart und Tübingen 1856
Homer, *Die Odyssee*. Deutsch von Johann Heinrich Voss. Goldmann: München o. J.
Lampedusa, Giuseppe Tomasi di, *Der Leopard*. Deutsch von Charlotte Birnbaum. Piper: München und Zürich 1959
Maraini, Dacia, *Bagheria*. Piper: München und Zürich 1994
Montale, Eugenio, *Satura/Diario*. Deutsch von Michael Marschall von Bieberstein. Piper: München und Zürich 1976
Sciascia, Leonardo, *Der Tag der Eule*. Deutsch von Arianna Giachi. dtv: München 1987
Sciascia, Leonardo, *Die Affäre Moro*. Deutsch von Peter O. Chotjewitz. Verlag AutorenEdition im Athenäum Verlag: Königstein 1979
Sciascia, Leonardo, *Tote Richter reden nicht*. In: Das Gesetz des Schweigens. Deutsch von Helene Moser. Benziger: Zürich und Köln 1981
Sciascia, Leonardo, *Todo Modo oder Das Spiel um die Macht*. Deutsch von Hansjörg Hofer. Ullstein: Frankfurt/Main, Berlin, Wien 1979
Theokrit, *Die echten Gedichte*. Deutsch von Emil Staiger. Artemis: Zürich und Stuttgart 1970